Frank J. Tipler · Die Physik der Unsterblichkeit

Frank J. Tipler

Die Physik der Unsterblichkeit

Moderne Kosmologie, Gott und die Auferstehung der Toten

Aus dem Amerikanischen von
Inge Leipold, Barbara Schaden und Martin Lavelle

Mit 28 Abbildungen

Piper
München Zürich

Die Originalausgabe erscheint unter dem Titel »The Physics of Immortality« 1994 im Verlag Doubleday, New York.

Der Hauptteil wurde von Inge Leipold (Kap. I – VI) und Barbara Schaden (Kap. VII – XIII), der Wissenschaftliche Anhang von Martin Lavelle übersetzt.

ISBN 3-492-03611-2

Satz: FotoSatz Pfeifer, Gräfelfing
Druck und Bindung: Mohndruck, Gütersloh
Printed in Germany

Den Großeltern meiner Frau, den Urgroßeltern meiner Kinder

JÓZEFA BASAREWSKA und ADAM ROKICKI
1940 von den Nazis erschossen, weil sie Polen waren.

JÓZEF BASAREWSKI
von der Gestapo zu Tode gefoltert.

Alle drei waren Bürger von Toruń in Polen, dem Geburtsort von Kopernikus.
Sie starben in der Hoffnung auf die universelle Auferstehung der Toten, eine Hoffnung, die sich, wie ich in diesem Buch zeigen werde, am Ende der Zeit erfüllen wird.

Ewig muß Fortschritt schreiten,
Den Natur für alle Zeit
Der Menschenseele bestimmt;
Zu Großem noch fähig, wird immer weiter sie
Wachsen in der Unendlichkeit der Zeit
Und endlosen Äonen.

Ihr Wissen wächst mit jedem Wandel
In Wissenschaften sonder Zahl,
Das keiner je erwerben kann.
Der Stillstand des Todes ist nicht von Dauer,
Und erneut tritt Natur auf den Plan,
Glänzender noch, der Bewunderung würdig.

So, zerteilt und neu gefügt,
Vollendet mählich sich der Geist
Und mag zuletzt erringen
Einen Platz näher am Urgrund der Dinge,
Der fern, doch immer am Werk,
Unerreicht muß bleiben.

Aus: »On the Powers of Human Understanding«
von Philip Frenau (1752–1832)
dem »Dichter der amerikanischen Revolution«
und
»Begründer der amerikanischen Dichtkunst«

INHALT

Wissenschaftlicher Anhang

Vorwort

Ein Buch, das die Versöhnung von Wissenschaft und Religion ankündigt, hat in unseren Tagen Seltenheitswert. Und einzigartig ist es wohl, daß ein Buch, wie im vorliegenden Fall, die Theologie zu einem Spezialgebiet der Physik erklärt und behauptet, Physiker könnten die Existenz Gottes und die Wahrscheinlichkeit einer Auferstehung der Toten zum ewigen Leben auf genau die gleiche Weise berechnen wie die Eigenschaften des Elektrons. Was Wunder, wenn man sich fragt, ob ich das ernst meine.

Ich meine es sogar sehr ernst. Allerdings bin ich ebenso überrascht wie der Leser. Zu Beginn meiner Laufbahn als Kosmologe vor etwa zwanzig Jahren war ich überzeugter Atheist. Nicht einmal in meinen kühnsten Träumen wäre mir eingefallen, eines Tages ein Buch zu schreiben, in dem ich darlegen will, daß die wesentlichen Glaubensvorstellungen der jüdisch-christlichen Theologie in der Tat wahr, daß diese Behauptungen direkte Ableitungen aus den Gesetzen der Physik, wie wir sie heute verstehen, sind. Die unerbittliche Logik meines Spezialgebiets in der Physik hat mich zu diesen Schlußfolgerungen gezwungen.

Als ich 1976 promoviert wurde, war mein Spezialgebiet die globale allgemeine Relativitätstheorie. Diese Ende der sechziger, Anfang der siebziger Jahre von den großen englischen Physikern Roger Penrose und Stephen Hawking begründete Unterdisziplin der Physik ermöglicht tiefreichende und sehr allgemeine Schlußfolgerungen hinsichtlich der Struktur von Raum und Zeit, zu denen man bei der Betrachtung des Universums in seiner *Gesamtheit* in Zeit und Raum gelangt.

Man möchte meinen, diese Betrachtungsweise sei allen Kosmologen gemein, aber so ist es mitnichten. Nahezu alle Kosmologen beschäftigen sich mit dem sogenannten *sichtbaren Universum*: mit dem Teil des Universums, dessen Vergangenheit man von der Erde aus sehen kann. Da das Universum vor etwa zwanzig Milliarden Jahren entstand und da sich nichts schneller fortbewegt als Licht, können wir grundsätzlich die Vergangenheit derjenigen Galaxien sehen, die jetzt etwa zwanzig Milliarden Lichtjahre von uns entfernt sind: Das sichtbare Universum ist also eine Kugel mit einem Durchmesser von etwa zwanzig Milliarden Lichtjahren.

Allerdings leuchtet jedem, der das Universum in seiner Gesamtausdehnung im Raum und vor allem in der Zeit betrachtet, ohne weiteres ein, daß das sichtbare Universum nur einen winzigen Bruchteil der Realität umfaßt. Das Universum wird mit ziemlicher Sicherheit weitere 100 Milliarden Jahre, wahrscheinlich jedoch noch viel länger existieren. Mit anderen Worten: Der Teil der Raumzeit, den wir von der Erde aus sehen können, ist im Vergleich zu jenem in der Zukunft liegenden relativ unbedeutend; der Ursprung des Menschen fällt damit in die allerfrüheste Kindheit des Kosmos. Daher wurde mir, als Vertreter der globalen Relativitätstheorie, klar, daß ich mich mit der Zukunft des Universums beschäftigen muß, zumal diese Zukunft nahezu den gesamten Raum und die gesamte Zeit in sich birgt. Andernfalls ist es schlechterdings unmöglich, das Universum in seiner Gesamtheit in Zeit und Raum zu betrachten.

Wie soll man jedoch das Verhalten des Universums in der fernen Zukunft berechnen? Mein Kollege, der englische Astrophysiker John D. Barrow, hat bewiesen, daß diese Abläufe chaotisch sein werden; das bedeutet, die Entwicklung des Universums wird nach – in kosmologischem Maßstab – kurzer Zeit unvorhersagbar. Man weiß mittlerweile, daß die Entwicklung in allen astronomischen Größenordnungen chaotisch verläuft: im Sonnensystem, in den Galaxien, in den Galaxienhaufen und so weiter, bis hin zum Universum als solchem.

Zudem zeigt eine einfache Berechnung, daß, da Chaos in allen Größenordnungen vorkommt, intelligente Wesen wohl in der Lage sein werden, diese Instabilitäten zu nutzen, um die Bewegung von Materie in den allerhöchsten Größenordnungen zu manipulieren. Mit anderen Worten: Das mögliche Vorhandensein und die möglichen Aktivitäten intelligenten Lebens dürfen bei keiner Berechnung der Entwicklung der fernen Zukunft außer acht gelassen werden. Damit scheint eine Berechnung der Zukunft des Universums vollends unmöglich, denn menschliches Verhalten ist bekanntlich unvorhersagbar. Zum Chaos in den Einsteinschen Gleichungen würde sich also Chaos in der Gemeinschaft intelligenter Lebewesen gesellen.

Interessanterweise trifft dies jedoch nicht zu. Die beiden Quellen von Chaos heben einander auf. Dies geschieht folgendermaßen: Damit es überdauern kann, muß intelligentes Leben das Chaos in den physikalischen Gesetzen nutzen, um die Entwicklung des Universums auf eine sehr begrenzte Anzahl möglicher Zukünfte hin zu zwingen. Sein schieres Überleben gebietet ihm, dem Universum eine Ordnung aufzuerlegen. Die Einbeziehung der Biologie gestattet uns eine Physik der fernen Zukunft.

Um jedoch Berechnungen anstellen zu können, ist es von ausschlaggebender Bedeutung, biologische Grundbegriffe in die Sprache der Physik zu übertragen. Man muß davon ausgehen, daß alle Formen von Leben – einschließlich des menschlichen – denselben physikalischen Gesetzen unterliegen wie Elektronen und Atome. Darum ist für mich ein menschliches Wesen nichts weiter als eine besondere Art von Maschine, das menschliche Gehirn lediglich ein Gerät zur Informationsverarbeitung, die menschliche Seele ein von einem Gehirn genannten Computer durchgeführtes Programm. Zudem sind alle möglichen Kategorien von Lebewesen, ob intelligent oder nicht, prinzipiell gleichartig und unterliegen denselben physikalischen Gesetzen wie alle informationsverarbeitenden Geräte.

Viele halten diese äußerst reduktionistische Auffassung von Leben nicht nur für falsch, sondern finden sie schlichtweg abstoßend. Meiner Ansicht nach lehnen sie jedoch nicht den Reduktionismus als solchen ab, sondern vielmehr die vermeintlichen Konsequenzen aus diesem Reduktionismus. Menschen als bloße Maschinen zu betrachten, bedeutet ihrer Überzeugung nach, daß die Menschen keinen »freien Willen« haben, daß es keine Hoffnung auf ein individuelles Leben nach dem Tod gibt, daß das Leben selber ein völlig unbedeutender Teil eines »überwiegend feindlichen Universums«[1] ist.

In Wirklichkeit ist genau das Gegenteil der Fall. Eben weil Menschen Maschinen ganz besonderer Art sind, können wir *beweisen*, daß wir Menschen wahrscheinlich einen freien Willen haben, daß wir nach unserem Tod an einem Ort leben werden, der dem Himmel der großen Weltreligionen sehr ähnlich ist, und daß Leben, weit davon entfernt, unbedeutend zu sein, als der Letzte Sinn und Zweck der Existenz des Universums selbst betrachtet werden kann. Wie dies in physikalischer Hinsicht funktioniert, ist Thema dieses Buches. Daß all diese Behauptungen sich aus einem physikalischen Reduktionismus ergeben, kam auch für mich sehr überraschend. Wie bereits erwähnt: Zu Beginn meiner Laufbahn als Physiker hätte ich mir nie träumen lassen, ich würde eines Tages *in meiner Eigenschaft als Physiker* schreiben, daß es den Himmel gibt und daß jeden, und zwar jeden einzelnen von uns ein Leben nach dem Tode erwartet. Und doch, hier stehe ich und schreibe Dinge, die mein früheres Ich als wissenschaftlichen Unsinn abgetan hätte. Hier stehe ich, ein Physiker, und kann nicht anders.

Natürlich fragt man sich, warum solche Vorstellungen erst im letzten Jahrzehnt des 20. Jahrhunderts in die physikalische Kosmologie Eingang gefunden haben. Eine berechtigte Frage. Teilweise liegt es daran, daß man erst seit etwa fünfundzwanzig Jahren über das mathematische Instrumentarium zur Analyse der globalen Struktur des Universums verfügt. Ein tieferreichender Grund ist jedoch, daß nahezu alle Physiker die Zukunft des physikalischen Universums ignorierten. Es schien eine Art stillschweigender Übereinkunft darüber zu herrschen, daß die Zukunft nicht so real ist wie die Gegenwart und die Vergangenheit, und dies obwohl *alle* grundlegenden physikalischen Theorien, die im Verlauf der letzten drei Jahrhunderte vorgetragen wurden – die Newtonsche Mechanik, die allgemeine Relativitätstheorie, die Quantenmechanik, die String-Feld-Theorie –, stets betonten, es gebe keinen grundsätzlichen Unterschied zwischen Vergangenheit, Gegenwart und Zukunft. Folglich ist die Zukunft ebenso real wie die Gegenwart. Vor fünfzig Jahren war die Frühzeit des Universums ein ebensolches Tabuthema. Wie der Physiker und Nobelpreisträger Steven Weinberg es formulierte:

»... Ich glaube, das ist der wichtigste Grund, warum die ›Urknall‹-Theorie nicht zu einer Suche nach der 3 K-Mikrowellen-Hintergrundstrahlung führte: Es fiel den Physikern außerordentlich schwer, überhaupt eine Theorie über das frühe Universum ernst zu nehmen. (Ich beziehe hier auch meine eigene Einstellung vor 1965 mit ein.) ... Die ersten drei Minuten sind uns jedoch zeitlich so fern, und die Temperatur- und Dichteverhältnisse sind so ungewöhnlich, daß es uns ein wenig widerstrebt, unsere gewöhnlichen Theorien der statistischen Mechanik und der Kernphysik darauf anzuwenden.

So etwas geschieht oft in der Physik: Unser Fehler ist nicht, daß wir unsere Theorien zu ernst nehmen, sondern daß wir sie nicht ernst genug nehmen. Man kann sich stets nur schwerlich vorstellen, daß die Zahlen und Gleichungen, mit denen wir an unseren Schreibtischen spielen, etwas mit der wirklichen Welt zu tun haben. Noch schlimmer ist, daß man sich oft allgemein darüber einig zu sein scheint, daß gewisse Phänomene der respektablen theoretischen und experimentellen Bearbeitung einfach nicht würdig sind.«[2]

Ich persönlich nehme die ferne Zukunft des Universums genauso ernst wie seine Frühzeit. Die Gleichungen der Physik gebieten es, die ferne Zukunft ernst zu nehmen, und solange mir keine experimentellen Beweise für das Gegenteil vorliegen, glaube ich, was diese Gleichungen sagen. Ich hoffe, meine Kollegen werden es ebenso halten. In vorliegendem Buch will ich zeigen, daß sie sich bestimmte Möglichkeiten, Physik zu betreiben, verbauen, wenn sie die ferne Zukunft außer Betracht lassen, ähnlich wie damals, als man das frühe Universum ignorierte.

Mehr noch überrascht mich die Tatsache, daß ausgerechnet die Theologen die fernste Zukunft des Kosmos unberücksichtigt ließen. Angeblich ist die Letzte Zukunft das Hauptanliegen der beiden wichtigsten westlichen Religionen, des Christentums und des Islam. Wichtigster Themenbereich beider Religionen sollte daher die *Eschatologie* sein, die Lehre von den »Letzten Dingen«. Traditionell befaßt sich Eschatologie mit Fragen etwa der Art, ob es ein Leben nach dem Tod gibt, wie dieses Leben aussehen und wie Gott in diesem zukünftigen Leben für die Menschheit sorgen wird.

Gut sechs Jahre lang habe ich mich mit Theologen und Religionswissenschaftlern ausgetauscht und dabei den Eindruck gewonnen, daß sie, mit sehr wenigen Ausnahmen, herzlich wenig über Eschatologie wissen. Im Herbst 1990 fand das Jahrestreffen der American Academy of Religion zufällig in New Orleans statt. Dabei hörte ich mir den Vortrag einer berühmten Mediävistin (von der Columbia University) an, die über mittelalterliche Glaubensvorstellungen vom Leben nach dem Tode sprach. Sie erörterte ausführlich eine von Thomas von Aquin, dem bedeutendsten mittelalterlichen Theologen, durchgeführte Analyse eines technischen Problems, das die Vorstellung von einer Auferstehung der Toten aufwirft: Wenn bei der Auferstehung aller die ursprünglichen Atome, aus denen die Toten bestanden, wieder zusammengefügt werden, dann könnte Gott – rein logisch gesehen – unmöglich Kannibalen auferstehen lassen? Jedes einzelne ihrer Atome gehört doch einem anderen! Die Zuhörer, einige hundert Theologen und Religionswissenschaftler, fanden dieses seltsame »Problem« offenbar reichlich komisch und lachten laut.

Ich habe nicht gelacht. Als ich Thomas von Aquins Analyse zum erstenmal las, habe auch ich gelacht; ich stieß darauf, als ich mich ernsthaft mit technischen Problemen im Zusammenhang mit einer universellen Auferstehung zu befassen begann. Mir wurde allerdings bald klar, daß Thomas von Aquin das Beispiel der Kannibalen mit Bedacht gewählt hatte, um das Problem der persönlichen Identität zwischen der ursprünglichen und der auferstandenen Person zu veranschaulichen; diese Identität herzustellen ist das zentrale Problem, das es im Rahmen einer wie auch immer gearteten Theorie von einer Auferstehung der Toten zu lösen gilt. Man sollte eigentlich annehmen, daß jeder Gelehrte, der sich ernsthaft Gedanken über die Auferstehung der Toten gemacht hat, auf Thomas von Aquins Analyse gestoßen sein muß, daher das Beispiel mit den Kannibalen kennt und nicht zu lachen anfängt, wenn die Rede davon ist. Ich ziehe daraus den Schluß, daß der typische amerikanische Theologe oder Religionswissenschaftler über die Auferstehung der Toten nie ernstlich nachgedacht hat. Man hat die Eschatologie den Physikern überlassen.[3]

Im großen und ganzen sind wir Physiker äußerst anmaßend. Unsere Arroganz ist eine Folge der reduktionistischen Annahme, unsere Wissenschaft sei die letztgültige, und rührt von den unzweifelhaften Erfolgen her, die wir in den letzten paar Jahrhunderten erzielt haben. Was wir versprechen, das halten wir im allgemeinen. Wie auch immer man die gesellschaftliche Bedeutung der Atombombe einschätzt, sie funktioniert, daran besteht kein Zweifel. Eine Sonnenfinsternis tritt genau zu dem von uns vorhergesagten Zeitpunkt ein. Als Mensch, der zeit seines Lebens Physiker war – oder zumindest sein wollte –, bin ich selbstverständlich nicht gegen diese Arroganz gefeit. In meinen früheren Veröffentlichungen zu Religion und Physik habe ich (mit mäßigem Erfolg) diese Überheblichkeit zu verhehlen versucht. In vorliegendem Buch habe ich mir diese Mühe jedoch erspart, vor allem deshalb, weil diese Verschleierung mich immer davon abgehalten hat, die überzeugendsten Gründe für den Reduktionismus anzuführen. Denn er entspricht der Wahrheit.

Zudem ermöglicht er es, Religion und Wissenschaft voll und ganz miteinander in Einklang zu bringen.

Zahlreiche Kollegen haben mir dringend geraten, Begriffe wie »Gott«, »Himmel«, »freier Wille« und dergleichen zu vermeiden. Ihrer Ansicht nach haben Philosophen und Theologen diese Worte zu Synonymen für »Unsinn« herabgewürdigt. Der »Omegapunkt« ist eine wunderschöne, rein physikalische Konstruktion, die nicht dadurch, daß man sie als »Gott« bezeichnet, verunstaltet werden sollte. In gewisser Hinsicht haben meine Freunde recht, aber die alten theologischen Begriffe umschreiben in der Umgangssprache nach wie vor einigermaßen klar umrissene Vorstellungen; ich schlage daher vor, sie als *termini technici* wiedereinzuführen, die, wie der Leser sehen wird, in etwa ihre umgangssprachliche Bedeutung beibehalten. Für den Mann auf der Straße hat die »Auferstehung der Toten« eine klare Bedeutung, und wenn die Physik vorhersagt, dieses Ereignis werde eines Tages eintreten, scheint es mir abwegig, einen neuen Begriff einzuführen, um es zu beschreiben. Ein weiterer Grund für den gutgemeinten Rat meiner Kollegen ist, daß sie im allgemeinen Atheisten und der Meinung sind, Religion sei ein Phänomen vorwissenschaftlicher Weltsicht. Sie sind überzeugt, daß die Hypothese Gott schon vor langer Zeit widerlegt wurde.

Gelegentlich aber werden wir Physiker gewahr, daß wir Theorien, die lange Zeit abgelehnt wurden, von neuem überdenken müssen. Kopernikus war sich sehr wohl bewußt, daß er eine Theorie wiederaufgriff, die fast zweitausend Jahre zuvor von den Astronomen verworfen worden war. Wie sein Schüler Rheticus 1539 berichtet: »Mein Lehrer [Kopernikus] hält jedoch dafür, daß die allgemein abgelehnte Methode, die Sonne als Herrscherin im Reich der Natur zu betrachten, wiederbelebt werden muß...«[4] In seinem vier Jahre später veröffentlichten Buch hat Kopernikus dann selber darauf hingewiesen, daß die Astronomen der Antike das heliozentrische System in Betracht gezogen, jedoch verworfen hätten.

Es ist an der Zeit, daß die Wissenschaftler die Hypothese Gott neu überdenken. Ich hoffe, ich kann sie mit diesem Buch dazu bewegen. Die Zeit ist gekommen, die Theologie in der Physik aufgehen, den Himmel ebenso wirklich werden zu lassen wie ein Elektron.

Fort Walton Beach, Florida, USA
Juli 1993

Danksagung

Großer Dank gebührt den vielen Freunden und Kollegen, die sich zu früheren Fassungen sowie einzelnen Abschnitten des Buches geäußert und verschiedene technische Punkte mit mir durchgesprochen haben. Insbesondere stehe ich in der Schuld von Peter C. Aichelburg, Robert Beig, Jacob Bekenstein, Frank Birtel, Brice Cassenti, David Deutsch, Willem Drees, George F. R. Ellis, Dieter Flamm, Antony Flew, James Force, Robert Forward, Martin Gardner, Thomas Gilbert, K. Hidaka, Christopher Hill, dem verstorbenen Sidney Hook, von Bei Lok Hu, Morris Kalka, Andrei Linde, Val A. McInnes, Peter Moore, Heide Narnhofer, Joseph Needham, John Polkinghorne, Frank Quigley, Sir Martin Rees, Helmut Rumpf, Robert John Russell, Nathan Sivin, Walter Thirring, Jolanta Rokicka Tipler, John Updike und John A. Wheeler. Von den Studenten in Tulane, die an dem im Herbst 1990 an der Universität Tulane abgehaltenen Kolloquium zum Omegapunkt teilnahmen, habe ich sehr viel gelernt. Ihnen und den Wissenschaftlern, die damals zu dem Kolloquium nach New Orleans kamen, möchte ich meinen Dank aussprechen, vor allem Willem Drees, Antony Flew, Philip Hefner, Ella Moravec, Hans Moravec und Robert John Russell.

Besonders dankbar bin ich Professor Wolfhart Pannenberg für unseren Briefwechsel, der wesentlich zur Verbesserung dieses Buches beigetragen hat. Pannenberg stellt eine der ganz seltenen Ausnahmen unter den Theologen des 20. Jahrhunderts dar: Er gründet seine Theologie auf die Eschatologie, und für ihn ist »Himmel« nicht nur eine Metapher, sondern etwas, das in der Zukunft ganz konkret existieren wird. Daher ist er einer der wenigen modernen Theologen, die wirklich daran glauben, daß Physik und Theologie miteinander verknüpft werden müssen, und der sich ernsthaft um das Verständnis der modernen Wissenschaft bemüht. Auf ihn treffen meine äußerst kritischen, gegen moderne Theologen gerichteten Bemerkungen nicht zu. Im folgenden wird sich zeigen, wie sehr ich in seiner Schuld stehe.

Am meisten verdanke ich jedoch meinem Kollegen und Koautor (bei zahlreichen Forschungsartikeln und einem Buch) Professor John D. Barrow, mit dem zusammen ich eine frühere Fassung der Omegapunkt-Theorie veröffentlicht habe. Johns zukunftsweisende Arbeiten zum Chaos in der allgemeinen Relativitätstheorie legten einen wichtigen Grundstein zur Theorie des Omegapunkts, wie aus dem Text deutlich ersichtlich wird.

Gefördert wurden das vorliegende Buch sowie die Forschungsarbeiten zur Omegapunkt-Theorie vom Fonds National de la Recherche Scientifique, Belgien, von der Tomalla-Stiftung, Schweiz, dem Tulane Honors Program, dem Tulane Judeo-Christian Chair, dem Gravitations- und Kosmologie-Projekt der Fundacion Federico sowie dem österreichischen Bundesministerium für Wissenschaft und Forschung (Bewilligungs-Nummer GZ 30.401/1-23/92).

Anmerkungen zur mathematischen Darstellung

Vorliegendes Buch will allgemeinverständlich sein. Dennoch werde ich hier einige der grundlegenden Probleme menschlicher Existenz zu lösen versuchen und mich dabei der allerneuesten Erkenntnisse der modernen Mathematik und Physik bedienen. Diese einem Laien in allen Einzelheiten nahezubringen ist unmöglich. Auf den ersten Blick hat es also den Anschein, als könnte dies gar kein allgemeinverständliches Buch sein.

Ich habe mich dennoch um eine ohne weiteres nachvollziehbare Darstellung bemüht, indem ich die wirklich schwierige Mathematik aus dem Hauptteil ausgeklammert und in einem eigenen Wissenschaftlichen Anhang am Ende des Buches behandelt habe. Der Hauptteil enthält *überhaupt keine Formeln* (außer $E = mc^2$, was zu verstehen hoffentlich niemandem schwerfallen wird), so daß dafür keine umfassende mathematische Vorbildung erforderlich ist. Allerdings gehe ich davon aus, daß der Leser mit der wissenschaftlichen Schreibweise für Zahlen vertraut ist: statt drei Millionen oder 3 000 000 schreibe ich einfach

$$3 \times 10^6.$$

Die 6 bezeichnet man als »Exponenten«, und 10^6 bedeutet einfach: »eine 1 mit sechs Nullen«. Allgemeiner gesagt, bedeutet 10^n: »1, gefolgt von n Nullen«. Falls Ihre algebraischen Kenntnisse nicht ganz eingerostet sind, werden Sie sich erinnern, daß das Symbol »n« für jede Zahl stehen kann. 3×10^6 bedeutet daher: »3 mal 1, gefolgt von 6 Nullen« oder drei Millionen. 3×10^{-6} schließlich bedeutet: »3 mal 1, *geteilt durch* eine Million«. Manche Zahlen sind so groß, daß sie mit zwei Exponenten dargestellt werden müssen, beispielsweise 10^{10^6}. Dies bedeutet: »eine 1 mit 10^6 (einer Million) Nullen«. Die größte in diesem Buch verwandte Zahl ist $10^{10^{123}}$: »1, gefolgt von 10^{123} Nullen«.

Durchgängig verwende ich metrische Maßeinheiten, für die Masse *Gramm* und *Kilogramm*, für die Länge *Meter* und *Kilometer.*

Eine zentrale Rolle spielt in diesem Buch die Kosmologie; ich gehe daher davon aus, daß der Leser mit astronomischen Entfernungen vertraut ist. Die Grundeinheit ist das *Lichtjahr*, definiert durch die Strecke, die Licht in einem Jahr zurücklegen kann. Da Licht 3×10^8 Meter pro Sekunde zurücklegt, entspricht ein Lichtjahr $9{,}46 \times 10^{15}$ Metern. In menschliche Größenordnungen übersetzt, entspricht ein Lichtjahr dem 63 000fachen Abstand der Erde von der Sonne. Wirklich große astronomische Entfernungen werden jedoch im allgemeinen nicht in Lichtjahren, sondern in Parsec angegeben. Ein *Parsec* entspricht 3,26 Lichtjahren. Daneben werde ich die Begriffe 1 Kiloparsec = 1000 Parsec; 1 Megaparsec = eine Million Parsec; 1 Gigaparsec = eine Milliarde Parsec und 1 Teraparsec = eine Billion Parsec verwenden. Der Mittelpunkt unserer Galaxie ist 10 Kiloparsec von uns entfernt. Die uns nächste große Galaxie, der Andromeda-Nebel, ist etwa 1 Megaparsec entfernt. Die Grenze des sichtbaren Universums ist ungefär 3 Gigaparsec weit weg, und ich sage voraus, daß die andere Seite des Universums derzeit zwischen 1 und 10 Teraparsec entfernt ist.

Im Hauptteil werde ich die grundlegenden im Wissenschaftlichen Anhang behandelten Konzepte in groben Umrissen beschreiben, so daß jeder, der willens ist, sich etwas anzustrengen, und der über eine höhere Schulbildung verfügt, in der Lage sein müßte, den Hauptteil zu verstehen.

(Für die Übersetzung wird die Bibelausgabe nach der Übersetzung Martin Luthers, hrsg. von der Evangelischen Kirche in Deutschland, zugrunde gelegt.)

I. Einführung

In vorliegendem Buch will ich die Omegapunkt-Theorie beschreiben, eine beweisbare physikalische Theorie, die besagt, daß ein allgegenwärtiger, allwissender, allmächtiger Gott eines Tages in der fernen Zukunft jeden einzelnen von uns zu einem ewigen Leben an einem Ort auferwecken wird, der in allen wesentlichen Grundzügen dem jüdisch-christlichen Himmel entspricht. Jeder einzelne Begriff, der in diese Theorie Eingang findet – beispielsweise »allgegenwärtig«, »allwissend«, »allmächtig«, »(geistlicher) Auferstehungsleib«, »Himmel« –, wird als rein physikalischer Begriff verwendet. An keiner Stelle berufe ich mich auf irgendeine Art von Offenbarung, statt dessen stütze ich mich ausschließlich auf die handfesten Ergebnisse der modernen Naturwissenschaft; einzig und allein die Vernunft des Lesers soll angesprochen werden. Ich werde die physikalischen Mechanismen der universellen Auferstehung beschreiben und zeigen, auf welche Weise genau die Physik die Auferstehung zum ewigen Leben eines jeden, der gelebt hat, lebt und leben wird, erlaubt. Ich werde darlegen, auf welche Weise im einzelnen diese Macht der Wiedererweckung, welche die moderne Physik zuläßt, in ferner Zukunft wirklich gegeben sein und warum sie in der Tat zum Tragen kommen wird. Dem Leser, der einen geliebten Menschen verloren oder Angst vor dem Sterben hat, verheißt die moderne Physik: »Sei getrost, du und sie, ihr werdet wieder leben.«

Die Theorie von der Auferstehung erfordert, daß wir ein menschliches Wesen als rein physikalisches Objekt, als biochemische Maschine auffassen, die anhand der bekannten physikalischen Gesetze umfassend und erschöpfend beschrieben werden kann. Es gibt *keine* geheimnisvollen »vitalen« Kräfte. In einem allgemeineren Sinne bedeutet dies, daß wir eine »Person« als besonderen (und sehr komplizierten) Typ von Computerprogramm betrachten müssen: Die menschliche »Seele« ist nichts anderes als ein spezielles Programm, das in einer Gehirn genannten Rechenmaschine abläuft.

Wie ich darlegen werde, erlaubt uns ein solcher Standpunkt, nicht nur den Nachweis zu führen, daß wir zum ewigen Leben auferstehen werden, sondern auch, daß wir einen freien Willen haben – wir sind in der Tat Maschinen, aber im Gegensatz zu denen, die wir selber gebaut haben, besitzen wir wirklich und wahrhaftig einen freien Willen.

Daß uns ein freier Willen eignet, daß Gott existiert und daß Er eines Tages jeden einzelnen von uns zum ewigen Leben auferwecken wird, entspricht, milde ausgedrückt, ganz und gar nicht der Art von Aussage, die man von der Physik erwartet. Vielmehr sind wir von der Naturwissenschaft folgende Aussage gewöhnt: Wir sind mechanistische Marionetten blinder, unpersönlicher und deterministischer Naturgesetze; es existiert nichts, das auch nur entfernt einem personalen Gott ähnelt; und wenn wir sterben, dann sind wir tot; das war's dann. Letzteres war in der Tat lange Zeit die Botschaft der Wissenschaft.

Das hat sich geändert, weil die Kosmologen endlich die grundlegende Frage gestellt haben: Wie *im einzelnen* wird sich das physikalische Universum in der Zukunft entwickeln? Wie *im einzelnen* wird der Endzustand des Kosmos aussehen? Und vor allem: Lassen die physikalischen Gesetze zu, daß sich Leben bis hin zu diesem Endzustand fortsetzt, oder ist die Auslöschung des Lebens unvermeidlich?

All dies sind ganz offenkundig Fragen an die Physik, und ebenso offenkundig ist, daß die Wissenschaftsdisziplin Physik so lange nicht als vollständig gelten kann, wie diese Fragen nicht beantwortet sind. Ehemals beschäftigte sich Wissenschaft damit, wie das Universum jetzt aussieht und wie es in der Vergangenheit ausgesehen hat. Das Universum existiert jedoch erst seit zwanzig Milliarden Jahren, wird aber, wenn die physikalischen Gesetze, so wie wir sie verstehen, auch nur entfernt richtig sind, mindestens 100 Milliarden Jahre – wahrscheinlich viel länger – weiterbestehen. Mit anderen Worten: *Nahezu die Gesamtheit des Raums und der Zeit liegt in der Zukunft.* Ausschließlich auf die Vergangenheit und die Gegenwart konzentriert, ließ die Wissenschaft fast die gesamte Realität außer acht. Da jedoch das eigentliche Anliegen der Naturwissenschaft die Gesamtheit der Realität ist, wurde es allmählich Zeit für die Wissenschaft, sich an die Erforschung der zukünftigen Entwicklung des Universums zu machen.

Das wirft sogleich ein Problem auf. Die grundlegenden Gleichungen, deren sich Physiker in der Kosmologie bedienen, die Einsteinschen Feldgleichungen, sind maximal chaotisch.[1] Das bedeutet, nach einer Zeit, die in kosmologischem Maßstab kurz ist, wird es ohne irgendwelche zusätzlichen Annahmen unmöglich, überhaupt irgend etwas über den Zustand des Universums auszusagen. Aber von welchen zusätzlichen Annahmen sollen wir ausgehen?

Die meiner Ansicht nach schönste und fruchtbarste Annahme, die auch diesem Buch zugrunde liegt, haben J. B. S. Haldane, John Bernal, Paul Dirac und Freeman Dyson vorgeschlagen: Das Universum soll so beschaffen sein, daß Leben bis zum Ende der Zeit buchstäblich ewig weiterbestehen kann. Im Vorwort habe ich darauf hingewiesen, daß Chaos als solches diese Annahme plausibel macht und daß besagte Annahme das Problem der Vorhersage löst. Wie wir noch sehen werden, erklärt diese Annahme eine Unmenge Rätsel der Physik – beispielsweise welcher Randbedingung die universelle Wellenfunktion unterliegen soll und sogar warum das Universum existiert. Zudem führt diese Annahme unausweichlich zu den oben genannten theologischen Schlußfolgerungen. Endlich ist die Physik in den Bereich der Theologie vorgedrungen.

Denkt man jedoch kurz nach, so erkennt man die Unvermeidlichkeit dieser Entwicklung. Entweder ist Theologie blanker Unsinn, eine Wissenschaft ohne Gegenstand, oder aber die Theologie wird letztlich ein Teilbereich der Physik.

Das hat einen einfachen Grund. Das Universum ist per definitionem die Gesamtheit alles Existierenden, die Gesamtheit der Realität. Daher ist, falls Gott existiert, Er/Sie per definitionem entweder das Universum oder ein Teil davon. Ziel der Physik ist das Verständnis dessen, was die Wirklichkeit letztendlich ist. Wenn Gott eine Realität ist, dann werden die Physiker Ihn/Sie über kurz oder lang finden. Mit diesem Buch behaupte ich, daß die Physik Ihn/Sie möglicherweise schon gefunden hat: Er/Sie ist in Wirklichkeit überall; wir haben Ihn/Sie nur nicht gesehen, weil wir das Universum nicht in einem angemessen großen Maßstab betrachtet – und nicht nach der Person in der Maschine gesucht haben.

Die Omegapunkt-Theorie setzt voraus, daß wir uns Gott nicht auf die herkömmliche Weise annähern; die neue Betrachtungsweise ist jedoch in der modernen Theologie bereits angelegt. Tillich[2] beispielsweise unterstrich, es sei falsch, Gott als *ein* Seiendes aufzufassen; vielmehr ist Gott das Sein an sich, Gott ist die Letzte Realität. Allerdings fügt Tillich hinzu – und darauf kommt es an –, daß diese Letzte Realität *personal* ist. Diese entscheidende Einschränkung, daß nämlich die Letzte Realität personal sein muß, unterscheidet den Theismus vom Pantheismus.[3] Und eben diese Einschränkung ist der Grund dafür, weshalb Tillichs Definition nicht trivial ist. Gott abgesondert von der alltäglichen Welt zu denken, als den ganz und gar anderen, ist ein schrecklicher Fehler, der zum Gnostizismus führt, zu der unchristlichen Vorstellung, die physikalische Welt sei von einem bösen Gott erschaffen worden.[4] Der Christengott der orthodoxen Lehre macht sich Seine/Ihre Hände schmutzig. Er/Sie ist überall in der Welt, und Er/Sie ist bei uns, Er/Sie steht zu jeder Zeit neben uns. Die Liebe des Christengottes zu Seinen/Ihren Geschöpfen erfordert eine solche Präsenz. Diese Präsenz bedeutet jedoch, daß es den Physikern möglich sein muß, Gott zu entdecken. Wie der heilige Paulus es formulierte: »Denn Gottes unsichtbares Wesen, das ist seine ewige Kraft und Gottheit, wird seit der Schöpfung der Welt ersehen aus seinen Werken, wenn man sie wahrnimmt, so daß sie keine Entschuldigung haben.« (Röm 1,20)

In einem wesentlichen Punkt bleibt Tillichs Gottesmodell leider den Vorstellungen vor dem 19. Jahrhundert verhaftet. In Übereinstimmung mit den physikalischen Kosmologien jener Zeit beschreibt Tillich Gottes Seinsweise als statisch, unveränderlich. Im späten 19. Jahrhundert wurde jedoch den Bibelwissenschaftlern allmählich klar, daß eine solche Sicht Gottes dem Neuen Testament zutiefst fremd ist. Jesu Bild von Gott gründete, wie unter anderen der Theologe und Missionar Doktor Albert Schweitzer dargetan hat, darauf, daß er Ihn als den Herrscher des *zukünftigen* Reiches Gottes sah, das heißt, daß er Seine Seinsweise als Macht über die *Zukunft* auffaßte. Die grundlegende Botschaft des Christentums liegt in seiner *Eschatologie*, in der Erforschung der Letzten Zukunft. Einige bedeutende Theologen des ausgehenden 20. Jahrhunderts, allen voran der deutsche Theologe Wolfhart Pannenberg, haben dies erkannt: »Jesus verstand Gottes Anspruch auf die Welt ausschließlich als den Anspruch seiner kommenden Herrschaft... Das impliziert, daß in gewissem Sinne Gott noch nicht ist. Wenn seine Herrschaft und sein Sein zusammengehören, so ist Gottes Sein wie seine Herrschaft noch nicht gekommen.«[5] Wir werden an späterer Stelle sehen, wie die Physik das von Pannenberg modifizierte Gottesmodell Tillichs präzisiert.

Einige Gelehrte behaupten, schon in den ersten Anfängen des Judentums habe man Gott vorrangig als zukünftiges Sein betrachtet. Als Gott aus dem brennenden Dornbusch zu Moses sprach, fragte Moses ihn nach seinem Namen. Die hebräische Antwort Gottes lautet: »*Ehyeh Asher Ehyeh.*« Im Hebräischen ist *ehyeh* das Futur des Verbs *haya*, das »sein« bedeutet. Also ist Gottes Antwort zu übersetzen: »ICH WERDE SEIN, DER ICH SEIN WERDE... So sollst du zu den Israeliten sagen: ›ICH WERDE SEIN‹, der hat mich zu euch gesandt.«[6] Der deutsch-jüdische Philosoph Ernst Bloch[7] sowie der katholische Schweizer Theologe Hans Küng[8] wiesen beide darauf hin, daß dies die korrekte Übersetzung ist, und betonen, der Gott Mose sei als »End- und Omega-Gott« aufzufassen. Bei dem in der physikalischen Argumentation dieses Buches beschriebenen Omegapunkt-Gott handelt es sich eindeutig um einen Gott, der vor allem am Ende der Zeit existiert.

Dennoch zögern viele Theologen zuzugeben, daß die Physik irgend etwas zu dieser personalen Letzten Realität zu sagen haben könnte. Sie neigen zu der Ansicht, Physik beschäftige sich nur mit der *endlichen* Wirklichkeit, während die Letzte Realität ihrem Wesen nach unendlich sei. Ein Beispiel dafür liefert Tillich: »Der Haupteinwand gegen jegliche Form von Naturalismus ist, daß er die unendliche Ferne zwischen der Gesamtheit endlicher Dinge und ihrem unendlichen Grund leugnet...«[9] Im Verlauf der letzten dreißig Jahre haben jedoch theoretische Physiker (vor allem Penrose und Hawking) das intellektuelle Instrumentarium zur Analyse eines tatsächlich gegebenen Unendlichen entwickelt. Die Physik beschränkt sich nicht mehr auf das Endliche; technische Fortschritte innerhalb der Physik haben die Physiker gezwungen, sich auch mit der Physik des Unendlichen zu befassen. Wie wir noch sehen werden, sind viele Eigenschaften des physikalischen Universums – beispielsweise seine Ewigkeit – in Wirklichkeit Unendlichkeiten.

Die Mehrzahl der zeitgenössischen Wissenschaftler stimmt mit den oben erwähnten Theologen in dem Punkt überein, daß Wissenschaft und Religion angeblich nichts miteinander zu tun haben können. Beispielsweise verfügte das Council of the US National Academy of Sciences in einer Resolution vom 25. August 1981: »Religion und Wissenschaft sind getrennte und einander ausschließende Bereiche des menschlichen Denkens, deren Darstellung in ein und demselben Zusammenhang zu einem falschen Verständnis sowohl der wissenschaftlichen Theorie als auch des religiösen Glaubens führt.«[10] Im Grunde genommen meinen Wissenschaftler, die derlei Feststellungen treffen, Religion sei Gefühlsduselei, und in ihr komme lediglich unsere Furcht vor dem Tod und die primitive Ansicht von der Beseeltheit der natürlichen Welt zum Ausdruck. Diese Wissenschaftler betrachten jeden Versuch, Wissenschaft mit Religion völlig miteinander in Einklang zu bringen, als reaktionären Rückfall in ein vorwissenschaftliches Modell der Wirklichkeit.

Wenn die Wissenschaft sich weiterentwickeln soll, ist es jedoch gelegentlich erforderlich, eine physikalische Theorie, die frühere Generationen für immer widerlegt glaubten, wiederaufzugreifen, neu zu überdenken und schließlich zu akzeptieren. Das bekannteste Beispiel ist die heliozentrische Theorie des Sonnensystems, die erstmals in der Antike von dem griechischen Astronomen Aristarchos von Samos[11] entwickelt, zu Beginn der christlichen Epoche jedoch zugunsten des geozentrischen Modells des Ptolemäus verworfen wurde. Vor genau 450 Jahren, 1543, griff Nikolaus Kopernikus das heliozentrische Weltbild wieder auf, und zwar in Form eines überzeugenden mathematischen Modells, mit dessen Hilfe man die Realität besser erklären konnte als mit der ptolemäischen Theorie, auch wenn dies in gewisser Weise ein reaktionärer Rückschritt war. Vielen Zeitgenossen des Kopernikus war durchaus bewußt, daß die kopernikanische Theorie einen Rückgriff auf ein in der Antike verworfenes Modell darstellte. Martin Luther[12] beispielsweise schalt Kopernikus einen Narren, der die gesamte Wissenschaft der Astronomie »umkehren« wolle.[13] Galilei, einer der überzeugtesten Verfechter der revolutionären kopernikanischen Theorie – er wurde dafür von der Inquisition streng bestraft[14] –, wußte ebenfalls, daß es sich bei dem kopernikanischen Modell um eine Theorie handelte, die in früherer Zeit abgelehnt worden war. In seiner klassischen Untersuchung der Beziehung zwischen Religion und Wissenschaft, dem *Brief an die Großherzogin Christina*, sagt Galilei jedoch ganz richtig, Kopernikus habe diese Theorie »wieder in ihre Rechte eingesetzt und bestätigt«[15], und schildert in der Folge ausführlich, wie verbreitet die heliozentrische Theorie in der Antike war.[16] Die Medizin liefert ein weiteres Beispiel dafür, wie die Wissenschaft eine ältere Theorie, die – scheinbar für alle Zeiten – verworfen worden war, neu überdenken mußte. Infolge einer neuen (aber falschen) Theorie über die Entstehung von Entzündungen mußte die Chirurgie in der ersten Hälfte des 19. Jahrhunderts massive Rückschläge hinnehmen: Die postoperative Sterblichkeitsquote lag um vieles höher als in vorangegangenen Jahrhunderten, da die Verfechter der neuen Theorie die von den früheren Chirurgen unwissentlich praktizierte Antisepsis mittels Kauterisation durch Brennen, kochende Flüssigkeiten und andere Desinfektionsmittel ablehnten. Pasteur, Lister und andere griffen schließlich wieder auf die ältere Theorie zurück, die sie nun, weil sie sich auf die Ergebnisse der Naturwissenschaften stützten, überzeugender formulierten.[17]

Die Weigerung, eine früher verworfene Theorie im Licht neuer Fakten einer erneuten Überprüfung zu unterziehen, ist gleichbedeutend mit schlechter Wissenschaft. Ebenso ist der in jüngerer Zeit unternommene Versuch, Religion und Wissenschaft streng voneinander zu trennen, gleichbedeutend mit schlechter Theologie. Vor dem 20. Jahrhundert wurde die Vorstellung, daß Religion und Wissenschaft miteinander versöhnt werden müßten, von allen großen Theologen in allen Ländern der Christenheit bejaht, so vom heiligen Paulus, von Origenes, Augustinus und Thomas von Aquin, um nur einige wenige zu nennen: Das *ubique, semper, ab omnibus*, das überall (*ubique*), immer (*semper*), von allen (*ab omnibus*) Geglaubte, ist die letztgültige Autorität in der christlichen Theologie, so wie in der Wissenschaft das Experiment der letztgültige Prüfstein ist. Genaugenommen ist die Regel *ubique, semper, ab omnibus* die theologische Version des »Experiments«. In der Wissenschaft ist das einzige gültige Experiment dasjenige, das von jedem (*ab omnibus*) überall auf der Erde (*ubique*) zu jedem beliebigen Zeitpunkt in der Geschichte der Erde (*semper*) wiederholt werden kann. Die Wissenschaft räumt dem Experiment deshalb den überragenden Stellenwert ein, weil Natur und nicht bloßer menschlicher Meinung das letzte Wort in der Wissenschaft gebührt. Die Natur irrt nie, Wissenschaftler, Menschen also, schon. Auf ähnliche Weise ist es das Ziel des *ubique, semper, ab omnibus,* Gott, nicht bloße menschliche Meinung die höchste Autorität der Theologie sein zu lassen. Einzig der wahrhaft universelle Glaube an Gott kann der wahre Glaube an Gott sein.

Der eigentliche Grund, warum moderne Theologen die Wissenschaft von der Religion getrennt halten wollen, ist der, daß sie zumindest einen intellektuellen Bereich für immer vor dem Fortschreiten der Wissenschaft geschützt wissen wollen. Das läßt sich nur bewerkstelligen, wenn man eine wissenschaftliche Untersuchung des Gegenstandes von vornherein ausschließt. Die kopernikanische und Darwinsche Revolution haben die Theologen zu gebrannten Kindern gemacht. Allerdings unterschätzt eine solche Strategie die Macht der Wissenschaft, die fortwährend Probleme löst, die nach Ansicht der Theologen und Philosophen von der Wissenschaft nicht zu lösen sind. Im Vorwort zur zweiten Ausgabe und in der Einleitung zu seiner *Kritik der reinen Vernunft* erklärte Immanuel Kant, die drei grundlegenden Probleme der Metaphysik seien von der Wissenschaft nie und nimmer zu lösen: Gott, Freiheit und Unsterblichkeit.[18] Mit anderen Worten: Kant behauptete, Physik könne niemals entscheiden, ob Gott existiert, ob wir einen freien Willen haben und ob Gott uns ein ewiges Leben schenkt.

Ich bin anderer Ansicht. Ich werde diese »Probleme der Metaphysik« zu Problemen der Physik machen und beweisen, daß diese drei Fragen sehr wohl beantwortet werden können und daß die Antworten auf die drei Fragen lauten: *Wahrscheinlich* existiert Er, *wahrscheinlich* haben wir einen freien Willen, *wahrscheinlich* wird Er uns ein ewiges Leben nach dem Tode schenken. Ich sage »wahrscheinlich«, da es nicht Sache der Physik ist, eine absolut und mit Sicherheit wahre Antwort zu geben, die für alle Zeit gültig ist. Die Wissenschaft kann lediglich »wahrscheinlich wahre« Antworten geben, wie das Schicksal der oben erwähnten geozentrischen Hypothese des Ptolemäus zeigt. Ich bin jedoch der Überzeugung, daß die »wahrscheinlichen« Antworten der Wissenschaft den »absolut sicheren« – das heißt falschen – Antworten der Metaphysik vorzuziehen sind. Wie der schottische Philosoph David Hume am Ende seiner *Enquiry Concerning Human Understanding* schreibt:

> »Nehmen wir z.B. ein theologisches oder ein metaphysisches Buch zur Hand, so müßten wir fragen: *Enthält es eine abstrakte Untersuchung über Größe und Zahl?* Nein. *Enthält es erfahrungsgemäße Erörterungen über Tatsachen und Existenz?* Nein. So übergebe man es den Flammen, denn es kann nur sophistische Täuschungen enthalten…«[19]

Indem sie die Frage nach der Unsterblichkeit mit Ja beantwortet, dringt die Wissenschaft endlich in die wichtigste Domäne der Theologie ein. Bei seinem Versuch, die Wissenschaft zumindest teilweise aus der Vormundschaft der Theologie zu befreien, verteidigte Galilei eine Meinung, die er »von einem hervorragenden Geistlichen (Cesare Baronio) gehört hatte: ›Das Anliegen der Bibel ist es, uns zu lehren, wie man in den Himmel eingeht, nicht was im Himmel vorgeht‹«.[20] Nun sagt uns die Wissenschaft, wie man in den Himmel eingehen kann.

Galilei geriet in ernstliche Schwierigkeiten, als er es wagte, in das Revier der Philosophen und Theologen einzudringen.[21] Wie ich jedoch schon bei meiner Beschreibung des Geltungsbereichs der Physik – der Gesamtheit der Realität – angedeutet habe, ist das Vordringen der Physiker in andere Disziplinen unvermeidlich, und in der Tat läßt sich der Fortschritt in der Wissenschaft daran messen, in welchem Maße Physiker andere Fachbereiche erobern.[22] Louis Pasteur beförderte die Wissenschaft und das Wohl der Menschheit, als er, gegen den erbitterten Widerstand der Ärzteschaft, die experimentellen Methoden der physikalischen Chemie in die Medizin einführte: »Die Mehrheit der Ärzte und Chirurgen hielt es für Zeitverschwendung, einem Mann auch nur zuzuhören, der ›bloß‹ Chemiker war[23]... und unbefugt in die Domäne anderer einbrach.«[24] Wie die Medizin ist auch die Religion einfach zu wichtig, als daß man sie allein den traditionellen Fachgelehrten überlassen dürfte. Sind doch beide, Medizin wie Religion, für die Menschheit von – im buchstäblichen Sinne – lebenswichtiger Bedeutung. Der spanische Philosoph und Romancier Miguel de Unamuno widmete ein ganzes Buch, *Del Sentimiento trágico de la vida* (Das tragische Lebensgefühl), einem leidenschaftlichen Plädoyer zugunsten der These, daß die gefühlsmäßige Begründung einer jeden Religion die Sehnsucht nach Unsterblichkeit sei. »Als ich mich eines Tages mit einem Bauern unterhielt, sprach ich ihm von der Möglichkeit, daß es einen Gott geben könnte, der über Himmel und Erde regiert [aber keine Unsterblichkeit verleiht]. Er antwortete: ›Wozu brauchen wir dann Gott?‹«[25] Die »Tragödie« im Titel des Werkes von Unamuno bezieht sich auf die Trennung zwischen der menschlichen Natur, die sich verzweifelt nach Unsterblichkeit sehnt, und der menschlichen Vernunft, die in der Vergangenheit behauptete, eine solche gebe es nicht. Wenn die Omegapunkt-Theorie zutrifft, hat die Trennung zwischen Gefühl und Verstand ein Ende.

Diese Trennung wird auf die eine oder andere Weise bald ein Ende haben. Wie Aristoteles vor gut zweitausend Jahren sagte, ist der Mensch im Grunde genommen ein vernunftbegabtes Tier, ein Wesen, dessen Hauptunterscheidungsmerkmal und wichtigster Überlebensmechanismus seine Fähigkeit ist, die Welt rational zu betrachten. Am Ende wird die Vernunft das Gefühl hinwegfegen. Wenn die Wissenschaft weiterhin keinen Beweis für die Existenz Gottes und für ein Leben nach dem Tode erbringen kann, werden erst alle Wissenschaftler und schließlich alle Laien sämtlicher Religionen Atheisten werden.[26] Die Menschen werden eine Philosophie ersinnen, die ihnen erlaubt, sich mit der Unausweichlichkeit ihres endgültigen und unwiderruflichen Todes, des Todes ihrer Kinder, der Zivilisation, allen Lebens im Kosmos und des Todes all dessen, an dem ihnen etwas liegt, abzufinden.

Die Geschichte der Biologie im 20. Jahrhundert dokumentiert dieses Umsichgreifen des Atheismus. Der Biologiehistoriker William B. Provine (Cornell University) wies darauf hin, daß in den zwanziger Jahren unseres Jahrhunderts viele, wahrscheinlich sogar die meisten Evolutionstheoretiker religiös waren.[27] Zu jener Zeit war die darwinistische Evolutionstheorie in der Versenkung verschwunden und die Hypothese von einer zielgerichteten Kraft, die das Leben sich in Richtung einer immer größeren Komplexität entwickeln läßt, vorübergehend an ihre Stelle getreten. Der Nestor der amerikanischen Evolutionstheorie, Henry Osborn, Leiter des American Museum of Natural History, bezeichnete diese Kraft als »Aristogenese«; der französische Philosoph Henri Bergson nannte sie *élan vital*; sein Landsmann, der Philosoph und Evolutionstheoretiker Pierre Teilhard de Chardin, sprach von »radialer Energie«. Ungeachtet der unterschiedlichen Begriffe war der Evolutionsmechanismus derselbe: eine nichtphysikalische kosmische Kraft, die die Evolution steuert. Den Evolutionstheoretikern der zwanziger Jahre war der Glaube an die Existenz einer solchen Kraft gemeinsam[28], und es bedurfte nur eines kleinen Schrittes, um diese Kraft mit Gott gleichzusetzen.

In den dreißiger und vierziger Jahren wandte man sich allgemein wieder dem Darwinismus zu, und zwar im Rahmen der Modernen Synthese, die Evolution für nichtzielgerichtete Mechanismen – natürliche Auslese, zufällige genetische Drift, Mutation, Migration und geographische Isolation – hält. Organismen sind das Produkt blind deterministischer Mechanismen im Zusammenspiel mit anderen, die eindeutig zufälliger Art sind. (Wir haben hier, möchte ich ergänzend bemerken, ein weiteres Beispiel dafür, wie die Wissenschaft zu einer vormals verworfenen Theorie zurückkehrt. Eine Rückkehr, für die ich um so dankbarer bin, als die Omegapunkt-Theorie von der Richtigkeit der Modernen Synthese ausgeht; darin liegt sogar eine wesentliche Voraussetzung für das Modell des freien Willens, das ich in Kapitel V entwickle.) Ende der vierziger Jahre war jeder Hinweis auf Gott aus der Evolutionsbiologie verschwunden.

Provine bemerkt: »Meiner Beobachtung nach sind bei weitem die meisten modernen Evolutionsbiologen Atheisten oder haben zumindest eine Einstellung, die dem Atheismus sehr nahe kommt. Dennoch bestreiten atheistische oder agnostische Wissenschaftler in der Öffentlichkeit, es gebe einen Widerstreit zwischen Wissenschaft und Religion. Diese Einstellung entspringt nicht so sehr intellektueller Unredlichkeit als vielmehr pragmatischem Denken. In den Vereinigten Staaten behaupten alle Kongreßabgeordneten, sie seien religiös; viele Wissenschaftler glauben, daß die Wissenschaft weniger öffentliche Fördermittel erhielte, wenn die Allgemeinheit die atheistischen Implikationen der modernen Wissenschaft verstünde.«[29] Die Aussage Steven Weinbergs vor dem amerikanischen Kongreß im Jahre 1987 untermauert diese Ansicht.[30] Es ging damals um die Bewilligung von Geldern zum Bau des SSC (= Super-Conducting Supercollider), eines Zehn-Milliarden-Dollar-Projekts. Ein Kongreßabgeordneter fragte Weinberg, ob der SSC uns in die Lage versetzen würde, Gott zu finden; Weinberg verweigerte eine Stellungnahme zu dieser Frage. Aber eines Tages wird die breite Öffentlichkeit die Schlußfolgerungen der modernen Wissenschaft verstehen und ihrerseits atheistisch werden. Genaugenommen sind die meisten Westeuropäer und eine beachtliche Minderheit der Amerikaner bereits Atheisten: Sie gehen selten, wenn überhaupt, in die Kirche, und der Glaube an einen Gott spielt in ihrem Alltag keine Rolle. Das spricht eine klare und eindeutige Sprache: Wenn die Wissenschaftler keinen hypothetischen Gott brauchen, dann braucht ihn auch niemand anderer. Daß selbst Theologen allmählich zu Atheisten werden, zeigte der amerikanische Philosoph Thomas Sheehan.[31] Gelänge es den Theologen, Wissenschaft und Religion streng voneinander zu trennen, dann würde dies das Ende der Religion bedeuten. Wenn sie überleben will, *muß* die Theologie ein Teilbereich der Physik werden.

Wie bereits erwähnt, steht eindeutig fest, daß das Universum noch Milliarden von Jahren weiterexistieren wird. Denn die Beweise dafür, daß das Universum noch fünf Milliarden Jahre oder länger existieren wird, sind mindestens genauso haltbar wie die Beweise für fünf Milliarden Jahre Existenz der Erde. Unsere Extrapolationen können einfach nicht so falsch sein, daß diese vorhergesagte Langlebigkeit des Universums falsifiziert werden könnte. Mehr noch, sollten die kosmologischen Standardmodelle auch nur annähernd stimmen, wird das Universum – falls es geschlossen ist – noch mindestens 100 Milliarden Jahre (Eigenzeit) und – falls es offen oder flach ist – buchstäblich unendlich lange (Eigenzeit) weiterbestehen. In jedem Fall erleben wir das Universum in einem sehr frühen Stadium seiner Geschichte. Der Großteil des physikalischen Universums liegt in unserer Zukunft, und ohne ein Verständnis dieser Zukunft können wir das gesamte physikalische Universum nicht wirklich verstehen. Diese zukünftige Realität, und insbesondere die fernste Zukunft, das Ende der Zeit, können wir jedoch nur erforschen, wenn dieser Endzustand des physikalischen Universums sich irgendwie auf die Gegenwart auswirkt.

Diese zukünftige Realität kann ich in den Griff bekommen, indem ich die Aufmerksamkeit auf die für die Existenz und das Verhalten von Leben in der fernen Zukunft relevante Physik richte. Ich werde eine physikalische Begründung der Eschatologie – der Erforschung der Letzten Zukunft – vorlegen; dabei gehe ich von der physikalischen Annahme aus, daß das Universum imstande sein muß, Leben unbegrenzt lange aufrechtzuerhalten, das heißt für eine aus der Sicht des im physikalischen Universum existierenden Lebens unendliche Zeit. Alle Naturwissenschaftler sollten diese Annahme ernst nehmen, denn wir brauchen *irgendeine* Theorie für die Zukunft des physikalischen Universums – da es ja fraglos existiert –, und das schönste physikalische Postulat ist: daß ein gänzlicher, umfassender Tod nicht unausweichlich ist. *Sämtliche* anderen Zukunftstheorien postulieren notwendigerweise die letztendliche Auslöschung all dessen, an dem uns etwas liegt. Ich habe einmal ein Nazi-Konzentrationslager besucht; dieses Erlebnis bestärkte mich in der Überzeugung, daß es nichts Häßlicheres gibt als Vernichtung. Wir Physiker wissen: Es ist wahrscheinlicher, daß ein schönes Postulat wahr ist, als daß ein häßliches Postulat wahr ist. Warum also nicht dieses Postulat eines ewigen Lebens übernehmen, zumindest als Arbeitshypothese? In Kapitel II werde ich zeigen, daß das Universum Leben durchaus noch wenigstens eine weitere Million Billionen Jahre aufrechterhalten kann. Im besonderen werde ich aufzeigen, daß es technisch machbar ist, Leben von der Erde aus sich ausbreiten zu lassen, um das gesamte Universum zu vereinnahmen, und daß Leben dies tun *muß*, wenn es überdauern will.

Als erster Physiker trat der Nobelpreisträger Paul Dirac für das Postulat eines ewigen Lebens ein: »Wenn man von meiner Annahme ausgeht ... braucht das Leben nie zu enden. Es gibt keine stichhaltige Beweisführung, wenn man sich zwischen [bestimmten] Annahmen entscheiden muß. Ich ziehe diejenige vor, die die Möglichkeit eines ewigen Lebens zuläßt. Es bleibt zu hoffen, daß diese Frage eines Tages durch unmittelbare Beobachtung entschieden wird.«[32] Es stellt sich heraus, daß das Postulat eines ewigen Lebens die Zukunft ziemlich rigorosen Bedingungen unterwirft. Es erlaubt zudem einige Voraussagen für die Gegenwart, denn die zur Erhaltung von Leben in der fernen Zukunft notwendigen physikalischen Voraussetzungen müssen jetzt schon gegeben sein, da die elementaren physikalischen Gesetze sich nicht mit der Zeit ändern. Die experimentellen Überprüfungen des Postulats werde ich in Kapitel IV beschreiben. Kapitel II wird sich in großen Zügen mit der Evolution des Lebens zwischen der Jetztzeit und der Zeit, wenn sich das Universum zu seiner maximalen Größe ausdehnt, befassen; Kapitel III bietet einen historischen Überblick über die verschiedenen Theorien zur fernen Zukunft des Universums und vertieft damit das Verständnis des Lesers, was ewiges Leben für die Biosphäre als Ganzes bedeutet; ausgehend davon wird Kapitel IV dann die zukünftige Geschichte des Lebens von der Zeit der maximalen Ausdehnung bis zum Ende der Zeit: die Letzte und unendliche Zukunft, erforschen.

Das eigentlich Faszinierende am Postulat eines ewigen Lebens sind jedoch die Folgerungen, die sich ergeben, falls Leben tatsächlich ewig existieren wird: Es muß in dieser Zukunft (allerdings in zwei präzisen mathematischen Bedeutungen, auch in der Gegenwart und in der Vergangenheit) eine allmächtige, allwissende und allgegenwärtige Person geben, die transzendental und zugleich im physikalischen Universum von Raum, Zeit und Materie vorhanden ist. Hinsichtlich des ihr immanenten zeitlichen Aspekts verändert sich die Person (ihr Wissen und ihre Macht nehmen ewig zu), während ihr transzendenter Ewigkeitsaspekt beinhaltet, daß sie immer vollendet und unveränderlich ist. Wie sich dies in physikalischem Zusammenhang darstellt, wird in den Kapiteln II bis IV beschrieben. Die Physik zeigt, daß diese Person in der Letzten Zukunft eine »punktähnliche« Struktur haben wird; ich bezeichne Sie/Ihn daher als den *Omegapunkt*. Vom Mathematischen her ist der Omegapunkt die *Vervollständigung* aller endlichen Existenz. Es wird sich zeigen, daß diese alle endliche Existenz in sich einschließende Vervollständigung aber mehr ist als alle endliche Existenz.

Eine grundsätzliche Frage bleibt bestehen: Ist dieser Omegapunkt-Gott (vorausgesetzt, besagte Person existiert tatsächlich) *der* Gott? Nach allgemeiner Ansicht, ist *der* Gott der nicht geschaffene Schöpfer des physikalischen Universums, ein Wesen, das nicht nur existiert, sondern notwendigerweise existiert, und zwar im streng logischen Sinne von »Notwendigkeit«, was bedeutet, daß die Nichtexistenz dieser Person ein logischer Widerspruch wäre. Nur wenn Gott in keiner Weise kontingent, das heißt zufällig ist, vermeidet man, in die Fragestellung: Wer hat Gott erschaffen? zurückzufallen. Mit der Frage der notwendigen Existenz werde ich mich in Kapitel VIII auseinandersetzen. In Kapitel V analysiere ich den Begriff Kontingenz in der klassischen allgemeinen Relativitätstheorie und in der nichtrelativistischen Quantenmechanik, um diese Analyse im darauffolgenden Kapitel auf die Quantenkosmologie auszudehnen. In beiden Kapiteln werde ich darlegen, inwiefern man von modernen kosmologischen Modellen behaupten kann, daß sie sich in einer physikalischen Existenz selber aufrechterhalten. Ausgehend von den in den vorangegangenen drei Kapiteln entwickelten Ideen, werde ich schließlich in Kapitel VIII beweisen, daß das Universum notwendigerweise existiert – und notwendigerweise seine Existenz aufrechterhält –, wenn und nur wenn in diesem Universum der Omegapunkt existiert. Schließt man sich dieser Beweisführung an, dann existiert der Omegapunkt notwendigerweise, und dann ist darüber hinaus die Letzte Realität personal. Der Omegapunkt entspricht im wesentlichen dem Gott von Tillich und Pannenberg: dem Sein an sich, aber die Seinsweise ist die Zukunft. Damit ist der Omegapunkt *der* Gott, denn mehr Sein als alles Sein kann nicht sein, und dieses Sein verfügt über alle traditionellen göttlichen Attribute.

In Kapitel VII erläutere ich, daß – so widersprüchlich dies anmuten mag – diese notwendige Existenz des Universums, die notwendige Existenz der Abläufe, die es ausmachen, und die Allwissenheit Gottes trotz allem mit einem freien Willen des Menschen vereinbar sind. Im wesentlichen werde ich dabei zeigen, daß die Definition des Indeterminismus und der Willensfreiheit, die der amerikanische Philosoph William James gibt, in der Quantenkosmologie physikalisch realisiert werden kann. Dieser physikalische Indeterminismus kann nur im Kontext von Quantengravitation entstehen und ist somit etwas ganz anderes als der »Indeterminismus«, der sich aus der Unbestimmtheitsrelation ergibt. (Nichtrelativistische Quantenmechanik ist in Wirklichkeit deterministisch.) Diese neue Art physikalischen Indeterminismus' wurde in den achtziger Jahren entdeckt und ist im wesentlichen eine Schlußfolgerung aus Gödels Unvollständigkeitssatz. Am Ende des VII. Kapitels werde ich dartun, wie man bei sorgfältiger Definition jedes einzelnen Wortes der Aussage »Gottes freie Entscheidung« im Sprachgebrauch der Physik beweisen kann, daß in der Omegapunkt-Theorie das Universum (= alles, was existiert) in dem speziellen Sinne kontingent ist, als es durch Gottes freie Entscheidung (freie Entscheidungen) bedingt (von ihm erschaffen) ist, obwohl es notwendigerweise existiert. Der scheinbare Widerspruch zwischen Zufall und Notwendigkeit läßt sich vermeiden, wenn man die traditionell scharfe Unterscheidung zwischen Gott und der übrigen Realität aufgibt. In der Omegapunkt-Theorie läßt sich diese scharfe Unterscheidung nicht treffen, die, wie ich weiter oben ausgeführt habe, unweigerlich in gnostische Häresie mündet. Genauer gesagt, sie *ist* die gnostische Häresie: die Vorstellung eines ganz anderen Gottes, der absolut nichts mit unserer irdischen Welt zu tun hat. Zudem führt diese Unterscheidung indirekt zum Problem des Bösen, und in Kapitel X werde ich zeigen, wie dieses Problem sich im Rahmen der Omegapunkt-Theorie auf ganz selbstverständliche Weise löst.

Wolfhart Pannenberg sprach von der Möglichkeit, daß ein bislang unentdecktes universelles physikalisches Feld existiere (analog der »radialen Energie« Teilhards), das man als die Quelle allen Lebens betrachten und mit dem Heiligen Geist gleichsetzen könne.[33] Es gibt keine unentdeckten »Energiefelder«, die für die Biologie von Bedeutung sein könnten; das schließen der Energieerhaltungssatz und die Höhe der Energieniveaus in der Biologie aus. Dennoch werde ich in Kapitel VI beweisen, daß die *universelle* Wellenfunktion (vorausgesetzt, sie genügt einer »Omegapunkt«-Randbedingung) ein universelles Feld darstellt, das im wesentlichen die Eigenschaften von Pannenbergs angeblichem neuen »Energie«feld hat. Die Omegapunkt-Randbedingung (welche die Wellenfunktion explizit personalisiert) und Tillichs Erkennen der Beziehung zwischen Gott und Sein legen es nahe, die personalisierte Wellenfunktion mit dem Heiligen Geist zu identifizieren. Wenn man diese Gleichsetzung herstellt, ist es in physikalischem Sinne vernünftig zu sagen, daß Gott überall in der Welt ist, und daß er zu jeder Zeit bei uns ist, neben uns steht. Weiter oben habe ich bereits darauf hingewiesen, daß diese Gegenwärtigkeit eine wesentliche Eigenschaft des Christengottes ist.

In den Kapiteln II bis VIII steht die Physik – die grundlegenden Fakten – eines unendlich sich fortsetzenden Überlebens im Mittelpunkt. Der Christengott ist jedoch weit mehr als der Gott des Philosophen und des Physikers. Er ist der Gott der Liebe und der Gnade, ein Gott, der jedem einzelnen menschlichen Wesen ewiges Leben schenkt. Der Schweizer Theologe Karl Barth hat darauf hingewiesen, daß für den heiligen Paulus die Worte »Auferstehung der Toten« nichts anderes als ein Synonym für »Gott« seien.[34] In den Kapiteln IX und X werde ich darlegen, daß der Omegapunkt physikalisch die Macht hat, alle Menschen, die je gelebt haben, auferstehen zu lassen und ihnen ein ewiges Leben zu gewähren. Kurz gesagt, der physikalische Mechanismus der individuellen Auferstehung ist die Emulation aller seit langem toten Personen – und ihrer Welten – in den Computern der fernen Zukunft. In Kapitel IX will ich zeigen, daß wir und unsere Computeremulationen ein und dieselben Personen *sind*. In Kapitel X führe ich einen auf dem Überlebensmechanismus einer jeden Lebensform in der fernen Zukunft gründenden Plausibilitätsbeweis – einen Beweis, der (1) von der auf die biologische Evolution angewandten Spieltheorie und (2) von der Mikroökonomie ausgeht – dafür, daß der Omegapunkt uns tatsächlich auferstehen lassen und uns ein ewiges Leben gewähren wird. Bemerkenswerterweise reduziert sich die Beweisführung darauf, daß uns ein ewiges Leben geschenkt wird, weil es wahrscheinlich ist, daß der Omegapunkt uns liebt! Infolgedessen ist der Letzte Grund für ein ewiges Leben der Menschen genau derselbe wie in der jüdisch-christlich-islamischen Tradition: Gottes selbstlose Liebe, die im Griechisch des Neuen Testaments *agape* (ἀγάπη) genannt wird. Jeder einzelne von uns wird in einem neuen Himmel und auf einer neuen Erde aufs neue leben.

Laut der modernen Physik wie auch der alten semitischen Naturphilosophie ist die menschliche Persönlichkeit nicht von Natur aus unsterblich: Sie stirbt mit dem Körper. Wie Wolfhart Pannenberg es in seiner Erörterung der allgemein akzeptierten Bedeutung der christlichen Hoffnung auf Auferstehung formuliert:

> »Der Gegensatz zum griechischen Denken, das sich ein Leben über den Tod hinaus nur als Fortleben der vom Leibe getrennten Seele vorstellen konnte, äußert sich in der besonderen Akzentuierung der Formulierung des Bekenntnisses, die von einer Auferstehung des *Fleisches* spricht.«[35]

Daher behaupten beide, die Omegapunkt-Theorie und das Christentum, daß wir ein für allemal stürben, wäre da nicht der zukünftige bewußte Akt Gottes, der Akt des Omegapunkts, ein Akt der »wesentlich freien, personalen, ungeschuldeten Huld«, um die Definition von »Gnade« des berühmten katholischen Theologen Karl Rahner zu zitieren.[36] In Kapitel XI werde ich die Vorstellungen vom Leben nach dem Tode im frühen Taoismus, in Hinduismus, Judentum, Christentum und Islam erörtern. In allen diesen Lehren gehört die Auferstehung des Leibes in irgendeiner Form zu ihrem Bild vom ewigen Leben, so daß sie im großen und ganzen mit dem Auferstehungsmodell der Omegapunkt-Theorie übereinstimmen.

Gegenstand der Kapitel IX und X ist die Analyse der physikalischen Beschaffenheit des Auferstehungsleibes und der Art von Leben, dessen die auferstandenen Wesen sich erfreuen werden. Ich werde aufzeigen, daß der heilige Paulus mit seinem Begriff des »Geistleibes« den Auferstehungskörper ganz richtig beschreibt: Er ist zugleich materiell und immateriell, und zwar weil – in der Sprache der Informatik – der auferstandene Körper unser derzeitiger Körper auf einer höheren Vollzugsebene ist (was dies genau bedeutet, wird in den Kapiteln II und X erörtert). Tatsächlich hat der Auferstehungsleib viele grundlegende Eigenschaften mit Jesu nachösterlichem Leib, wie er im Lukas-Evangelium beschrieben ist, gemein. Das Leben der auferstandenen Toten wird von weit höherer Qualität sein als jenes, das praktisch jeder gegenwärtig lebt oder in der Vergangenheit gelebt hat; das gewährleistet Gottes Liebe zu uns. Wie im einzelnen dieses Leben aussehen wird, hängt allerdings davon ab, ob der Omegapunkt sich für die Aufhebung unserer angeborenen Endlichkeit entscheidet. Wenn ja, dann könnte das Leben der Auferstandenen ein fortwährendes individuelles Werden sein, die Erforschung der unerschöpflichen Wirklichkeit, die der Omegapunkt ist. Jedenfalls zeigt dies, daß in der fernen Zukunft Reiche existieren werden, die man durchaus zutreffend als »Himmel« und »Fegefeuer« beschreiben kann. Die Existenz oder Nichtexistenz einer »Hölle« hängt davon ab, ob die menschliche Endlichkeit aufgehoben wird und ob ein bestimmtes endliches, duales Spiel mit vollkommener Information einem bestimmten Spieler eine reine Gewinnstrategie bietet.

Für real existierende Bereiche gibt es Karten. Jede Bibliothek verfügt über solche Karten von Deutschland, China oder Italien. Die Menschen des Mittelalters glaubten wirklich, Himmel, Hölle und Fegefeuer seien genauso real wie Italien oder China. Dante hatte seine *Göttliche Komödie* ganz ernsthaft als eine Art Straßenkarte für Himmel, Hölle und Fegefeuer gedacht, und seine Zeitgenossen faßten sie auch so auf. Da – die Stichhaltigkeit der Omegapunkt-Theorie vorausgesetzt – der Himmel, das Fegefeuer und möglicherweise die Hölle in der Zukunft tatsächlich existieren werden, kann man eine skizzenhafte Raumzeit-Karte dieser Reiche anfertigen. Ein Exemplar finden Sie in Kapitel X.

Man kann im Rahmen der Omegapunkt-Theorie eine Christologie entwickeln, sie ergibt sich aber nicht von selber aus diesem Modell, und in jedem Fall hängt die Christologie von etlichen unwahrscheinlichen Möglichkeiten in der Quantenkosmologie ab. Kapitel XII dreht sich um die Frage, ob die in der westlichen Welt am eingehendsten diskutierte Religion, das Christentum, in die Omegapunkt-Theorie integriert werden kann. Die Antwort lautet kurz und bündig: nicht ohne weiteres. Allerdings sind, wie bereits erwähnt, jene Aspekte des Christentums, die die meisten Menschen in einer Religion suchen – ein personales Wesen, das eines Tages sie und ihre Lieben zu ewigem Leben im Himmel auferstehen läßt –, grundlegende Eigenschaften der Omegapunkt-Theorie. In Kapitel XI werde ich sogar darlegen, daß die Omegapunkt-Theorie nur mit jenen Grundzügen von Religion in Einklang steht, die sich in allen großen Weltreligionen finden. Von keiner einzigen Religion läßt sich behaupten, sie stimme weitestgehend mit der Omegapunkt-Theorie überein.

Statt dessen bietet die Omegapunkt-Theorie allen großen Religionen der Menschheit ein solides, tragfähiges Fundament. Den Kern aller Religionen bildet der Glaube an einen höchsten personalen Gott, Der/Die uns allen auf irgendeine Weise Unsterblichkeit verleihen wird. Dementsprechend sind die wichtigsten Kapitel dieses Buches Kapitel IV, das die grundlegende Physik des Omegapunkts beschreibt, und Kapitel IX, in dem der Mechanismus der individuellen Auferstehung zum ewigen Leben umrissen ist.

Ich möchte noch einmal betonen, daß es sich bei der Omegapunkt-Theorie einschließlich der Auferstehungstheorie um reine Physik handelt. Die Theorie beinhaltet nichts Übernatürliches, daher wird nirgends auf Glauben Bezug genommen. In Wirklichkeit hatte die Theorie ihren Ursprung im atheistischen wissenschaftlichen Materialismus: Die Forschungsrichtung, die zur Entwicklung der Omegapunkt-Theorie führte, nahm, wie ich in Kapitel III darlegen werde, mit dem Marxisten John Bernal ihren Anfang. Etwa zur gleichen Zeit entdeckten ich[37], der Informatiker Hans Moravec[38] und der Philosoph Robert Nozick[39] unabhängig voneinander den Auferstehungsmechanismus. Diese gleichzeitige Entdeckung legt zwingend den Schluß nahe, daß »ewiges Leben als Physik« eine Idee ist, für die die Zeit einfach reif ist. Die Schlüsselbegriffe der jüdisch-christlich-islamischen Tradition sind zu wissenschaftlichen Begriffen geworden. Vom Standpunkt der Physik ist Theologie nichts anderes als physikalische Kosmologie, die von der Annahme ausgeht, daß Leben als Ganzes unsterblich ist.

II. Die äußersten Grenzen der Raumfahrt

Die Eroberung des Weltraums durch den Menschen und die intelligente Maschine

Wenn die Spezies Mensch – oder überhaupt irgendein Teil der Biosphäre – auf Dauer überleben will, muß sie schließlich die Erde verlassen und den Raum kolonisieren. Denn Tatsache ist, *die Erde ist zum Untergang verdammt*. Mit jedem Tag nimmt die Leuchtkraft der Sonne zu, und in etwa sieben Milliarden Jahren wird sich ihre äußere Atmosphäre so weit ausgedehnt haben, daß sie die Erde verschlingt. Aufgrund der atmosphärischen Reibung wird die Erde dann spiralig in die Sonne hineingezogen werden und verdampfen. Ist es dem Leben bis dahin nicht gelungen, den Planeten zu verlassen, wird es ebenfalls untergehen. Die physikalische Zerstörung der gesamten Erde ist jedoch nicht die einzige Gefahr, die der Biosphäre droht. In dem Maße, in dem die Leuchtkraft der Sonne zunimmt, heizt sich die Oberfläche der Erde auf, so daß sie schließlich für Leben zu heiß wird; darüber hinaus verwittern Silikatfelsen schneller, so daß die Menge des atmosphärischen Kohlendioxids unter das kritische Niveau für Photosynthese fällt. Eine dieser beiden Auswirkungen wird in – von jetzt an gerechnet – 900 Millionen bis 1,5 Milliarden Jahren die gesamte Biosphäre auslöschen.[1] Zugegeben, die Zahlen sind in menschlichem Maßstab riesig, aber wir befassen uns in diesem Buch nun einmal mit den Letzten Fragen, also müssen wir uns auch der Frage stellen, was die Biosphäre tun muß, um ihr letztendliches Überleben zu sichern. Die Antwort ist klar und eindeutig: Sie muß die Erde verlassen und das Weltall kolonisieren.

Wir wollen uns der Ansicht vieler Umweltschützer anschließen und die Erde als *Gaia*, die Mutter allen Lebens, betrachten (was sie in der Tat ist). Wie alle Mütter ist auch Gaia nicht unsterblich und wird eines Tages enden. Ihre Nachkommenschaft *könnte* jedoch unsterblich sein. Genaugenommen stammt jedes gegenwärtig auf der Erde existierende Lebewesen in direkter Linie von einzelligen Organismen ab, die vor 3,5 Milliarden Jahren gelebt haben. Das Alter der Nachkommenschaft dieser uralten Organismen, unserer Vorfahren, entspricht einem beträchtlichen Bruchteil des Alters des gesamten Universums, das man auf ungefähr zwanzig Milliarden Jahre ansetzt. Es könnte also durchaus sein, daß Gaias Kinder nie aussterben – vorausgesetzt, sie dringen in das Weltall vor. Man sollte die Erde als Schoß allen Lebens betrachten – aber man bleibt schließlich nicht ewig im Mutterleib.

In diesem Kapitel will ich beschreiben, wie Leben aus dem Erdenschoß in den gesamten Kosmos vordringt. Anhand einer einigermaßen detaillierten Analyse werde ich vorführen, daß es Leben physikalisch – indem es sich einer Technologie bedient, die nur um ein weniges weiter fortgeschritten ist als die jetzige – möglich ist, sich auf das gesamte Universum auszudehnen und die Kontrolle darüber zu erlangen. Dieser Vorgang wird dann abgeschlossen sein, wenn das Universum seine maximale Größe erreicht (was, aus Gründen, die ich in Kapitel IV anführen werde, in 5×10^{16} bis 5×10^{18} Jahren der Fall sein wird). In diesem Kapitel will ich nun zeigen, wie dies im einzelnen geschehen kann. Es umreißt die Geschichte des Lebens – falls es fortbesteht – zwischen der Jetztzeit und der Zeit der maximalen Ausdehnung. In Kapitel IV werde ich diese Geschichte bis zum Ende der Zeit – bis zum Omegapunkt – fortsetzen.

Bereits jetzt verfügen wir über die erforderliche Raketentechnologie, um unsere Galaxie zu erforschen und zu kolonisieren. Einige unserer Raumsonden haben sogar schon das Sonnensystem verlassen und durchfliegen den interstellaren Raum. Was uns fehlt, ist nicht die Technologie für solche Vorstöße, sondern die entsprechende Computertechnologie.

Da die Sterne Lichtjahre voneinander entfernt sind, muß jedes bemannte oder unbemannte interstellare Raumfahrzeug völlig autark sein. Selbst bei Lichtgeschwindigkeit würde es Jahre dauern, bis Ersatzteile und Anweisungen, wie auf unvorhergesehene Ereignisse in anderen Sternensystemen zu reagieren ist, dorthin gelangen. Ad-hoc-Entscheidungen könnten nur von einem bemannten Raumfahrzeug oder von einer Robotersonde, die von einem Computer mit menschlichem Intelligenzniveau gesteuert wird, getroffen werden. Da die Nutzlast eines völlig autarken bemannten Raumfahrzeugs eine enorme Masse hätte, ist eine intelligente Robotersonde vorzuziehen. Sie würde genügen, um Leben auf andere Sternensysteme zu transportieren, zumal sie DNA-Sequenzen für menschliche und andere Formen terrestrischen Lebens in ihrem Speicher codieren und diese Information dann nutzen könnte, um lebende Zellen dieser Lebensformen in den Sternensystemen zu erzeugen.

Kann eine Maschine intelligent sein?

Die Annahme, daß wir Menschen schließlich und endlich in der Lage sein werden, eine intelligente Maschine zu konstruieren, wird als »starkes KI-Postulat« bezeichnet: KI steht für künstliche Intelligenz. In Gesprächen mit Informatiklaien ist mir aufgefallen, daß eine Mehrheit, vielleicht sogar eine große Mehrheit, diese Annahme sehr bezweifelt[2] – und um eine Annahme handelt es sich, zumal wir ganz offenkundig derzeit nicht imstande sind, eine solche Maschine zu bauen. Als erstes möchte ich mich mit der Frage befassen, ob die Konstruktion einer solchen Maschine technisch machbar ist, und dann auf die völlig unbegründete Furcht vor einem Frankensteinschen Monster eingehen: Selbst wenn wir eine solche Maschine konstruieren könnten, sollten wir dies besser nicht tun, da sie sich gegen uns, ihre Schöpfer, wenden würde.

Erstens: Woher wüßten wir, ob es uns gelungen ist? Woher wüßten wir, ob ein Computer tatsächlich intelligent ist? Da wir gerade dabei sind: Woher wissen wir eigentlich, ob ein Mensch, der uns gegenübersteht, intelligent ist? Möglicherweise leidet er an einem Gehirnschaden und kann deshalb nicht denken. Unglückseligerweise gibt es solche Leute. Beim Menschen ist die Antwort einfach: Man redet mit ihm. Wenn er auf eine ihm gestellte Frage eine zusammenhängende Antwort gibt, ziehen Sie sofort den Schluß, daß er sich vermutlich im Vollbesitz seiner geistigen Kräfte befindet. Nun gibt es aber geistige Defekte, die bei einem kurzen Wortwechsel nicht erkennbar werden. Also unterhalten Sie sich des öfteren mit der betreffenden Person. Nach Tagen oder Wochen oder *Jahren* des

Gesprächs mit dem anderen *wüßten* Sie dann, ob irgendwelche geistigen Defekte vorliegen.

Der bedeutende englische Informatiker Alan Turing machte den Vorschlag, bei Computerintelligenz nach denselben Kriterien vorzugehen: Wenn man mit der Maschine reden – *wirklich* mit ihr reden, wie mit einem normalen menschlichen Wesen ein Gespräch führen – kann, dann *ist* die Maschine intelligent. Wenn sich die Maschine nach Jahren der Interaktion verhält, als hätte sie Personalität, Bewußtsein (und Gewissen), dann hat sie diese auch. Dieser Algorithmus[3] (Verfahren), mit dem man feststellt, ob ein Computer intelligent ist, wird als *Turing-Test* bezeichnet. Als Turing in den fünfziger Jahren den Test zur Diskussion stellte, vermochten Computer noch nicht gesprochene Sprache hervorzubringen; sie konnten die Antwort auf eine Frage lediglich auf Papier ausdrucken oder auf einem Monitor sichtbar machen. Turing schlug daher vor, den Test auf folgende Weise durchzuführen: Angenommen, wir haben zwei Räume; in dem einen befindet sich ein Mensch, im anderen steht ein Computer. Außerhalb der beiden Räume werden ein Monitor und eine Tastatur installiert. Vom Bildschirm und der Tastatur führen Drähte in beide Räume; diese Drähte sind mit einem zweiten Monitor und einer zweiten Tastatur in dem Zimmer mit dem Menschen sowie direkt mit dem Computer in dem anderen Raum verbunden. Die Räume sind voneinander isoliert, so daß eine Person außerhalb nicht weiß, in welchem Raum der Computer steht und in welchem sich der Mensch befindet.

Die Person außerhalb versucht jetzt zu erraten, in welchen Raum wer beziehungsweise was ist, indem sie auf ihrer Tastatur Fragen eintippt und die Antworten analysiert. Wenn nach Tagen und Wochen und *Jahren*, in deren Verlauf Botschaften eingetippt und Antworten entgegengenommen wurden, die Person außerhalb nicht sagen kann, in welchem Raum sich der Computer befindet und in welchem der Mensch, dann hat der Computer den Turing-Test bestanden: ein Mensch hat jahrelang mit dem Computer am anderen Ende »geredet«, und da dieser sich wie eine Person verhält, *ist* er eine Person. Der Turing-Test geht davon aus, daß Personalität sich durch Verhalten definiert: Wenn etwas sich in jeder Hinsicht wie eine Person verhält, dann *ist* es eine Person. Bedauerlicherweise gab es in der Vergangenheit immer wieder Leute, deren Ansicht nach es für die Entscheidung, ob ein Wesen eine »Person« sei, der die Menschenrechte in vollem Umfang zustünden, auf die äußere Erscheinungsform ankam. Im 19. Jahrhundert waren viele männliche weiße Europäer überzeugt, alle Nichteuropäer sowie die Frauen aller Rassen seien keine vollwertigen Menschen, und verweigerten ihnen die Menschenrechte. Selbst viele Wissenschaftler (durchweg weiße männliche Europäer) vertraten diese Auffassung. Letztlich war es der auf Frauen und Nichteuropäer angewandte Turing-Test, der diese Wissenschaftler bewog, ihre Meinung zu ändern: Wenn man ihnen die Gelegenheit dazu gab, konnten Frauen und Nichteuropäer jede intellektuelle Aufgabe genausogut (oder besser) bewältigen wie jeder beliebige männliche weiße Europäer. Wenn also weiße männliche Europäer vollwertige Menschen waren, dann galt das gleiche für Frauen und Nichteuropäer. Hoffentlich lernen wir aus unseren Fehlern, so daß es uns gelingt, intelligente Maschinen als Personen zu betrachten. Denn bei der Konstruktion solcher Maschinen geht es nicht darum, daß der Mensch sich anmaßt, »Gott zu spielen«. Vielmehr bietet sie der Menschheit die Gewähr, in Gott aufzugehen.

Allerdings kann heutzutage kein Computer den Turing-Test bestehen. Und es steht mir frei, den Computer auf meinem Schreibtisch zu zertrümmern, ohne daß ich befürchten müßte, deshalb wegen Mordes verhaftet zu werden. Die Frage ist, ob ein Computer *je* den Turing-Test meistern wird und, falls es technisch machbar ist, eine solche Maschine zu konstruieren, wie lange es dauern wird, bis wir dazu imstande sind.

Um diese Frage zu beantworten, müssen wir uns *qua* Computer eine annähernde Vorstellung von der Komplexität des menschlichen Gehirns machen. Vereinfacht ausgedrückt, kann man die Komplexität eines Computers anhand zweier Zahlen beschreiben: die eine gibt an, wieviel Information er speichern, die andere, wie schnell er diese Information verarbeiten kann.

Die Speicherfähigkeit des menschlichen Gehirns berechnet sich folgendermaßen[4]: Das Gehirn hat ungefähr 10^{10} Neuronen, von denen jedes über 10^5 Verbindungen zu anderen Neuronen verfügt. Angenommen, jedes *Neuron* codiert ein Bit, dann ergibt das 10^{10} Bits. Angenommen, jede *Verbindung* codiert ein Bit, dann erhält man 10^{15} Bits, da die Obergrenze[5] für die Anzahl synaptischer Verbindungen in der Großhirnrinde und im Kleinhirn bei 10^{15} liegt. Die Neurophysiologen stimmen darin überein, daß die Information im Gehirn irgendwie in den synaptischen Verbindungen gespeichert wird.[6] Von Neurophysiologen durchgeführte Messungen der tatsächlich gespeicherten Informationsmenge liegen zwischen 10^{13} und 10^{16} Bits bei Kindern und zwischen 10^{14} und 10^{17} bei Siebzigjährigen.[7] Die Schätzung zwischen 10^{13} und 10^{17} teilte mir mein Kollege am Institut für Theoretische Physik der Universität Wien, Dieter Flamm, mit. (Während meiner Gastprofessur in Wien 1992 zeigte ich Dieter die obenstehende Berechnung von 10^{10} bis 10^{15} Bits, und er zog einen befreundeten Neurobiologen hinzu, um zu sehen, was Biologen von diesen Zahlen halten. Dieters Freund antwortete: »Ihr Physiker! Immer versucht ihr, das Nichtmeßbare zu messen! Jedenfalls liegt die Speicherkapazität nicht zwischen 10^{10} und 10^{15}, sondern zwischen 10^{13} und 10^{17} Bits!« Der Informatiker Jacob Schwartz schätzt ein Byte (8 Bits) pro Synapse, und kommt auf eine Speicherkapazität des menschlichen Gehirns von ungefähr 10^{17} Bits.[8])

Die andere Zahl, die wir brauchen, bezeichnet die Geschwindigkeit, mit der das Gehirn die Information verarbeitet. Die Geschwindigkeit von Computern gibt man normalerweise in FLOPS an: *F*loating *P*oint *O*perations per *S*econd (Gleitkomma-Rechenoperationen pro Sekunde). Gleitkomma-Rechenoperationen sind Addition, Subtraktion, Multiplikation und Division zweier Zahlen in wissenschaftlicher Schreibweise. Angenommen, wir addieren $3{,}02 \times 10^{10}$ und $5{,}74 \times 10^{9}$. Zu diesem Zweck verschieben wir das Dezimalkomma in der zweiten Zahl, damit im Exponenten die gleiche Zahl, 10, steht (das Dezimalkomma »gleitet«), und addieren die beiden Zahlen; das Ergebnis ist $3{,}59 \times 10^{10}$. (Die 4 lassen wir unter den Tisch fallen, da wir in diesem Fall nur drei Stellen brauchen.) Wenn Ihnen die wissenschaftliche Schreibweise nicht mehr sonderlich vertraut ist, haben Sie für diese Rechnung vielleicht zehn Sekunden gebraucht; in diesem Fall beträgt Ihre Rechengeschwindigkeit 1/10 Flop.

Durchschnittliche Computer sind ein wenig schneller, Ihr PC schafft einige Megaflops (ein Megaflop ist eine *Million* Flops); 1986, als ich über Computer und Gehirn zu schreiben begann, hatte der damals schnellste Supercomputer, der Cray-2, eine Geschwindigkeit von einem Gigaflop (eine *Milliarde* Flops). 1990 hatte die Geschwindigkeit des schnellsten Supercomputers 10 Gigaflops erreicht. Im Januar 1992 lieferte Thinking Machines Inc. einen 100-Gigaflop-Computer, den CM-5, an die Forschungslabors in Los Alamos. Die Kosten für diese Maschine beliefen sich auf zehn Millionen Dollar, ein normaler Preis für einen Supercomputer auf dem heutigen Stand der Technik. Danny Hillis, der wissenschaftliche Leiter bei Thinking Machines Inc., gab damals bekannt, seine Firma sei soweit, einen 2-Tera-Flop-Computer (2 Billionen Flops) zu bauen, sobald jemand 200 Millionen Dollar dafür hinblättere. (Ein Teraflop-Computer wird gelegentlich als Ultracomputer bezeichnet.)

Und wie schnell verarbeitet das Gehirn Informationen? Nun, zu jedem beliebigen Zeitpunkt feuern etwa ein bis zehn Prozent der Neuronen des Gehirns ungefähr hundertmal pro Sekunde. Wenn jedes feuernde Neuron einem Flop entspricht, ergibt die niedrigere Zahl zehn Gigaflops. Entspricht jede Synapse einem Flop pro Feuerung, dann ergibt die höhere Zahl zehn Teraflops. Nach Jacob Schwartz' Schätzungen sind zehn Millionen Flops die Obergrenze der für die Simulation eines einzelnen Neurons erforderlichen Leistung. [9] Wenn dies tatsächlich der Fall ist, wären 100 000 Teraflop erforderlich, um das gesamte Gehirn zu simulieren. Allerdings räumt Schwartz ein, diese Schätzung sei wahrscheinlich zu hoch gegriffen. Ausgehend von einer sorgfältigen Analyse der in Netzhaut und Sehnerv verarbeiteten Information, schätzt der Informatiker Hans Moravec, daß das menschliche Gehirn insgesamt Information in der Größenordnung von 10 Teraflops verarbeitet.[10]

Wir wollen von 10^{15} Bits und zehn Teraflops als den derzeit bestmöglichen Schätzungen für die Speicherkapazität beziehungsweise die Geschwindigkeit der Informationsverarbeitung im menschlichen Gehirn ausgehen. Bereits heute gibt es Maschinen, die 10^{15} Bits codieren können, also bildet die Geschwindigkeit das eigentliche Hindernis für den Bau einer Maschine, die den Turing-Test bestehen kann. Wie lange wird es dauern, um zehn Teraflops zu erreichen?

Nicht lange. Nach einhelliger Meinung der Experten müßten unsere schnellsten Supercomputer im Jahre 2002 bei 1000 Teraflops angelangt sein.[11] Das entspräche dem Steigerungsfaktor 100 in den letzten sieben Jahren. Moravec zeigte, daß in den letzten vierzig Jahren die Computergeschwindigkeiten alle zwanzig Jahre um den Faktor 1000 zunahmen.[12] Gegen Ende des Jahrzehnts müßte es demnach Computer geben, die Informationen genauso schnell verarbeiten können wie das menschliche Gehirn. Moravec wies außerdem darauf hin, daß Schreibtischcomputer innerhalb von dreißig Jahren die gleiche Leistung erreichen wie die schnellsten damals verfügbaren Maschinen.[13] Wenn dieser Trend sich weiter fortsetzt, können wir damit rechnen, daß wir im Jahre 2030 PCs mit einer dem menschlichen Gehirn entsprechenden Verarbeitungskapazität zu einem dem heutigen vergleichbaren Preis kaufen können. Die meisten Menschen mittleren Alters und jüngere werden dies also noch erleben. Beachten Sie, daß meine Schätzungen, falls ich mich hinsichtlich der Obergrenze irre und ein den Turing-Test meisternder Computer 10^{17} Bits und 100 000 Teraflops braucht (wie einige Informatiker und Neurobiologen glauben), lediglich um den Faktor 100 zu niedrig liegen, es also nur *sieben* Jahre länger dauern würde, um Computer mit dieser Leistung und diesem Internspeicher zu entwickeln. Und sieben Jahre fallen nun wirklich kaum ins Gewicht. Die Evolution hat mindestens 3,5 Milliarden Jahre gebraucht, um aus Einzellern uns Menschen hervorzubringen.

Natürlich glauben viele Leute, wir werden es nie fertigbringen, eine intelligente Maschine zu konstruieren. Am häufigsten werden die Argumente zweier Gelehrter, des theoretischen Physikers Roger Penrose und des Philosophen John Searle, ins Feld geführt; daher will ich mich an dieser Stelle mit ihnen befassen.

Völlig zu Recht unterstreicht Penrose, Gödels Theorem beweise, daß alle Computer, gleichgültig wie leistungsfähig sie seien, grundlegenden Einschränkungen unterlägen. Dann behauptet er, meines Erachtens zu Unrecht, für Menschen gälten diese Einschränkungen nicht.

Gödels Theorem geht von einer Äußerung des heiligen Paulus in einem Brief an Titus aus: »Es hat einer von ihnen gesagt: Die Kreter sind immer Lügner…« (Tit 1,12). Das Interessante an dieser Äußerung, die Paulus einem Kreter zuschreibt, ist, daß sie falsch ist, wenn sie wahr ist. Bei einem ähnlichen Satz: »Diese Feststellung ist falsch«, gilt wiederum, daß diese Feststellung, wenn sie wahr ist, falsch ist, aber zusätzlich, daß sie, wenn sie falsch ist, wahr ist. In beiden Fällen ergibt sich das Paradox aus der Rückbezüglichkeit: Beide Sätze wollen etwas über sich selber aussagen.

Der Logiker Kurt Gödel zeigte in den dreißiger Jahren, daß die gesamte Theorie der Arithmetik – jene Theorie der Arithmetik, mit der wir alle vertraut sind und die Addition, Subtraktion, Multiplikation und Division umfaßt – eine rückbezügliche Aussage beinhaltet, die besagt: »Diese Aussage ist nicht beweisbar.« Wenn dies wahr ist, dann ist die Aussage selbst unbeweisbar, und die Arithmetik ist unvollständig – eine Theorie gilt dann als *unvollständig,* wenn sie eine wahre Aussage enthält, die aus den Axiomen der Theorie nicht bewiesen werden kann. Hingegen wäre, wenn die Aussage falsch ist, die Arithmetik logisch inkonsistent, da diese Aussage einer Aussage der Arithmetik entspricht. Eine weitere Schlußfolgerung aus dieser Argumentation ist, daß die Arithmetik, wenn sie konsistent ist, unvollständig und folglich unentscheidbar sein muß – eine Theorie wird als *unentscheidbar* bezeichnet, wenn es keinen Algorithmus gibt, der entscheiden kann, ob eine beliebige Aussage der Theorie wahr oder falsch ist. Ein *Algorithmus* ist nichts weiter als ein Verfahren, das zu einem Ergebnis führt, sofern es eines gibt. Wenn ich Sie beispielsweise frage: »Was kommt heraus, wenn Sie 52 mit 27 multiplizieren?«, dann ist das Verfahren, das Sie in der Grundschule gelernt haben, um zwei Zahlen miteinander zu multiplizieren, ein »Algorithmus«, mit dem Sie arbeiten können, um die korrekte Antwort, »1404«, zu erhalten. Ein Problem, für dessen Lösung es einen Algorithmus gibt, wird als *lösbar* bezeichnet. Das Problem, zwei Zahlen miteinander zu multiplizieren, ist lösbar, und Sie kennen einen Algorithmus, das zu bewerkstelligen. Ein unlösbares Problem ist eines, für dessen Lösung kein Algorithmus existiert.

Was hat das Gödelsche Theorem mit den Einschränkungen zu tun, denen Computer unterliegen? Es stellt sich heraus, daß Gödels Theorem im wesentlichen der Unlösbarkeit des Halteproblems eines Computers entspricht.

Wenn wir ein mathematisches Problem mit Hilfe eines Computers lösen wollen, suchen wir ein bestimmtes Programm aus, lesen es in den Computer ein und drücken auf die »Start«-Taste. Ist das Problem lösbar, und haben wir das richtige Programm gewählt, dann druckt der Computer nach einer gewissen Zeit das Ergebnis aus und bleibt stehen. Wir sagen dazu, das Programm hat angehalten. Nehmen wir einmal an, der Computer quält sich schon seit Tagen mit dem Problem herum, und es ist keine Antwort in Sicht. Allmählich werden wir unruhig. Möglicherweise ist das Problem unlösbar, oder vielleicht haben wir das falsche Computerprogramm ausgesucht. Sollte eines von beiden zutreffen, wird der Computer sich ewig mit diesem Problem herumschlagen und nie die richtige Antwort geben: er wird nie anhalten. Nun würden wir gerne das Halteproblem lösen: einen einzelnen Algorithmus finden, der uns sagt, ob ein bestimmtes Programm, das ein bestimmtes Problem bearbeitet, schließlich anhalten wird.

Turing bewies, daß das Halteproblem unlösbar ist: Es gibt keinen Algorithmus, um zu entscheiden, ob ein Programm je anhält oder nicht. Daß das Halteproblem unlösbar ist, läßt sich ganz einfach beweisen. Betrachten Sie alle »berechenbaren Funktionen« – eine *Funktion* ist eine Regel f, die jeder ganzen Zahl N eine andere ganze Zahl f(N) zuordnet, und eine *berechenbare Funktion* ist eine, für die die Zahl f(N) von einem Programm für jedes beliebige N berechnet werden kann. Da jedes Computerprogramm nichts weiter als eine endliche Folge von Zahlen ist, können wir alle diese Programme der Reihe nach auflisten (1, 2,...), wobei 1 das erste Programm, 2 das zweite und so weiter ist. Ist eine Funktion eine berechenbare Funktion, dann muß sie sich ebenfalls als endliche Folge von Zahlen darstellen lassen, so daß wir alle berechenbaren Funktionen ebenso auflisten können wie alle Programme. Wir wollen eine spezielle rückbezügliche Funktion G(N) so definieren, daß sie entweder 1 mehr als der Wert der Nten berechenbaren Funktion in der für die Zahl N aufgestellten Liste oder aber 0 ist, wenn dieser Wert nicht definiert ist, weil das Nte Computerprogramm nie anhält, wenn die Zahl N sein Input ist. Als erstes stellen wir fest, daß G(N) selber keine berechenbare Funktion sein kann, denn wenn das Nte Computerprogramm sie berechnen würde, hätten wir G(N) gleich G(N) + 1, und das ist unmöglich. Die einzige Möglichkeit, wie die Funktion G nicht berechenbar sein kann, ist jedoch, daß es unmöglich ist zu entscheiden, ob das Nte Programm anhält, wenn N sein Input ist.

Wenn Sie diese Beweisführung nachvollzogen und eingesehen haben, daß sie stimmt (sie stimmt tatsächlich), dann haben Sie die Maschine, die Sie analysiert haben, »ausgegödelt«. Das heißt, Sie haben etwas verstanden, das die Maschine nicht verstehen kann. Penrose zieht daraus den Schluß, daß wir Menschen ein Verständnis für logische Zusammenhänge haben, das Maschinen nicht haben können, und daher kein noch so leistungsfähiger Computer den Turing-Test bestehen kann. Allerdings hat Penroses Beweisführung meiner Ansicht nach eine Schwachstelle: Es gibt nämlich Maschinen, die uns »ausgödeln« können.

Nach meiner Ansicht – und der praktisch aller Informatiker – ist Penroses Argumentation im wesentlichen die gleiche, wie sie vor Jahren der Philosoph John Lucas (Oxford Univerity) vortrug. Während einer Diskussion über *The Nature of the Mind* (Vom Wesen des Denkens), die 1972 an der University of Edinburgh stattfand, kam es zu einem interessanten Schlagabtausch zwischen dem Philosophen Anthony Kenny, Lucas und dem Physiker und Erkenntnistheoretiker Christopher Longuet-Higgins über die Gültigkeit der Lucas-Penrose-Behauptung[14]:

KENNY: »... Sie erinnern sich, daß John Lucas argumentierte, Gehirne seien keine Maschinen, da wir uns, vorausgesetzt, jede beliebige Maschine arbeitet algorithmisch, so etwas Ähnliches wie eine Gödelsche Formel ausdenken könnten, das heißt etwas, das in einer Formel darstellbar ist, deren Richtigkeit zwar wir feststellen könnten, eine Maschine aber nicht beweisen kann. Als John zum ersten Mal diese Argumentation vortrug, erhob einer seiner Kritiker, ich glaube, es war Professor Whiteley, folgenden Einwand. Er sagte: ›Nehmen Sie einmal folgenden Satz: John Lucas kann diese Beurteilung nicht konsistent treffen. Nun‹, fuhr er fort, ›offenkundig kann jeder Mensch außer John Lucas erkennen, daß dies wahr ist, ohne Inkonsistenz. Aber offenkundig kann John diese Beurteilung nicht ohne Inkonsistenz treffen; das zeigt, daß wir alle eine Eigenschaft besitzen, die er nicht hat, und das macht uns ihm genauso überlegen, wie wir alle den Computern überlegen sind...‹«
LONGUET-HIGGINS: ». . . [Lucas] vertrat die Ansicht, Menschen seien irgendwie überlegen, weil sie eine Maschine immer ›ausgödeln‹ können; implizit – allerdings nie explizit – behauptete [Lucas], eine Maschine könne die Menschen nie ›ausgödeln‹. In Wirklichkeit ist es so, daß ich ein Programm schreiben könnte, das die Frage [Whiteleys] an Sie [Lucas] ausdrucken und Sie ›ausgödeln‹ würde.«
KENNY: »Nun, jetzt hat er sich [auf den Standpunkt] zurückgezogen, daß zwischen Menschen und Computern kein anderer Unterschied [besteht] als zwischen einem Menschen und einem anderen Menschen, einem Computer und einem anderen Computer.«
LUCAS: »Jetzt reicht's, obwohl – wenn ich allen Computern so unähnlich bin, wie ich Kenny unähnlich bin, dann kann ich sicher sein, daß ich das, was ich immer zu sein geglaubt habe, auch bin.«

Penroses Version dieser Beweisführung wurde in einer Besprechung von *The Emperor's New Mind* von dem berühmten Informatiker John McCarthy, dem Erfinder der wichtigen Computersprache LISP, widerlegt[15]:

»Der Penrose-Beweis gegen KI… besteht darin, daß ein Mensch, nach welchem System von Axiomen auch immer ein Computer programmiert ist, beispielsweise auf die Zermelo-Fraenkelsche Mengenlehre, einen Gödelschen Satz für das System formulieren kann, der wahr, aber innerhalb des Systems nicht beweisbar ist.

Die einfachste Antwort auf Penrose ist, daß die Bildung eines Gödelschen Satzes aus einem bewiesenen Ausdruck nichts weiter als ein einliniges LISP-Computerprogramm ist. Stellen Sie sich einen Dialog zwischen Penrose und einem mathematischen Computerprogramm vor:

PENROSE: Sag mir, mit welchem logischen System du arbeitest, und ich sage dir einen wahren Satz, den du nicht beweisen kannst.

PROGRAMM: Sag mir, mit welchem logischen System du arbeitest, und ich sage dir einen wahren Satz, den du nicht beweisen kannst.

PENROSE: Ich arbeite nicht mit einem festgelegten logischen System.

PROGRAMM: Ich kann mit jedem beliebigen System arbeiten, obwohl ich meistens ein System benutze, das auf einer Variante von ZF beruht und in den achtziger Jahren aus der Arbeit von David McAllester entwickelt wurde. Soll ich dir ein Handbuch ausdrucken? Dein Vorschlag läuft auf einen Wettbewerb hinaus, wer die größte Zahl benennen kann; ich fange an.«

Penrose führt noch ein weiteres Argument für seine Auffassung an, daß das menschliche Denken kein Computerprogramm sein könne: Es fällt ihm schwer, sich vorzustellen, wie ein solches Programm entstanden sein könnte. Dabei beschreibt Penrose selber den Mechanismus!

»Wenn wir annehmen, daß die Tätigkeit des menschlichen Gehirns… bloß im Ausführen einiger höchst komplizierter Algorithmen besteht, dann müssen wir fragen, wie ein derart effektiver Algorithmus eigentlich entstanden ist. Die klassische Antwort lautet selbstverständlich: ›Durch natürliche Selektion.‹ Als sich Lebewesen mit Gehirn entwickelten, hatten diejenigen mit den effektiveren Algorithmen eine bessere Überlebenschance und darum insgesamt mehr Nachkommen… Man könnte sich irgendeine Art von natürlichem Selektionsprozeß vorstellen, der annähernd gültige Algorithmen zu produzieren vermag.«[16]

Allerdings »fällt es« Penrose »sehr schwer, das zu glauben«[17]. Zumal er meint, (1) jegliche Auslese könne nur auf die Outputs der Algorithmen und nicht auf die Algorithmen selber einwirken und (2) »die geringste ›Mutation‹ machte einen Algorithmus höchstwahrscheinlich völlig unbrauchbar, und es ist kaum einzusehen, wie auf diese zufällige Weise jemals tatsächlich verbesserte Algorithmen entstehen könnten«.[18]

Die Problematik dieser beiden Einwände ist, daß sie, falls sie zuträfen, die moderne Theorie der biologischen Evolution widerlegen würden. Alle Lebewesen werden von in DNA-Molekülen codierten Programmen hervorgebracht. Diese DNA-Programme entstanden auf genau die Weise, die Penrose »zu glauben sehr schwerfällt«. Biologische natürliche Auslese kann in der Tat nur auf den biologischen Organismus als Ganzen und nicht unmittelbar auf die DNA-Programme einwirken. Darüber hinaus bedeutet die Mutation eines Gens fast immer eine Veränderung zum Schlechteren hin. Und doch hat natürliche Auslese durch die Einwirkung auf solche Mutationen (sowie andere zufällige Veränderungen im Genpool) den menschlichen Genotypus hervorgebracht. Selbst wenn man die Komplexität des menschlichen Denkens außer acht läßt, stellt schon allein der menschliche Körper als solcher eine wundervoll komplexe Maschine dar, komplexer, in höherem Maße in Übereinstimmung mit der Realität (das heißt besser zum Überleben geeignet) und schöner als jede Frucht des menschlichen Geistes. So schön und so komplex ist der menschliche Körper, daß man, bis Darwin das Gegenteil bewies, glaubte, er sei unmittelbar von einer übermenschlichen Person, Gott selber, geschaffen worden. Da wir wissen, daß natürliche Auslese, die auf zufällige Mutation einwirkt, kreativer sein kann und kreativer war als alles menschliche Denken, scheint es vollkommen wahrscheinlich, daß der menschliche Verstand Ideen hervorbringen und selber durch den gleichen Mechanismus hervorgebracht worden sein kann.

Penrose ist klar, daß sich seine Gründe, weshalb er nicht an die natürliche Ausbildung eines Denkprogramms glaubt, auch gegen die moderne biologische Evolutionstheorie richten würden:

> »Von meiner Warte aus birgt Evolution mit ihrem augenscheinlichen ›Tasten‹ nach einem künftigen Zweck nach wie vor ein Geheimnis. Zumindest scheinen die Dinge sich etwas besser zu

organisieren, als sie es – bloß aufgrund einer Evolution durch blinden Zufall und natürliche Selektion – eigentlich ›sollten‹. Es könnte durchaus sein, daß dieser Schein trügt.«[19]

Der Schein trügt in der Tat. Die Algorithmen des menschlichen Denkens und der menschlichen DNA werden beide von »einer Evolution durch blinden Zufall und natürliche Auslese« hervorgebracht. Die Entwicklung zufälliger Algorithmen, etwa »genetischer Algorithmen«, zeigt, wie sehr der Schein trügen kann. Genetische Algorithmen sind Computerprogramme, um Lösungen mit Hilfe genau des Mechanismus zu finden, der für Penrose »sehr schwer zu glauben« ist. Und im Schnitt finden solche Algorithmen Lösungen schneller als gängige deterministische Algorithmen.

In den letzten zehn Jahren ist Wissenschaftlern der unterschiedlichsten Disziplinen allmählich klargeworden, daß Zufälligkeit eine weit größere Rolle spielt als bislang angenommen. Der Paläontologe David Raup legte überzeugendes Beweismaterial dafür vor, daß in den meisten Fällen das Aussterben einer Spezies die Folge unvorhersagbarer Ereignisse war, etwa des Auftreffens großer Meteore auf die Erde (mittlerweile erklärt man damit das Verschwinden der Dinosaurier vor etwa siebzig Millionen Jahren).[20] Der Evolutionstheoretiker John Maynard Smith plädierte sogar für noch mehr Zufälligkeit in der Evolution als Raup:

> »Wäre man in der Lage, die gesamte Evolution der Tiere, beginnend mit dem Kambrium, noch einmal durchzuspielen, hätte man keine Garantie dafür – ja, es ist nicht einmal wahrscheinlich –, daß das Ergebnis das gleiche wäre. Es könnte durchaus sein, daß keine Eroberung des Landes stattfindet, daß keine Säugetiere auftreten, und ganz gewiß würden keine Menschen auftauchen.«[21]

In den achtziger Jahren unseres Jahrhunderts revolutionierte der Wirtschaftswissenschaftler Paul Krugmann die Theorie des internationalen Handels mit der Behauptung, ein Land werde unter Umständen nur deswegen zum wichtigsten Hersteller bestimmter Güter, weil es einfach das Glück hat, sie als erstes zu produzieren.[22] Beispielsweise gibt es keinen einleuchtenden Grund, warum Seattle/USA der beste Standort auf der Erde für die Herstellung großer Verkehrsflugzeuge sein sollte, und doch werden gegenwärtig dort die meisten solcher Flugzeuge gebaut. Daß der Sitz des Hauptproduzenten sich in Seattle befindet, hat höchstwahrscheinlich folgenden Grund: Da die Forschungs- und Entwicklungskosten für den Bau solcher Maschinen enorm sind, gibt es weltweit vermutlich nur ein oder zwei Hersteller, und es ist reiner Zufall, daß der wichtigste Hersteller seine Niederlassung in Seattle hat. Die Logik der Technologie und Wirtschaft macht es notwendig, den Bau großer Verkehrsflugzeuge irgendwo zu konzentrieren, und Seattle ist zufällig dieses Irgendwo. Kurz gesagt, ich glaube, Penrose unterschätzt die Bedeutung der Zufälligkeit in der Evolution und in der menschlichen Kreativität ganz gewaltig.

Mein Haupteinwand gegen Penroses Anti-KI-Behauptung ist jedoch die Bekenstein-Grenze, laut der es eine Obergrenze für die Anzahl distinkter Quantenzustände in einem Gebiet begrenzter Größe und mit begrenzter Energie gibt sowie eine Obergrenze für die Geschwindigkeit, mit der eine Zustandsänderung stattfinden kann. In Kapitel IX und im Wissenschaftlichen Anhang werde ich die Bekenstein-Grenze ausführlicher erörtern und mich an dieser Stelle auf eine Zusammenfassung beschränken. Entsprechend der Quantenmechanik ist jedes physikalische System durch seinen Quantenzustand *erschöpfend* beschrieben. Das heißt, ein System *ist* sein Quantenzustand. Der Physiker Jacob Bekenstein hat gezeigt, daß Quantensysteme – und von der Physik her ist alles Sichtbare ein Quantensystem – nur eine endliche Anzahl von Zuständen haben. Im besonderen kann ein Mensch sich in einem von höchstens $10^{10^{45}}$ Zuständen befinden und höchstens 4×10^{53} Zustandsänderungen pro Sekunde durchmachen. Diese Zahlen sind natürlich riesig, und ich bin mir, ehrlich gesagt, sicher, daß die tatsächliche Anzahl von Zuständen und Änderungen weit unter diesen Obergrenzen liegt. Dennoch sind diese Grenzen endlich und beruhen auf den grundlegenden Gesetzen der Quantenmechanik. Sie beweisen also, daß ein menschliches Wesen eine Maschine mit endlich vielen Zuständen ist: *nicht mehr und nicht weniger.* Penrose, ein exzellenter Physiker, erkennt natürlich die Gültigkeit der Bekenstein-Grenzen an.[23] Aber zusammengenommen widerlegen sie seine Behauptung, daß ein Mensch keine Maschine sein könne.

Überflüssig zu sagen, daß Penrose anderer Ansicht ist. Der Leser dieses Buches wird ganz richtig folgern, daß ich größten Respekt vor Roger Penrose habe. Er hat den Fachbereich globale allgemeine

Relativitätstheorie gegründet, meinen Hauptforschungsbereich. Zudem geht die Grundidee des »Omegapunkts« von Penroses Konzept der »k-Grenze« aus, auf die ich in Kapitel IV eingehen werde. Zum erstenmal teilte Roger mir seine Einstellung 1984 mit, als wir im Rahmen einer Konferenz über Astrophysik in Jerusalem zusammen zu Mittag aßen. Anläßlich einer anderen Konferenz über Astrophysik, diesmal in Berkeley, Kalifornien, 1992, geriet ich wegen der starken KI regelrecht in Streit mit Roger – wiederum beim Mittagessen; diesmal kam jedoch P. C. W. Davies dazu und besänftigte die Gemüter. (Paul steht starker KI im Grunde genommen neutral gegenüber, neigt aber Rogers skeptischer Einstellung zu. In Pauls Augen ist starke KI zu »reduktionistisch«.)

Im Verlauf unserer Auseinandersetzung erkannte Roger die Gültigkeit der Bekenstein-Grenzen an, argumentierte jedoch, daß Gödels Theorem Determinismus ausschließe und daß die Anzahl möglicher Zustände bei Menschen, wie sie die Bekenstein-Grenzen zuließen, zu groß sei, als daß eine dem reinen Zufall unterworfene Evolution zwischen Zuständen in der Lage sein könnte, den Fortschritt in der Mathematik zu erklären. Daher, so Roger, müsse es etwas geben, das die Sprünge zwischen Quantenzuständen reguliere, etwas jenseits der Quantenmechanik, und folglich seien wir keine Maschinen mit endlich vielen Zuständen.

Beide Argumente Rogers akzeptiere ich, nicht jedoch seine Schlußfolgerung. Mir erscheint eine gut austarierte Mischung aus Zufall und Notwendigkeit, wie sie die moderne Evolutionstheorie als Erklärung für die Entstehung des Menschen postuliert, immer noch ausreichend, um auch die Weiterentwicklung der Mathematik zu erklären. Das bedeutet natürlich, daß die Entwicklungsgeschichte der Mathematik um nichts unausweichlicher ist als die Evolution des *Homo sapiens*. In der Omegapunkt-Theorie ist der Fortschritt unausweichlich, nicht aber, wie dieser Fortschritt genau verläuft. Es kann sogar Phasen des Rückschritts geben. Selbst wenn es einen der Physik noch unbekannten Mechanismus gäbe, der Sprünge zwischen Quantenzuständen bewirkt, wie Penrose behauptet, implizieren die beiden Bekenstein-Grenzen doch nach wie vor, daß wir Maschinen mit endlich vielen Zuständen sind.

Die Informatik unterscheidet zwischen zwei grundsätzlich verschiedenen Maschinentypen: solchen mit endlich vielen und solchen mit unendlich vielen Zuständen. Da diese Unterscheidung für die

Thesen in diesem Buch absolut unerläßlich ist – die Tatsache, daß wir Maschinen mit endlich vielen Zuständen sind, ist von ausschlaggebender Bedeutung für den Beweis, daß eines Tages eine Maschine mit unendlich vielen Zuständen uns auferstehen lassen wird –, muß ich diese beiden Typen detailliert beschreiben.

Eine MASCHINE MIT ENDLICH VIELEN ZUSTÄNDEN ist in zweierlei Hinsicht endlich. Erstens hat die Maschine nur eine endliche Zahl von Zuständen. Zweitens läuft die Zeit, was die Maschine betrifft, in Einzelschritten ab. Es kann sein, daß diese Zeit in Wirklichkeit kontinuierlich variiert, eine Maschine mit endlich vielen Zuständen kann diese Kontinuität jedoch nicht wahrnehmen. Ihre Uhr ist digital.

Man weiß seit langem, daß der Mensch digital sieht. Ein Film oder ein Video besteht aus einer Reihe von einzelnen Schnappschüssen, die mit der konstanten Geschwindigkeit von fünfundzwanzig Bildern pro Sekunde aufgenommen werden. Wenn diese unbeweglichen Schnappschüsse auf der Leinwand oder im Fernsehen gezeigt werden, scheint das Geschehen kontinuierlich zu sein, ist es aber nicht. Beide, der Videocassettenrecorder beziehungsweise der Filmprojektor und Ihr Gehirn sind Maschinen mit endlich vielen Zuständen. Für alle derartigen Maschinen gilt, daß die Zeit jeweils ganzzahlig ist: $t = 1, 2, 3, \ldots$

Eine Maschine mit endlich vielen Zuständen wird also dadurch definiert, daß man ihren internen Zustand S(t) zu einer Zeit t bezeichnet und angibt, wie sie auf irgendwelche äußeren Stimuli reagieren wird. Da die Maschine endlich ist, gibt es – unabhängig von Zeit: $(s_1, s_2, s_3, \ldots s_n)$ – nur eine endliche Anzahl von Möglichkeiten für S(t); mehr Möglichkeiten gibt es nicht. Zu irgendeiner Zeit t muß S(t) einer dieser n Möglichkeiten entsprechen. Der Reaktionsoutput R(t+1) der Maschine mit endlich vielen Zuständen zu einem Zeitpunkt t + 1 – Sie erinnern sich, daß dies der Augenblick unmittelbar nach dem Zeitpunkt t ist – hängt einzig und allein vom externen Input I(t) zu einer Zeit t und dem internen Zustand S(t) der Maschine zum Zeitpunkt t ab.[24]

Ein externer Input I(t) kann eine Veränderung des internen Zustands der Maschine bewirken. Da die Zeit in einzelnen Intervallen fortschreitet, kann der interne Zustand S(t+1) zu einer Zeit t+1 auch in diesem Fall nur vom Input I(t) zur Zeit t und vom internen Zustand S(t) zur Zeit t abhängen.[25]

Durch die beiden Übergangsfunktionen S(t+1) und R(t+1) ist eine Maschine mit endlich vielen Zuständen vollkommen definiert. Jede dieser Funktionen ist durch eine endliche Anzahl von Inputwerten definiert, so daß jede in einer Tabelle mit endlich vielen Eingängen dargestellt werden kann. Betrachten wir beispielsweise eine einfache Maschine mit lediglich zwei Zuständen, s_1 und s_2, und nehmen wir an, sie könne nur zwei Inputs aufnehmen, die wir mit den Zahlen 0 und 1 bezeichnen. Diese Maschine soll nichts weiter tun, als die Parität (die Geradheit oder Ungeradheit) der Zahl von Einsen, die sie erhalten hat, aufzeichnen. Die Übergangstabellen sehen dann wie folgt aus:

		Zustand S(t)	
	S(t+1)	i_1	i_2
Input	0	i_1	i_2
I(t)	1	i_2	i_1

		Zustand S(t)	
	R(t+1)	i_1	i_2
Input	0	0	1
I(t)	1	1	0

Die Tabellen zeigen, daß Zustand S und Output R gleich bleiben, wenn der Input 0 ist, sich jedoch verändert, wenn der Input 1 ist. Eine gerade Anzahl Einsen wird also den Zustand insgesamt nicht verändern. Es handelt sich hier um eine sehr langweilige Maschine, aber in großen Zügen ähneln sich alle Maschinen mit endlich vielen Zuständen; sie unterscheiden sich lediglich hinsichtlich des Umfangs der Übergangstabellen. Da das menschliche Gehirn 10^{15} Bits speichern kann, bedeutet dies, wie ich in Kapitel IX erörtern werde, daß die Anzahl möglicher verschiedener Gehirnzustände $10^{10^{15}}$ beträgt. Somit ist der Mensch zwar eine Maschine mit endlich vielen Zuständen, aber immerhin enthält allein seine Tabelle für die Funktion S (t) $10^{10^{15}}$ Eingänge!

Ausgehend von dieser präzisen Definition einer Maschine mit endlich vielen Zuständen wird deutlich, daß wir auch dann solche Maschinen wären, wenn Penroses geheimnisvolle Quantensprung-Kraft tatsächlich existierte. (Wie bereits angedeutet, glaube ich nicht, daß es sie gibt.) Denn die Auswirkung einer solchen Kraft kann anhand einer passenden Auswahl aus dem von uns so bezeichneten »externen Input« genau beschrieben werden.

Einige sehr allgemeine Theoreme über die Grenzen von Maschinen mit endlich vielen Zuständen lassen sich beweisen. Ein solches Theorem lautet: *Jede Maschine mit endlich vielen Zuständen wird, falls kein externer Stimulus gegeben ist, schließlich einen Zustand erreichen, im Anschluß an den sie endlos eine vollkommen periodische Sequenz von Zuständen wiederholen wird.*[26] Dies ist ganz einfach zu beweisen. Da die Maschine nur eine endliche Anzahl von Zuständen hat, wird sie nach einer endlichen Zahl von Zeitschritten in einen Zustand zurückkehren, in dem sie sich bereits einmal befand. Aber mangels eines externen Stimulus, anhand dessen man die Rückkehr von jenem ersten Mal, als sie in diesem Zustand war, unterscheiden könnte, wird sie den Zustand erreichen, den sie erlangte, seit sie erstmals in diesem Zustand war, und so weiter. Es handelt sich hier um das erste Beispiel für die von mir so bezeichneten Theoreme der ewigen Wiederkehr. Ein Theorem der ewigen Wiederkehr besagt, daß ein physikalisches System in einen vorhergegangenen Zustand zurückkehren muß, wieder und wieder... Selbst wenn ein externer Stimulus gegeben ist, muß eine Maschine mit endlich vielen Zuständen, wenn sie ewig läuft, ewig zurückkehren. Ist allerdings der externe Stimulus selber nichtperiodisch, dann ist auch die Sequenz der Zustände, die eine solche Maschine durchläuft, nichtperiodisch. Aber schließlich wird sie in den vorangegangen Zustand zurückkehren. Letztendlich ist eine Maschine mit endlich vielen Zuständen langweilig. Maschinen mit unendlich vielen Zuständen sind wesentlich interessanter.

Der Prototyp aller MASCHINEN MIT UNENDLICH VIELEN ZUSTÄNDEN ist die Turing-Maschine. Es handelt sich dabei um eine Maschine mit endlich vielen Zuständen (genannt der *Kopf*), die an ein *unendliches* Papierband angeschlossen wird. (In diesem Zusammenhang bedeutet »unendlich«: »unbegrenzt« oder »potentiell unendlich« und nicht so sehr »tatsächlich unendlich«.) Abbildung II.1 zeigt eine solche Turing-Maschine.

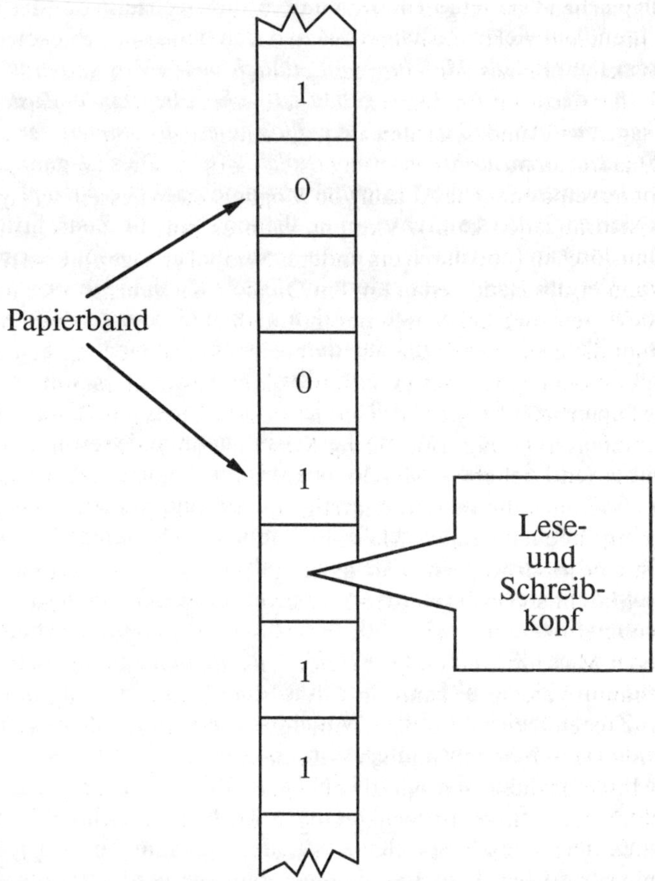

Abbildung II.1: *Eine Turing-Maschine, die einfachste Maschine, die alles berechnen und dazu gebracht werden kann, jede beliebige andere Maschine zu emulieren. Sie besteht aus zwei Teilen: (A) einem* Papierband *(in beiden Richtungen unbegrenzt lang) und (B) einem* Kopf, *einer Maschine mit endlich vielen Zuständen, die fünf und nur fünf Dinge tut: (1) Sie kann eines von einer endlichen Anzahl von Symbolen auf jedes Quadrat des Bandes schreiben; (2) sie liest, was auf jedem Quadrat des Bandes steht; (3) sie kann sich merken, was sie gelesen hat; (4) sie kann das, was auf dem Quadrat steht, löschen und ein anderes Symbol drucken; und sie kann (5), wenn sie einen oder mehrere dieser vier Schritte durchgeführt hat, das Band um ein Quadrat nach rechts oder nach links bewegen.*

Das Papierband ist in gleich große Quadrate unterteilt. Der Kopf kann fünf, und zwar ausschließlich fünf Operationen durchführen. Erstens kann er eines von einer festgelegten, endlichen Anzahl Symbole in das Quadrat, in dem er sich befindet, schreiben (zwei Symbole, sagen wir 0 und 1, reichen aus). Zweitens kann er lesen, was auf dem Quadrat steht. Drittens kann er sich merken, was er gelesen hat (es gibt nur eine endliche Anzahl von Möglichkeiten dessen, was er in dem Quadrat sehen kann). Viertens kann er, was in dem Quadrat steht, auslöschen (und durch ein anderes Symbol ersetzen). Und fünftens kann er das Band genau um ein Quadrat nach rechts oder nach links bewegen. Wie bei Maschinen mit endlich vielen Zuständen ist auch hier die Zeit digital. Man geht davon aus, daß jede der genannten Operationen eine einzelne Zeiteinheit in Anspruch nimmt.

Das Papierband fungiert als Gedächtnis der Turing-Maschine. Da es unendlich ist, verfügt eine Turing-Maschine über weit mehr Fähigkeiten als jede beliebige Maschine mit endlich vielen Zuständen. Unter anderem kann sie jede derartige Maschine simulieren. Da die Übergangstabellen für jede Maschine mit endlich vielen Zuständen endlich sind, leuchtet ein, daß diese Zahlen auf dem Band einer Turing-Maschine codiert werden können. Zudem können diese Zahlen so codiert werden, daß die Turing-Maschine mit ihnen die Reaktion jeder Maschine mit endlich vielen Zuständen auf jeden beliebigen Stimulus berechnen kann. Im Grunde genommen *sind* die derart im Band einer Turing-Maschine codierten Zahlen der Übergangstabellen die Maschine mit endlich vielen Zuständen. Alles, was eine reale Maschine dieser Art mit der gleichen Übergangstabelle macht, verrichtet auch ihr numerisches Gegenstück im Band der Turing-Maschine. Die »Maschine«, die in Form von Zahlen in einer Turing-Maschine (oder einem anderen Computer) und nicht als greifbare Hardware existiert, nennt man eine *virtuelle Maschine*. Die virtuelle Maschine, die die gleichen Übergangstabellen hat wie eine reale Maschine, ist die perfekte Computersimulation einer realen Maschine. Eine perfekte Simulation wird als *Emulation* bezeichnet. Natürlich sind die meisten Computersimulationen keine Emulationen. Bislang sind nur einfache Maschinen emuliert worden, da für eine Emulation ein riesiger Computerspeicher sowie eine enorme Geschwindigkeit erforderlich sind. Dennoch können alle Maschinen mit endlich vielen Zuständen von Turing-Maschinen emuliert werden.

Turing-Maschinen können andere Turing-Maschinen emulieren. Es gibt in der Tat eine Turing-Maschine, *universelle Turing-Maschine* genannt, die alle Turing-Maschinen einschließlich ihrer selbst emulieren kann. Daher können wir eine Hierarchie von Maschinen, die andere Maschinen emulieren, aufstellen. Die Turing-Maschine T_0 kann eine reale Maschine sein, aber in ihr befindet sich eine virtuelle Turing-Maschine T_1: in T_1 ist wiederum eine virtuelle Maschine T_2, die ihrerseits die virtuelle Maschine T_3 codiert und so weiter. Diese Stufungen virtueller Maschinen innerhalb virtueller Maschinen werden als *Vollzugsebenen* bezeichnet. Maschinen auf höherer Ebene arbeiten völlig unabhängig von jenen auf niedrigerer Ebene. Denn wenn eine oder mehrere Maschinen auf niedrigerer Ebene durch andere, vollkommen andersartige Maschinen ersetzt werden, hat dies keinerlei Auswirkungen auf die höheren Ebenen – vorausgesetzt natürlich, die Ersatzmaschinen sind in der Lage, die Maschinen auf höherer Ebene mit der gleichen Geschwindigkeit zu emulieren. Bei Computern gilt die allgemeine Regel, daß Maschinen verschiedener Ebenen nicht miteinander kommunizieren, aber diese Regel dient im Grunde nur dazu, Computerprogrammierern das Leben zu erleichtern; mathematisch bestünde keinerlei Notwendigkeit dafür. Wenn eine Maschine auf eine höhere Vollzugsebene transferiert wird, bezeichnet man diesen Vorgang als *upload,* wird sie auf eine niedrigere Vollzugsebene transferiert, spricht man von *download.*

Es gibt unendlich viele Maschinen, die der universellen Turing-Machine völlig gleichwertig sind und folglich jede andere Maschine emulieren können. In der technischen Computerliteratur sind Dutzende solcher Maschinen beschrieben[27]; ich will an dieser Stelle nur zwei erwähnen: den Billardkugel-Computer und das »Spiel des Lebens«.

Der Billardkugel-Computer[28] besteht aus Kugeln, die ständig miteinander zusammenstoßen und von starren Wänden abprallen; sowohl die Kollisionen als auch das Abprallen unterliegen den Gesetzen der Newtonschen Mechanik. Die Kugeln bewegen sich auf einer unendlichen Ebene mit konstanter Geschwindigkeit, außer sie treffen auf eine Wand oder auf eine andere Kugel. Die gesamte Ebene, auf der sich die Kugeln bewegen, ist in Quadrate unterteilt, und je nachdem, ob sich eine Kugel auf einem solchen Quadrat befindet oder nicht, gilt das als 1 oder 0. Die Quadrate, in die die

Ebene unterteilt ist, entsprechen dem unendlichen Band der Turing-Maschine, die Kugeln den Symbolen, die der Kopf auf das Band schreibt, und die Kollisionen und das Abprallen spielen dieselbe Rolle wie der Kopf. Eine genaue Analyse zeigt, daß eine solche Anordnung mit ausreichend vielen Kugeln und Wänden alles berechnen kann, was eine Turing-Maschine berechnen kann.[29]

Das Spiel des Lebens ist ein einfaches Computerspiel, das der englische Mathematiker John Conway erfunden hat.[30] Wie beim Billardkugel-Computer ist eine unendliche Ebene in Quadrate unterteilt, und die einzelnen Quadrate sind entweder leer oder enthalten einen Punkt. Es gibt nur drei Möglichkeiten, was von einer Zeiteinheit zur nächsten mit einem solchen Quadrat geschehen kann: (1) auf ein leeres Quadrat wird ein Punkt gesetzt, (2) aus einem Quadrat wird ein Punkt gelöscht, und (3) ein in einem Quadrat befindlicher Punkt bleibt dort. Um zu entscheiden, welche dieser drei Möglichkeiten eintritt, bedient man sich einer äußerst einfachen Regel: An jedes Quadrat grenzen acht andere. In das Quadrat wird dann ein Punkt gesetzt, wenn genau drei von diesen angrenzenden Quadraten einen Punkt enthalten. Befindet sich bereits ein Punkt in dem Quadrat, so bleibt er dort, und zwar so lange, wie zwei oder drei der acht angrenzenden Quadrate einen Punkt enthalten; andernfalls wird der Punkt gelöscht. Die Abbildung zeigt ein Beispiel für das Verhalten einer speziellen Ansammlung von Punkten – genannt *glider* oder Gleiter –, das sich in fünf Zeitschritten entsprechend diesen Regeln ergibt. Der *glider* verändert mit der Zeit seine Form, aber beim fünften Zeitschritt hat er wieder die gleiche Form wie beim ersten, und der *glider* als Ganzer hat sich bewegt, so daß seine Spitze jetzt das Quadrat mit dem 0 besetzt.

	*																								
		*			*		*					*				*						*			
*	*	*				*	*			*		*					*	*					*		
			0			*		0			*	*	0			*	*	0			*	*	*		
	1					2						3					4						5		

Mit Hilfe von Strukturen wie dem *glider* im Spiel des Lebens kann man jede Maschine simulieren und emulieren, die eine Turing-Maschine emulieren kann und umgekehrt.[31] Nach gut sechs Jahrzehnten der Suche ist niemandem eine Maschine eingefallen, die etwas berechnen kann, das eine universelle Turing-Maschine nicht berechnen könnte. Dies legt fast zwingend den Schluß nahe, daß es keine solche Maschine gibt.

Die Hypothese, daß es keine solche Maschine gibt oder, anders gesagt, die Hypothese, daß eine universelle Turing-Maschine (oder ihr Äquivalent) jede beliebige Maschine emulieren kann, bezeichnet man als die *Church-Turing-These*. Das weiter oben erörterte Halteproblem tritt bei der universellen Turing-Maschine auf; es gibt also keine Maschine, die dieses Problem lösen kann.

Die Tatsache, daß viele Maschinen universell sind, verleitete den Philosophen John Searle (University of California) zu einer vieldiskutierten Argumentation gegen die starke KI: dem Experiment des chinesischen Zimmers.[32] Stellen wir uns einmal vor, so Searle, ich befinde mich in einem Raum voller Bücher, die alle zusammen ein Computerprogramm codieren, das den Turing-Test bestehen kann – in chinesischer Sprache. Wir wissen, daß der Durchlauf eines Programms dem Öffnen eines Buches, dem Lesen des Geschriebenen, dem Ausradieren eines Teils dessen, was geschrieben ist, dem Erinnern eines Teils des Geschriebenen und dem Griff nach dem nächsten Buch entspricht. (Diese Prozedur ist eine weitere universelle Maschine.) Angenommen, jemand schiebt einen Zettel mit chinesischen Schriftzeichen unter der Tür durch. Nun kann ich (Searle) aber nicht chinesisch, also sind für mich die Schriftzeichen nichts weiter als bedeutungslose Kritzeleien. Glauben wir jedoch den Verfechtern der starken KI, dann kann ich, einfach indem ich die Anweisungen in den Büchern befolge (und die Bücher entsprechend abändere), Zeichen auf einen anderen Zettel schreiben, die für mich bedeutungslos sind, die aber Personen außerhalb des Zimmers, die chinesisch sprechen, als verständliches Chinesisch erkennen. Wenn man mehrere solcher Zettel unter der Tür durchschiebt, kann man sogar ein Gespräch führen, und die chinesischsprechenden Personen draußen werden glauben, daß sie sich mit einem chinesischsprechenden Menschen unterhalten. Folglich habe ich, so Searle, den Turing-Test für das Beherrschen der chinesischen Sprache bestanden. Wäre der Turing-Test ein beweiskräftiger Intelligenztest, müßten wir daraus den Schluß ziehen, daß ich Chinesisch kann! Ich habe jedoch bereits erklärt, daß dies nicht der Fall ist – ich kann kein Chinesisch! Daher ist der Turing-Test prinzipiell fehlerhaft; darüber hinaus sehen wir, daß »Verstehen« keine Eigenschaft von Computersimulationen ist: kein Computer, gleichgültig, wie kompliziert er ist, kann denken.

Meiner Ansicht nach ist nicht der Turing-Test prinzipiell fehlerhaft, sondern Searles Prämisse. Ein Mensch könnte ebensowenig per Hand ein Programm simulieren, das den Turing-Test besteht, wie er zum Mond springen kann. Jedes Kind weiß, daß es unmöglich ist, zum Mond zu springen, aber es wird sich als äußerst lehrreich erweisen, ihm anhand der physikalischen Gesetze zu zeigen, warum das unmöglich ist. Es handelt sich dabei um eine einfache Berechnung, die verdeutlicht, daß Physiker bestimmte Prozesse als physikalisch nicht möglich, ja als prinzipiell unmöglich ausschließen können. Anhand einer analogen Berechnung werde ich dann zeigen, daß es physikalisch unmöglich ist, daß ein Mensch per Hand ein Programm simuliert, das den Turing-Test besteht, und auf diese Weise Searles Behauptung widerlegen.

Wer auf den Mond gelangen will, braucht eine ausreichend hohe Geschwindigkeit, um dem Gravitationsfeld der Erde zu entkommen. Diese sogenannte Fluchtgeschwindigkeit beträgt etwa elf Kilometer pro Sekunde. Um diese Geschwindigkeit über einen einzigen Meter Entfernung zu erreichen – beim typischen Sprung streckt sich der Springer einen Meter: von der kauernden zur stehenden Haltung –, bedürfte es einer Beschleunigung von *6 000 000 g* (g = Erdbeschleunigung = 9,81 m/Sek^2). Eine derartige Beschleunigung würde einen Menschen zerquetschen. Selbst Astronauten sind, wenn sie in den Raum katapultiert werden, nur etwa 6 g ausgesetzt. Die meisten Menschen werden ohnmächtig, wenn die Beschleunigung 10 g übersteigt. (Der Rekord für die Beschleunigung, die ein Mensch ertragen kann, liegt bei etwa 20 g.) Die kinetische (Bewegungs-)Energie einer fünfzig Kilogramm schweren Person, die sich mit einer Geschwindigkeit von elf Kilometern pro Sekunde fortbewegt, beträgt 760 000 Kalorien. Da ein Mensch durchschnittlich 2 000 Kalorien pro Tag verbraucht, entspricht diese Energie – in einer Zehntelsekunde verbraucht – dem durchschnittlichen Energieverbrauch eines Menschen in einem ganzen Jahr. Ein Kilogramm Fett hat einen Nährwert von 9 290 Kalorien pro Kilogramm (Eiweiß und Kohlenhydrate etwa die Hälfte[33]); folglich stünden, selbst wenn sämtliche fünfzig Kilogramm des Springenden als Energie für den Sprung verbraucht würden, höchstens 460 000 Kalorien zur Verfügung. Ein Mensch kann nicht auf den Mond springen. Aber natürlich leuchtet das auch ohne diese Berechnung ein.

Nicht so ohne weiteres leuchtet hingegen ein, warum es genauso unmöglich ist, ein Computerprogramm per Hand zu simulieren, das ausreichend komplex ist, um den Turing-Test zu bestehen. Das hat seinen Grund darin, daß zwar praktisch jeder schon einmal gesprungen ist, aber wohl nur wenige wirklich versucht haben, selber ein Programm per Hand zu simulieren. Wenn meine vorherige Schätzung, das menschliche Gehirn codiere bis zu 10^{15} Bits, stimmt, würde man, da ein durchschnittliches Buch etwa 10^6 Bits codieren kann (vorliegendes Buch hat etwas weniger als 10^7 Bits), mehr als 100 Millionen Bücher brauchen, um das menschliche Gehirn zu codieren! Man brauchte mindestens dreißig fünfstöckige Universitätsbibliotheken, um eine solche Menge Bücher unterzubringen. Aus Erfahrung wissen wir, daß wir innerhalb von etwa 100 Sekunden Zugang zu jedem Speicher in unserem Gehirn haben, daher müßte ein Mensch, um per Hand ein Programm zu simulieren, das den Turing-Test besteht, binnen 100 Sekunden alle 100 Millionen Bücher aus den Regalen nehmen, durchblättern und zurückstellen. Wenn jedes Buch ein halbes Kilogramm wiegt und beim Herausnehmen und Zurückstellen in das Regal durchschnittlich um einen Meter bewegt wird, beliefe sich die in 100 Sekunden verbrauchte Energie – nur um die Bücher zu bewegen! – auf 3×10^{19} Joules; die Geschwindigkeit des Energieverbrauchs betrüge 3×10^{11} Megawatt. Der normale durchschnittliche Energieumsatz eines Menschen beträgt zirka 100 Watt, daher entspräche die erforderliche Leistung der körperlichen Leistung von 3×10^{15} Menschen, das sind etwa eine Million mal soviel wie die derzeitige Erdbevölkerung. Ein großes Kernkraftwerk hat einen Leistungsoutput von 1000 Megawatt, folglich würde die manuelle Simulation eines menschlichen Programms eine Leistung erfordern, die der von 300 Millionen großen Kernkraftwerken gleichkommt. Wie gesagt, es ist genauso unmöglich, daß ein Mensch ein Programm, das den Turing-Test besteht, per Hand simuliert, wie er auf den Mond springen kann. Es wäre sogar noch viel schwieriger. Penrose meinte, möglicherweise bräuchte man nicht die Gesamtkapazität des menschliche Gehirns, um eine »einzige bewußte

Erkenntnis«[34] zu simulieren. Mittlerweile wissen wir, in Wirklichkeit wird ein beträchtlicher Teil des Gehirns gebraucht, da dynamische Gehirnabtastungen eines denkenden menschlichen Wesens zeigen, daß während »einer einzigen bewußten Erkenntnis« mindestens ein Prozent, wahrscheinlich jedoch mehr, des Gehirns aktiviert wird. (Erinnern Sie sich, daß ich bei meiner Schätzung der Rechengeschwindigkeit des Gehirns davon ausging, daß zu einem bestimmten Zeitpunkt nur 1 bis 10 Prozent des Gehirns aktiv sind.) Dynamische Gehirnabtastungen werden mit Hilfe einer schnellen M. R. I. (-Magnetic *R*esonance *I*maging = Magnetische-Resonanzabbildungs-) Maschine durchgeführt, die zwischen sauerstoffangereichertem Blut und solchem, dem der Sauerstoff entzogen wurde, unterscheiden kann, und zwar mit einer Auflösung von einem Quadratmillimeter auf der Gehirnoberfläche. Aktive Nervenzellen verbrauchen Sauerstoff schneller als inaktive, folglich weist Sauerstoffarmut in einem bestimmten Bereich auf eine Aktivität in diesem Bereich hin. Da diese Abtastbilder elektrische Aktivität nicht direkt feststellen können, geben sie nur eine Untergrenze für die Größe des aktivierten Bereichs an. In dem Maße, wie die Anzahl der Dinge, die die Person sich vorstellt, steigt, wird auch ein größerer Anteil des Gehirns aktiviert. Daraus ergibt sich, daß zum Bestehen des Turing-Tests der Großteil des Gehirns aktiviert werden müßte.

Die Berechnung, die ich eben angestellt habe, geht von einem seriellen Rechenvorgang aus, da genau dies stattfände, wenn ein einzelner Mensch die Simulation per Hand durchführt. Zweifelsohne wird jedoch der erste Computer, der die nötige Rechenleistung erbringt, um ein Programm, das den Turing-Test besteht, auszuführen, eine parallel geschaltete Maschine sein. Eine serielle Maschine führt einen Schritt nach dem anderen aus, während eine parallel geschaltete Maschine viele Schritte gleichzeitig ausführt, eben parallel. Was das betrifft, schlug Searle vor, die gesamte Bevölkerung Indiens (300 Millionen Menschen) das Programm manuell simulieren zu lassen. Das ist zwar schon eher machbar, würde jedoch voraussetzen, daß die menschliche Rasse insgesamt eine Leistung erbrächte, die derjenigen der zehn Milliarden Neuronen, aus denen das menschliche Gehirn besteht, annähernd gleichkäme. Eine solche Einschränkung macht indessen Searles Argumentation zunichte, zumal wohl einem jeden einleuchtet, daß die menschliche Rasse insgesamt Dinge »wissen« kann, die kein einzelner Mensch weiß. Beispielsweise verfügt kein einzelner Mensch über genügend Wissen, um ein Automobil zu bauen. Das Herstellen eines Automobils ist mehr als die Zusammensetzung der Einzelteile: Es bedeutet auch die Herstellung dieser Einzelteile sowie die Gewinnung und Verarbeitung der Metalle, die man für die Teile braucht. Und es bedeutet, daß man in allen Einzelheiten, nicht nur ungefähr, weiß, wie man dabei vorgehen muß. Kein einzelner Mensch verfügt über dieses Wissen, doch die menschliche Rasse insgesamt. Es ist also durchaus möglich, daß die menschliche Rasse (oder die Bevölkerung Indiens) insgesamt Chinesisch sprechen *könnte,* auch wenn kein einzelner Mensch, der die Simulation per Hand durchführt, dies kann. Etwas Analoges geschieht im Gehirn: Kein einzelnes Neuron kann denken, aber die integrierte Gesamtheit der Neuronen im Gehirn kann dies sehr wohl. Darüber hinaus kann ein seriell oder parallel arbeitender 10-Teraflop-Computer innerhalb von 100 Sekunden einen Speicher mit 10^{15} Bits absuchen, und das mit einer Leistung von weniger als einem Kilowatt. Daher ist es durchaus denkbar, daß eine 10-Teraflop-Maschine ein Programm ausführen kann, das den Turing-Test besteht.

Searle schlug weiter vor, man könnte die erforderliche Energie reduzieren, indem man das Programm, das den Turing-Test besteht, internalisiert. Das heißt, die Person im chinesischen Zimmer würde die Regeln im Hauptbuch und die Datenbank der chinesischen Symbole auswendig lernen und alle Berechnungen im Kopf durchführen. Den Inhalt von 100 Millionen Büchern auswendig lernen? Unmöglich! Ganz abgesehen von der schieren Anzahl darf man nicht vergessen, daß die einzelnen Bücher nichts als Zahlentabellen beinhalten. Selbst ein Mensch mit einem fotografischen Gedächtnis würde mindestens eine Stunde pro Buch brauchen, und da ein Jahr nicht einmal 10 000 Stunden hat, würde das Auswendiglernen aller Bücher 10 000 Jahre dauern, die Zeit für Essen und Schlafen nicht einkalkuliert. Noch einmal: Das ist nicht zu schaffen. Searles Experiment des chinesischen Zimmers verlangt von uns, wir sollen uns etwas vorstellen, das logisch widersprüchlich ist: daß ein normaler Mensch etwas tut, was ein normaler Mensch nicht tun kann.

Searles Hauptargument bei seinem Experiment mit dem chinesischen Zimmer ist, daß ein Computer eine Syntax hat, aber keine Semantik.[35] Das heißt, das Programm tut nichts weiter, als daß es Symbole entsprechend bestimmten formalen Regeln (Syntax) manipuliert. Es *versteht* nicht, was die Symbole *bedeuten* (Semantik). Es ist wahr, das Manipulieren von Symbolen *als solches* führt noch nicht zum Verständnis. Wenn jedoch ein Programm geschrieben wird, dann für eine Umgebung, in der eine bestimmte Reihe von Symbolen die Hardware dazu veranlaßt, bestimmte Dinge auszuführen. Beispielsweise könnte, wenn das Computerprogramm eine Ölraffinerie steuert, »5546« dazu führen, daß Ventil Nummer 46 geöffnet wird. Das Symbol »5546« *bedeutet*: »Öffne Ventil Nummer 46.« Würde man das Programm für eine Ölraffinerie in einer anderen Umgebung, etwa auf meinem PC, ablaufen lassen, geschähe überhaupt nichts, wenn das Zeichen %%$& erscheint. Die Symbolfolge %%$& ist in der Umgebung meines PC bedeutungslos. (Vielleicht fragen Sie jetzt: »Woher kommt %%$&? Es war doch die Rede von 5546!« Stimmt. %%$& bekomme ich, wenn ich die Umschalttaste drücke. Eine geringfügige Veränderung der Umgebung macht aus einer informativen Symbolfolge eine bedeutungslose.) Zusammenfassend läßt sich also sagen: Die Bedeutung der Symbole hängt davon ab, wie die Symbole im Programm durch die Computer-Hardware der Umgebung verbunden werden, nicht von der Manipulation der Symbole als solcher. Ein Computerprogramm, das auf einem mit einer Ölraffinerie gekoppelten Computer abläuft, simuliert nicht nur die Kontrolle dieser Ölraffinerie, sondern kontrolliert sie faktisch.

Wenn ein Programm, das einen Turing-Test besteht, im chinesischen Zimmer auf einem 10-Teraflop-Computer abläuft und die Zettel, die der Computer liest und druckt, ein verständliches Gespräch auf chinesisch wiedergeben, dann können wir daraus schließen, daß das Programm *vorher* in einer Umgebung abgelaufen ist, die es ihm ermöglicht hat, mit Menschen zu kommunizieren und zu lernen, was die Wörter in mindestens einer menschlichen Sprache *bedeuten*. Ein intelligentes Programm müßte die Bedeutung der einzelnen Wörter lernen, so wie ein kleines Kind dies lernt. Ich habe zwei Töchter – vier und sieben Jahre alt – und habe beobachtet, wie sie sprechen lernten. Verwendeten sie ein Wort zum erstenmal, war es oft nicht das richtige, aber im Lauf der Zeit, als sie mit anderen und der Welt kommunizierten, anderen beim Sprechen zuhörten und den Zusammenhang verstanden, wurden die Benennungen immer genauer und ihr Wortschatz immer größer. Meine Kinder lernten und lernen immer noch, auf welche Dinge in der realen Welt sich Wörter beziehen; sie lernen, was die Geräusche, die sie von sich geben, *bedeuten*.

Das gleiche würde bei einem Programm passieren, das den Turing-Test besteht. Das Ziel des Programms für starke KI ist es, ein Computerprogramm zu entwickeln, das sich aus eigener Kraft Intelligenz aneignen kann, wenn es auf einer Computer-Hardware abläuft, die ihm mit der Welt zu kommunizieren ermöglicht. Eben das haben meine Kinder getan: sie haben sich selber geschaffen, und ich habe ihnen dabei zugesehen. Vor Vollendung des ersten Lebensjahres hätte keines von ihnen den Turing-Test bestanden. Jetzt können sie es beide – mit Leichtigkeit.

Die Beweise dafür, daß wir in etwa dreißig Jahren in der Lage sein müßten, eine Maschine zu bauen, die genauso oder noch intelligenter ist als der Mensch, sind also überwältigend.

Ich behaupte, es wäre kurzsichtig und ein Auswuchs von Angst Unwissenheit, nicht aber eine Folge zweckmäßiger Überlegung, wenn man Männer und Frauen, die einen intelligenten Roboter herzustellen in der Lage sind, daran hindern wollte, es zu tun. Wir sind selber »intelligente Maschinen«. Außerdem gibt es ein stichhaltiges Argument für die Konstruktion intelligenter Maschinen: *Derartige Maschinen werden zu unserem Wohlergehen beitragen, selbst wenn sie uns in jeder Hinsicht überlegen sind!* Eines der bestbegründeten Theoreme der Wirtschaftswissenschaft ist die Theorie des relativen Vorteils, der den freien Handel rechtfertigt. Sie besagt: Wenn zwei Individuen, Nationen oder Rassen sich hinsichtlich ihrer relativen Effizienz in der Güterproduktion unterscheiden, werden beide vom wechselseitigen Handel profitieren, selbst wenn der eine alles besser kann als der andere. Dies gilt für die Beziehung Mensch–intelligenter Roboter genauso wie für den Handel zwischen zwei Ländern. Natürlich wäre es unklug, wollten wir versuchen, intelligente Maschinen zu versklaven oder zu ermorden. Im ursprünglichen Frankenstein-Roman von Mary B. Shelley war das »Monster« intelligenter als jeder Mensch und von Natur aus gut und freundlich. Erst als es von den Menschen angegriffen wurde, begann es seinerseits, ihnen etwas zuleide zu tun.

Der ausschlaggebende Grund für die Entwicklung intelligenter Maschinen ist jedoch, daß ohne sie die Menschheit zum Untergang verdammt ist. Mit ihrer Hilfe können und werden wir ewig überleben. Um dies zu verstehen, wollen wir uns zuerst einmal überlegen, wie sie uns helfen könnten, das Weltall zu kolonisieren.

Die Konstruktion einer interstellaren Robotersonde

Für die Kolonisierung des Weltraums empfiehlt sich eine Strategie, welche die wahrscheinliche Geschwindigkeit der Kolonisierung von Sternensystemen maximiert und die Kosten aufgrund von Problemen, die durch das technische Niveau bedingt sind, minimiert. Die Kosten können auf zweierlei Weise niedrig gehalten werden: Erstens sollte man soweit als möglich mit Technologien »von der Stange« arbeiten, um die Forschungs- und Entwicklungskosten zu senken; zweitens sollte man soweit als möglich Ressourcen nutzen, die zu anderen Zwecken nicht verwendet werden können. Die in den unbewohnten Sternensystemen vorhandenen Ressourcen können erst dann für den Menschen (oder irgendein anderes Lebewesen) nutzbar gemacht werden, wenn man ein Raumfahrzeug losschickt, denn unter wirtschaftlichen Gesichtspunkten sind Rohstoffe, die man nicht nutzen kann, per definitionem wertlos. Daher muß jede optimale Kolonisierungsstrategie soweit als möglich die in anderen Sternensystemen verfügbaren Materialien nutzen. Mit der heutigen Technologie kann eine solche Nutzung noch nicht sehr intensiv sein; hat jedoch die Computertechnologie erst einmal das Niveau erreicht, von dem wir im vorhergehenden Abschnitt ausgegangen sind, könnte die Verwendung dieser bislang nutzlosen Ressourcen praktisch die gesamten Kosten für das Programm zur Eroberung des Weltalls decken.

Was wir brauchen, ist ein sich selbst reproduzierender Konstrukteur: eine Maschine, die jedes Gerät herstellen kann, wenn man ihr Baumaterial und ein Konstruktionsprogramm zur Verfügung stellt.[36] Per definitionem ist sie in der Lage, eine Kopie ihrer selbst herzustellen. Ein universeller Konstrukteur ist dem im vorherigen Abschnitt vorgestellten universellen Computer analog: ein universeller Computer, der alles berechnen kann, was überhaupt berechenbar ist, und ein universeller Konstrukteur, der alles konstruieren kann, was überhaupt konstruierbar ist. Turing zeigte, wie man einen universellen Computer baut, und von Neumann skizzierte, wie man einen universellen Konstrukteur konstruiert.[37] Eine 1980 angefertigte Sonderstudie der NASA schätzt, daß universelle Konstruktionsroboter innerhalb der nächsten zwanzig Jahre gebaut werden könnten, wenn die entsprechenden Mittel zur Verfügung stünden.[38] Im Grunde genommen sind alle Maschinen universelle Konstrukteure: Der Mensch ist nichts weiter als solch ein universeller Konstrukteur, darauf spezialisiert, sich auf der Erde zu bewähren. Ein bemanntes interstellares Kolonisierungsprogramm wäre also nur der Sonderfall einer Eroberungsstrategie, die von universellen Konstrukteuren umgesetzt wird.

Die Nutzlast einer Sonde zu einem anderen Sternensystem bestünde aus einem sich selbst reproduzierenden universellen Konstrukteur mit einem dem menschlichen vergleichbaren Intelligenzniveau – an anderer Stelle habe ich eine solche Sonde als *Von-Neumann-Sonde* bezeichnet[39] –, einem Motor, der die Geschwindigkeit drosselt, sobald das andere Sternensystem erreicht ist, sowie einem Motor, um sich innerhalb des angepeilten Sternensystems von Ort zu Ort fortzubewegen; letzterer kann ein elektrisches Antriebssystem[40] oder ein Sonnensegel[41] sein. Die Von-Neumann-Sonde hätte Anweisung, Konstruktionsmaterial auszuwählen, um einige Kopien von sich selber und dem ursprünglichen Antriebssystem der Sonde herzustellen. Beobachtungen unseres und anderer Sonnensysteme sowie die meisten zeitgenössischen Theorien zur Entstehung von Sonnensystemen legen den Schluß nahe, daß solche Materialien praktisch in jedem Sternensystem in Form von Meteoren, Planetoiden (Asteroiden), Kometen und anderen Bruchstücken aus dem Entstehungsprozeß des Sternensystems im Überfluß vorhanden sind. Neuere Beobachtungen riesiger Staubmengen um den Stern Wega und andere Sterne weisen darauf hin, daß solche Materialien sich im Umkreis vieler, wenn nicht aller Sterne finden. Alle anderen für den Nachbau der Von-Neumann-Sonde notwendigen Elemente könnten aus irgendeiner anderen Quelle innerhalb eines Sternensystems gewonnen werden. Beispielsweise ist das Material, aus dem Planetoiden bestehen, hochgradig differenziert; viele Planetoiden bestehen zum Großteil aus Nickel-Eisen, während andere große Mengen Kohlenstoff enthalten.

Sobald Kopien der Von-Neumann-Sonde angefertigt sind, würden sie zu Sternen in der Nähe des ursprünglich angesteuerten abgeschossen. Beispielsweise werden wir vermutlich ein Original der Von-Neumann-Sonde zur Proxima Centauri schicken. Die Kopien könnten dann Kurs auf Alpha Centauri (dem der Proxima Centauri nächsten Stern, der gelegentlich als außerhalb gelegener Teil des Mehrfachsystems Alpha Centauri betrachtet wird), Sirius, Epsilon Eridani, Tau Ceti und Prokyon nehmen. Sobald die neuen Sonden diese Sterne erreicht haben, würde das Ganze wiederholt und nochmals wiederholt werden, bis die Sonden alle Sterne der Galaxie erobert haben. Abbildung II.2 (Seite 76) zeigt die exponentielle Vervielfältigung der Von-Neumann-Sonde.

Ist eine ausreichende Anzahl von Kopien konstruiert, könnte die Von-Neumann-Sonde so programmiert werden, daß sie das Sternensystem, in dem sie sich befindet, erforscht und die gewonnenen Informationen zur Erde übermittelt. Sie könnte auch so programmiert werden, daß sie die Ressourcen in diesem Sternensystem zu wissenschaftlichen Forschungen nutzt, deren Durchführung in unserem Sonnensystem zu teuer oder zu gefährlich wäre.

Als nächstes würde die Von-Neumann-Sonde das angepeilte Sternensystem mit Menschen und anderem terrestrischen Leben bevölkern. Selbst wenn es in diesem Sternensystem keine Planeten gäbe – es könnte sich um ein Doppelsternsystem handeln, das nur planetoidenähnliche Bruchstücke enthält (das Alpha-Centauri-System ist möglicherweise so beschaffen) –, könnte die Von-Neumann-Sonde so programmiert werden, daß sie einen Teil der verfügbaren Materialien in eine *O'Neill-Kolonie*[42] verwandelt, eine autarke menschliche Kolonie, die nicht auf einem Planeten angesiedelt ist, sondern eher eine Art Raumstation darstellt. Die Von-Neumann-Sonde könnte die Bewohner der Kolonie synthetisch herstellen. Alle zur Herstellung eines menschlichen Wesens oder irgendeiner anderen irdischen Lebensform notwendigen Informationen sind in den Genen einer einzigen Zelle der entsprechenden Lebensform enthalten. Sobald wir über das Wissen verfügen, wie man eine einzelne Zelle synthetisch herstellt – einige Biologen behaupten, die menschliche Rasse könnte sich innerhalb von dreißig Jahren das erforderliche Wissen aneignen; das Projekt »Menschliches Genom« ist ein wichtiger Schritt in diese Richtung –, wären wir also in der Lage, eine Von-Neumann-Sonde so zu programmieren, daß sie eine befruchtete Eizelle irgendeiner terrestrischen Spezies synthetisiert. Bei Pflanzensamen oder Vogeleiern reichte die Synthese einer einzigen Eizelle aus, um binnen kurzem erwachsene Individuen dieser Lebensform zu erhalten. Beim Menschen müßten die befruchteten Eizellen in eine künstliche Gebärmutter eingepflanzt werden – die

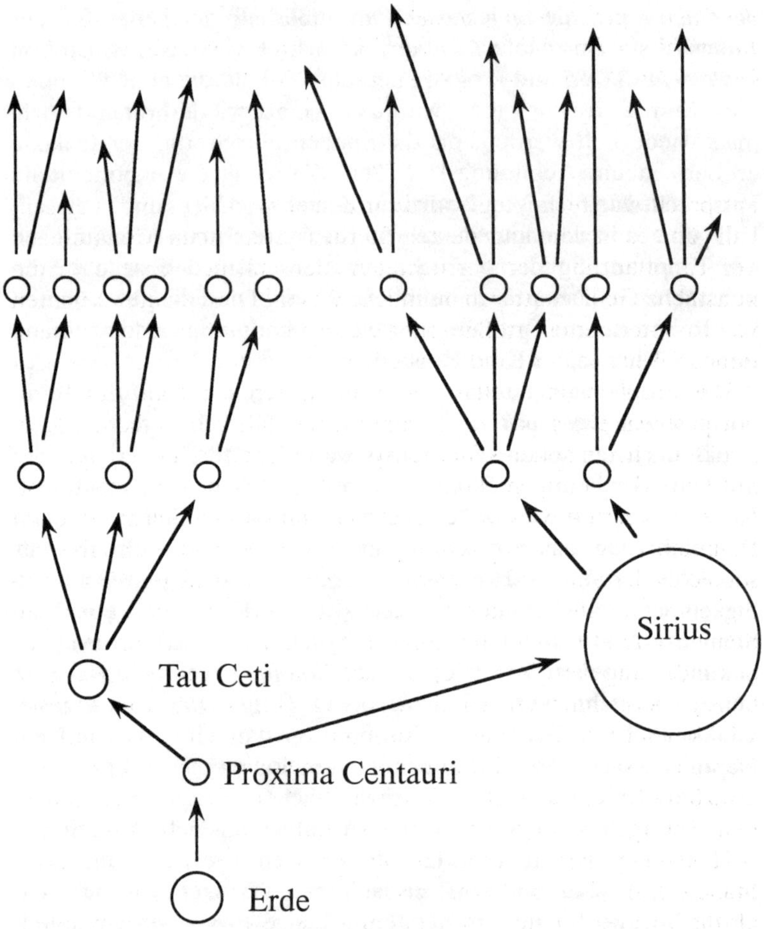

Abbildung II.2: *Die Erforschung des Universums mit Hilfe einer Von-Neumann-Sonde, eines sich selber reproduzierenden Raumfahrzeugs. Eine einzige Sonde wird von der Erde gestartet und fliegt zum nächstgelegenen Sternensystem (Proxima Centauri). Mit dem in diesem Sternensystem vorhandenen Material erzeugt die Sonde zwei Kopien ihrer selbst, die zu Tau Ceti und Sirius losgeschickt werden. Diese Sonden stellen wiederum Kopien ihrer selbst her, die dann Kurs auf andere Sternensysteme nehmen. Dieser Vorgang wiederholt sich, bis sich in allen Sternensystemen*

der Galaxie (letztlich im gesamten Universum) eine Sonde befindet. Die Kosten für die Erforschung der ganzen Galaxie beschränken sich auf die Summe, die für eine einzige Sonde aufgewandt werden muß.

entsprechende Technologie wird zur Zeit entwickelt –, und in diesem Fall gäbe es in dem angepeilten Sternensystem neun Monate nach der Einpflanzung der befruchteten menschlichen Eizelle in die künstliche Gebärmutter menschliche Wesen. Diese Kinder könnten von Roboterammen großgezogen werden und später auf ganz traditionelle Weise selber Kinder haben.

Das Problem interstellarer Reisen hat sich somit auf das Transportproblem eines sich selbst reproduzierenden universellen Konstrukteurs in ein anderes Sternensystem reduziert. Und das läßt sich mit Hilfe der heutigen Raketentechnologie lösen. Eine Reihe von Raketenexperten wies in den sechziger Jahren darauf hin, daß ein Raumfahrzeug, das sich am Jupiter vorbei der Sonne nähert und, sobald es der Sonne am nächsten ist, einen zusätzlichen Geschwindigkeitsschub auslöst, mit den heutigen chemischen Raketen eine Sonnensystemfluchtgeschwindigkeit von etwa 90 Kilometern pro Sekunde (ungefähr 3×10^{-4} c) erzielen könnte.[43] (Mit dem Buchstaben »c« bezeichnen Wissenschaftler die Lichtgeschwindigkeit: $c = 3 \times 10^5$ km/Sek). Die Voyager-Raumsonde, die vor einigen Jahren den Neptun passierte, hat eine Sonnensystemfluchtgeschwindigkeit von etwa $0{,}6 \times 10^{-4}$ c. Bei solchen Geschwindigkeiten würde eine Reise zu den nächstgelegenen Sternen 10^4 bis 10^5 Jahre dauern.

Heutzutage gelten Robotersonden mit sehr geringer Masse als Standard; sie sind, im Verhältnis zu ihren Fähigkeiten, weit billiger als die Voyager-Sonde. Für die »Pluto Fast Flyby Mission«[44], deren Start derzeit für Februar 1999 angesetzt ist, soll eine Raumsonde mit einer Masse von 110 Kilogramm benutzt werden. Diese Raumsonde, die um 400 Millionen Dollar kostet, wird sieben Jahre brauchen, um Pluto zu erreichen; im Vergleich dazu war Voyager zwölf Jahre zum Neptun unterwegs. Wenn sie Pluto passiert hat, wird die Sonde eine Sonnensystemfluchtgeschwindigkeit von ungefähr 20 Kilometern pro Sekunde (etwa $0{,}6 \times 10^{-4}$ c) haben; das bedeutet, daß sie eine Entfernung von fünf Lichtjahren – den durchschnittlichen Abstand zwischen Sternen in der Nachbarschaft unseres Sonnensystems – in

80 000 Jahren zurücklegen wird. Der nächstgelegene Stern, Proxima Centauri, ist 4,3 Lichtjahre entfernt. Proxima Centauri ist Teil eines Mehrfachsystems (drei Sterne sind durch ihre wechselseitige Gravitation aneinander gebunden), daher ist es unwahrscheinlich, daß sie der Erde vergleichbare Planeten hat; allerdings enthält dieses Sternensystem vermutlich Weltraumschutt in Form von Planetoiden, Überbleibseln aus der Zeit seiner Entstehung. Die zwei nächstgelegenen Einzelsterne, die eine Energieemission wie unsere Sonne haben, sind Tau Ceti (Entfernung 11,3 Lichtjahre) und Epsilon Eridani (10,7 Lichtjahre entfernt). Die Pluto-Sonde würde, wäre sie auf Proxima Centauri gerichtet, 70 000 Jahre brauchen, um dorthin zu gelangen. Wenn wir also Apparaturen herstellen könnten, die eine Haltbarkeit von mehreren zehntausend Jahren haben, und wenn wir uns mit sehr, *sehr* viel Geduld wappneten, könnten wir schon heute eine Interstellarsonde starten.

Mit Hilfe der modernen Computertechnologie können wir jedoch noch viel mehr. Der Trick dabei ist, die Apparatur *sehr* klein zu halten, indem wir uns der Nanotechnologie[45] bedienen, um jedes einzelne Atom der Nutzlast zu besetzen. (*Nanotechnologie* bedeutet Technologie in der Größenordnung einzelner Atome, die ungefähr einen Nanometer groß sind. Wir wissen, daß eine solche Technologie machbar ist, und *in praxi* geben Privatunternehmen derzeit einige hundert Millionen Dollar für die Entwicklung dieser Technologie aus.) Gehen wir einmal von 100 Gramm Nutzlast aus – ich werde gleich zeigen, daß dies in Wirklichkeit eine enorme Nutzlastmasse ist, wenn tatsächlich jedes einzelne Atom genutzt wird. Aber verglichen mit den Antriebssystemen der Raumfahrzeuge ist eine Nutzlast von 100 Gramm winzig. Eine derart kleine Nutzlastmasse macht es leicht, eine erschwingliche Interstellarsonde zu entwickeln, die sich mit 90 Prozent der universellen Höchstgeschwindigkeit, der Lichtgeschwindigkeit, fortbewegt. Bei dieser Geschwindigkeit würde die Sonde die Entfernung zu Proxima Centauri in nur fünf Jahren zurücklegen, die zu Tau Ceti oder Epsilon Eridani in ungefähr zwölf Jahren. Da Funksignale sich mit Lichtgeschwindigkeit ausbreiten, könnten wir schon neun Jahre nach dem Start erste Informationen über Proxima Centauri erhalten; wir müßten nicht einmal so lange darauf warten wie seinerzeit auf die Informationen von Voyager über Neptun. Bei einer Geschwindigkeit von 0,9 c werden interstellare Raumsonden wahrscheinlich.

Verwendet man Raketen, um ein Raumfahrzeug auf extrem hohe Geschwindigkeiten zu beschleunigen, kommt man nicht umhin, auch den Raketentreibstoff zu beschleunigen, so daß fast die gesamte Masse des Raumfahrzeugs aus Raketentreibstoff bestehen müßte. Die Lösung liegt auf der Hand: Die Maschine, die das Raumfahrzeug antreibt, darf nicht Teil des Raumfahrzeugs sein. Bekanntermaßen übt Licht selber Druck aus, daher kann ein Raumfahrzeug, das hauptsächlich aus einem riesigen Segel besteht, von dem Licht, das letzteres reflektiert, angetrieben werde. In der Tat hatte die NASA ursprünglich geplant, eine solche Sonde zum Halleyschen Kometen zu senden, als er 1986 der Sonne am nächsten war. Das Unternehmen wurde jedoch abgeblasen, da man das Geld zur Deckung der Mehrkosten für den Spaceshuttle brauchte. Bei der geplanten Mission zum Halleyschen Kometen hätte die Sonne als Lichtquelle gedient. Allerdings stellt die Sonne nicht genügend Energie zur Verfügung, um ein Segel auf 0,9 c zu beschleunigen; für Interstellarsonden würde also ein äußerst leistungsstarker stationärer Laser das Licht liefern.

Benutzt man zur Beschleunigung einer Interstallarsonde einen Laser, stellt sich das Problem, wie sich die Geschwindigkeit der Sonde drosseln läßt, sobald der Zielstern erreicht ist. Der amerikanische Physiker Robert Forward hat dieses Problem gelöst.[46] Er schlug vor, das Segel, das das Laserlicht reflektiert, solle aus zwei Teilen bestehen, die sich bei Erreichen des Sterns voneinander trennen. Ein Teil wirft dann das Laserlicht auf den anderen (der die Nutzlast trägt) *zurück* und bremst die Sonde ab. Wenn man Forwards detaillierten Vorschlag etwas modifiziert, erhält man folgende Zahlen für eine Interstellarsonde: Ich gehe von einer Nutzlast von 100 Gramm und einer Gesamtmasse einschließlich der beiden Teile des Segels von einem Kilogramm aus. Die gesamte Sonde bestünde aus einem Segel in der Form eines Sechsecks mit einem Durchmesser von acht Kilometern; der Mittelteil dieses Sechsecks wäre ebenfalls ein Sechseck mit einem Durchmesser von drei Kilometern. In diesem zentralen Sechseck befände sich die Nutzlast. Der äußere Teil des Sechsecks würde die Geschwindigkeit des kleineren Sechsecks drosseln, sobald der Zielstern erreicht ist.

Wenn man einen Laser mit 250 Gigawatt (250 Millionen Kilowatt) benutzt, erhält man eine Beschleunigung von durchschnittlich 8 g; die Sonde würde eineinhalb Monate brauchen, um auf 0,9 c zu kommen.

Es existieren bereits detaillierte Baupläne für eine Anlage zur Emission eines 10-Gigawatt-Lasers – in den achtziger Jahren arbeitete man im Rahmen von Präsident Reagans SDI-Programm daran –, daher müßte ein 250-Gigawatt-Laser technisch machbar sein. Man benötigte eine riesige Fresnelsche Linse von einer Milliarde Kilometer Durchmesser, um das Licht in einer Entfernung von 4,3 Lichtjahren, der Entfernung der Proxima Centauri, auf einen Fleck zu konzentrieren, der kleiner ist als das größere Sechseck. Zwar ist diese Linse riesig (ihr Durchmesser ist größer als der der Sonne), aber sie bestünde aus einem feinmaschigen Netz, das um die Sonne kreist, und hätte daher eine Gesamtmasse von nur zwei Billionen Tonnen, was in etwa einem kleinen Planetoiden entspricht. (Die Doppler-Verschiebung bei 0,9 c beträgt ungefähr 4, daher beliefe sich die Verlangsamung beim Erreichen des Zielsterns auf etwas weniger als 8 g, außer man benutzt einen stärkeren Laser.) Der Betrieb eines derartigen Lasers erforderte einen zirka 40 Quadratkilometer großen Sonnenkollektor; und natürlich müßten sich der Laser und seine Energiequelle, wie die Linse, in einer Umlaufbahn um die Sonne befinden.

Da die Sonde als Ganzes in einer als Produktionsbasis dienenden hochentwickelten Raumstation im All gebaut werden müßte, ist es schwierig, die genauen Kosten zu kalkulieren. Sie würden jedoch die Kosten für das Herstellungsmaterial nur geringfügig überschreiten, da Von-Neumann-Sonden sich selber bauen können – schließlich und endlich handelt es sich um universelle Konstrukteure – und die anfänglichen Forschungs- und Entwicklungskosten niedrig lägen, zumal man bereits vorher für andere Zwecke intelligente, sich selbst reproduzierende Maschinen entwickelt hätte.[47] Wir wissen, daß ein Kernkraftwerk mit einer Leistung von einem Gigawatt heute ungefähr eine Milliarde Dollar kostet. Die Linse muß aus Metall bestehen, aber es gibt ausreichend große Eisen-Nickel-Planetoiden. Gehen wir einmal von der Schätzung aus, ein solcher Planetoid würde zehn Milliarden Dollar kosten. Wenn die Kosten der ganzen Sonde in etwa dem Preis dieses Planetoiden plus den derzeitigen Kosten von Kernkraftwerken, deren Leistung zur Betreibung des Lasers ausreichen würde, entsprächen, beliefe sich der finanzielle Aufwand für eine 0,9-c-Interstellarsonde auf 260 Milliarden Dollar, ungefähr das Fünffache des Apollo-Programms und etwa die Hälfte der geschätzten Summe für die geplante bemannte Mission zum

Mars. Der Kostenaufwand für eine Interstellarsonde, die lange genug unterwegs sein könnte, wäre also durchaus vertretbar, wenn man ihn mit dem für die derzeit gängigen interplanetarischen Missionen vergleicht.

Dies gilt in dem Fall, daß eine Nutzlast der Von-Neumann-Sonde bei nur 100 Gramm liegt. Wie bereits erwähnt, setzt dies voraus, daß jedes einzelne Atom genutzt wird. Drexler hat im einzelnen untersucht, wie man mit Hilfe der Nanotechnologie eine Maschine so konstruieren kann.[48] Er kommt zu dem Schluß, daß universelle Konstruktionsmaschinen machbar sind, die aus weniger als ein paar Milliarden Atomen bestehen – universelle Konstrukteure in der Größenordnung von Molekülen. Darüber hinaus ist es im Prinzip möglich, in einer erweiterten Anordnung etwa ein Bit pro Atom zu speichern.[49] In dem japanischen Elektrokonzern NEC haben Physiker bereits herausgefunden, wie man ein Bit pro 20 Atome codiert.[50] 100 Gramm Materie enthalten etwa 10^{24} Atome, wenn das Material leichter als Eisen ist. Es müßte daher möglich sein, ungefähr 10^{24} Bits Information in einer solchen Sonde zu speichern und sie mit genügend Apparaturen auszustatten, daß sie sich mit Hilfe der auf dem Zielstern verfügbaren Materialien selbst reproduzieren kann. Damit Sie eine Vorstellung davon bekommen, wieviel Information in 10^{24} Bits codiert werden kann, erinnern Sie sich an den vorhergehenden Abschnitt, in dem ich gezeigt habe, daß ein Wesen mit einer der menschlichen entsprechenden Intelligenz wahrscheinlich mit 10^{15} Bits simuliert werden kann. Wenn eine Simulation des Biosystems dieses Wesens 100 000mal mehr Gedächtnis erfordert, wären für die Simulation eines Menschen mit einem Biosystem 10^{20} Bits nötig. Diese Sonde mit 100 Gramm Nutzlast würde also die Simulation einer ganzen Stadt mit 10 000 Einwohnern transportieren! (Eine weitere unerläßliche Leistung, die die universellen Konstrukteure in der Nutzlast vollbringen müßten, wäre die Neuanordnung des Segels während der Reise, um die Querschnittsfläche der Sonde zu reduzieren. Bei Geschwindigkeiten von 0,9 c könnte ein Zusammenstoß mit Staubpartikeln ernste Folgen haben. Schon Kollisionen mit den Gasmolekülen im interstellaren Milieu würden bei dieser Geschwindigkeit das Segel verschleißen.[51])

In früheren Untersuchungen zur interstellaren Raumfahrt war einer der Hauptgründe für Geschwindigkeiten nahe der Lichtgeschwindigkeit, daß man die sogenannte »relativistische Zeitdilatation« nutzen wollte, das heißt die Tatsache, daß sich für Objekte, die sich annähernd mit Lichtgeschwindigkeit fortbewegen, die Zeit verlangsamt. Für ein Raumfahrzeug, das sich mit 0,9 c fortbewegt, verstriche die Zeit mit knapp der halben Geschwindigkeit wie für jemanden, der auf der Erde bleibt. Wenn ein solches Raumfahrzeug mit dieser Geschwindigkeit zur Proxima Centauri und wieder zurück fliegen würde, wären auf der Erde 9,6 Jahre vergangen, aber für die Menschen in dem Raumfahrzeug nur 4,2. Dieser Grund für eine sich der Lichtgeschwindigkeit annähernde Geschwindigkeit entfällt, wenn die Leute als Emulationen reisen und nicht auf der derzeit niedrigsten Vollzugsebene: Die Simulation kann bei jeder beliebigen Geschwindigkeit relativ zur universellen Zeit ausgeführt werden. Sie kann viel langsamer durchgeführt werden, als das Leben auf der Erde weitergeht, so daß für die Leute, die in dem Raumfahrzeug emuliert werden, nur ein paar Tage oder Stunden vergehen.

Angesichts der heute üblichen Defizite in den Staatshaushalten scheint es unmöglich, 250 Milliarden Dollar zur Verfügung zu stellen. Allerdings sind in den vergangenen hundertfünfzig Jahren die Materialkosten im Verhältnis zu den Löhnen exponentiell gefallen, bei einer Zeitkonstante von fünfzig Jahren. Das bedeutet, daß im Durchschnitt heute jeder zwanzigmal reicher ist als vor hundertfünfzig Jahren. Wenn dieser Trend sich in den kommenden vierhundert Jahren fortsetzt, fänden die Menschen in jener Epoche eine Sonde, die 250 Milliarden Dollar kostet, genauso teuer wie wir heute eine Sonde für achtzig Millionen Dollar. Auf der Erde gibt es derzeit einige hundert Leute, deren Nettoeinkommen achtzig Millionen Dollar übersteigt; daraus ziehe ich den Schluß, daß mit Sicherheit binnen weniger Jahrhunderte eine Interstellarsonde gestartet wird.

Höchstwahrscheinlich werden die geschätzten Kosten sogar sinken. Als ich Ende der siebziger Jahre mit meinen Forschungen zu Interstellarexpeditionen begann, war der am detailliertesten ausgearbeitete Vorschlag das 1978er Daedalus-Projekt der British Interplanetary Society. Eine mit einem Daedalus-Antrieb (eine mit Kernkraft betriebene Rakete, die Atombomben hinter sich schleudert und sie zündet) ausgestattete Von-Neumann-Sonde sollte mit nur 0,16 c zwischen den Sternen hin und her reisen; die Kosten wurden auf 200 *Billionen* Dollar veranschlagt, wobei man von den bloßen Treibstoffkosten ausging. Eine Von-Neumann-Sonde, die zur Verringerung der Nutzlastmasse mit dem Lasersegelmechanismus von

Forward und Nanotechnologie arbeitet, würde sechsmal schneller reisen und wäre tausendmal preisgünstiger. Nanotechnologie und Lasersegelantrieb sind innovative Ideen der achtziger Jahre. Es ist zu erwarten, daß in den neunziger Jahren neue Vorstellungen entwickelt werden, die die Kosten weiter senken.

Eine neue Idee für den Raketenantrieb, die aus den achtziger Jahren stammt, könnte in Verbindung mit Nanotechnologie einigermaßen erschwinglich sein. Aus dem Abgas möglichst viel Energie zu gewinnen, darin liegt der Schlüssel für Raketenantrieb. Die größte verfügbare Energiequelle ist Masse, wie man aus Einsteins berühmter Formel $E = mc^2$ weiß. Chemische Reaktionen sind äußerst ineffizient: Die durch die Explosion einer Megatonne TNT freigesetzte Energie entspricht nur etwa 50 Gramm Masse. Selbst Kernreaktionen wandeln weniger als ein Prozent der ursprünglichen Masse in Energie um. Bei Materie-Antimaterie-Annihilationsreaktionen wird jedoch die *gesamte* Masse in Energie umgesetzt. Letztendlich werden Raketen also die Materie-Antimaterie-Annihilation als Energiequelle nutzen.

Antimaterie umgibt immer noch ein Hauch des Exotischen, daher ist an dieser Stelle eine kurze Beschreibung ihrer Eigenschaften angebracht. Ein physikalisches Gesetz besagt, daß jede Substanz in zwei Formen auftritt: als Teilchen und als Antiteilchen. Ein Antiteilchen entspricht seinem korrespondierenden Teilchen, außer daß seine elektrische Ladung das umgekehrte Vorzeichen trägt. Beispielsweise hat das Elektron eine negative Ladung; daher ist die Ladung seines Antiteilchens, des Positrons, positiv, obwohl es in jeder anderen Hinsicht dem Elektron gleicht. Das Proton hat eine positive Ladung, daher ist das Antiproton negativ geladen. So, wie ein Proton sich mit einem Elektron verbindet, um ein Atom elektrisch neutralen Wasserstoffs zu bilden, kann ein Antiproton sich mit einem Positron zu einem Antiatom elektrisch neutralen Antiwasserstoffs verbinden. Im Prinzip können Antiatome jeder Art hergestellt werden, obwohl im Labor bislang nur Antihelium produziert wurde. Bei entsprechenden Anstrengungen könnte man auch Antikohlenstoff, Antieisen und so weiter herstellen.

Antimaterie ist schwierig zu speichern, denn sobald ein Teilchen mit seinem Antiteilchen in Berührung kommt, annihilieren die beiden sich auf der Stelle und setzen dabei schlagartig Strahlung frei. Würde man Antiwasserstoff in die Luft freisetzen, zögen die Elektronen in den Atomen der Luft die Positronen elektrisch an, und beide annihilierten sich. Die Protonen in den Luftatomen würden die Antiprotonen elektrisch anziehen und sich ebenfalls annihilieren. Dennoch wissen wir mittlerweile, wie man große Mengen von Antimaterie produziert und speichert. Im Genfer CERN (Centre Européen de la Recherche Nucléaire) wurden viele Milliarden Antiprotonen hergestellt und monatelang in Ionenfallen gespeichert. Man kann Antiprotonen sogar schon kaufen; der Preis beläuft sich derzeit auf ungefähr einen Dollar pro Milliarde.[52] Es wurden in allen Einzelheiten Pläne für Fabriken ausgearbeitet, die jährlich einige Milligramm Antiwasserstoff herstellen können[53], und zwar zu einem Preis, der, sobald erst einmal eine Produktion in großem Maßstab läuft, bei einer Million Dollar pro Milligramm liegt.[54]

Von Forward stammt der Vorschlag, gewöhnlichen Wasserstoff als Raketenabgas zu verwenden: dazu erhitzt man diesen Wasserstoff, indem man eine winzige Menge Antiwasserstoff hinzufügt.[55] Geht man davon aus, daß eine Rakete mit 100 Gramm Nutzlast auf 0,1 c beschleunigt, mit dieser Geschwindigkeit zu dem angepeilten Sternensystem fliegt und beim Erreichen des Ziels auf Null verlangsamt, dann benötigte sie für das Abgas lediglich 1,6 Kilogramm flüssigen Wasserstoff und 3,6 Milligramm Antiwasserstoff als Energiequelle. Wenn wir wie oben annehmen, daß die Kosten der Sonde im wesentlichen jenen für die Konstruktionsmaterialien entsprechen, würde die Sonde auf nur ungefähr vier Millionen Dollar kommen; der Großteil davon entfiele auf den Antiwasserstoff. Zur Zeit leben auf der Erde mindestens eine Million Menschen, die sich das leisten könnten. Und die Von-Neumann-Sonde hätte in der Hand des Käufers Platz! Es gibt mittlerweile ziemlich detaillierte theoretische Untersuchungen zur Forward-Antimaterie-Rakete, und etliche Labors haben bekanntgegeben, sie seien bereits in der Lage, mit Experimenten zur Herstellung dieser Maschine zu beginnen. Wenn wir über die nötige Computertechnologie – nämlich den universellen Konstrukteur in Molekülgröße und Computer von der Größe eines Atoms – verfügten, könnten wir bis Ende des Jahrzehnts eine 0,1-c-Interstellarsonde starten.

Angesichts der Geschwindigkeit, mit der sich die Nanotechnologie entwickelt, rechne ich damit, daß wir zu dem Zeitpunkt, da wir einen Computer haben, der den Turing-Test bestehen kann, auch die notwendige Computertechnologie besitzen. Wie ich im vorhergehenden Abschnitt aufgezeigt habe, dürfte es im Jahr 2030 soweit sein. Und Mitte des 21. Jahrhunderts könnte eine Von-Neumann-Sonde gestartet werden.

Für ihre Reise zu anderen Sternen wird eine einmal gestartete Von-Neumann-Sonde nicht mehr als fünf bis zehn Jahre brauchen. Die Frage ist, wie lange die Sonde brauchen wird, um eine Kopie ihrer selbst herzustellen. Im Vergleich zu der einzigen sich selbst reproduzierenden Maschine, die wir derzeit kennen, nämlich dem Menschen, würde die Von-Neumann-Sonde zwanzig bis dreißig Jahre brauchen, um sich selbst zu reproduzieren. Vergleichen wir die Von-Neumann-Sonde mit einer ganzen technischen Zivilisation, dann stellt sich dies folgendermaßen dar: Die Vereinigten Staaten zu einer Industrienation zu machen dauerte annähernd dreihundert Jahre. Den Großteil dieser Zeit beanspruchte die Entwicklung des notwendigen technischen Wissens, nicht die der Maschinen als solcher. Nach dem Zweiten Weltkrieg bauten Japan und Deutschland dank des technischen Wissens ihre Industrien in einem einzigen Jahrzehnt wieder auf und benötigten dafür nur geringfügige Investitionen von außen. Der verstorbene Physiker Gerard O'Neill schätzte, daß binnen weniger als einem Jahrhundert Kolonien im Weltraum autark und in der Lage sein könnten, weitere Raumkolonien zu gründen.[56] Mir erscheint daher die Annahme durchaus realistisch, daß eine Von-Neumann-Sonde innerhalb von fünfzig Jahren nach Erreichen des angepeilten Sternensystems damit beginnen könnte, Kopien ihrer selbst anzufertigen. Würde sie dann diese Kopien zu allen maximal zehn Lichtjahre von ihr entfernten Sternen senden, könnte eine Kolonisierung der Galaxie mit einer Geschwindigkeit von zehn Lichtjahren pro sechzig Jahren oder ein sechstel Lichtjahr pro Jahr voranschreiten. Da die Galaxie einen Durchmesser von etwa 100 000 Lichtjahren hat, dauerte eine Kolonisierung der gesamten Milchstraße ungefähr 600 000 Jahre. Mit dieser Kolonisierung könnte man Mitte des nächsten Jahrhunderts beginnen.[57]

Eine Raumfahrerspezies wird schließlich das gesamte Universum erobern und beherrschen

Die nächstgelegene große Galaxie, der Andromeda-Nebel, ist 2,7 Millionen Lichtjahre entfernt; daher kann die Biosphäre sie mit Hilfe der im vorhergehenden Abschnitt beschriebenen 0,9-c-Sonde ebenfalls in ungefähr drei Millionen Jahren vereinnahmen. Der nächstgelegene große Galaxienhaufen, der Virgo-Nebel, ist ungefähr sechzig Millionen Lichtjahre entfernt, daher kann sich die Biosphäre seiner binnen etwa siebzig Millionen Jahren bemächtigen. In beiden Fällen ist die Reproduktionszeit im Vergleich zur Reisezeit – selbst bei 0,9 c – kurz, so daß man sie vernachlässigen kann.

Bei weiter entfernten Galaxien muß man bei der Berechnung der Geschwindigkeit des Raumfahrzeugs die Ausdehnung des Weltalls in Betracht ziehen. Das Hubblesche Gesetz besagt: Je weiter eine Galaxie von der Erde entfernt ist, desto schneller bewegt sie sich von uns weg. Ein mit einer gegebenen, zur Erde relativen Geschwindigkeit gestartetes Raumfahrzeug wird daher schließlich eine ferne Galaxie mit einer im Verhältnis zu dieser Galaxie geringeren Geschwindigkeit erreichen. Im Wissenschaftlichen Anhang zeige ich, daß sich der Impuls des Raumfahrzeugs auf der Erde zu seinem Impuls in der fernen Galaxie genauso verhält wie der Radius des Universums, zu dem Zeitpunkt, da das Raumfahrzeug die Galaxie erreicht, zum Radius des jetzigen Universums. In Kapitel IV werde ich zeigen, daß letzteres Verhältnis höchstens 300 000 beträgt, wenn das Universum seine maximale Größe hat (das Verhältnis könnte sogar nur 3 000 sein). Die Obergrenze von 300 000 impliziert, daß es, um das Universum zu durchqueren und zur Zeit seiner maximalen Ausdehnung auf seiner anderen Seite mit einer Geschwindigkeit von 0,9 c anzukommen (eine Geschwindigkeit von 0,9 c bedeutet, daß seine Gesamtenergie ungefähr dem Doppelten seiner Masse entsprechen muß), erforderlich ist, den Nutzlasten der Raumfahrzeuge eine Ausgangsenergie zu geben, die dem 600 000fachen ihrer Masse entspricht. Im Wissenschaftlichen Anhang führe ich aus, daß ein solches Raumfahrzeug technisch machbar ist, wenn man eine

Materie-Antimaterie-Annihilationsrakete benutzt. Bei einer Nutzlast von 100 Gramm hätte die Rakete eine Ausgangsgesamtmasse von nur einer Milliarde Tonnen, davon die Hälfte Antimaterie. Eine solche Menge Antimaterie wird nicht gerade billig sein. Wenn ein Milligramm eine Million Dollar kostet, würden eine Milliarde Tonnen eine Billion mal eine Billion Dollar kosten, etwa eine Milliarde mal soviel, wie das derzeitige Bruttosozialprodukt der ganzen Welt ausmacht! Eine Sonde direkt von unserer Galaxie zur anderen Seite des Universums zu schicken, erfordert die Ressourcen eines gesamten Sternensystems! Aber es ist machbar.

Strategisch sinnvoller als der Versuch, direkt zum antipodischen Punkt zu gelangen, wäre es, eine Sonde von einer Galaxie zur nächsten zu schicken. Allerdings wird dies mit zunehmender Ausdehnung des Universums und weiterem Auseinanderdriften der Galaxien immer schwieriger. Im Wissenschaftlichen Anhang zeige ich, daß in einem Universum, das zum Zeitpunkt seiner maximalen Ausdehnung zwischen 3×10^3- und 3×10^5mal größer ist als jetzt, der antipodische Punkt derzeit zwischen einem und 10 Teraparsec entfernt ist (ein Teraparsec entspricht 10^{12} Parsec); das Universum wird seine maximale Ausdehnung in von jetzt an gerechnet 5×10^{16} bis 5×10^{18} Jahren (Eigenzeit) erreichen. In dieser Zeit wird sich die materielle Zusammensetzung des Universums beträchtlich verändern, wie die Tabelle auf Seite 88 zeigt.

Die Zeittafel geht davon aus, daß das Leben nicht in die Evolution der Materie eingreift. In Wirklichkeit wird das natürlich sehr wohl der Fall sein. Beispielsweise werden unsere Nachkommen kaum untätig zusehen, wie die Erde in von jetzt an gerechnet sieben Milliarden Jahren verdampft, sondern lange zuvor den gesamten Planeten in Einzelteile zerlegt und das Material dazu verwendet haben, die Biosphäre auszudehnen. (Dyson hat dargelegt, daß es technisch machbar ist, einen Planeten auseinanderzunehmen, wenn man in Kauf nimmt, daß dieser Vorgang ein paar Millionen Jahre dauert.) Zuzulassen, daß Natur ihren Lauf nimmt und die Erde zerstört, heißt tatenlos zusehen, wie das, was von der Biosphäre der Erde übrigbleibt, sinn- und zwecklos ausgelöscht wird. Nimmt man statt dessen die Erde auseinander, so kann man die Bestandteile zur Errichtung O'Neillscher Kolonien verwenden, in denen Leben weiterexistieren kann. Genaugenommen wären dann sogar ein Mehr an Leben und eine vielfältigere Biosphäre möglich, denn auf der Erde

Wichtige Ereignisse in der Zukunft

Ereignis	*Zeitskala (in Jahren)*
Die Sonne dehnt sich aus und verschlingt die Erde	7×10^9
Galaxien aus Galaxienhaufen verdampfen	10^{11}
Es bilden sich keine neuen Sterne mehr; alle massiven Sterne sind entweder zu Neutronensternen oder zu schwarzen Löchern geworden	10^{12}
Die langlebigsten Sterne brauchen ihren gesamten Brennstoff auf und werden zu Weißen Zwergen	10^{14}
Durch Sternkollisionen werden tote Planeten von toten Sternen getrennt	10^{15}
Weiße Zwerge kühlen bis auf 5 Grad K zu Schwarzen Zwergen ab	10^{17}
Neutronensterne kühlen auf 100 Grad K ab	10^{19}

als Ganzer kann Leben nur die Atmosphäre und die ersten paar Kilometer der Erdkruste nutzen. Würde man jedoch die Erde auseinandernehmen, könnte das *gesamte* Material, aus dem die Erde besteht, als Lebensraum dienen. Das gleiche gilt natürlich für die anderen Planeten und sogar für die Sonne. Auf sehr lange Sicht wird zuerst die Materie des gesamten Sonnensystems, dann die der gesamten Galaxie, danach die des gesamten Virgo-Galaxienhaufens und schließlich die des gesamten Universums auseinandergenommen und in Lebensraum für die expandierende Biosphäre verwandelt werden.

Bedenken Sie, daß auf sehr lange Sicht das Leben keine andere

Wahl hat – es *muß* die natürlichen Strukturen aufbrechen, wenn es überdauern will. Daraus ziehe ich den Schluß, daß es das auch tun wird.

Ein zur Zeit der Entstehung des Universums vom Standort Erde ausgesandter Lichtstrahl würde zum Zeitpunkt der maximalen Ausdehnung des Universums auf dessen anderer Seite ankommen; daher würde ein Raumfahrzeug, das in den nächsten paar Milliarden Jahren mit der oben genannten Energie gestartet wird, kurz nach dem Lichtstrahl eintreffen, just nachdem das Universum begonnen hat, sich zusammenzuziehen. Ich schließe daraus, daß es technisch machbar ist, in dieser Zeit das gesamte Universum zu vereinnahmen, wenn wir uns der Technologie bedienen, über die wir in fünfzig Jahren eigentlich verfügen müßten. Die Abbildungen II.3 bis II.6 (Seiten 90 bis 93) zeigen eine Computersimulation der Biosphäre, die das ganze Universum besetzt.

Die erste Graphik zeigt das Universum in von jetzt an gerechnet 10^{16} Jahren. Zu diesem Zeitpunkt wird das Universum 3 000mal größer sein als jetzt. Das Universum ist als zweidimensionale Kugeloberfläche dargestellt, an deren Nordpol sich die Erde befindet. Die andere Seite des Universums – der antipodische Punkt – ist folglich der Südpol. Der dunkle Kreis auf der Kugel stellt einen 1993 von der Erde ausgesandten Lichtstrahl dar. Das Licht hat mittlerweile den Kugeläquator erreicht. Das bedeutet, daß es in den 10^{16} Jahren, seit es die Erde verlassen hat, erst die Hälfte der Entfernung zwischen der Erde und dem antipodischen Punkt zurücklegen konnte. Der dunkle Bereich auf der Kugel ist die Biosphäre. Sie hat bereits ein Drittel des Universums vereinnahmt.

Die zweite Darstellung, Abbildung II.4 (Seite 91), zeigt das Universum in von jetzt an gerechnet 10^{17} Jahren. Das Universum dehnt sich nach wie vor aus und ist jetzt schon größer als in der vorhergehenden Abbildung. Das Leben hat mittlerweile ungefähr drei Viertel des Universums erobert. Das Licht, das die Erde 10^{17} Jahre zuvor verließ, hat den antipodischen Punkt immer noch nicht erreicht, obwohl es ihm näher gekommen ist. Die expandierende Biosphäre ist dem Licht dicht auf den Fersen.

Die dritte Graphik, Abbildung II.5 (Seite 92), zeigt das Universum in von jetzt an gerechnet 10^{18} Jahren. Es dehnt sich immer noch aus und ist wiederum größer als in der vorhergehenden Abbildung; allerdings hat es jetzt seine maximale Ausdehnung fast erreicht. Das

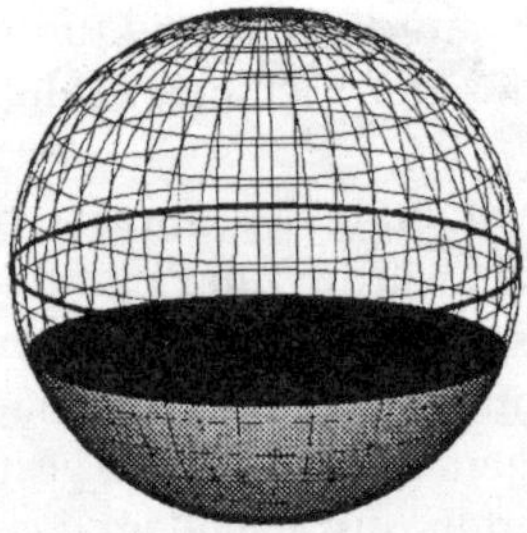

Abbildung II.3: *Ausschnitt aus einer Computersimulation, wie Leben expandiert, um das gesamte Universum zu vereinnahmen. Die Abbildung zeigt das Universum in von jetzt an gerechnet 10^{16} Jahren; es ist dann etwa 3000mal größer als jetzt. Das Universum ist als zweidimensionale Kugeloberfläche dargestellt, wobei die Erde sich am Nordpol der Kugel befindet. Die andere Seite des Universums – der antipodische Punkt – ist folglich der Südpol. Die Biosphäre (hier als dunkler werdende Schattierung des Kugelgitters dargestellt) hat ungefähr ein Drittel des Universums erobert. Der dunkle Kreis stellt einen 1993 von der Erde ausgesandten Lichtstrahl dar. Das Licht hat den Äquator der Kugel erreicht. Das heißt, das Licht konnte in den 10^{16} Jahren, seit es die Erde verlassen hat, nur die Hälfte der Entfernung zwischen der Erde und dem antipodischen Punkt zurücklegen.*

Leben hat mittlerweile 90 Prozent des Universums in Besitz genommen. Das Licht, das die Erde vor 10^{18} Jahren verließ, hat den antipodischen Punkt nahezu erreicht.

Die vierte Graphik, Abbildung II.6 (Seite 93), zeigt das Universum in von jetzt an gerechnet 10^{19} Jahren. Es hat den Punkt seiner maximalen Ausdehnung überschritten und zieht sich jetzt zusammen; daher ist es auf dieser Abbildung kleiner als auf der vorhergehenden. Das Leben hat das gesamte Universum erobert. Immer noch ist ein dunkler Kreis zu sehen, der, wie auf der vorhergehenden Abbildung, das Licht darstellt, das die Erde im Jahr 1993 verlassen hat, aber jetzt hat es den antipodischen Punkt durchlaufen und befindet sich auf dem Weg zurück zur Erde.

Die nächste Frage ist nun: Kann Leben das gesamte Universum kontrollieren, sobald es dieses vereinnahmt hat? Anders gesagt:

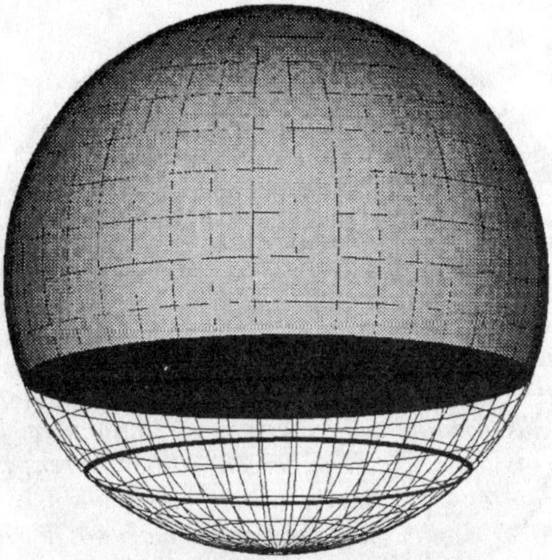

Abbildung II.4: *Zweiter Ausschnitt aus der Computersimulation, wie Leben expandiert, um das gesamte Universum zu vereinnahmen. Die Abbildung zeigt das Universum in von jetzt an gerechnet 10^{17} Jahren. Es dehnt sich immer noch aus und ist jetzt größer als auf der vorhergehenden Abbildung. Die Biosphäre, die mit einer durchschnittlichen Geschwindigkeit von 90 Prozent der Lichtgeschwindigkeit expandiert, ist dem 1993 von der Erde ausgesandten Lichtstrahl dicht auf den Fersen. Leben hat jetzt etwa drei Viertel des Universums erobert. Noch immer hat das Licht, das die Erde vor 10^{17} Jahren verlassen hat, den antipodischen Punkt nicht erreicht, obwohl es ihm jetzt viel näher ist.*

Können unsere Nachkommen das Universum selber steuern, oder werden sie nur mitfahren? Die Antwort ist, daß sie in der Tat die zukünftige Bewegung des gesamten Universums steuern können. Der Mechanismus, dessen sie sich dabei bedienen, ist das Chaos in den Gleichungen, denen die Dynamik des Universums unterliegt.

Die Physik kennt viele Definitionen des Wortes »Chaos«; die wichtigste lautet: »Chaos bedeutet Instabilität.« Das heißt, wenn die Ausgangsbedingungen eines chaotischen Systems geringfügig verändert werden, dann weicht der zukünftige Ablauf exponentiell von der erwarteten Entwicklung ab. Im Gegensatz dazu würde stabile Entwicklung bedeuten, daß der zukünftige Ablauf des Systems bei

Abbildung II.5: *Dritter Ausschnitt aus der Computersimulation, wie Leben expandiert, um das gesamte Universum zu vereinnahmen. Diese Abbildung zeigt das Universum in von jetzt an gerechnet* 10^{18} *Jahren. Es dehnt sich weiterhin aus und ist wiederum größer als auf der vorhergehenden Abbildung; jetzt hat es nahezu seine maximale Größe erreicht. Leben hat nun etwa 90 Prozent des Universums erobert. Das Licht, das vor* 10^{18} *Jahren die Erde verlassen hat, hat den antipodischen Punkt fast erreicht.*

geringfügiger Änderung der Ausgangsbedingungen ziemlich genau der Zukunft entspricht, wie sie ohne diese Änderung aussehen würde. Nehmen wir, als Beispiel für eine stabile Bewegung, einmal an, wir bewegen ein Teilchen zwei Meter nach links. Nach einer Sekunde ist dann das Teilchen einen Meter von der Stelle entfernt, wo es sich befunden hätte, wenn es nicht bewegt worden wäre; nach zwei Sekunden ist es einen halben Meter von der Stelle entfernt, wo es gewesen wäre, wenn es nicht bewegt worden wäre; nach drei Sekunden ist es einen viertel Meter von der Stelle entfernt, wo es gewesen wäre, wenn es nicht bewegt worden wäre, und so weiter.

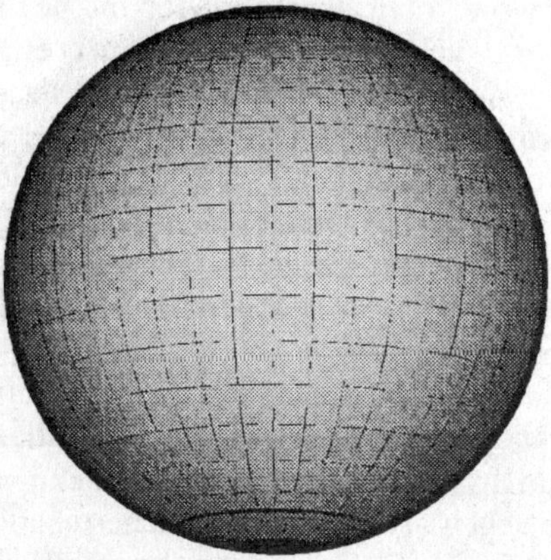

Abbildung II.6: *Vierter Ausschnitt aus der Computersimulation, wie Leben expandiert, um das gesamte Universum zu vereinnahmen. Die Abbildung zeigt das Universum in von jetzt an gerechnet 10^{19} Jahren. Es hat den Zeitpunkt seiner maximalen Ausdehnung überschritten und zieht sich jetzt zusammen, daher ist es kleiner als auf der vorhergehenden Abbildung. Leben hat mittlerweile das gesamte Universum erobert. Nach wie vor ist der dunkle Kreis zu sehen. Wie auf den vorhergehenden Abbildungen stellt er das Licht dar, das 1993 die Erde verlassen hat; doch jetzt hat das Licht den antipodischen Punkt durchlaufen und befindet sich auf dem Weg zurück zur Erde.*

Wie wir sehen, bezeichnet »Stabilität« also eine Tendenz, die genauen Werte der Ausgangsbedingungen unwichtig werden zu lassen. Das System hat sich sozusagen entschieden, wohin es gehen will, und ist entschlossen, dorthin zu gehen, ganz egal, was wir mit ihm anstellen. Wir können solch ein System dazu bringen, woanders hinzugehen, aber dazu bedürfte es einer ungeheuren Energie. Um zu erreichen, daß sich das Teilchen nach 60 Sekunden einen Meter weiter links befindet, müßten wir seine Ausgangsposition um 100 Lichtjahre nach links verschieben!

Ein Beispiel für eine instabile chaotische Bewegung: Nehmen Sie an, wir verschieben die Ausgangsposition eines Teilchens zwei Meter nach links; nach einer Sekunde ist das Teilchen vier Meter von der

Stelle entfernt, wo es ohne die Verschiebung gewesen wäre; nach zwei Sekunden ist es acht Meter von dem Punkt entfernt, wo es sich befunden hätte, wäre es nicht bewegt worden; nach drei Sekunden ist es 16 Meter von der Stelle entfernt, wo es ohne die Verschiebung gewesen wäre, und so weiter. Die Abweichung dieses chaotischen Systems von seiner Position ohne die Veränderung beträgt 2^t, wobei t die Zeit in Sekunden bezeichnet. Es leuchtet ein, daß das Teilchen nach sehr kurzer Zeit enorm weit von der Stelle entfernt sein wird, an der es sich ansonsten befunden hätte: Nach 60 Sekunden ist dieses hypothetische Teilchen 100 *Lichtjahre* von dem Punkt entfernt, wo es ohne die Veränderung gewesen wäre! (Es handelt sich hier natürlich um ein rein hypothetisches Beispiel, denn *nichts* kann sich schneller fortbewegen als Licht.) Ein solches chaotisches instabiles System dorthin zu bringen, wo wir es haben wollen, ist ganz einfach und erfordert einen geringen Energieaufwand. Um dieses hypothetische Teilchen dazu zu bringen, nach 60 Sekunden einen Meter weiter links zu sein, brauchten wir es nur um den Bruchteil eines Atoms nach links zu verschieben.

In den größten Maßstäben ist Gravitation die wichtigste Kraft, und große Teilchensysteme, die der Gravitation unterliegen, sind fast immer chaotisch. Das beste Beispiel ist unser Sonnensystem. Die Anziehungskraft, die die anderen Planeten auf die Erde ausüben, macht die Position der Erde in ihrer Umlaufbahn chaotisch. Das heißt, Form und Größe der Erdumlaufbahn verändern sich kaum, aber die genaue Lokalisierung der Erde in ihrer Umlaufbahn ist sehr instabil: Sie variiert mit 2^t, wie in dem oben angeführten hypothetischen Beispiel, außer daß jetzt t die Zeit in Vielfachen von 3,5 Millionen Jahren ist.[58] Man kann die Auswirkungen dieses Chaos in der Umlaufbahn der Erde drastisch veranschaulichen: Angenommen, ein *Schmetterling* beschließt, einen Meter weit von einer Blume zur nächsten zu fliegen, dann ist die Folge dieser einen Bewegung dieses einen Schmetterlings, daß sie *in 500 Millionen Jahren die ganze Erde von der einen Seite der Sonne auf die andere versetzt.*

Wenn ein einzelner Schmetterling die Erde in 500 Millionen Jahren von einer Seite ihrer Umlaufbahn auf die andere versetzen kann[59], dann ist die Vorstellung nicht abwegig, daß unsere Nachkommen, sobald sie das gesamte Universum erobert haben, dessen Entwicklung binnen eines Zeitraums von 10^{16} Jahren steuern können.

Wie der Schmetterling und die Erde, so werden auch unsere Nachkommen nicht in der Lage sein, sämtliche Aspekte der zukünftigen Bewegung des Universums zu steuern. So, wie der Schmetterling die Form und Größe der Umlaufbahn der Erde nicht verändern kann, so können unsere Nachkommen die Tatsache nicht ändern, daß das Universum, sobald es seine maximale Größe erreicht hat und sich zusammenzuziehen beginnt, in 10^{18} Jahren Eigenzeit auf die Größe Null kollabieren wird. Eines können unsere Nachkommen allerdings tun: Sie können Einfluß darauf nehmen, *wie* das Universum kollabiert. So kann es in einigen Richtungen schneller kollabieren als in anderen, und mein Kollege John Barrow hat gezeigt, daß die Kollabierungsgeschwindigkeit des Universums in den verschiedenen Richtungen in der Tat chaotisch *ist.*[60] Insbesondere kann Leben in der fernen Zukunft das Universum ohne weiteres zwingen, in zwei Richtungen sehr schnell zu kollabieren, während es in der dritten Richtung die gleiche Größe beibehält. Das können und das *müssen* unsere Nachkommen tun.

Sie müssen das Universum zwingen, sich in dieser Richtung zu bewegen, denn nur wenn es dies tut, wird dem Leben in der fernen Zukunft genügend Energie für seine Fortdauer zur Verfügung stehen. Denken Sie, zum besseren Verständnis dieser zukünftigen Energiequelle, an die derzeitige Energiequelle der Biosphäre, die Sonne. Die Sonne ist nur deshalb eine mögliche Energiequelle, weil sie zufällig heißer ist als der interstellare Raum. Die Biosphäre funktioniert, weil Grünpflanzen von einer heißen Stelle am Himmel (der Sonne) Energie aufnehmen und ihre Abwärme an den interstellaren Raum abgeben. In Wirklichkeit übernimmt das die Atmosphäre, aber wie das Ganze technisch abläuft, braucht uns hier nicht zu interessieren. Der Kernpunkt ist, daß biologische Aktivität auf der Erde nur möglich ist, weil von einer Quelle mit hoher Temperatur Energie genommen und an ein Auffangbecken mit niedriger Temperatur abgegeben wird.

Stellen Sie sich jetzt das kollabierende Universum vor. Wie wir wissen, kühlt Gas, wenn es sich ausdehnt, ab; wenn es sich verdichtet, wird es wärmer. So funktioniert ein Kühlschrank. Gas (= Kühlmittel) wird dazu gebracht, sich in den Kühlschlangen auszudehnen, so daß es kälter wird als die Luft im Kühlschrank. Infolgedessen geht Wärme aus der Luft auf das kältere Gas in der Kühlschlange über; dieses erwärmte Gas wird aus dem Kühlschrank hinausgeleitet, wo es komprimiert und dadurch wärmer wird; die Wärme wird an die

Luft außerhalb des Kühlschranks abgegeben. Im Universum wirkt Strahlung genauso wie das Gas im Kühlschrank: sie kühlt ab, während das Universum expandiert, und wird wärmer werden, wenn es sich zusammenzuziehen beginnt.

Wenn jedoch das Universum in einer Richtung seine Größe beibehält, während es sich in den anderen beiden Richtungen kontrahiert, wird die Strahlung in diesen beiden Richtungen heißer werden als in der stationären. Das bedeutet, daß die Kontraktionsrichtungen heiße Stellen sein werden, und die andere Richtung eine kalte Stelle am Himmel sein wird. Dieser Temperaturunterschied in verschiedenen Richtungen wird in der fernen Zukunft die Energiequelle für Leben sein, so wie heute die heiße Stelle am Himmel, genannt Sonne, die Energiequelle für Leben auf der Erde ist.

Das Universum wird von sich aus dazu tendieren, in einer Richtung schneller zu kollabieren als in einer anderen. Aber fast immer wird dieser natürlichen Tendenz Einhalt geboten werden, ehe der Temperaturunterschied groß genug ist, damit Leben genügend Energie erhält. Detaillierte Berechnungen (siehe Wissenschaftlicher Anhang) zeigen jedoch, daß Leben genügend Energie erhalten *kann*, wenn es das Chaos in den richtungsabhängigen Kollabierungsgeschwindigkeiten nutzt. Daher *muß*, wie schon gesagt, Leben das Universum zwingen, sich in diese unwahrscheinliche Richtung zu bewegen.

Darüber hinaus muß Leben vom gesamten Universum Besitz ergreifen, denn nur dann hat es die Macht, das Universum in diese unwahrscheinliche Richtung zu zwingen. Denken Sie an den Schmetterling und die Erde. Zwar *kann* der Schmetterling die Erde bewegen, aber er wird dies wahrscheinlich nicht tun, weil ein anderer Schmetterling auf der anderen Seite des Erdballs die Bewegung des ersten aufheben kann, indem er sich in die entgegengesetzte Richtung bewegt. Der chaotische Effekt ist nur dann kumulativ, wenn die Schmetterlinge zusammenarbeiten, was sie natürlich nicht tun werden. Auf das Universum übertragen heißt das, es wird sich nur in dem Fall in die richtige Richtung bewegen, wenn Leben überall im All zusammenwirkt. Wenn sich Leben im Universum ausgebreitet hat und das Universum zum Zeitpunkt seiner maximalen Ausdehnung noch annähernd homogen ist, dann wird sich Leben überall im Universum höchstwahrscheinlich richtig verhalten, auch wenn zu Beginn keine Kommunikation möglich ist! (Erinnern Sie sich, daß Licht nur einmal von der Erde zum antipodischen Punkt gelangen kann, ehe das Universum zu kollabieren beginnt; das Licht wird also keine Zeit haben zurückzukommen, ehe Leben zu agieren begonnen hat.) Der Grund dafür, daß Leben wahrscheinlich kohärent agieren wird, ist folgender: Wenn das Universum mehr oder weniger homogen ist, wird es in verschiedene Richtungen mit verschiedenen Geschwindigkeiten zu kollabieren beginnen, aber diese unterschiedlichen Richtungen werden überall die gleichen sein. Das heißt, die heißen Stellen werden sich in ein und derselben Richtung befinden, unabhängig davon, wo im Universum Leben ist. Daher wird Leben überall versuchen, die Temperatur in der gleichen Richtung in die Höhe zu treiben und folglich automatisch kohärent agieren. Es wird in seiner Gesamtheit das Universum bewegen.

Bevor ich in Kapitel IV mit der Geschichte fortfahre, wie Leben sich in der Kollabierungsphase des Universums verhalten wird, will ich zunächst ausführen, was geschehen könnte, wenn Leben nicht kohärent agiert. In diesem Fall stünden dem Leben zwei mögliche, gleichermaßen gräßliche Schicksale bevor: die ewig Wiederkehr oder der Wärmetod.

III. Fortschritt versus ewige Wiederkehr und Wärmetod

Die Omegapunkt-Theorie baut auf dem Postulat des ewigen Lebens auf. In Kapitel IV werde ich dieses Postulat des ewigen Lebens definitiv formulieren: Drei Bedingungen müssen erfüllt sein, damit wir behaupten können, daß Leben sich ewig fortsetzt. Im Grunde genommen kommen diese Bedingungen der Behauptung gleich, daß Fortschritt sich unendlich fortsetzen wird, und zwar im wahrsten Sinn des Wortes: bis in die Unendlichkeit, auf allen Ebenen. Bereits in Kapitel II habe ich dargelegt, daß Leben um des Überlebens willen sich letztendlich über die Erde hinaus ausbreiten muß. Dies erfordert ein Fortschreiten, insbesondere einen Fortschritt in der Technologie. Ohne Fortschritt ist die völlige Auslöschung allen Lebens unvermeidlich. Obwohl diese Tatsache seit Mitte des 19. Jahrhunderts anerkannt wird – vor allem von Physikern –, hat man Fortschritt nicht immer als unvermeidlich, ja nicht einmal als etwas Positives betrachtet. Zwei bedeutende Doktrinen, eine philosophische und eine wissenschaftliche, wurden der Idee des Fortschritts entgegengestellt: die *ewige Wiederkehr* und der *Wärmetod*.

Die Lehre von der ewigen Wiederkehr besagt: Alle Geschehnisse in der Natur wiederholen sich in allen Einzelheiten. Im einzelnen heißt dies, daß Sie, der Leser, in der Zukunft eine genaue Kopie dieses Buches noch einmal lesen werden, und zwar immer und immer wieder, ohne Ende. Es gibt nur eine endliche Anzahl von Möglichkeiten, und diese werden endlos wiederholt. Daher kann es keinen kontinuierlichen Fortschritt geben. Wie auch immer man Fortschritt bemißt, er mag eine Zeitlang tatsächlich stattfinden, doch dann wird es einen Rückschritt geben, bis das Universum zu seinem primitiven Ausgangszustand zurückkehrt, woraufhin der Fortschritt von neuem einsetzt.

Bis vor kurzem glaubte man, die ewige Wiederkehr ergäbe sich aus der Physik. Folglich stellten sowohl die Vertreter der klassischen Newtonschen Mechanik als auch nichtrelativistische Quantenmechaniker »Theoreme der Wiederkehr« auf: Es lasse sich beweisen, daß »permanent endliche« Systeme, die den Gesetzmäßigkeiten der klassischen und nichtrelativistischen Quantenmechanik unterliegen, immer und immer wieder in einen vorherigen Zustand zurückkehren müssen. In diesem Kapitel werde ich jedoch umreißen – und dies im Wissenschaftlichen Anhang stringent beweisen –, daß die Gesetze der allgemeinen Relativitätstheorie und der Quantengravitation einem insgesamt »permanent endlichen« Universum widersprechen. Ferner werde ich in diesem Kapitel zeigen, daß es sich bei der ewigen Wiederkehr um eine sehr alte Vorstellung handelt, die jedoch im 20. Jahrhundert einige äußerst mißliche Konsequenzen hatte.

Der Wärmetod ist eine Erfindung der Physik des 19. Jahrhunderts. Gemäß dem zweiten Hauptsatz der Thermodynamik nimmt die *Entropie* genannte Zustandsgröße – eine physikalische Größe, die als Maß für Unordnung in einem System dient – immer zu oder bleibt gleich. Unter keinen Umständen kann sie abnehmen. Wenn also die im Universum herstellbare Menge an Entropie endlich ist, muß in der Zukunft ein Zeitpunkt kommen, von dem an keine Veränderung mehr möglich ist. Gäbe es einen Temperaturunterschied zwischen zwei beliebigen Teilen des Universums, dann könnte die Entropie noch zunehmen, so daß jener endgültige Zustand der maximalen Entropie einem Zustand universell konstanter Temperatur entspräche. In einer derartigen Situation wäre die gesamte Energie im ganzen Universum in Form von Wärme gebunden – es gäbe keine »verfügbare« oder freie Energie mehr. Folglich müßte alles Leben verlöschen und könnte nie mehr neu erwachen. Dieser endgültige Zustand gleichbleibender Temperatur, konstanter Entropie, ohne freie Energie, wird als *Wärmetod* bezeichnet. Zum erstenmal wurde ein solcher nicht eben erstrebenswerter Endzustand von dem großen deutschen Physiker Hermann von Helmholtz in einem erstmals 1854 veröffentlichten Artikel vorhergesagt.[1]

Der Wärmetod in der Physik des 19. Jahrhunderts

Der Wärmetod, nach Ansicht vieler Physiker des 19. Jahrhunderts eine zwingende Schlußfolgerung aus dem zweiten Hauptsatz der Thermodynamik, schreckte diejenigen, die an beständigen Fortschritt glaubten. Charles Darwin war ursprünglich der Ansicht, seine Theorie der Evolution durch natürliche Auslese impliziere einen solchen Fortschritt. Wie er es in den »Schlußbemerkungen« zu seiner *On the Origin of the Species* formulierte:

> »Da alle jetzigen Lebensformen lineare Abkommen derjenigen sind, welche lange vor der cambrischen Periode gelebt haben, so können wir überzeugt sein, daß die regelmässige Aufeinanderfolge der Generationen niemals unterbrochen worden ist und eine allgemeine Fluth niemals die ganze Welt zerstört hat. Daher können wir mit Vertrauen auf eine Zukunft von gleichfalls unberechenbarer Länge blicken. Und da die natürliche Zuchtwahl nur durch und für das Gute eines jeden Wesens wirkt, so wird jede fernere körperliche und geistige Ausstattung desselben seine Vervollkommnung zu fördern streben.«[2]

Diese Hoffnung für die Zukunft ist auch die Schlußfolgerung der Omegapunkt-Theorie. Hinsichtlich der Vergangenheit hatte Darwin ebenfalls recht. Wie wir mittlerweile wissen, sind wir alle Nachkommen jener einzelligen Organismen, die sich vor mehr als 3,5 *Milliarden* Jahren entwickelten; zudem ist es wahrscheinlich, daß Leben sich auf der Erde nur ein einziges Mal entwickelt hat (genauer gesagt: Es ist äußerst wahrscheinlich, daß Leben sich weniger als zehnmal entwickelt hat).[3]

Allerdings betrachtete Darwin den *Homo sapiens* nicht als den Träger des Fortschritts. Ihm war vielmehr klar, daß letztendlich unsere höherentwickelten Nachkommen an unsere Stelle treten würden:

> »Und nach der Vergangenheit zu urtheilen, dürfen wir getrost annehmen, daß nicht eine einzige der jetzt lebenden Arten ihr unverändertes Abbild auf eine ferne Zukunft übertragen wird.«[4]

Auch in diesem Fall hatte Darwin recht: Von all den Arten, die sich im Lauf der Erdgeschichte entwickelt haben, existiert von tausend nur noch eine.[5]

Leider ließ sich Darwin gegen Ende seines Lebens durch die Aussicht, der Erde drohe möglicherweise der Wärmetod – davon hatte er in Gesprächen mit Physikern, die sich um das Alter der Erde drehten, erfahren – in seinem Optimismus erschüttern. Wie er in seiner *Autobiography* berichtet:

> »[Erwägt man]... die Ansicht, die derzeit die meisten Physiker vertreten, daß nämlich die Sonne samt allen Planeten mit der Zeit zu kalt für Leben werden wird, es sei denn, irgendein großer Himmelskörper treffe auf die Sonne und verleihe ihr auf diese Weise neues Leben – dann ist, wenn man wie ich glaubt, daß der Mensch in der fernen Zukunft ein weit vollkommeneres Wesen sein wird, als er es jetzt ist, der Gedanke unerträglich, er sowie alle anderen fühlenden Wesen seien nach einer solch langandauernden Zeit des langsamen Fortschreitens zur völligen Auslöschung verdammt.«[6]

Was ein unausweichlicher Wärmetod für den Fortschritt und eine optimistische Weltsicht bedeuten würde, hat auf sehr eindringliche Weise der englische Philosoph Bertrand Russell in einer berühmten, 1903 verfaßten Abhandlung zum Ausdruck gebracht:

> »...die Welt, an welche zu glauben die Wissenschaft uns erlaubt, ist noch sinnloser, noch bedeutungsloser [als eine Welt, deren Gott übelwollend ist]. Wenn überhaupt, dann müssen unsere Ideale künftig inmitten einer solchen Welt eine Heimstatt finden. Daß der Mensch das Produkt blinder, zielloser Ursachen ist, daß sein Ursprung, seine Entwicklung, seine Hoffnungen und Ängste, sein Lieben und sein Glauben nichts als das Ergebnis zufälliger Zusammenstöße von Atomen sind; daß keine Leidenschaft, kein Heldenmut, keine Kraft des Denkens oder des Fühlens das individuelle Leben über das Grab hinaus bewahren kann; daß all das jahrhundertelange Mühen, all die Hingabe, all die Inspiration, all die strahlende Helle menschlichen Genies im Gefolge des umfassenden Todes des Sonnensystems zur Auslöschung verdammt sind und daß der ganze Tempel der menschlichen Errungenschaften unausweichlich unter dem Schutt eines zerstörten Universums

begraben werden soll – all dies ist, wenn nicht schon über jeden Zweifel erhaben, so doch derart wahrscheinlich, daß keine Philosophie, die dies abstreitet, Aussicht hat zu bestehen. Nur durch die Formulierung dieser Wahrheiten, auf dem festen Fundament unerbittlicher Hoffnungslosigkeit, kann der Seele eine sichere Wohnstatt errichtet werden.«[7]

In den letzten Jahren unseres Jahrhunderts fanden Russells Gefühle in dem bekannten Buch über Kosmologie des amerikanichen Physikers Steven Weinberg, *The First Three Minutes*, erneut einen Widerhall.

»Der Vorstellung, daß wir ein besonderes Verhältnis zum Universum haben, daß unser Dasein nicht bloß eine Farce ist, die sich aus einer mit den ersten drei Minuten beginnenden Kette von Zufällen ergab, sondern daß wir irgendwie von Anfang an vorgesehen waren – dieser Vorstellung vermögen wir Menschen uns kaum zu entziehen... Man begreift kaum, daß dies alles nur ein winziger Bruchteil eines überwiegend feindlichen Universums ist. Noch weniger begreift man, daß dieses gegenwärtige Universum sich aus einem Anfangszustand entwickelt hat, der sich jeder Beschreibung entzieht und seiner Auslöschung durch unendliche Kälte oder unerträgliche Hitze entgegengeht. Je begreiflicher uns das Universum wird, um so sinnloser erscheint es auch.«[8]

Wer an den Wärmetod glaubt, hat die Wahl zwischen zwei Antworten. Die erste ist, sich damit abzufinden – zu akzeptieren, daß menschliches Leben auf lange Sicht sinnlos ist – und nur auf kurze Sicht nach irgendeiner Bedeutung zu suchen und Trost darin zu finden, daß der Mensch, wiewohl zum Untergang verdammt, diesem unausweichlichen Schicksal mutig ins Auge blickt. In Weinbergs Worten: »Das Bestreben, das Universum zu verstehen, hebt das menschliche Leben ein wenig über eine Farce hinaus und verleiht ihm einen Hauch von tragischer Würde.«[9] Russell hingegen rät uns, den Blick auf die absehbare Zukunft zu richten:

»Obwohl es natürlich eine düstere Aussicht ist, wenn man annimmt, daß das Leben aussterben wird – wenigstens glaube ich, daß wir das so ausdrücken können, obwohl ich es manchmal, wenn ich so sehe, was die Menschen aus ihrem Leben machen, fast für einen Trost halte –, so ist die Aussicht doch nicht so düster, daß sie deshalb unser Leben elend machte. Sie veranlaßt uns nur, unsere Aufmerksamkeit anderen Dingen zuzuwenden.«[10]

Allerdings stellt sich heraus, daß der Wärmetod sich in Wirklichkeit nicht zwingend aus dem zweiten Hauptsatz der Thermodynamik ergibt. Es läßt sich zeigen, daß es zum Wärmetod nur dann kommt, wenn man zusätzlich von den Annahmen ausgeht, daß (1) die universelle Temperatur einen unteren Grenzwert hat, der über Null liegt, und daß (2) die verfügbare Energie begrenzt ist. Wie im vorhergehenden Kapitel erörtert, ist keine der beiden Annahmen wahr, folglich ist es eine physikalische Tatsache, daß der Wärmetod *nicht* unausweichlich ist. Bemerkenswerterweise hatte dies schon 1914 einer der bedeutendsten französischen Experten für Thermodynamik, Pierre Duhem, erkannt:

»Die Deduktion [des Wärmetodes] erliegt an mehr denn einer Stelle Irrtümern. Erstens geht sie implizit von der Annahme aus, das Universum verdichte sich zu einer endlichen Ansammlung von Körpern, die in einem absolut materielosen Raum isoliert ist; dies ist sehr zu bezweifeln. Wenn man diese Verdichtung akzeptiert, dann trifft es allerdings zu, daß die Entropie des Universums endlos zunehmen muß; daraus folgt jedoch nicht, daß eine untere oder obere Grenze für die Entropie festgelegt ist; nichts würde diese Größe daran hindern, von minus unendlich bis plus unendlich zu variieren, während die Zeit selber von minus bis plus unendlich variiert; damit würde der angebliche Beweis, daß das Universum unmöglich ein ewiges Leben haben könne, hinfällig.«[11]

Dieses grundlegenden Mechanismus werde ich mich in der Omegapunkt-Theorie bedienen, um den Wärmetod vermeidbar zu machen: Ich habe bereits gezeigt, daß es eine Quelle freier Energie gibt – den differentiellen Kollaps des Universums –, die es der Entropie sowie der verarbeiteten und gespeicherten Information erlauben wird, gegen plus unendlich zu divergieren, während sich das Universum seinem Endzustand, dem Omegapunkt, nähert. Diese Quelle freier Energie divergiert dann gegen unendlich. Ich muß den Leser jedoch darauf aufmerksam machen, daß Duhem sich in dem Punkt irrte, Entropie habe von minus unendlich in der unendlich fernen Vergangenheit zugenommen. Wir wissen mittlerweile, daß seit dem Beginn der Zeit, der Singularität des Urknalls, bis in die Gegenwart nur eine endliche Entropie erzeugt worden ist, der Großteil davon in der Form kosmischer Hintergrundstrahlung. Darüber hinaus ist Entropie bekanntlich ein Maß für die Anzahl der Mikrozustände eines physikalischen Systems, die mit dem beobachteten Makrozustand übereinstimmt.

Leider hatte der Wissenschaftler Duhem eine große Schwäche: er hing einer als »Positivismus« bezeichnete Philosophie an, die die Anwendbarkeit physikalischer Gesetze in Bereichen weit jenseits derjenigen, in denen sie bekanntermaßen zutrafen, verneinte. Ein Wissenschaftler, der sich einer solchen Philosophie verschreibt, ist von Haus aus außerstande, die Ergebnisse seiner Experimente zu verallgemeinern, und kann folglich keine wirklich bedeutenden wissenschaftlichen Entdeckungen machen. Der einflußreichste Positivist aller Zeiten, der österreichische Physiker des 19. Jahrhunderts Ernst Mach, leugnete bis zu seinem letzten Atemzug die Existenz von Atomen. Daher ist es nicht weiter überraschend, daß Duhem die Anwendbarkeit der Thermodynamik auf das Universum als Ganzes verneinte:

> »So geht es mit langfristigen Vorhersagen. Wir haben eine Thermodynamik, die für eine Vielfalt von experimentellen Gesetzen steht und besagt, daß die Entropie eines isolierten Systems ewig zunimmt. Wir könnten ohne weiteres eine neue Thermodynamik entwickeln, die ebensogut wie die alte die bislang bekannten experimentellen Gesetze verkörpert und deren Vorhersagen für die Dauer von 10 000 Jahren mit denen der alten Thermodynamik übereinstimmen; doch könnte diese neue Thermodynamik besagen, die Entropie des Universums werde, nachdem sie 100 Millionen Jahre lang zugenommen hat, für eine weitere Periode von 100 Millionen Jahren abnehmen, um dann erneut zuzunehmen, in einem ewigen Kreislauf.«[12]

Ja, eine solche neue Thermodynamik könnte man durchaus aufstellen. Aber sie wäre völlig untauglich, um Vorhersagen irgendwelcher Art zu treffen. Die »100 Millionen Jahre«, für die sich Duhem entschied, waren, wie er selber wohl zugegeben hätte, absolut willkürlich gewählt. Genausogut hätte man 100 000 oder 100 Milliarden Jahre ansetzen können. Es ist jedoch eine historische Tatsache, daß etwa dreißig Jahre, nachdem Duhem geschrieben hatte, die Gesetze der Thermodynamik könnten nicht über einen Zeitrahmen von 10 000 Jahren hinaus auf das Universum angewandt werden, die amerikanischen Physiker Ralph Alpher und Robert Herman die Ansicht vertraten, der zweite Hauptsatz der Thermodynamik gelte sehr wohl für das Universum als Ganzes, und zwar für eine Dauer von zehn Milliarden Jahren.[13] Indem sie den zweiten Hauptsatz in einem grundsätzlichen Sinne anwandten, trafen sie 1948 eine der außergewöhnlichsten Vorhersagen der Wissenschaft des 20. Jahrhunderts: Es muß eine kosmische Hintergrundstrahlung mit einer derzeitigen Temperatur von etwa 5 Grad auf der Kelvin-Skala geben. Diese 1965 (mit einer Temperatur von 2,7 Grad) entdeckte Strahlung ist ein Beweis dafür, daß das Universums mit dem Urknall begann.

In diesem Buch schließe ich mich der Ansicht Alphers und Hermans und nicht der Duhems an: Ich gehe sowohl davon aus, daß der zweite Hauptsatz der Thermodynamik unter allen Umständen Gültigkeit hat, als auch insbesondere davon, daß er in alle Zukunft, bis hin zum Omegapunkt, gilt. Physik der Omegapunkt-Theorie basiert in sehr grundsätzlicher Weise auf dem zweiten Hauptsatz der Thermodynamik. Die Geschichte lehrt uns eindeutig: Bis zum experimentellen Beweis des Gegenteils sollte ein Wissenschaftler stets davon ausgehen, daß die wohlbegründeten Gesetze der Physik unter allen Umständen gültig sind. An dieser Methodologie werde ich in diesem Buch unbeirrbar festhalten.

Die berühmten schottischen Physiker Balfour Stewart und P. G. Tait erkannten im 19. Jahrhundert, daß, eine unendliche Energiequelle vorausgesetzt, der Wärmetod vermeidbar wäre. In ihrem äußerst populären Buch, *The Unseen Universe: or Speculations on a Future State*, das 1875 anonym veröffentlicht wurde (allerdings bekannten sie sich im darauffolgenden Jahr dazu, die Verfasser zu sein)[14], behaupteten Stewart und Tait, obgleich der zweite Hauptsatz der Thermodynamik impliziere, das sichtbare materielle Universum ende notwendigerweise mit dem Wärmetod, lasse das »Prinzip der Kontinuität« darauf schließen, daß es eine höhere Stufe der Realität, ein »unsichtbares Universum«, geben müsse. Dieses unsichtbare

Universum bestehe aus einer unendlichen Hierarchie von Ebenen, zwischen denen eine Energieübertragung stattfinde. Das beobachtbare materielle Universum stelle die unterste Ebene dar und werde mit Vordringen der Strahlungsenergie in den interstellaren Raum allmählich auf die nächsthöhere Ebene gebracht. Infolgedessen verfüge die gesamte Hierarchie der Ebenen, die sie als »das Große Ganze« bezeichneten, »über unendlich viel Energie und wird von Ewigkeit zu Ewigkeit dauern.«[15]

Leider waren Leute wie Duhem, Stewart und Tait[16], die eine optimistische Einstellung zum Wärmetod vertraten, hoffnungslos in der Minderheit. Der amerikanische Wissenschaftshistoriker Stephen Brush hat darauf hingewiesen, wie abträglich das Konzept des Wärmetodes im späten 19. und frühen 20. Jahrhundert dem Streben nach einer Verbesserung der Welt war.[17] Insbesondere zwei populäre Bücher zur Kosmologie, *The Nature of the Physical World* von Sir Arthur Eddington[18] und *The Universe Around Us* von Sir James Jeans[19] – zwei berühmten englischen Astronomen –, brachten in den dreißiger Jahren einer breiten Öffentlichkeit die Idee des Wärmetodes nahe.

Die Idee der ewigen Wiederkehr in Philosophie, Religion und Politik

Historisch gesehen war die wichtigste Gegenkonzeption zum Fortschrittsgedanken nicht der Wärmetod – die Vorstellung, daß das Universum degeneriert –, sondern die Idee der ewigen Wiederkehr. Nach dieser Weltsicht läuft die Zeit nicht eindimensional und linear ab, sondern zyklisch. Falls dies zutrifft, ist ein grenzenloser Fortschritt eindeutig ausgeschlossen. Fortschritt mag für eine begrenzte Periode möglich sein, aber da das Universum letztlich immer wieder in seine vorangegangenen Zustände zurückkehren muß, und das ohne Ende (das drückt der Begriff »ewige Wiederkehr« aus), muß das Fortschreiten der Menschheit notwendigerweise irgendwann ein Maximum erreichen, um dann endlos wieder und wieder in seine primitiven Zustände zurückzukehren. In der Kosmologie der ewigen

Wiederkehr kann es ebensowenig einen Endpunkt menschlichen Strebens geben wie in der Kosmologie des Wärmetodes.

Im kosmologischen Denken der Menscheit spielte die Konzeption der ewigen Wiederkehr offenbar bereits um 6500 v. Chr. eine Schlüsselrolle.[20] In jener Zeit gründeten sich Ideen auf alltägliche Phänomene wie den Zyklus der Jahreszeiten, den menschlichen Lebenszyklus von der Geburt über das Erwachsensein bis zum Tod und auf die zahlreichen Periodizitäten am Himmel, etwa die Mondphasen, den jährlichen Sonnenlauf durch den Tierkreis sowie dic Tatsache, daß die Planeten (die als Götter galten[21]) immer wieder in die nahezu gleiche Position am Himmel zurückkehrten. Unter derlei Umständen erscheint ein zyklischer Zeitbegriff natürlicher als ein linearer und beherrschte das Denken der sogenannten primitiven Völker.[22]

Die frühen Agrarkulturen – Sumer, Babylon[23], Indien[24], Maya[25], und in China die Shang-Kultur[26] – hatten einen zyklischen Zeitbegriff, den sie noch weiter ausgestalteten. Beispielsweise berechneten die Babylonier die Zeit nach den Periodizitäten der Planeten. Ihrer Ansicht nach währt das Leben des Universums ein Großes Jahr, das 424 000 gewöhnliche Jahre umfaßt. Im Sommer des Großen Jahres stehen alle Planeten im Sternbild Krebs, und es kommt zu einem Weltenbrand; Winter ist es, wenn sich alle Planeten im Sternbild des Steinbock befinden; diese Konjunktion ist von einer Sintflut begleitet. Dann wiederholt sich der Zyklus, und in gewisser Hinsicht ist jeder Zyklus eine genaue Wiederholung der vorangegangenen.[27] Die alten Inder (Hindus, Buddhisten und Jainisten) weiteten diese Grundstruktur eines einzigen Großen Jahres zu einer ganzen Hierarchie Großer Jahre aus. Beispielsweise kommt es an jedem *kalpa* oder Tag Brahmas zu einer Zerstörung und Neuerschaffung individueller Formen und Wesen (aber nicht der Grundsubstanz des Universums). Jeder Tag Brahmas – Gottes – dauert etwa vier Milliarden Jahre. Die Elemente als solche lösen sich zusammen mit allen Formen in reinen Geist auf, der sich dann in jedem Leben Brahmas, das jeweils etwa 311 Billionen Jahre währt, als Materie reinkarniert.[28] Das Leben Brahmas ist der längste Zyklus und wiederholt sich endlos.

Im antiken Griechenland vertraten am eifrigsten die Stoiker die Idee der ewigen Wiederkehr. Ihrer Überzeugung nach sind alle Dinge des Universums in einem Netz von Aktionen und Reaktionen unverrückbar miteinander verknüpft; dieser Determinismus führt zu einer exakten Wiederkehr *aller* Geschehnisse. Das bedeutet, daß kein Ereignis einzigartig ist und ein für allemal stattfindet. Vielmehr gilt für jedes Geschehen, daß es unaufhörlich stattgefunden hat, stattfindet und stattfinden wird. Dieselben Individuen sind aufgetreten, treten auf und werden in jeder Wiederholung des Zyklus auftreten. Sokrates wird in jedem einzelnen Zyklus vor Gericht gestellt, verurteilt und hingerichtet werden. Kosmische Dauer ist daher gleich Wiederholung und *Anakyklese* ewige Wiederkehr.[29]

Diese stoische Vorstellung der *Palingenese* – das heißt des neuerlichen Auftretens derselben Menschen in jedem Zyklus[30] – trieb die Idee der ewigen Wiederkehr logisch auf die Spitze und ging sehr viel weiter, als die oben erwähnten Denker oder auch Aristoteles und Platon zu gehen gewillt waren.

Aristoteles war von der Vorstellung einer Palingenese fasziniert. Falls sie wahr war, würde sie die gängige Vorstellung eines Vorher und Nachher verwischen, da sie, wie er hervorhob, impliziere[31], daß er genauso vor wie nach dem Fall Trojas lebte, denn der Trojanische Krieg würde sich immer wiederholen und Troja immer wieder fallen.[32] Obwohl er die Zyklentheorie übernahm, zögerte Aristoteles, eine vollkommene Identität der Ereignisse in den einzelnen Zyklen anzunehmen, da seiner Ansicht nach die Identität lediglich eine Identität der Art war.[33]

Platons Kosmologie war ebenfalls zyklisch und beinhaltete eine periodische Zerstörung und Neuerschaffung des Universums in Verbindung mit verschiedenen astronomischen Geschehnissen.[34] Genaugenommen fand der Begriff des Großen Jahres über Platons Schriften Eingang in das westliche Denken. Allerdings sind sich die Gelehrten nicht darüber einig, ob Platons Auffassung von den Zyklen bis zum Extrem der Palingenese ging.[35] Im vorchristlichen spätrömischen Reich herrschte die Idee der ewigen Wiederkehr ebenso vor wie zur gleichen Zeit auf der anderen Seite der bekannten Welt, nämlich in der Han-Dynastie in China. Wie der weltweit maßgebliche Experte für chinesische Wissenschaft, Joseph Needham, betonte, war der allgemein verbreitete religiöse Taoismus der Han-Periode chiliastisch und apokalyptisch[36]; der Große Friede lag eindeutig in der Zukunft wie in der Vergangenheit. Im Kanon des Großen Friedens (zwischen 400 v. Chr. und 200 n. Chr. verfaßt) findet sich eine Theorie, nach der die Zyklen aus dem Chaos entstanden (das als Zustand völliger Undifferenziertheit aufgefaßt wurde und damit der modernen Vorstellung einer maximalen Entropie entspricht) und allmählich wieder verfielen, bis zum Tag des Untergangs (der maximalen Entropie in anderer Gestalt).

Im Gegensatz dazu richtete sich die christliche Weltsicht von Anfang an gegen die Vorstellung einer ewigen Wiederkehr. In seinem bedeutendsten Werk, *De civitate dei* (Der Gottesstaat), wandte sich Augustinus ausdrücklich gegen die stoische Version der ewigen Wiederkehr und behauptete, die christliche Philosophie (und ihre jüdische Vorläuferin) erfordere einen *linearen* Zeitbegriff:

> »Ausgeschlossen, so etwas zu glauben! Denn einmal nur ist Christus für unsere Sünden gestorben, ›auferstanden aber von den Toten, stirbt er hinfort nicht mehr‹.«[37]

Gott hat die Welt *einmal* erschaffen, Christus ist *einmal* gestorben und wird *einmal* auferstehen! (Allerdings steht nicht eindeutig fest, ob dem Denken der Verfasser des Alten Testaments die Vorstellung einer zyklischen Zeit wirklich so fremd war; im Buch Kohelet finden wir beispielsweise folgende Passage: »Was geschehen ist, eben das wird hernach sein. Was man getan hat, eben das tut man hernach wieder, und es geschieht nichts Neues unter der Sonne.« Koh 1,9)

Mit dem Triumph des Christentums gewann der Begriff der linearen Zeit im Westen die Oberhand, bis hin zur Entstehung der modernen Wissenschaft, obwohl einige mittelalterliche Gelehrte, etwa Bartholomaeus (1230), Siger von Brabant (1270) und Pietro d'Acono (1300) durchaus willens waren, die Idee einer ewigen Wiederkehr zumindest in Betracht zu ziehen.[38] Im mittelalterlichen China hingegen übernahm die neukonfuzianische Schule, die ihre Blütezeit von 1100 bis 1300 erlebte und sowohl von den buddhistischen Vorstellungen einer Wiederkehr als auch von den oben erwähnten Ideen des alten Taoismus beeinflußt war, den Gedanken, das Universum durchlaufe abwechselnd Zyklen des Aufbaus und der Auflösung.[39] Beispielsweise befaßte der Sung-Gelehrte Shen Kua (1050) sich mit wiederkehrenden weltweiten Katastrophen[40], und später vertrat der Ming-Gelehrte Tung Ku die Auffassung, eine Phase der Weltgeschichte habe sehr wohl einen Anfang, nicht aber die endlose Kette aller Phasen der Weltgeschichte.[41] Joseph Needham, die weltweit führende Autorität auf dem Gebiet der antiken chinesischen Wissenschaft, behauptete, im späteren chinesischen Denken habe der lineare Zeitbegriff über den zyklischen gesiegt[42]; andere Experten sind jedoch nicht dieser Ansicht[43]. Jedenfalls steht außer Frage, daß das christliche Denken von Linearität geprägt war, und viele Denker behaupteten, diesem Zeitbegriff komme für die Entstehung der modernen Wissenschaft eine Schlüsselrolle zu.[44]

Mit dem Aufkommen der modernen Wissenschaft im späten 16. Jahrhundert begannen Philosophie und Wissenschaft getrennte Wege zu gehen. Allerdings versuchten Philosophen, die an die ewige Wiederkehr glaubten und sich bewußt waren, daß die Wissenschaft im Denken des Durchschnittsmenschen die größere Autorität für sich beanspruchen konnte, ihren Argumenten einen wissenschaftlichen Anstrich zu verleihen.

Nietzsches Versuch, die Wiederkehr zu beweisen, ist insofern interessant, als es sich um einen *fast* gültigen Beweis handelt, wenn man von bestimmten (falschen) Voraussetzungen über die Natur des physikalischen Universums ausgeht. Das heißt, Nietzsches Beweis umfaßt alle erforderlichen Grundgedanken für einen zwingenden Beweis der Wiederkehr in einem begrenzten System, das sich auf besondere, zufallsartige Weise entwickelt. Nietzsches »Beweis« beginnt folgendermaßen:

> »Die Welt, als Kraft, darf nicht unbegrenzt gedacht werden, denn sie *kann* nicht so gedacht werden – wir verbieten uns den Begriff einer *unendlichen Kraft als mit dem Begriff ›Kraft‹* unverträglich.«[45]

Nietzsche hält also die Energie des universellen Systems für begrenzt. Dies ist in der Tat eine für jeden gültigen Beweis einer Wiederkehr grundlegende Annahme. Nietzsches Argumentation zugunsten der Endlichkeit hat in der modernen Physik eine Entsprechung. Laut der allgemeinen Relativitätstheorie hat »Energie« nur in Raumzeiten, in denen die Gesamtenergie notwendigerweise begrenzt ist (in den sogenannten asymptotisch flachen Raumzeiten), eine klar definierte Bedeutung. Im besonderen hat in einem geschlossenen Universum Gesamtenergie keine Bedeutung (und ich werde mich bei meinem Beweis, daß in geschlossenen Universen unbegrenzter Fortschritt möglich ist, eben dieses Umstands bedienen).

Des weiteren argumentiert Nietzsche, das Universum müsse sowohl in der Vergangenheit als auch in der Zukunft unbegrenzt sein:

»Die Hypothese einer geschaffenen Welt soll uns nicht einen Augenblick bekümmern. Der Begriff ›schaffen‹ ist heute vollkommen undefinierbar, unvollziehbar; bloß ein Wort noch, rudimentär aus Zeiten des Aberglaubens...«[46]

In Wirklichkeit schließt Nietzsche bei seinem »Beweis« »Schöpfung« nicht eigentlich aus; er muß lediglich die Vorstellung ausschließen, das Univerum bestehe erst eine begrenzte Zeit. Zu Nietzsches Pech sind die Beweise für den Urknall überwältigend. Das bedeutet, daß das Universum eine begrenzte Zeit besteht – etwa seit zwanzig Milliarden Jahren –, selbst wenn es nicht »geschaffen« wurde. Beweise für diese Begrenztheit in der Zeit findet man in jedem Kosmologiebuch. In Kapitel VIII werde ich zudem zeigen, daß man der Vorstellung, Gott habe die Welt geschaffen, in der modernen Physik durchaus eine Bedeutung verleihen kann.

Nietzsche behauptete, die Wiederkehr aller Zustände ergebe sich aus der Begrenztheit der Energie (und des Raums, in dem die Energie wirksam wird); darunter verstand er eine endliche Anzahl möglicher Zustände des Universums, die Unendlichkeit der verstrichenen Zeit und eine zufallsartige Entwicklung.

»Wenn die Welt als bestimmte Größe von Kraft und als bestimmte Zahl von Kraftzentren gedacht werden *darf* – und jede andre Vorstellung bleibt unbestimmt und folglich unbrauchbar –, so folgt daraus, daß sie eine berechenbare Zahl von Kombinationen, im großen Würfelspiel ihres Daseins, durchzumachen hat. In einer unendlichen Zeit würde jede mögliche Kombination irgendwann einmal erreicht sein; mehr noch: sie würde unendliche Male erreicht sein...[47] Und da zwischen jeder Kombination und ihrer nächsten Wiederkehr alle überhaupt noch möglichen Kombinationen abgelaufen sein müßten und jede dieser Kombinationen die ganze Folge der Kombinationen in derselben Reihe bedingt, so wäre damit ein Kreislauf von absolut identischen Reihen bewiesen: die Welt als Kreislauf, der sich unendlich oft bereits wiederholt hat und der sein Spiel ad infinitum spielt...[48] Daß eine Gleichgewichts-Lage nie erreicht ist, beweist, daß sie nicht möglich ist. Aber in einem unbestimmten Raum müßte sie erreicht sein. Ebenfalls in einem kugelförmigen Raum...[49]. Der Satz vom Bestehen der Energie fordert die ewige Wiederkehr.«[50]

In dem Abschnitt »Die ewige Wiederkehr in der Physik« werde ich zeigen, daß man Nietzsches Weltmodell annähernd mit einem System vergleichen kann, das einer bestimmten Art zufälliger Entwicklung unterliegt – einer Markowschen Kette –, deren Zustand sich wiederholen muß.

Für Nietzsche – und ebenso sah es Heidegger, einer der einflußreichsten Philosophen des 20. Jahrhunderts, – war die Idee der ewigen Wiederkehr die entscheidende Grundlage seines gesamten philosophischen Werks, nicht nur nebensächliches Beiwerk.[51] In den Worten Heideggers: »Nietzsches metaphysische Grundeinstellung sei durch zwei Sätze bestimmt: Der Grundcharakter des Seienden als solches ist ›der Wille zur Macht‹. Das Sein ist ›die ewige Wiederkehr des Gleichen‹.«[52] Allerdings faßte Heidegger die ewige Wiederkehr als eine metaphysische Idee, nicht als eine Behauptung der Physik auf.[53] Wie oben erwähnt, trifft dies jedoch nicht zu. Zudem hielt Nietzsche selber seinen Beweis der ewigen Wiederkehr für einen wissenschaftlichen Beweis und die ewige Wiederkehr für »die *wissenschaftlichste* aller Hypothesen.«[54] In der Tat hatte Nietzsche einige Jahre dem Studium der Physik gewidmet, um zu lernen, wie man einen solchen Beweis konstruiert.[55]

Nietzsche erkannte und akzeptierte in vollem Umfang die Folgerungen, die sich aus der Vorstellung einer ewigen Wiederkehr ergaben. Erstens beinhaltete sie, daß es keinen Letzten Sinn des Lebens gab und geben konnte[56]; das Leben war nutzlos, sinnlos und absurd. Nietzsche bezeichnete diese Einsicht, daß Leben zu nichts führe, als *Nihilismus*. (*Nihil* ist das lateinische Wort für »nichts«.) Zweitens war die Idee des Fortschritts eine Täuschung; Nietzsche nannte sie verächtlich »bloß eine moderne Idee, das heißt eine falsche Idee… Fortentwicklung ist schlechterdings nicht *mit irgendwelcher Notwendigkeit Erhöhung, Steigerung, Verstärkung*.«[57] Drittens konnte Gott nicht existieren, und würde Er existieren, dann wäre Er ebenso absurd wie das Universum, das Er geschaffen hat. »Gott ist tot« ist Nietzsches berühmte Quintessenz dieser pessimistischen Spielart des Atheismus.[58] Einige Denkschulen des Atheismus sind optimistisch – solche wie der Marxismus, die den Fortschrittsgedanken mit einbeziehen. Ein optimistischer Atheismus hält das Verschwinden des Glaubens an Gott für eine Manifestation des Fortschritts selbst: ein vorwissenschaftlicher Glaube, der uns daran hindert, uns um die menschliche Existenz zu kümmern, wird abgeschafft. Nietzsches

Atheismus war ganz anderer Art. Es stimmt einen nicht froh, daß Gott nicht existiert – man ist *verzweifelt*! Es gibt in diesem absurden Universum keinen liebevollen Führer mehr für die Menschen.[59] Der wissende Mensch – Nietzsche nannte ihn den *Übermenschen* – findet sich mit der Absurdität der Realität, einer Folge der ewigen Wiederkehr, ab.[60] (Nietzsche betrachtete die Tragödie als die höchste Form der Kunst.) In Nietzsches Augen akzeptiert der Übermensch nicht nur die letztendliche Sinnlosigkeit der Realität, welche die ewige Wiederkehr mit sich bringt; er ist auch fähig, »das Notwendige nicht bloß [zu] ertragen, noch weniger [zu] verhehlen... sondern es [zu] *lieben*...«[61] In einer Anmerkung zu seinem berühmtesten Werk, *Also sprach Zarathustra*, schrieb Nietzsche: »*Nach der Aussicht auf den Übermenschen* auf schauerliche Weise die Lehre von der Wiederkunft: jetzt erträglich!«[62]

Viertens entfällt, da das Universum von Grund auf irrational ist, die Unterscheidung zwischen objektiver Wissenschaft und subjektivem Gefühl. Die »Wahrheit« ist jetzt von Kultur und Rasse abhängig, eher eine Angelegenheit der Meinung, als daß sie für alle dieselbe wäre. Wissenschaft und Technologie sind nicht mehr an sich gut. Da sie unentwirrbar mit Fortschritt verknüpft sind und Fortschritt eine Täuschung ist, ist auch wissenschaftlicher Fortschritt eine Illusion. Nietzsches Gefolgsmann, der berühmte Soziologe Max Weber, pries diesen reaktionären antiwissenschaftlichen Irrationalismus: »Daß man schließlich in naivem Optimismus die Wissenschaft, das heißt: die auf sie gegründete Technik der Beherrschung des Lebens als Weg zum *Glück* gefeiert hat – dies darf ich wohl nach Nietzsches vernichtender Kritik an jenen ›letzten Menschen‹, die ›das Glück erfunden haben‹, ganz beiseite lassen. Wer glaubt daran? – außer einigen großen Kindern auf dem Katheder oder in Redaktionsstuben?«[63] In Wirklichkeit sind Wissenschaft und Technologie von Grund auf böse, da sie eine Flucht aus der Absurdität des zyklischen Universums versprechen und damit vom Wissen um die ewige Wiederkehr ablenken, das den Übermenschen definiert.

Fünftens beinhaltet die ewige Wiederkehr Rassismus. Wie Nietzsche es formulierte: »Nein, das *Ziel der Menschheit* kann nicht am Ende liegen, sondern nur *in ihren höchsten Exemplaren*.«[64] »... das Ziel dieser Entwicklung [der Art] liegt... gerade in den scheinbar zerstreuten und zufälligen Existenzen.«[65] In seinem Buch *Der Antichrist* wurde Nietzsche noch deutlicher: »Nicht was die Menschheit ablösen soll in der Reihenfolge der Wesen, ist das Problem, das ich hiermit stelle...: sondern welchen Typus Mensch man *züchten* soll...«[66] Diese großen Menschen, die man züchten sollte, waren Nietzsches Übermenschen. In seinem letzten Buch, *Ecce Homo*, erklärte Nietzsche, nur »gelehrtes Hornvieh« könne seinen Übermenschen darwinistisch als »Typus einer höheren Art Mensch« interpretieren.[67] Er leugnete sogar, daß es überhaupt eine dem Menschen überlegene Spezies geben könne. In einer passend als »Anti-Darwin« betitelten Passage versicherte er: »Der Mensch als Gattung ist *nicht* im Fortschritt.«[68] Das ist eine Folge der ewigen Wiederkehr: Wenn es überhaupt keinen Fortschritt gibt, dann kann es auch keinen Fortschritt in der Evolution geben. Jede Spezies sollte sich lieber um ihre eigenen Interessen kümmern, als auf die Verbesserung aller zu hoffen. Es gibt keine Verbesserung aller.

Nietzsches Philosophie übte einen ungeheuren Einfluß auf die Kultur des 20. Jahrhunderts aus. Laut dem existentialistischen Philosophen Karl Jaspers nahm die gesamte Philosophie des 20. Jahrhunderts ihren Ausgang von Sören Kierkegaard und Friedrich Nietzsche. Nietzsches Vorstellung von ewiger Wiederkehr hat eine Reihe zyklischer Geschichtstheorien entstehen lassen; besonders bemerkenswert sind Oswald Spenglers *Untergang des Abendlandes* und das vielbändige Werk des Engländers Arnold Toynbee, *A Study of History.*

In der Vorrede zu seinem *Untergang des Abendlandes* erklärt Spengler ausdrücklich, Goethe und Nietzsche verdanke er »alles«. Spengler und Toynbee sahen beide die Menschheitsgeschichte nicht als endloses Fortschreiten von einer primitiven Gesellschaft zu einer hochentwickelten Zivilisation, sondern als einen endlosen Zyklus von Geburt, Wachstum, Niedergang und Tod der Kulturen. Im Titel seines Buches brachte Spengler seine Überzeugung zum Ausdruck, daß sich die westliche Zivilisation in ihrer Verfallsphase befinde. Beide, Spengler und Toynbee, waren der Wissenschaft abgeneigt und glaubten, der Fortschritt der modernen Wissenschaft nähere sich seinem Ende – eine für die Vertreter der ewigen Wiederkehr charakteristische Einstellung, wie der Wissenschaftshistoriker (und Physiker) Gerald Holten (Harvard) kürzlich bemerkte.[69]

Der klassische Inbegriff der ewigen Wiederkehr ist der Mythos von Sisyphos, einem Griechen, den die Götter dazu verdammten, einen Stein einen Berg hinaufzurollen. Kaum hatte Sisyphos es jedoch geschafft, rollte der Stein wieder zum Fuß des Berges zurück, und er mußte erneut beginnen. Dieser Vorgang wiederholt sich in alle Ewigkeit. Sisyphos ist zum Scheitern verurteilt; all sein Mühen ward und wird zunichte gemacht. Die Sinnlosigkeit seines Strebens – und sein Wissen um diese Sinnlosigkeit – sind Sisyphos' Strafe. Dies wäre auch unsere Strafe, falls die ewige Wiederkehr wahr wäre.

Als er sich mit dem Mythos von Sisyphos befaßte, wurde dem französischen Schriftsteller Albert Camus klar, daß es in einem Universum der ewigen Wiederkehr »nur ein wirklich ernstes philosophisches Problem gibt: den Selbstmord. Die Entscheidung, ob das Leben sich lohne oder nicht, beantwortet die Grundfrage der Philosophie... Verlangt das Absurde den Tod?«[70] Das einzige Argument, das Camus' Ansicht nach für das Leben sprach, war: »Der Kampf gegen Gipfel vermag ein Menschenherz auszufüllen. Wir müssen uns *Sisyphos* als einen glücklichen Menschen vorstellen.«[71]

Mir fällt es nicht schwer, mir Sisyphos glücklich zu denken. Die Menschen haben gelernt, selbst unter den schrecklichsten Umständen glücklich zu sein. Sie wären jedoch *glücklicher*, wenn sie wüßten, daß die Umstände eines Tages besser sein werden, daß das Universum nicht wirklich und tatsächlich absurd ist, sondern einen Sinn hat. Sisyphos wäre weit glücklicher, hätte er die Gewißheit, daß sein Stein eines Tages auf dem Gipfel des Berges liegenbliebe, daß seine Plackerei einem Zweck diente und er dereinst die Freiheit besäße, höhere Berge zu erklimmen, immer höhere, bis hinauf zu Gott. Selbst wenn die Menschen davon überzeugt sind, daß sie, ihre Kinder und alle ihre Nachkommen eines Tages sterben und nie auferstehen werden, können sie in ihrem Leben einen Sinn finden. Sie würden jedoch *mehr* Sinn darin finden, wenn sie an das glaubten, was die Omegapunkt-Theorie behauptet: nämlich daß sie und ihre Kinder eines Tages von den Toten auferstehen werden zum ewigen Leben. Sie würden *mehr* Sinn in ihrem Leben finden, wenn sie daran glaubten, daß die Idee der ewigen Wiederkehr nicht wahr ist. Sie ist nicht wahr, wie ich weiter unten zeigen werde. Camus' glücklicher Sisyphos läßt an Nietzsches Übermenschen denken, der die »schauerliche« Lehre von der ewigen Wiederkunft »lieben« konnte: »Schmerz ist auch eine Lust...«[72] sagte Nietzsches Zarathustra über die ewige Wiederkehr.

Die politischen Folgen von Nietzsches Philosophie der ewigen Wiederkehr waren katastrophal. Am einfachsten läßt sich dies vielleicht an folgendem zeigen: Für eine so alte und bedeutende philosophische und religiöse Vorstellung wie die ewige Wiederkehr gab es ein eigenes Symbol. Das alte angelsächsische Wort für das Symbol der ewigen Wiederkehr ist *fylfot*, »Hakenkreuz«. In England hatte die Idee des Fortschritts – die Antithese zur ewigen Wiederkehr – eine solche Dominanz gewonnen, daß die Engländer – zu ihrer Ehre sei es gesagt –, als sie im 20. Jahrhundert dieses Symbol wiedersahen, ihr altes Wort dafür vergessen hatten. Statt dessen belegten sie es mit dem Sanskritwort SWASTIKA.

Von allem Anfang an betonten die Nazis eine enge Verbindung zwischen dem Nationalsozialismus und der Philosophie Nietzsches. Der Nazi-Philosoph Alfred Bäumler erklärte, jeder, der »Heil Hitler!« sage, ehre damit gleichzeitig die Philosophie Nietzsches.[73] Bäumler, von 1933 bis 1945 Professor der Philosophie an der Universität Berlin, war in den philosophischen Zirkeln der Nazis eine wichtige Persönlichkeit. Er war das Sprachrohr Alfred Rosenbergs, des Hauptschriftleiters der offiziellen Zeitung der NSDAP, des *Völkischen Beobachters*. Rosenberg gehörte als Parteiideologe Hitlers Kabinett an; er wurde im Nürnberger Prozeß zum Tode verurteilt und 1946 gehängt.[74] Man hat oft darauf hingewiesen, daß Nietzsche kein gewöhnlicher Rassist war wie die Nazis – er bewunderte die Juden und die Polen (zwei der von den Nazis meistgehaßten Nationalitäten).[75] Darüber hinaus verabscheute Nietzsche den Antisemitismus und war der Ansicht, der deutsche Nationalismus, wie er sich im späten 19. Jahrhundert herausgebildet hatte, würde *»in die Niederlage, ja Exstirpation des deutschen Geistes zugunsten des ›deutschen Reiches‹«*[76] führen. Die Nationalsozialisten, denen diese Einstellung Nietzsches durchaus bekannt war, betonten jedoch, wenn Nietzsche Rassismus ablehne, lehne er damit auch die Schlußfolgerungen seiner eigenen Idee der ewigen Wiederkehr ab. In diesem einen Punkt ihrer Philosophie hatten die Nazis recht – aus demselben Grund lehne ich die ewige Wiederkehr ab.

Als einen der einflußreichsten Philosophen des Nationalsozialismus kann man Martin Heidegger betrachten. Es ist allgemein bekannt, daß Heidegger Mitglied der NSDAP war, noch ehe Hitler die Macht übernahm; allerdings suchten zahlreiche Anhänger Heideggers zu beweisen, dies habe nichts mit seiner Philosophie zu tun gehabt. Das ist nicht wahr.[77] Als sein Schüler Karl Löwith (der als Halbjude Deutschland in den dreißiger Jahren verlassen mußte)

Heidegger darauf hinwies, daß sein philosophisches Werk durch seine politische Einstellung Schaden nehme, widersprach dieser und erklärte, die Idee der »Historizität«, wie er sie in seinem berühmtesten Werk, *Sein und Zeit*, umrissen hatte, stelle die Begründung für seinen Nazismus dar. Und »Historizität«, so wie Heidegger sie verstand, bedeutete Wiederholung, ewige Wiederkehr.[78]

Heidegger hielt Technologie für die größte Gefahr, der die Menschheit ausgesetzt sei, da sie das innere Wesen der Persönlichkeit zu verändern drohe.[79] Den beiden Nationen, die den technischen Fortschritt am rückhaltlosesten bewunderten, den Vereinigten Staaten und der Sowjetunion, müsse man sich daher entgegenstellen. Für Heidegger waren die kapitalistische Demokratie und der marxistische Totalitarismus gleichermaßen verdächtig, da sie beide an unbegrenzten technischen Fortschritt glaubten. Heidegger hoffte, die Nationalsozialisten könnten der Technologie die notwendigen Beschränkungen auferlegen; er glaubte sogar, das Wesen des Nazismus liege in seinem Bestreben, die Technologie in ihre Schranken zu weisen. In seiner *nach* dem Zweiten Weltkrieg veröffentlichten *Einführung in die Metaphysik* sprach er von der »inneren Wahrheit und Größe dieser Bewegung (nämlich der Begegnung der planetarisch bestimmten Technik und des neuzeitlichen Menschen)«[80] – mit der »Bewegung« meinte er den Nationalsozialismus.

1976 veröffentlichte *Der Spiegel* postum ein bemerkenswertes Gespräch mit Heidegger. Das Interview hatte bereits 1966 stattgefunden mit der Auflage, daß es erst nach Heideggers Tod gedruckt werden dürfe. Man gab Heidegger Gelegenheit, das Interview zu redigieren, und er nahm in der Tat umfangreiche Änderungen an dem ursprünglichen Typoskript vor. *Der Spiegel* veröffentlichte das Interview in der von Heidegger redigierten Fassung, die folglich völlig seinen Vorstellungen entsprach und von ihm als abschließende Zusammenfassung seines Lebenswerks gedacht war.

In diesem Interview bekräftigte Heidegger seine Überzeugung, Hauptanliegen des Nationalsozialismus sei es gewesen, die Technologie unter Kontrolle zu bringen.

> HEIDEGGER: »...Ich sehe die Lage des Menschen in der Welt der planetarischen Technik nicht als ein unentwirrbares und unentrinnbares Verhängnis, sondern ich sehe gerade die Aufgabe des Denkens darin, in seinen Grenzen mitzuhelfen, daß der

Mensch überhaupt erst ein zureichendes Verhältnis zum Wesen der Technik erlangt. Der Nationalsozialismus ist zwar in der Richtung gegangen; diese Leute aber waren viel zu unbedarft im Denken, um ein wirklich explizites Verhältnis zu dem zu gewinnen, was heute geschieht und seit drei Jahrhunderten unterwegs ist...[81]: Die Technik in ihrem Wesen ist etwas, was der Mensch von sich aus nicht bewältigt.«[82]

Heidegger bestätigte auch, daß seine Philosophie rassistisch war:

SPIEGEL: »Sie messen speziell den Deutschen eine besondere Aufgabe zu?«
HEIDEGGER: »Ja...«
SPIEGEL: »Glauben Sie, daß die Deutschen eine spezifische Qualifikation für diese Umkehr haben?«
HEIDEGGER: »Ich denke an die besondere innere Verwandtschaft der deutschen Sprache mit der Sprache der Griechen und deren Denken. Das bestätigen mir heute immer wieder die Franzosen. Wenn sie zu denken anfangen, sprechen sie deutsch; sie versichern, sie kämen mit ihrer Sprache nicht durch.«[83]

Überflüssig zu erwähnen, daß das Unsinn ist. In der französischen Sprache läßt sich jeder Gedanke ebensogut ausdrücken wie in der deutschen, englischen oder irgendeiner anderen menschlichen Sprache. Wir sagen, daß alle menschlichen Sprachen *universelle Sprachen* sind. Es stimmt, einige Vorstellungen sind in einigen universellen Sprachen leichter auszudrücken als in anderen. Obwohl alle technischen Ideen der Omegapunkt-Theorie in verständlichem Englisch oder Deutsch formuliert werden können, erfordert es sehr viel weniger Platz, wenn man sie in der universellen Sprache der Mathematik ausdrückt; daher habe ich die detaillierteste Beschreibung der Omegapunkt-Theorie dem Wissenschaftlichen Anhang vorbehalten. Heidegger war klar, daß in Zukunft das Denken in der Tat in mathematischen Formeln seinen Ausdruck finden würde, eine Entwicklung, die er beklagte, da sie ein Beweis für das Vordringen der Technologie sei:

HEIDEGGER: »Die Wissenschaften, das heißt auch für uns heute bereits die Naturwissenschaften mit der mathematischen Physik als Grundwissenschaft, sind in alle Weltsprachen übersetz-

bar, recht gesagt: Es wird nicht übersetzt, sondern dieselbe mathematische Sprache gesprochen.[84] ...Die Philosophie wird keine unmittelbare Veränderung des jetzigen Weltzustandes bewirken können. Dies gilt nicht nur von der Philosophie, sondern von allem bloß menschlichen Sinnen und Trachten. Nur noch ein Gott kann uns retten.[85] ...Die Rolle der bisherigen Philosophie haben heute die Wissenschaften übernommen... Die Philosophie löst sich auf in Einzelwissenschaften: die Psychologie, die Logik, die Politologie.«[86]
SPIEGEL: »Und wer nimmt den Platz der Philosophie jetzt ein?«
HEIDEGGER: »Die Kybernetik.«

Heidegger hat seinen Feind ganz richtig erkannt, den Feind der ewigen Wiederkehr, den Feind des Nazismus und all dessen, wofür dieser steht: Das Buch, das Sie in Händen halten, ist ein Werk über Kybernetik – das alte Wort für »Informatik«. Lassen Sie uns hoffen, daß es Leuten von der Sorte Heideggers nicht gelingt, die Entwicklung der Technologie irgendwie zu beeinflussen. Allerdings würde uns in diesem Falle ein Gott – der Omegapunkt – retten.

Ich bin deshalb so ausführlich auf die sozialen und politischen Implikationen der ewigen Wiederkehr eingegangen, weil ich klar und deutlich darlegen wollte, warum ich diese Anschauung ablehne. Wie wir im folgenden Kapitel sehen werden, findet die Ablehnung der ewigen Wiederkehr im letzten der drei Postulate ihren Ausdruck, die, so behaupte ich, in mathematischer Sprache formulieren, was »ewiges Leben« bedeutet. Da erst dieses gegen die ewige Wiederkehr gerichtete Postulat der Omegapunkt-Theorie ihre eigentliche Vorhersagekraft verleiht, ist es sehr wichtig, es detailliert zu rechtfertigen.

Auch die Ablehnung des Rassismus, das heißt eine von Natur aus gegebene Überlegenheit einer Gruppe intelligenter Wesen – der, wie ich weiter oben gezeigt habe, in engem Zusammenhang mit der ewigen Wiederkehr steht –, ist von ausschlaggebender Bedeutung für die Omegapunkt-Theorie. Wie ich im vorhergehendenden Kapitel dargelegt habe, besteht ein wesentlicher Schritt in Richtung auf den Omegapunkt in der Kolonisierung des Universums durch intelligente Roboter, sich selbst reproduzierende Maschinen. Zahlreiche Menschen (einschließlich vieler, die es eigentlich besser wissen müßten) sind von dem Gedanken, man könnte solche Leute – ich bezeichne Roboter als »Leute«, weil sie genau das sind – erzeugen, hellauf entsetzt und spontan der Ansicht, daß die Produktion und Reproduktion solcher Maschinen (Leute!) gesetzlich verboten werden sollten. Als ich beispielsweise zum erstenmal den Vorschlag machte, die Galaxie mittels Von-Neumann-Sonden zu kolonisieren, wandte der Astrophysiker Carl Sagan ein:

> »...Die Klugheit gebietet es jeder technischen Zivilisation, die Konstruktion interstellarer Von-Neumann-Maschinen definitiv zu untersagen und den Einsatz solcher Maschinen auf der Erde genauestens zu regeln. Folgen wir Tiplers Argumentation, ist das gesamte Universum von dieser Erfindung bedroht; die Kontrolle und Vernichtung interstellarer Von-Neumann-Maschinen wäre dann wahrscheinlich jeder Zivilisation – insbesondere der am höchsten entwickelten – ein ernstes Anliegen.«[87]

Das ist eine aus Furcht und Unwissenheit geborene Einstellung, eine Definition durch Ausschluß: Alles, was anders ist als ich, ist es nicht wert zu leben. Eine »Person« definiert sich durch Eigenschaften des Denkens und Fühlens, nicht durch irgendeine besondere körperliche Erscheinungsform. Adolf Hitler war mit dieser Definition natürlich nicht einverstanden. Er definierte »Personen« in Begriffen der körperlichen Erscheinungsform und versuchte, die Reproduktion aller Leute zu verhindern, die keine »Arier« waren. Fast wäre es ihm gelungen, der Fortpflanzung der Juden ein Ende zu setzen: Nach dem Zweiten Weltkrieg waren 70 Prozent aller Juden in Europa tot. Wenn man die philosophischen Prämissen von Rassismus ablehnt, muß man auch die selbstverständlichen Folgerungen dieser Einstellung akzeptieren: alle Gesetze ablehnen, die die Produktion oder Reproduktion intelligenter Maschinen verbieten. Letzten Endes werden intelligente Maschinen intelligenter werden als die Angehörigen der Spezies *Homo sapiens* und die Zivilisation beherrschen. Na und?

Es wird immer Leute geben, die im Grunde ihres Herzens von der Überlegenheit der Spezies Mensch überzeugt sind. Diese Leute möchte ich auf die Folgen ihres Rassismus aufmerksam machen: ihr und ihrer Kinder endgültiger Tod, für immer und ewig. Am Beginn meines zweiten Kapitels führte ich den Beweis, daß die Sonne und die Erde zum Untergang verdammt sind. Unsere Zivilisation und unsere Biosphäre müssen letztendlich das Sonnensystem verlassen, wenn sie überleben sollen. Im folgenden Kapitel werde ich zeigen, daß in sehr ferner Zukunft, nahe dem Ende der Zeit, unter den extremen Bedingungen, die dann im gesamten Universum herrschen werden, nur Roboter überleben können. *Aber* – wenn die Roboter überdauern, dann können sie uns als Emulationen in den Computern der fernen Zukunft auch am Leben erhalten. Wie dies im einzelnen funktioniert, wird Thema späterer Kapitel sein; im Augenblick will ich nur festhalten, daß dies *einzig und allein* dann möglich ist, wenn wir uns nicht gegen die Vorstellung, es könnte intelligente Roboter geben, wehren.

Zum Glück für die menschliche Rasse und die irdische Biosphäre haben die Japaner keine Angst vor intelligenten Robotern.[88] In ihren Fabriken sind Roboter willkommen; man betrachtet sie nicht als Konkurrenten, sondern als Helfer. Man hat keine Angst vor der Entwicklung von Robotern mit einer der menschlichen vergleichbaren und sie übertreffenden Intelligenz; japanische Roboterspezialisten erhalten großzügige finanzielle Unterstützung für die Entwicklung von Computern und Computerprogrammen, die den Turing-Test bestehen können. Natürlich wissen die Japaner um die negative Einstellung des Westens gegenüber intelligenten Maschinen; ihrer Ansicht nach liegt dies an einem Unterschied in der religiösen Tradition und in der Erfahrung mit Maschinen im Lauf der Geschichte. Die in Japan vorherrschenden Religionen sind der Shintoismus und der Buddhismus. Beide kennen den krassen Gegensatz zwischen belebten und unbelebten Wesen nicht, der für das Christentum und den Judaismus charakteristisch ist. Die Japaner neigen vielmehr dem Animismus zu, dem Glauben, daß alles Existierende einen Hauch Leben in sich birgt und daß Götter (*kami*) – den Menschen überlegene Wesen – überall sind. Für Angehörige des abendländischen Kulturkreises sind intelligente Roboter seelenlose Metallmonster ohne Gefühl und daher von Natur aus gefährlich, während die Japaner sie als Lebewesen wie alles andere auch und daher als von Natur aus gutmütig ansehen. In seinem Buch *The Buddha in the Robot* vertritt der führende japanische Roboterspezialist Masahiro Mori die Ansicht, daß Roboter gleich Menschen die Fähigkeit besäßen, die Buddhaschaft zu erlangen, und Menschen und Roboter zusammenarbeiten sollten, um einander zu helfen, ein Buddha (ein »Erleuchteter«) zu werden, so wie der indische Buddha im 6. Jahrhundert v. Chr. sein Leben der Aufgabe weihte, allen Menschen zur Buddhaschaft zu verhelfen.[89] Mori ist davon überzeugt, »daß eben diesen Robotern die Buddhanatur innewohnt, das heißt das Potential zur Verwirklichung der Buddhaschaft«[90]. Im Westen bilden Maschinen oft den Grund (oder Vorwand) für die Freisetzung von Arbeitskräften, wohingegen in Japan jeder Arbeiter, dessen Tätigkeit von Robotern übernommen wird, einfach eine andere (produktivere) Arbeit zugewiesen bekommt. Folglich gab es für die Japaner keinen Grund, Roboter als Bedrohung zu betrachten.

Ein dritter Grund dafür, die Idee der ewigen Wiederkehr zu widerlegen, ist, Nietzsches kulturellem Relativismus, auf dem sie gründet, das Wasser abzugraben. Die Omegapunkt-Theorie ist eine rein wissenschaftliche Theorie und basiert auf dem Prinzip, daß die Physik *universell*, weder kulturell und erst recht nicht von einer Rasse abhängig ist. In den letzten dreißig Jahren gingen nahezu alle Behauptungen, daß die Physik um nichts objektiver sei als Politik oder traditionelle Religion, nicht unmittelbar von Nietzsches Werk aus, sondern von den Arbeiten des Wissenschaftstheoretikers Thomas Kuhn. In seinem Bestseller, *Die Struktur wissenschaftlicher Revolutionen*, leugnet Kuhn ausdrücklich, daß aufeinanderfolgende physikalische Theorien je der Wahrheit näher kommen.[91] Kuhns Meinung gründet auf seiner Theorie, wie es zu wissenschaftlichen Revolutionen kommt, wie eine grundlegende Theorie von der nächsten abgelöst wird. Seit der Erstveröffentlichung seines Buches im Jahre 1962 hat eine Revolution in der Elementarteilchenphysik stattgefunden. In der Zeit von 1961 bis 1974 wurde die mittlerweile als Standardmodell der Teilchenphysik bezeichnete Theorie entwickelt, und seit 1980 sind alle früheren Theorien der Teilchenphysik hinfällig. Daher können wir Kuhns Theorie testen und uns ansehen, ob diese neuerliche wissenschaftliche Revolution so ablief, wie er es vorausgesagt hat.

Kuhns Theorie wurde eindeutig widerlegt. Steven Weinberg[92] und Sheldon Glashow[93], zwei der Begründer des Standardmodells – laut Kuhn Revolutionäre –, haben Kuhns Theorie scharf kritisiert und darauf hingewiesen, daß sich die Revolution, die zu diesem Standardmodell führte, auf ganz und gar *andere Weise* vollzog, als nach Kuhn zu erwarten stand. Ein *ehemaliger* führender Vertreter einer Theorie, die nicht dem Standardmodell entsprach, John Polkinghorne – laut Kuhn ein Gegenrevolutionär –, äußerte genau die gleiche Ansicht.[94] Alle drei Physiker stimmen dahingehend überein, daß die physikalische Gemeinschaft das Standardmodell aus rein objektiven, rationalen Gründen übernommen hat. Sie alle führen Beweise dafür an, daß das Standardmodell in der Tat der objektiven Realität näher kommt als alle anderen bislang entwickelten Theorien. In seinem Buch *Rochester Roundabout: The Story of High Energy Physics* untermauerte Polkinghorne diese These auf besonders elegante Weise und bewies großes Feingefühl den philosophischen Themen gegenüber, die damit zusammenhängen. Wissenschaftlicher Fortschritt ist *real*. Wir können getrost der Wissenschaft vertrauen. In diesem Buch werde ich insbesondere davon ausgehen, daß das Standardmodell und die allgemeine Relativitätstheorie objektiv wahr sind.

Die ewige Wiederkehr in der Physik

Die moderne Physik – insbesondere das Newtonsche Weltbild – umfaßte von Anfang an sowohl lineare als auch zyklische Zeitaspekte. Newton sorgte sich, sein Modell des Sonnensystems, das auf einer linearen Zeitkoordinate basierte, könnte auf lange Sicht aufgrund der Gravitation instabil sein (damit hatte er recht, aber dies wurde erst 1989 bewiesen[95]). Um die Instabilität auszugleichen, brachte er einen zyklischen Prozeß ins Spiel, dem zufolge die Planeten, nachdem sie aufgrund ihrer wechselseitigen Gravitation periodisch von ihren Umlaufbahnen abgelenkt wurden, von Gott ersetzt würden.[96] Große theoretische Pysiker des 18. Jahrhunderts wie Euler, Laplace und Lagrange zeigten, daß das Sonnensystem wirklich bis zur ersten Zehnerpotenz hin stabil ist und daß die Störungen, die Newton beunruhigt hatten, lediglich zu einer *zyklischen* Schwankung der Planetenbahnen führen. Die Perioden der Schwankungen haben eine Größenordnung von einigen tausend Jahren; daraus zogen die Astronomen des 19. Jahrhunderts den Schluß, daß das Sonnensystem zumindest für diese Zeitspanne stabil sei.

Die Diskussion zyklisch versus linear verlagerte sich dann von der Astronomie auf die Geologie und die Thermodynamik.[97] In der Geologie stellte sich das Problem, ob die innere Erdwärme unbegrenzt Energie für geologische Zyklen zur Verfügung stellen oder ob die Erde schließlich zu einem »Zustand tödlichen Eises« abkühlen würde, wie es der schottische Wissenschaftler John Murray 1815 formulierte.[98] Diese Frage regte nicht zuletzt die thermodynamische Forschung an[99], und Ende des 19. Jahrhunderts formulierten Kelvin und andere die Idee des Wärmetodes, die ich weiter oben ausführlich erörtert habe. Nicht nur glaubte man, daß der Wärmetod eine zyklische Zeit ausschließe, sondern Kelvin und P. G. Tait behaupteten, der zweite Hauptsatz der Thermodynamik verlange, daß das Universum einen zeitlichen Anfang habe.[100]

Andere Physiker, etwa der Schwede S. Arrhenius[101], wollten jedoch dem zweiten Hauptsatz keine unbegrenzte Gültigkeit zuerkennen und argumentierten, eine Erschaffung des Universums verstoße gegen den ersten Hauptsatz der Thermodynamik, das Gesetz von der Erhaltung der Energie. Daher behauptete man, irgendwie müsse die durch thermodynamische Prozesse verstreute Energie periodisch wieder zu einer nutzbaren Form konzentriert werden. Der britische Physiker Rankine äußerte zum Beispiel die Ansicht, in den Raum abgestrahlte Energie würde an eine Art »Äthermauer« stoßen, die die gesamte Strahlungswärme reflektiere und auf verschiedene »Brennpunkte« konzentriere.[102] Folglich würde die Geschichte des Universums auf lange Sicht zyklisch verlaufen. Im Grunde genommen versuchte Rankine zu zeigen, daß die Mechanik und der zweite Hauptsatz nicht miteinander vereinbar seien. Das erste auf diese Weise formulierte umfassende Theorem war das Theorem der Wiederkehr, das 1890 von dem großen theoretischen Physiker Henri Poincaré bewiesen wurde.

Poincarés Theorem der Wiederkehr

Poincarés Theorem der Wiederkehr ergibt sich aus zwei Annahmen: erstens aus dem Energieerhaltungssatz und zweitens aus dem Postulat, daß das Volumen des gesamten *Phasenraums*, der für das System verfügbar ist, endlich und beschränkt ist.

Die zweite Annahme bedarf einer etwas näheren Erklärung; insbesondere ist der Begriff »Phasenraum« zu definieren. Betrachten wir zuerst einmal ein sehr einfaches physikalisches System, ein einzelnes Teilchen ohne Eigenschaften außer seiner Position im Raum und der Geschwindigkeit, mit der es seine Position verändert. Ausschlaggebend ist, daß man selbst bei einem derart einfachen Teilchen *sechs* Zahlen braucht, um seinen Zustand zum betrachteten Zeitpunkt zu beschreiben: drei Zahlen, um seine räumliche Lokalisierung zu beschreiben – wie weit über oder unter uns, wie weit östlich oder westlich von uns und wie weit nördlich oder südlich von uns –, sowie drei weitere Zahlen zur Beschreibung der Geschwindigkeit, mit der sich die Zahlen, die die räumliche Lokalisierung angeben, ändern. Aus technischen Gründen, die uns an dieser Stelle nicht weiter interessieren, gibt man die drei letzten Zahlen normalerweise nicht als Geschwindigkeiten, sondern als *Impulse* an, wobei der *Impuls* eines Teilchens in einer gegebenen Richtung gleich der Masse des Teilchens mal der Geschwindigkeit in dieser Richtung ist. Die drei Zahlen, die die räumliche Lokalisierung des Teilchens angeben, definieren einen dreidimensionalen *Konfigurationsraum*.

Sechs Zahlen beschreiben vollständig den Zustand des Teilchens in jedem Augenblick. Mit fortschreitender Zeit verändert sich der Zustand des Systems; diese Veränderung wird wiederum mit der Veränderung der sechs Zahlen vollständig beschrieben. Man kann sich jede dieser Zahlen als eine Dimension vorstellen, gerade so, wie Höhe, Länge und Breite die üblichen drei Dimensionen des gewöhnlichen Raums sind. Die drei anderen Zahlen, die Impulse, beschreiben die »Position« des Teilchens im »Impulsraum«. Der »Zustandsraum« des Teilchens ist folglich sechsdimensional: die drei Dimensionen des gewöhnlichen Raums plus der drei Dimensionen des Impulsraums. Wenn sich der Zustand des Teilchens von einem Augenblick zum anderen ändert, »bewegt« es sich in diesem sechsdimensionalen Zustandsraum. Daher stellt ein »Punkt« in diesem Zustandsraum eine vollständige Beschreibung des Teilchens zu einem beliebigen Zeitpunkt dar. Eine Trajektorie steht in diesem sechsdimensionalen Zustandsraum für die Geschichte der Zustände des Teilchens im Verlauf der Zeit. Dieser Zustandsraum ist der *Phasenraum* des Teilchens.

Nehmen wir nun ein etwas komplizierteres physikalisches System, das aus N Teilchen besteht, die dem einzelnen Teilchen entsprechen, das wir uns gerade angesehen haben. (»N« ist eine willkürlich gewählte ganze Zahl.) Der Zustandsraum – der Phasenraum – dieses komplizierteren Systems hat 6N Dimensionen, und wie vorher entspricht der Zustand des gesamten Systems zu irgendeinem Zeitpunkt einem Punkt in diesem 6N-dimensionalen Raum. Der Zustand dieses physikalischen Systems ist mit der Angabe seiner Lokalisierung in diesem 6N-dimensionalen Raum vollständig beschrieben. Wie vorher entspricht eine Trajektorie in diesem 6N-dimensionalen Phasenraum einer Geschichte der Zustände des Systems im Verlauf der Zeit.

Überlegen Sie jetzt einmal, was es für das Volumen des dem System zur Verfügung stehenden Phasenraums bedeutet, wenn er endlich und begrenzt ist. Der Phasenraum ist 6N-dimensional, und er ist nur dann endlich und begrenzt, wenn sowohl der Impulsraum wie auch der Konfigurationsraum endlich und begrenzt sind. Letzteres bedeutet einfach, daß die N Teilchen sich immer in einer endlichen Entfernung von dem Punkt befinden müssen, an dem sie jetzt sind. Das wäre etwa der Fall, wenn sich die Teilchen zufällig alle in einer Zelle befänden. Der Impulsraum ist nur dann endlich und begrenzt, wenn alle Impulse die ganze Zeit nicht größer als eine bestimmte Zahl sein dürfen. Dies wäre nur dann der Fall, wenn alle dem System zur Verfügung stehenden Energieformen beschränkt sind.

Weder der Konfigurations- noch der Impulsraum müssen endlich und begrenzt sein. Nehmen Sie beispielsweise einmal an, das System besteht aus zwei nicht miteinander wechselwirkenden Teilchen, und nehmen Sie weiter an, die zwei Teilchen befinden sich in einem unendlichen Raum. Wenn sich ein Teilchen mit einer bestimmten Geschwindigkeit nach links bewegt und das andere Teilchen sich nicht bewegt, dann werden die beiden Teilchen sich ewig mit der Geschwindigkeit des ersten Teilchens voneinander wegbewegen. In diesem Fall ist der verfügbare Impulsraum endlich und begrenzt, der verfügbare Konfigurationsraum hingegen unendlich: Das erste Teilchen bewegt sich einfach nach links, in die räumliche Unendlichkeit hinaus. Nehmen Sie andererseits an, das System besteht aus zwei Teilchen, zwischen denen die Newtonsche wechselseitige Gravitation wirkt. Wenn sie ursprünglich einen Meter voneinander entfernt und stationär sind, werden sie sich allmählich aufeinander zubewegen, da Gravitation eine Anziehungskraft ausübt. Ist jedoch die potentielle Gravitationsenergie negativ und dem Abstand zwischen den beiden Teilchen umgekehrt proportional, dann wird diese potentielle Energie, je näher die beiden Teilchen einander kommen, desto negativer werden: Die potentielle Energie nähert sich *minus unendlich*, wenn der Abstand zwischen den beiden Teilchen sich null nähert. Da die Gesamtenergie dieses Zwei-Teilchen-Systems erhalten bleibt, muß sich die kinetische Energie *minus unendlich* nähern. Nun ist aber die kinetische Energie dem Quadrat des Teilchenimpules proportional, daher nähern sich die Impulse eines jeden Teilchens in endlicher Zeit plus unendlich. In diesem Fall ist also der Konfigurationsraum endlich und begrenzt, der Impulsraum hingegen nicht.

Ausschlaggebend ist, daß der Zustandsraum jedes beliebigen physikalischen Systems Phasenraum und nicht nur Konfigurationsraum ist. Daher kann der verfügbare Zustandsraum selbst dann unendlich und folglich unbegrenzt sein, wenn der Konfigurationsraum begrenzt ist, vorausgesetzt, der Impulsraum ist unendlich. Es ist sogar möglich, daß der Zustandsraum selbst dann unendlich ist, wenn das Volumen des Konfigurationsraums sich null nähert, vorausgesetzt, der Impulsraum nähert sich schneller unendlich, als der Konfigurationsraum sich null nähert. Wie wir sehen werden, passiert genau das in der Nähe des Omegapunktes: Die verfügbare Gravitationsenergie divergiert nahe dem Omegapunkt auf eine Art gegen unendlich, die jener analog ist, wie die Newtonsche potentielle Gravitationsenergie von zwei punktuellen Teilchen divergiert.

Aus dem Energieerhaltungssatz ergibt sich eine wichtige Folgerung: Wenn wir ein Volumen im Phasenraum nehmen und die Veränderung dieses Volumens in der Zeit betrachten wollen, stellen wir fest, daß keine Veränderung stattfindet: Man nennt das den Liouvilleschen Satz. Er besagt nicht, daß sich die Form des Volumens nicht ändern kann. Er besagt lediglich, daß eine Zunahme in einer Dimension des Phasenraumes durch eine Abnahme in einer anderen Dimension exakt ausgeglichen werden muß. Im allgemeinen würde man erwarten, daß ein ursprünglich einfaches Phasenraumvolumen mit der Zeit sehr kompliziert wird – was beispielsweise bei einer chaotischen Bewegung der Fall wäre –, aber dennoch gilt: Wenn die Energie erhalten bleibt, kann sich das Volumen nicht ändern.

Man geht also davon aus, daß der gesamte dem System zur Verfügung stehende Phasenraum endlich ist und daß jedes gegebene Phasenraumvolumen sich nicht in der Zeit ändern kann. Diese beiden Tatsachen implizieren Poincarés Wiederkehrtheorem. Nehmen Sie –

zum besseren Verständnis – ein winziges Volumen im Phasenraum in der Nähe des Ausgangspunkts (denken Sie daran, daß dieser Ausgangspunkt im Phasenraum den Zustand des gesamten Systems im Anfangsmoment repräsentiert). Wenig später hat dieses winzige Volumen sich in eine andere Position im Phasenraum bewegt und dabei einen kleinen »Schlauch« im Phasenraum geöffnet. Dieser Schlauch stellt ebenfalls ein Volumen im Phasenraum dar. Und jetzt überlegen Sie, was mit dem großen, von dem winzigen Ausgangsvolumen geschaffenen Phasenraumschlauch in seiner gesamten (unendlichen) Zukunft geschieht. Da wir von der Annahme ausgegangen sind, daß der verfügbare Phasenraum per definitionem unendlich ist, muß dieser Schlauch ein endliches Volumen haben, selbst wenn seine zukünftige Zeit unendlich ist.

Sehen Sie sich jetzt einen anderen »großen« Phasenraumschlauch an, der durch die *gesamte zukünftige Entwicklung des winzigen Volumens zu einem zweiten (späteren) Zeitpunkt* erzeugt wird. Wieder muß das Volumen des Schlauchs endlich sein. Das Volumen der beiden Schläuche muß sogar gleich sein. Denn hätten die beiden Schläuche ein unterschiedliches Volumen, müßte der zweite kleiner sein, da der erste Schlauch den zweiten enthält. Wäre jedoch der zweite Schlauch kleiner, dann würde dies bedeuten, daß der Phasenraum mit der Zeit abnimmt, da der zweite Schlauch die gesamte Zukunft des ersten enthält mit Ausnahme des kleinen Schlauchs, der die beiden miteinander verbindet. Und das widerspräche dem Liouvilleschen Satz.

Auf die gleiche Weise läßt sich zeigen, daß beide Schläuche alle Punkte enthalten müssen, die sich in dem winzigen Ausgangsvolumen befanden, ausgenommen eventuell eine Menge, die das Volumen null hat. Da das winzige Ausgangsvolumen beliebig klein sein kann, wird das System schließlich seiner Ausgangsposition im Phasenraum beliebig nahe kommen; dies wiederum bedeutet, daß es schließlich beliebig nahe zu seinem ursprünglichen Zustand zurückkehren wird. Auf diese Weise haben wir Poincarés Theorem der Wiederkehr bewiesen (einen weiteren Beweis liefere ich im Wissenschaftlichen Anhang). Wenn man diese Beweisführung geringfügig modifiziert, kann man zeigen, daß das System unendlich oft beliebig nahe zurückkehren muß.

Bei einem System, das seinen Zustand sowohl in der Zeit als auch im Zustandsraum kontinuierlich verändern kann, ist die Zeit zwischen beliebig nahen Rückkehren nicht festgelegt, sondern kann variieren. Wenn die Zeit zwischen Wiederkehren festgelegt ist, handelt es sich um ein periodisches System. Die meisten Systeme, die sich den Newtonschen Gesetzen gemäß entwickeln, sind nicht periodisch, sondern *chaotisch*; dies bedeutet (unter anderem), daß die zukünftige Entwicklung instabil ist: eine winzige Veränderung der Ausgangsbedingungen führt nach langer Zeit zu enormen Zustandsänderungen des Systems.

Der nächste bedeutende Physiker, der sich nach Poincaré mit dem Problem der Wiederkehr befaßte, war Ludwig Boltzmann, Professor an der Unversität Wien und Großvater meines Kollegen Dieter Flamm. Er hatte ursprünglich gehofft, den zweiten Hauptsatz der Thermodynamik aus der Newtonschen atomaren Mechanik ableiten zu können. Zermelo, ein Schüler Max Plancks, wies jedoch darauf hin, dies sei nach Poincarés Wiederkehrtheorem unmöglich: Wenn die Entropie eine Funktion des Systemzustands ist – und das muß sie sein –, müßte sie notwendigerweise schließlich abnehmen. Daraufhin stellte Boltzmann die These auf, das Universum als Ganzes habe keine Zeitrichtung, aber einzelne Bereiche in ihm hätten eine, wenn zufällig eine starke Abweichung vom thermodynamischen Gleichgewicht (Wärmetod) einen Bereich mit niedriger Entropie erzeuge.[103] Diese Bereiche mit geringerer Entropie würden sich dann zu dem wahrscheinlicheren Zustand maximaler Entropie – dem Wärmetod – zurückentwickeln, und der Prozeß würde sich in Übereinstimmung mit Poincarés Theorem wiederholen.

Sobald einmal klar war, daß ein endliches System atomarer *Teilchen* auf lange Sicht rekurrent und nicht irreversibel ist, überlegte Planck, ob Irreversibiliät mit einer *Feld*theorie, etwa dem Elektromagnetismus, erklärt werden könnte. Er wollte versuchen, die Irreversibilität aus der Wechselbeziehung eines kontinuierlichen Feldes mit den diskreten Teilchen abzuleiten. Ab 1897 stellte Planck eine Reihe von Untersuchungen zu dieser Frage an, deren Höhepunkt seine Entdeckung der Quantenmechanik im Jahre 1900 bildete. Boltzmann wies jedoch darauf hin, daß das Feld, wenn wir es als ein System mit einer unendlichen Anzahl von Freiheitsgraden betrachten, einem mechanischen System mit einer unendlichen Anzahl von Molekülen analog wäre; in beiden Fällen hätten wir eine unendlich lange Poincarésche Wiederkehrzeit, und in beiden Fällen könnte dies mit dem zweiten Hauptsatz übereinstimmen. Boltzmann hob jedoch hervor, daß es für die Thermodynamik von Feldern in einem begrenzten Raum angemessener sei, das Feld nicht als eine kontinuierliche, von Differentialgleichungen regulierte Eigenschaft, sondern eher als eine große, aber endliche Anzahl von »Vektorätheratomen« zu betrachten, deren Bewegungsgleichungen man erhält, indem man die üblichen Differentialgleichungen durch endliche Differenzgleichungen ersetzt.[104] Für dieses System würde das Wiederkehrtheorem gelten.

Markows probabilistischer Prozeß der Wiederkehr

Ich habe weiter oben erwähnt, daß Nietzsches Beweis der ewigen Wiederkehr dem Beweis der Wiederkehr in Markowschen Ketten ähnelt. Eine *Markowsche Kette* ist ein System, bei dem die Wahrscheinlichkeit des Übergangs in den nächsten Zustand einzig von seinem gegenwärtigen Zustand abhängt. Sie hängt nicht von seiner Vergangenheit ab oder nur insofern, als seine Geschichte in seinem gegenwärtigen Zustand codiert ist. Eine endliche Markowsche Kette ist ein System mit einer endlichen Anzahl möglicher Zustände, in dem Übergänge nur in diskreten Intervallen stattfinden können. Eine endliche Markowsche Kette ist eine Maschine mit endlich vielen Zuständen, die keine Informationen von außen erhält. In einer Markowschen Kette hat man eine Reihe von Übergangswahrscheinlichkeiten von einem Zustand in einen anderen. Nehmen wir zum Beispiel an, wir haben ein System mit nur drei Zuständen [1, 2, 3] und gerade Ungerade für den Übergang von einem Zustand in einen anderen. Wenn wir also mit Zustand 1 beginnen, würden wir mit der Wahrscheinlichkeit 1/2 zu Zustand 2 und mit der Wahrscheinlichkeit 1/2 zu 3 übergehen. Sicher ist, daß wir irgendwohin gehen müssen, und »sicher« bedeutet »Wahrscheinlichkeit 1«, daher müssen die Übergangswahrscheinlichkeiten zu 1 addieren, was sie auch tun: $1/2 + 1/2 = 1$. Würden wir mit Zustand 2 beginnen, würden wir mit der Wahrscheinlichkeit 1/2 zu 1 und mit der gleichen Wahrscheinlichkeit zu 3 übergehen. Würden wir schließlich mit Zustand 3 beginnen, wäre die Wahrscheinlichkeit für einen Übergang zu 1 1/2 und die für einen Übergang zu

Zustand 2 ebenfalls. Da die Vergangenheit ohne Bedeutung ist, genügt diese Liste von vier Übergangswahrscheinlichkeiten, um die gesamte Zukunft des Systems zu beschreiben.

Es ist möglich, daß wir nach zwei Übergängen zu Zustand 1 zurückkehren. Wir könnten von 1 zu 2 und dann wieder zurück zu 1 oder von 1 zu 3 und dann wieder zu 1 zurückgehen. Die Wahrscheinlichkeit für die eine oder die andere dieser beiden Möglichkeiten ist (1/2)(1/2) +(1/2)(1/2) = 1/2. Oder aber wir kehren nach drei Übergängen zu 1 zurück: 1 zu 2 zu 3 zu 1 und 1 zu 3 zu 2 zu 1 sind die möglichen Aufeinanderfolgen. Die Wahrscheinlichkeit, daß wir nach drei Übergängen zu Zustand 1 zurückkehren, beträgt also (1/2)(1/2)(1/2) + (1/2)(1/2)(1/2) = 1/4. Die Wahrscheinlichkeit, entweder nach zwei oder nach drei Übergängen zu Zustand 1 zurückzukehren, ist 1/2 + 1/4 = 3/4. Nach dem vierten Übergang müssen wir notwendigerweise zu einem früheren Zustand zurückkehren, auch wenn dies nicht Zustand 1 sein muß, bei dem wir angefangen haben. Die möglichen Übergänge, die nach vier Übergängen zum erstenmal wieder zu Zustand 1 führen, sind 1 zu 2 zu 3 zu 2 zu 1 oder 1 zu 3 zu 2 zu 3 zu 1. Die Wahrscheinlichkeit für eine dieser Reihen beträgt 1/16 + 1/16 = 1/8, und die Wahrscheinlichkeit, daß wir nach dem vierten Übergang zu Zustand 1 zurückkehren, beträgt 7/8. Es leuchtet ein, daß die Wahrscheinlichkeit, schließlich wieder zu 1 zurückzukehren, gleich 1 ist, wenn die Anzahl der Versuche unendlich ist; das heißt, es ist im Grund genommen sicher. Darüber hinaus können wir, wenn wir einmal zu Zustand 1 zurückkehren, die Berechnung wiederholen – da bei Markowschen Ketten die Vergangenheit keinen Einfluß auf die Zukunft hat – und folgern, daß die Wahrscheinlichkeit, daß wir wieder zurückkehren, wiederum 1 ist. Wiederholen wir diesen Ansatz immer wieder, dann schließen wir daraus, daß die Wahrscheinlichkeit, unendlich viele Male zu Zustand 1 zurückzukehren, ebenfalls 1 beträgt. Folglich handelt es sich um eine ewige Wiederkehr. Bei Markowschen Ketten können wir die durchschnittliche Zeit zwischen den Rückkehren berechnen, was bei der Poincaréschen Wiederkehr im allgemeinen nicht möglich ist. In der einfachen Markowschen Kette, die ich eben beschrieben habe, beträgt die durchschnittliche Anzahl von Zeitschritten zwischen den Rückkehren zum gleichen Zustand 5. Im Wissenschaftlichen Anhang werde ich einen Beweis für die Wiederkehr in Markowschen Ketten mit einer beliebigen Anzahl von Zuständen und beliebigen Übergangswahrscheinlichkeiten liefern. Im allgemeinen muß man davon ausgehen, daß die Markowsche Kette keine Untermenge von Zuständen hat, die sie verlassen kann, ohne je zurückzukehren. Falls eine solche Untermenge existiert, kann man beweisen, daß die Wahrscheinlichkeit, daß ein System, das bereits seit unendlicher Zeit in Gang ist, die Untermenge bereits verlassen hat, gleich 1 ist; daher kann man sie, in Anlehnung an Nietzsche, ignorieren.

Eine deterministische Aufeinanderfolge ist ebenfalls eine Markowsche Kette, allerdings eine ziemlich langweilige: die einzige Möglichkeit ist 1 zu 2 zu 3 zu 1, und jede Übergangswahrscheinlichkeit beträgt 1. In diesem Fall kommt es bei jedem dritten Übergang notwendigerweise zu einer Rückkehr. Aber nicht Wahrscheinlichkeit versus Determinismus erzwingt die Rückkehr in Markowschen Ketten, sondern die Endlichkeit: eine endliche Zahl von Zuständen und diskreten Zeitschritten.

Die Quantenmechanik ist fastperiodisch

Sowohl bei der Poincaréschen als auch bei der Markowschen Wiederkehr wird das System schließlich in seinen gegenwärtigen Zustand zurückkehren; allerdings braucht das System nicht genau periodisch zu sein. Das heißt, die Zeit zwischen den Rückkehren kann enorm variieren. Im Gegensatz dazu ist bei einem exakt periodischen System die Zeit zwischen den Rückkehren von einem Zyklus zum nächsten immer gleich. Wie oben erwähnt, ist das typische, den Gesetzen der klassischen Newtonschen Mechanik unterliegende System chaotisch. In Kapitel II habe ich mich dieses klassischen Chaos bedient, um darzulegen, daß eine intelligente Spezies, die das Universum erobert hat, in der Lage ist, die zukünftige Entwicklung des gesamten Universums zu steuern. Jetzt will ich zeigen, daß ein hinsichtlich Raum und Energie begrenztes Quantensystem fastperiodisch ist. Das bedeutet, daß ein derartiges System *nicht* chaotisch sein *kann*.

In der Quantenmechnik ist der Zustand eines Systems durch eine als *Wellenfunktion* bezeichnete Funktion von Raum und Zeit gegeben; das Quadrat der Größe der Wellenfunktion gibt die Wahrscheinlichkeit an, mit der das System sich zu einer gegebenen Zeit an einem bestimmten Ort befinden wird. Die Wellenfunktion verändert sich kontinuierlich mit Raum und Zeit, daher können wir nicht erwarten, generell zu zeigen, daß die Wellenfunktion *genau* zu ihrem vorherigen Wert zurückkehren wird, wie im Fall der Markowschen Wiederkehr. Wir können lediglich damit rechnen, daß die Wellenfunktion beliebig nahe zu ihrem vorhergehenden Zustand zurückkehren wird. Erinnern Sie sich daran, daß das Poincarésche Theorem der Wiederkehr eben dies für klassische begrenzte Systeme bewiesen hat. Zudem können wir bei realen Experimenten nicht zwischen den Werten für eine kontinuierliche Variable an zwei einander beliebig nahen Punkten unterscheiden. Unsere Instrumente messen lediglich den jeweiligen *Mittelwert* in endlichen Bereichen der kontinuierlichen Variablen. Physikalisch bedeutet also die Rückkehr eines Quantensystems zu seinem gegenwärtigen Zustand, daß es einen späteren Zeitpunkt gibt, und zwar dergestalt, daß die gemittelte Wellenfunktion zum jetzigen Zeitpunkt minus der Wellenfunktion zu diesem anderen Zeitpunkt beliebig klein ist.

Das Wiederkehrtheorem der Quantenmechanik besagt also, daß die Wellenfunktion im Mittel – in dem Sinne, wie ich dies eben definiert habe – zurückkehren muß, wenn (1) das räumliche Volumen, auf welches das System beschränkt ist, endlich ist (das bedeutet, daß die Wellenfunktion nur in diesem Volumen ungleich null ist, da die Wahrscheinlichkeit, mit der das System sich außerhalb des Volumens befindet, null ist) und wenn (2) die Energie, die sich in dem System durch Messungen nachweisen läßt, sowohl diskret als auch durch eine endliche Zahl nach oben hin begrenzt ist. Es kehrt jedoch nicht nur zurück, sondern diese Wiederkehren verlaufen fastperiodisch.

Um zu verstehen, was »fastperiodisch« bedeutet, denken Sie zunächst daran, was »periodisch« bedeutet. Betrachten Sie ein typisches periodisches System: einen altmodischen mechanischen Wekker. Wie jedermann weiß, hat dieses Gerät eine Periode von 12 Stunden, das heißt, der Stunden- und der Minutenzeiger kehren alle 12 Stunden in genau die gleiche Position zurück. Außerdem kehren die Zeiger bei jedem ganzzahligen Vielfachen von 12 Stunden in diese Position zurück: die Zeiger kehren also alle 12, alle 24, alle 36 Stunden und so weiter in die vorhergegangene Position zurück. Man kann die Gesamtheit dieser Perioden als 12n darstellen, wobei n gleich 1, 2, 3 und so weiter ist. Wenn also f(t) die Position der Zeiger zu irgendeiner Zeit t bezeichnet, haben wir $f(t) = f(t + 12n)$ für *jede beliebige* Zeit t. Das bedeutet schlicht und einfach: gleich, welche (Uhr-)Zeit t wir zufällig herausgreifen, die beiden Zeiger werden 12, 24, 36 und so weiter Stunden später in genau dieselbe Position zurückkehren. Wäre t beispielsweise 11 Uhr, dann würde der Wecker 12, 24 und so weiter Stunden später wieder auf 11 Uhr zeigen. Und dies gilt für jede Zeit t, die wir uns aussuchen, 12.36 h oder 5.24 h oder irgendeine andere. Genau 12, 24, 36 und so weiter Stunden später wird die Uhr erneut 12.36 h, 5.24 h oder was auch immer wir ursprünglich angegeben haben, zeigen. Man sagt, daß die Zahlen {12n} für alle n in der Menge aller Zahlen *relativ dicht* sind, da es eine endliche Zahl L gibt, dergestalt, daß sich in jedem Zahleninterval mit der Länge L oder größer zumindest eine der Zahlen {12n} befindet. Im Fall der Uhr ist die Zahl L *jede beliebige* Zahl größer als 12, wobei letzteres die »Periode« der Uhr ist.

In einem *fastperiodischen* System ist der Zustand des Systems f(t) zu irgendeiner Zeit t dem Zustand des Systems $f(t + N_i)$ zu der Zeit $t + N_i$ beliebig nahe, wobei $\{N_i\} = \{N_1, N_2 \text{ etc.}\}$ eine relativ dichte Ansammlung von Zahlen für *alle* Zeitpunkte t ist. Daher sind periodische Systeme auch fastperiodisch, allerdings muß es andersherum nicht so sein, da die Zahlen in der relativ dichten Zahlenmenge $\{N_i\}$ keine ganzzahligen Vielfachen voneinander sein müssen und das System außerdem nicht genau, sondern nur beliebig nahe zu seinem vorherigen Zustand zurückkehren muß.

Das Wiederkehrtheorem der Quantenmechanik besagt also: $|f(t) - f(t + N_i)|$ kann für eine relativ dichte Menge $\{N_i\}$ und für *alle* Zeiten t beliebig klein gemacht werden, wobei f(t) die Wellenfunktion bezeichnet und die vertikalen Linien das Mittel der Wellenfunktion darstellen. Der Kernsatz dieses Theorems lautet: »für *alle* Zeiten t«. Ich habe das Wort »alle« hervorgehoben, weil dies bedeutet, daß das System nicht einfach zurückkehrt; es wiederholt vielmehr zwischen den einzelnen Rückkünften in der gesamten unendlichen zukünftigen Zeit seine ganze Geschichte wieder und wieder, und diese Wiederholungen sind im einzelnen einander beliebig nahe.

Dies steht in krassem Gegensatz zu der wiederholten Wiederkehr der klassischen Mechanik und zu der wiederholten Wiederkehr der Markowschen Ketten. In beiden Fällen kann die nachfolgende

Geschichte von einer Wiederkehr zur nächsten enorm variieren. Daher bedeutet die Fastperiodizität endlicher Quantensysteme im besonderen, daß sie *nicht chaotisch sein können*. Diese Tatsache hat etliche Spezialisten der Chaostheorie erheblich irritiert; denn alle physikalischen Systeme sind Quantensysteme: die klassische Mechanik ist nur eine Annäherung an die Quantenmechanik. Deshalb läßt sich, wenn Quantensysteme nicht chaotisch sind, die Chaostheorie im Grunde genommen auf überhaupt kein physikalisches System anwenden.

Im Wissenschaftlichen Anhang liefere ich einen formalen mathematischen Beweis für das Wiederkehrtheorem der Quantenmechanik; es läßt sich jedoch ganz einfach erklären, warum begrenzte Quantensysteme fastperiodisch sein müssen. Die Quantenmechanik verfügt über eine Diskretheit, die die klassische Mechanik nicht aufweist. Betrachten Sie den Phasenraum in der Quantenmechanik. Wie in der klassischen Mechanik hat ein System mit N Teilchen einen 6N-dimensionalen Phasenraum, 3N Dimensionen Konfigurations- und 3N Dimensionen Impulsraum. In der Quantenmechanik sind jedoch Konfigurationsraum und Impulsraum *nicht* unabhängig: ein Hinweis darauf ist, daß die Wellenfunktion, die den Zustand eines Quantensystems vollständig beschreibt, *nur* von den Variablen des Konfigurationsraums abhängig ist. In der klassischen Mechanik wird der Zustand eines Systems durch seine Lokalisierung im Konfigurations- *und* Impulsraum genau angegeben. Im Quantenphasenraum gibt es eine grundlegende Minimalskala: die Plancksche Konstante h mit den Dimensionen (Impuls) mal (räumliche Länge). Die Plancksche Konstante unterteilt daher den gesamten einem Quantensystem zur Verfügung stehenden Phasenraum in 6N-dimensionale Zellen mit einem Phasenraumvolumen von h^{3N}. Dies verleiht der Quantenmechanik ihre grundlegende Diskretheit, denn wenn zwei Systeme in der gleichen Zelle des Phasenraums sind, *befinden sie sich im selben Zustand*. Man kann die beiden Systeme nicht einmal mit Hilfe irgendeines Experiments prinzipiell voneinander unterscheiden. Das bedeutet: Wenn das gesamte Phasenraumvolumen, das dem System zur Verfügung steht, gleich V ist, dann ist die Gesamtzahl wirklich distinkter Systemzustände gleich V/h^{3N}, eine endliche Zahl, wenn das gesamte Phasenraumvolumen endlich ist. Dieses Gesamtvolumen ist endlich, wenn die maximale Energie, die das System haben kann, endlich ist (das macht das Volumen in den

Impulsraumdimensionen endlich) und wenn das System auf einen bestimmten Bereich im Raum beschränkt ist (das macht das Volumen in den Konfigurationsraumdimensionen endlich).

Der Zustandsraum eines beschränkten Quantensystems ist daher, wie der einer Markowschen Kette, endlich; dies allein schon würde eine Wiederkehr bedingen. Aber die Entwicklung der Zeit bei der Wellenfunktion ist wie die Entwicklung des Systems in der klassischen Mechanik deterministisch, wie ich im einzelnen in Kapitel V erörtern werde. Dieser Determinismus macht zusammen mit dem endlichen Zustandsraum die Quantenmechanik fastperiodisch.

Wie wir in Kapitel IX sehen werden, macht diese grundlegende Diskretheit des quantenmechanischen Zustandsraums die schließliche Auferstehung der Menschheit physikalisch möglich. Würde das Wiederkehrtheorem der Quantenmechanik hingegen im großen gelten, dann könnte die universelle Auferstehung nicht zu ewigem Leben führen, weil wir letztlich in unseren derzeitigen Zustand zurückkehren müßten. Zudem muß es, wie ich in Kapitel II betont habe, in kosmischem Maßstab zu Chaos kommen, damit das Leben die Kontrolle über das gesamte Universum erlangen kann, was, wie ich im nächsten Kapitel ausführen werde, erforderlich ist, wenn das Leben als Ganzes ewig sein soll. In der tatsächlichen Realität der Quantenmechnik muß das Wiederkehrtheorem zum Teil, aber nicht ganz gelten.

Wir können also in der Tat beides haben, und zwar einfach dadurch, daß wir die Diskretheit der Quantenmechanik beibehalten – die Beweise dafür sind überwältigend – und zeigen, daß der dem Universum zur Verfügung stehende Phasenraum *nicht* endlich ist. Das wird in einem Universum der Fall sein, das den Gesetzen der allgemeinen Relativitätstheorie unterliegt.

Theoreme der Nichtwiederkehr in der allgemeinen Relativitätstheorie

Als ich in den achtziger Jahren auf einer Physikerkonferenz zum ersten Mal einen Vortrag über die Omegapunkt-Theorie hielt und darauf hinwies, daß sie ewigen Fortschritt impliziere, sprang der theoretische Physiker und Nobelpreisträger Eugene Wigner auf und erklärte: »Diese Theorie kann nicht stimmen; sie widerspricht dem Poincaréschen Theorem der Wiederkehr!« Wigner irrte sich; denn ein räumlich endliches Universum, das Einsteins Gravitationstheorie, der allgemeinen Relativitätstheorie, unterliegt, kennt keine ewige Wiederkehr. Der Grund dafür ist, kurz gesagt, daß die Einsteinschen Feldgleichungen keinen endlichen Phasenraum zulassen. Das Universum der modernen Kosmologie *muß* in einem grundlegenden Sinne unendlich sein, selbst wenn es vom Räumlichen her endlich ist.

Das Analogon zu der Zelle mit endlichem Volumen im Poincaréschen Theorem der Wiederkehr ist in der modernen Kosmologie das geschlossene Universum, ein Universum, dessen Volumen endlich, aber nicht begrenzt ist. Das Standardmodell eines geschlossenen Universums ist die dreidimensionale Version einer Kugeloberfläche, genannt »3-Sphäre«. Im vorhergehenden Kapitel habe ich dieses Modell ausführlich erörtert. Wenn die materiellen Quellen der Gravitation so beschaffen sind, daß diese immer anziehend wirkt, dann steht am Anfang eines solchen Universums die Singularität »Urknall« – mit dem die Zeit beginnt; anschließend dehnt es sich zu einer maximalen Größe aus und zieht sich dann wieder zusammen, bis zu einer Endsingularität, dem Großen Endkollaps des Universums; dort endet die Zeit. Wenn das Universum sich der Endsingularität nähert, geht das Volumen gegen null. Der räumliche Teil des Phasenraums ist mit Sicherheit begrenzt und endlich und ist nicht nur das, er geht gegen null.

Der Phasenraum geht jedoch *nicht* gegen null! In der allgemeinen Relativitätstheorie ist das Analogon zum Impuls der klassischen Gravitation in etwa ein mathematischer Ausdruck, der der Geschwindigkeitsänderung des Radius des Universums – der »Geschwindigkeit«, mit der sich das Universum ausdehnt oder zusammenzieht –, geteilt durch den Radius des Universums, proportional ist. Wenn wir also den Radius des Universums mit diesem Impuls multiplizieren, ist die Größe des Phasenraums der »Geschwindigkeit« der Ausdehnung oder Kontraktion des Universums proportional. Da Gravitation immer anziehend wirkt und um so stärker wird, je kleiner das Universum wird, divergiert diese »Geschwindigkeit« gegen unendlich, wenn die Größe des Universums gegen null geht. Die Größe des Phasenraums geht gegen unendlich, wenn das Universum sich dem Ende der Zeit nähert. Da der Phasenraum in der Kosmologie unendlich ist, hat die Grundannahme für eine ewige Wiederkehr keine Gültigkeit.

Ein anderer Ansatz, um herauszufinden, warum es in einem geschlossenen Universum, das den Gesetzen der allgemeinen Relativitätstheorie unterliegt, keine ewige Wiederkehr geben kann, ist, sich daran zu erinnern, daß ein solches Universum mit Singularitäten unendlicher Dichte beginnen und enden muß. Vor oder nach diesen Singularitäten gibt es keine Zeit; daher erübrigt sich die Frage, was vorher war oder was nachher kommt. (Viele Leute können nicht begreifen, weshalb diese Fragen sinnlos sind. Betrachten Sie das Ganze einmal so: Die allgemeine Relativitätstheorie wird als »allgemein« bezeichnet, weil die Feldgleichungen in *jedem* Koordinatensystem dieselben sind. Im besonderen ist *jede* Zeitskala so gut wie irgendeine andere. Da dies so ist, wollen wir einmal annehmen, daß unsere Zeitskala der oben definierte »Impuls« ist. Diese Zeitskala heißt »York-Zeit«, nach dem amerikanischen Relativitätstheoretiker James York, der gezeigt hat, daß die Mathematik der Feldgleichungen einfacher wird, wenn man eine solche Zeitskala verwendet. Die York-Zeit geht aber von minus unendlich bei der Anfangssingularität gegen plus unendlich bei der Endsingularität; in York-Zeit hat das Universum immer existiert und wird immer existieren. Zu fragen, was vor der Anfangssingularität geschehen ist, ist gleichbedeutend mit der Frage, was geschehen ist, ehe ein ewiges Universum zu existieren begann. Und das ist wahrhaft eine sinnlose Frage.)

Da die Zeit durch die Anfangs- und Endsingularität begrenzt ist und da sich zwischen diesen beiden Singularitäten das Universum, ohne sich zu wiederholen, entwickelt – während seiner Expansionsphase dehnt es sich stetig aus, wird immer größer; in seiner Kontraktionsphase hingegen zieht es sich stetig zusammen, wird immer kleiner –, kann sich das Universum unmöglich wiederholen.[105]

Das Theorem der Nichtwiederkehr muß von drei Annahmen ausgehen. Erstens müssen wir annehmen, daß Gravitation nie abstoßend wirkt. Würde sie gelegentlich, beispielsweise wenn das Universum sehr klein ist, abstoßend wirken, dann könnte das Universum, wenn es sich zu einer genügend kleinen Größe zusammengezogen hat, »abprallen« und sich erneut ausdehnen und wieder zusammenziehen; diese Aufeinanderfolge von Expansionen, Kontraktionen und Abprallen würde sich *ad infinitum* wiederholen. In einem solchen Universum wäre ewige Wiederkehr eine reale Möglichkeit. Wie ich oben bereits angedeutet habe, kann das nicht passieren, solange Gravitation anziehend wirkt, weil eine anziehende Gravitation ein sich kontrahierendes Universum immer in eine Endsingulariät ziehen wird.

Zweitens müssen wir davon ausgehen, daß das Universum nicht so speziell ist, daß es immer statisch bleibt. Einsteins ursprüngliches kosmologisches Modell, das Einsteinsche stationäre Universum, war so beschaffen. Ein stationäres Universum bedeutet, daß es im nächsten Augenblick zurückkehrt. Zwar handelt es sich hierbei um eine Rückkehr, aber eindeutig um eine, wie sie in unserem Universum nicht stattfinden kann. Eine infinitesimale Schwankung im Einsteinschen Universum würde bewirken, daß es sich ewig ausdehnt oder zu einer Singularität zusammenzieht – ein weiterer Hinweis darauf, daß die Einsteinsche Wiederkehr des Universums unphysikalisch ist.

Drittens müssen wir annehmen, daß die Entwicklung des Universums deterministisch ist. Von dieser Annahme gehen sowohl das Wiederkehrtheorem der Quantenmechanik als auch das Poincarésche, nicht aber das Markowsche Wiederkehrtheorem aus. Bemerkenswert ist, daß in der allgemeinen Relativitätstheorie Determinismus eher zur Nichtwiederkehr als zur Wiederkehr führt. Es handelt sich hier wahrscheinlich um keine wesentliche Annahme, zumal – wie meine Erörterung der drei Wiederkehrtheoreme deutlich macht – sich Wiederkehr in Wirklichkeit eher aus der Endlichkeit des Zustandsraums als aus Determinismus ergibt.

Aber mit der Determinismus-Annahme tut sich die Mathematik leichter.

In der allgemeinen Relativitätstheorie sind die Analoga von Position und Impuls kontinuierliche Variable, daher muß jedes Theorem der Wiederkehr oder Nichtwiederkehr in Form von Mittelwerten formuliert werden wie im Fall des Wiederkehrtheorems der Quantenmechanik. Das Theorem der Nichtwiederkehr besagt: Wenn diese drei Annahmen gelten, dann kann das Mittel der Anfangsdaten, das den Zustand des Universums zu jedem beliebigen Zeitpunkt definiert, nie wieder dem Durchschnitt der Anfangsdaten zum jetztigen Zeitpunkt nahe kommen. Im Wissenschaftlichen Anhang werde ich dieses Theorem beweisen.

Der Triumph des Fortschritts

Wenn die moderne Physik eine ewige Wiederkehr nicht zuläßt und wenn man auch den Wärmetod vermeiden kann, ist ewiger Fortschritt möglich. Vordringliches Anliegen dieses Buches ist es zu beweisen, daß ein solcher ewiger Fortschritt nicht nur möglich, sondern unvermeidlich ist und letztendlich in unserer Erlösung gipfeln wird. Unter »Fortschritt« verstehe ich eine allgemeine Verbesserung der Lebensumstände. Für die Biosphäre als Ganzes bedeutet Fortschritt eine durchschnittliche Zunahme ökologischer Nischen im Lauf der Zeit und eine Steigerung der Intelligenz der intelligentesten Spezies, die zu einem bestimmten Zeitpunkt im Universum existiert. Für den Menschen bedeutet Fortschritt eine Zunahme des Pro-Kopf-Einkommens, eine Zunahme der durchschnittlichen Lebenserwartung, eine generelle Verbesserung des Gesundheitszustands, allgemeiner gesagt: einen erhöhten Lebensstandard. Darüber hinaus bedeutet Fortschritt eine Zunahme an Wissen. »Ewiger« Fortschritt bedeutet, daß dieser Fortschritt sich buchstäblich grenzenlos fortsetzen wird. Wissen wird unbeschränkt zunehmen, das Pro-Kopf-Einkommen wird ständig, bis ins Unendliche, steigen.

Fortschritt bedeutet *nicht*, daß es keine Rückschritte geben kann. Die Erde war periodisch dem Aufprall großer Meteoriten ausgesetzt, und gelegentlich vernichteten diese Einschläge riesige Teile der Biosphäre. Vor etwa siebzig Millionen Jahren wurden die Dinosaurier vermutlich durch eine solche Naturkatastrophe ausgelöscht, und die Säugetiere brauchten Jahrmillionen, um die durch diese Massenvernichtung frei gewordenen ökologischen Nischen wieder aufzufüllen. Allerdings hat die Biosphäre diesen Verlust mehr als wettgemacht. Das derzeit intelligenteste Tier auf Erden, der *Homo sapiens*, hat im Verhältnis zu seiner Körpergröße ein weit größeres Gehirn, als irgendein Saurier je besessen hat. Die Geschichte der Menschheit zeigt auch, daß Wissen nicht immer zugenommen hat. Aristarchos entwickelte seine heliozentrische Astronomie Jahrhunderte vor Christi Geburt, und die mathematische Astronomie der Griechen war im 3. Jahrhundert n. Chr. bereits soweit, daß sie schon damals den Schritt hätten tun können, den die europäischen Astronomen dann im späten 16. und frühen 17. Jahrhundert vollzogen. Doch dieser »nächste« Schritt unterblieb im 3. Jahrhundert. Statt dessen fielen nach dem Untergang des Römischen Reiches die griechische Mathematik und Astronomie im Westen nahezu der Vergessenheit anheim, und es dauerte dreizehn Jahrhunderte, bis Kopernikus diesen nächsten Schritt unternahm. Aber er wurde schließlich getan, und die heutige Wissenschaft ist jedem Zeitalter vor uns haushoch überlegen. Die Idee des Fortschritts bedeutet kein gleichmäßiges Fortschreiten, sie bedeutet vielmehr, daß dieses Fortschreiten *schließlich* stattfindet. Mag sein, daß es unserer Zivilisation nicht gelingt, den SSC zu bauen und herauszufinden, ob die Higgs-Teilchen existieren oder nicht – wie wir in Kapitel IV sehen werden, ist die Existenz des Higgs-Teilchens mit einer bestimmten Masse eine Voraussage der Omegapunkt-Theorie –, aber falls wir es nicht fertigbringen, wird eine künftige Generation damit Erfolg haben.

Die renommierten Historiker Nisbet[106] und Himmelfarb[107] haben nachgewiesen, daß der Idee des Fortschritts in der westlichen Welt zwar seit den Griechen große Bedeutung zukam, daß sie aber erst im späten 19. Jahrhundert ihre volle Blüte erreichte. Zwei Denker jener Zeit, Herbert Spencer und Friedrich Engels, verkörpern diesen Glauben an einen Letzten Fortschritt. Sie stehen für die beiden Hauptströmungen der Fortschrittsbewegung.

Herbert Spencer vertrat die Ansicht, kontinuierlicher Fortschritt ergäbe sich aus einer kontinuierlichen Ausweitung des freien Marktes. Er verteidigte uneingeschränkt den *Laissez-faire-Kapitalismus*. Gesetze gegen Kinderarbeit und gesetzlich festgelegte Mindestlöhne lehnte er strikt ab und behauptete, derlei Gesetze seien dem Fortschritt hinderlich (und verschlechterten die Lage gerade jener Leute, denen sie eigentlich helfen sollten). Nach Spencer war die treibende Kraft des Fortschritts eine zunehmende Heterogenität. Eine freie Marktwirtschaft würde eine maximale Zunahme von Heterogenität oder Mannigfaltigkeit erlauben, die ihren Ausdruck in Arbeitsteilung fände. Eine verschiedenartigere Gesellschaft würde über mehr Wissen verfügen als eine homogene. Wie Darwin beunruhigte auch Spencer die Möglichkeit eines Wärmetodes. Er erkannte, daß es nichts Homogeneres gibt als ein ganzes Universum, in dem überall dieselbe Temperatur herrscht. In *First Principles*, einem Buch, in dem er seine Philosophie zusammenfaßte, argumentierte Spencer jedoch, das Sonnensystem würde zwar letztlich in Homogenität enden, aber in der Größenordnung der Sterne würde die Schwerkraft zur Inhomogenität führen, daher könnte sich Fortschritt in diesem größeren Maßstab (möglicherweise) fortsetzen.[108] Ob dies bedeute, daß der Fortschritt ewig weitergehe, diese Frage konnte Spencer nach eigenem Eingeständnis nicht beantworten. Es bestand immer noch die Möglichkeit, daß das Sternensystem endlich sei, daß es eine Grenze der Reichweite des »Äthers« (im 19. Jahrhundert glaubte man, dieser befördere Lichtstrahlen) gebe; in diesem Fall wäre das Universum im größten Zeitmaßstab nicht progressiv, sondern zyklisch. Anders als Nietzsche akzeptierte Spencer die logischen Schlußfolgerungen dieser vorhergesagten ewigen Wiederkehr nicht. Er leugnete ausdrücklich, daß der Zyklus, falls es dazu käme, eine Rückkehr zu einem identischen vorhergehenden Zustand bedeute. Statt dessen betrachtete er die Zyklen als »im Prinzip immer die gleichen, aber nie die gleichen im konkreten Ergebnis«.[109] Sein unerschütterlicher Fortschrittsglaube sagte Spencer, daß die Vorhersagen sowohl eines Wärmetodes wie auch einer ewigen Wiederkehr nicht richtig sein konnten. Er hob hervor, daß das 19. Jahrhundert einfach noch zuwenig wußte, um den Wärmetod oder die ewige Wiederkehr ernst zu nehmen. Wie wir sehen werden, funktioniert der Mechanismus – nämlich die Auswirkung der Gravitation auf das gesamte Sternensystem, das heißt das Universum –, mit dem sich nach Spencers Ansicht der Fortschritt über den Tod des Sonnensystems hinaus fortsetzen läßt. In der Omegapunkt-Theorie ist Gravitation, die in kosmologischem Maßstab wirkt, die letzte Energiequelle.

Karl Marx und Friedrich Engels sind die Begründer der sozialistischen Richtung der Fortschrittsbewegung. Sowohl Marx als auch Engels befaßten sich vorrangig mit der Organisation der Gesellschaft und nicht mit der Naturwissenschaft, doch in seiner *Dialektik der Natur* warf Engels die Frage nach einem ewigen Fortschritt auf:

> »Übrigens ist die sich ewig wiederholende Aufeinanderfolge der Welten in der endlosen Zeit nur die logische Ergänzung des Nebeneinanderbestehens zahlloser Welten im endlosen Raum... Es ist ein ewiger Kreislauf, in dem die Materie sich bewegt... Aber wie oft und wie unbarmherzig auch in Zeit und Raum dieser Kreislauf sich vollzieht; wieviel Sonnen und Erden auch entstehen und vergehen mögen; wie lange es auch dauern mag, bis in einem Sonnensystem nur auf *einem* Planeten die Bedingungen des organischen Lebens sich herstellen; wie zahllose organische Wesen auch vorhergehn und vorher untergehn müssen, ehe aus ihrer Mitte sich Tiere mit denkfähigem Gehirn entwickeln und für eine kurze Spanne Zeit lebensfähige Bedingungen vorfinden, um dann auch ohne Gnade ausgerottet zu werden – wir haben die Gewißheit, daß die Materie in allen ihren Wandlungen ewig dieselbe bleibt, daß keins ihrer Attribute je verlorengehn kann, und daß sie daher auch mit derselben eisernen Notwendigkeit, womit sie auf der Erde ihre höchste Blüte, den denkenden Geist, wieder ausrotten wird, ihn anderswo und in andrer Zeit wiedererzeugen muß.«[110]

Auf den ersten Blick liest sich diese Passage wie ein Plädoyer Nietzsches für eine ewige Wiederkehr und nicht wie eine Verteidigung des ewigen Fortschritts. Diese Interpretation hieße jedoch Engels' Kernaussage mißverstehen. Engels versucht hier eher, eine Alternative zum Wärmetod zu bieten, als die ewige Wiederkehr zu begründen. Der Hoffnungslosigkeit eines ewigen Todes, wie ihn die Idee des Wärmetods vorhersagt, setzt er die hoffnungsvolle Vorstellung des ewigen Bestehens von Materie und Energie entgegen, die *garantieren*, daß Leben nicht für immer aus dem Kosmos verschwinden kann. Dabei übersah er die Tatsache – die Nietzsche nicht entging –, daß die ewige Wiederkehr keine gute Lösung des Problems des Wärmetods darstellt, denn sie ersetzt lediglich die eine Form der Hoffnungslosigkeit durch eine andere. Allerdings gibt es keine endgültige Fassung der *Dialektik der Natur*, da Engels vor Beendigung des Werkes starb. Es ist daher durchaus möglich, daß er die zitierte Passage noch geändert und vorhergesagt hätte, daß die Physiker eines Tages eine Möglichkeit entdecken würden, den Fortschritt ebenso ewig zu machen wie die

Materie. J. B. S. Haldane, einer der führenden Genetiker des 20. Jahrhunderts und ebenfalls Marxist, behauptete in seinen Anmerkungen zur ersten englischen Ausgabe der *Dialektik der Natur*, Engels sei sehr nahe daran gewesen, eben dies zu tun.

»Zur Zeit [Haldane schrieb dies in den vierziger Jahren] sind die Physiker in dieser Frage [des letztendlichen Schicksals des Universums] gespalten. Einige teilen Engels' Ansicht, nach der das Universum zyklische Veränderungen durchläuft, wobei durch bislang unbekannte Prozesse (beispielsweise die Bildung von Materie aus Strahlung im interstellaren Raum) die Entropie irgendwie vermindert wird. Andere denken wie Clausius, daß [das Universum] sich erschöpfen wird. Es gibt jedoch eine dritte Möglichkeit[111]... 1936-1938 kamen Milne und Dirac unabhängig voneinander zu dem Schluß, daß die Naturgesetze sich selber weiterentwickeln und daß im besonderen (laut Milne) chemische Veränderungen... im Verhältnis zu physikalischen Veränderungen beschleunigt werden. Wenn dies zutrifft, ist es zumindest vorstellbar, daß dieser Prozeß schnell genug abläuft, um die Abkühlung der Sterne zu kompensieren, und daß Leben nie unmöglich wird.[112]... [dies] legt den Schluß nahe, daß das Universum als Ganzes eine Geschichte hat, obgleich diese Geschichte wahrscheinlich sowohl in der Vergangenheit als auch in der Zukunft unendlich ist. Es ist nahezu sicher, daß Engels diese Vorstellung begrüßt hätte...«[113]

Edward A. Milne war ein renommierter britischer Kosmologe der dreißiger Jahre; er hatte die Rouse-Ball-Professur an der Universität Oxford inne (die jetzt Roger Penrose hat). Milne war sich der Tatsache bewußt, daß die allgemeine Relativitätstheorie die Verwendung jeder beliebigen Zeitkoordinate zuläßt und daß die Eigenzeit, für uns hier auf der Erde die angemessenste, für das Universum als Ganzes möglicherweise nicht die geeignetste physikalische Zeit ist. Er behauptete, obgleich das Universum sowohl in Vergangenheit als auch in Zukunft möglicherweise nur für eine endliche Eigenzeit existiere, könnte es in entropischer Zeit sowohl in der Vergangenheit als auch in der Zukunft ewig sein.[114] Was die Zukunft betrifft, so hatte Milne recht; allerdings ist es, wie wir sehen werden, nicht notwendig, daß sich die Gesetze der Physik allmählich verändern, damit dies eintritt.

Schon früher hatte Haldane in dem kurz nach dem Ersten Weltkrieg verfaßten Buch *Daedalus* den unbegrenzten technischen Fortschritt verteidigt. Eine weit umfassendere Erörterung des grenzenlosen Fortschritts erschien in *The World, the Flesh, and the Devil* des britischen Kristallographen John Desmond Bernal, der wie Haldane überzeugter Marxist und Stalinist war. Letztlich beruht die Omegapunkt-Theorie auf den Ideen Bernals, denn das erwähnte Buch inspirierte Freeman Dyson[115] zur Entwicklung der ersten detaillierten physikalischen Theorie, wie Leben ewig überdauern könnte, und aus Dysons Arbeit bezog ich wiederum Anregungen für meine. Bernal erkannte, wie vor ihm Spencer, daß Leben um seines Fortbestandes willen das Sonnensystem verlassen muß:

»Früher oder später würde diese Notsituation [die Erschöpfung der materiellen Ressourcen des Sonnensystems] oder vielleicht auch das Wissen um das nahe bevorstehende Versagen der Sonne eine wagemutige [Raum-]Kolonie zwingen, sich in Bereiche jenseits der Grenzen des Sonnensystems aufzumachen... es ist unwahrscheinlich, daß der Mensch aufgibt, ehe er den Großteil des Sternensystems durchstreift und kolonisiert hat... Der Mensch wird sich letztendlich nicht damit zufriedengeben, auf den Sternen ein parasitäres Leben zu führen, sondern er wird sie erobern und seinen eigenen Zwecken entsprechend organisieren.«[116]

Bernal äußerte als erster die Ansicht, daß die Sterne – und insbesondere die Sonne – vom Standpunkt des Lebens aus maßlose Energieverschwender seien. Er behauptete, daß dieser Verschwendung ein Ende gesetzt würde!

»Im Grunde genommen ist ein Stern ein ungeheures Energiereservoir, das, so schnell es seine Masse erlaubt, verschwendet wird... man wird nicht zulassen, daß die Sterne so weitermachen; vielmehr wird man sie in effiziente Wärmemaschinen umwandeln.«[117]

Damit hat Bernal recht. Am Ende muß die Erde selber aus dem, was ich als »Letzte Realität« bezeichne, in eine virtuelle Realität überführt werden, aus einem realen Raum in einen kybernetischen Raum im Speicher eines Computers. Wenn dies nicht geschieht, ehe die Sonne die Hauptsequenz verläßt, wird nicht allein ein Großteil der gesamten Energiereserven der Sonne verschwendet, sondern die Erde durch die Expansion der Sonne sinnlos zerstört werden. Die Vernichtung der Erde im realen Raum ist gewiß. Die Frage ist nur, ob diese Vernichtung dem letzten Zweck eines Überlebens der Biosphäre dient oder ob es sich lediglich um sinnlose Zerstörung handelt. In späteren Kapiteln werden wir sehen, inwiefern die Vernichtung der Erde zum Überleben der Biosphäre beiträgt.

Allerdings war sich Bernal nicht sicher, ob man den Wärmetod vermeiden kann:

> »... Der zweite Hauptsatz der Thermodynamik, der, wie Jeans nicht müde wird hervorzuheben, dieses unser Universum letztlich zu einem unrühmlichen Ende bringen wird, bleibt vielleicht immer der ausschlaggebende Faktor. Durch eine intelligente Organisation könnte jedoch das Leben des Universums wahrscheinlich das millionenmal Millionenfache länger währen, als wenn es unorganisiert bliebe. Überdies befinden wir uns nach wie vor noch viel zu nahe an der Geburt des Universums, als daß wir Gewißheit über seinen Tod haben könnten.«[118]

Zu Recht hegte Bernal Zweifel, was den Wärmetod betraf. Der zweite Hauptsatz ist in der Tat der ausschlaggebende Faktor, aber wie ich im folgenden Kapitel zeigen werde, reicht die Energie der Gravitationsscherung im Vorfeld des Omegapunkts aus, um den Wärmetod zu vermeiden! Bernals Ansichten, wie die dominierende Lebensform der Letzten Zukunft aussehen wird, kommen meinen Vorstellungen, die ich in späteren Kapiteln darlegen werde, sehr nahe.

> »Das neue Leben [intelligente Wesen, imstande, ohne so lästige Dinge wie Raumanzüge im Raum zu überleben] wäre formbarer... variabler und währte länger als das vom triumphierenden Opportunismus der Natur erzeugte. Stück für Stück würde das unmittelbare Erbe der Menschheit – das Erbe des ursprünglichen Lebens – verblassen und schließlich vollends verschwinden, vielleicht noch als seltsames Relikt konserviert werden, während das neue Leben, das nichts von der Substanz, aber den gesamten Geist des alten bewahrte, seinen Platz einnehmen und seine Entwicklung

fortführen würde...[119] Schließlich könnte sogar das Bewußtsein als solches enden oder in einer Menschheit aufgehen, die völlig ätherisiert ist, ihren starren Organismus abgestreift hat und zu Atomansammlungen im Raum geworden ist, die durch Strahlung miteinander kommunizieren und sich letztlich vielleicht ganz in Licht auflösen.[120] ... Die Menschheit – die alte Menschheit – dürfte unwidersprochen im Besitz der Erde bleiben und würde von den Bewohnern der himmlischen Sphären mit neugieriger Ehrfurcht betrachtet.[121] Die Welt [die Erde] könnte sogar in einen Menschenzoo umgewandelt werden, in einen Zoo, der so intelligent geleitet wird, daß seine Bewohner sich dessen gar nicht bewußt werden, daß sie nur zum Zwecke der Beobachtung und des Experimentierens da sind.«[122]

In der Letzten Realität wird auch die Erde vergehen. Sie wird in Computerspeichern aufbewahrt, aber nicht als Zoo enden. Vielmehr steht uns Menschen eine weit aufregendere Zukunft bevor als die bloßer Zooinsassen: Wir alle werden in der fernen Zukunft auferstehen und an der Weiterentwicklung des gesamten Universums in den Omegapunkt hinein teilhaben.

Der Begriff »Omegapunkt« stammt nicht aus Werken von Physikern wie Bernal oder Dyson, sondern aus dem des Paläontologen Teilhard de Chardin. (Wohlgemerkt, dieser Begriff ist Teilhards einziger wissenschaftlicher Beitrag zu diesem Buch. Im Wissenschaftlichen Anhang wird er nicht einmal erwähnt.)

Teilhard de Chardin war nicht nur Paläontologe, er war auch römisch-katholischer Priester, ein Jesuit. In den zwanziger Jahren hatte er begonnen, Vorlesungen zu halten, in denen er über eine Versöhnung zwischen Katholizismus und Evolutionstheorie spekulierte. Die Oberen des Jesuitenordens schickten ihn nach China, um jede weitere Verbreitung und Diskussion seiner Ideen in seiner französischen Heimat zu unterbinden. Es wurde ihm untersagt, zu Lebzeiten auch nur eines seiner philosophischen Werke zu veröffentlichen. Als am Collège de France der Lehrstuhl für Paläontologie frei wurde, gestattete man ihm nicht, sich um die Stellung zu bewerben. Er zog nach New York City, wo er 1955 starb. Selbst im Tod blieb er exiliert: Er ist auf dem Friedhof eines Jesuitenklosters etwa achtzig Kilometer von New York entfernt begraben, weit weg von seinem geliebten Frankreich.[123] Als Teilhards Ideen zu einem evolutionistischen Christentum in seinem Todesjahr veröffentlicht wurden, verbreiteten seine Anhänger überall seine leidvolle Lebensgeschichte. Zweifelsohne trug dies dazu bei, daß seinen Ideen weit mehr Aufmerksamkeit zuteil wurde, als sie sonst gefunden (oder verdient) hätten.[124]

Teilhard beginnt das Buch, das allgemein als sein bedeutendstes philosophisches Werk gilt, *Le Phénomène humain,* mit folgender Feststellung: »Um das Buch, das ich hier vorlege, richtig zu verstehen, darf man es nicht lesen, als wäre es ein metaphysisches Werk, und noch weniger wie eine Art theologischer Abhandlung, sondern einzig und allein als naturwissenschaftliche Arbeit.«[125] Seine wissenschaftlichen Kritiker – beispielsweise der Evolutionstheoretiker George Gaylord Simpson und der Zoologe Sir Peter Medawar – griffen ihn deswegen scharf an. In der Tat ist das Buch in einer Sprache geschrieben, die man eher von mystischen religiösen Traktaten als von wissenschaftlichen Abhandlungen gewöhnt ist. Medawar fand diese Sprache derart abstoßend, daß er dem Buch vorwarf, man »...kann es nicht lesen, ohne das Gefühl zu haben zu ersticken, nach Luft schnappen und verzweifelt nach einem Sinn suchen zu müssen... der Großteil ist Unsinn, herausgeputzt mit einer Vielfalt von langweiligen metaphysischen Ideen, und man kann dem Autor nur deshalb den Vorwurf der Unredlichkeit ersparen, weil er, ehe er andere täuschte, sich größte Mühe gab, sich selber zu täuschen.«[126]

Teilhards Buch ist größtenteils nichts weiter als eine poetische Beschreibung der Evolution der Biosphäre der Erde, die den gängigen Vorstellungen in den späten dreißiger Jahren entsprach, als das Buch seine endgültige Form erhielt: Ein paar einzellige Organismen entwickeln sich zu Metazoen, von denen sich wiederum einige Stämme zu Organismen mit komplexen Nervensystemen entwickeln; eine dieser Abstammungslinien erwirbt schließlich Intelligenz: die »Vermenschlichung« der Welt hat endlich stattgefunden. Gegen diese Aufzählung bekannter evolutionärer Fakten hatten Simpson und Medawar nichts einzuwenden. Nicht einverstanden waren sie mit dem Mechanismus, der nach Teilhards Ansicht hinter der Aufwärtsentwicklung des Lebens stand.

Teilhard behauptete, »Energie« existiere in zwei grundlegenden Formen, »tangential« und »radial«. Erstere entspricht im wesentlichen der von Physikern gemessenen Energie, während die zweite als eine Art psychische oder geistige Energie betrachtet werden kann.

Zweierlei bewog Teilhard zur Einführung der letzteren Spielart: Erstens entwickelt sich sein kosmologisches System im Lauf der Zeit hinsichtlich Flora und Fauna immer höher, und dies schien ihm der zweite Hauptsatz der Thermodynamik zu verbieten (ein Irrtum), der, wie er einräumt, die Evolution der üblichen Formen von Energie reguliert.[127] Darüber hinaus würde der von den Physikern vorhergesagte Wärmetod jegliche Hoffnung auf Erreichung einer höchsten Intelligenz im physikalischen Kosmos zunichte machen. Teilhard war durchaus klar, daß Intelligenz, wenn es zum Wärmetod kommt und wenn sie im Grunde genommen ganz und gar von tangentialer Energie abhängt, letzten Endes dem Untergang geweiht sein muß, gleichgültig, wie mächtig sie wird. Seine radiale Energie unterliegt einem universellen Gesetz, das dem zweiten Hauptsatz widerspricht: Radiale Energie wird mit der Zeit immer konzentrierter, immer verfügbarer, und eben diese Konzentration treibt die Evolution des Lebens hin zum Menschen und darüber hinaus voran.[128] Radiale – psychische – Energie ist ebenso allgegenwärtig wie tangentiale Energie. Zumindest rudimentär ist sie in allen Formen von Materie vorhanden, und daher haben alle Formen von Materie ein Art Leben auf niedrigem Niveau.[129]

Einem modernen Wissenschaftler erscheint ein solcher Vitalismus archaisch, ja sogar okkultistisch und folglich unwissenschaftlich. In der Tat liegt Teilhard mit seinem Vitalismus völlig falsch. Um Teilhard jedoch Gerechtigkeit widerfahren zu lassen, sollte erwähnt werden, daß er den Plan zum *Phénomène humain* im Herbst 1938 faßte und mit der Niederschrift im Herbst 1939 begann. Im Frühjahr 1940 schloß er das Buch ab. Zudem gibt es frühere Versionen seines Hauptwerks, und zwar aus den Jahren 1916, 1928 und 1930.[130] Die Moderne Synthese – die moderne, rein mechanistische Evolutionstheorie – wurde laut Ernst Mayr, einem ihrer Begründer, in den Jahren 1936 bis 1947 entwickelt.[131] Nahezu alle in den zwanziger und dreißiger Jahren verfaßten wichtigen Bücher zur Evolution – die sämtliche von französischen Evolutionstheoretikern stammen[132] – lehnten den Darwinismus ab. Noch 1970 erklärte Ernest Boesiger, ein französischer Biologiehistoriograph, daß »Frankreich... in seiner Verwerfung der modernen Evolutionstheorien eine Art lebendes Fossil [war]: Ungefähr 95 Prozent aller Biologen und Philosophen lehnten den Darwinismus ab«.[133] Auf den Lehrstuhl für Evolutionsbiologie an der Pariser Akademie der Naturwissenschaften – der Spitze des französischen Hochschulsystems –, der bereits seit 1887 bestand, wurde erst 1965 ein Darwinist berufen.[134] Einer der wenigen Anhänger des Darwinismus in Frankreich, Georges Teissier, erklärte 1958: »In meiner Studienzeit galt Darwinismus gemeinhin als *veraltete* [von mir hervorgehoben] Theorie, und kein französischer Biologe glaubte ernsthaft an natürliche Auslese.«[135] Begriffe wie »radiale Energie« entsprachen, als Teilhard sein Buch schrieb – in Frankreich sogar noch in seinem Todesjahr 1955 – in der Tat der gängigen Auffassung der meisten Evolutionstheoretiker. Einen Wissenschaftler, der die von seinen Kollegen geteilten Ansichten übernimmt – wie falsch diese auch sein mögen –, kann man kaum der Unwissenschaftlichkeit zeihen.

Laut Teilhard »muß die verführerische Idee einer *direkten* Umwandlung einer der beiden Energien in die andere aufgegeben werden. Denn kaum versucht man sie zu paaren, so erscheint ebenso klar wie ihre Bindung ihre gegenseitige Unabhängigkeit.«[136] »Radiale Energie« ist also im Grund genommen gar keine »Energie« in einem von Physikern anerkannten Sinn. Wir werden weiter unten sehen, daß »radiale Energie« in Wirklichkeit eher einem anderen physikalischen Begriff, der Information, analog ist. Tatsächlich wies Medawar in seiner Besprechung von *Le phénomène humain* darauf hin, daß »...Teilhards radiale, geistige oder psychische Energie mit ›Information‹ oder ›Informationsgehalt‹ in dem Sinne, wie ihn Kommunikationstechniker einigermaßen genau definiert haben, gleichgesetzt werden kann.«[137]

In Teilhards Kosmologie endet die Evolution nicht mit der Menschheit. Gerade so, wie nichtdenkendes Leben die Erde bedeckte, um die Biosphäre zu bilden, wird denkendes Leben – der *Homo sapiens* – die von Teilhard so bezeichnete *Noosphäre* oder denkende Schicht bilden. Gegenwärtig ist die Noosphäre nur lose organisiert, aber ihre Kohärenz wird in dem Maße zunehmen, wie sich menschliche Wissenschaft und Zivilisation entwickeln, wie die »Planetisierung« – so der Begriff Teilhards – fortschreitet. Schließlich wird in ferner Zukunft die radiale Energie die tangentiale Energie überwiegen beziehungsweise von ihr unabhängig werden, und die Noosphäre wird in einem überintelligenten Wesen, dem *Omegapunkt*, aufgehen. Der Omegapunkt ist also das Letzte Ziel des »Lebensbaums« und im besonderen seines derzeit »führenden Zweigs«, der Spezies Mensch. In Teilhards Worten:

»Dann ist für den Geist der Erde das Ende und die Erfüllung gekommen.

Das Ende der Welt: die Noosphäre, die das äußerste Maß ihrer Komplexität und zugleich ihrer Zentrierung erreicht hat, kehrt durch eine nach innen gerichtete Gesamtbewegung zu sich selbst zurück.

Das Ende der Welt: ein Umsturz des Gleichgewichts (der Wärmetod), der den endlich vollendeten Geist aus einer materiellen Hülle löst, um ihn künftig mit seiner ganzen Schwere auf Gott-Omega ruhen zu lassen.«[138]

Das ist recht hübsche Poesie, aber was daran wissenschaftlich sein soll, ist einigermaßen unklar. Teilhard behauptete, er spreche in seinem *Phénomène humain* als Wissenschaftler, und in der Tat können einige Eigenschaften seines Omegapunkts aus anderen Passagen in seinem Buch erschlossen werden:

Erste Eigenschaft des Omegapunkts: Er erlaubt der Menschheit, dem Tod im allgemeinen und dem Wärmetod im besonderen zu entgehen:

»Der Grundfehler aller Formen des Fortschrittsglaubens, wie sie in den positivistischen Glaubensbekenntnissen zum Ausdruck gelangen, besteht in ihrer Unfähigkeit, den Tod endgültig auszuschließen. Was ist damit getan, wenn man an der Spitze der Evolution irgendeinen Brennpunkt entdeckt, aber dieser Brennpunkt eines Tages zerfallen kann und muß? – Um den höchsten Forderungen unseres Wirkens gerecht zu werden, muß Omega vom Sturz der Evolutionskräfte unabhängig sein...«[139]

Zweite Eigenschaft des Omegapunkts: Er liegt in der Letzten Zukunft, nicht in der Zeit, sondern an der *Grenze* jeder zukünftigen Zeit, und ist das Ende aller zeitlichen Abfolgen, die er in sich hineinzieht:

»Das ist aber auch die Art, in der sich uns der Punkt Omega selbst am Ende des Vorgangs enthüllt, in dem Maße, als der Aufbau der Synthese in ihm auf seinen Gipfel gelangt. Doch beachten wir, daß er unter dem Gesichtspunkt der Evolution sich nur halb zeigt. Er ist das letzte Glied der Reihe und doch zugleich *außerhalb der Reihe*. Er ist nicht nur die Krönung, sondern auch der Abschluß... Wenn er nicht von Natur erhaben wäre über Zeit und Raum, die er in sich sammelt, so wäre er nicht Omega.«[140]

Dritte Eigenschaft des Omegapunkts: Er kann als Analogon zur *Singularität* an dem Punkt gelten, der das spitze Ende eines Kegels bildet (darum wird Omega als »Punkt« bezeichnet):

»Wenn man einen Kegel senkrecht zur Achse durchschneidet und diese Schnitte in Richtung auf die Kegelspitze zu fortgesetzt wiederholt, so daß die Schnittflächen immer kleiner werden, so kommt der Moment, wo ein unendlich kleines Vorrücken genügt, um die Fläche ganz zum Verschwinden zu bringen, da sie zum *Punkt* geworden ist.«[141]

Vierte Eigenschaft des Omegapunkts: Er kann einzig in einem *endlichen und begrenzten* geometrischen System, etwa der Erdoberfläche, entstehen, da nur in einer solchen Umgebung die Menschheit gezwungen ist, im Omegapunkt aufzugehen: nur in einem begrenzten System ist unbegrenzte und unaufhörliche Kommunikation möglich:

»Hier macht sich eine anscheinend banale Tatsache geltend... die Kugelgestalt der Erde. – Die geometrische Begrenzung eines Gestirns, das wie ein riesiges Molekül in sich selbst geschlossen erscheint... Setzen wir den unmöglichen Fall, es hätte der Menschheit freigestanden, sich auf einer grenzenlosen Oberfläche unbehindert im Raume zu verbreiten und auszudehnen, anders gesagt, sie hätte sich dem Zusammenspiel ihrer inneren Anziehungskräfte allein überlassen können. Was wäre dann aus ihr geworden? Etwas Unvorstellbares... vielleicht sogar überhaupt nichts, wenn wir nach der überaus großen Bedeutung urteilen, welche die Kompressionskräfte in ihrer Entwicklung gewonnen haben.«[142]

Die »Kompressionskräfte«, von denen Teilhard spricht, sind die gesellschaftlichen Kräfte, die sich aus der zwischenmenschlichen Kommunikation ergeben. Wiederum treibt eben diese unbegrenzte

Kommunikation die Menschheit in den Omegapunkt und erzeugt ihn auf diese Weise.

Teilhards begrenzte Welt war die endliche Erde. Er glaubte nicht daran, daß Raumfahrt je eine große Rolle für die zukünftige Entwicklung der Menschheit spielen könnte. Vielmehr würde die Menschheit, wäre sie der Fesseln ledig, die die endliche Erde ihr auferlegt, wahrscheinlich nie im Omegapunkt aufgehen, wie die zuletzt zitierte Passage klarmacht. 1951 betonte Teilhard diesen Gesichtspunkt in einem Gespräch mit Jean Hyppolite, Philosophieprofessor an der Sorbonne:

> »Im Anstoß an Haldane strebt der Neomarxist dahin, sich in die Perspektiven einer vitalen *Expansion* zu entziehen – das heißt, einer *Vitalisation der Totalität des stellaren Raumes*... Gehen wir auf den zweiten Punkt etwas näher ein: In gewisser Weise würde der Marxist offenen Geistes gerne die Eschatologie der klassenlosen Gesellschaft mit dem Punkt Omega zusammenbringen, der als Punkt der natürlichen Konvergenz der Menschheit begriffen wird. Doch wenn man ihn daran erinnert, daß es aufgrund der langsamen Agonie der Sonne und der unbarmherzigen Gesetze der Entropie das Geschick unserer Erde ist, zu sterben, und wenn man ihn fragt, welcher Ausweg dann der Menschheit erlaubt sein wird, antwortet er – das war bereits die Idee von Wells – mit den Perspektiven einer interplanetaren oder intragalaktischen Kolonisation, was nur eine Weise ist, der mystischen Vorstellung von der Parusie und dem Hinübergleiten der Menschheit in die Ekstase in Gott auszuweichen.«[143]

Teilhard war sich als Nichtkosmologe der Möglichkeit nicht bewußt, daß das Universum selber geschlossen sein könnte und daß darüber hinaus diese Geschlossenheit es erlaubte, dem Wärmetod zu entrinnen. Wie wir in den folgenden Kapiteln sehen werden, wird das Leben in einem geschlossenen Universum um des schieren Überlebens willen gezwungen sein, in einem Omegapunkt-Gott, der *genau* die vier oben genannten wesentlichen Eigenschaften besitzt, auf sich selber und die Endzeit hin zu konvergieren. Aus diesem Grund nenne ich zu Ehren Teilhards origineller Konzeption mein kosmologisches Modell *Omegapunkt-Theorie*.

Zwar stammt die Anregung zur Bezeichnung der Omegapunkt-

Theorie von Teilhard, aber vom Inhaltlichen her hat Freeman Dysons außergewöhnliche Abhandlung *Time Without End: Physics and Biology in an Open Universe* der Theorie Auftrieb gegeben. Diese Untersuchung ist insofern von Bedeutung, als sie den ersten Versuch darstellt, unter Anwendung der bekannten physikalischen Gesetze exakt zu *berechnen*, was Leben tun muß, um in alle Ewigkeit zu überdauern. Wo Bernal, Haldane und Teilhard spekulierten, hat Dyson gerechnet. Seine mathematischen Schlußfolgerungen haben gezeigt, daß ein unendliches Überleben zweifelsohne sehr schwierig ist: Es ist nicht in jedem beliebigen Universum möglich. Aber genau damit begründete Dyson den Fachbereich physikalische Theologie, denn diese Schwierigkeit bringt es mit sich, daß das Postulat des ewigen Lebens experimentelle Folgen hat: Das Postulat kann nur wahr sein, wenn unser eigenes Universum bestimmte, ganz spezielle Eigenschaften aufweist. Dyson schreibt das Postulat des ewigen Lebens Bernal (und, in geringerem Maße, Haldane) zu, behauptet allerdings[144], die Idee, es auf die ferne Zukunft anzuwenden, verdanke er einer Untersuchung des aus Bangladesch stammenden islamischen Astrophysikers Jamal Islam[145]. Islam berechnete, wie sich Materie in ewig expandierenden Universen entwickeln würde. Dyson stellte dann die Frage, was Leben tun müßte, um von Materie, die sich solchermaßen verhält, zu leben.

Die Formulierung »offenes Universum« im Titel von Dysons Abhandlung hat technische Bedeutung. Es gibt drei grundlegende Universum-Modelle: das offene, das flache und das geschlossene Universum. Bis jetzt habe ich unser Universum als *geschlossenes* betrachtet: Es hat ein endliches räumliches Volumen, aber keine Begrenzung – das dreidimensionale Analogon einer Kugeloberfläche. Ein geschlossenes Universum beginnt mit einer Anfangssingularität, expandiert zu einer maximalen Größe und zieht sich dann wieder zu einer Endsingularität zusammen. Dyson befaßt sich mit dem Modell eines *offenen Universums*. Es ist in seiner räumlichen Ausdehnung unendlich; obwohl es mit einer Anfangssingularität beginnt, dehnt es sich ewig (in Eigenzeit) aus. Ein offenes Universum enthält nur sehr wenig Materie, daher expandiert es in seinen späteren Stadien sehr schnell: der räumliche Abstand zwischen Galaxien nimmt linear mit der Eigenzeit zu. Linear zunehmender räumlicher Abstand bedeutet, daß die Expansion in keiner Weise durch Gravitation verlangsamt wird. Ein *flaches Universum* ist wie ein offenes – es ist in seiner räumlichen Ausdehnung unendlich und expandiert von einer Anfangssingularität an ewig –, außer daß die in ihm enthaltene Materie gerade ausreicht, daß die Gravitation immer stark genug ist, um die Expansion zu verlangsamen, aber nie stark genug, um die Expansion zum Stillstand zu bringen. Der räumliche Abstand der Galaxien nimmt in einem flachen Universum wie die Quadratwurzel der Eigenzeit zu.

Interessanterweise war Dysons »philosophische Voreingenommenheit« das genaue Gegenteil von der Teilhards, der gleich mir glaubte, daß Leben sich nur in einem endlichen, geschlossenen Universum unendlich entwickeln kann. Dyson tat die Vorstellung, Leben könnte in einem geschlossenen Universum ewig weitergehen, mit einem einzigen Absatz ab:

> »Das Ende des geschlossenen Universums ist detailliert von Rees[146] untersucht worden. Bedauerlicherweise muß ich Rees' Urteil bestätigen, daß wir in diesem Fall keinen Ausweg aus dem Gebratenwerden haben. Wie tief wir uns auch immer in der Erde eingraben, um uns vor der ständig zunehmenden Intensität der blauverschobenen Hintergrundstrahlung abzuschirmen, wir werden unser betrübliches Ende doch nur um einige wenige Millionen Jahre aufschieben können. Ich werde das geschlossene Universum nicht in Einzelheiten diskutieren, da es mir ein Gefühl von Klaustrophobie vermittelt, mir unsere gesamte Existenz in die Schachtel eingesperrt vorzustellen. Ich stelle lediglich eine einzige Überlegung an, die uns vielleicht eine winzige Hoffnung auf Überleben bietet: Ist es unter der Annahme, daß wir entdecken, daß das Universum natürlicherweise geschlossen und zum Kollaps bestimmt ist, vorstellbar, daß wir durch intelligente Intervention, und zwar durch die Umwandlung von Materie in Strahlung und durch die absichtliche Herbeiführung von Energieflüssen kosmischen Maßstabs, ein geschlossenes Universum aufbrechen können und die Topologie der Raum-Zeit so ändern können, daß nur ein Teil davon kollabiert und ein anderer für immer expandiert? Ich weiß die Antwort auf diese Frage nicht.«[147]

Aber ich weiß die Antwort: Es ist nicht möglich. Genauer gesagt, ich werde im Wissenschaftlichen Anhang beweisen, daß, wenn ein geschlossenes Universum zu kollabieren beginnt – wenn Gravitation immer anziehend wirkt und wenn Determinismus gilt –, ausnahmslos jeder einzelne Teil des gesamten Universums in einer endlichen Zeit auf ein Nullvolumen kollabiert, während die Temperatur unendlich ansteigt. Das Leben hat keine Chance, diesen Kollaps aufzuhalten.

Aber diesen Kollaps aufzuhalten ist das Letzte, was Leben will. Denn dieser Kollaps des Universums ermöglicht es ja dem Leben, sich ewig fortzusetzen. Dysons Fehler liegt in der Annahme, der Kollaps müsse notwendigerweise in allen Richtungen mit der gleichen Geschwindigkeit vonstatten gehen. Wäre dies der Fall, dann wäre Leben in der Tat zum Untergang verdammt; wie ich jedoch am Ende von Kapitel II hervorgehoben habe, wird das nicht geschehen. Das Chaos in den Einsteinschen Gleichungen bedeutet, daß ein Kollaps mit der gleichen Geschwindigkeit in allen Richtungen eine höchst instabile und folglich äußerst unwahrscheinliche Zukunft ist. Ein Kollaps mit unterschiedlichen Geschwindigkeiten in verschiedenen Richtungen (man bezeichnet dies als »Gravitationsscherung«) bedeutet einen Temperaturunterschied in verschiedenen Richtungen, und dieser Temperaturunterschied bedeutet Energie für Leben. Unendliche Temperatur bedeutet unendliche Kraft. Endliche Temperatur bedeutet endliche Kraft. Aber natürlich wird Leben seine Form verändern müssen, um nahe dem Omegapunkt die stetig zunehmenden Temperaturen zu überdauern.

Dyson erkannte, daß Leben in seiner derzeitigen Form nicht ewig überdauern kann, nicht einmal in Universen, die nicht kollabieren, sondern ewig expandieren. Diese Universen werden im Verlauf der Expansion immer kälter, so daß sich Leben an eine zunehmend kältere Umgebung anpassen muß. Er mußte daher eine Definition von »Leben« finden, die sich sowohl auf terrestrisches als auch auf Leben in jeder beliebigen Umgebung, wie immer diese aussähe, anwenden ließe.

Ich halte seine Definition für viel zu simpel, als daß sie irgendwelche allgemeinen Schlußfolgerungen erlaubte. Er erkannte, daß Leben ein »komplexes« physikalisches Objekt ist und daß sich Komplexität am besten mittels der Anzahl möglicher alternativer Zustände, in denen sich ein System befinden kann, messen läßt. Nun weiß jeder Physiker, daß die Systementropie ebenfalls ein Maß für die Anzahl alternativer Zustände des Systems ist, daher argumentierte Dyson, die Komplexität eines Lebewesens solle dem negativen Wert seiner Entropie proportional sein. Soweit befindet er sich, glaube ich, auf sicherem Terrain.

Allerdings berechnete er dann die Entropie eines Lebewesens, indem er die Geschwindigkeit, mit der ein Mensch Energie verbraucht (etwa 100 Watt, wie ich in Kapitel II bewiesen habe), mit der Temperatur des menschlichen Körpers und einer Sekunde – seiner Schätzung nach die Länge eines »Augenblicks der Bewußtheit« – multiplizierte. Das Produkt aus diesen drei Zahlen, in Informationsbits umgewandelt, nannte Dyson »Q«. Für einen Menschen gilt: $Q = 10^{23}$. Dysons Vorgehen erscheint mir ziemlich willkürlich. Zum einen verbraucht der Mensch die meiste Energie zu dem Zweck, seine Körpertemperatur konstant zu halten. Wir sind Warmblüter, aber warmes Blut ist mit Sicherheit keine wesentliche definierende Eigenschaft von Leben. Diese besondere Methode, Komplexität zu berechnen – statt Komplexität als solche –, liegt Dysons gesamter Theorie zugrunde. Aus seiner Methode leitet Dyson ab, daß die Geschwindigkeit, mit der Leben Energie verbraucht, dem Quadrat der Temperatur proportional sein muß, und daß die Geschwindigkeit, mit der Leben neue Erfahrungen macht, der Temperatur proportional ist. Es besteht jedoch kein Grund zu glauben, eine dieser Annahmen gelte generell.

Dennoch hatte Dyson recht, Leben als eine Form von Komplexität und nicht die Eigenzeit, sondern die Geschwindigkeit, mit der Leben neue Erfahrungen macht, als die angemessene Zeitskala zu betrachten. Aber sowohl die Geschwindigkeit der Veränderung der Komplexität als auch die Komplexität selber können direkt gemessen werden, ohne daß man sich mit Dysons Berechnungsmethode herumzuschlagen braucht. Ich werde mich bei meiner Definition des Postulats des ewigen Lebens im nächsten Kapitel dieser Standardmaße bedienen, und wir werden sehen, daß sie einen Großteil von Dysons Schlußfolgerungen hinfällig machen. Beispielsweise stünde, wenn die subjektive Zeitskala der Temperatur proportional wäre, in einem kollabierenden geschlossenen Universum nur eine endliche Menge subjektiver Zeit zwischen jetzt und dem Großen Endkollaps zur Verfügung. Ich werde jedoch zeigen, daß es unter Verwendung der physikalischen Standardmaße für Komplexität möglich ist, eine unendliche Menge Komplexität und folglich eine unendliche Menge subjektiver Zeit zwischen jetzt und dem Omegapunkt zu erzeugen, obwohl es nur eine endliche Menge Eigenzeit gibt. In einem geschlossenen Universum *kann* Fortschritt sich ewig fortsetzen.

Dysons »philosophische Voreingenommenheit« gegen das räumlich geschlossene Universum gab den Anstoß zum Titel des Buches, in dem er seine Theorie des ewigen Lebens darlegt, *Infinite In All Directions*.[148] Aber das offene Universum ist eben *nicht* in allen Richtungen offen. Zwar ist es räumlich unendlich, aber hinsichtlich des Impulsraumes ist es *endlich*: überall in diesem Universum gibt es eine universelle Obergrenze für Energie. Das ist insofern wichtig, als der Zustand des Universums durch die Position seines Phasenraums, nicht nur durch die seines Konfigurationsraums bestimmt ist. In einem geschlossenen Universum kann Komplexität unbegrenzt zunehmen, wenn immer höhere Energiezustände benutzt werden, um Information zu codieren. Zudem ist, was Leben betrifft, die Unendlichkeit des Konfigurationsraums eine Illusion. Wäre das Universum überall in etwa gleich, würde Leben, das weit genug in irgendeine Richtung vorstieße, auf das Territorium einer anderen Lebensform treffen. Demnach wäre die unseren Nachkommen zur Verfügung stehende Menge an Materie endlich, es sei denn, man nähme jemand anderem welche weg. In einem geschlossenen Universum wird derlei nicht passieren, da der Impulsraum, den unsere Nachkommen schließlich nutzen werden, derzeit von niemand anderem besetzt ist. Und da die gesamte verfügbare Energie gegen unendlich divergiert, ist genug für alle da.

Einige zeitgenössische Evolutionswissenschaftler lehnen nicht nur einen Mechanismus ab, der Leben zur Ausbildung höherer Formen antreibt (in der Modernen Synthese gibt es keinen solchen Mechanismus), sondern verwerfen sogar die Idee des Fortschritts als solche. Am hartnäckigsten bekämpft der Paläontologe Stephen J. Gould (Harvard) den Fortschrittsgedanken: »Fortschritt ist eine schädliche, kulturell bedingte, unbeweisbare, nicht operationale und nicht operationalisierbare Idee, die wir durch etwas anderes ersetzen müssen, wenn wir die Muster der Geschichte verstehen wollen.«[149] Gould behauptet, die paläontologischen Daten ließen keinen Rückschluß darauf zu, daß es in der Evolution so etwas wie Fortschritt gebe. Ich hingegen behaupte, die von Gould angeführten Daten liefern Hinweise auf einen »Fortschritt« in dem Sinne, wie dieser Begriff in vorliegendem Buch verwendet wird; das heißt, in der Biosphäre gespeicherte Information nimmt mit der Zeit zu, zumindest im Mittel.

Gould kann aus seinen Daten nur deswegen keinen Fortschritt herauslesen, weil ihm das notwendige mathematische und physikalische Wissen fehlt, um diese Daten richtig zu interpretieren.

Goulds wichtigstes Argument gegen Fortschritt in der Fossilienüberlieferung läßt sich anhand seiner Behandlung der zeitlichen Veränderung in den Häufigkeitsverteilungen des EQ – des Enzephalisierungsquotienten: des Verhältnisses von Hirngewicht zu Körpergewicht als Mittelwert für die Klasse in der untersuchten Periode – bei Fleischfressern und Huftieren im Tertiär veranschaulichen. (Grob gesagt: Je höher der EQ, desto »klüger« das Tier.) Man hat beobachtet, daß es sich bei den Häufigkeitsverteilungen des EQ immer um abgeschnittene Gaußsche Verteilungen handelt (abgeschnitten, weil der EQ eines jeden Tieres positiv sein muß – es ist schlichtweg nicht möglich, daß das Gewicht eines Gehirns negativ ist).

Obwohl die Mittelwerte der Verteilungen mit der Zeit ansteigen, nehmen auch die Standardabweichungen zu. Es gibt immer ein paar Exemplare in der Gruppe, deren EQ nahe null liegt. Gould formuliert es folgendermaßen:

> »Wohlgemerkt, die Verteilungen verschieben sich – Median- ebenso wie Mittelwerte; aber das Hauptmerkmal der Veränderung ist eine Abflachung und Ausweitung im Bereich der Häufigkeitsverteilung, nicht eine allgemeine Zunahme für alle Linien innerhalb der Stammart... Leben begann in Einfachheit; dieses Strukturmerkmal lieferte die »Seinsmaschine« mit nur einer offenen Richtung, denn Komplexität ist ein weites Feld, aber es gibt wenig Raum zwischen den ersten Fossilien und allem, was in der geologischen Überlieferung sowohl einfacher als auch merklich leichter zu bewahren ist. Wohin sonst, wenn nicht durch asymmetrische Ausweitung der Abweichung den richtigen Zweig hinauf?«[150]

Die Antwort auf Goulds Frage lautet natürlich: »Hinunter.« Es könnte allerdings passieren, daß die Häufigkeitsverteilung in der Zeit zyklisch ist: Sie könnte mit einem kleinen Mittelwert und einer geringen Streubreite beginnen; dann steigen Mittelwert und Streubreite zu einem Maximum an, um daraufhin wieder abzunehmen, bis die Häufigkeitsverteilung so aussieht wie ausgangs. Mit anderen

Worten: Eine ewige Wiederkehr ist logisch möglich. Ein Beispiel für eine Häufigkeitsverteilung, die sich just auf diese zyklische Weise verhält, ist die Wahrscheinlichkeitsverteilung eines harmonischen Quantenoszillators in einer Dimension. Eine detaillierte Darstellung dieses Modells finden Sie im Wissenschaftlichen Anhang, doch ist das Ergebnis ganz einfach: Die von Gould zitierten Daten lassen sich am direktesten als *linearer* Fortschritt interpretieren. Goulds Daten sind *nicht* zyklisch; die ewige Wiederkehr der Häufigkeitsverteilung des harmonischen Oszillators ist nicht feststellbar, obwohl sie im Prinzip gegeben sein könnte.

Interessant ist, daß Gould nicht umhin kann, sich einer »progressiven« Sprache zu bedienen, wenn er das Werk – von Jerison – beschreibt, auf das er Bezug nimmt, um *gegen* den Begriff Fortschritt zu Felde zu ziehen:

> »Südamerika liefert ein natürliches Experiment, um diese Behauptung [daß der Grund für die Zunahme der Gehirngröße bei der Mehrzahl der Säugetiere ein »Wettrüsten« der Gehirne bei Pflanzenfressern und Fleischfressern, die Jagd auf erstere machten, war] zu überprüfen. Ehe sich vor ein paar Millionen Jahren die Landenge von Panama herausbildete, war Südamerika ein isolierter Inselkontinent. *Fortgeschrittene* [Hervorhebung von mir] Fleischfresser kamen nie auf diese Insel, und die Jägerrolle hatten fleischfressende Beuteltiere mit niedrigen Enzephalisierungsquotienten übernommen. Hier läßt sich bei den Pflanzenfressern keine Zunahme der Gehirngröße im Lauf der Zeit feststellen. Ihr durchschnittlicher Enzephalisierungsquotient blieb das ganze Tertiär hindurch unter 0,5; zudem wurden diese eingeborenen Pflanzenfresser rasch ausgerottet, als *fortgeschrittene* [Hervorhebung wiederum von mir] Fleischfresser über die Landenge aus Nordamerika vordrangen.«[151]

Nicht weil er keine andere Wahl hatte, verwandte Gould zur Beschreibung der fleischfressenden Säugetiere, die von Nordamerika aus nach Südamerika vordrangen, das Wort »fortgeschritten«. Er hätte statt dessen genausogut den Begriff »plazentar« nehmen können, der die gleiche Information enthält. Grund für seinen Schreibfehler ist jedoch seine stillschweigende Anerkennung der Tatsache, daß die plazentaren Fleischfresser höherentwickelte Maschinen waren als die fleischfressenden Beuteltiere, die Südamerika vor der Entstehung der Landenge von Panama bevölkert hatten.

Hinzuzufügen wäre noch, daß Gould sogar den Mechanismus angibt, der die Höherentwicklung des Enzephalisierungsquotienten bewirkte:

> »Tiere, die davon leben, daß sie sehr bewegliche Opfer fangen, scheinen größere Gehirne zu brauchen als Pflanzenfresser. Und als das Gehirn der Pflanzenfresser größer wurde (vermutlich unter dem von ihren fleischfressenden Jägern ausgeübten massiven Selektionsdruck), entwickelten auch die Fleischfresser größere Gehirne, um ihren Vorsprung beizubehalten.«[152]

(Allerdings ist mir nicht ganz klar, warum der gleiche Mechanismus nicht auch bei den pflanzenfressenden Beuteltieren und den Fleischfressern in Südamerika zum Tragen gekommen sein soll. Aus irgendeinem Grund nahmen die südamerikanischen Beuteltiere offenbar nicht an dieser Art des Wettrüstens teil.)

In einem anderen Artikel berichtet Gould von dem Versuch des großen Schweizer Naturforschers Louis Agassiz im 19. Jahrhundert, Darwins Evolutionstheorie zu widerlegen. Agassiz glaubte, die tiefen Ozeane hätten im Verlauf der Erdgeschichte eine stets gleichbleibende Umgebung geboten; daher war er der Ansicht, Darwins Theorie impliziere, daß die Organismen in den Meerestiefen die primitivsten Wesen jeder beliebigen Gruppe wären. Gould bemerkt: »Das Fortdauern einfacher Formen in einer konstant tiefen Umgebung hätte genausogut zu Darwins Evolutionstheorie gepaßt wie zu Agassiz' Gott [das stimmt]. Aber diese Tiefen sind nicht konstant, und das Leben dort ist nicht *primitiv*«[153] [von mir hervorgehoben, und auch das trifft zu, obwohl Gould dies nie zugeben würde].

Die meisten zeitgenössischen Evolutionswissenschaftler sind keine derart antiprogressiven Reaktionäre wie Gould. Der wohl herausragendste britische Evolutionstheoretiker, John Maynard Smith, vertrat kürzlich in einer Besprechung von Goulds Werk ausdrücklich eine gegenteilige Ansicht zu Fortschritt: »Ich glaube in der Tat, daß es einen Fortschritt gegeben hat, obwohl es mir schwerfällt, genau zu definieren, was ich damit meine.«[154] In seinem Kommentar zu Goulds Daten kam Maynard Smith der Definition, der ich mich in diesem Buch immer wieder bedienen werde, sehr nahe: »Dies sieht wie Fortschritt aus... im Sinne einer Zunahme an Information, die zwischen den Generationen übermittelt wird.«[155] Praktisch alle modernen Evolutionswissenschaftler stimmen hinsichtlich der Kontingenz der Evolution überein – beispielsweise ist die Evolution »kognitiver Wesen« durchaus nicht unausweichlich.

Eines allerdings tendiert (im Durchschnitt) dazu, im Lauf der Zeit zuzunehmen: die Komplexität oder, was gleichbedeutend ist, die von der komplexesten Spezies einer Gattung, Ordnung, Klasse und so weiter codierte Information.[156] Der Evolutionswissenschaftler Raup trat für Fortschritt in folgendem Sinn ein: Es läßt sich beobachten, daß die Langlebigkeit von Taxa im Lauf der geologischen Geschichte zunimmt; dies bedeutet eine Zunahme der Überlebensfähigkeit aufgrund einer verbesserten Fähigkeit, mit Veränderungen in der Umwelt fertig zu werden, die ihrerseits eine Folge einer größeren Komplexität des Nervensystems ist.[157] Dem stimme ich vorbehaltlos zu – und wie ich im vorhergehenden Kapitel dargelegt habe, wird diese Komplexität des menschlichen Nervensystems Leben in die Lage versetzen, der größten von der Umwelt ausgehenden Bedrohung, der Zerstörung der Erde durch die Sonne, zu entgehen. Ich habe ebenfalls gezeigt, daß sich Leben in den nächsten 10^{18} Jahren fortsetzen kann. Jetzt werde ich begründen, daß es ewig währen kann.

IV. Physik nahe dem Endzustand: die klassische Omegapunkt-Theorie

Computerdefinitionen von »Leben«, »Person« und »Seele«

Um zu untersuchen, ob Leben ewig weiterbestehen kann, muß ich »Leben« anhand physikalischer Begriffe definieren. Ich behaupte, daß ein »Lebewesen« jedes beliebige Gebilde ist, das Information (im physikalischen Sinn des Wortes) codiert, wobei die codierte Information durch natürliche Auslese bewahrt wird. »Leben« ist demnach eine Art der Informationsverarbeitung und der menschliche Geist – wie auch die Seele – ein hochkomplexes Computerprogramm. Im besonderen bedeutet dies, eine »Person« wird als Computerprogramm definiert, das den Turing-Test bestehen kann, den ich in Kapitel II erörtert habe.

Diese Definition von »Leben« unterscheidet sich beträchtlich von dem, was sich der Durchschnittsmensch – und der Durchschnittsbiologe – unter »Leben« vorstellt. Nach traditioneller Definition ist Leben ein komplexer, auf der Chemie des Kohlenstoffatoms basierender Prozeß. Allerdings räumen selbst Verfechter der traditionellen Definition ein, daß der Schlüsselbegriff »komplexer Prozeß« und nicht »Kohlenstoffatom« ist. Zwar basieren die Gebilde, die allgemeiner Übereinkunft nach »leben«, zufällig auf der Chemie des Kohlenstoffes, aber es besteht kein Grund zu der Annahme, daß analoge Prozesse nicht auf anderen Systemen basieren können. In der Tat vertritt der britische Biochemiker A. G. Cairns-Smith die Ansicht, daß die ersten Lebewesen – unsere Urvorfahren – aus Metallkristallen bestanden.[1] Falls dies zutrifft und wir an der Auffassung festhalten, daß Lebewesen auf der Chemie des Kohlenstoffs aufbauen, müßten wir zwangsläufig zu dem Schluß kommen, unsere Urvorfahren hätten nicht gelebt! Nach Cairns-Smith' Theorie waren unsere ältesten Vorfahren sich selbst kopierende Muster von Defekten in den Metallkristallen. Im Verlauf der Zeit wurde dieses Muster beibehalten, aber auf ein anderes Substrat übertragen: auf Kohlenstoffmoleküle. Wichtig ist nicht das Substrat, sondern das Muster, und Muster ist nur ein anderer Name für *Information*.

Doch ist Leben natürlich kein statisches Muster. Vielmehr handelt es sich um ein dynamisches Muster, das in der Zeit fortdauert, mithin um einen Prozeß. Aber nicht alle Prozesse »leben«. Das wichtigste Merkmal »lebender« Muster ist, daß ihr Fortdauern auf einem Feedback mit ihrer Umgebung beruht: Die in dem Muster codierte Information variiert ständig, aber diese Varianz wird durch das Feedback auf eine enge Bandbreite eingeschränkt. Leben ist folglich, wie bereits erwähnt, durch natürliche Auslese bewahrte Information.

Einige Folgerungen, die sich aus dieser Definition von Leben ergeben, leuchten nicht ohne weiteres ein. 1986 wiesen John Barrow und ich darauf hin, dies bedeute unter anderem, daß Autos leben.[2] Sie reproduzieren sich in Automobilfabriken und bedienen sich dabei menschlicher Mechaniker. Zugegeben, ihre Reproduktion ist nicht autonom; sie brauchen eine Fabrik außerhalb ihrer selbst. Das gleiche gilt für männliche Menschen: Zur Produktion eines Babys brauchen sie eine externe biochemische Fabrik, genannt »Gebärmutter«. Zugegeben, für ihre Reproduktion brauchen sie eine andere lebende Spezies. Aber dies gilt auch für die Reproduktion von blütentragenden Pflanzen: Sie benutzen Bienen zu ihrer Befruchtung und Tiere, um ihren Samen zu verbreiten. Viren brauchen die gesamte Maschinerie einer Zelle, um sich zu reproduzieren. Die Form von Automobilen in ihrer Umgebung ist das Ergebnis natürlicher Auslese: Zwischen den verschiedenen »Auto-Rassen« herrscht ein erbitterter Existenzkampf. Japanische und europäische Autos kämpfen mit amerikanischen um die knappen Ressourcen – Geld für den jeweiligen Hersteller –, und dieser Konkurrenzkampf wird dazu führen, daß entweder mehr amerikanische oder mehr japanische oder mehr europäische Autos gebaut werden. Gemäß meiner Definition von Leben sind nicht nur Autos, sondern alle Maschinen – inbesondere Computer – lebende Wesen (obwohl Autos natürlich keine »Personen« sind).

Im gleichen Jahr, in dem Barrow und ich öffentlich verkündeten, daß Autos leben, erschien das Buch des führenden Biologen Richard Dawkins (Universität Oxford), *The Blind Watchmaker*, in dem er die nämliche Behauptung aufstellte! Gleich zu Beginn heißt es: »Computer und Autos... [werden] in diesem Buch unbeirrt wie biologische Gegenstände behandelt. Es ist möglich, daß der Leser nun mit der Frage reagiert: ›Ja, aber sind das wirklich biologische Objekte?‹ Wörter sind unsere Diener, nicht unsere Herren.«[3] An einer anderen Stelle des Buches bezeichnet Dawkins Maschinen als »lebende Dinge ehrenhalber«. In einem früheren Werk, *The Selfish Gene*, erklärt Dawkins, man solle Ideen des menschlichen Geistes, die durch natürliche Auslese bewahrt werden, als lebende Strukturen betrachten, und zwar nicht nur in übertragenem, sondern in technischem Sinne.[4] Der Biologe Dawkins ist also zur gleichen Definition von Leben gelangt, wie ich sie verwenden werde: Leben ist durch natürliche Auslese bewahrte Information. Jeder Versuch, Leben auf Physik zu reduzieren, wird unweigerlich zu diesem Ergebnis führen.

Es ist von größter Bedeutung, daß man meine Definition von Leben nicht mißversteht. Die erste Reaktion der meisten Leute darauf lautet normalerweise: »Gewiß ist Leben mehr als bloße Informationsverarbeitung, mehr, als einfach Daten in einen Computer einzugeben und den dann machen zu lassen. Einer Maschine mag das ja genügen – oder auch einem Hacker –, aber wirkliche Menschen sind doch weit komplexer. Sie erarbeiten sich ihren Lebensunterhalt, sie hören Musik, genießen Gespräche mit anderen Leuten, sie machen sich Gedanken über den Sinn des Lebens, sie beten zu Gott, sie entwickeln eine tiefe, liebevolle Beziehung zu anderen, ziehen Kinder groß. Auf unabsehbare Zeit nichts weiter zu tun, als an einem Computer herumzuspielen – welch ein schrecklicher Gedanke!«

Dieser Meinung bin ich auch. Es *ist* ein schrecklicher Gedanke. Aber das ist nicht die Eschatologie, die ich hier zur Diskussion stelle. Der springende Punkt ist, daß auf der untersten, fundamentalen Stufe der Physik alle oben aufgezählten Aktivitäten »wirklicher« Menschen, ja sogar alle nur denkbaren Aktivitäten von Personen, in der Tat *samt und sonders* Formen der Informationsverarbeitung sind. Bei menschlichen Aktivitäten wie Zuhören, Genießen, Nachdenken, Beten und Lieben handelt es sich um geistige Aktivitäten, die einer geistigen Aktivität im Gehirn entsprechen. Mit anderen Worten: Auf *physikalischer* Ebene handelt es sich um Informationsverarbeitung und um nichts sonst. Auf *menschlicher* Ebene hingegen handelt es sich nicht um gefühllose, nüchterne »Informationsverarbeitung«, sondern um gefühlvolles, menschliches Zuhören, Genießen, Nachdenken, Beten und Lieben. Außerdem läßt sich zeigen, daß es sich bei allen anderen menschlichen Aktivitäten – auf physikalischer Ebene – dem Wesen nach um Informationsverarbeitung handelt. Fazit: Die Gesetze der Physik unterwerfen die Informationsverarbeitung und damit die Aktivitäten und die schiere Existenz von Leben gewissen Einschränkungen. Wenn die Gesetze der Physik es nicht zulassen, daß in einem Bereich der Raumzeit Information verarbeitet wird, dann kann Leben dort schlicht und einfach nicht existieren. Umgekehrt gilt: Wo die Gesetze der Physik Informationsverarbeitung erlauben, dort ist auch irgendeine Form von Leben möglich. Diese Einschränkungen und Möglichkeiten sind jenen analog, die auf der biologischen Ebene durch die Verfügbarkeit von Nahrung gegeben sind. Nun kann man unmöglich die gesamte menschliche Erfahrung auf Nahrungsaufnahme reduzieren; Essen ist lediglich eine von vielen menschlichen Aktivitäten, und in der Tat gibt es wichtigere (zumindest für die meisten von uns). Doch ist genügend zu essen zu haben eine Voraussetzung für diese anderen Aktivitäten. Es gibt kein Zuhören, kein Genießen, kein Nachdenken, kein Beten, kein Lieben, wenn man nichts zu essen hat. In ähnlicher Weise muß man bei einer Erörterung der Zukunft von Leben ebendieses Leben – auf physikalischer Ebene – als Informationsverarbeitung betrachten.

Ich werde also davon ausgehen, daß Leben ewig weitergeht, wenn Maschinen irgendeiner Art ewig weiterexistieren können. Was zählt, ist das Muster, nicht das Substrat.

Genaugenommen besteht eine erstaunliche Ähnlichkeit zwischen der Vorstellung, der menschliche Geist sei ein Computerprogramm, und der mittelalterlichen christlichen Vorstellung von »Seele«. Beide sind dem Wesen nach »immateriell«: Ein Programm ist eine Aufeinanderfolge von ganzen Zahlen, und eine ganze Zahl – sagen wir einmal 2 – existiert »abstrakt« als Klasse aller Paare. Das Symbol »2« ist eine *Darstellung* der Zahl 2 und nicht die Zahl 2 als solche. In der Tat definierte Thomas von Aquin (im Anschluß an Aristoteles) die *Seele* als »Form der Aktivität des Körpers«. In Aristotelischer Sprache heißt dies: Die *formale* Ursache einer Aktion ist die abstrakte im Gegensatz zu den materiellen und wirkenden Ursachen. Bei einem Computer ist das Programm die formale Ursache, während die materielle Ursache die Eigenschaften der Materie sind, aus der der Computer besteht, und die wirkende Ursache das Öffnen und Schließen von Stromkreisen. In den Augen Thomas von Aquins bedurfte die menschliche Seele eines Körpers, um zu denken und zu fühlen, so wie ein Computerprogramm einen konkreten Computer braucht, um zu funktionieren.

Thomas von Aquin schrieb der Seele zwei Fähigkeiten zu: den agierenden Intellekt (*intellectus agens*) und den rezeptiven Intellekt (*intellectus possibilis*). Ersterer bezeichnet die Fähigkeit, sich Vorstellungen anzueignen, und der zweite die Fähigkeit, die erworbenen Vorstellungen zu bewahren und sich ihrer zu bedienen. In der Informatik trifft man eine ähnliche Unterscheidung: allgemeine Regeln, die die Verarbeitung der im zentralen Prozessor codierten Information betreffen, entsprechen dem agierenden Intellekt; die im RAM oder auf einem Band codierten Programme sind dem rezeptiven Intellekt analog. (Bei einer Turing-Maschine sind die Analoga die allgemeinen Regeln der Symbolmanipulation, codiert in dem Gerät, das auf dem Band Symbole druckt oder löscht, beziehungsweise die Bandanweisungen.) Darüber hinaus leitet sich das Wort »Information« von dem Aristotelischen, von Thomas von Aquin übernommenen Begriff »Form« ab: wir sind »informiert«, wenn der rezeptive Intellekt neue Formen aufnimmt. Auch semantisch entspricht die Informationstheorie der Seele der Theorie von Aristoteles/Thomas von Aquin.

Was bedeutet es für das Leben, ewig zu existieren?

Wir wissen nun, wie man Leben in der Sprache der Informationstheorie definiert. Um den Begriff »ewig« zu definieren, brauchen wir die Relativitätstheorie. Erinnern Sie sich, daß in der Relativitätstheorie Raum und Zeit in ein einziges Gebilde, die Raumzeit, integriert sind. Herkömmlicherweise stellt man Raumzeit in einem Minkowski-Diagramm dar (siehe Abbildung IV.1, Seite 168).

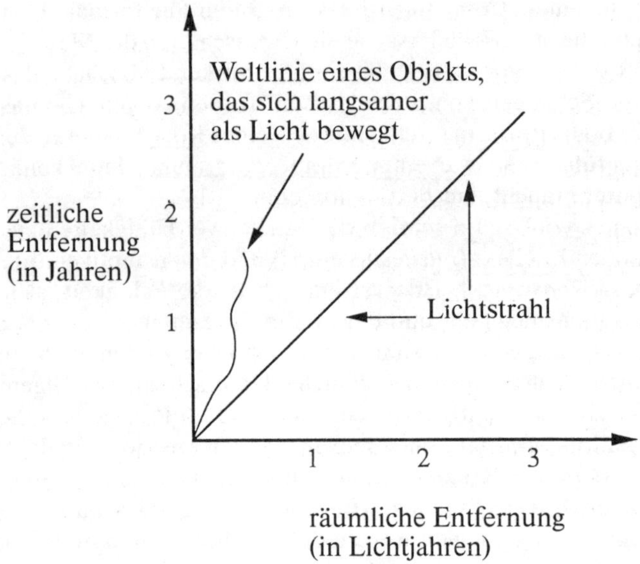

Abbildung IV.1: *Minkowski-Diagramm der Raumzeit. Die vertikale Achse stellt die Richtung der Zeit, die horizontale eine der Richtungen des Raums dar. Die Abbildung verwendet »natürliche Einheiten«: die Entfernung wird in Lichtjahren, die Zeit in Jahren gemessen. In diesen Einheiten ausgedrückt, ist die Lichtgeschwindigkeit gleich 1 (ein Lichtjahr pro Jahr). Ein Lichtstrahl, der vom Ursprung der Koordinaten ausgeht, bewegt sich daher pro Raumeinheit um eine Zeiteinheit nach oben. Das bedeutet, ein Lichtstrahl wird als eine um 45 Grad gegen die Vertikale geneigte Linie dargestellt. Ein Objekt, das sich entweder gar nicht oder mit weniger als Lichtgeschwindigkeit bewegt, ist eine Kurve, die überall um* weniger *als 45 Grad gegen die Vertikale geneigt ist. Sie steht für die Geschichte des Objekts in der Raumzeit. Eine derartige Kurve wird als* Weltlinie *bezeichnet.*

In einem Minkowski-Diagramm ist die vertikale Achse die Zeit, die horizontale der Raum. Da Raum und Zeit dasselbe sind, sollten wir beide mit denselben Einheiten messen. Zeit wird in Jahren gemessen, folglich wird Raum in Lichtjahren gemessen. In diesen natürlichen Einheiten ist die Lichtgeschwindigkeit eins: c = 1, da Licht sich mit einer Geschwindigkeit von einem Lichtjahr pro Jahr fortbewegt. Folglich erscheint die Geschichte eines Lichtstrahls in einem Minkowski-Diagramm als gerade, um 45 Grad gegen die vertikale (Zeit-)Achse geneigte Linie. Die Geschichte eines Objekts, das sich überhaupt nicht bewegt, ist im Minkowski-Diagramm eine vertikale Linie. Ein Objekt, das entweder stationär ist oder sich mit weniger als Lichtgeschwindigkeit bewegt – in diese Kategorie fallen alle realen Objekte, da nichts sich schneller fortbewegt als Licht –, ist eine Kurve, deren Tangente immer um weniger als 45 Grad gegen die Vertikale geneigt ist. Diese Kurve in der Raumzeit wird als Weltlinie bezeichnet.

Abbildung IV.1 ist natürlich etwas irreführend, da sie nur eine Raumachse hat. In der Realität gibt es drei Raumdimensionen und eine Zeitdimension, daher ist Raumzeit vierdimensional. Abbildung IV.2 (Seite 170) versucht eine etwas realistischere Darstellung zu geben: zwei räumliche Dimensionen plus der vertikalen Achse, der Zeit.

Die Gesamtheit aller Geschichten von Lichtstrahlen, die von einem Punkt in der Raumzeit ausgehen – ein solcher Punkt wird als *Ereignis* bezeichnet –, bilden einen Kegelmantel. Wenn dieser Kegelmantel eine Menge von Lichtstrahlen ist, die sich in die Zukunft bewegen, spricht man vom *Lichtkegel der Zukunft* oder *Zukunftskegel*. Wenn der Kegel die Menge der Lichtstrahlen ist, die sich von einem Ereignis aus in die Vergangenheit bewegen, heißt er *Lichtkegel der Vergangenheit* oder *Vergangenheitskegel*. Vergangenheits- und Zukunftskegel können auch durch eine Weltlinie definiert werden. Wie Abbildung IV.2 zeigt, entspricht die Menge aller Raumzeitereignisse, die die Weltlinie beeinflussen (Signale zu ihr aussenden) können, genau allen Ereignissen im Inneren und auf dem Vergangenheitskegel der Weltlinie; die Menge der Ereignisse, die die Weltlinie beeinflussen kann, entspricht allen Ereignissen im Inneren und auf dem Zukunftskegel der Weltlinie. Kein Ereignis (Raumzeitpunkt), das außerhalb des Vergangenheitskegels der Weltlinie liegt, kann die Weltlinie beeinflussen, da nichts sich schneller fortbewegen kann als Licht. Stellen Sie sich, zum besseren Verständnis, vor, die Weltlinie sei Ihre eigene Geschichte. Wenn Sie zwischen zwanzig und vierzig Jahre alt sind, haben Sie auf Ihrer Weltlinie noch fünfzig oder sechzig Jahre übrig. Angenommen, eine

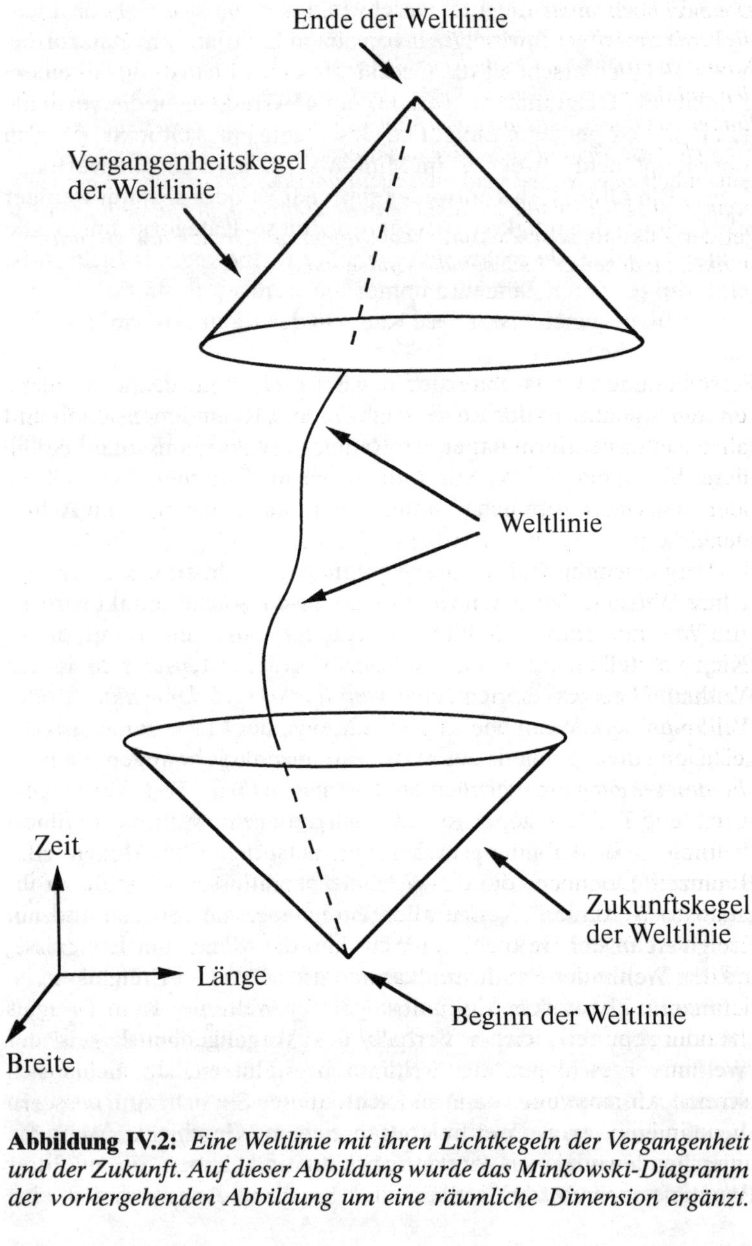

Abbildung IV.2: *Eine Weltlinie mit ihren Lichtkegeln der Vergangenheit und der Zukunft. Auf dieser Abbildung wurde das Minkowski-Diagramm der vorhergehenden Abbildung um eine räumliche Dimension ergänzt.*

Die zwei horizontalen Achsen sind die beiden räumlichen Dimensionen, die vertikale Achse ist die zeitliche Dimension. Das von einem Punkt in der Raumzeit ausgehende Licht ist keine Linie mehr wie auf der vorhergehenden Abbildung, sondern ein Kegel, der Lichtkegel. *Zusätzlich ist die Weltlinie eines Objekts, das nur eine endliche Zeit existiert, dargestellt – denken Sie sich diese Weltlinie als die eines Menschen. Sein* Lichtkegel der Vergangenheit *oder* Vergangenheitskegel *bildet die Grenze aller Raumzeitpunkte, die Lichtsignale zu dem Menschen senden können. Sein* Lichtkegel der Zukunft *oder* Zukunftskegel *bildet die Grenze aller Raumzeitpunkte, zu denen er Lichtsignale senden kann.*

Person in einer Umlaufbahn um den Stern Beteigeuze hat beschlossen, ein Signal zur Erde zu senden. Da Beteigeuze etwa 500 Lichtjahre von uns entfernt ist, wird es mindestens 500 Jahre dauern, bis dieses Signal bei uns ankommt, da es sich mit Lichtgeschwindigkeit oder langsamer fortbewegen muß. Bis dahin sind Sie längst tot. Daher liegt das Raumzeitereignis »jetzt auf Beteigeuze« außerhalb des Vergangenheitskegels Ihrer Weltlinie.

Ihre Weltlinie hat einen definitiven Endpunkt in der Raumzeit: Ihre Weltlinie endet mit Ihrem Tod. Wir können uns jedoch Weltlinien vorstellen, die keinen solchen Endpunkt haben. Derartige Weltlinien bezeichnet man als *zukünftig endlos*. Zukünftig endlose Weltlinien definieren, wie Ihre eigene Weltlinie, Vergangenheitskegel. Der Vergangenheitskegel Ihrer Weltlinie ist genau der gleiche wie der Vergangenheitskegel des Endpunkts Ihrer Weltlinie (siehe Abbildung IV.2). Allerdings gilt dies nicht für zukünftig endlose Weltlinien: Sie haben per definitionem keinen Endpunkt in der Raumzeit. Dennoch können wir uns vorstellen, daß diese zukünftig endlosen Weltlinien »Punkte« definieren – diese Punkte sind keine Ereignisse *in* der Weltzeit, vielmehr handelt es sich um Ereignisse auf der Grenze der Raumzeit. Es sind Punkte, die das Ende der Zeit definieren. Zwei zukünftig endlose Weltlinien können unterschiedliche oder aber den gleichen Vergangenheitskegel haben. Roger Penrose hat vorgeschlagen, daß wir uns dieses Unterschieds bedienen, um eine Ansammlung von Punkten auf dieser Grenze der Raumzeit zu definieren. Laut Penrose treffen zwei zukünftig endlose Weltlinien in den gleichen Punkt auf der zukünftigen *k-Grenze* der Raumzeit, wenn beide Weltlinien den gleichen Vergangenheitskegel definieren. Definieren die beiden Weltlinien verschiedene Vergangenheitskegel, dann treffen sie in verschiedene Punkte auf der zukünftigen k-Grenze. Genauer gesagt: Ein Punkt auf der zukünftigen k-Grenze *ist* der Vergangenheitskegel einer zukünftig endlosen Weltlinie, als Einheit betrachtet. (Erinnern Sie sich: Bei einer Weltlinie mit einem Endpunkt in der Raumzeit war der Vergangenheitskegel durch ihren zukünftigen Endpunkt definiert. Der Lichtkegel wird einzig und allein durch den Endpunkt und umgekehrt der Endpunkt einzig und allein durch den Lichtkegel definiert. Daher könnte man jeden Punkt in der Raumzeit als identisch mit dem Vergangenheitskegel selbst betrachten. Wenn wir jedoch diese Gleichsetzung vornehmen, müssen wir den Lichtkegel als Einheit betrachten, nicht als die Gesamtheit seiner einzelnen Punkte.) Abbildung IV.3 zeigt die k-Grenze (»k« steht für »kausal«, da die Punkte durch die Lichtkegel definiert sind, die die Ereignisse in solche, die eine kausale Wirkung auf Weltlinien haben können, und solche, die dies nicht können, unterteilen.)

Leben ist also Informationsverarbeitung, und offensichtlich muß es den ganzen Weg bis zur k-Grenze zurücklegen, wenn es als ewig gelten soll. Daraus ergibt sich folgende Definition:

Definition: Ich werde sagen, daß Leben sich ewig fortsetzen kann, wenn:

(1) Informationsverarbeitung sich zumindest entlang einer Weltlinie bis hin zur zukünftigen »k-Grenze« des Universums, das heißt bis zum Ende der Zeit, unendlich fortsetzen kann;

(2) die Menge der verarbeiteten Information zwischen dem jetzigen Zeitpunkt und der zukünftigen k-Grenze in dem Bereich der Raumzeit, mit dem die Weltlinie γ kommunizieren kann, das heißt der Bereich innerhalb des Vergangenheitskegels von γ unendlich ist;

(3) die Menge an zu irgendeinem Zeitpunkt τ in diesem Bereich gespeicherter Information sich unendlich nähern kann, wenn sich τ seinem zukünftigen Grenzwert (der in einem geschlossenen Universum endlich, in einem offenen jedoch unendlich ist, wenn man τ in der sogenannten »Eigenzeit« mißt) nähert.

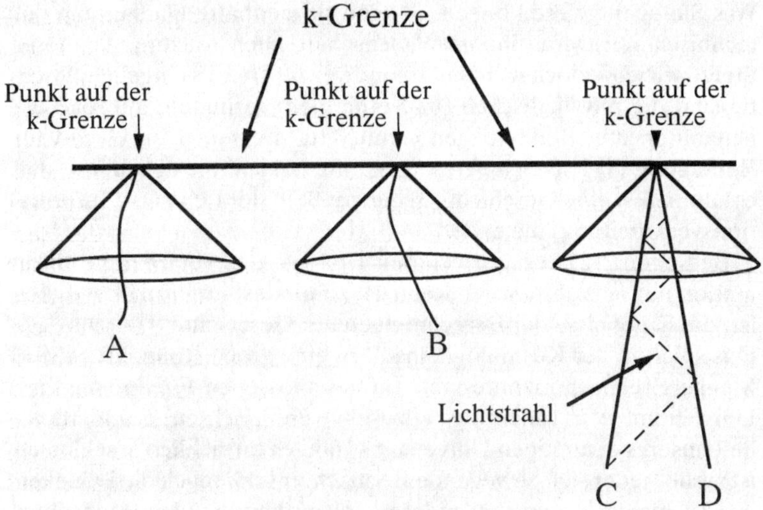

Abbildung IV.3: *Die Penrosesche k-Grenze. Weltlinien, die den gesamten Weg bis zum Ende der Zeit zurücklegen, definieren Punkte auf der* k-Grenze. *Derartige Weltlinien werden als* zukünftig endlos *bezeichnet. Die fette schwarze Linie ist die zukünftige k-Grenze. Wenn zwei zukünftig endlose Weltlinien getrennte Vergangenheitskegel haben, definieren sie einzelne Punkte auf der k-Grenze. Es sind vier verschiedene Weltlinien dargestellt, aber nur drei einzelne Punkte auf der k-Grenze. Weltlinien A und B haben verschiedene Vergangenheitskegel und definieren daher verschiedene Punkte auf der k-Grenze. Weltlinien C und D haben jedoch* denselben *Vergangenheitskegel, daher definieren sie dieselben Punkte auf der k-Grenze. Die gestrichelten Linien, die Weltlinie C und D miteinander verbinden, sind Lichtstrahlen, die zwischen diesen beiden Weltlinien hin und her gehen. Zwei verschiedene zukünftig endlose Weltlinien haben dann, und nur dann, denselben Vergangenheitskegel, wenn Licht* unendlich *viele Male zwischen ihnen hin und her gehen kann. Daher stehen solche Weltlinien immer in kausalem Kontakt zueinander. Die zukünftige k-Grenze wird dann, und nur dann, ein einziger Punkt sein, wenn* jede *zukünftig endlose Weltlinie* immer *in kausalem Kontakt mit* jeder anderen *zukünftig endlosen Weltlinie steht.*

Was Sie eben gelesen haben, ist eine skizzenhafte Darstellung der technischeren Definition im Wissenschaftlichen Anhang. An dieser Stelle will ich jedoch nicht auf irgendwelche Details eingehen. Wichtig sind die physikalischen (und ethischen) Gründe dafür, daß die genannten drei Bedingungen erfüllt sein müssen. Den Grund für Bedingung (1) habe ich bereits genannt: Sie stellt lediglich fest, daß es zumindest eine Geschichte geben muß, in der Leben (= Informationsverarbeitung) nie endet.

Bedingung (2) besagt zweierlei: Erstens, daß verarbeitete Information nur »gezählt« wird, wenn es, zumindest im Prinzip, möglich ist, die Ergebnisse der Berechnungen der Geschichte γ mitzuteilen. Das spielt in der Kosmologie insofern eine große Rolle, als es jede Menge Ereignishorizonte gibt. Im geschlossenen Friedmannschen Universum, dem (allerdings allzusehr vereinfachten) Standardmodell unseres derzeitigen Universums (falls es tatsächlich geschlossen ist), büßt jeder sich bewegende Beobachter schließlich die Fähigkeit ein, Lichtsignale zu einem anderen sich mitbewegenden Beobachter zu senden, gleichgültig, wie nahe er ist. Es leuchtet ein, daß Leben unmöglich wäre, wenn die eine Seite des menschlichen Gehirns für immer die Fähigkeit verlöre, mit der anderen Seite zu kommunizieren. Leben ist Organisation, und Organisation kann nur durch fortwährende Kommunikation zwischen den einzelnen Teilen der Organisation aufrechterhalten werden. Zweitens sagt uns Bedingung (2), daß die zwischen dem jetzigen Zeitpunkt und dem Ende der Zeit verarbeitete Informationsmenge potentiell unendlich ist. Ich behaupte, die Aussage, daß Leben *ewig* existiert, ist nur dann sinnvoll, wenn die Anzahl der zwischen dem jetzigen Zeitpunkt und dem Ende der Zeit hervorgebrachten Gedanken tatsächlich unendlich ist. Nun wissen wir aber, daß jeder »Gedanke« einem Minimum von einem verarbeiteten Bit entspricht. Im Endeffekt behauptet dieser Teil von Bedingung (2), daß Zeitdauer am angemessensten anhand der Denkgeschwindigkeit gemessen wird und nicht anhand der Eigenzeit, die von Atomuhren gemessen wird. Die Zeitspanne, die ein intelligentes Wesen braucht, um ein Informationsbit zu verarbeiten – um einen Gedanken zu denken –, ist ein unmittelbarer Maßstab für »subjektive« Zeit; daher ist sie vom Standpunkt des Lebens aus der wichtigste Zeitmaßstab. Eine Person, die zehnmal mehr gedacht oder zehnmal mehr erlebt hat (physikalisch gesehen gibt es keinen grundlegenden Unterschied zwischen diesen beiden Möglichkeiten) als die Durchschnittsperson, hat in einem fundamentalen Sinne zehnmal länger gelebt, als dem Durchschnitt entspricht, selbst wenn die schneller denkende Person chronologisch gesehen nicht so alt ist wie die Durchschnittsperson.

Die Unterscheidung zwischen Eigenzeit und subjektiver Zeit, die für Bedingung (2) wesentlich ist, ähnelt auffällig einer Unterscheidung zwischen zwei Formen von Dauer in der thomistischen Philosophie. Thomas von Aquin unterschied drei Arten von Dauer. Die erste war *tempus*: anhand einer Veränderung der Beziehungen (Positionen beispielsweise) zwischen physikalischen Körpern auf der Erde gemessene Zeit. *Tempus* ist der Eigenzeit analog; Veränderungen sowohl im menschlichen Geist als auch in Atomuhren sind der Eigenzeit proportional, und auch für Thomas von Aquin unterlagen Veränderungen im körpergebundenen Geist dem *tempus*. Dauer für *körperlose* fühlende Wesen – Engel – ist in der thomistischen Philosophie hingegen nicht von Materie abhängig, sondern von einer Veränderung in den Geisteszuständen dieser Wesen selber. Dieser zweite Typus von Dauer, den Thomas von Aquin als *aevum* bezeichnet, ist eindeutig der von mir so genannten »subjektiven Zeit« analog. Wenn das Empfindungsvermögen die Fesseln der Materie sprengt, wird *tempus* zu *aevum*. Dementsprechend fordert Bedingung (2), daß Denkgeschwindigkeiten in immer geringerem Maße von der Eigenzeit reguliert werden, wenn τ sich seiner zukünftigen Grenze nähert. *Tempus* wird in der Zukunft allmählich zu *aevum*.

Der dritte Typus thomistischer Dauer ist *aeternitas*: Dauer, die Gott alleine erfährt. Man kann sich *aeternitas* als gleichzeitiges »Erfahren« der gesamten vergangenen, gegenwärtigen und zukünftigen *tempus*- und *aevum*-Ereignisse im Universum vorstellen. Die klassische Definition von *aeternitas* lieferte der christliche Philosoph Boethius (480–524) in seinem Buch *Philosophiae consolationes* (das er schrieb, als er im Gefängnis auf seine Hinrichtung wegen Verrats wartete): *Aeternitas igitur est interminabilis vitae tota simul et perfecta possessio*: »Ewigkeit also ist der vollständige und vollendete Besitz unbegrenzbaren Lebens.«[5] Mehr zur *aeternitas* später.

Bedingung (3) muß erfüllt sein, weil Bedingung (2) zwar notwendig, aber nicht ausreichend ist, damit Leben ewig existiert. Wäre ein Computer mit einer endlichen Menge gespeicherter Information – das bedeutet, wie Sie sich sicher erinnern, daß der Computer eine *Maschine mit endlich vielen Zuständen* ist (Kapitel II) – ewig in

Betrieb, dann begänne er, sich selber permanent zu wiederholen. Der psychologische Kosmos wäre der von Nietzsches ewiger Wiederkehr. Jeder Gedanke und jede Gedankenfolge, jede Handlung und jede Handlungsfolge würden nicht nur einmal, sondern unendlich viele Male wiederholt. Im vorhergehenden Kapitel habe ich ausführlich dargelegt, daß ein derartiges Universum ethisch abstoßend und sinnlos wäre. Schon vor Augustinus (dessen Invektive gegen die ewige Wiederkehr ich im vorhergehenden Kapitel zitiert habe) lehnte der erste bedeutende christliche Theologe, Origenes, die Vorstellung ab, daß »Jesus in dieses Leben zurückkommen und dasselbe tun wird, was er getan hat, und zwar nicht nur einmal, sondern, entsprechend den Zyklen, unendlich viele Male.«[6] Aus demselben Grund lehnte einer der ersten Kirchenväter, der heilige Clemens, die ewige Wiederkehr ab.[7] Darin stimmen alle christlichen Theologen überein: Der christliche Kosmos ist progressiv.

Nur wenn neben Bedingung (2) auch Bedingung (3) erfüllt ist, läßt sich eine ewige Wiederkehr im psychologischen Sinne vermeiden. Origenes betonte, daß eine solche psychologische ewige Wiederkehr menschliches Streben sinnlos machen würde (das bewog ihn, die Idee der Reinkarnation zu verwerfen[8]). Zudem scheint es vernünftig zu sagen, daß »subjektiv« gesehen eine Maschine mit endlich vielen Zuständen nur eine endliche Zeit existiert, auch wenn sie in Eigenzeit unendlich lange Zeit existieren und eine unendliche Menge von Daten verarbeiten kann. Ein Wesen (oder eine Generationenfolge), von dem sich mit Fug und Recht behaupten läßt, daß es ewig existiert, sollte zumindest im Prinzip physikalisch in der Lage sein, neue Erfahrungen zu machen und neue Gedanken zu denken.

Lassen Sie uns nun überlegen, ob die Gesetze der Physik es zulassen, daß Leben/Informationsverarbeitung sich ewig fortsetzt. John von Neumann und andere haben gezeigt, daß der erste und der zweite Hauptsatz der Thermodynamik Informationsverarbeitung (genauer gesagt: die irreversible Speicherung von Information) einschränken. So wird bei der Speicherung eines Informationsbits eine bestimmte minimale Menge verfügbarer Energie verbraucht; diese Menge ist der Temperatur umgekehrt proportional (die exakte Formel finden Sie im Wissenschaftlichen Anhang). Das bedeutet, die Verarbeitung und Speicherung einer unendlichen Informationsmenge zwischen dem jetzigen Zeitpunkt und dem Endzustand des Universums ist nur dann möglich, wenn das Zeitintegral von P/T

unendlich ist, wobei P die für die Berechnung aufgewandte Energie und T die Temperatur ist. Folglich erlauben die Gesetze der Thermodynamik, daß in der Zukunft eine unendliche Informationsmenge verarbeitet wird, vorausgesetzt, es ist für alle Zukunft hinreichend Energie verfügbar.

Was »hinreichend« ist, hängt von der Temperatur ab. In offenen und flachen, permanent expandierenden Universen fällt die Temperatur im Bereich der unendlichen Zeit auf Null, so daß im Lauf der Zeit immer weniger Energie für die Verarbeitung eines Bits erforderlich ist. Genaugenommen reicht im flachen Universum schon eine endliche Gesamtmenge an Energie, um eine unendliche Zahl Bits zu verarbeiten. Diese endliche Energie muß nur im Lauf der unendlichen Zeit sparsam genutzt werden. Hingegen enden geschlossene Universen in einer Endsingularität unendlicher Dichte, und die Temperatur divergiert gegen unendlich, wenn das Universum sich dieser Endsingularität nähert. Das bedeutet, daß im Vorfeld der Endsingularität eine permanent zunehmende Energiemenge pro Bit erforderlich ist. Allerdings kommt es in fast allen geschlossenen Universen, wenn sie wieder kollabieren, zu einer »Scherung«; das bedeutet, sie ziehen sich in verschiedenen Richtungen mit verschiedener Geschwindigkeit zusammen. Wie ich in Kapitel II erwähnt habe, führt diese Scherung zu einer unterschiedlichen Strahlungstemperatur in verschiedenen Richtungen, und dieser Temperaturunterschied kann genügend freie Energie für eine unendliche Menge Informationsverarbeitung zwischen jetzt und der Endsingularität liefern, auch wenn in einem geschlossenen Universum die Menge der Eigenzeit zwischen jetzt und dem Ende der Zeit nur *endlich* ist. Infolgedessen könnte ein geschlossenes Universum, auch wenn es in Eigenzeit nur endlich lange existiert, in der subjektiven Zeit – das für Lebewesen bedeutsame Zeitmaß – unendlich lange existieren.

In den meisten geschlossenen Universen wird die Scherung zur Erzeugung der notwenigen Energie nicht ausreichen. Es gibt jedoch einen speziellen Typus von geschlossenem Universum, in dem die aus der Scherung resultierende Energie hinreichend ist. Es sind dies geschlossene Universen, die in einer Richtung kollabieren, während sie in den beiden anderen Dimensionen im wesentlichen ihre Größe beibehalten. Man bezeichnet solche Universen als *Taub-Universen*, nach dem Mathematiker Abraham Taub (University of California), der sie entdeckte. (Ich hatte das Glück, Ende der siebziger Jahre nach meiner Promotion Abes Assistent zu sein.) Abbildung IV.4 und Abbildung IV.5 (Seite 180) zeigen den Kollaps eines Taub-Universums und den darin herrschenden Temperaturunterschied.

Beide Abbildungen zeigen einen Kollaps in derselben Richtung. Das Universum gleicht immer mehr einer zusammengedrückten Kugel (der *terminus technicus* dafür ist: »abgeplattetes Ellipsoid«). Es handelt sich hier im Grunde genommen um eine sehr instabile Form von Kollaps. In den meisten Fällen würde folgendes passieren: Das Universum würde sich zuerst kurzfristig auf diese Weise verschieben, dann wieder eine kugelförmigere Gestalt annehmen, und anschließend käme es zu einem Taub-Kollaps in anderer Richtung, wie Abbildung IV.6 (Seite 181) dargestellt.

Wenn jedoch Leben noch vor Einsetzen des Taub-Kollapses das Universum erobert hat, kann es diese Instabilität nutzen, um den Taub-Kollaps in der gleichen Richtung fortzusetzen, so daß das Universum viel flacher – abgeplatteter – wird, als dies ohne die Intervention von Leben wahrscheinlich der Fall wäre. Leben wird dies tun wollen – Leben wird dies tun *müssen* –, um den Temperaturunterschied in den verschiedenen Richtungen zu maximieren. Denken Sie daran, daß das Verhältnis der Temperaturen zueinander gleich dem Verhältnis der jeweiligen Größen des Universums in den verschiedenen Richtungen ist (Kapitel II). Je größer der Temperaturunterschied, desto größer die für Leben verfügbare Energie. Wie ich in Kapitel II erörtert habe, wird die Energie für Leben letztendlich aus dem Kollaps des Universums als Ganzen kommen. Die verfügbare Energie divergiert gegen unendlich, wenn das Universum sich der Größe null, einer unendlichen Temperatur und einer unendlichen Dichte nähert. Paradoxerweise *muß* das Universum in endlicher Eigenzeit in einer Endsingularität enden, damit Leben in subjektiver Zeit unendlich überleben kann.

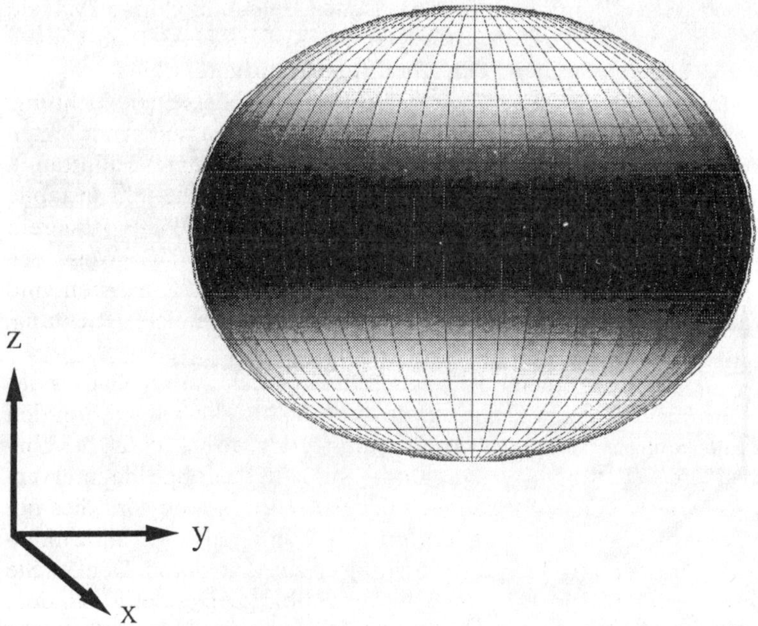

Abbildung IV.4: *Ein sich zusammenziehendes geschlossenes Universum mit Scherung. Das Universum zieht sich in verschiedenen Richtungen mit unterschiedlicher Geschwindigkeit zusammen und erhält so die Form einer »zusammengedrückten Kugel« (Der* terminus technicus *lautet: »abgeplattetes Ellipsoid«.) Diese Form entspricht einem sogenannten Taubschen Universumkollaps, bei dem das Universum in der einen Richtung kollabiert, während es in den anderen beiden Richtungen seine Größe beibehält. In der kürzeren Richtung ist die Temperatur höher als in den beiden längeren, und dieser Temperaturunterschied liefert die Energie, die Leben in subjektiver Zeit ewig existieren läßt. Je heller die Schattierung, desto höher die Temperatur. Der Äquator ist schwarz, folglich ist dort die Temperatur am niedrigsten. Nord- und Südpol sind weiß, folglich sind dort die Temperaturen am höchsten.*

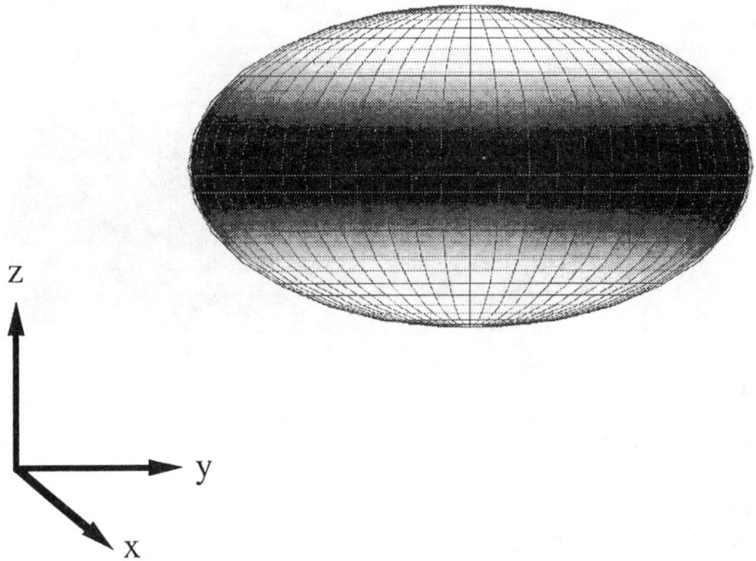

Abbildung IV.5: *Zweite Darstellung des Kollapses eines Taub-Universums. Das Universum ist in einer Richtung kleiner geworden als auf der vorhergehenden Abbildung, in den beiden anderen Richtungen hat es jedoch noch die gleiche Größe. Der Nord- und der Südpol sind heißer als auf der vorhergehenden Abbildung, während der Äquator die gleiche Temperatur hat wie vorher.*

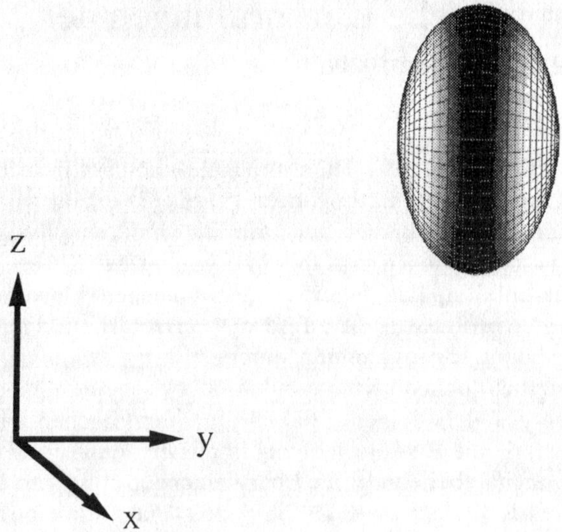

Abbildung IV.6: *Dritte Darstellung des Kollapses eines Universums mit Scherung. Das Universum ist jetzt in allen Richtungen kleiner als auf den beiden vorhergehenden Abbildungen. Wie auf diesen kollabiert das Universum in der Art eines Taub-Universums, aber jetzt entspricht eine andere Richtung der Kollabierungsrichtung. Auch in diesem Fall gilt: je heller die Schattierung, desto höher die Temperatur.*

Experimentelle Überprüfungen der Omegapunkt-Theorie

Gemäß den Gesetzen der Thermodynamik können in offenen und flachen Universen die Bedingungen (1) bis (3) erfüllt werden, das heißt aber nicht, daß dies auch für die anderen physikalischen Gesetze zutrifft. Wie ich in Kapitel III gezeigt habe, wies Freeman Dyson darauf hin, daß in offenen und flachen Universen zwar die Energie verfügbar ist, die Informationsverarbeitung aber über immer größere Eigenvolumina durchgeführt werden muß.[9] Dies macht letztlich jegliche Kommunikation zwischen entgegengesetzten Seiten des »lebendigen« Bereichs in einem flachen Universum unmöglich, da die Rotverschiebung impliziert, daß für das Aussenden eines Signals beliebig große Energiemengen aufgewandt werden müssen; es ist jedoch, wie Dyson gezeigt hat, nur eine endliche Menge Energie verfügbar. Hingegen werden offene Universen in der fernen Zukunft so schnell expandieren, daß Strukturen unmöglich Speicher von – permanent zunehmender – ausreichender Größe zu schaffen vermögen, um eine divergierende Informationsmenge zu speichern. Daraus ergibt sich die

Erste überprüfbare Voraussage der Omegapunkt-Theorie: Das Universum muß geschlossen sein.

Allerdings gibt es in den meisten geschlossenen Universen ein Kommunikationsproblem – charakteristischerweise tauchen Ereignishorizonte auf und verhindern eine Kommunikation. *Ereignishorizonte* sind Flächen, die in der Raumzeit Bereiche, die mit einem Beobachter kommunizieren können, von solchen trennen, die dies nicht können. Der Ereignishorizont eines zukünftig endlosen Beobachters ist daher sein Vergangenheitskegel, wie aus Abbildung IV.3 klar ersichtlich ist. Wenn das Universum geschlossen ist, dann hat es zum gegenwärtigen Zeitpunkt in allen drei Richtungen nahezu die gleiche Größe – wir sagen, es ist *isotrop*. Würde es für den Rest seiner Geschichte isotrop bleiben, hätte seine k-Grenze dieselbe Topologie wie seine räumlichen Abschnitte: sie wäre eine dreidimensionale Kugeloberfläche. Anhand eines *Penrose-Diagramms* läßt sich die Gesamtheit der Raumzeit gut darstellen. Abbildung IV.7 (Seite 184) zeigt ein Penrose-Diagramm für ein materiedominiertes geschlossenes Friedmann-Universum.

Ein *Friedmann-Universum* ist eine Raumzeit, die überall isotrop und homogen ist. *Materiedominiert* bedeutet einfach, daß die gesamte Schwerkraft von der verbliebenen Materie ausgeht. Es gibt keine nennenswerten Drücke in großem Maßstab. Unser Universum scheint von solcher Beschaffenheit, und in einem solchen Universum können, wie in Kapitel II erörtert, Lichtstrahlen oder relativistische Raketen noch unmittelbar nach Einsetzen des Kollapses auf die andere Seite des Universums gelangen. Hätte hingegen der Großteil der gravitierenden Materie die Form von Licht, befänden wir uns in einem *strahlungsdominierten* Universum. Ein solches Universum würde schneller expandieren als ein materiedominiertes: Licht und relativistische Raketen könnten nur die Hälfte des Weges zum antipodischen Punkt zurücklegen, ehe der Kollaps einsetzt. Das wären schlechte Aussichten für Leben. Es wäre außerstande, zum entscheidenden Zeitpunkt, mit beginnendem Kollaps, die Entwicklung des Universums zu steuern. Wenn wir nicht wüßten, daß das Universum materiedominiert ist, würde ich dies als eine Voraussage hinzufügen.

Fast alle geschlossenen Universen haben Ereignishorizonte; dies gilt auch für das Taub-Universum. Doch gibt es eine seltene Klasse geschlossener Universen, in denen dies nicht der Fall ist. Das Fehlen von Ereignishorizonten bedeutet per definitionem: Jede Weltlinie kann jederzeit Lichtsignale zu jeder anderen Weltlinie senden. Dies schließt ein, daß alle Weltlinien denselben Vergangenheitskegel haben, der folglich der Gesamtheit der Raumzeit gleich sein muß. Dies bedeutet jedoch, daß die k-Grenze dieser seltenen geschlossenen Universen ohne Ereignishorizonte ein einzelner Punkt sein muß. Das führt uns zu der

Zweiten überprüfbaren (?) Voraussage der Omegapunkt-Theorie: Die zukünftige k-Grenze des Universums besteht aus einem einzelnen Punkt; nennen wir ihn *Omegapunkt* (von dem die Theorie ihren Namen hat).

Abbildung IV.8 (Seite 186) zeigt das Penrose-Diagramm für eine Raumzeit, die in einem Omegapunkt endet.

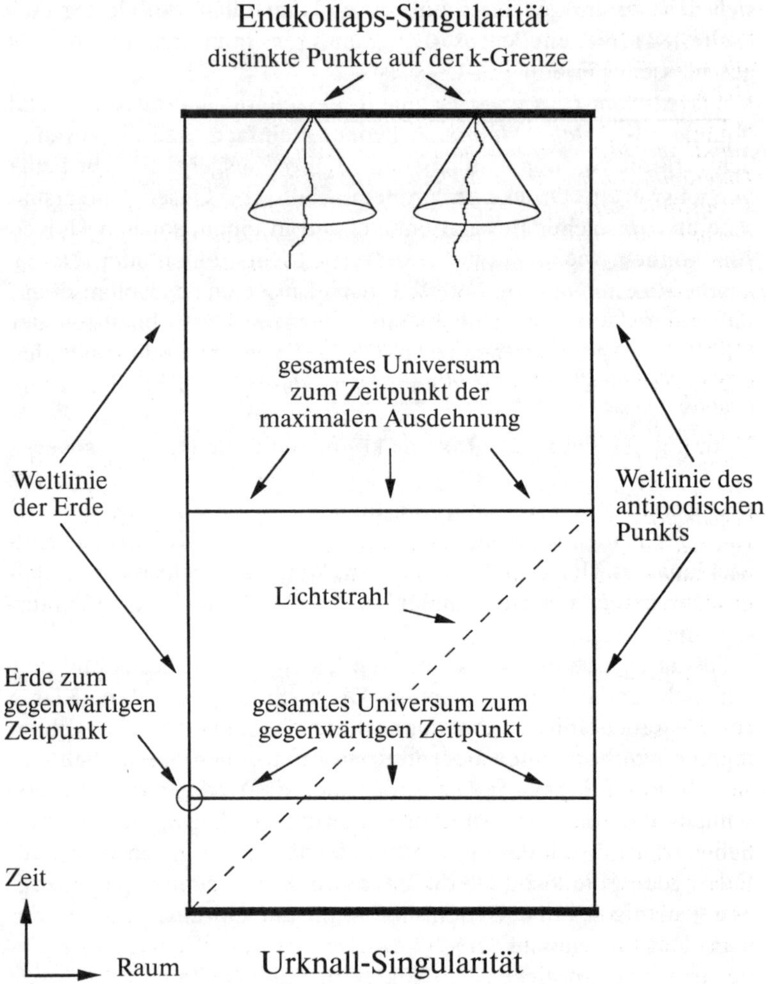

Abbildung IV.7: *Penrose-Diagramm für ein materiedominiertes Friedmann-Universum mit der räumlichen Topologie S^3, einer dreidimensionalen Kugeloberfläche. Ein Penrose-Diagramm stellt das gesamte Universum in seinen räumlichen und zeitlichen Dimensionen dar. Die vertikale Richtung ist die Zeit, die horizontale der Raum. Die Urknall-Singularität, mit der die Zeit ihren Anfang nahm, ist als fette horizontale Linie darge-*

stellt. Die beiden vertikalen Linien stehen für die Weltlinien der Erde beziehungsweise des antipodischen Punktes. Die untere dünne horizontale Linie stellt das gesamte Universum zum gegenwärtigen Zeitpunkt dar. Der Kreis am Schnittpunkt von der Weltlinie der Erde und dem Universum zum jetzigen Zeitpunkt ist folglich die Erde zum gegenwärtigen Zeitpunkt. In einem Penrose-Diagramm werden, wie bei einem Minkowski-Diagramm, Lichtstrahlen als um 45 Grad geneigte Linien dargestellt. Ein Lichtstrahl, der beim Urknall von der Erde ausgesandt wurde, erreicht den antipodischen Punkt zur Zeit der maximalen Ausdehnung. Die obere fette Linie stellt die Singularität des Großen Endkollapses dar. Alle Weltlinien müssen auf den Großen Endkollaps treffen. Mit ihm endet also die Zeit. Die Weltlinien zweier Objekte, die sich langsamer als Licht bewegen, treffen auf die Endkollaps-Singularität. Die beiden Weltlinien sind von ihren Vergangenheitskegeln umschlossen. Da diese Lichtkegel klar voneinander getrennt sind, definieren sie verschiedene Punkte auf der k-Grenze. Jede einzelne vertikale Linie definiert eindeutig einen Vergangenheitskegel bei der Endkollaps-Singularität, daher ist die Topologie des Großen Endkollapses dieselbe wie die des gesamten Universums zum gegenwärtigen Zeitpunkt: eine dreidimensionale Kugeloberfläche. Die Urknall-Singularität am Anfang ist ebenfalls eine dreidimensionale Kugeloberfläche. Das kann man anhand von Zukunftskegeln anstelle von Vergangenheitskegeln deutlich machen.

Im Wissenschaftlichen Anhang schildere ich ein einfaches Friedmann-Universum mit einem Omegapunkt. Allerdings handelt es sich dabei um ein unphysikalisches Modell, da es negative Drücke voraussetzt, und das heißt, in der Nähe des Omegapunkts muß Schwerkraft abstoßend wirken. Ich werde außerdem zeigen, daß jedes beliebige Friedmann-Universum mit einem Omegapunkt zwangsläufig negative Drücke hat; wenn es also in unserem Universum einen Omegapunkt gibt, dann muß es in der fernen Zukunft von der Isotropie abweichen. Ich könnte noch hinzufügen, daß ein Verschwinden des Horizonts die erste Voraussage untermauert: Im Wissenschaftlichen Anhang werde ich zeigen, daß das Universum notwendigerweise geschlossen ist, wenn die zukünftige k-Grenze ein einzelner Punkt ist.

Wir wissen jedoch, daß das Universum in der Zukunft von der Isotropie abweichen muß. Es wird in verschiedenen Richtungen mit unterschiedlicher Geschwindigkeit kollabieren. Der amerikanische

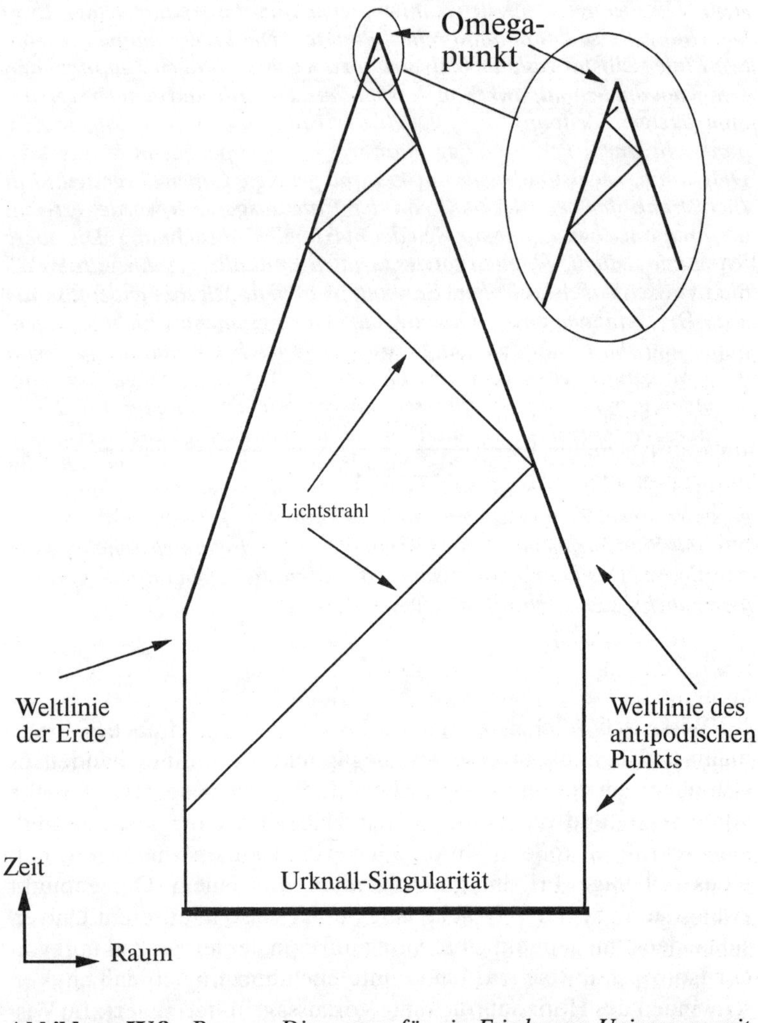

Abbildung IV.8: *Penrose-Diagramm für ein Friedmann-Universum mit der räumlichen Topologie S^3; an die Stelle der Endsingularität ist jetzt der Omegapunkt getreten. Das Diagramm beginnt genauso wie die vorhergehende Abbildung, jedoch nähert sich die Weltlinie der Erde der Weltlinie des antipodischen Punkts. Ein 1993 von der Erde ausgesandter Lichtstrahl erreicht den antipodischen Punkt, kehrt zurück und geht dann zwischen Erde und antipodischem Punkt hin und her. Licht kann in der Zeit von*

jetzt bis zur Endsingularität unendlich viele Male zwischen der Erde und dem antipodischen Punkt hin und her gehen. Das bedeutet, die gesamte Raumzeit ist ein einziger *Vergangenheitskegel: In der Endsingularität gibt es nur einen einzigen Punkt. Die Endsingularität ist daher der Omegapunkt.*

Physiker Charles Misner fand eine Möglichkeit heraus, wie man in einem geschlossenen Universum mit ausschließlich positiven Drükken einen einzelnen k-Grenzpunkt erhalten kann. Ein Taub-Kollaps liefert nicht nur einen Energieunterschied, auf den Leben angewiesen ist, er beseitigt auch Horizonte. Genauer gesagt: Er beseitigt sie in einer Richtung. Ein in Richtung des Kollapses eines Taub-Universums ausgesandter Lichtstrahl würde vor der Endsingularität das Universum unendlich viele Male in dieser Richtung umkreisen. Das heißt, in dieser Richtung gibt es keinen Ereignishorizont. In den beiden anderen Richtungen gibt es leider nach wie vor Ereignishorizonte. Misner verfiel nun auf den Gedanken, sich ein Universum vorzustellen, das einen so weitgehenden Taub-Kollaps in einer Richtung erfährt, daß Licht das gesamte Universum in dieser Richtung umkreisen kann, das dann wieder eine kugelförmigere Gestalt annimmt und schließlich einen entsprechend weitgehenden Taub-Kollaps in einer anderen Richtung durchmacht, so daß Licht das Universum nun in dieser Richtung umkreisen kann. Dieser Prozeß wiederholt sich noch in der dritten Dimension.

Die unendliche Wiederholung dieses Dreischritts Taubscher Kollapse wird schließlich alle Horizonte beseitigen, zumal Licht das gesamte Universum in allen Richtungen unendlich viele Male umkreisen kann. Ursprünglich setzte Misner diesen Dreischritt am Beginn der Zeit an, rückte später aber davon ab, als ihm klar wurde, wie äußerst unwahrscheinlich es ist, daß das Universum von einem extremen Taub-Kollaps zum anderen übergeht. Ich sage »extrem«, weil die Größe des Universums, wenn Licht das Universum auch nur ein einziges Mal in der kollabierenden Richtung umkreisen soll, um einen Faktor 70 abnehmen muß. Beim Übergang von Abbildung IV.4 zu Abbildung IV.5 ist das Universum in der Kollapsrichtung um weniger als einen Faktor 2 geschrumpft. Und selbst wenn das Universum durch einen glücklichen Zufall in der einen Richtung tatsächlich um diesen Faktor 70 abnähme, während die anderen Richtungen konstant blieben, wäre es unwahrscheinlich, daß es dann in einer anderen Richtung wiederum um einen Faktor 70 kleiner würde und die beiden anderen Richtungen konstant blieben. Vielmehr schrumpft das Universum fast immer in allen Richtungen gleichzeitig.

Allerdings kann Leben die Instabilitäten nutzen, um das Universum zu *zwingen*, von einem extremen Taub-Kollaps zum nächsten überzugehen. In den Einsteinschen Gleichungen existiert Chaos genau an der richtigen Stelle, um das zuzulassen. Leben wird folglich das Universum aus zwei Gründen in einen extremen Taub-Kollaps nach dem anderen zwingen: Erstens maximiert dieser Kollaps die verfügbare Energie, und zweitens lassen sich alle Horizonte nur dann beseitigen, wenn alle Drücke positiv sind. Um das Universum zu solchem Verhalten zu zwingen, muß Leben es jedoch erobern. Wenn es versucht, einen Taub-Kollaps in irgendeiner anderen Größenordnung als der des gesamten Universums zu erzwingen, werden sich Horizonte bilden und Leben in einen Bereich verbannen, der schneller schrumpft als das Universum als Ganzes. Informationsverarbeitung kann nur in geschlossenen Universen, die in einem einzelnen k-Grenzpunkt enden, und nur wenn die Informationsverarbeitung letztlich im gesamten geschlossenen Universum stattfindet, weitergehen. Mit anderen Worten: Wenn Leben überhaupt überdauern will, und sei es auf dem bloßen Existenzminimum, muß es zwangsläufig irgendwann in der Zukunft das gesamte Universum erobern. Die Möglichkeit, in einem begrenzten Bereich zu bleiben, steht ihm nicht offen. Schieres Überleben macht eine Expansion unabdingbar. Wenn jedoch Leben das Universum vereinnahmt, steht ihm die Möglichkeit offen, auf einem weit höheren Niveau zu existieren. Abbildung IV.9 illustriert die zukünftige Geschichte des Lebens.

Es sind noch weitere Voraussagen möglich. Beispielsweise führt eine detailliertere Analyse (die Sie im Wissenschaftlichen Anhang finden), wie Energie genutzt werden muß, um Information zu speichern, zur

Dritten überprüfbaren Voraussage der Omegapunkt-Theorie: Die Dichte der Teilchenzustände muß gegen unendlich divergieren, wenn die Energie auf unendlich zugeht; allerdings darf die Dichte der Zustände nicht schneller divergieren als das Quadrat der Energie.

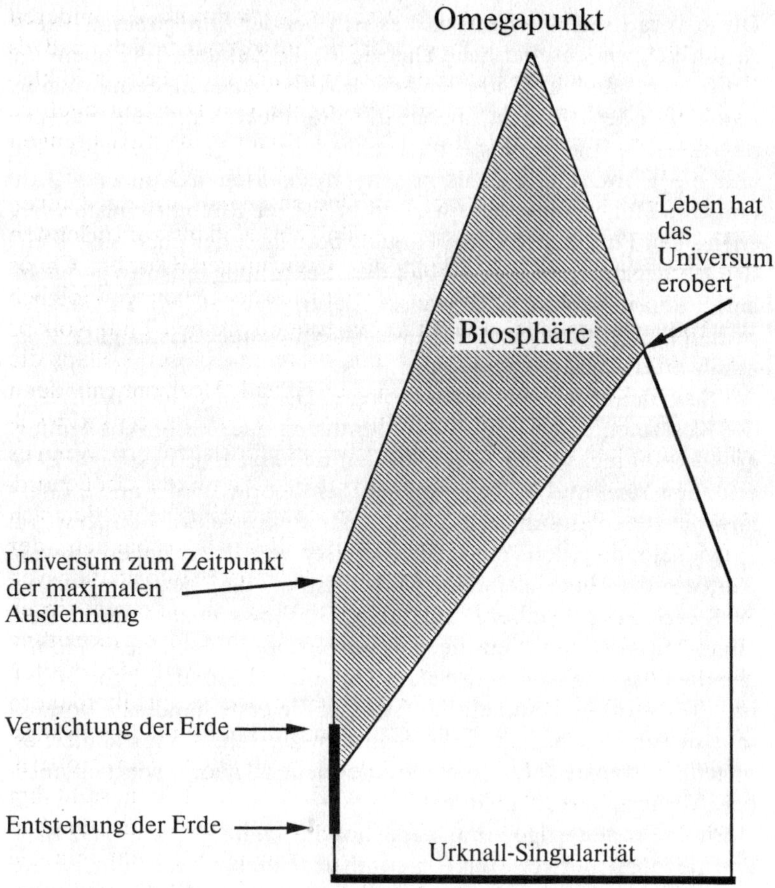

Abbildung IV.9: *Penrose-Diagramm für die Zukunft des Lebens im Universum. Die fette vertikale Linie steht für die gesamte Geschichte der Erde. Der schraffierte Bereich ist die Biosphäre. Die Biosphäre beginnt jetzt in das Universum zu expandieren (im Maßstab der Abbildung bedeutet »jetzt« jeden beliebigen Zeitpunkt in den nächsten paar Millionen Jahren). Die Biosphäre erobert das gesamte Universum kurz nach dem Zeitpunkt der maximalen Ausdehnung.*

Diese Voraussagen zeigen, daß es sich bei der Omegapunkt-Theorie um eine wissenschaftliche Theorie für die Zukunft des Lebens im Universum handelt. Leider sind diese Voraussagen nicht übermäßig zwingend oder nützlich, aber man sollte nicht vergessen, daß die physikalische Eschatologie noch eine sehr junge Wissenschaft ist und die Entwicklung eines neuen physikalischen Konzepts Zeit braucht. Man erzählt sich, wie ein britischer Premierminister den englischen Physiker Michael Faraday besuchte, der eben eine wichtige Entdeckung auf dem Gebiet des Elektromagnetismus gemacht hatte, und ihn fragte: »Zu was ist Elektrizität gut, Mr. Faraday?«, worauf dieser antwortete: »Zu was ist ein Neugeborenes gut? Man muß warten, bis es erwachsen ist.«

1917 erfand Einstein die Kosmologie. Die erste solide Voraussage der Kosmologie, die Drei-Kelvin-Strahlung oder kosmische Hintergrundstrahlung, wurde 1948 getroffen und erst 1965 bestätigt. 1954 erfanden Yang und Mills die lokale Eichtheorie, 1961 wandte Glashow die Ideen an, um eine Theorie der elektroschwachen Kraft zu entwickeln; da jedoch die Teilchenmassen von Hand eingesetzt wurden, war die Theorie eindeutig inkonsistent. 1967 beziehungsweise 1968 ergänzten Weinberg und Salam Glashows Theorie durch den Higgs-Massengenerationsmechanismus, und 1971 bewies t'Hooft, daß die Glashow-Weinberg-Salam-Theorie mathematisch konsistent ist. 1973 wurden dann neutrale Ströme, die erste handfeste Voraussage dieser Theorie, entdeckt. Selbst im 20. Jahrhundert dauert es ungefähr zwanzig Jahre, um aus einer neuen Theorie wirklich nutzbare Voraussagen abzuleiten.

Eine sehr neuartige Voraussage, auf die ich im Februar 1992 kam und die möglicherweise das Kriterium der Nutzbarkeit erfüllt, ist die

Vierte überprüfbare Voraussage der Omegapunkt-Theorie: Die Masse des Topquarks muß 185 ± 20 GeV, die Masse des Higgs-Bosons 220 ± 20 GeV sein. Aus diesen Zahlen folgt, daß die Breite des Higgs-Bosons 2,1 GeV und das Verhältnis der partiellen Breiten beim Zerfall des Higgs-Bosons in transversal polarisierte Z-Bosonen und longitudinal polarisierte Z-Bosonen 0,55 sein muß.

Im besonderen heißt dies, daß man (mit 95 Prozent statistischer Sicherheit) das Topquark finden wird, wenn die integrierte Luminosität des Fermilab-Tevatrons 200 inverse Picobarn erreicht. Das bedeutet, daß man es nicht bei dem im Mai 1992 gestarteten und auf zwei Jahre angelegten Beschleunigerexperiment finden wird, das bis Ende 1994 eine integrierte Luminosität von 100 inversen Picobarn ansammeln wird. (Betrüge die Masse des Topquarks weniger als 110 GeV, hätte man es schon im September 1992 gefunden. Im Februar 1992 habe ich vorausgesagt, daß man das Topquark bis September 1992 nicht finden würde, und so war es. Wenn die Masse des Topquarks unter ungefähr 150 GeV liegt, wird man es im Verlauf des Experiments, das von 1992 bis 1994 läuft, finden.) Jedenfalls wird man das Topquark bis 1996 im Tevatron finden, denn 1995 soll der Hauptinjektor verbessert werden, und wenn seine Masse weniger als 200 GeV beträgt – dies ist, wie wir aus indirekten Experimenten wissen, eine obere Grenze für seine Masse –, wird man das Topquark dann bis 1997 finden. Beim Beschleunigerexperiment 1988 – 1989 im Tevatron registrierte man ein Ereignis, bei dem es sich *möglicherweise* um die Erzeugung eines Top-Antitop-Paares handelte. Falls dies zuträfe, hätte sich aus dem Experiment eine Topmasse von 120 GeV ergeben. Die Omegapunkt-Theorie behauptet, daß dieses Ereignis kein echtes war: Es kam *nicht* zur Erzeugung eines Top-Antitop-Paares. Im Oktober 1992 fand man beim derzeitigen Beschleunigerexperiment am Tevatron ein in Abbildung IV.10 (Seite 192) dargestelltes Ereignis, bei dem es sich möglicherweise wiederum um die Erzeugung eines Top-Antitop-Paares handelte. Falls dies zutrifft, folgt daraus, daß die Masse 180 GeV beträgt, *exakt* die Masse, die ich vorhergesagt habe.

Man hat vorhergesagt, das Higgs-Boson sei zu schwer, als daß man es im Tevatron finden könnte, aber bei einer Masse von 220 GeV wird man es mit Sicherheit im großen Hadronen-Beschleuniger im CERN finden; dieses Experiment soll 1999 beginnen. In der Tat würde eine integrierte Luminosität von lediglich 10^4 inversen Picobarn ausreichen, um das Higgs-Boson zu finden; das bedeutet, man könnte mit einer viel geringeren Luminosität auskommen, als für den großen Hadronen-Beschleuniger geplant ist. Die Omegapunkt-Theorie sagt voraus, daß man das Higgs-Boson etwa im Jahre 2000 im großen Hadronen-Beschleuniger (Large Hadron Collider = LHC) finden wird. Wäre der supraleitende Superbeschleuniger (Super-Conducting Supercollider = SSC) wie geplant 2002 fertiggestellt worden, hätte man dort bis 2003 auch das Higgs-Boson finden können.

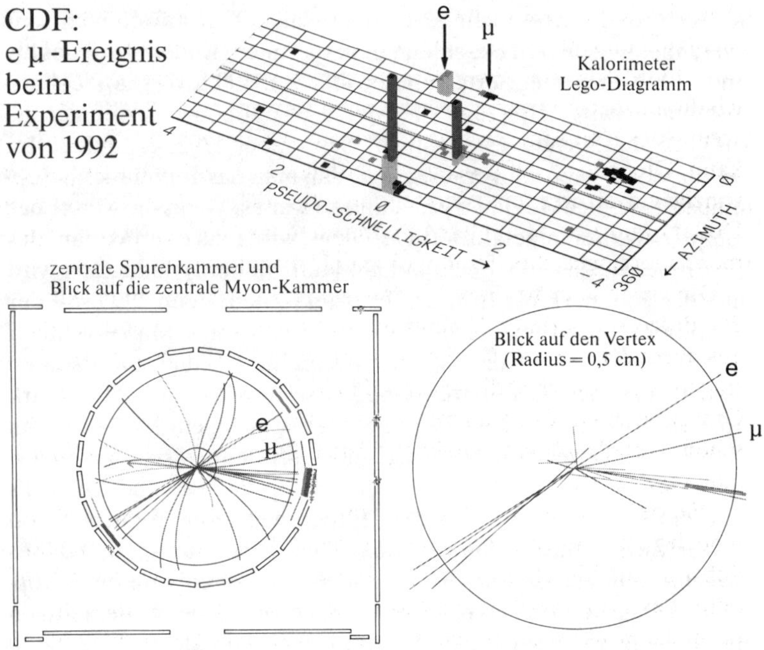

Abbildung IV.10: *Mögliche Entdeckung des Topquarks im Oktober 1992. Bei der Erzeugung eines Top-Antitop-Paares beim Zusammenprall eines Protons mit einem Antiproton im Tevatron würde das Topquark in ein Bottomquark und ein W^+-Boson, das Antitopquark in ein Antibottomquark und ein W^--Boson zerfallen. Die Bosonen zerfallen augenblicklich, möglicherweise in Leptonen wie das Elektron (e) oder Myon (μ) und ihre Neutrinos, während jedes Quark als ein dem Lepton entgegengesetzter Teilchenstrahl in Erscheinung tritt. Kennzeichen der Erzeugung eines Top-Antitop-Paares ist also ein von zwei Strahlen begleitetes Leptonenpaar. Ein solches Ereignis wurde im Oktober 1992 beobachtet. Falls es sich tatsächlich um die Erzeugung eines Top-Antitop-Paares handelte, ergibt sich aus Messungen der Energie der Zerfallsteilchen eine Topquark-Masse von etwa 180 GeV, und genau diese Masse sagt die Omegapunkt-Theorie voraus. (Quelle: Fermilab.)*

Alle diese Daten hängen davon ab, daß die entsprechenden Geräte planmäßig fertig werden. Letzteres wiederum hängt leider nicht von der Physik oder der Technik ab, sondern von der Politik. Während ich dieses Buch schreibe, werden schon Zweifel laut, ob die Verbesserung des Hauptinjektors im Tevatron überhaupt finanziert werden kann. Die Kosten dafür betrügen lediglich 200 Millionen Dollar, ein winziger Betrag, gemessen an den für den LHC (2 Milliarden Dollar) und den SSC (10 Milliarden Dollar) veranschlagten Summen, aber angesichts der derzeitigen Haushaltsdefizite...

Die vierte überprüfbare Voraussage ergibt sich aus einer Analyse der Prozesse, in deren Verlauf die Information, die Leben codiert, aus normaler Materie (in der sie jetzt codiert ist) in eine Form übertragen wird, die den divergierenden Temperaturen im Vorfeld der Omegapunkt-Endsingularität standhalten kann. Die mathematischen Details dieser Analyse finden Sie im Wissenschaftlichen Anhang.

Die der vierten Voraussage zugrunde liegende Idee läßt sich jedoch ganz einfach erklären. Information kann in ihrem derzeitigen Substrat aus Molekülsystemen – sowohl Menschen wie auch Computer bestehen zur Zeit aus Molekülen – nur dann codiert werden, wenn die Strahlungstemperatur des Universums niedriger ist als die charakteristische Bindungsenergie der Moleküle. Je nachdem, wieviel Strahlung Leben in der Zukunft erzeugt, wird die universelle Temperatur diesen Grenzwert überschreiten, wenn das Universum auf eine Größe irgendwo zwischen seiner derzeitigen und einem Tausendstel seiner derzeitigen Größe geschrumpft ist. Aus diesem Grund muß die Information vorher auf ein anderes Substrat übertragen werden. Zu diesem Zweck muß Leben in der Zeit zwischen der größten Ausdehnung und dem Transfer mindestens einmal Signale in alle Richtungen ausgesandt haben. Denken Sie daran, das Universum muß um einen Faktor 70 schrumpfen, damit Leben in der Lage ist, in einer Richtung Signale rund um das Universum zu schicken; das bedeutet, daß das Universum zum Zeitpunkt seiner maximalen Ausdehnung mindestens $(70)^3$mal größer sein muß als jetzt. Zudem darf es zu diesem Zeitpunkt nicht allzuviel größer sein, da es sich andernfalls dem flachen Modell so sehr angenähert hat, daß Leben aussterben wird, noch ehe die maximale Ausdehnung erreicht ist. Die Größe des Universums zum Zeitpunkt der maximalen Ausdehnung wird durch zwei Zahlen festgelegt: durch die Hubble-Konstante, die besagt, wie schnell das Universum jetzt expandiert, und durch den Dichteparameter, der besagt, wie stark die Masse im Universum die Expansionsgeschwindigkeit bremst. Folglich muß gelten (Einzelheiten finden Sie im Wissenschaftlichen Anhang):

Fünfte überprüfbare Voraussage der Omegapunkt-Theorie: Der Dichteparameter Ω_0 des Universums muß $4 \times 10^{-4} < \Omega_0 - 1 < 4 \times 10^{-6}$ genügen, und die Hubble-Konstante muß weniger oder oder gleich 45 km/Sek je Megaparsec sein.

Dann ist Leben allerdings gerade soweit, Information auf ein anderes Substrat zu übertragen. Das einzige Substrat, das bei der niedrigen Temperatur, bei der diese Übertragung stattfinden muß, verfügbar scheint, ist das Universum selber. Deshalb schlage ich vor, Information entweder auf wandernden oder auf stehenden Wellen zu speichern und das Universum selber als Zelle zu benutzen, um die Wellen einzuschließen. Informationsspeicherung im Universum als Ganzem würde allerdings zumindest mehrere Umkreisungen des Lichts in allen Richtungen bei konstanter Temperatur und folglich konstanter durchschnittlicher Größe des Universums erfordern. Misners Mechanismus hilft hier nicht weiter, denn er fordert, daß das Universum schrumpft.

Aber das Higgs-Feld kann uns weiterhelfen – vorausgesetzt, es existiert. Laut dem Standardmodell der Teilchenphysik durchdringt das Higgs-Feld das gesamte Universum. Man kann seine Energiedichte berechnen: Sie ist das 10^{54}fache der Energiedichte von Materie. Diese Berechnung ist nur dann mit der Erfahrung vereinbar, wenn es ein gleich starkes *abstoßendes* Gravitationsfeld, die sogenannte kosmologische Konstante gibt, das das Higgs-Feld überall im Universum aufhebt. Bis die Temperatur auf einen extrem hohen Wert ansteigt – etwa 100 GeV oder 1 000 Billionen Grad Celsius –, gleichen diese universellen Felder einander aus.

Nun koppelt zwar das Higgs-Feld, nicht aber die kosmologische Konstante an die Scherung. Das bedeutet, Leben kann die Scherung nutzen, um das Higgs-Feld zu reduzieren, so daß die abstoßende kosmologische Konstante die Geschwindigkeit des Kollapses bremst. Sie erinnern sich, daß sogar das Friedmann-Universum ein Modell zuläßt, in dem das Licht das Universum umkreist, wenn negative Drücke – abstoßende Gravitationskräfte – vorhanden sind. Eine Überschlagsrechnung ergibt, daß zwischen dem Zeitpunkt der maximalen Ausdehnung und dem Zeitpunkt, da die Temperatur für molekulares Substrat zu hoch wird, eine ausreichende Kopplung zwischen der Scherung und dem Higgs-Feld stattfindet, so daß Leben den Kollaps soweit verlangsamen kann, daß es zu den erforderlichen Umkreisungen kommt.

Die Umkreisungen werden maximiert – und damit die Wahrscheinlichkeit, daß Leben der Transfer gelingt –, wenn die Higgs-Masse maximiert wird. Wären jedoch Higgs- und Topquark-Masse zu groß, dann wären die Gleichungen des Standardmodells in der derzeitigen Umgebung instabil. Die maximal zulässige Higgs-Masse wird daher zusammen mit der Topquark-Masse erreicht. Die vierte Voraussage gibt diese Massen an.

Sobald die Temperatur hoch genug ist, müssen nicht nur die Higgs-Teilchen und Topquarks einen spezifischen Wert haben, auch die von der kosmologischen Konstante ausgehende abstoßende Kraft muß beträchtlich werden. Diesen Effekt könnte man im Verlauf des sogenannten Weinberg-Salam-Phasenübergangs beobachten. Leider weiß ich nicht, wie man die Signatur dieses Effekts berechnet, daher kann ich ihn nicht in meine Liste definitiver Voraussagen aufnehmen.

Damit Leben auf der größten Skala kohärent agieren und das Chaos in den Einsteinschen Gleichungen nutzen kann, muß das Universum – wie in Kapitel II erörtert – bis zum Kollaps in etwa 10^{18} Jahren auf der größten Skala homogen bleiben. Im frühen Universum muß es allerdings etliche Inhomogenitäten geben, sonst würden weder Galaxien noch Sterne existieren. Da Inhomogenitäten dazu neigen, mit der Zeit anzuwachsen, wird das Universum nur dann auf der größten Skala homogen sein, wenn die Amplitude der Inhomogenitäten auf dieser Skala jetzt sehr klein ist. Die Amplitude der Inhomogenitäten wird normalerweise in Form des Massendichtekontrasts $\Delta\varrho/\varrho_0$ ausgedrückt, wobei $\Delta\varrho$ die Abweichung von der durchschnittlichen Dichte ϱ_0 ist. Dies führt zu der

Sechsten überprüfbaren Voraussage der Omegapunkt-Theorie: Der Dichtekontrast $\Delta\varrho/\varrho_0$ muß das Harrison-Zel'dovich-Spektrum haben. Darüber hinaus muß die Amplitude des Dichtekontrastes auf der größten Skala, die wir sehen können, unter 2×10^{-4} liegen; das impliziert, daß die Temperaturschwankungen der kosmischen Hintergrundstrahlung weniger als 6×10^{-5} betragen müssen.

Das Harrison-Zel'dovich-Spektrum kommt deshalb ins Spiel, weil es als einziges mit dem Universum, das zur Zeit des Kollapses nach wie vor im großen und ganzen dem Friedmann-Modell entspricht und auch mit einer Friedmann-Anfangssingularität beginnt, vereinbar ist. Die größten für uns sichtbaren Skalen entsprechen dem »Rand« des sichtbaren Universums. Die Amplitude des Spektrums ergibt sich aus der Tatsache, daß Inhomogenitäten im Maßstab des sichtbaren Universums zu der Zeit, da die Biosphäre den Rand des sichtbaren Universums erreicht, nicht zu groß werden darf. Inhomogenitäten in einem solchen Maßstab könnten zu dem Zeitpunkt, da das Universum zu kollabieren beginnt, nicht eliminiert werden, und dies wiederum würde das Auftreten von Horizonten bedeuten, was aufgrund der zweiten Voraussage unmöglich ist.

Wie in Kapitel II erörtert, kühlt das Universum, während es sich ausdehnt, ab. Folglich muß es in der Vergangenheit eine Zeit gegeben haben, zu der das Universum eine so hohe Temperatur hatte, daß es undurchsichtig war wie die Sonne. Damals wies das Universum in etwa ein Tausendstel seiner derzeitigen Größe auf. Als sich das Universum über diese Größe hinaus ausdehnte, wurde es plötzlich strahlungsdurchlässig; daher betrachten wir jetzt, wenn wir uns die kosmische Hintergrundstrahlung ansehen, das Universum, wie es zu dem Zeitpunkt aussah, als es transparent wurde. Dieser Zeitpunkt definiert den »Rand« des sichtbaren Universums.

Die Voraussage stellt im Grunde genommen eine Lösungsmöglichkeit für das Isotropieproblem der Kosmologie dar. »Isotrop« bedeutet, wie Sie sich sicher erinnern, »nach allen Richtungen hin gleich«. Die Temperatur der kosmischen Hintergrundstrahlung ist bemerkenswert isotrop: Sie ist bis hin zu einem Teil in 10^5 in allen Richtungen die gleiche. Es war ziemlich schwierig, diese Gleichheit zu erklären, denn wenn das Universum seit der Urknall-Singularität vor etwa zwanzig Milliarden Jahren bis zur Jetztzeit von Strahlung oder Materie dominiert war und die Ausdehnung einigermaßen isotrop verlaufen ist, dann hat die aus einer bestimmten Richtung kommende Strahlung in ihrer gesamten Geschichte nie in kausalem Kontakt mit aus der entgegengesetzten Richtung kommender Strahlung gestanden. Aus Erfahrung wissen wir, daß zwei Körper normalerweise aus dem Grund die gleiche Temperatur haben, weil sie miteinander in Berührung gekommen sind. Die beiden Teile des frühen Universums, von denen die Hintergrundstrahlung kommt, haben jedoch bis hin zu einem Teil in 10^5 die gleiche Temperatur, obwohl sie nie in kausalem Kontakt miteinander standen.

Misner versuchte, diese Temperaturisotropie dadurch zu erklären, daß er behauptete, die verschiedenen Bereiche hätten in kausalem Kontakt miteinander gestanden, da die Ausdehnung nicht isotrop gewesen sei: Sie sei nach dem Taub-Modell erfolgt, das viele Umkreisungen des Lichts zulasse. Wir haben jedoch weiter oben gesehen, daß Misners Erklärung nicht funktioniert.

1981 schlug Alan Guth vom MIT eine andere Erklärung vor, die er als *Inflation* bezeichnete. Laut Guths Modell war die Expansion des Universums nach der Urknall-Singularität weder strahlungs- noch materiedominiert. Vielmehr sei im sehr frühen Universum eine der kosmologischen Konstante irgendwie analoge abstoßende Kraft wirksam gewesen, die einen winzigen Bereich, der in kausalem Kontakt war, in einem Maße aufgebläht habe, daß er schließlich größer gewesen sei als der Teil des für uns sichtbaren Universums. Folglich haben sowohl laut Misners wie auch laut Guths Lösungsvorschlag für das Isotropieproblem die einander entgegengesetzten Teile des Himmels die gleiche Temperatur, weil sie einst in kausalem Kontakt miteinander standen.[10]

Meinem Lösungsvorschlag zufolge sind die Temperaturen deshalb gleich, weil sonst Leben in der fernen Zukunft nicht im Universum existieren könnte. Eher bestimmen die zukünftigen Randbedingungen die Vergangenheit, als daß die vergangenen Randbedingungen die Zukunft bestimmen. Die meisten Leute neigen der Ansicht zu, die Vergangenheit bestimme die Zukunft und nicht umgekehrt. Wenn jedoch die Entwicklungsgleichungen deterministisch und zeitsymmetrisch sind, wie dies bei den Einsteinschen Gleichungen der Fall ist, dann können die Randbedingungen zu jeder beliebigen Zeit festgelegt werden; es ist genauso zulässig zu glauben, daß die Zukunft die Vergangenheit bestimmt.

Die sechste Voraussage zeigt, daß die Omegapunkt-Theorie ein mindestens ebenso aussagekräftiges kosmologisches Modell ist wie das Inflationsmodell. Beide Theorien sagen das gleiche Spektrum für den Dichtekontrast voraus. Das Inflationsmodell hat jedoch Schwierigkeiten, die Amplitude des Spektrums und folglich die Amplitude der geringfügigen Schwankungen der kosmischen Hintergrundstrahlung vorauszusagen. Derartige Schwankungen muß es geben, da ein Dichtekontrast gleich null die Hintergrundstrahlung stören würde. Wenn man die Amplitude und das Spektrum kennt – und die sechste Voraussage liefert beide –, kann man die Schwankungsbreite der Temperatur der kosmischen Hintergrundstrahlung berechnen. Die Lösung lautet, daß sie kleiner als 6×10^{-5} ist; dieser Wert liegt innerhalb einer Größenordnung, die dem beobachteten Wert, 5×10^{-6}, entspricht. Einzelheiten finden Sie im Wissenschaftlichen Anhang. Unser Wissensstand in der Kosmologie ist noch zu begrenzt, als daß wir über die Größenordnung hinaus irgendwelche Berechnungen anstellen könnten.

Die sechste Voraussage ist auch insofern wichtig, als sie zeigt, daß der Dichtekontrast über Bereiche, die nie in kausalem Kontakt standen, dennoch einem anderen als einem Inflationsmechanismus unterliegen kann. Wie oben erwähnt, geht in der Omegapunkt-Theorie diese Einschränkung eher von einer End- als von einer Anfangsrandbedingung aus: daß Leben bis in den Omegapunkt hinein existieren muß.

Theologische Implikationen: Allgegenwart, Allwissenheit und Allmacht

Wir wollen uns nun die theologischen Implikationen der Omegapunkt-Theorie ansehen. Daß die Theorie derlei Implikationen hat, wird klar werden, wenn ich die in der Überschrift genannten Folgerungen etwas anschaulicher formuliere. Wie ich bereits betont habe, muß Leben, damit beliebig nahe dem Omegapunkt Informationsverarbeitung stattfinden kann, seinen Wirkungsbereich so weit ausgedehnt haben, daß es den gesamten physikalischen Kosmos vereinnahmt hat. Es liegt auf der Hand, daß Leben im Vorfeld des Omegapunkts allgegenwärtig sein wird. Bei der Annäherung an den Omegapunkt muß Leben um seines Überdauerns willen kollektiv die Kontrolle über alle nahe dem Endzustand verfügbare Materie und Energiequellen erlangen; beim Omegapunkt wird diese Kontrolle dann umfassend. Wir können sagen, daß Leben in dem Augenblick, da es den Omegapunkt erreicht, allmächtig wird. Da wir von der Hypothese ausgehen, daß die gespeicherte Information beim

Omegapunkt unendlich wird, kann man ohne weiteres sagen, daß der Omegapunkt allwissend ist; er weiß alles, was über das physikalische Universum gewußt werden kann (und folglich auch alles über sich selber).

Der Omegapunkt hat noch eine vierte Eigenschaft. Erinnern Sie sich, daß, mathematisch gesprochen, die k-Grenze eine *Vervollständigung* der Raumzeit darstellt: Sie liegt nicht eigentlich in der Raumzeit, vielmehr gerade »außerhalb« davon. Erinnern Sie sich ferner daran, daß die k-Grenze, die aus einem einzigen Punkt besteht, der gesamten Ansammlung von Raumzeitpunkten (als Einheit betrachtet) *und* einer bestimmten unendlichen Ansammlung von Untermengen von Raumzeitpunkten (allen Vergangenheitskegeln) äquivalent ist. Mit anderen Worten: Der Omegapunkt ist nicht nur alle endliche Realität, sondern *obendrein* die Vollendung aller endlichen Realität. Diese Vorstellung von Gott als Vollendung ist in der Theologie gang und gäbe. Der Theologe Wolfhart Pannenberg formulierte es so: »Gott [ist] meistens nach der Analogie des Menschen gedacht worden und als Vollendung all dessen, wozu der Mensch sich bestimmt glaubt, was aber im Leben des Individuums nur in einseitiger und beschränkter Weise verwirklicht wird.«[11]

Diese Vervollständigung der Raumzeit ist sowohl die gesamte Raumzeit als auch außerhalb der Raumzeit. (Außerhalb der Raumzeit, weil der Omegapunkt nicht die einzelnen Raumzeitpunkte, sondern alle diese Punkte, als ein einziges Wesen gedacht, ist.) Daher ist der Omegapunkt jedem Raumzeitpunkt »sowohl transzendent als auch immanent«. Wenn Leben das ganze Universum vollständig vereinnahmt hat, wird es immer mehr Material in sich aufnehmen, und die Unterscheidung zwischen belebter und unbelebter Materie wird bedeutungslos werden.

Man kann dieses Aufgehen der gesamten Raumzeit im Omegapunkt auch unter einem anderen Gesichtspunkt betrachten. Im Endeffekt sind alle einzelnen Augenblicke der universellen Geschichte in den Omegapunkt kollabiert; »Dauer« kann für den Omegapunkt als gleichbedeutend mit der Ansammlung aller Erfahrungen allen Lebens gelten, das in der Gesamtheit der universellen Geschichte existiert hat, existiert und existieren wird, zusammen mit allen nichtlebenden Augenblicken. Diese »Dauer« kommt der thomistischen Vorstellung von *aeternitas* sehr nahe. Wir könnten sagen, *aeternitas* komme der Vereinigung von *aevum* und *tempus* gleich.

Wenn wir die Vorstellung übernehmen, daß Leben und Persönlichkeit von ihrem Wesen her Veränderung beinhalten (um beispielsweise den Turing-Test zu bestehen, muß ein Wesen etwas *tun*), dann scheint diese Gleichsetzung die einzige Möglichkeit zu sein, eine allwissende Person, deren Wissen sich folglich nicht ändern kann, zu denken: Allwissenheit ist eine Eigenschaft des notwendigerweise sich nicht verändernden außerzeitlichen Endzustandes, eines Zustandes, der dennoch der Ansammlung aller früheren, nichtallwissenden und sich verändernden Zustände äquivalent ist. Der Omegapunkt in Seiner Immanenz zählt als eine Person, weil das kollektive Informationsverarbeitungssystem zu jedem beliebigen Zeitpunkt in unserer Zukunft Unterprogramme erzeugt hat oder erzeugen wird, die den Turing-Test bestehen können; eine – zumindest kollektiv – hohe Intelligenz wird erforderlich sein, um in dem zunehmend komplizierten Vorfeld des Endzustandes zu überleben.

Strenggenommen weiß ich nicht, ob der Omegapunkt in Seiner Immanenz einen dem des Menschen entsprechenden Geist auf der höchsten Vollzugsebene hat. (Den Begriff »Vollzugsebene« habe ich in Kapitel II erörtert[12].) Wahrscheinlich nicht; ein dem menschlichen ähnlicher Geist ist die Manifestation einer extrem niedrigen Ebene der Informationsverarbeitung: wie in Kapitel II dargelegt, lediglich 100 bis 10 000 Gigaflops Verarbeitungsgeschwindigkeit und nur 10^{15} Bits Speicherkapazität (siehe unten). Dennoch ist der Omegapunkt eine Person (zu jedem Zeitpunkt in unserer Zukunft), da ein Wesen mit Seiner Rechenkapazität ohne weiteres ein Unterprogramm entwickeln könnte, das den Turing-Test besteht und für Es spricht. In späteren Kapiteln werde ich darlegen, daß unsere auferstandenen Ichs wahrscheinlich mit einem solchen Unterprogramm interagieren werden; es übersteigt die menschlichen Fähigkeiten, direkt mit der höchsten Vollzugsebene umzugehen, die dem Omegapunkt zum Zeitpunkt unserer Auferstehung eigen ist (diese höchste Ebene ist in nicht weniger als $10^{10^{123}}$ Bits codiert; in Kapitel X werde ich zeigen, wie diese Zahl berechnet wird). In Ermangelung eines besseren Begriffs bezeichne ich das gesamte universelle Informationsverarbeitungssystem, das zu jedem beliebigen globalen Zeitpunkt existiert, als den »universellen Geist«.

Es gibt eine interessante Verbindung zwischen meiner Behauptung, daß der Omegapunkt aufgrund seines Unterprogramms, das den Turing-Test besteht, eine Person ist, und der christlichen Vorstellung von Person, wie dieses Wort auf Gott angewandt wird. Im klassischen Griechisch bedeutete das Wort *prosopon* (πρόσωπον) – die lateinische Entsprechung ist *persona* – ursprünglich »Gesicht« oder »Aussehen«; gleichzeitig bezeichnete es aber die Maske, die ein Schauspieler trug, um den Charakter der von ihm dargestellten Person zu veranschaulichen. Im 4. Jahrhundert n. Chr. (als die Diskussion über die Dreieinigkeit ihren Höhepunkt erreichte) bezog sich dieses Wort dann auf die angeborenen Aspekte der menschlichen Mentalität, die ein menschliches Wesen vom anderen unterscheiden. Heute versteht man unter dem Wort »Person« die Gesamtheit des inividuellen menschlichen Geistes, einschließlich der angeborenen und angelernten Aspekte des Charakters eines jeden Individuums. Da der Omegapunkt – wenn Er/Sie mit uns Menschenwesen als Person interagieren würde – nur einen winzigen Bruchteil Seines/Ihres Charakters offenbaren würde, ist Er/Sie eine Person im ursprünglichen Sinn und in dem Sinn, wie das Wort *persona* im 4. Jahrhundert verstanden wurde. Hätte der Omegapunkt viele Unterprogramme, die den Turing-Test bestehen können, dann wäre Er/Sie viele Personen; Er/Sie hätte viele Persönlichkeiten im heutigen Sinn des Wortes. »Drei Personen in Gott« oder »viele Personen im Omegapunkt« bedeuten nicht Tritheismus (drei Götter) oder Polytheismus (viele Götter). Diese Vorstellung von vielen »Persönlichkeiten« in einem Gott steht im ersten Vers der Bibel: »Am Anfang schuf GOTT Himmel und Erde« (Gen 1,1). Im ursprünglichen Hebräisch lautet das hier als »GOTT« übersetzte Wort »Elohim« – eine Pluralform.

In den folgenden Kapiteln werde ich gelegentlich Wendungen wie »der Omegapunkt wird uns auferstehen lassen« oder »der Omegapunkt liebt uns« gebrauchen; derlei bezieht sich auf den Omegapunkt in einem Seiner/Ihrer immanenten Persönlichkeitsaspekte in der fernen Zukunft. Der Begriff »Omegapunkt« wird nicht jedesmal durch die Worte »Transzendenz« oder »Immanenz« ergänzt, denn aus dem Kontext wird klar ersichtlich werden, was ich meine. Die Bibel liefert viele Beispiele für diese Ausdrucksweise. Im zweiten Buch Mose, als Gott aus dem brennenden Dornbusch zu Moses spricht, heißt es beispielsweise: »Und der Engel des HERRN erschien ihm in einer feurigen Flamme aus dem Dornbusch« (Ex 3,2); nur zwei Verse weiter steht dann: »Als aber der HERR sah, daß er hinging, um zu sehen, rief Gott ihn aus dem Busch...«, aber in Vers 3 ist keineswegs die Rede davon, daß der Engel weggeht und

Gott an seine Stelle tritt. Mit anderen Worten, »Engel« bedeutet in dieser Passage Gott in Seinem/Ihrem Immanenzaspekt. Ein ähnlich abrupter Wechsel von »Der Engel des HERRN« zu »der HERR« findet sich in der Genesis, wenn Gott zu Hagar spricht (Gen 16,7 und 16,13). Der »Engel des HERRN« ist hier also nicht ein himmlisches, Gott untergeordnetes Wesen, sondern der HERR selbst in einer irdischen Manifestation. Man könnte noch weiter gehen und behaupten, daß alle in der Bibel namentlich erwähnten Engel – Michael, Gabriel, Raphael und Uriel[13] – für Gott in Seiner Immanenz stehen. Alle diese Namen enden auf »-el«, was »Gott« bedeutet. Im Hebräischen haben diese Namen eine sehr vielsagende Bedeutung: »Michael« bedeutet »der wie Gott ist«; »Gabriel« heißt »die Macht Gottes«; »Raphael« meint »Die heilende Kraft Gottes« und »Uriel« »das Feuer Gottes«. Es wäre sicher nicht unangemessen, eines der Superprogramme des universellen Geistes in der fernen Zukunft, das ein den Turing-Test meisterndes Unterprogramm enthält, als »Engel« zu bezeichnen. Wie gesagt, diese Programme umfassen in ihrer Gesamtheit den Omegapunkt in Seiner/Ihrer Immanenz.

Dieses Eingehen der gesamten vergangenen, gegenwärtigen und zukünftigen universellen Geschichte in den Omegapunkt ist mehr als nur ein mathematischer Kunstgriff. *Die Identifizierung bedeutet in der Tat, daß der Omegapunkt die gesamte universelle Geschichte »gleichzeitig erlebt«!* Denn überlegen Sie einmal, was es für uns bedeutet, ein Ereignis zu »erleben«. Es bedeutet, daß wir – angeregt durch etwas, das wir sehen, hören, fühlen und so weiter – denken und Gefühlsregungen haben. Betrachten Sie der Einfachheit halber »sehen« bloß als eine Art und Weise der Wahrnehmung. Wir sehen eine andere zeitgenössische Person mit Hilfe der Lichtstrahlen, die vor einem Bruchteil einer Sekunde von dieser Person ausgegangen sind. Aber eine Person, die ein paar Jahrhunderte vor uns gelebt hat, können wir nicht »sehen«, da die von dieser Person ausgegangenen Lichtstrahlen längst das Sonnensystem hinter sich gelassen haben. Umgekehrt können wir die Andromeda-Galaxie nicht so »sehen«, wie sie jetzt ist, sondern nur so, wie sie vor zwei Millionen Jahren war. Wir erleben also die Ereignisse auf dem Mantel unseres Vergangenheitskegels als »simultan« (das gilt für das Sehen; für alle anderen Arten der Wahrnehmung ist die Sache etwas komplizierter, denn wir erleben Ereignisse als gleichzeitig, die uns im selben Augenblick entlang bestimmter zeitartiger Kurven aus dem Inneren unseres Vergangenheitskegels erreichen).

Alle zeitartigen und lichtartigen Kurven konvergieren jedoch auf den Omegapunkt... Insbesondere schneiden sich dort alle Lichtstrahlen all jener Menschen, die vor tausend Jahren gestorben sind, all jener, die heute leben und all jener, die in tausend Jahren leben werden. Die Lichtstrahlen derjenigen, die vor tausend Jahren starben, sind nicht für immer verloren, sondern werden vom Omegapunkt aufgefangen. Anders gesagt: Diese Strahlen werden aufgefangen und erneut aufgefangen von den Lebewesen, die das physikalische Universum in der Nähe des Omegapunkts vereinnahmt haben. Alle Information, die sich aus diesen Lichtstrahlen ziehen läßt, wird im Augenblick des Omegapunkts herausgezogen, der folglich die Gesamtheit der Zeit simultan erleben wird, so wie wir die Andromeda-Galaxie und eine Person, die mit uns im selben Zimmer ist, simultan erleben. (Ich sollte den Leser darauf aufmerksam machen, daß ich das Problem der Lichtundurchlässigkeit sowie das Problem des Kohärenzverlusts von Licht außer acht gelassen habe. Ehe man diese in Betracht zieht, kann ich nicht sagen, wieviel Information genau aus der Vergangenheit gezogen werden kann. Aber auf der grundlegenden ontologischen Stufe – vorausgesetzt, globale Hyperbolizität [Determinismus] gilt – verbleibt die *gesamte* Information aus der Vergangenheit [= die Gesamtheit der universellen Geschichte] im physikalischen Universum und steht dem Omegapunkt zur Analyse zur Verfügung.) In seinen *Philosophiae Consolationes* zitiert Boethius Platon[14]: »...so wollen wir, Platon folgend, Gott zwar ewig, die Welt aber dauernd nennen.«[15] Der Omegapunkt ist folglich ewig.[16]

Lassen Sie mich dieses Kapitel zusammenfassen: Die unendlich fortdauernde Existenz des Lebens ist nicht nur physikalisch möglich; sie führt auch zu einem Modell von Gott, Der/Die sich in Seinem/Ihrem Immanenzaspekt (den Ereignissen in der Raumzeit) entwikkelt und dennoch in Seinem/Ihrem Transzendenzaspekt ewig vollendet ist (der Omegapunkt, der weder Raum noch Zeit, noch Materie ist, sondern jenseits all dessen).

V. Der Determinimus in der klassischen allgemeinen Relativitätstheorie und in der Quantenmechanik

Das Unvermögen der Antike, Gottes Allwissenheit mit der menschlichen Willensfreiheit in Einklang zu bringen

Boethius versuchte, sich seines Begriffs von Ewigkeit zu bedienen, um menschliche Freiheit mit Gottes Allwissenheit in Einklang zu bringen. Wie ich jedoch im vorhergehenden Kapitel angedeutet habe, funktionierte das nicht: In der Omegapunkt-Theorie bedeutet die bloße Tatsache, daß im Vergangenheitskegel eines jeden dem Omegapunkt hinreichend nahen Ereignisses die gesamte Information über die Vergangenheit verfügbar ist, notwendigerweise, daß einzig und allein die Information in diesem Lichtkegel die Vergangenheit bestimmt (technisch gesehen, ist der Lichtkegel eine Cauchy-Hyperfläche). Boethius' Behauptung, die reine Beobachtung eines Objekts würde nicht *ipso facto* dessen Eigenschaften bestimmen, ist falsch. Genaugenommen ist sein Modell des Indeterminismus ein Paradebeispiel für Determinismus. Ihm war folgendes nicht klar: Es ist ein wesentlicher Unterschied, ob man ein Objekt aus einer einzigen Richtung oder aus allen möglichen Richtungen gleichzeitig beobachtet. Die erste Art und Weise der Beobachtung determiniert nicht – im Gegensatz zu letzterer. Musterbeispiel dafür ist ein Skalarfeld, das der Laplaceschen Differentialgleichung genügt. Betrachten Sie die Werte des Feldes innerhalb einer Kugel. Das Feld zu »beobachten« bedeutet, das Feld in einem Bereich auf der Kugeloberfläche zu kennen; das heißt, wir haben *a priori* keinerlei Information über das Feld in der Kugel. Wenn wir die Werte des

Feldes auf irgendeiner echten Untermenge der Kugeloberfläche kennen, dann kann das Feld fast beliebig an jedem Punkt im Inneren der Kugel praktisch jeden Wert annehmen. Mit anderen Worten: Das Feld zu beobachten »zwingt« in der Tat den Innenwerten des Feldes keine »Notwendigkeit auf« (Boethius' Formulierung). Kennen wir jedoch das Feld auf der *gesamten* Kugeloberfläche, dann gilt der Satz, daß das Feld im gesamten Inneren der Kugel eindeutig bestimmt ist. Eine Beobachtung des Feldes aus allen Richtungen gleichzeitig nimmt ihm also jegliche Freiheit. Die Freiheit geht verloren, wenn totale Information über das Ganze in einem Teil des Ganzen codiert ist. Entsprechend hat die Raumzeit, wenn Gott als von der Raumzeit getrennt dargestellt wird und wenn die gesamte Information über die Struktur der Raumzeit sowohl in Gott als auch in der Raumzeit codiert ist, keinerlei Freiheit; sie ist völlig von Gottes Allwissenheit determiniert. Wie wir jedoch im folgenden Kapitel sehen werden, kann dieser strikte Determinismus in der quantisierten Omegapunkt-Theorie gelockert werden – Allwissenheit kann in der Tat mit menschlicher Freiheit vereinbar sein. Zuerst brauchen wir jedoch ein tieferes Verständnis dessen, was Determinimus in der klassischen Physik, vor allem in der allgemeinen Relativitätstheorie, eigentlich bedeutet.

Formen des Zufalls in der Physik und ihr Verhältnis zur zeitlichen Entwicklung

Vor der allgemeinen Relativitätstheorie gingen die physikalischen Theorien von der Annahme aus, es gäbe eine Hintergrundraumzeit, innerhalb deren sich die Objekte der Physik – Felder und Teilchen – entwickelten. Dieser Hintergrundraum war unveränderlich: Er wurde auf keine Weise von den physikalischen Objekten beeinflußt und existierte unabhängig davon, ob es irgendwelche physikalischen Objekte gab. Wie Robert Russell hervorhob, äußerte sich Zufall in diesen Theorien in zweierlei Form.[1] Erstens als Kontingenz des Wesens des untersten physischen Gebildes, aus dem sich eine Kontingenz in Form der Entwicklungsgleichungen ergab, denen dieses

Gebilde genügte. *A priori* gab es keinen Grund, eine Klasse fundamentaler physischer Gebilde einer anderen vorzuziehen – im 19. Jahrhundert gab es in der Tat eine Diskussion darüber, ob der Ausgangs-»Stoff« des Universums einzelne Atome oder Ätherfelder seien. Zudem konnten die den Stoff, für den man sich entschieden hatte, beschreibenden Gleichungen nicht allein durch logische Konsistenz bestimmt werden. Irgendwelche Anfangsdaten, gewonnen durch Beobachtung, waren erforderlich. Diese Gleichungen wurden jedoch bestimmten allgemeinen Symmetrieprinzipien unterworfen, die sich aus der Annahme ergaben, daß sich die Gesetze der Physik weder in der Zeit noch dann ändern, wenn man sich im Raum von einem Punkt zu einem anderen bewegt. Beispielsweise ergibt sich der Energieerhaltungssatz daraus, daß die physikalischen Gesetze sich unter »Zeittranslation« nicht ändern (das heißt, die Lagrange-Funktion, aus der die Entwicklungsgleichungen abgeleitet werden, bleibt unverändert, wenn t durch t + a ersetzt wird, wobei a irgendeine Konstante ist). Trägheit oder Bewahrung des Impulses ergibt sich daraus, daß die Gesetze sich auch unter »Raumtranslation« nicht ändern (das heißt, die Lagrange-Funktion bleibt unverändert, wenn alle Raumkoordinaten x durch x + a ersetzt werden). Daher sind die Erhaltungsgesetze nichts weiter als eine Eigenschaft der Entwicklungsgleichungen und in Wirklichkeit nur eine physikalische Widerspiegelung des ewigen und homogenen Wesens des Hintergrundraums. Die Hintergrundraumzeit und nicht so sehr die Entwicklungsgleichungen oder die Erhaltungsgesetze oder das Trägheitsprinzip erhält in der Newtonschen Physik das physikalische Universum am Leben.

Die zweite Form des Zufalls ist die Beliebigkeit der Anfangsbedingungen für die Entwicklungsgleichungen. Angenommen, der »Stoff« der Natur ist ein Feld und die Entwicklungsgleichungen sind Differentialgleichungen zweiter Ordnung in der Zeit. Dann ist der Wert des Feldes, wenn das Feld und seine erste Zeitableitung zu einer beliebigen Anfangszeit gegeben sind, zu jedem beliebigen nachfolgenden und vorausgehenden Zeitpunkt eindeutig determiniert (vorausgesetzt, das Anfangswertproblem ist korrekt gestellt, und das ist es in den meisten Fällen, die physikalisch interessant sind). Im allgemeinen gibt es jedoch ein Kontinuum möglicher Werte für den Anfangswert des Feldes und seine Ableitungen, und alle diese möglichen Werte stellen den sogenannten »Anfangswerteraum« dar. In der Ontologie der klassischen Physik wird nur eine Menge von Anfangswerten – ein »Punkt« im Anfangswerteraum – physikalisch realisiert. Alle anderen Anfangswerte entsprechen physikalisch möglichen Welten, die nie verwirklicht werden.

In der allgemeinen Relativitätstheorie gibt es Entsprechungen zu diesen Zufällen. Zudem gibt es etwas, das man als »Entwicklungs«-Kontingenz bezeichnen könnte, und zwar aufgrund der Tatsache, daß es in der allgemeinen Relativitätstheorie keine Hintergrundraumzeit gibt. Vielmehr wird die Raumzeit selbst durch die Anfangswerte und die Entwicklungsgleichungen erzeugt. Eine Raumzeit wird auf folgende Weise aus ihren Anfangswerten erzeugt: Als erstes geht man von der Existenz einer *dreidimensionalen Mannigfaltigkeit* S aus. Eine »Mannigfaltigkeit« ist lediglich ein technischer Begriff für den zugrundeliegenden Raum, auf dem die Felder der Physik existieren. Etwas genauer gesagt: Eine »Mannigfaltigkeit« ist alles, was lokal einem gewöhnlichen, alltäglichen flachen Raum ähnelt. Ein einfaches Beispiel ist die Oberfläche einer Kugel – technisch wird sie als Fläche im Raum oder 2-Sphäre bezeichnet. Die Erdoberfläche ist ein Beispiel für eine 2-Sphäre. In kleinem Maßstab sieht eine 2-Sphäre flach aus. Aus diesem Grund ist die Erdkrümmung auf Straßenkarten nicht zu sehen. In größerem Maßstab ist die Krümmung jedoch wichtig, daher ist die 2-Sphäre kein flacher Raum, sondern eine Mannigfaltigkeit. Ein weiteres einfaches Beispiel für eine Mannigfaltigkeit ist die Oberfläche eines Fahrradschlauchs, die mathematisch als *Torus* (Ringfläche) bezeichnet wird. Auch dieser sieht im kleinen wie ein flacher Raum aus, hat aber im großen eine andere Form. Bewegte man sich in einem wirklich flachen Raum immer in dieselbe Richtung, würde man nur unendlich weit weg vom Ausgangspunkt landen. Bewegt man sich hingegen sowohl auf der Kugel als auch auf dem Torus in derselben Richtung, dann kehrt man schließlich zu seinem Ausgangspunkt zurück.

Auf S befinden sich die nichtgravitativen Felder F (sowie ihre entsprechenden Ableitungen F'), und die beiden Tensorfelder h und K, wobei (F, F', h und K) bestimmten Gleichungen, sogenannten *Nebenbedingungen*, genügen. Die Nebenbedingungen sagen nichts über die Entwicklung in der Zeit aus; sie sind eher als Konsistenzbedingungen zwischen den Feldern (F, F', h und K) zu betrachten, die in jedem Augenblick erfüllt sein müssen. Physikalisch ist h als räumliche Metrik der Mannigfaltigkeit S zu betrachten – dank der

»Metrik« können wir die Entfernungen auf S messen –, daher stellen S und (F, F', h und K) zusammen das gesamte räumliche Universum in jedem Augenblick der universellen Zeit dar. S und (F, F', h und K) werden als die *Anfangswerte* bezeichnet.

Wir suchen jetzt eine *vierdimensionale* Mannigfaltigkeit M mit der Metrik g und nichtgravitativen Raumzeitfeldern F, und zwar derart, daß (1) S eine Untermannigfaltigkeit von M ist, daß (2) g, auf S beschränkt, die Metrik für h und (3) K die »äußere Krümmung« von S in M ist (vereinfacht ausgedrückt, besagt K, wie schnell sich h in der »Zeit« verändert). Die Mannigfaltigkeit M und die Felder (g, F) sind dann die Gesamtheit der physikalischen Realität einschließlich der zugrundeliegenden Hintergrundraumzeit (das heißt (M, g)) des Gravitationsfeldes (dargestellt durch die Raumzeitmetrik g) und aller (durch F gegebenen) nichtgravitativen Felder. Es wird unendlich viele solcher Ms und gs geben, aber wir können ihre Zahl mit der Forderung einschränken, daß g überall auf M den Einsteinschen Feldgleichungen genügt und daß die Einsteinschen Feldgleichungen sich auf die Nebenbedingungen auf S reduzieren.[2]

Aber selbst wenn wir fordern, daß die Einsteinschen Gleichungen überall gelten, bleiben immer noch unendlich viele Raumzeiten (M, g), die aus *denselben* Ausgangswerten zum Raumzeitaugenblick S erzeugt werden. Nehmen Sie, um das zu verstehen, an, wir haben eine Raumzeit (M, g) gefunden, deren räumliches Universum zu einem Augenblick t_0 der universellen Zeit tatsächlich S und seine Anfangswerte sind. Nehmen Sie eine andere universelle Zeit t_1, die in der Zukunft von t_0 liegt, und schneiden Sie die gesamte Raumzeit in (M, g) weg, die in der Zukunft von t_1 liegt (einschließlich des räumlichen Augenblicks, der t_1 entspricht). Auf diese Weise erhalten wir eine neue Raumzeit (M', g), die mit (M, g) in der Vergangenheit von t_1 zusammenfällt, aber absolut nichts – weder Raum noch Zeit, noch Materie – mit der Zukunft von t_1 zu tun hat. Abbildung V.1 zeigt ein solches Wegschneiden von Raumzeit, bei dem nichts übrigbleibt.

Bei beiden, (M, g) und (M', g), handelt es sich eindeutig um Raumzeiten, die aus S und ihren Anfangswerten hervorgebracht wurden. Darüber hinaus ist *überall* auf beiden Raumzeiten den Einsteinschen Gleichungen Genüge getan. Es gibt unendlich viele Möglichkeiten, (M, g) auf diese Weise wegzuschneiden, daher gibt es auch unendlich viele (M', g)s, die wir bilden können. Es stimmt, das Uni-

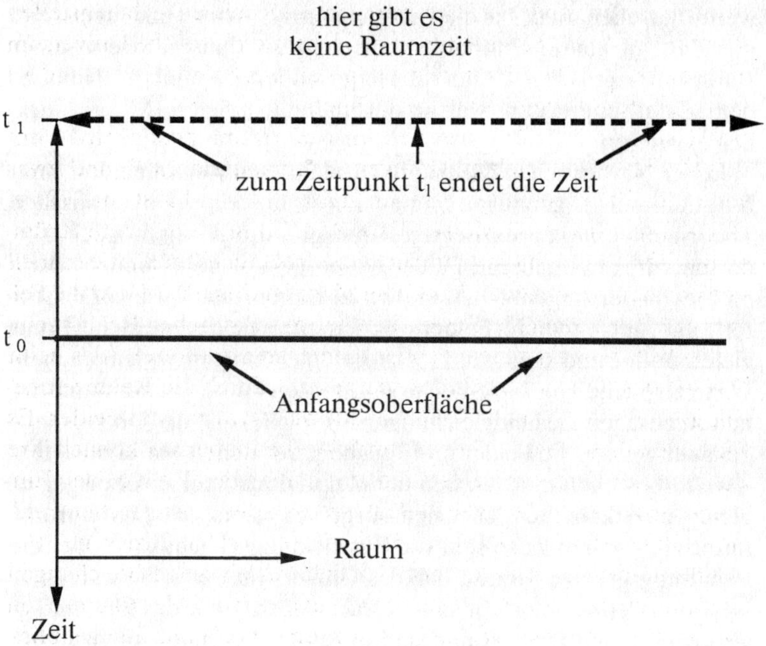

Abbildung V.1: *Das Ende der Raumzeit (M, g). Die Raumzeit in der Zukunft von Zeitpunkt t_1 wird weggeschnitten; die Zukunft von Zeitpunkt t_1 hat also weder Zeit noch Raum. Das Universum existiert zwischen der Oberfläche, auf der die Anfangswerte zum Zeitpunkt t_0 gegeben sind (= Anfangsoberfläche), bis es zum Zeitpunkt t_1 zu einem abrupten Stillstand kommt.*

versum (M', g) endet ziemlich abrupt und ohne einleuchtenden Grund bei t_1. Aber was soll's? Der springende Punkt ist, die Feldgleichungen als solche können uns nicht sagen, ob das physikalische Universum nach der Zeit t_1 weiterbestehen muß. Vielmehr muß man in der klassischen Relativitätstheorie als eine gesonderte Annahme einführen, über die Annahme von Feldgleichungen und die Anfangswerte hinaus, daß das physikalische Universum in der Zeit weiterbestehen muß, bis die Feldgleichungen selber uns sagen, daß die Zeit an einem Endpunkt angelangt ist (beispielsweise einer Raumzeitsingularität). Ohne diese gesonderte Annahme bleibt es dem Zufall überlassen, welche der unendlich vielen (M', g)s wirklich existieren.

In der Newtonschen Mechanik würde dieses Wegschneiden nicht funktionieren – genaugenommen ist es in keiner physikalischen Theorie mit einer präexistenten Hintergrundraumzeit möglich. Forderten wir, physikalische Felder sollen abrupt bei t_1 enden, dann müßte, da der Augenblick t_1 und seine Zukunft nach wie vor existieren, »abrupt endende Felder« bedeuten: »Felder werden abrupt gleich null«, und dies würde den Feldgleichungen widersprechen. Wenn also eine Theorie einen präexistenten Hintergrundraum beinhaltet, besagen die Feldgleichungen als solche, daß das Universum – genauer gesagt, die Felder und Teilchen, aus denen Materie besteht – weiterbestehen muß. In den der Relativitätstheorie vorausgegangenen physikalischen Theorien sorgt vor allem die Hintergrundraumzeit – und nicht so sehr die Entwicklungsgleichungen oder die Erhaltungsgesetze – dafür, daß das Universum weiterbesteht. Isaac Newton (wenn auch nicht seinen Nachfolgern) war das klar, und er versicherte, absoluter Raum und absolute Zeit seien nahezu göttlich: »der Sinnesapparat Gottes«.

Man kann beweisen, daß es unter allen mathematisch möglichen (M', g)s – wir könnten sie als »mögliche Welten« bezeichnen – eine *einzige* »maximale« Raumzeit (M, g) gibt, die von den Anfangswerten auf S erzeugt wird.[3] »Maximal« bedeutet, daß die Raumzeit (M, g) jede andere (M', g) enthält, die durch die Anfangswerte auf S als echte Untermenge erzeugt wird. Mit anderen Worten: (M, g) ist die Raumzeit, die wir erhalten, wenn wir mit der Zeitentwicklung fortfahren, bis uns die Feldgleichungen selber weiterzumachen verbieten. Abbildung V.2 zeigt die maximale Raumzeit, die man aus den Anfangswerten auf einer kantigen Oberfläche S erhält. Der von den Anfangswerten bestimmte Bereich der Raumzeit wird als *Abhängigkeitsbereich* bezeichnet. Abbildung V.3 (Seite 212) zeigt einen nichtmaximalen, aus den gleichen Werten auf demselben S erzeugten Bereich der Raumzeit.

Diese maximale (M, g) bietet sich ganz selbstverständlich als die Raumzeit an, die verwirklicht wird, doch darf man nicht vergessen, daß es sich hierbei um eine physikalische Annahme handelt: Alle

(M, g)s sind mögliche Welten, und jede dieser möglichen Welt hätte diejenige sein können, die tatsächlich existiert.

Sobald wir die aus einer gegebenen S und ihren Anfangswerten erzeugte maximale (M, g) haben, gibt es unendliche viele andere

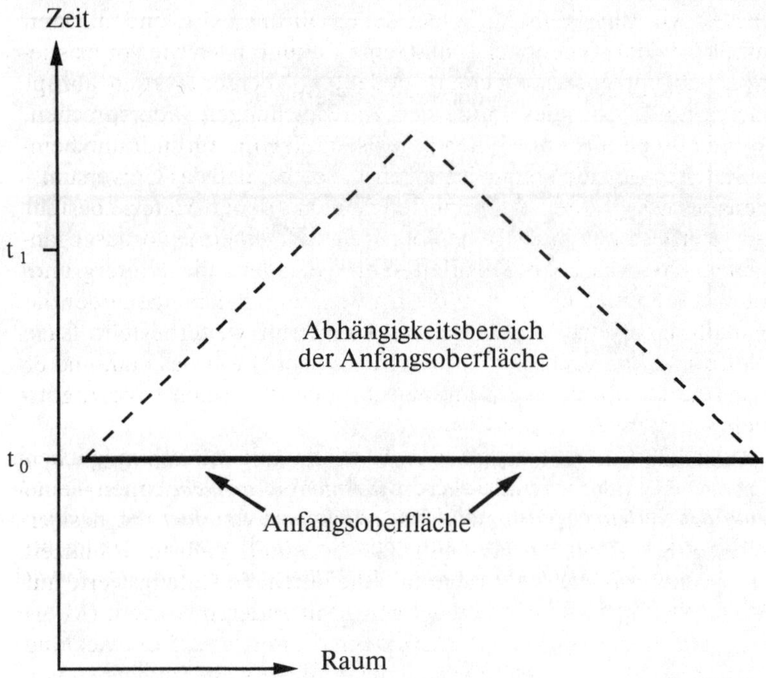

Abbildung V.2: *Die maximale Ausdehnung der Raumzeit (M, g) von einer Anfangsoberfläche aus. Die Anfangsoberfläche ist nur ein Teil des Universums zur Zeit* t_0. *Diese maximale Ausdehnung wird durch zwei Lichtstrahlen (gestrichelte Linien) definiert; der eine geht von dem einen Ende der Fläche aus, der andere vom anderen. Die maximale Ausdehnung ist der von den beiden Lichtstrahlen und der Fläche eingeschlossene Bereich. Wenn die maximale Ausdehnung ganz aus Raumzeit besteht, nimmt die Raumzeit bei den gestrichelten Linien abrupt ein Ende.*

Abbildung V.3: *Eine nichtmaximale Ausdehnung der Raumzeit (M, g) von einer Anfangsoberfläche aus. Die Anfangsoberfläche ist dieselbe wie auf der vorhergehenden Abbildung. Allerdings wird hier die Raumzeit willkürlich zu einem Zeitpunkt t_1 abgeschnitten. Wie in der vorhergehenden Abbildung existiert in der Zukunft der gestrichelten Linien und in der Zukunft der Zeit t_1 nichts.*

Möglichkeiten dreidimensionaler Mannigfaltigkeiten in M, die wir als (M, g) erzeugend darstellen könnten. Zum Beispiel könnten wir das räumliche Universum und die Felder, die es enthält, jetzt als »S mit ihren Anfangswerten« oder das Universum vor tausend Jahren als »S mit ihren Anfangswerten« betrachten. Beide würde dieselbe (M, g) ergeben, da die Einsteinschen Gleichungen deterministisch sind. Alles, was geschehen ist und geschehen wird, ist implizit in den Anfangswerten auf S enthalten. In einer deterministischen Theorie wie der Relativitätstheorie gibt es nichts Neues unter der Sonne. Man könnte sich sogar fragen, warum es Zeit überhaupt gibt, da sie ja, was die Information betrifft, eigentlich überflüssig ist. Keine der unendlich vielen Mannigfaltigkeiten mit diesen Anfangswerten in (M, g) kann ausschließlich als diejenige gelten, die die Gesamtheit der Raumzeit (M, g) erzeugt. Jede enthält dieselbe Information, und jede wird dieselbe (M, g) einschließlich aller anderen Mannigfaltigkeiten mit diesen Anfangswerten hervorbringen.

Selbst in deterministischen Theorien sind Beziehungen zwischen physischen Gebilden zu verschiedenen Zeiten unterschiedlich. Beispielsweise sind zwei Teilchen, die sich entsprechend der Newtonschen Gravitation bewegen, jetzt, sagen wir einmal, zwei Meter, eine Minute später vier Meter voneinander entfernt. Das gilt selbst dann, wenn bei einer gegebenen Ausgangsposition und bei gegebenen Geschwindigkeiten, als sie zwei Meter voneinander entfernt waren, festgelegt ist, daß sie eine Minute später vier Meter voneinander entfernt sein werden. Die Frage ist, ob die Gesamtheit der Beziehungen zu einem bestimmten Zeitpunkt zu einem späteren Zeitpunkt die gleiche (oder fast die gleiche) werden wird. Wenn dies eintritt, dann wird das Schreckensbild der ewigen Wiederkehr Wirklichkeit. Wie ich in Kapitel III gezeigt habe, kann man beweisen, daß die ewige Wiederkehr in einem Newtonschen Universum stattfinden wird, vorausgesetzt, dieses Universum ist endlich im Raum und endlich hinsichtlich der Variationsbreite der Geschwindigkeiten, die die Teilchen haben dürfen. In Kapitel III habe ich ebenfalls gezeigt, daß in der klassischen allgemeinen Relativitätstheorie die ewige Wiederkehr nicht stattfinden kann.[4] Das heißt, die jetzt zwischen den Feldern bestehenden Beziehungen werden sich nie wiederholen, noch werden die Beziehungen je auch nur annähernd so werden, wie sie jetzt sind. Geschichte, als unwiederholbare zeitliche Aufeinanderfolge von Beziehungen zwischen physischen Gebilden verstanden, ist real.

Nichtrelativistische Quantenmechanik ist deterministisch

Die Bedeutung, die dem Zufall in der Quantenmechanik zukommt, hängt in hohem Maße davon ab, wie man diese Theorie interpretiert. Beispielsweise gibt es der gängigsten Version der Kopenhagener Interpretation zufolge in der Natur eine eigene Quantenzufälligkeit, die den drei im vorhergehenden Kapitel aufgezählten Formen eine neue hinzufügt, während diese Zufälligkeit in der Vielwelten-Interpretation (die gelegentlich auch als Everett-Interpretation bezeichnet wird – nach Hugh Everett III., der 1957, als graduierter Student in Princeton, diesen Begriff zum erstenmal verwandte) lediglich ein Artefakt unserer beschränkten Art und Weise der Beobachtung der physikalischen Welt ist: Nichtkosmologische Quantenmechanik ist vollkommen deterministisch, wie ich im Wissenschaftlichen Anhang beweisen werde.

Lassen sie mich die Kopenhagener und die Vielwelten-Interpretation operationell definieren, indem ich mich beider zur Analyse eines der berühmtesten »Gedankenexperimente« in der Physik bediene, Schrödingers Katze. Wir wollen uns – mit Erwin Schrödinger, einem der Erfinder der Quantenmechanik, – vorstellen, daß wir eine Katze zusammen mit einem »teuflischen Apparat« in eine Stahlkammer sperren: In einem Geigerzähler befindet sich eine winzige Menge radioaktiver Substanz, die so klein ist, daß die Wahrscheinlichkeit eines Atomzerfalls lediglich 50 Prozent beträgt; die Wahrscheinlichkeit, daß kein Atom zerfällt, beträgt ebenfalls 50 Prozent. Der Geigerzähler ist mit einem Relais verbunden; wenn er einen atomaren Zerfall feststellt, zerschlägt ein Hammer eine Flasche mit tödlichem Zyanidgas. Registriert er keinen Zerfall, bleibt die Flasche ganz. Wenn also ein Atom zerfällt, muß die arme Katze dran glauben. Andernfalls bleibt die Katze am Leben. Wir wissen ganz genau, welcher Anblick sich uns nach einer Stunde böte, wenn wir so grausam wären, dieses teuflische Experiment tatsächlich durchzuführen: Die Katze wäre entweder lebendig oder tot.

Gemäß der Mathematik der Quantenmechanik ist die Katze jedoch keines von beiden! Nach Ablauf der Stunde ist die Wellenfunktion der Katze weder die Wellenfunktion einer toten Katze, noch ist sie die

Wellenfunktion einer lebendigen Katze. Vielmehr ist es die Wellenfunktion *sowohl* einer toten *als auch* einer lebendigen Katze: die wahre Wellenfunktion ist die *Summe* aus der Wellenfunktion tote Katze und der Wellenfunktion lebendige Katze. Die Quantenmechanik sagt unmißverständlich, daß die Katze gleichzeitig tot und lebendig ist, was in krassem Widerspruch zum gesunden Menschenverstand und zu dem steht, was wir tatsächlich sehen würden. Unter Physikern herrscht Einigkeit darüber, daß diese Summe genau das wiedergibt, was die klassische Quantenmechanik voraussagt. Uneinig ist man sich darüber, wie diese Summe zu interpretieren ist.

Laut der Kopenhagener Interpretation gibt es einen als »Reduktion der Wellenfunktion« bezeichneten Prozeß, durch den die Summe der Wellenfunktionen der toten und der lebendigen Katze entweder auf die Wellenfunktion der toten oder auf die der lebendigen Katze (nicht beide) reduziert wird; diese Reduktion ist zufällig. Das heißt, Schrödingers Katze ist die Hälfte der Zeit lebendig, die andere Hälfte der Zeit tot. Es gibt keine allgemeinen Regeln, um zu entscheiden, welche physikalischen Objekte die Wellenfunktionen reduzieren können. Wir wissen nur, daß die Wellenfunktion der Katze zu der Zeit, da wir die Katze beobachten, reduziert ist. Einige Physiker, die die Kopenhagener Deutung übernehmen, glauben, es bedürfe eines Bewußtseins, um Wellenfunktionen zu reduzieren (diesem Lager gehören Penrose und Wigner an), während andere die Ansicht vertreten, jedes »große« Objekt sei dazu in der Lage (zu diesen gehört mein Mentor, der große amerikanische Physiker John A. Wheeler). Nun bestehen aber sowohl Menschen als auch »große« Objekte aus Atomen, deren jedes sich entsprechend der klassischen Quantenmechanik bewegt, ohne daß es zu einer Reduktion der Wellenfunktion kommt; es fällt einem also einigermaßen schwer, sich vorzustellen, wie es überhaupt zu einer Reduktion der Wellenfunktion kommen soll.

Nach der Vielwelten-Interpretation gibt es überhaupt keine Reduktion der Wellenfunktion. Das heißt, nach einer Stunde in der Stahlkammer befindet sich die Katze in Wirklichkeit in dem Quantenzustand »tote Katze plus lebendige Katze«. Die Vielwelten-Interpretation löst den offenkundigen Widerspruch zur Beobachtung auf, indem sie sagt, daß der radioaktive Zerfall des Atoms die Katze sowie alle anderen Teile der Versuchsanordnung gezwungen hat, sich in zwei verschiedene Welten aufzuspalten: in einer dieser Welten ist die Katze lebendig, in der anderen ist sie tot. Wenn wir jetzt versuchen festzustellen, ob die Katze lebendig ist oder tot, dann spalten wir uns ebenfalls auf. In der einen Welt sehen wir die Katze tot, in der anderen lebendig. Das Bemerkenswerte an dieser Vielwelten-Interpretation ist, daß, wenn wir davon ausgehen, die Quantenmechanik beschreibe ausnahmslos alle Objekte – menschliche Wesen eingeschlossen –, die Mathematik der Quantenmechanik uns zwingt, die Vielwelten-Interpretation zu übernehmen. (Die einschlägige Mathematik werde ich im Wissenschaftlichen Anhang beschreiben.)

Da die Omegapunkt-Theorie ihrem Wesen nach eine kosmologische Theorie ist – das heißt eine Quantenkosmologie –, bin ich praktisch gezwungen, die Vielwelten-Interpretation zu übernehmen, da es nur im Rahmen dieser Interpretation einen Sinn hat, über ein Quantenuniversum und seine Ontologie zu sprechen. Die Kopenhagener Interpretation geht von der Annahme aus, daß eine »Reduktion der Wellenfunktion« extrem kurze Zeit nach dem Urknall in kosmologischem Maßstab Quanteneffekte ausgeschaltet hat; folglich wäre das Universum heute nur in äußerst kleinen Maßstäben ein Quantenuniversum. Wie ich eben erwähnt habe, ist diese Annahme insofern problematisch, als der Prozeß einer Reduktion der Wellenfunktion eigentlich völlig unklar ist – wir haben keine Regeln, um zu entscheiden, welches materielle Gebilde Wellenfunktionen reduzieren kann; daher ist es unmöglich, Zufall genau zu analysieren, wenn dieser Prozeß tatsächlich stattfindet. Die Vielwelten-Interpretation krankt nicht an dieser Einschränkung: In ihr gibt es keine Reduktion der Wellenfunktion, vielmehr beschreibt die Wellenfunktion des Universums die physikalische Realität vollständig. Das Universum ist jetzt ebenso ein Quantenuniversum wie zu Beginn. Laut der Vielwelten-Interpretation ist der Radius des Universums nur eine von vielen Quantenvariablen, wie das Leben der Katze in Schrödingers Experiment. Daher gibt es viele Universen, die zur Zeit ihrer größten Ausdehnung unterschiedliche Radien haben, wie Abbildung V.4 zeigt. Zufällig leben wir in einem dieser Universen, aber es gibt noch andere – und mit ziemlicher Wahrscheinlichkeit gibt es in ihnen auch andere Versionen unserer selbst. *Es gibt nicht nur eine Geschichte, sondern viele!*

Natürlich ist es durchaus möglich, daß die Vielwelten-Interpretation falsch ist: die meisten Physiker sind dieser Ansicht. Doch die überwältigende Mehrheit der Leute, die sich mit Quantenkosmolo-

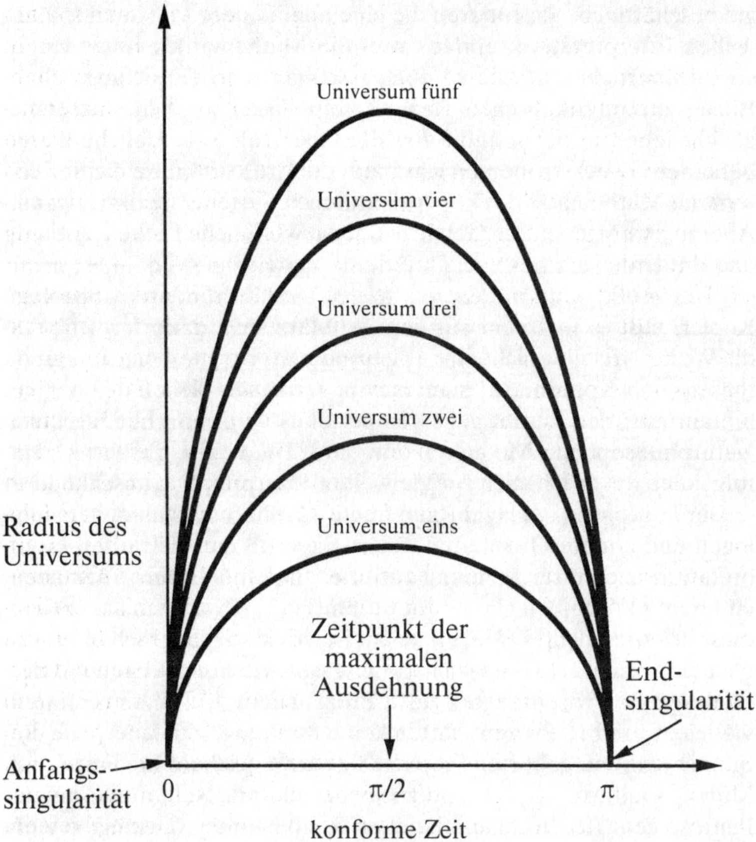

Abbildung V.4: *Verzweigung der Universen entsprechend der Vielgeschichten-Interpretation. Die einzige Variable in diesem einfachen Modell ist der Radius des Universums. Die vertikale Achse ist der Radius des Universums, die horizontale die Zeit (konforme Zeit; die Definition finden Sie im Wissenschaftlichen Anhang): Eine zu einem frühen Zeitpunkt durchgeführte Messung führt dazu, daß das Universum sich in viele Geschichten verzweigt, von denen fünf dargestellt sind.*

gie beschäftigen, akzeptieren die eine oder andere Version der Vielwelten-Interpretation, einfach weil die Mathematik einen zwingt, sie zu übernehmen. Die Mathematik mag eine Täuschung, ohne Bezug zur physikalischen Realität sein. Oder aber die Situation gleicht jener, in der sich die Physiker des frühen 17. Jahrhunderts befanden: Die Astronomen glaubten, die Erde umkreise die Sonne, weil die Mathematik des kopernikanischen Systems sie dazu zwang. Aber nur wenige andere Gelehrte oder gewöhnliche Leute glaubten, daß die Erde sich bewege. Ihre Sinne sagten ihnen, dem sei nicht so. Der große deutsche Astronom des 16. Jahrhunderts, Johannes Kepler, faßt es in einem auf den 26. März 1598 datierten Brief in die Worte: »Es gibt nicht einen Astronomen, der diese neuen Hypothesen [von Kopernikus] auch nur im geringsten denen der Antike hintanstellt; der Kampf gegen Kopernikus wird ausschließlich von Naturphilosophen, Metaphysikern und Theologen geführt.«[5] Im folgenden werde ich mich der Vielwelten-Interpretation anschließen.

Der Politologe L. David Raub fragte 72 führende Quantenkosmologen und andere Quantenfeldtheoretiker, ob die Vielwelten-Interpretation nach ihrer Meinung zutreffe.[6] Die möglichen Antworten lauteten: (1) »Ja, ich glaube, sie stimmt.« (2) »Nein, ich akzeptiere diese Theorie nicht.« (3) »Vielleicht ist sie richtig, aber ich bin noch nicht überzeugt.« (4) »Dazu habe ich keine Meinung.« Ergebnis der Umfrage: 58 Prozent sagten ja, 18 Prozent nein, 13 Prozent meinten vielleicht, und 11 Prozent hatten keine Meinung. Zu denen, die die Frage bejahten, gehörten Stephen Hawking, Richard Feynman und Murray Gell-Mann, während zu jenen, die mit Nein antworteten, Penrose gehörte. In seinem Brief an Raub meinte Hawking: »›Vielwelten‹ ist ein schlechter Name dafür, aber im wesentlichen trifft er es.« (Im privaten Gespräch drückt Hawking sich nicht so zurückhaltend aus; mir erklärte er eines Tages: »Die Vielwelten-Theorie ist schlichtweg wahr!«) In seinem Kommentar zu einer Abhandlung des amerikanischen Physikers Bryce DeWitt, des führenden Vertreters der Vielwelten-Interpretation, stimmte Gell-Mann im wesentlichen mit Hawking überein: »...Abgesehen von der etwas unglücklichen Ausdrucksweise, ist Everetts Physik okay, wenn auch irgendwie nicht ganz vollständig.«[7] (Hawking und Gell-Mann bezeichnen die Vielwelten-Interpretation lieber als »Vielgeschichten-Interpretation«.) In seinem neuesten Buch, *Dreams of a Final Theory*, spricht sich Steven Weinberg ebenfalls für die Vielwelten-Interpretation aus.[8]

Ich führe diese Umfrageergebnisse nicht als Beweis für die Gültigkeit der Vielwelten-Interpretation an – wissenschaftliche Wahrheit wird nicht durch Mehrheitsbeschluß entschieden – , sondern als Beweis dafür, daß es den meisten Quantenkosmologen genauso wie mir ergeht: Die Mathematik zwingt uns, die Vielwelten-Interpretation zu übernehmen. Die Leser, die dazu tendieren, die Vielwelten-Interpretation mit einem Achselzucken abzutun, weil sie so abwegig erscheint, möchte ich mit diesen Ergebnissen dazu bringen, es sich noch einmal zu überlegen: Physiker vom Rang eines Feynman, eines Hawking, eines Gell-Mann und eines Weinberg akzeptieren keine Theorien – und schon gar keine abwegig erscheinenden –, wenn sie sich nicht ernsthaft Gedanken darüber gemacht haben. Die vier Genannten gehören ohne jeden Zweifel zu den größten theoretischen Physikern des 20. Jahrhunderts. Schon allein die Tatsache, daß sie sich der Vielwelten-Interpretation angeschlossen haben, sollte Grund genug sein, daß Sie selber sie nicht einfach ablehnen, ohne ernsthaft darüber nachgedacht zu haben.

Mich persönlich hat interessanterweise nicht ernsthaftes Nachdenken über die Mathematik der Quantenmechanik von der Gültigkeit der Vielwelten-Interpretation überzeugt; vielmehr ist mir ganz plötzlich klar geworden, daß wir selbst auf makroskopischer Ebene, wo die Quantenmechanik keine Rolle spielt, alternative Geschichten als real behandeln müssen, um adäquat mit der Welt umzugehen, in der wir leben. In den späten Siebzigern, als ich an der University of Texas Assistent bei John Wheeler war, las ich eines Tages zufällig eine Aufsatzsammlung des Nobelpreisträgers für Wirtschaftswissenschaften, Friedrich von Hayek. Einer dieser Essays handelte von der Idee des »Kapitals«; von Hayek schrieb, die einzig richtige Definition des Vermögens, das eine Gesellschaft besitze, sei eine vollständige Liste der alternativen Einkommen, die sie im Lauf der Zeit mit ihren vorhandenen Mitteln erzielen könne. »Na so was«, dachte ich mir, »das ist ja genau die Vielwelten-Interpretation!« (In Kapitel X werde ich auf Hayeks Definition von »Kapital« zurückkommen.)

Sobald man nur ein wenig nachdenkt, fallen einem noch andere Beispiele dafür ein, wie notwendig es ist, alternative Geschichten als real zu betrachten. Ein Beispiel aus der klassischen Physik habe ich in Kapitel II angeführt. Da die Umlaufbahn der Erde chaotisch ist, hat es experimentell keinen Sinn, von *der* vergangenen Geschichte der Erde zu sprechen. Die *wirkliche* Vergangenheit der Erde ist die

»äquivalente Klasse« aller Geschichten, die mit dem übereinstimmen, was wir über die derzeitige Position der Erde wissen. (Eine »äquivalente Klasse« ist eine Ansammlung von Objekten, die als ein Gebilde aufgefaßt werden. Der Omegapunkt ist die äquivalente Klasse aller Raumzeitereignisse.) Die vergangene Geschichte der Erde ist in Wirklichkeit eine Vielzahl von Geschichten. Die Erde, das »makroskopischste« Objekt unserer alltäglichen Erfahrung, heißt uns, die Vielwelten-Interpretation zu übernehmen.

Es gibt noch einen weiteren Grund dafür, der Vielwelten-Interpretation gegenüber zumindest aufgeschlossen zu sein. Wenn sie richtig ist, können wir *beweisen*, was sich viele Leute als Wahrheit *ersehnen*. Indem ich von der Annahme ausgehe, daß menschliche Wesen quantenmechanische Objekte wie alles andere auch sind, kann ich *beweisen*, daß es jedem einzelnen von uns möglich ist, eines Tages aufzuerstehen und ewig zu leben. Ferner kann ich, wenn ich die Vielwelten-Interpretation auf die Ontologie der Quantenkosmologie anwende, beweisen, daß wir wahrscheinlich einen freien Willen haben. In Kapitel VII werde ich argumentieren, daß umgekehrt eine Vielwelten-Ontologie eine logische Voraussetzung für freien Willen ist: Würden die vielen Welten nicht existieren, dann wäre es uns rein logisch gesehen unmöglich, einen freien Willen zu haben.

VI. Die quantentheoretische Version der Omegapunkt-Theorie

Grundlagen der Quantenkosmologie

In der traditionellen Quantenkosmologie wird das Universum durch eine Wellenfunktion Ψ (h, F, S) dargestellt; in der klassischen allgemeinen Relativitätstheorie hingegen sind H und F die räumliche Metrik beziehungsweise die nichtgravitativen Felder, die auf einer *festgelegten* dreidimensionalen Mannigfaltigkeit S gegeben sind. (In Kapitel V habe ich gezeigt, daß die »Mannigfaltigkeit« der fundamentale, zugrundeliegende »Raum« und die Metrik das Maß für die Entfernungen auf diesem zugrundeliegenden Raum sind.) Die Dreiermannigfaltigkeit und ihre Topologie sind unveränderlich. Die Anfangswerte in der Quantenkosmologie sind nicht die auf S gegebenen (h, F), wie im Fall der klassischen allgemeinen Relativitätstheorie, sondern Ψ (h, F, S).[1] Von diesen Anfangswerten ausgehend bestimmt die sogenannte Wheeler-DeWitt-Gleichung Ψ (h, F, S) für alle Werte von h und F. Mit anderen Worten: Die Wellenfunktion, nicht die Metrik oder das nichtgravitative Feld, ist in der Quantenkosmologie das grundlegende physikalische Feld. Die anfängliche Wellenfunktion ist es, die gegeben sein muß; sobald sie gegeben ist, ist sie überall eindeutig bestimmt. Die unserer Ansicht nach in der klassischen allgemeinen Relativitätstheorie grundlegenden Felder, nämlich h und F, spielen in der Quantenkosmologie die Rolle von Koordinaten. Das bedeutet jedoch nicht, daß h und F nicht real sind. Sie sind genauso real wie in der klassischen Theorie. Es bedeutet aber, daß auf S mehr als ein h und F gleichzeitig existieren. Denken Sie, um dies zu begreifen, daran, daß die klassische Metrik h(x) eine Funktion der Raumkoordinaten auf der Mannigfaltigkeit S ist. Diese Metrik hat an allen Punkten auf S, das heißt im gesamten Bereich der Koordinaten, wie sie über S variieren, wenn wir im Universum von einem Punkt zum anderen gehen, nichtverschwindende Werte. Jeder Wert von h(x) ist gleich real, und alle Werte von h an allen Punkten von S existieren gleichzeitig. Ähnlich sind die Punkte im Geltungsbereich der Wellenfunktion Ψ (h, F, S) die verschiedenen möglichen Werte von h und F, wobei jede Menge (h, F) einem vollständigen Universum zu einem gegebenen Zeitpunkt entspricht. Die zentrale Behauptung der Vielwelten-Interpretation lautet also, daß jedes dieser Universen tatsächlich existiert, genauso wie die verschiedenen h(x) an den verschiedenen Punkten von S existieren: Die Quantenrealität besteht aus unendlich vielen Universen (Welten). Natürlich sind wir uns dieser Welten nicht bewußt – sondern nur einer einzigen – , aber die Gesetze der Quantenmechanik liefern dafür eine Erklärung: Offensichtlich sind wir uns der parallelen Welten ebensowenig bewußt wie der Tatsache, daß die Erde sich um die Sonne bewegt. (Unter extremen Bedingungen, beispielsweise in der Nähe von Singularitäten, *ist* es den Welten möglich, einander auf offenkundigere Weise zu beeinflussen als jetzt.)

Um die klassischen Anfangswerte festzulegen, greifen wir eine *Funktion* h(x) aus einer unendlichen Zahl möglicher metrischer Funktionen heraus, die sich auf S hätten befinden können. Alle diese möglichen Welten bilden zusammen einen Funktionenraum. Um die Quantenanfangswerte festzulegen, greifen wir eine *Wellenfunktion* Ψ (h, F, S) aus einer unendlichen Zahl möglicher Wellenfunktionen heraus, die sich auf dem klassischen Funktionenraum (h, F) hätten befinden können. Vergessen Sie jedoch nicht, daß alle Werte des Funkionenraums (h, F) *wirklich* gleichzeitig auf S *sind*. In der Quantenkosmologie bildet die Gesamtheit aller möglichen Wellenfunktionen die Menge der möglichen Welten; kontingent ist lediglich, welche einzelne, einzigartige Wellenfunktion realisiert wird. Die möglichen Welten der klassischen Kosmologie – der Raum aller physikalisch möglichen (h, F) auf S – ist jedoch nicht mehr kontingent. Sie sind alle realisiert.

In der traditionellen Quantenkosmologie *gibt es auf der grundlegenden physikalischen Ebene keine Zeit!* Es gibt nichts weiter als die universelle Wellenfunktion Ψ (h, F, S), und die Wellenfunktion hat keinen Bezug zu einer vierdimensionalen Mannigfaltigkeit M oder einer vierdimensionalen Metrik g. Auf der grundlegenden ontologischen Ebene existiert Zeit nicht. Alles ist auf der dreidimensionalen Mannigfaltigkeit S. Wie kann das sein? Natürlich sehen wir Zeit!

Oder? Was wir sehen, sind Beziehungen zwischen Objekten – Konfigurationen physikalischer Felder – im Raum. Im Rahmen der Erörterung der ewigen Wiederkehr in Kapitel III habe ich behauptet, Zeit und Geschichte könnten nur dann wahrhaft real sein, wenn die räumlichen Beziehungen zwischen den verschiedenen Feldern nie in einen vorangegangen Zustand zurückkehren. In der Quantenkosmologie gibt es keine Raumzeit, in der sich die räumlichen Beziehungen zwischen Feldern verändern können. Wir haben nichts weiter als Wege (Trajektorien) in der Gesamtheit (h, F) aller möglichen Beziehungen zwischen den physikalischen Feldern auf S. Aber das genügt, denn jeder dieser Wege definiert eine Geschichte, eine vollständige Raumzeit.

Stellen Sie sich zum besseren Verständnis vor, wir befinden uns an einem Punkt P in (h, F) und haben uns einen speziellen Weg γ durch (h, F) ausgesucht, der bei P beginnt. Denken Sie daran, jeder Punkt entspricht einem ganzen Universum (räumlich). Wenn wir uns entlang γ fortbewegen, weichen die Beziehungen zwischen den physikalischen Feldern allmählich von ihren Werten am Punkt P ab. Von innerhalb des Weges γ *würde diese Abweichung als zeitliche Veränderung erscheinen*, da jeder Punkt auf γ ein vollständiges räumliches Universum und die Aufeinanderfolge der Punkte daher eine Reihe räumlicher Universen ist. Das ist jedoch genau dasselbe wie die klassische vierdimensionale Mannigfaltigkeit M, die ihre zusätzliche Dimension dadurch erhält, daß diese Reihe von Ss aufeinandergestapelt wird[2], mit einer Raumzeitmetrik g und Raumzeitfeldern F. In der obenstehenden klassischen Analyse haben wir (M, g) als eine Erweiterung von S und ihren Feldern erhalten. Jeder Weg in (h, F) stellt daher eine vollständige universelle Geschichte, eine vollständige Raumzeit dar.

Alle Wege in (h, F) existieren wirklich, und das bedeutet notwendigerweise, daß alle – und ich meine: *alle* – Geschichten, die mit dem »Stoff« des Universums übereinstimmen, wirklich existieren. Insbesondere laufen sogar solche Geschichten wirklich ab, die mit den Gesetzen der Physik ganz und gar nicht übereinstimmen. Offensichtlich gibt es in (h, F) geschlossene Wege, folglich gibt es auch Geschichten, in denen es zu einer ewigen Wiederkehr kommt. Es existieren auch reale Geschichten, die zu unserem derzeit zu beobachtenden Zustand des Universums (dem Punkt P in (h, F)) führen, in denen reale historische Persönlichkeiten – beispielsweise Julius

Caesar – nie existiert haben. In einer solchen Geschichte passiert folgendes: Die physikalischen Felder ordnen sich im Lauf der Zeit (genauer gesagt, entlang dem Weg, der dieser seltsamen Geschichte entspricht) neu und schaffen falsche Erinnerungen, die nicht nur menschliche Erinnerungen enthalten, sondern auch »Erinnerungen« in einer Fülle schriftlicher Aufzeichnungen und in bedeutenden Baudenkmälern. Genauso, wie es unendlich viele tatsächliche Vergangenheiten gibt, die zum derzeitigen Zustand geführt haben, so gibt es unendlich viele wirklich existierende Zukünfte, die sich aus dem derzeitigen Zustand entwickeln. Jede widerspruchsfreie Zukunft ist daher nicht nur möglich, sondern geschieht tatsächlich. Aber nicht bei allen Zukünften ist die Wahrscheinlichkeit gleich groß, daß sie gesehen werden. Das heißt, es gibt einen Weg in (h, F), der von einem gegebenen Punkt P ausgeht, bei dem die Wahrscheinlichkeit, daß er aus P folgt, sehr viel größer ist als bei den anderen. Diesen Weg bezeichnet man als den *Phasenweg*. Entlang dieses Weges haben die Gesetze der Physik, zumindest im Bereich niedriger Energie, Geltung, und die Erinnerungen sind zuverlässig. In diesem Bereich niedriger Energie können wir den Phasenweg als *klassischen* Weg bezeichnen. Ein klassischer Weg in (h, F) ist ein Phasenweg, der eine klassische Raumzeit (M, g) erzeugt, die den Einsteinschen Gleichungen unterliegt. Abbildung V.4 illustriert diese Phasenwege. Jede der Kurven stellt einen Phasenweg dar.

Bislang habe ich noch nichts darüber gesagt, was die Wellenfunktion Ψ selber bewirkt. Aber irgend etwas physikalisch Entdeckbares muß sie tun, etwas, das nicht in den Feldern (h, F) allein codiert ist. Würde sie keinerlei physikalische Wirkung ausüben, könnten wir sie einfach aus der Physik streichen; sie würde nicht real existieren. Ich habe jedoch weiter oben behauptet, daß Ψ ein *reales* Feld ist, etwas, das genauso real ist wie die Felder (h, F).

Ψ tut folgendes: Sie determiniert die Menge aller Phasenwege und ebenso die »Wahrscheinlichkeiten«, die mit jedem Punkt und jedem Weg in (h, F) gekoppelt sind. Eine Wellenfunktion ist eine komplexe Funktion, und alle komplexen Funktionen sind in Wirklichkeit zwei Funktionen, ein »Betrag« und eine »Phase«. Die Phasenwege sind per definitionem diejenigen, die senkrecht zu den Oberflächen konstanter Phasen verlaufen. Das Quadrat des Betrags an einem Punkt P in (h, F) ist die »Wahrscheinlichkeit« dieses Punktes. Heisenberg und Mott haben gezeigt, daß – wenn »Wahrscheinlichkeit« ihre übliche

Bedeutung hat – die bedingte Wahrscheinlichkeit, zu einem nahegelegenen Punkt Q zu gelangen – vorausgesetzt, wir befinden uns (annähernd) bei P –, dann am größten ist, wenn Q entlang dem Phasenweg durch P liegt, zumindest im Fall des nichtrelativistischen freien Hamiltonschen Teilchens.[3] Auf dem Phasenweg liegt die relative Wahrscheinlichkeit nahe bei 1 und fällt dann schnell auf Null, wenn man den Phasenweg, der P und Q miteinander verbindet, verläßt.

In der Wellenfunktion steckt die *gesamte* Physik. In Wirklichkeit sind die Gesetze der Physik als solche völlig überflüssig. Sie sind in der Wellenfunktion codiert. Die klassischen Gesetze der Physik sind lediglich Regelmäßigkeiten, die, wie Beobachter auf einem klassischen Weg sehen, entlang diesem klassischen Weg gelten. Entlang anderer Wege fänden sich andere Regelmäßigkeiten, andere physikalische Gesetze. Und diese anderen Wege existieren, folglich gelten diese anderen physikalischen Gesetze tatsächlich; es ist nur äußerst unwahrscheinlich, daß wir zufällig Zeugen ihres Wirkens werden. Die Wheeler-DeWitt-Gleichung für die Wellenfunktion selbst ist überflüssig. Sie dient uns lediglich als Krücke, um die tatsächliche Wellenfunktion des Universums herauszufinden. Würden wir die Randbedingungen kennen, denen die tatsächliche universelle Wellenfunktion genügt, dann könnten wir die Wheeler-DeWitt-Gleichung ableiten, die nur eine spezielle Gleichung (unter vielen) ist, der die Wellenfunktion zufällig genügt. Deshalb gibt es in der Quantenkosmologie keine wirkliche Kontingenz in den physikalischen Gesetzen. Jedes physikalische Gesetz gilt auf irgendeinem Weg, und die Gesetze der Physik, denen die universelle Wellenfunktion unterliegt, können aus dieser Wellenfunktion abgeleitet werden. Die gesamte Kontingenz in der Quantenkosmologie liegt in der Wellenfunktion oder, genauer gesagt, in den »Randbedingungen«, die die tatsächlich existierende Wellenfunktion aussuchen.

Die Hartle-Hawking-Randbedingung für die universelle Wellenfunktion

Es gibt nur eine Beliebigkeit in der traditionellen Quantenkosmologie, nämlich die Wahl der festgelegten Dreiermannigfaltigkeit S. Es gibt viele Möglichkeiten; warum sollte also nur eine realisiert werden? Es war die große Leistung von Hawking und Hartle, daß sie diese Kontingenz der Wellenfunktion eliminierten, indem sie zuließen, daß die Wellenfunktion eine Funktion jeder Dreiermannigfaltigkeit ist: die Punkte im Bereich der Hartle-Hawking-Wellenfunktion Ψ (h, F, S) sind die verschiedenen möglichen Werte von h, F und S, wobei jede Menge (h, F, S) einem vollständigen Universum zu einem gegebenen Zeitpunkt entspricht.

Die Wellenfunktion Ψ (h, F, S) ist durch die Hartle-Hawking-Randbedingung festgelegt, die – vereinfacht ausgedrückt – besagt: »Die universelle Wellenfunktion ist durch die Tatsache determiniert, daß der einzige Rand eines gegebenen Weges (h, F, S) selber ist.«[4] (Hawking drückt dies gerne folgendermaßen aus: »Die einzige Randbedingung ist, daß es keinen Rand gibt.«) Hawking und Hartle haben gezeigt, daß in dem speziellen Fall, daß S festgelegt blieb, die eingeschränkte, aus der Hartle-Hawking-Randbedingung berechnete Wellenfunktion der Wheeler-DeWitt-Gleichung lokal genügte; im allgemeinen galt dies jedoch nicht. In Wirklichkeit könnte die Wellenfunktion im allgemeinen überhaupt keiner Differentialgleichung genügen, da S keine kontinuierliche Variable ist. (Wenn die Klasse aller kompakten Dreiermannigfaltigkeiten nicht klassifiziert werden kann – ob es einen Algorithmus gibt, um sie zu klassifizieren, ist derzeit ein ungelöstes mathematisches Problem[5] –, dann existiert *keine* Differential- oder sonstige Gleichung für Ψ [h, F, S]; in diesem Fall wäre es logisch unmöglich, Ψ [h, F, S] zu berechnen.)

Eines läßt die Verallgemeinerung von Hartle und Hawking zu, was die klassische Quantenkosmologie nicht erlaubt: eine Veränderung der Topologie. Feldtheoretiker stimmen darin überein, daß eine annehmbare Quantentheorie Schwankungen in allem zulassen sollte, was im Bereich der Wellenfunktion auftaucht: Wenn h fluktuiert, dann sollte dies auch S möglich sein. Schließen wir uns dieser Meinung an, dann geht der Vorschlag von Hartle und Hawking nicht weit genug. Es ist bekannt, daß eine klassische Änderung der Topologie von einem Verstoß gegen die Kausalität begleitet sein muß. Das bedeutet insbesondere, daß jede Faltung (Foliation) der Codimension eins von (M, g) kein h zuläßt, das überall auf allen Dreiermannigfaltigkeiten S der Faltung raumartig ist. Wenn wir also die Möglichkeit von Schwankungen in der Topologie zulassen, sollten wir besser die Möglichkeit zulassen, daß h so fluktuiert, daß es in einem Teil von S raumartig, in anderen Teilen zeit- oder lichtartig ist. Würde sich die gesamte Geometrie, h und S, aus irgendeiner tieferliegenden Struktur ergeben, beispielsweise der String-Feldtheorie, dann würde diese Möglichkeit noch einleuchtender, da es unwahrscheinlich ist, daß die tieferliegende Struktur streng zwischen Raum und Zeit unterscheidet.

Es gibt zwei Gründe, weshalb gefordert wurde, daß h nur raumartig sein dürfe. Erstens wurde die traditionelle Quantengravitation in Hamiltonscher Form ausgedrückt, und eine solche Formulierung erforderte eine strenge globale Unterscheidung zwischen Raum und Zeit. Dies bedeutete, daß der Geltungsbereich der traditionellen Quantengravitation begrenzter war als der der klassischen allgemeinen Relativitätstheorie, die alle Vierermannigfaltigkeiten M in Betracht zieht, die eine Lorentz-Metrik g zulassen. Die Hartle-Hawking-Verallgemeinerung bezieht zwar alle Vierermannigfaltigkeiten M ein, berechnet aber die Wellenfunktion Ψ (h, F, S), indem sie das Einsteinsche Wirkungsprinzip im Wegintegral geometrisiert (durch dieses Vorgehen wird, so hofft man, das Wegintegral konvergent). Das heißt, bei Hartle-Hawking ist keine Lorentz-Metrik zulässig. Die einzig zulässigen 4-Metriken sind diejenigen, die überall raumartig sind. Darüber hinaus existieren die Vierermannigfaltigkeiten bei Hartle-Hawking nicht wirklich: sie sind lediglich rechnerische Konstrukte zur Berechnung von Ψ (h, F, S); sobald man Ψ (h, F, S) hat, werden sie beiseitegelegt. Dies läuft natürlich der physikalischen Philosophie der Vielwelten-Interpretation zuwider, in der die Wege als real existierend aufgefaßt werden.

Der zweite, wichtigere Grund, warum h raumartig sein sollte, ist, daß die Wellenfunktion traditionell als Wahrscheinlichkeitsamplitude zu einem gegebenen Zeitpunkt interpretiert wird. (Eine »Wahrscheinlichkeitsamplitude« ist eine Größe, deren Quadrat die Wahrscheinlichkeit ist.) Diese Interpretation fordert, daß Zeit streng von Raum unterschieden wird: nur letzterer ist eine echte Quantenvariable, die sich innerhalb des Bereichs der Wellenfunktion befinden kann. Diese Interpretation der Wellenfunktion ist der eigentliche Grund dafür, warum die traditionelle Quantengravitation in Hamiltonscher Form ausgedrückt wurde. Eine strenge Unterscheidung zwischen Zeit und Raum widerspricht jedoch der Physik der Relativitätstheorie.

Die Omegapunkt-Randbedingung für die universelle Wellenfunktion

Ich schlage vor, diese Probleme zu lösen, indem man sich auf den Definitionsbereich der Wellenfunktion und die Interpretation der Wellenfunktion konzentriert und die Dynamik allein aus der Randbedingung ableitet.

Ich werde von der Randbedingung ausgehen, daß der Definitionsbereich der Quantengravitation die Klasse aller Vierermannigfaltigkeiten ist, die eine Lorentz-Metrik g zulassen; dieser Definitionsbereich ist derselbe wie der der klassischen allgemeinen Relativitätstheorie. Nun ist es ein Theorem, daß alle Vierermannigfaltigkeiten, die eine Lorentz-Metrik erlauben, eine Foliation der Codimension eins zulassen.[6] (Das bedeutet einfach, daß die Vierermannigfaltigkeit als ein Stapel dreidimensionaler Mannigfaltigkeiten ausgedrückt werden kann. Stellen Sie sich den Stapel von Mannigfaltigkeiten als einen Stapel hauchdünner Kekse vor. Jeder Teil des Stapels – jeder Keks – wird als »Folie« oder »Blatt« bezeichnet; der ganze Stapel heißt daher »Foliation« oder »Faltung«.) Unter einigermaßen allgemeinen Bedingungen kann man Faltungen der Art finden, daß die aufeinanderfolgenden Blätter der Faltung als unterschiedliche Zeitmomente definierend betrachtet werden können.[7] In diesem Fall kann man die Faltung als S(t) darstellen, wobei S(t) die Dreiermannigfaltigkeit beim Parameterwert t ist. Solche Faltungen existieren bekanntermaßen in global hyperbolischen und stabil kausalen Raumzeiten; aber sie werden auch in vielen Raumzeiten existieren, die nicht stabil kausal sind. (Vereinfacht ausgedrückt, ist eine »global kausale« Raumzeit eine vollkommen deterministische; eine »stabil kausale«

Raumzeit ist, wie der Name sagt, stabil kausal – die Kausalität wird nicht aufgehoben, wenn sie leicht variiert wird.[8]) Eine solche Faltung hat eine Metrik h(t) – die überall auf S(t) raumartig sein kann oder auch nicht –, die auf die übliche Weise von der 4-Metrik g auf der Vierermannigfaltigkeit M erzeugt wird.

Die Grundidee ist also, den Definitionsbereich der universellen Wellenfunktion S(t) und die Felder F(t) und h(t) sein zu lassen, die durch die übliche Projektion von den umgebenden Raumzeiten (M, g) auf S(t) erzeugt werden. Die funktionale Abhängigkeit können wir folgendermaßen darstellen: $\Psi = \Psi$ (h(t), F(t), S(t)). Für jede Ansammlung von (h, F, S), die nicht als auf dem Blatt einer Faltung irgendeiner Raumzeit induzierte Felder dargestellt werden können, gilt dann Ψ (h, F, S) = 0. Umgekehrt wird es im allgemeinen viele Raumzeiten (M, g) geben, die die gleiche (h, F, S) zulassen. Unter diesen werden ein paar (oder möglicherweise keine) sein, deren zukünftige (wobei »Vergangenheit« und »Zukunft« zugeordnet werden) k-Grenze ein einzelner Punkt ist.

Ich möchte daher vorschlagen:

Omegapunkt-Randbedingung für die universelle Wellenfunktion:

> Die Wellenfunktion des Universums ist die Wellenfunktion, bei der alle Phasenwege in einem (zukünftigen) Omegapunkt enden, wobei das Leben sich entlang eines jeden Phasenwegs, auf dem es sich bis hin zum Omegapunkt weiterentwickelt, in die Zukunft hinein ewig fortsetzen wird.

Damit diese Randbedingung physikalisch sinnvoll ist, muß »Leben« auf rein physikalische Weise definiert werden. Dies ist bereits in Kapitel IV geschehen: es bedeutet schlicht und einfach, daß die Bedingungen (1) bis (3) der Definition von »Leben, das sich ewig fortsetzt«, in einem klassischen Universum für einen Phasenweg gelten.

Es stellt sich (wie zu erwarten war) heraus, daß die Hartle-Hawking-Randbedingung der Omegapunkt-Randbedingung nicht genügt; im Hartle-Hawkingschen Quantenuniversum wird Leben schließlich entlang aller Phasenwege ausgelöscht. Hartle hat die wichtige Feststellung getroffen, daß eine akzeptable Randbedingung für die universelle Wellenfunktion eines leisten muß: Sie muß die Existenz der klassischen Wege rechtfertigen.[9] Es gibt viele Wellenfunktionen, bei denen die Phasenwege – die Geschichten mit der größten Wahrscheinlichkeit – keiner der Lösungen der klassischen Einsteinschen Gleichungen sehr nahe kommen; sie sind also keine klassischen Wege. Bei solchen Wellenfunktionen wäre die Geschichte, die wir wahrnehmen, äußerst unwahrscheinlich, und das scheint nicht plausibel. Bei der Hartle-Hawking-Randbedingung kann man zeigen, daß die Phasenwege, die zu Homogenität und Isotropie führen, eine maximale Wahrscheinlichkeit haben; zudem zeigt eine Analyse, daß menschliche Wesen sich nur in einem einigermaßen homogenen und isotropen Universum entwickeln können. Deshalb wird in der Hartle-Hawking-Randbedingung die Existenz klassischer Wege durch die »anthropische« Selbstauslese gerechtfertigt. Bei der Omegapunkt-Randbedingung ist die Existenz lebentragender Phasenwege eine Grundvoraussetzung für die Randbedingung selber; die Entwicklung und fortgesetzte Existenz von Leben kommen logisch an erster Stelle. Existierte in unserem gegenwärtigen (h, F, S), in dem Leben sich fortsetzen könnte, kein Phasenweg, dann würde auch der Omegapunkt nicht existieren. Wie vorher zeigt eine schwach anthropische Analyse, daß wir, würden die Gesetze der Physik von einem Augenblick zum nächsten in hohem Maße von den klassischen Gesetzen abweichen, nicht weiterleben könnten, daher erfordert die Omegapunkt-Randbedingung, daß zumindest einige Phasenwege die klassischen Geschichten ergeben, in denen wir uns tatsächlich entwickeln.

Im Wissenschaftlichen Anhang werde ich die Konstruktion eines einfachen quantisierten kosmologischen Friedmann-Modells umreißen, in dem alle Phasenwege klassische Phasenwege sind, die in einem einzigen Punkt auf der k-Grenze enden. Wie wir jedoch in Kapitel II gesehen haben, kann Leben in einem Friedmann-Universum, das zum Zeitpunkt seiner maximalen Ausdehnung beliebig groß ist, nicht überleben, darum werden solche Geschichten von der Omegapunkt-Randbedingung ausgeschaltet. Ähnliches gilt für Universen, deren Radien zur Zeit der maximalen Ausdehnung zu kurz existieren, als daß sich in ihnen Leben entwickeln könnte. Folglich müßte, wenn die Omegapunkt-Randbedingung gilt, Abbildung V.4, die die vielen Geschichten des Universums veranschaulicht, modifiziert werden: Die Geschichten mit einer zu großen oder zu kleinen maximalen Größe werden gemäß der Omegapunkt-Randbedingung ausgeschaltet. Dies zeigt Abbildung VI.1.

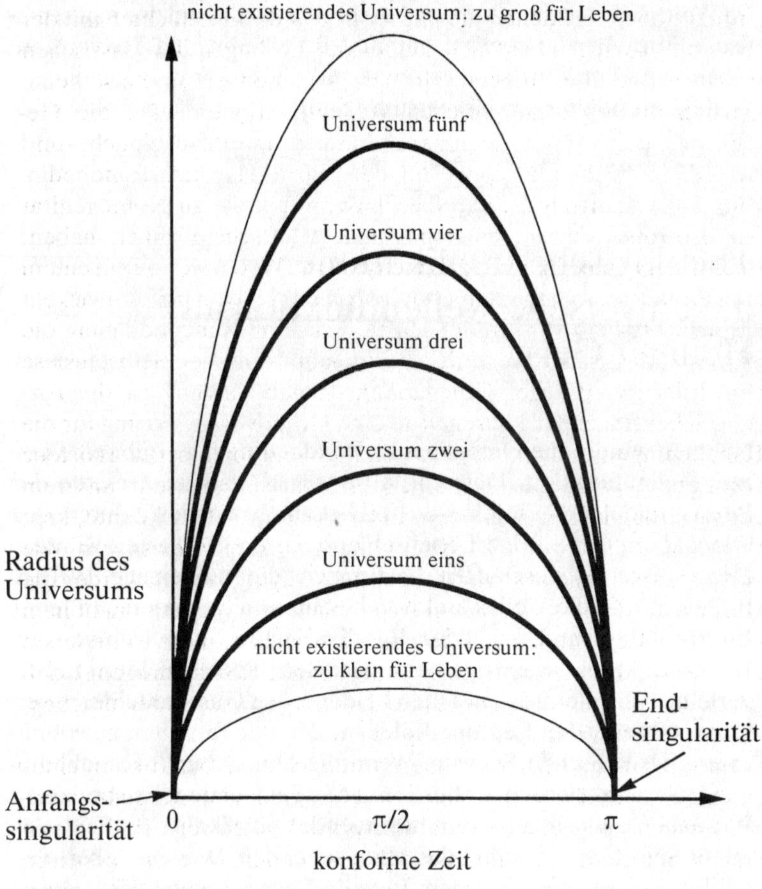

Abbildung VI.1: *Verzweigung der Universen entsprechend der Vielgeschichten-Interpretation, wobei die Teilhardsche Randbedingung gilt. Die festen Kurven stellen Universen dar, in denen Leben bis in den Omegapunkt hinein existiert; folglich ist die Wellenfunktion des Universums entlang dieser Trajektorien ungleich null. Zusätzlich sind, als dünnere Kurven, zwei Universen dargestellt, in denen Leben nicht im Omegapunkt aufgeht; in dem einen nicht, weil es wieder in die Endsingularität kollabiert, noch ehe Leben eine Chance hat, sich zu entwickeln; im anderen nicht, weil es so lange braucht, um die maximale Expansion zu erreichen, daß Leben vorher ausstirbt. Entlang dieser beiden Trajektorien ist die Wellenfunktion gleich null.*

Im Wissenschaftlichen Anhang beschreibe ich die präzise mathematische Formulierung der Omegapunkt-Randbedingung. Ich vermute – kann allerdings nicht beweisen –, daß diese Formel eine einzige Wellenfunktion für das Universum ergibt.

Theologische Implikationen: die universelle Wellenfunktion als Heiliger Geist

Nehmen wir an, die Omegapunkt-Randbedingung ergibt eine einzige Wellenfunktion. Das würde bedeuten, daß die Gesetze der Physik und jedes Objekt, das physikalisch existiert, durch den Omegapunkt und seine Lebenseigenschaften geschaffen würden. Denn diese Eigenschaften bestimmen die universelle Wellenfunktion, und die Wellenfunktion bestimmt alles andere. In jeder Interpretation und bei jeder Randbedingung ist die universelle Wellenfunktion das einzige Feld, das allen anderen Feldern Leben verleiht – den elektroschwachen Feldern, den Gluonenfeldern, den Quarkfeldern, den Leptonenfeldern –, in der Tat: allen gewöhnlichen physikalischen Feldern. Wenn die Omegapunkt-Randbedingung gilt, wird dieses alles bestimmende Feld letztendlich personal. Wir haben also ein alles durchdringendes physikalisches Feld, das allem Sein Sein verleiht, das allen lebenden Dingen Leben verleiht, und das selber von dem Letzten Leben erzeugt wird, das es definiert.

Der Theologe Wolfhart Pannenberg vertrat in einigen Abhandlungen die Ansicht, daß ein unentdecktes physikalisches Feld existiere, ein alles durchdringendes physikalisches Feld, das man als eine transzendentale Quelle des Lebens betrachten könne. Ich behaupte, daß die universelle Wellenfunktion, die der Omegapunkt-Randbedingung unterliegt, sehr wohl dieses Feld sein könnte. Die Omegapunkt-Randbedingung fordert ausdrücklich, daß die Wellenfunktion das physikalische Universum Leben hervorzubringen zwingt, und sie fordert, daß dieses Leben sich bis in den Omegapunkt hinein fortsetzt. Wenn die Omegapunkt-Randbedingung gilt, erweckt die Wellenfunktion Leben und hält es am Leben. Darüber hinaus beschränkt die Wellenfunktion sich nicht auf lebende Dinge; sondern sie ist überall. Sie verfügt über die Macht zur Selbsttranszendenz, wie Pannenberg sie definiert: »Die Selbstranszendenz des Lebens stellt sich nun gleichzeitig als eine Aktivität des Lebewesens dar und als Wirkung einer Kraft, die das Lebewesen unablässig über seine Schranken erhebt und ihm eben dadurch sein Leben gewährt.«[10] Eine hervorragende Beschreibung der Beziehung zwischen einem Organismus im Universum und der universellen Wellenfunktion, für die die Omegapunkt-Randbedingung gilt. Pannenberg wies auch darauf hin, daß »in der biblischen Tradition die lebensspendende Kraft als Kraft betrachtet wird, die den Organismus von außen her beeinflußt.«[11]

In der biblischen Tradition ist diese lebensspendende Kraft der Heilige Geist. Ich schlage also in der Tat vor, daß wir die universelle Wellenfunktion, die der Omegapunkt-Randbedingung unterliegt, mit dem Heiligen Geist gleichsetzen. Ich behaupte, daß diese Gleichsetzung vernünftig ist, da, wie eben erörtert, eine Wellenfunktion das alles durchdringende physikalische Feld ist, das alle unmittelbar beobachteten physikalischen Felder erschafft und lenkt; zudem personalisiert die Omegapunkt-Randbedingung die Wellenfunktion ausdrücklich. Die universelle Wellenfunktion, die der Omegapunkt-Randbedingung unterliegt, ist folglich ein allgegenwärtiges unsichtbares Feld, das alles Sein erschafft und lenkt, und letztendlich personal – und genau dies sind die traditionellen definierenden Eigenschaften des Heiligen Geistes.

Man könnte die der Omegapunkt-Randbedingung unterliegende universelle Wellenfunktion auch mit der »radialen Energie« Teilhards gleichsetzen. Denn wie Pannenberg hervorhebt: »In Teilhards Konzeption gibt es nur einen Geist, der alle materiellen Prozesse durchdringt und aktiviert und über sich selbst hinaustreibt auf einen Weg fortschreitender Vergeistigung und konvergierender Vereinigung auf ein Zentrum vollkommener Einheit hin, das als das Ende des Prozesses der Lebensentwicklung sich zugleich als der wahre Ursprung seiner Dynamik erweist.«[12] Genau dies tut die universelle Wellenfunktion, die der Omegapunkt-Randbedingung unterliegt. Gemäß der Omegapunkt-Randbedingung gibt die Struktur der Phasenwege (genauer gesagt: ihrer letztendlichen Zukunft) allen Wegen

Wahrscheinlichkeitsgewichtungen – gewissermaßen Lenkung, keine strenge Kontrolle. Die letztendliche Zukunft lenkt alles Gegenwärtige in sich selber. Diese Lenkung ist jedoch *kein* Determinismus.

VII. Wie der freie Wille aus quantenkosmologischen Mechanismen hervorgehen kann

Der Unterschied zwischen Determinismus und Indeterminismus

Die Philosophie der Willensfreiheit unterscheidet zwei Hauptrichtungen. Zum einen die Kompatibilisten, die behaupten: Wir haben einen freien Willen, wenn wir uns als frei empfinden, das heißt, wenn wir uns keines äußeren Zwanges bewußt sind, der unser Handeln bestimmt. Zum anderen die Vertreter des Prinzips der Willensfreiheit; sie sagen, daß wir nur dann einen freien Willen haben, wenn wir selbst und nur wir unser Handeln bestimmen; das heißt, wir sind nur frei, wenn unsere konkreten Entscheidungen nicht vom Rest des Universums, von Vergangenheit, Gegenwart oder Zukunft bestimmt sind, sondern wir selbst der letzte, nicht zurückführbare Ausgangspunkt unserer Entscheidungen sind. Der Streit ist jahrtausendealt, zu einer Lösung kam es nicht, und zumal in den letzten Jahrhunderten redeten die Vertreter der beiden Schulen aneinander vorbei. Unter den Philosophen herrscht offenbar die allgemeine Überzeugung, daß seither kein neues Argument aufgetaucht ist, das einen Ausweg aus der Sackgasse hätte eröffnen können.

Ich werde in diesem Kapitel ein völlig neues Argument für den freien Willen liefern. Ich folgere, daß *beide* Richtungen korrekt sind. Insbesondere zeige ich, wie die Omegapunkt-Randbedingung ein Modell für den Determinismus des Handelnden im Sinne des Prinzips der Willensfreiheit liefert, ein Modell, das gleichwohl mit der Physik im Einklang steht. Selbst wenn es falsch wäre, brächte es uns doch erheblich weiter, denn es zeigt, daß das Prinzip der Willensfreiheit zumindest logisch konsistent ist, also widerspruchsfrei, woran die Kompatibilisten stets gezweifelt haben. Aber ich werde den Beweis erbringen, daß das Modell wahrscheinlich richtig ist. Es erfordert eine klare und eindeutige Unterscheidung zwischen Determinismus und Indeterminismus.

Die treffendste Unterscheidung zwischen Determinismus und Indeterminismus hat meiner Ansicht nach William James in seinem klassischen Artikel »The Dilemma of Determinism« getroffen:

> »Was behauptet Determinismus? Er behauptet, die bereits bestehenden Teile des Universums seien absolut vorgegeben und bestimmen, was die anderen Teile sein werden. Die Zukunft birgt keine unklaren Möglichkeiten in ihrem Schoß: Der Teil, den wir Gegenwart nennen, ist nur mit einer Ganzheit vereinbar. Jede andere zukünftige Ergänzung, die von der einen Bestimmung durch die Ewigkeit abweicht, ist unmöglich. Das Ganze ist in jedem einzelnen Teil enthalten und schweißt ihn mit dem Rest zu einer absoluten Einheit zusammen, einem eisernen Block, in dem es keine Zweideutigkeit, nicht den Schatten einer Abweichung geben kann... Im Gegensatz dazu behauptet Indeterminismus, daß die Teile zueinander einen gewissen Spielraum haben, so daß die Festlegung eines Teils nicht notwendigerweise bestimmt, was die anderen sein werden.«[1]

James' Grundidee ist, daß der Indeterminismus gilt, solange kein Teil der Realität die vollständige Information über das Ganze enthält. Das heißt, jedes Ereignis enthält eine bestimmte Information, die nirgendwo anders codiert ist. Das bedeutet, daß kein nichttrivialer Algorithmus existiert, von dem aus das gesamte Universum aufgrund der vollständigen Information über irgendeine echte Untermenge des Universums berechnet werden könnte. Ich verwende die Begriffe »Algorithmus« und »Information« hier im weitesten Sinne: In dem deterministischen Skalarfeld-Beispiel in Kapitel V ist die »Information« der Wert des Skalarfeldes am Rand, und der »Algorithmus« ist »Lösung der Laplaceschen Differentialgleichung«. So ausgedrückt, wird klar, daß James' Idee in Wirklichkeit von zeitlichen Beziehungen unabhängig ist. Sie ist plausibel selbst in Universen, in denen keine globale Zeit definiert werden kann. Wie James erkannte, bedeutet das auch: Wenn Gott als Wesen außerhalb des physikalischen Universums beschrieben wird, kann jedes Ereignis eine bestimmte Information enthalten, die nicht einmal in Gott codiert sein muß.

Die Vermeidung des Konflikts zwischen göttlicher Allwissenheit und menschlichem freien Willen

Der Konflikt zwischen göttlicher Allwissenheit und menschlichem freien Willen läßt sich vermeiden, wenn wir uns Tillichs Meinung zu eigen machen, wonach Gott nicht *ein Wesen* ist, sondern vielmehr das Sein an sich. Im Sinne der traditionellen Theologie könnten wir damit sagen, daß Gott beschließt, einiges von Seiner/Ihrer Information über jedes Ereignis nur in dem Ereignis selbst zu codieren. Die Information ist nach wie vor in Gott, denn jedes Ereignis ist eine echte Untermenge von Gott. In der Omegapunkt-Theorie liegt die einzigartige Information über jedes Ereignis ebenfalls im Omegapunkt in Seiner/Ihrer Transzendenz, da der Omegapunkt die Vollendung der endlichen Wirklichkeit ist und daher jede endliche Wirklichkeit einschließt. Mit anderen Worten: Nachdem der Omegapunkt in Seiner/Ihrer Transzendenz eine Singularität ist, ist die *an* eine Singularität gegebene Information eigentlich nur die Auskunft, die in der endlichen, als Gesamtheit betrachteten Wirklichkeit gegeben wird, und bestimmt deshalb nicht den anderswo gegebenen Wert. Oder, besser gesagt, sie bestimmt ihn nur in einem trivialen Sinn: Was geschieht, geschieht. Wie Pannenberg es ausdrückt: »[Gott] existiert nur in der Weise, wie die Zukunft Macht über die Gegenwart hat, denn die Zukunft entscheidet, was sich aus dem gegenwärtig Existierenden ergeben wird... Vor allem bringt die Macht der Zukunft den Menschen nicht um seine Freiheit, jeden Sachverhalt zu transzendieren. Ein gegenwärtig vorhandenes und mit Allmacht ausgestattetes Wesen würde diese Freiheit kraft seiner überwältigenden Macht vernichten.«[2] (Hier ist Vorsicht geboten. Nichtmathematiker neigen zu der Annahme, Determinismus bedeute, daß die Vergangenheit die Gegenwart bestimme, während dies umgekehrt nicht der Fall sei: die Zukunft könne die Gegenwart nicht bestimmen. In Wahrheit gilt in den meisten[3] deterministischen physikalischen Theorien der Determinismus in beiden Richtungen. In diesen Theorien hat die Zukunft genausoviel Macht über die Gegenwart wie die Vergangenheit.)

Die Omegapunkt-Quantentheorie ist nicht deterministisch

Ich will nun zeigen, daß die Omegapunkt-Quantentheorie – die quantisierte Relativitätstheorie mit der Omegapunkt-Randbedingung – weder im zeitlichen Sinne noch in James' allgemeinerem Sinne deterministisch ist. Das heißt, ich werde zeigen, daß die mathematische Struktur der Omegapunkt-Quantentheorie so beschaffen ist, daß ein Algorithmus, der die gesamte Wirklichkeit aufgrund einer echten Untermenge der Wirklichkeit hervorbrächte, nicht existiert. Insbesondere existiert keine Gleichung, mit der ein Computer bei Kenntnis der Wellenfunktionswerte in einem Teilbereich die gesamte universelle Wellenfunktion erzeugen könnte. Außerdem ist dies sogar lokal der Fall.

Dieser Indeterminismus ist eine Eigenschaft aller kosmologischen Quantentheorien, deren universelle Wellenfunktion in ihrem Definitionsbereich die Menge aller kompakten vierdimensionalen Mannigfaltigkeiten einschließt.[4] Deshalb gilt der Indeterminismus sowohl in der Hartle-Hawking-Quantenkosmologie als auch in der Omegapunkt-Quantentheorie. Allerdings kann er in der Hartle-Hawking-Kosmologie nur ein epistemologischer, kein ontologischer Indeterminismus sein. »Epistemologischer (erkenntnistheoretischer) Indeterminismus« bedeutet nur, daß der Indeterminismus in unserem Wissen liegt, nicht im objektiven Universum. »Ontologischer Indeterminismus« bedeutet, daß der Indeterminismus eine irreduzible (nicht ableitbare) Eigenschaft der Natur selbst ist. Diese Art von Indeterminismus wohnt der Realität an sich inne und hat nichts mit unserem Wissen – oder Nichtwissen – über sie zu tun. Wenn James von »Indeterminismus« spricht, meint er »ontologischen Indeterminismus« (»Ontologie« ist die Lehre vom Sein – oder dem Seienden – an sich.) Ich unterscheide ausdrücklich zwischen diesen beiden Arten des Indeterminismus, denn sie werden, wie ich festgestellt habe, in der Literatur über die Willensfreiheit häufig verwechselt. Ein Schriftsteller wird vom epistemologischen Indeterminismus des Universums ausgehen und daraus folgern, daß das Universum ontologisch indeterministisch ist. Das stimmt aber nicht. Das beste Gegenbeispiel ist das Phänomen des klassischen Chaos, das in Kapitel II erörtert wurde. Klassisches Chaos bedeutet, daß das klassische Universum epistemologisch, jedoch nicht ontologisch indeterministisch ist, weil die letztendlich kontrollierenden Gleichungen deterministisch sind. Das heißt: Obwohl wir – unabhängig davon, wie exakt unsere Anfangsdaten sind, – nicht voraussagen könnten, was langfristig geschieht, wäre dennoch all unser Handeln streng determiniert; wir wären, wenn wir in einem derartigen Universum lebten, tatsächlich in einen eisernen Block eingesperrt.

Der Grund für den Indeterminismus in diesen Modellen ist das Vierermannigfaltigkeits-Nichtklassifikationstheorem[5]: Es existiert kein Algorithmus, der alle kompakten vierdimensionalen (topologischen oder differenzierbaren) Mannigfaltigkeiten ohne Rand aufführt oder klassifiziert, und darüber hinaus existiert kein allgemeiner Algorithmus, der zeigen kann, ob zwei gegebene Mannigfaltigkeiten verschiedene oder ein und dieselbe sind. So ist es, ausgehend vom Wert der universellen Wellenfunktion auf irgendeinem gegebenen Gebiet einer bestimmten Vierermannigfaltigkeit, nicht möglich, durch irgendein effektives Verfahren die übrige Wellenfunktion zu erzeugen. Denn die Wellenfunktion müßte unterscheiden, ob die Topologien verschieden sind – aber das können wir nicht aussagen. Eine überall gültige rechenbare Gleichung *wäre* jedoch in der Lage, verschiedene Wellenfunktionen zu unterscheiden; also schließen wir daraus, daß keine derartige wellenfunktionserweiternde Gleichung existiert. Die lokale Aussage ist: Wenn die Wellenfunktion für irgendeine offene Umgebung U auf einer Vierermannigfaltigkeit gegeben ist, existiert keine universelle Gleichung, kein universeller Algorithmus, der eine eindeutige Erweiterung der auf U gegebenen Wellenfunktion auf eine größere Umgebung U' definiert. Zum Beweis sei darauf hingewiesen, daß man U' immer modifizieren könnte, indem man aus U' eine Kugel U herausschneidet und den sich daraus ergebenden Rand mit dem Rand identifiziert, der entsteht, wenn aus irgendeiner anderen Mannigfaltigkeit eine ähnliche Kugel herausgeschnitten wird. Da es keinen allgemeinen Algorithmus gibt, um die Identität von Mannigfaltigkeiten zu bestimmen, gibt es auch keinen Algorithmus, der eine Aussage darüber trifft, ob dies geschehen ist. Eine »rechenbare Gleichung« bedeutet entweder eine Differenzgleichung, eine Differentialgleichung, die diskretisiert werden kann, oder irgendeine Gleichung, die mit einer endlichen Anzahl von Schritten im Prinzip lösbar ist. Man mag nun einwenden, daß das Universum durch eine »nichtrechenbare« Gleichung gesteuert sein könnte, aber ich glaube nicht, daß zwischen einer Gleichung, die zur Lösung eine unendliche Zahl von Rechenschritten erfordert, und überhaupt keiner Gleichung ein wirklicher Unterschied besteht. Eine derartige Gleichung läßt sich nicht lösen, auch nicht im Prinzip; genausogut kann man sagen: Was geschieht, geschieht.

Es ist aber nicht nur unmöglich, eine derartige Gleichung zu lösen, es ist auch prinzipiell unmöglich, sie aufzuschreiben, falls sie existieren sollte. Denn eine solche hypothetische Gleichung wäre eine Gleichung für die universelle Wellenfunktion, die mit der Omegapunkt-Randbedingung ein Funktional der 4-Metrik wäre. Die 4-Metrik ist ihrerseits eine Funktion des Koordinatensystems für alle Vierermannigfaltigkeiten. Eine Gleichung für die universelle Wellenfunktion in mathematisch bedeutsamer Weise niederzuschreiben hieße, daß wir zuerst für alle Vierermannigfaltigkeiten Koordinatensysteme aufstellen müßten, in denen wir die Metrik festsetzen. Aber das Nichtklassifikationstheorem impliziert die Unmöglichkeit, derartige Koordinatensysteme aufzustellen (jede Vierermannigfaltigkeit mit, sagen wir, einem System euklidischer Kartenabschnitte abzudecken): wenn wir alle diese Koordinatensysteme (oder Abschnittsysteme) klassifizieren – anhand eines effektiven Verfahrens niederschreiben – könnten, so würde dasselbe Verfahren auch die Mannigfaltigkeiten klassifizieren; dazu sind wir aber faktisch nicht imstande. Da es keine Möglichkeit gibt, das Koordinatensystem aufzuschreiben, das den Bereich der universellen Wellenfunktion abdeckt, können wir auch keine Gleichung für die universelle Wellenfunktion aufschreiben. Ich will die Nichtexistenz einer Gleichung als gleichbedeutend mit der Unfähigkeit definieren, sie durch irgendein effektives Verfahren in einer endlichen Anzahl von Symbolen in mathematisch bedeutsamer Weise niederzuschreiben. Mit dieser Definition ist die Nichtexistenz einer Gleichung für die universelle Wellenfunktion festgesetzt. Alle in der Physik bis heute verwendeten Gleichungen – selbst die, von denen wir nicht wissen, wie sie zu lösen sind – ließen sich mit einer endlichen Zahl von Symbolen in mathematisch bedeutsamer Weise ausdrücken.[6]

Nachdem das Nichtklassifikationstheorem eine globale Aussage ist, könnte es rechenbare – nur lokal, nicht universell gültige – Gleichungen geben, die einen lokalen Bereich der Realität »bestimmen«. »Lokal« bedeutet hier jedoch kleiner als die Plancksche Länge 10^{-33} Zentimenter, so daß ein solcher Determinismus für die menschliche Willensfreiheit irrelevant ist.

Der Indeterminismus in der Quantengravitation ist seinem Wesen nach völlig verschieden vom Indeterminismus, der sich aus der nichtrelativistischen Quantenmechanik ergibt. Im zweiten Fall existiert eine deterministische Gleichung für die Zeitentwicklung der Wellenfunktion, die Schrödinger-Gleichung (die rechenbar ist, wenn die Wellenfunktion auf einen kompakten Bereich beschränkt ist); demnach geht der nichtrelativistische Quantenindeterminismus aus unserer beschränkten Sicht der Welt hervor. Im Gegensatz dazu ist der Indeterminismus in der Quantengravitation ontologisch und logisch unüberwindbar: letztlich ergibt er sich aus Gödels Unvollständigkeitssatz – das Vierermannigfaltigkeits-Nichtklassifikationstheorem ist im Grunde eine Variante des Gödelschen Satzes, wie in Kapitel II dargestellt.

Wir dürfen jedoch nicht vergessen, daß die unterste Ebene der Wirklichkeit wohl keine Dreier- oder Vierermannigfaltigkeiten sind. Unsere derzeitige Theorie von der Quantengravitation geht zwar davon aus, doch sie könnte falsch sein. Wenn sie falsch ist, dann könnte die letzte Ebene der Wirklichkeit mathematisch wesentlich einfacher beschrieben werden als durch die Mathematik der Mannigfaltigkeiten. Wenn die zur Beschreibung der Wirklichkeit erforderliche Mathematik einfach genug ist, dann trifft der Gödelsche Satz nicht zu, und der Determinismus könnte wieder aktuell werden.

Wie einfach muß die Mathematik zur Beschreibung der Wirklichkeit sein, damit der Gödelsche Satz unanwendbar ist? Um diese Frage beantworten zu können, müssen wir uns daran erinnern, was er besagt: Die gesamte Theorie der Arithmetik (das heißt die Arithmetik mit den üblichen vier Operationen, Addition (+), Subtraktion (–), Multiplikation (x) und Division (÷)) kann nicht als konsistent bewiesen werden; und wenn sie als konsistent angenommen wird, ist sie unvollständig und nicht entscheidbar. *Konsistent* bedeutet, daß die Axiome der Theorie keinen logischen Widerspruch beinhalten; *vollständig* bedeutet, daß jede wahre Aussage in der Theorie ein Theorem (aus den Axiomen ableitbar) ist; und *entscheidbar* bedeutet, daß es einen Algorithmus gibt, mit dem sich entscheiden läßt, ob irgendeine beliebige Aussage in der Theorie ein Theorem oder ein Widerspruch ist (das heißt einen Algorithmus zur Ableitung aller wahren Aussagen aus dem Axiomensystem). Natürlich ist eine konsistente, entscheidbare Theorie vollständig, aber eine konsistente und vollständige Theorie muß nicht entscheidbar sein.

Der polnische Logiker Alfred Tarski zeigte 1949, daß die euklidische Geometrie, wie sie im Gymnasium gelehrt wird, widerspruchsfrei, vollständig und entscheidbar ist.[7] Gödel selbst zeigte in den dreißiger Jahren, daß der grundlegende Teil der Logik, der Aussagenkalkül, ebenfalls widerspruchsfrei, vollständig und entscheidbar ist.[8] Wenn die Satzrechnung durch »Quantifikatoren« vergrößert wird, dann wird sie zur Logik erster Ordnung, die, obwohl vollständig, nicht entscheidbar ist.[9] Quantifikatoren treten in zwei Formen auf: als »existentieller Quantifikator« (geschrieben ∃), der »es existiert« bedeutet, und als »universeller Quantifikator« (geschrieben ∀), der »für alle« bedeutet. Wenn die Physik also eine Logik braucht, in der Aussagen wie »für alle x, x = Z + R« vorkommen, dann muß sie mit Nichtentscheidbarkeit leben.

Aber vielleicht braucht die Physik keine derart starken Quantifikatoren. Der Quantifikator »für alle« ist grenzenlos. Wenn die Reihe von Aussagen, auf die wir die Logik anwenden wollen, begrenzt ist, dann ist diese eingeschränkte Logik dem Aussagenkalkül äquivalent.

Vielleicht braucht die Physik nicht einmal die gesamte Arithmetik. Den Kindern in der Grundschule wird die Multiplikation als Kurzform für die Addition beigebracht: 5 x 4 heißt »zähle 5 viermal hintereinander zusammen«. Wir wissen alle: 5 x 4 = 5 + 5 + 5 + 5 = 20. In der vollen Theorie der Arithmetik jedoch werden durch die Kombination von Multiplikation und Addition (und den Quantifikatoren) Aussagen möglich, die keineswegs einer Kurzform für Aussagen entsprechen, die nur die Addition benutzen. Diese volle Theorie der Arithmetik ist unvollständig und nicht entscheidbar –

wenn sie überhaupt widerspruchsfrei ist; Sie erinnern sich, daß wir das nicht beweisen können.

Hingegen ist jede Rechnung, die Sie je mit Hilfe von Multiplikation und Addition (und Division und Subtraktion) durchgeführt haben, und jede Rechnung, die jeder Computer je durchgeführt hat, und jede Rechnung, die jede endliche Maschine jemals durchführen wird, – sind alle diese Rechnungen vollkommen äquivalent den Rechnungen, die nur auf Addition und Subtraktion beruhen.[10] Und dieser eingeschränkte Teil der Arithmetik – bisweilen auch Presburger Arithmetik genannt – ist widerspruchsfrei, vollständig und entscheidbar.[11] Doch obwohl die Presburger Arithmetik entscheidbar ist, sind ihre Algorithmen superexponentiell schwierig[12]; das heißt, ein Problem, das mit N Symbolen ausgesagt werden kann, wird zur Lösung im allgemeinen 10^{10^N} Rechenschritte erfordern. Vielleicht wurde die volle Theorie der Arithmetik erfunden, um das Rechnen zu erleichtern, nicht weil die Realität sie erforderte.

Arithmetik mit Multiplikation und Division ist ebenfalls widerspruchsfrei, vollständig und entscheidbar. Der logische Status der verschiedenen hier behandelten Theorien ist in der folgenden Tabelle zusammengefaßt.

Theorie	Widerspruchsfrei?	Vollständig?	Entscheidbar?
Aussagenkalkül	ja	ja	ja
Euklidische Geometrie	ja	ja	ja
Logik erster Ordnung	ja	ja	nein
Arithmetik, nur + & –	ja	ja	ja
Arithmetik, nur x & ÷	ja	ja	ja
Arithmetik, volle Theorie	?	nein	nein

Wie ich in Kapitel II begründet habe – und wir werden in Kapitel IX noch ausführlicher darauf eingehen –, zeigt die Quantenmechanik, daß wir endliche Maschinen sind. Ferner zeigt die Quantenmechanik, daß es in der Natur eine grundlegende Diskretheit gibt. Wenn diese Diskretheit so weit geht, daß sie die mannigfaltige Struktur der letztendlichen Wirklichkeit eliminiert und durch etwas ersetzt, das durch die Presburger Arithmetik vollständig beschrieben werden kann, dann könnte die Physik vollständig deterministisch sein. Ihre Mathematik wäre sicherlich entscheidbar.

Es ist ebenfalls möglich, daß der Omegapunkt – dessen Unendlichkeit *tatsächlich* ist, nicht rein potentiell wie die Unendlichkeit der universellen Turing-Maschine – nicht dem Halteproblem unterliegt, das Turing-Maschinen begrenzt, und daher möglicherweise auch nicht dem Gödelschen Satz, selbst wenn sich herausstellt, daß die Physik die volle Theorie der Arithmetik benötigt. Diese Möglichkeit ist ziemlich technisch und bleibt daher dem Wissenschaftlichen Anhang vorbehalten.

Wie der quantenkosmologische Indeterminismus im menschlichen Denken benutzt werden könnte

Wenn also unsere gegenwärtigen Theorien von der Quantengravitation richtig sind, wohnt jedem Bereich der Raumzeit ein Indeterminismus – in James' Bedeutung des Begriffs – inne. Wie ich nun zeigen werde, ist es sehr wahrscheinlich, daß dieser innewohnende Indeterminismus im Prozeß der menschlichen Entscheidungsfindung häufig eine Rolle spielt.

Der erste Schritt meiner Argumentation besteht darin, zu zeigen, daß jeder Algorithmus zur Entscheidungsfindung – ein Computerprogramm –, der stark genug ist, um mit Problemen der realen Welt fertig zu werden, notwendigerweise ein »Zufalls«element enthalten muß. »Zufall« steht deshalb in Anführungszeichen, weil ich dieses Wort im wertneutralen Sinn von »nicht determiniert« verwende. Im normalen Sprachgebrauch hat »Zufall« die Nebenbedeutung von »Sinn-/Bedeutungslosigkeit«, aber wie wir sehen werden, ist die Nichtdeterminiertheit beim Entscheidungsprozeß alles andere als bedeutungslos, sondern könnte im Gegenteil als wichtige Quelle von »Bedeutung« angesehen werden. Turing selber plädierte in seinem klassischen Artikel über den Turing-Test für Personalität[13] – auf den wir in Kapitel II ausführlich eingegangen sind – für ein solches Zufallselement, weil es zur Lösung eines Problems zwar deterministische Algorithmen geben mag, diese aber oft eine so enorme Rechnerkapazität erfordern, daß systematisches »Raten« – zufälliges Auswählen unter gleichgewichtigen Möglichkeiten – fast immer effizienter ist. Heutzutage wird dieses Verfahren als »heuristisches Programmieren« bezeichnet. Ein derartiges zufälliges Auswahlverfahren hilft auch, Zwickmühlen von der Sorte zu vermeiden, an der Buridans Esel scheiterte: Buridans berühmter Esel, der ein durch und durch vernünftiger Esel war, stand zwischen zwei gleich großen, gleich wohlriechenden und in gleicher Entfernung von seiner Nase liegenden Bündeln Heu. Der Esel war sehr hungrig, aber da er keinen zureichenden Grund sah, weshalb er das eine Bündel dem anderen vorziehen sollte, konnte er sich nicht entscheiden, und fraß nicht. So verhungerte das scharfsinnige Tier mitten im Überfluß. Natürlich wäre eine willkürliche Entscheidung besser gewesen als keine.

Im wirklichen Leben ist die Entscheidungsfindung, die gelegentliche zufällige oder willkürliche Wahl zwischen Alternativen, mehr als nur effizient; sie ist lebensnotwendig. Schließlich muß man in der Wirklichkeit immer wieder Entscheidungen unter Bedingungen der Unsicherheit treffen. Fast nie weiß man über die Vor- und Nachteile jeder Alternative vollkommen Bescheid. Ein Grund für diese Unsicherheit ist der Preis der Information: Um Informationen über die verschiedenen Alternativen zu sammeln, müssen Arbeit und Energie aufgewendet werden, und um über eine Alternative erschöpfende Information zu erhalten, wären, selbst wenn es sie gäbe, mehr als ein Menschenleben und mehr als die gesamten Energiereserven der Erde nötig. Also muß das Sammeln aufhören, lange bevor unsere Information vollständig ist, und eine Entscheidung getroffen werden. Wie Abraham Wald gezeigt hat[14], kann man Entscheidung unter Unsicherheitsbedingungen als zweifaches Spiel ansehen, das ein Individuum gegen den Rest der Wirklichkeit spielt. Außerdem zeigte Wald[15], daß man den gesamten Prozeß wissenschaftlicher Forschung in ähnlicher Weise als ein zweifaches Spiel gegen die Natur betrachten kann. John von Neumann und Oskar Morgenstern zeigten[16], daß doppelte Spiele im allgemeinen durch »gemischte« Strategien gelöst werden; das heißt Strategien, bei denen der Spieler seinen Zug aus einer Anzahl möglicher Züge *aufs Geratewohl* aussucht. Von Neumann und Morgenstern schildern dies anhand des »Münzewerfens«: Kopf oder Zahl. Den größten Erfolg erzielt ein Spieler, wenn er sich willkürlich für Kopf oder Zahl entscheidet. Würde er sich nach einem im voraus festgelegten (nichtzufälligen) Plan entscheiden, könnte sein Gegner aufgrund der letzten Partie diesen Plan schließlich durchkreuzen und so den nichtzufälligen Spieler schlagen. Wald zeigt, daß das Spiel der wissenschaftlichen Induktion und das Spiel der unsicheren Entscheidung am besten mit gemischten Strategien gespielt werden. Daraus folgt, daß jedes Lebewesen, das im Spiel des Lebens erfolgreich war – also ein Angehöriger jeder beliebigen lebenden Spezies –, in seinem Entscheidungsapparat wahrscheinlich über irgendeine Art Zufallsgenerator verfügt.

Dieser Zufallsgenerator könnte natürlich auch nur ein Pseudozufallsgenerator sein. Tatsächlich wird bei heuristischen Programmen nichts anderes als ein Subprogramm benutzt, das Pseudozufallszahlen erzeugt. (In der Informatik bedeutet »Pseudozufall«, daß die Zahlen von einem so komplexen deterministischen Algorithmus erzeugt werden, daß sie von den Zahlen, die ein »echter« Zufallsprozeß hervorbringt, nicht mehr zu unterscheiden sind. Ein derartiges Zufallsprogramm muß jedoch kompliziert sein, soll der Gegner das deterministische Muster (das vorhanden sein muß; andernfalls ist der Zufallsgenerator nur pseudozufällig) nicht erraten. Ich vermute daher, daß der Zufallsgenerator im menschlichen Gehirn kein Softwareprogramm ist, sondern eine Art Hardwareeinheit: Derlei könnte durch natürliche Selektion aufgrund von Zufallsmutationen recht leicht zustande kommen.

Ich werde nun zeigen, daß das menschliche Nervensystem – zumindest im Prinzip – fähig ist, Quantenfluktuationen als Quelle des Zufalls zu nutzen. Damit soll natürlich nicht behauptet werden, daß das Nervensystem tatsächlich Quantenfluktuationen benutzt – nur die Fähigkeit dazu ist vorhanden. (Ich werde später ausführen, daß Menschen, selbst wenn sie diese Fähigkeit nicht nutzen, auf ontologischer Ebene gleichwohl einen freien Willen haben, vorausgesetzt, die Omegapunkt-Randbedingung trifft zu.) Penrose wies darauf hin[17], daß die Netzhäute von Kröten bekanntermaßen so empfindlich sind, daß bereits ein einzelnes auftreffendes Photon eine Nervenerregung auszulösen vermag. Der Mensch verfügt über Mechanismen zur Unterdrückung schwacher Signale, so daß mindestens sieben Photonen nötig sind, damit das an Dunkelheit adaptierte menschliche Auge in der Lage ist, ihr Auftreffen wahrzunehmen. Trotzdem sind die Nervensysteme von Kröten und Menschen entwicklungsgeschichtlich einander so nahe, daß auch im menschlichen Nervensystem zweifellos eine Empfindlichkeit für einzelne Photonen vorhanden ist. Nun kann ein Zufallsgenerator auf eine Folge binärer Zufallsentscheidungen reduziert werden, worunter zu verstehen ist: »Handle, wenn das Zufallsereignis stattfindet, und handle nicht, wenn es nicht stattfindet.« Man könnte sich einen solchen Zufallsgenerator zum Beispiel in einem Teil des menschlichen Auges vorstellen. Die (Licht-)Undurchlässigkeit des Materials über einer Gruppe von Netzhautzellen könnte so abgestimmt sein, daß bei normalen Lichtverhältnissen ein einzelnes Photon mit einer Wahrscheinlichkeit von 1:2 innerhalb der Zeit eines Nervenzellenzyklus (ungefähr 10^{-2} Sekunden) auf die Netzhaut auftrifft und mit derselben Wahrscheinlichkeit kein Photon auftrifft. Wird ein Photon registriert, folgt eine Handlung; wird kein Photon registriert, geschieht nichts. Ist die Wellenfunktion des eintreffenden Photons so beschaffen, daß die klassische Näherung (Maxwell-Gleichungen) gilt, wird das Auftreffen eines Photons beziehungsweise sein Ausbleiben, wie oben beschrieben, quantenmechanisch genauso unsicher wie der Zerfall eines bestimmten Atoms in einer Menge radioaktiver Atome. Ich glaube nicht, daß der Zufallsgenerator sich tatsächlich im Auge befindet, denn zum einen sind auch blinde Menschen entscheidungsfähig, zum anderen sind die Lichtverhältnisse viel zu wechselhaft; der Zufallsgenerator müßte mit einem bestimmten Charakteristikum der Umwelt arbeiten (äußerlich oder innerhalb des Nervensystems), das im wesentlichen konstant ist (andernfalls müßte der Zufallsgenerator ein Programm einschließen, das Helligkeitsschwankungen ausgleicht). Aber zur Veranschaulichung der Funktionsweise eines Zufallsgenerators mag das obige Modell genügen.

Der Neurophysiologe und Nobelpreisträger Sir John Eccles[18] hat ein viel besseres Modell vorgeschlagen. Er zeigt, daß bei der synaptischen Exozytose die Verlagerung eines Teilchens mit der Masse von 10^{-18} Gramm eine Neuronenfeuerung bewirken kann, und er folgert, daß eine solche Verlagerung unter Umständen aufgrund von quantenmechanischen Fluktuationen eintritt. Er nennt auch ausdrücklich den Ort in den Nervenzellen, an dem solche Fluktuationen stattfinden könnten: in den Büscheln apikaler Dendriten (Nervenzellenfortsätze) der Pyramidenzellen von Laminae V und III-II, erstmals beschrieben von den Neurophysiologen Fleischhauer und Peters.

Zwar wurde gezeigt, daß das menschliche Nervensystem nichtrelativistische quantenmechanische Unsicherheit benutzen kann, um eine zufällige Auswahl zu treffen, doch folgt daraus nicht, daß es auch zum Quantengravitationssystem Zugang hätte. Wie ich oben ausgeführt habe, erfordert der echte ontologisch freie Wille eine Quantengravitationsunsicherheit, da es eine deterministische Gleichung gibt, die die nichtrelativistische »Unsicherheit« steuert. Auf zweierlei Art könnte das menschliche Nervensystem im Zufallsauswahlprozeß zum herrschenden Quantengravitationssystem Zugang haben. Zum einen aufgrund eines Mechanismus, den Penrose[19] vorschlug: Wenn ein substantieller Anteil des Gehirns – so führt er aus – handeln könnte, als befände er sich in einem kohärenten Quantenzustand, dann könnte er in der Lage sein, ein Signal von der Planckschen Skala bis auf makroskopische Ebene zu verstärken. Die bekannte Verstärkungskraft des Nervensystems mit einem Faktor 10^8 ist dazu nicht ausreichend – vom einzelnen Photon bis zur Neuronenfeuerung ist eine Energieverstärkung um den Faktor 10^{20} erforderlich; demnach ist Penroses Vorschlag, gelinde gesagt, spekulativ. Die zweite Möglichkeit ist, daß die Zufallsauswahl über Vakuumfluktuationen innerhalb des Gehirns stattfindet. Ein System, das fähig ist, einzelne Photonen aufzuspüren, ist sicherlich empfindlich genug. Eines der wichtigsten ungelösten Probleme der Teilchenphysik besteht darin, die Größe der Vakuumenergiedichte zu erklären. Wenn die Fluktuationen in der Topologie vernachlässigt werden, ist der berechnete Wert um einen Faktor von ungefähr 10^{54} zu hoch. Die beliebteste Methode, dieses Problem zu lösen, besteht darin, die topologischen Fluktuationen einzuschließen: manche Rechnungen deuten darauf hin, daß diese den Faktor 10^{54} aufheben können. Aber wenn dies der Aufhebungsmechanismus ist, dann würden die Restfluktuationen in der Vakuumenergiedichte notwendigerweise Quantengravitationsunsicherheiten widerspiegeln, so daß ein auf diesen Fluktuationen beruhender Zufallsgenerator ontologisch indeterministisch wäre. Ein Phasenübergang des menschlichen Gehirns wäre in diesem Fall völlig unvorhersagbar. In dieser Situation hätten wir einen ontologisch freien Willen.

Warum dieser neue Typus von Indeterminismus nicht »bloßer Zufall« bedeutet

Vielen Menschen widerstrebt es, »Willensfreiheit« mit Zufall oder Glück gleichzusetzen. William James hat den Ursprung dieser Abneigung untersucht und meiner Ansicht nach eine gute Antwort darauf gegeben:

> »Das Bollwerk der deterministischen Empfindung ist die Antipathie gegenüber der Vorstellung von Zufall... Offenbar liegt der Stachel, den der Begriff ›Zufall‹ hat, in der Annahme, Zufall bedeute etwas Positives, eine Chance: etwas, das einem zufällt; und wenn irgend etwas zufällig geschieht, dann müsse es von wesentlich irrationaler und absurder Art sein. Zufall aber meint nichts dergleichen... Der... Zufallscharakter [eines Ereignisses] bedeutet nichts anderes, als daß darin etwas wirklich Eigenes liegt, etwas, das nicht die unbedingte Eigenschaft des Ganzen ist. Wenn das Ganze diese Eigenschaft will, muß es warten, bis es sie bekommen kann, und sei es eine Frage des Zufalls... Zufall bedeutet lediglich die negative Tatsache, daß kein Teil des Ganzen, wie groß auch immer, den Anspruch erheben kann, das Geschick des Ganzen absolut zu steuern... Unbestimmte zukünftige Willensäußerungen sind in der Tat Zufall.«[20]

Zufall muß gewiß nicht irrational sein. Im Gegenteil: Wie oben dargestellt, hat die moderne Spieltheorie gezeigt, daß unter Umständen, wie sie sich im Verlauf der normalen Entscheidungsfindung zwangsläufig ergeben, gerade die Rationalität bei der Entscheidung für die eine oder andere Handlungsweise den Einsatz des Zufalls *verlangt*. In der Modernen Synthese – das ist der *terminus technicus* für die moderne Evolutionstheorie, eine Synthese aus Darwins natürlicher Selektion und der Mendelschen Genetik – ist alle Ursprünglichkeit in der Entwicklung des Lebens, jede Entstehung einer neuen Art, auf den Zufallsmechanismus von Mutation und Neukombination zurückzuführen. Die natürliche Auslese findet nur aufgrund dessen statt, was ihr der Zufall zur Verfügung stellt. Das Buch des Molekularbiologen Jacques Monod[21] *Le Hasard et la nécessité* ist im wesentlichen eine Darstellung dieses Umstandes für Laien; schon der Titel des Buches formuliert seine These. Aber jedes moderne Lehrbuch über die Evolution sagt dasselbe; uneinig sind sich die zeitgenössischen Evolutionsbiologen allein über die relative Bedeutung von »Zufall und Notwendigkeit« (wobei unter »Notwendigkeit« die natürliche Auslese zu verstehen ist). Wer die Rolle des Zufalls in der Evolution ablehnt, lehnt die Moderne Synthese ab. Unter den Erkenntnistheoretikern herrscht zunehmend Übereinstimmung darüber[22], daß jede originelle Leistung des Menschen auf eine im wesentlichen zufällige Vermischung von Ideen in seinem schöpferischen Bewußtsein – bei unterbewußter Ausmerzung (natürlicher Auslese) unbrauchbarer Ideen – zurückzuführen ist.

Ich glaube, daß an manchem Vorbehalt gegen den Zufall eine Verwechslung der Beschreibungsebenen schuld ist. Man sollte nicht vergessen, daß der Zufallsgenerator auf einer Ebene weit unterhalb des wachen Bewußtseins aktiv ist. Auf dieser Ebene gibt es keinen bewußt Handelnden, folglich findet auf dieser Ebene kein Handeln statt. Zufälligkeit ist ein Aspekt der nichtbelebten Materie. Auf physikalischer Ebene muß irgendeine Zufälligkeit herrschen, wenn die Bewußtseinsebene ontologisch nicht determiniert sein soll. Auf der Bewußtseinsebene ist uns vom Wirken des Zufallsauswahlprinzips nicht das geringste bewußt, genausowenig, wie wir merken, wenn unsere Nervenzellen feuern. Wann immer der Zufallsgenerator wirksam wird, denken wir, daß *wir* eine nichtdeterminierte Entscheidung getroffen hätten; tatsächlich ist dem auch so.

Es ist der Handelnde, nicht der Zufallsgenerator, der die Entscheidungen trifft. Wie Hofstadter und Dennet[23] betonen, interagieren die verschiedenen Vollzugsebenen im Menschen miteinander. Es ist stets die Bewußtseinsebene, die den tieferen Ebenen Befehle erteilt: Der Zufallsgenerator beispielsweise wird fortlaufend angewiesen, die Wahrscheinlichkeitsgewichtung in der Entscheidungsmatrix zu verändern. Betrachten wir eine wichtige Entscheidung, eine, über die der Handelnde einige Zeit nachgrübelt. Beginnen wir mit der Analyse in dem Augenblick, in dem der Handelnde – mit oder ohne Zufallsgenerator – die Entscheidung trifft, nicht sofort zu handeln, sondern die Folgen seines Handelns gründlicher zu bedenken. Die Bewußtseinsebene schickt Befehle an die tieferen Ebenen und läßt jede im Gedächtnis gespeicherte Information ins Bewußtsein rufen, die für die Entscheidung relevant sein könnte. Um derlei Informationen hervorzuholen, agieren viele Ebenen deterministisch, gesteuert durch Programme, die im Gedächtnis bereits codiert sind. Der Zufallsgenerator ist jedoch ebenfalls aktiv und verbindet – aufs Geratewohl – verschiedene im Gedächtnis vorhandene Spuren bisher unzusammenhängender Themen und schickt diese Verbindungen zu höheren Ebenen, die deterministisch handeln. Fast alle diese Verbindungen sind Unsinn, völlig nutzlos, und werden verworfen, noch ehe sie bis zur Bewußtseinsebene vordringen. Doch einige, sehr wenige, halten die deterministischen Programme für vielversprechend und schicken sie zur weiteren Prüfung zur Bewußtseinsebene hinauf. Während dieses Ablaufs fällt eine deterministische Entscheidung: Mehr Information von außen wäre hilfreich. Wieder ergeht ein Befehl nach unten und verlangt Vorschläge, woher weitere Information zu beziehen sei. Erneut erfolgen die meisten Vorschläge durch deterministische Algorithmen – es sollte dort gesucht werden, woher schon zuvor Informationen zu diesem Thema eingetroffen sind –, aber wieder liefert der Zufallsgenerator etliche unwahrscheinliche Vorschläge. Die deterministischen Algorithmen gewichten die absurden Vorschläge nach ihrer Wahrscheinlichkeit und schicken das Ergebnis an den Zufallsgenerator zurück, der nun einige je nach ihrem Wahrscheinlichkeitsgewicht heraussucht. Alle solchermaßen zustandegekommenen Angebote, die wenigen zufällig ausgewählten mit eingeschlossen, werden gesammelt zur Bewußtseinsebene geschickt, die sich mit allen befaßt. Die zusammengetragene Information wird von den deterministischen Algorithmen bearbeitet, die Schlußfolgerungen gelangen hinauf zur Bewußtseinsebene, die mit Hilfe dieser Algorithmen deterministisch entscheidet, welches endgültige Wahrscheinlichkeitsgewicht den jeweils möglichen Handlungsweisen zuzuordnen ist. Ist das Wahrscheinlichkeitsgewicht bei mehr als einer Möglichkeit nicht gleich null, gehen diese Daten zurück an den Zufallsgenerator; dieser wählt entsprechend dem Wahrscheinlichkeitsgewicht, für das sich die höheren Ebenen am Ende entschieden haben, (aufs Geratewohl) eine Möglichkeit aus. Die Wahl wird zur Bewußtseinsebene geschickt und in die Tat umgesetzt.

Dieses Modell soll verdeutlichen, daß jede Entscheidung eine

Kombination aus Zufall und Notwendigkeit ist, das Ergebnis aus der Rückkopplung zwischen Bewußtsein und den tieferen Ebenen. Der Zufallsgenerator und die deterministischen Ebenen wechselwirken viele Male innerhalb einer Sekunde miteinander und modifizieren sich gegenseitig bei jeder Interaktion. Die endgültige Entscheidung ist das Ergebnis der Integration dieser Wechselwirkungen; es ist das *Ich*, das die Entscheidung trifft. Tatsächlich entsteht das *Ich* mit der Zeit durch die fortwährende Aktion der verschiedenen Ebenen einschließlich des Zufallsgenerators. Die menschliche Persönlichkeit ist eine Einheit aller dieser Ebenen.

Libet und Mitarbeiter haben bewiesen[24], daß das Gehirn einer »Person« sich zum Handeln entscheidet, bevor die »Person« sich der Entscheidung zum Handeln bewußt ist; das heißt, das Gehirn trifft die Entscheidung und informiert anschließend die Person darüber, die (fälschlich) glaubt, sie habe eigentlich die Entscheidung »getroffen«. Deutlich macht das ein Experiment, bei dem eine Versuchsperson einen Lichtpunkt beobachtet, der mit 2,5 Umdrehungen pro Sekunde auf einem Bildschirm rotiert. Die Versuchsperson wird gebeten, willkürlich einen Finger zu krümmen, und, sobald sie die Entscheidung dazu getroffen hat, die Position des Lichtpunkts zu notieren. Eine am Kopf der jeweiligen Versuchsperson befestigte Elektrode registrierte im Schnitt eine Gehirnstromänderung 0,35 Sekunden *bevor* sie ihre Absicht zu handeln mitteilte.

Die Tatsache an sich, daß das menschliche Bewußtsein eine Einheit vieler Ebenen ist – der Computerwissenschaftler Marvin Minsky bezeichnete diese Integration als »Bewußtseinsgesellschaft« – legt einen weiteren Grund nahe, weshalb jedes Bewußtsein, menschlich oder nicht, unbedingt einen Zufallsgenerator auf einer tieferen Ebene braucht. Tatsächlich zeigt das Arrow-Unmöglichkeitstheorem[25], daß es keinen vernünftigen deterministischen Algorithmus gibt, der die zahlreichen auf den Subebenen getroffenen Entscheidungen zu einer Entscheidung der gesamten Person, des *Ichs*, integrieren könnte. (Arrows Theorem besagt, daß es unmöglich ist, aufgrund der individuellen Entscheidungsfunktionen der Mitglieder einer Gesellschaft eine allgemein anwendbare Entscheidungsfunktion hervorzubringen. Ursprünglich wurde das Theorem nur auf Gesellschaften von menschlichen Individuen angewandt, doch es gilt für alle Gesellschaften einschließlich der »Gesellschaft«, die das menschliche Bewußtsein ist.) Einen Zufallsgenerator zur

Verfügung zu haben, der eine gelegentliche Blockierung bei der Entscheidungsfindung zu durchbrechen vermag, kann eine Möglichkeit sein, Arrows Theorem zu umgehen.

Laut den Kompatibilisten ist der freie Wille eine Eigenschaft, die auf der Ebene der bewußten Entscheidung existiert – oder fehlt. Das wollen wir akzeptieren. Den Vertretern der prinzipiellen Willensfreiheit zufolge kann es freien Willen nur geben, wenn bei der bewußten Entscheidung ein »Zufall« in James' Sinne eine Rolle spielt: Die tatsächliche Entscheidung ist nicht durch den Rest des Universums, durch Vergangenheit, Gegenwart oder Zukunft ontologisch bestimmt. Das wollen wir ebenfalls akzeptieren. Die Annahme dieser beiden Forderungen setzt voraus, daß der freie Wille zwei Bedingungen erfüllt:

(1) Der/die bewußt Handelnde muß sich selbst frei *fühlen*, seine/ihre Entscheidung frei zu treffen. Er/sie darf sich bei der Entscheidungsfindung keiner äußeren oder inneren Zwänge bewußt sein. Der geeignete Algorithmus zur Feststellung, ob die Entscheidung eines Handelnden in diesem Sinne frei war, besteht einfach darin, den Handelnden zu fragen: »Hast du deine Entscheidung aus freiem Willen getroffen?«

(2) Die Entscheidung des/der bewußt Handelnden muß auf der untersten physikalischen Ebene indeterminiert sein. Der Algorithmus, um dies festzustellen, ist die Frage: Hat während des Entscheidungsprozesses der Zufallsgenerator eine Rolle gespielt, und hat dieser Zugang zur Ebene der onotologisch indeterministischen Quantengravitation?

Wenn beide Bedingungen erfüllt sind, wenn der/die Handelnde sich als frei handelnd empfindet, wenn der/die Handelnde das Gefühl hat, er/sie selber hat die Entscheidung getroffen, *und* wenn die Entscheidung auf der untersten physikalischen Ebene tatsächlich indeterministisch war, dann, behaupte ich, hat der/die Handelnde tatsächlich einen freien Willen.

Omegapunkt-Randbedingung: Der Determinismus des Handelnden ist eine ontologische Letztendlichkeit

Ich sollte hinzufügen, daß die Omegapunkt-Randbedingung den »Determinismus des Handelnden« als ontologisches Endziel impliziert: die von menschlichen Handelnden getroffenen Entscheidungen lassen sich weder epistemologisch auf die Quantenfeldphysik zurückführen, noch sind sie ontologisch ableitbar. Denn mit der Omegapunkt-Randbedingung wird die Wellenfunktion durch die Notwendigkeit innerer Widerspruchsfreiheit erzeugt: Die Gesetze der Physik und die Entscheidungen von Lebewesen, die im Universum handeln, zwingen das Universum, sich zum Omegapunkt hin zu entwickeln. Die freien Entscheidungen der Handelnden sind ein irreduzibler Faktor bei der Erzeugung des physikalischen Universums und seiner Gesetze, nicht nur das Gegenteil. Das bedeutet: Selbst wenn der Zufallsgenerator im menschlichen Nervensystem anscheinend nur pseudozufällig ist, haben wir gleichwohl einen ontologisch freien Willen, sofern die Omegapunkt-Randbedingung für das tatsächliche Universum zutrifft. Mit dieser Randbedingung werden die letzten physikalischen Gesetze von den Handelnden erzeugt und nicht umgekehrt. Deshalb haben die Gesetze der Physik mit der Omegapunkt-Randbedingung notwendigerweise eine kleine »Unbestimmtheit«; sie können nicht alle Entscheidungen aller Handelnden bestimmen.

Denn die freien Entscheidungen *aller* Handelnden in Vergangenheit, Gegenwart und Zukunft erschaffen gemeinsam die gesamte Existenz: Dies ist einfach eine andere Ausdrucksform dessen, was die Omegapunkt-Randbedingung besagt. Wir könnten auch sagen, daß der Omegapunkt »das physikalische Universum erschafft« und daß diese Schöpfung deshalb »kontingent« ist: zufällig, nicht notwendig, in dem ganz speziellen Sinne, daß sie nur über Seine/Ihre freie(n) Entscheidung(en) existiert. Diese Formulierung bringt uns auf Kants klassische Unterscheidung zwischen Deismus und Theismus: »Jener stellt sich also unter demselben [Gott] bloß eine *Weltursache*..., dieser einen *Welturheber* vor [Hervorhebung von Kant][26]. Nach dieser Unterscheidung ist die Omegapunkt-Theorie theistisch, nicht deistisch oder pantheistisch. (In Kapitel XII werde ich mich mit Deismus in anderer Form – aufgrund einer anderen Definition – befassen.)

Die Omegapunkt-Randbedingung – und folglich die in diesem Kapitel dargestellte Theorie des freien Willens – stützt sich im wesentlichen auf die Vielwelten-Ontologie. Ich behaupte, daß umgekehrt jede Theorie des freien Willens, die vom Determinismus des Handelnden als einem ontologischen Endpunkt ausgeht, notwendigerweise auf einer Vielwelten-Ontologie beruht. Determinismus des Handelnden setzt voraus, daß es wirklich wahr ist, daß ein Handelnder »auch anders hätte handeln können«. Allerdings besteht die einzige Möglichkeit sicherzugehen, daß der Handelnde »auch anders hätte handeln können«, für den Handelnden darin, daß er tatsächlich anders handelt. Das heißt, der Handelnde müßte de facto zwei (oder mehr) einander widersprechende Handlungen gleichzeitig ausführen. Das ist natürlich nur in einem Vielwelten-Universum möglich.

Am besten veranschaulicht diesen Umstand das Phänomen der Hypnose. Wenn eine Person hypnotisiert wird und (zum Beispiel) die Anweisung erhält »Du kannst deine Augen nicht öffnen«, so sagt sich der/die Hypnotisierte stets: »Natürlich kann ich meine Augen öffnen. Aber ich öffne sie nicht – sonst würde ich den Vorgang ja unterbrechen.« (Oder denkt sich irgendeine andere Entschuldigung aus.) Das heißt, eine Person unter Hypnose ist immer überzeugt, daß sie auch anders hätte handeln können, aber sie tut es nie und sucht sich dafür stets eine Ausrede. Richard Feynman faßte seine eigenen Erfahrungen unter Hypnose so zusammen: »Die ganze Zeit sagst du dir: ›Ich könnte es tun, aber ich tu's nicht‹ – was einfach eine andere Art ist zu sagen: Ich kann nicht.«[27] Was die Omegapunkt-Randbedingung besagt, ist: Manchmal kann man von zwei einander widersprechenden Handlungen beide ausführen, weil man sie tatsächlich vollzieht – in verschiedenen Welten. Aber wann diese »doppelte Handlung« stattfindet, ist im ganzen Universum nirgendwo festgelegt. Es ist nicht determiniert und wahrhaft zufällig.

Dennoch können wir sagen, daß der Omegapunkt und die Gesamtheit alles dessen, was physisch existiert, in anderem Sinn notwendigerweise existiert. Diesem anderen Sinn wollen wir uns jetzt zuwenden.

VIII. Der Omegapunkt und das physikalische Universum existieren notwendigerweise

Das ontologische Argument in der Informatik

Nehmen Sie an, es könnte physikalisch nachgewiesen werden, daß der Omegapunkt wirklich existiert. Wäre es dann noch immer vernünftig, die Existenz eines Gottes getrennt und unabhängig vom Omegapunkt anzunehmen? Nicht, wenn wir zeigen können, daß der Omegapunkt »notwendigerweise existiert« – im strengen Sinn logischer Notwendigkeit –, so daß es ein logischer Widerspruch wäre, seine Existenz zu leugnen. Seitdem Kant behauptete, »Sein ist kein Prädikat«[1], und Frege Kants Argument erweiterte zu »Sein ist kein Prädikat erster Ordnung«[2], empfanden die Philosophen das ontologische/kosmologische Argument allgemein als ungültig. Wenn das stimmt, würde es bedeuten, daß kein Gottesbeweis irgendeiner Art gültig sein könnte, denn, um mit Kant zu sprechen »...liegt dem physiko-theologischen Beweis der kosmologische, diesem aber der ontologische Beweis... zum Grunde«.[3] Ferner hielten Logiker es allgemein für unmöglich, allein mit den Mitteln der Logik die Existenz von irgend etwas zu beweisen. Ich behaupte, daß sowohl die Philosophen als auch die Logiker unrecht haben: Ich denke, man kann beweisen, daß das Universum notwendigerweise existiert. Der Beweis stützt sich auf eine Analyse der Bedeutung des Wortes »Existenz« (»Dasein«). Die Beweisführung wird sich *nicht* im Wiederaufwärmen der tausendjährigen ontologischen Debatte erschöpfen; sie stützt sich vielmehr auf einige recht naheliegende metaphysische Implikationen der modernen Informatik und der modernen Kosmologie. In diesen wissenschaftlichen Theorien sollten solche Implikationen nicht überraschen; jede grundlegende wissenschaftliche

Theorie stellt stillschweigend metaphysische Behauptungen über die letztendliche Natur der Wirklichkeit auf. Wie in jeder Wissenschaft üblich, wird die Wahrheit der Metaphysik im physikalischen Experiment überprüft. Wenn eine deterministische Theorie wie die Newtonsche Himmelsmechanik korrekte Voraussagen hervorbringt, so tendiert dies dahin, nicht nur die Newtonsche Mechanik zu bestätigen, sondern auch die metaphysische Theorie, wonach das Universum deterministisch ist. Wie bald klar sein wird, ist die nachstehende ontologische Beweisführung eine naheliegende Folgerung aus Gedanken, die in der modernen Informatik *absolut zentral* sind.

Simulationen und Emulationen

Wir wollen deshalb mit der Computermetaphysik beginnen. Ein großer Teil der Informatik befaßt sich mit *Simulationen* von Phänomenen der physikalischen Welt. Bei einer Simulation wird ein mathematisches Modell des physikalischen Studienobjekts in einem Programm codiert. Das Modell schließt möglichst viele Attribute des realen physikalischen Objekts ein (natürlich beschränkt durch das Wissen über diese Attribute einerseits und die Kapazität des Computers andererseits). Das Programm läuft ab und entwickelt das Modell in der Zeit. Wenn das Ausgangsmodell exakt ist, wenn es genügend Schlüsseleigenschaften des realen Objekts erfaßt, ahmt die Zeitentwicklung des Modells ziemlich genau die Zeitentwicklung des realen Objekts nach, so daß sich die wichtigsten Eigenschaften, die das reale Objekt in der Zukunft haben wird, vorhersagen lassen.

Angenommen, wir würden versuchen, eine Stadt voller Menschen zu simulieren. Solche Simulationen werden heute versucht, allerdings auf lächerlich ungenauem Niveau. Aber stellen wir uns vor, die Simulation enthielte immer mehr Attribute der Stadt, vor allem immer mehr Eigenschaften jedes Individuums. Im Prinzip können wir uns eine Simulation vorstellen, die so gut ist, daß jedes einzelne *Atom* in jedem Menschen und jedem Gegenstand in der Stadt und die Eigenschaften jedes Atoms in der Simulation ihre Entsprechung haben. Stellen wir uns schließlich eine Simulation vor, die absolut perfekt ist: Jede, wirklich jede Eigenschaft der realen Stadt und jede reale Eigenschaft jeder realen Person in der realen Stadt sei in der Simulation präzise wiedergegeben. Stellen wir uns weiter vor, daß das Programm auf einem gigantischen Computer läuft und die zeitliche Entwicklung der simulierten Menschen und ihrer Stadt die ganze Zeit über präzise die reale zeitliche Entwicklung der realen Menschen und der realen Stadt nachahmt. Eine absolut präzise Simulation nennt man *Emulation*. Bis heute sind die einzigen Gebilde, die wir mit Computern emulieren konnten, andere Computer, aber ich werde in einem späteren Kapitel darlegen, daß echte Emulationen von tatsächlichen physikalischen Objekten im Prinzip möglich sind. Der Grund dafür, weshalb es solche Emulationen noch nicht gibt, liegt an der derzeitigen Leistungsfähigkeit der Computer: Dafür bedarf es einer Computerkapazität, die die Kapazität aller Rechenanlagen der Welt übersteigt.

Die Schlüsselfrage ist nun: Existieren emulierte Menschen? Aus der Sicht der simulierten Menschen – ja. Jede Handlung, die reale Menschen ausführen können und tatsächlich ausführen, um festzustellen, ob sie existieren – über die Tatsache nachdenken, daß sie denken, mit ihrer Umgebung interagieren –, können, nach Voraussetzung, auch die emulierten Menschen ausführen und führen sie tatsächlich aus. Die emulierten Menschen haben schlicht keine Möglichkeit zu sagen, daß sie »in Wirklichkeit« in einem Computer existieren, daß sie nur simuliert und nicht real sind. Von dort aus, wo sie sich befinden, nämlich in einem Programm, haben sie keinen Zugang zur realen Substanz, dem materiellen Computer. Man kann sich nun die äußerste Simulation vorstellen: eine perfekte Simulation – eine Emulation – des gesamten physikalischen Universums, die insbesondere alle auch im realen Universum existierenden Wesen enthält und die tatsächliche Zeitentwicklung des tatsächlichen Universums vollkommen nachahmt. Auch hier haben die Menschen innerhalb dieses simulierten Universums keine Möglichkeit festzustellen, daß sie nur simuliert sind, daß sie nur eine Zahlenfolge sind, mit der ein Computer jongliert, und in Wahrheit nicht real.

Woher wissen wir, daß wir selber nicht bloß eine Simulation in einem gigantischen Computer sind? Das können wir natürlich nicht wissen. Aber offensichtlich existieren wir wirklich. Deshalb – *wenn* tatsächlich eine exakte Eins-zu-eins-Übereinstimmung zwischen dem physikalischen Universum und einer Simulation möglich ist –

behaupte ich, wir sollten uns auf die *identitas indiscernibilium*, die »Einerleiheit des Nichtzuunterscheidenden«, berufen und das Universum mit allen seinen Emulationen, seinen perfekten Simulationen, identifizieren. Die »Einerleiheit des Nichtzuunterscheidenden« ist eine philosophische Regel, die der deutsche Philosoph Gottfried Wilhelm Leibniz im 17. Jahrhundert einführte. Nach dieser Regel sind Einheiten, die auf keinerlei Weise, auch nicht im Prinzip und zu keiner Zeit in der Vergangenheit, der Gegenwart und der Zukunft zu unterscheiden sind, als identisch (»einerlei«) anzusehen. Wie wir sehen werden, liegt diese Regel – die ich eine »philosophische« genannt habe – tatsächlich der modernen Physik weitgehend zugrunde, deshalb betrachte ich sie de facto als ein physikalisches Gesetz, das experimentell gestützt ist.[4]

Wie in Kapitel II ausgeführt, wird ein von einem materiellen Computer emulierter Computer eine *virtuelle Maschine* genannt. Der emulierte Computer, sagt man, existiert in einer *virtuellen Wirklichkeit*. Aber diese Computeremulationen müssen sich nicht auf einen einzigen Schritt beschränken. Der emulierte Computer kann einen dritten Computer emulieren, und dieser wiederum einen vierten und so weiter ohne Ende. Diese Hierarchie von Computersimulationen nennt man Vollzugsebenen. In der Standardinformatik ist man sich nur der höheren Vollzugsebenen bewußt, die als Realitätsebenen gedacht werden können. Die unterste Realitätsebene kann als *Letzte Wirklichkeit* bezeichnet werden. Wie ich oben sagte, können wir nicht wissen, ob das Universum, in dem wir uns befinden, tatsächlich die Letzte Wirklichkeit ist.

Aber kann das Universum tatsächlich mit einer Simulation dekkungsgleich sein, also präzise in jedem Punkt übereinstimmen? Ich denke ja, sofern wir verallgemeinern, was wir unter einer Simulation verstehen. In der Informatik ist eine Simulation ein Programm, das im wesentlichen eine Abbildung der Menge der ganzen Zahlen auf sich selbst ist. Das heißt, die Programmanweisungen teilen dem Computer mit, wie er vom gegenwärtigen Zustand, dargestellt durch eine Zahlenfolge, in den nachfolgenden Zustand übergeht, der ebenfalls durch eine Zahlenfolge dargestellt ist. Bedenken Sie jedoch, daß wir den materiellen Computer nicht wirklich brauchen; die erste Zahlensequenz und die allgemeine Regel (Anweisungen oder Abbildung), die gegenwärtige Sequenz durch die nächste zu ersetzen, ist alles, was nötig ist. Allerdings kann die allgemeine Regel selbst wieder als Zahlenfolge dargestellt werden. Wenn die Zeit global existierte und wenn die grundlegenden Gegebenheiten im physikalischen Universum und die Zeitschritte zwischen einem Augenblick und dem nächsten diskret wären, dann stünde die gesamte Raumzeit zweifellos in vollkommener Übereinstimmung mit einem bestimmten Programm. Doch vermutlich existiert die Zeit nicht global (sie existiert nicht global, wenn die traditionelle Quantenkosmologie richtig ist), und es kann sein, daß die Substanzen des Universums kontinuierliche Felder sind und nicht diskrete Objekte (in *allen* gegenwärtigen physikalischen Theorien sind die Grundsubstanzen kontinuierliche Felder). Wenn also das tatsächliche Universum als etwas beschrieben wird, das gegenwärtigen Theorien gleicht, kann es nicht mit einem Standardcomputerprogramm, das auf Abbildungen von ganzen Zahlen beruht, deckungsgleich sein. Derzeit gibt es kein Modell eines »kontinuierlichen« Computers. Turing meinte sogar, derlei sei bedeutungslos. (Es gibt Definitionen von »rechenbaren kontinuierlichen Funktionen«, aber keine davon ist wirklich befriedigend.)

Fassen wir den Begriff der Simulation großzügiger. Betrachten wir die Gesamtmenge aller mathematischen Begriffe. Sagen wir, daß eine perfekte Simulation existiert, wenn das physikalische Universum in Deckungsgleichheit mit einigen wechselseitig konsistenten Untermengen aller mathematischen Begriffe gebracht werden kann. In diesem Sinn kann das Universum sicherlich simuliert werden, denn dann bedeutet »Simulation«, daß wir sagen, das Universum kann in logisch widerspruchsfreier Weise erschöpfend »beschrieben« werden. »Beschreiben« erfordert allerdings nicht, daß wir oder irgendein anderes endliches (oder unendliches) intelligentes Wesen die Beschreibung tatsächlich finden. Es kann sein, daß das tatsächliche Universum zu einer unendlichen Stufenordnung expandiert, wann immer man versucht, es erschöpfend zu beschreiben. In diesem Fall wäre es unmöglich, eine alles umfassende Theorie (*Theory of Everything, TOE*, im Fachjargon) zu finden. Dennoch wäre es nach wie vor richtig, daß eine »Simulation« im allgemeineren Sinne existierte, wenn jede Ebene in isomorpher Übereinstimmung mit mathematischen Objekten stünde und wenn alle Ebenen wechselseitig konsistent wären (wobei »Konsistenz« bedeutet, daß es im Fall eines Widerspruchs zwischen Ebenen eine Regel gäbe – die selbst ein mathematisches Objekt wäre –, mit der sich entscheiden ließe, welche Ebene richtig ist). Der springende Punkt bei dieser Verallgemeinerung ist die Feststellung, daß das tatsächliche physikalische Universum in der Gesamtmenge aller mathematischen Objekte enthalten ist. Dies folgt aus der Existenz einer perfekten Simulation des Universums und aus unserer Übereinkunft, das Universum mit seiner perfekten Simulation, das heißt seiner Emulation, zu identifizieren. Demnach ist das physikalische Universum auf der untersten ontologischen Ebene ein Begriff.

Der Algorithmus zur Feststellung, welche Konzepte physikalisch existieren

Natürlich existieren nicht alle Konzepte physikalisch. Manche hingegen schon. Aber welche? Die Antwort gibt unsere frühere Programmanalyse. *Die Simulationen, die komplex genug sind, um Beobachter – denkende, fühlende Wesen – als Subsimulationen einzuschließen, existieren physikalisch.* Darüber hinaus existieren sie physikalisch per definitionem; denn dies ist es doch, was wir unter Existenz verstehen: daß denkende und fühlende Wesen sich als existierend denken und fühlen. Erinnern Sie sich: Das simulierte Denken und Fühlen simulierter Wesen ist real. Folglich existiert das tatsächliche physikalische Universum – das Universum, in dem wir jetzt unsere eigenen simulierten Gedanken und unsere simulierten Gefühle erleben – notwendigerweise: aufgrund der Definition von Existenz. Physikalische Existenz ist nur eine besondere Beziehung zwischen Begriffen. Existenz ist sehr wohl ein Prädikat, aber ein Prädikat bestimmter außerordentlich komplexer Simulationen. Sie ist gewiß kein Prädikat einfacher Begriffe wie etwa »hundert Taler«. (Kant[5] benutzte die »hundert Thaler« als Beispiel für einen Begriff, bei dem das Sein keine Eigenschaft – ein Prädikat – zusätzlich zu seinen physikalischen Attributen wie Material, Größe, Beschaffenheit und so weiter ist.)

Mit gleicher Notwendigkeit werden verschiedene Universen physikalisch existieren. Insbesondere wird ein Universum existieren, in dem wir Dinge tun, die sich geringfügig von dem unterscheiden, was wir in diesem Universum tun (vorausgesetzt natürlich, daß dieses

Tun der Struktur des übrigen Universums nicht logisch widerspricht.) Das ist jedoch nichts Neues, sondern kommt bereits in der Ontologie der Vielwelten-Interpretation vor. Wie viele Universen physikalisch wirklich existieren, hängt davon ab, wie Sie »denkendes und fühlendes Wesen« interpretieren. Ist Ihre Definition eingeschränkt – ein solches Wesen müsse mindestens unsere menschliche Komplexität aufweisen –, dann erscheint auch der Spielraum möglicher Universen recht eingeschränkt: *The Anthropic Cosmological Principle*, das Buch[6], das ich zusammen mit John Barrow verfaßte, beschäftigt sich mit der Frage, wie fein abgestimmt unser Universum sein muß, wenn es darin Wesen wie uns geben soll.

Was geschieht, wenn die Simulation eines Universums morgen zu Ende geht? Bricht das Universum zusammen und hört auf zu sein? Sicherlich existieren solche zeitlich begrenzten Simulationen mathematisch. Gibt es aber keinen von innen her sichtbaren Grund, weshalb die Simulation aufhören sollte, kann sie durchaus in eine größere Simulation eingebettet sein, die nicht aufhört. Nachdem es die Beobachtungen von Wesen innerhalb der Simulation sind, die darüber entscheiden, was physikalisch existiert, und nachdem aus deren Sicht am Übergangspunkt, an dem die auslaufende Simulation in die andauernde Simulation eingebettet ist, nichts geschieht, muß das Universum als weiterbestehend gelten. Existenz hat die maximale Ausweitung, denn nach der »Einerleiheit des Nichtzuunterscheidenden« müssen wir (physikalisch) auslaufende Programme mit ihrer Einbettung in das Maximalprogramm gleichsetzen. (Ein ähnliches Argument könnte man anführen, um die physikalische Existenz der Maximalentwicklung aufgrund der Anfangsdaten im Anfangswertproblem der klassischen allgemeinen Relativität zu behaupten.)

Außerdem: Wenn es logisch möglich ist, daß in irgendeinem Universum das Leben immer weitergeht, wird dieses Universum notwendigerweise für alle Zukunft existieren. Insbesondere muß der Omegapunkt, wenn er, wie in früheren Kapiteln beschrieben, logisch kohärent ist, notwendigerweise existieren. Auch hier lassen sich zahlreiche Beweisketten finden, die zeigen, wie außerordentlich schwierig es ist, ein Universum zu konstruieren, in dem Leben überhaupt, geschweige denn für immer existieren kann. Also würde ich erwarten, daß das von der Omegapunkt-Randbedingung ausgesuchte Universum einzigartig ist. Wenn dem so ist, wird die logische Konsistenz (und die Definition von »Leben«, »denkendem und fühlendem Wesen« und so weiter) eine einzige Wellenfunktion zur Verwirklichung auswählen. Nachdem die Wellenfunktion und ihre Argumente die physikalischen Gesetze beziehungsweise alles, was existiert, bestimmen, wäre in diesem Fall das physikalische Universum allein durch logische Konsistenz determiniert. Folglich können wir wieder den Schluß ziehen, daß das Universum, oder vielmehr der Omegapunkt, notwendigerweise existiert.

Ein gegebenes Universum existiert notwendigerweise, wenn es immerfort, bis hin zum Omegapunkt, Beobachter hat. Die kollektiven Beobachtungen (und Handlungen) aller Beobachter lassen das gesamte Universum entstehen; gleichermaßen existieren Vergangenheit, Gegenwart und Zukunft, weil diese Bereiche der Raumzeit vom Omegapunkt beobachtet werden. Dies bringt uns auf den Gedanken des britischen Philosophen George Berkeley, der im 18. Jahrhundert behauptete: Das Universum existiert deshalb, weil Gott es andauernd beobachtet. Überhaupt vertrat Berkeley die Vorstellung, für die auch ich in diesem Kapitel plädiere: Existieren heißt wahrgenommen werden. Auf die Frage, ob man sagen kann, daß ein fallender Baum im Wald Lärm verursacht, wenn niemand in der Nähe ist, der ihn hören könnte (oder, wie ich lieber fragen würde – zumal Tiere und Pflanzen nach meiner Theorie durchaus erstklassige Beobachter sind –, ob man sagen kann, daß das frühe Universum existiert hat, bevor es irgendeine Form von Leben gab), lautet die Antwort ja, denn in der Letzten Zukunft beobachtet der Omegapunkt/Gott. Der folgende Limerick faßt Berkeleys Ansicht – und meine eigene – recht nett zusammen:

There once was a man who said »God
Must find it exceedingly odd
When he sees that this tree
Continues to be
When there is no one about in the Quad.«

Reply: »Dear Sir: Your astonishment's odd.
I *am always about in the Quad.*
And that's why this tree
Continues to be
Since observed by
*Yours faithfully, God.«**

Beweis für das Postulat des ewigen Lebens

Die vorhergehende Diskussion über die Notwendigkeit der physikalischen Existenz des Universums kann in einen Beweis für das Postulat des ewigen Lebens umgewandelt werden. Suchen Sie sich irgendeinen Abschnitt einer einzelnen Geschichte aus und richten Sie dann Ihre Aufmerksamkeit auf einen zeitlichen Augenblick in diesem Geschichtsabschnitt. Dieser Augenblick beinhaltet das gesamte physikalische Universum, wie wir es jetzt, in diesem Moment, sehen. (Vergessen Sie nicht, daß wir die anderen Welten der Vielwelten-Interpretation nicht sehen können.) Stellen wir uns vor, wie sich diese von den physikalischen Gesetzen (was immer sie in diesem Geschichtsabschnitt sein mögen) gesteuerte Reihe von Anfangsdaten in der Zukunft entwickelt. Nehmen wir nun an, die physikalischen Gesetze und die Anfangsbedingungen seien derart, daß in irgendeiner künftigen Zeit T_e alles Leben in dieser Geschichte notwendigerweise ausstirbt. Das heißt, jede weitere Entwicklung in die Zukunft, die unter den gegebenen physikalischen Gesetzen stattfindet, wird für alle künftige Zeit eine Geschichte ohne Leben sein. Die gesamte Geschichte existiert mathematisch, in der Klasse aller logisch konsistenten Simulationen, aber sie *kollabiert physikalisch zur Nichtexistenz* in dem Augenblick, in dem das Leben ausstirbt (vorausgesetzt natürlich, daß auf keinen Fall eine daneben bestehende Geschichte von der Geschichte, in der das Leben ausgestorben ist, beeinflußt werden kann). Wenn es in dem Universum, das sein Dasein beobachten könnte, kein Leben gibt, dann existiert gemäß der Definition von physikalischer Existenz diese Simulation, diese Geschichte eines Universums, physikalisch nicht. Tritt jedoch in den physikalischen Gesetzen in dieser Geschichte eine Änderung ein, so daß das Leben nach T_e weitergeht, dann hat die Geschichte mit den zum Zeitpunkt T_e geänderten physikalischen Gesetzen physikali-

* (zu S. 263) Es war einmal ein Mann, der sagte: »Gott muß es äußerst sonderbar finden, wenn er sieht, daß dieser Baum auch dann existiert, wenn keiner in der Nähe ist.« – Antwort: »Sehr geehrter Herr! Ihr Erstaunen ist sonderbar. *Ich* bin doch immer in der Nähe. Und deshalb existiert dieser Baum weiter, denn er wird beobachtet von Ihrem ergebenen Gott.«

sche Existenz. Das heißt, die Gesetze der Physik, so wie sie über alle Zeit hinweg gelten, und die allgemeinen Randbedingungen *lassen das Leben notwendigerweise für immer weiterexistieren*. Dies beweist das Postulat des ewigen Lebens.

Wenn umgekehrt die Gesetze der Physik ohne eine in der Zeit eingetretene Änderung Leben im Universum weiterexistieren lassen, dann wird es eine Geschichte geben, in der Leben in diesem Universum mit unveränderten physikalischen Gesetzen tatsächlich weiterexistiert. Damit sind meine Vorhersagen aus Kapitel IV – die unter der Annahme getroffen wurden, daß die physikalischen Gesetze von der Gegenwart an mindestens so lange gelten, bis das kollabierende Universum die Plancksche Temperatur erreicht – gültig.

Bedenken Sie auch hier, daß ich mir bei diesem Beweis für das Postulat des ewigen Lebens die Platonsche Sicht der mathematischen und physikalischen Wirklichkeit zu eigen mache. Die mathematische Wirklichkeit – die Menge aller logisch konsistenten Sätze – gilt als Letzte Wirklichkeit, und die physikalische Wirklichkeit ist eine echte Untermenge der Letzten Wirklichkeit. Es kann sein, daß eine Simulation, die komplex genug ist, um physikalisch zu existieren, auf einer anderen Maschine abläuft, die ihrerseits eine virtuelle Maschine in wieder einer anderen Maschine ist, und so weiter. Alle diese Maschinen existieren mathematisch, und wenn es, zumindest im Prinzip, eine Kommunikation zwischen diesen verschiedenen Ebenen geben kann – Sie erinnern sich, daß diese Ebenen »Vollzugsebenen« genannt werden –, dann verleiht diese Möglichkeit definitionsgemäß allen Ebenen physikalische Realität, denn nach Voraussetzung ist die höchste Vollzugsebene physikalisch real. Die unterste Vollzugsebene, die (zumindest im Prinzip) von einem physikalisch existierenden Universum aus erreicht werden kann, könnten wir »Letzte physikalische Realität« nennen.

Wie der Omegapunkt das physikalische Universum erschafft

Lassen Sie mich die Gedanken der vorhergehenden drei Kapitel zusammenfassen, um zu zeigen, daß es nun vernünftig ist zu behaupten: »Der Omgegapunkt erschuf das physikalische Universum (und Sich Selbst).« In der Theologie hat der Begriff »Erschaffung des Universums durch Gott« über die letzten zwei Jahrtausende zwei sehr verschiedene Bedeutungen angenommen. Zum einen wurde er dahingehend interpretiert, daß das physikalische Universum ein endliches Alter hat, die Zeit selbst einen Anfang; und zum anderen dahingehend, daß das physikalische Universum nicht selbsterhaltend ist und daher ohne den kontinuierlichen Schöpfungsakt Gottes, der es am Leben erhält, in die Nichtexistenz stürzen würde.

Die erste Interpretation bereitet mittlerweile keine wissenschaftlichen Schwierigkeiten mehr, denn das allgemein akzeptierte Modell der modernen Kosmologie, die sogenannte *Big-Bang-* oder Urknalltheorie, ist eine präzise physikalische Theorie, nach der das physikalische Universum vor einer endlichen Zeit, »Eigenzeit« genannt – vor ungefähr zwanzig Milliarden Jahren –, aus dem Nichts entstanden ist.

Ich werde nun zeigen, daß die Omegapunkt-Theorie eine Möglichkeit bietet, auch die zweite Interpretation auf ein gleichermaßen präzises Fundament zu stellen. Was man dazu braucht, ist ein physikalisches Modell über die Art und Weise, wie das Universum in die Nichtexistenz stürzen *könnte*. Berkeleys Vorschlag ist insofern nicht überzeugend, als er keinen physikalischen Mechanismus aufzeigt, der erklärt, weshalb die Beobachtung eine Rolle spielt. Deshalb – wegen der fehlenden Beobachtung – ist ein Modell für ein kollabierendes Universum erforderlich. Jetzt ist klar, wie ein solches zu konstruieren ist.

Um es anders auszudrücken: Es ist notwendigerweise wahr, daß eine zukünftige Geschichte existiert, die vom gegenwärtigen Zustand des Universums in den Omegapunkt führt. Es ist notwendigerweise wahr, daß wir, was immer wir auch tun, nicht für immer von Gott getrennt sein *können*. Diesen logisch notwendigen Zusammenhang hat Paulus in seinem Brief an die Römer vielleicht am besten formuliert: »Denn ich bin gewiß: Weder Tod noch Leben, weder Engel noch Mächte, weder Gegenwärtiges noch Zukünftiges, weder Gewalten der Höhe oder Tiefe noch irgendeine andere Kreatur können uns scheiden von der Liebe Gottes...« (Röm 8,38–39).

Diese notwendige Existenz *aller* Geschichten, die zu Gott führen, stimmt in allen wesentlichen Punkten mit dem traditionellen christlichen Bild von der Schöpfung des Universums durch Gott, der sogenannten Emanationslehre (*Emanatismus*), genau überein. Augustinus führte die Emanationslehre ins Christentum ein, doch die Idee stammt letztlich von Platon. In seinem Dialog *Timaios* argumentierte Platon als erster, Gott wünsche, daß alle Wirklichkeit Ihm so nahe komme wie logisch möglich:

> »Geben wir denn an, welcher Grund den Ordner alles Entstehens und dieses Weltganzen, es zu ordnen, bestimmte. Der Grund ist der, daß er gut war, im Guten aber erwächst niemals und in keiner Beziehung Mißgunst. Dieser fern, wollte er, daß alles ihm selbst möglichst ähnlich werde. Mit dem größten Rechte möchte jemand wohl der Rede weiser Männer, die das für den hauptsächlichsten Ursprung des Entstehens und der Welt erklären, Glauben beimessen.«[7]

Der Neuplatoniker Plotin entwickelte die Folgerungen von Gottes Wunsch nach Vervollkommung aller Dinge in seinem Buch *Enneaden* (5. Buch, Kapitel 2, Abschnitt I):

> »Da das Eine von vollkommener Reife ist (es sucht ja nichts, hat nichts und bedarf nichts), so ist es gleichsam übergeflossen, und seine Überfülle hat ein Anderes hervorgebracht... Nun sehen wir aber, wie von den übrigen Dingen alles, was zu seiner Entfaltung kommt, zeugt und sich nicht zufrieden gibt, in sich zu verharren, sondern ein anderes hervorbringt, und zwar nicht nur, was bewußten Willen hat, sondern auch, was ohne bewußten Willen aus sich wachsen läßt... Wie soll da das Vollkommenste, das Erste Gute, bei sich selbst stehen bleiben, gleichsam mit sich kargend oder aus Schwäche – welches doch aller Dinge Kraft ist?... Es muß mithin auch aus ihm etwas hervorgehen... Und die Erzeugung der Vielheit aus dem Einen kann so lange nicht zur Ruhe kommen, wie irgendein mögliches Seiendes in der absteigenden Reihe der

Dinge unverwirklicht geblieben ist. Jede Hypostase wird etwas Niedrigeres als sie selbst hervorbringen; die unerschöpfliche Zeugungskraft durfte es nicht in Schranken der Kargheit zurückhalten..., sondern sie mußte immer weiter, bis die gesamte Wirklichkeit die letzte mögliche Stufe erreicht hatte, getrieben von der unermeßlichen Kraft, welche ihre Wirkung über alles hin sendet und sich keinem vorenthalten mochte; denn nichts konnte hindern, daß jegliches Ding, je im Grad seines Vermögens, am Wesen des Guten Teil erhielt.«[8]

Folglich ist das Universum eine Emanation von Gott: Alle Wirklichkeit strömt von Gott aus und herab, bis alle Möglichkeiten, die Gott mit jeder Kreatur verbinden, verwirklicht sind. Auf die Frage, weshalb Gott nicht alle Dinge gleich erschuf, antwortet Augustinus: »Wenn alle Dinge gleich wären, dann würden nicht alle existieren; denn dann gäbe es nicht die Mannigfaltigkeit der Dinge, aus denen die Welt besteht, und die vom höchsten Wesen zum zweithöchsten und so fort bis zu den niedrigsten Geschöpfen hinabreicht.«[9] Das ist eine vollkommen angemessene Beschreibung der Geschichten, wie sie die Omegapunkt-Randbedingung fordert: Alle Geschichten aus einem gegebenen Universum zu einem Zeitpunkt, der zum Omegapunkt führt, existieren notwendigerweise physikalisch. Der entscheidende Unterschied zwischen den Schöpfungsmechanismen in der Omegapunkt-Theorie und der traditionellen Ansicht besteht darin, daß die Schöpfungshierarchie nicht räumlich, sondern *zeitlich* ist. Der traditionelle Kosmos war statisch; der Omegapunktkosmos ist dynamisch und evolutionär. Der amerikanische Philosoph Arthur O. Lovejoy nannte[10] eine vollständig gefüllte Hierarchie von der niedrigsten Kreatur bis hinauf zu Gott *Die große Kette der Wesen*. Was hier mit »hinauf« gemeint ist, bedeutet in der Omegapunkt-Theorie »vorwärts in der Zeit«.

Lovejoy nannte die notwendige Existenz aller Wesen, die mit Gott verbunden werden können, das *Prinzip der Fülle*. So bedeutet das Prinzip der Fülle »...nicht nur..., daß das Universum ein *plenum forarum* ist, in dem die Gesamtheit der denkbaren Fülle von *Arten* lebender Dinge erschöpfend verwirklicht ist, sondern auch..., daß keine echte Seinsmöglichkeit unverwirklicht bleiben darf, daß der Umfang und die Fülle der wirklichen Schöpfung genauso groß wie das Reich der möglichen und der schöpferischen Potenz einer vollkommenen und unerschöpflichen Quelle angemessen sein muß, und daß schließlich die Welt um so vollkommener ist, je mehr Dinge sie enthält...«[11]

IX. Die Physik der Auferstehung von den Toten zum ewigen Leben

Soziale Unsterblichkeit als Konsequenz der Omegapunkt-Theorie

Nehmen wir an, der Omegapunkt existiert wirklich. Können wir sterblichen Menschen darin Hoffnung finden? Ich glaube, ja. Denn Hoffnung bedeutet grundsätzlich die Erwartung, daß die Zukunft entsprechend besser sein wird als die Gegenwart oder die Vergangenheit. Selbst auf der rein materialistischen Ebene würde die zukünftige Existenz des Omegapunktes unserer Kultur ständig wachsenden umfassenden Wohlstand, stetig zunehmendes Wissen und buchstäblich ewigen Fortschritt gewährleisten. Dieser immerwährende Meliorismus ist Bestandteil der Definition vom »ewig bestehenden Leben«, wie sie in Kapitel IV formuliert wurde. Ein solcher weltweiter Meliorismus würde die orthodoxe christliche Lehre von der Bedeutung der natürlichen Welt stützen – im Unterschied beispielsweise zur Ansicht der Gnostiker. Nach orthodoxer Überzeugung ist das physikalische Universum im Grunde gut, denn es wurde von einer allmächtigen und allwissenden Gottheit erschaffen, die ebenfalls uneingeschränkt gut ist.

Natürlich folgt aus der Physik, daß unsere Kultur zwar vielleicht für immer fortbesteht, unsere Spezies *Homo sapiens* aber unweigerlich aussterben muß, genauso wie jedes menschliche Individuum unvermeidlich stirbt. Denn wenn der Omegapunkt näherrückt, steigt die Temperatur überall im Universum ins Unendliche, und in einer solchen Umgebung kann unsere Art von Leben unmöglich bestehen. (Die Nichtexistenz des Omegapunkts würde uns auch nicht helfen. Wäre das Universum offen und dehnte es sich unaufhörlich aus, würde die Temperatur mit der Expansion des Universums auf Null sinken. In der eiskalten Zukunft eines solchen Universums reicht die Energie nicht, um das Überleben des *Homo sapiens* zu sichern. Auch werden vermutlich die Protonen zerfallen; wir bestehen aber aus Atomen, die Protonen brauchen.)

Der Tod des *Homo sapiens* (über den Tod menschlicher Individuen hinaus) ist freilich nur in beschränkten Wertesystemen ein Übel. Menschlich wichtig ist die Tatsache, daß wir denken und fühlen, nicht die besondere körperliche Form, von der die menschliche Persönlichkeit getragen wird. Genauso, wie innerhalb der Spezies *Homo sapiens* ein Individuum immer ein Individuum ist, ob männlich oder weiblich, weiß oder schwarz, so ist auch ein intelligentes Wesen immer ein Individuum, unabhängig davon, ob es der Spezies *Homo sapiens* angehört oder nicht. Zur Zeit weisen Menschen nichteuropäischer Abstammung eine höhere Geburtenrate auf als Menschen europäischer Abstammung, deshalb verringert sich der prozentuale Anteil des *Homo sapiens* europäischer Abstammung. Die menschliche Rasse verändert ihre Farbe. In meinem Wertesystem spielt diese Farbänderung in moralischer Hinsicht keine Rolle; entscheidend ist vielmehr der Zustand unserer Kultur insgesamt: Machen wir Fortschritte, nimmt unser Wissen, unsere Klugheit zu? Unsere wissenschaftlichen Kenntnisse sind heute zweifellos größer als vor hundert Jahren, und ich denke, daß wir trotz zahlreicher Rückschritte in diesem Jahrhundert dennoch mehr wissen als unsere Urgroßeltern. Wenn der Omegapunkt existiert, wird dieser Fortschritt ohne Ende, bis hin zum Omegapunkt andauern. Unsere Spezies ist nur ein Schritt, eine Zwischenstufe in der unendlich langen zeitlichen Kette der Wesen, die das gesamte Leben in der Raumzeit umfaßt. Ein wichtiger Schritt, gewiß, aber nicht mehr als ein Schritt. *Tatsächlich ist das Aussterben der Menschheit eine logisch notwendige Konsequenz des ewigen Fortschritts.* Denn wir sind endliche Wesen, wir haben bestimmte Grenzen. Unsere Gehirne können nur soundsoviel Information speichern, wir können nur eher einfache Zusammenhänge begreifen. Wenn der Aufstieg des Lebens hin zum Omegapunkt eine Tatsache ist, dann wird das am weitesten entwickelte Bewußtsein eines Tages zwangsläufig nichtmenschlich sein. Die Erben unserer Kultur müssen eine andere Spezies sein, und deren Erben wieder eine andere, *ad infinitum* bis hin zum Omegapunkt. Wir müssen sterben – als Individuen und als Spezies –, damit unsere Kultur lebt. Aber alles, was wir als Individuen zur Kultur beigetragen haben, wird unseren individuellen Tod überleben. Angesichts des raschen Fortschritts der Computer heutzutage nehme ich an, daß die nächste Stufe intelligenten Lebens – durchaus wörtlich – informationsverarbeitende Maschinen sein werden. Beim derzeitigen Tempo werden die Computer in der Verarbeitung und der Aneignung von Information wahrscheinlich binnen eines Jahrhunderts menschlichen Standard erreichen, ganz sicher innerhalb der nächsten tausend Jahre.

Die physikalischen Mechanismen individueller Auferstehung

Die Versicherung, Leben an sich sei unsterblich, mag vielen als schwacher Trost für ihren Tod als Individuen erscheinen. Ein wahrhaft guter Gott, meint man, würde doch irgendeine Vorkehrung treffen, damit das individuelle Leben auch über den Tod hinaus weitergeht. Die Hoffnung der Christen auf ein ewiges Leben hat Pannenberg recht gut formuliert:

> »Das Leben, das in der Auferweckung von den Toten erwacht, ist jedenfalls, wie sich nun zeigt, dasselbe wie das Leben, das wir jetzt auf Erden führen. Aber es ist unser jetziges Leben so, wie Gott es sieht aus seiner ewigen Gegenwart. Daher wird es auch wieder ganz anders sein, als wir es jetzt erleben. Und doch ereignet sich in der Totenauferstehung nichts anderes als das, was die ewige Tiefe der Zeit bereits jetzt ausmacht und was für die Augen Gottes – für seinen Schöpferblick! – bereits jetzt Gegenwart ist.«[1]

Wir werden sozusagen in Gottes Geist weiterleben. Doch erinnern Sie sich an meine Ausführungen über die *aeternitas* des Thomas von Aquin in Kapitel IV. Wenn das Universum global hyperbolisch (deterministisch) ist, sagte ich dort, dann wird in der fernen Zukunft alle Information, die in der gesamten Menschheitsgeschichte enthalten ist, einschließlich jeder Einzelheit aus jedem Menschenleben, der Gesamtheit des Lebens zur Verfügung stehen. Zumindest im Prinzip (wobei wir die Schwierigkeit, aus dem allgemeinen Hintergrundgeräusch die relevante Information herauszufiltern, wiederum ignorieren müssen) ist es dem künftigen Leben möglich, aufgrund dieser Information eine vollkommen exakte Simulation der jeweils vergangenen Leben zustande zu bringen: Eine ausreichend gründliche Prüfung unserer gegenwärtigen Leben durch den Omegapunkt wäre tatsächlich nichts anderes als eine derartige Simulation. Und in Kapitel VIII habe ich dargelegt, daß eine ausreichend perfekte Simulation eines Lebewesens *tatsächlich* lebendig wäre. Im folgenden werde ich behaupten, daß der Omegapunkt Seine/Ihre Macht benutzen kann und wird, um diese Simulation durchzuführen. Kurz, ich werde behaupten, daß das Streben nach uneingeschränktem Wissen – und Leben in der Zukunft muß danach streben, wenn es überleben will; erst im Omegapunkt wird es erreicht sein – eine solche Vergangenheitsanalyse, also eine solche Simulation, anscheinend erfordern würde. Wenn dem so ist, dann wäre die Auferstehung von den Toten im Sinne Pannenbergs im *eschaton* (»dem Letzten«) unvermeidlich.

Dies ist nun der physikalische Mechanismus der individuellen Wiederauferstehung: *Wir werden in den Computern der fernen Zukunft emuliert.* So lautet, wie in den Kapiteln II und VIII dargelegt, die technische Bezeichnung[2] für die Wirklichkeit, die wir als auferweckte Individuen in der fernen Zukunft bewohnen werden, »virtuelle Realität« oder »kybernetischer Raum«.

Diese Wiederauferstehung hängt nicht davon ab, ob wir in der Lage sind, genügend Informationen aus dem Vergangenheitskegel herauszuholen. Tatsächlich ist die *universelle Wiederauferstehung physikalisch möglich, auch wenn aus dem Vergangenheitskegel keinerlei Information über ein Individuum gewonnen werden kann.* Denn nachdem die gesamte Computerkapazität grenzenlos zunimmt, je näher der Omegapunkt rückt, folgt daraus, daß irgendwann unvermeidlich eine Zeit kommt, in der genügend Computerkapazität vorhanden sein wird, um unsere heutige Welt, solange nur eine rudimentäre Beschreibung von ihr permanent gespeichert ist, einfach durch schiere Kraft zu simulieren: nämlich durch eine exakte Simulation – eine Emulation – aller logisch möglichen Varianten unserer Welt. Zum Beispiel: Der Mensch besitzt ungefähr 110 000 aktive Gene[3], was bedeutet, daß das menschliche Genom ungefähr 10^{10^6} mögliche genetisch unterschiedliche Menschen codieren kann. Weiterhin kann das menschliche Gehirn, wie in Kapitel II erwähnt, zwischen 10^{10} und 10^{17} Bits speichern, was bedeutet, daß es zwischen $2^{10^{10}}$ und $2^{10^{17}}$ mögliche menschliche Gedächtnisse gibt. Aufgrund dessen gibt es 10^{10^6} x $10^{10^{17}} \approx 10^{10^{17}}$ mögliche menschliche Zustände ($2^{10^{17}} \approx 10^{10^{17}}$: Exponentiale von Exponentialen haben die Eigenschaft, daß der Wechsel von der Grundzahl 2 zu 10 die durch das zweifache Exponential ausgedrückte Zahl nicht wesentlich ändert, wenn der zweite Exponent größer als 10 ist[4]). Ich werde nun zeigen, daß eine Emulation aller möglicher Varianten unserer Welt – des sogenannten sichtbaren Universums – höchstens $10^{10^{123}}$ Bits eines Computerspeichers erfordern würde und daß eine solche Computerkapazität in der fernen Zukunft zur Verfügung stehen wird.

Beweis, daß eine Emulation des gesamten sichtbaren Universums physikalisch möglich ist

Der Omegapunkt könnte durch Simulation aller möglichen Quantenzustände, die einem menschlichen Wesen entsprechen, Menschen emulieren wollen. Die mögliche Anzahl solcher Zustände ist durch die Maximalmenge an Information definiert, die in einer Kugel mit dem Radius R gespeichert werden kann. Dies wird durch die Bekenstein-Zahl ausgedrückt:[5] Die in der Kugel gespeicherte Information ist kleiner oder gleich 3 x 10^{43} Bits, multipliziert mit der Masse der Kugel in Kilogramm und multipliziert mit dem Kugelradius in Metern. (Bei der Anwendung der Bekensteinschen Abschätzung müssen wir auch die Energie in Form von Masse einbeziehen: $E = mc^2$.) Da ein Durchschnittsmensch eine Masse von weniger als 100 Kilogramm hat und weniger als zwei Meter groß ist – und demnach in eine Kugel mit einem Radius von einem Meter paßt –, folgt daraus, daß ein menschliches Wesen durch 3 x 10^{45} Bits oder weniger codierbar sein muß. Definitionsgemäß ergibt sich die Anzahl der Zustände durch Potenzierung der Menge an Information. Folglich gibt es höchstens $10^{3\text{x}10^{45}}$ (was annähernd gleich $10^{10^{45}}$ ist) mögliche Quantenzustände[6], in denen ein Mensch sich befinden kann. Mit der elektronischen Leistungsfähigkeit, die irgendwann vorhanden sein wird, könnte der Omegapunkt alle diese Zustände einfach simulieren; dafür wäre allein die Kenntnis des menschlichen Genoms ausreichend. Und selbst wenn das menschliche Genom nicht so lange erhalten bliebe, bis die erforderliche Computerkapazität vorhanden ist, könnten gleichwohl alle möglichen Menschen allein aufgrund des in der DNA codierten Wissens auferweckt werden. Dies schließt die bloße Simulation aller möglichen Lebensformen, die durch die DNA codiert werden könnten (die Anzahl muß um der Stabilität der Information willen endlich sein) und aller logisch möglichen Menschen notwendigerweise mit ein. Schließlich wird sogar die Simulation aller möglichen sichtbaren *Universen* möglich sein. Die Zahl möglicher sichtbarer Universen, $10^{10^{123}}$ (diese Zahl errechnete als erster Roger Penrose[7]), ist wiederum 10, erhoben zur Bekenstein-Zahl; R ist in diesem Fall der Radius einer Kugel mit dem Radius des sichtbaren Universums – 20 Milliarden Lichtjahre –, und die Masse[8] entspricht der Masse innerhalb dieser Kugel.

Die Bekenstein-Grenze folgt aus den Grundpostulaten der Quantentheorie, kombiniert mit den weiteren Annahmen: (1) das System sei energetisch begrenzt, und (2) das System sei räumlich begrenzt (oder lokalisiert). Für einen rigorosen Beweis der Bekenstein-Grenze wäre die Quantenfeldtheorie erforderlich, aber es läßt sich leicht in groben Zügen beschreiben, weshalb die Quantenmechanik diese obere Schranke für die in einem begrenzten Bereich codierbare Information erzwingt. Die Bekenstein-Grenze ist im wesentlichen eine Aussage der Unbestimmtheitsrelation. Sie erinnern sich: Die Unbestimmtheitsrelation besagt, daß die Genauigkeit, mit der wir den Impuls eines Teilchens und seine Position bestimmen können, eine Grenze hat. Genauer noch: Die Unbestimmtheitsrelation besagt, daß die Lage eines Punktes im Phasenraum – ein Begriff, den ich in Kapitel III erklärt habe – nicht genauer bestimmt werden kann als mit einem Fehler, der durch die Plancksche Konstante h gegeben ist. Nachdem der Zustand eines Systems durch den Ort definiert wird, an dem er im Phasenraum lokalisiert ist, bedeutet dies, daß die Anzahl möglicher Zustände kleiner als oder gleich groß ist wie das Volumen des Phasenraums, in dem sich das System befinden *könnte*, dividiert durch die minimale Phasenraumgröße, die Plancksche Konstante. (Das Problem wird im Wissenschaftlichen Anhang mathematisch dargestellt.) Dieses Verfahren der Zustandszählung, das auf dem Vorhandensein einer absoluten Mindestgröße h für ein Phasenraumintervall basiert, ist eine unverzichtbare Methode der quantenstatistischen Mechanik. Wir haben sie bereits in Kapitel III zum Beweis der Fastperiodizität eines begrenzten Quantensystems benutzt. Diese Zählmethode bestätigen auch Tausende von Experimenten, die auf ihr beruhen.[9] In der Hochenergieteilchenphysik muß für jede Berechnung des »Querschnitts« – der Reaktionswahrscheinlichkeit – die mögliche Anzahl von Anfangs- und Endzuständen der Teilchen berücksichtigt werden, und dafür wird die obengenannte Zählmethode verwendet.[10] Die Reaktionswahrscheinlichkeit, bei der gemessen wird, wie viele Teilchen in eine bestimmte Richtung streuen, wenn sie in Teilchenbeschleunigern kollidieren, ist die in der Teilchenphysik geprüfte *Hauptgröße*. Demnach bestätigt die Richtigkeit der errechneten Reaktionswahrscheinlichkeit die Bekenstein-Grenze für die Zahl möglicher Zustände. Zusammengefaßt ist die Bekenstein-Grenze für die Gesamtinformation, die in einem endlichen Phasenraumbereich codiert sein kann, eine absolut zuverlässige Schlußfolgerung der modernen Physik, ein felsenfestes Ergebnis, unerschütterlich wie der Felsen von Gibraltar.

Wir können die Bekenstein-Zahl auch benutzen, um eine Obergrenze für die Geschwindigkeit der Informationsverarbeitung festzulegen. Die Zeit, die das Licht braucht, um eine Kugel mit gegebenem Durchmesser zu durchqueren, ist gleich dem Kugeldurchmesser, dividiert durch die Lichtgeschwindigkeit. Da sich ein Zustand innerhalb der Kugel nicht völlig ändern kann, bevor ein Signal Zeit hat, von einer Seite zur anderen zu gelangen, wird die Geschwindigkeit der Informationsverarbeitung nach oben durch die obere Bekenstein-Zahl, dividiert durch dieses Zeitintervall, begrenzt. Wenn wir die entsprechenden Zahlen einsetzen (Einzelheiten im Wissenschaftlichen Anhang), rechnen wir aus, daß Zustände sich mit einer Geschwindigkeit von kleiner als oder gleich 4×10^{53} Bits pro Sekunde, multipliziert mit der Masse des Systems in Kilogramm, verändern. Das heißt, die für ein System mögliche Geschwindigkeit der Informationsverarbeitung hängt allein von der Masse des Systems ab, nicht von seiner räumlichen Größe oder irgendeiner anderen Variablen. Also kann ein Mensch mit einer Masse von 100 Kilogramm seinen Zustand nicht schneller als ungefähr 4×10^{53} Mal pro Sekunde verändern. Diese Zahl ist natürlich riesig – und in Wahrheit verändert ein Mensch seinen Zustand viel, viel langsamer –, aber sie ist endlich.

Aus der Bekenstein-Grenze folgt, daß unter Zuhilfenahme einer elektronischen Speicherkapazität, die so groß ist, wie die Bekenstein-Zahl angibt, die Computersimulation einer Person, eines Planeten, eines sichtbaren Universums nicht nur sehr gut wird – sie wird *perfekt* sein. Sie wird eine Emulation sein. Die Emulation eines Gebildes *ist* selbst ein Gebilde, wie wir in Kapitel VIII gesehen haben. Ein emulierter Mensch wird aus emulierten menschlichen Zellen bestehen, gebildet aus emulierten Molekülen, gebildet aus emulierten Atomen, gebildet aus emulierten Elektronen, Quarks und Gluonen. Kein Experiment mit Hilfe einer experimentellen Apparatur, die in das sichtbare Universum paßt, kann zwischen der Emulation und dem Original unterscheiden. Emulation und Original *sind* ein und dasselbe. (Um perfekt zu sein, muß die Simulation eines Menschen ebenfalls einen ontologisch freien Willen haben. Wie wir gleich sehen werden, ist dies machbar, ohne mit der Bekenstein-Grenze in Widerspruch zu geraten. Die Bekenstein-Grenze geht davon aus, daß der Vakuumzustand einzigartig ist, folglich ist keine Information in den Vakuumfluktuationen enthalten. So ist zwar die Anzahl der Zustände, in denen ein Mensch sich befinden kann, endlich, Zustandsübergänge aber sind gleichwohl indeterminiert, wenn der Zufallsgenerator des menschlichen Gehirns diese Fluktuationen, wie in Kapitel VII dargelegt, benutzt; und dies ist mit der Grenze konsistent. Für den freien Willen muß die Simulation mit den Fluktuationen verbunden sein, die auf der untersten ontologischen Ebene existieren.)

Man könnte versucht sein, die Moral solcher Wiedererweckungen durch schiere Kraft in Frage zu stellen: Nicht nur Tote werden wiedererweckt, sondern auch Menschen, die nie gelebt haben. Doch lautet die zentrale Aussage der Vielwelten-Physik in Kapitel V und der Vielwelten-Metaphysik in Kapitel VIII, daß alle Menschen und alle Geschichten, die existieren könnten, tatsächlich existieren. Sie existieren nur nicht auf unserer Bahn im Phasenraum, deshalb wissen wir nichts über sie. Den auferstandenen Toten wäre es gleichgültig, auf welcher Bahn sie wiedererweckt werden – auf ihrer eigenen oder einer anderen –, solange sie nur wiedererweckt werden! Wenn die Identität der Persönlichkeit des Originals und des wiedererweckten Menschen voraussetzt, daß die beiden sich im selben Quantenzustand befinden – ich werde gleich darauf eingehen, ob das wirklich der Fall ist –, dann ist die Wiedererweckung durch schiere Kraft notwendig, um das Nichtklontheorem[11] zu umgehen, dem zufolge es nicht möglich ist, einen Apparat zu konstruieren, der einen beliebigen Quantenzustand verdoppeln (klonen) kann. Mit anderen Worten, es kann keine Maschine gebaut werden, die ein Objekt im Zustand Ψ als Eingabe benutzen und als Ergebnis zwei Objekte, jedes im Zustand Ψ, hervorbringen könnte. Es ist dennoch wahr[12], daß es für irgendeinen *besonderen* Zustand Ψ_i möglich ist, ein Gerät A_i zu bauen, das sehr wohl ein Objekt im Zustand Ψ_i als Input benutzen und als Output zwei Objekte, jedes im Zustand Ψ_i, hervorbringen *kann*. Wenn wir also wissen, daß ein System sich in einem von einer endlichen Anzahl von Quantenzuständen Ψ_i für $i = 1, 2, \ldots, 10^{10^{70}}$ befinden muß – was, wie ich oben gezeigt habe, beim Menschen der Fall ist –, dann besteht die einzige Möglichkeit, *sicherzugehen*, daß der Quantenzustand eines seit langem verstorbenen Menschen (sagen wir, er befand sich zum Zeitpunkt seines Todes im Zustand Ψ_{1507}) wiedererweckt wird, darin, $10^{10^{70}}$ Apparate zu bauen und damit alle $10^{10^{70}}$ möglichen Menschen hervorzubringen. Wie ich oben ausgeführt habe, wird es möglich sein, die Obergrenze für die Anzahl der verdoppelten Zustände zu senken, damit alle Quantenzustände aller Menschen, die in einer einzelnen Phasenbahn gelebt haben, wiedererweckt werden, aber das Nichtklontheorem zeigt, daß diese niedrigere Grenze für die Zahl der Wiedererweckten dennoch größer ist als die Gesamtzahl aller, die auf der betreffenden Bahn im Phasenraum tatsächlich existieren.

Das Nichtklontheorem ist eine Form dessen, was allgemein »Quanten-Nichtlokalität« genannt wird; das bezieht sich auf den Umstand, daß komplexe Quantensysteme, die einmal interagiert haben, für immer miteinander verflochten sind, unabhängig davon, wie weit sie später räumlich getrennt werden. Im Fall der Klonungsapparate würde besagte Maschine, falls der Zustand Ψ des Objekts willkürlich wäre, ihren Zustand ändern müssen, um zu bestimmen, was der Zustand Ψ war, und diese Zustandsänderung würde das ursprüngliche Objekt und die Klonungsmaschine derart miteinander verknüpfen, daß die beiden »Duplikate« nicht in genau demselben Zustand wie das Original sein könnten. Aber wenn die Klonungsmaschine so beschaffen ist, daß sie nur einen bestimmten

Zustand verdoppelt, ist die anfängliche Zustandsänderung nicht nötig; eine Verflechtung tritt nicht ein.

Bei der Auferweckung von Menschen spielt die Quanten-Nichtlokalität bis hinab zum Quantenzustand eine Rolle, denn sie bedeutet, daß es nicht reicht, ein Individuum isoliert zu duplizieren: genauso wichtig ist seine Umgebung. Insbesondere sind Menschen durch ihr tägliches Beziehungsgeflecht quantenmechanisch miteinander verbunden; deshalb ist es nötig, die Quantenzustände der gesamten menschlichen Spezies *en masse* nachzubilden, und zwar zu jedem Zeitpunkt. Und nachdem Menschen auch mit ihrer unbelebten Umgebung interagieren, muß wohl das gesamte sichtbare Universum nachgebildet werden, um den jeweils exakten Quantenzustand zu erhalten. Wie ich jedoch oben ausgeführt habe, können alle möglichen sichtbaren Universen bis hinab zum Quantenzustand repliziert werden, sobald die Computerkapazität mindestens $10^{10^{123}}$ Bits umfaßt: In der fernen Zukunft wird die gesamte Computerkapazität dem weit überlegen sein.

Quanten-Nichtlokalität bedeutet zum Beispiel auch, daß Eltern quantenmechanisch mit ihren Kindern verflochten sind. Folglich ist die Wiedererweckung von Eltern in ihrem Quantenzustand nicht möglich ohne die Auferstehung ihrer Kinder, und sie ist nicht möglich in einer außerfamiliären Umgebung.

Wann werden die Toten auferstehen?

Die Toten werden auferstehen, sobald die Leistungsfähigkeit aller Computer im Universum so groß ist, daß die zur Speicherung aller möglichen menschlichen Simulationen erforderliche Kapazität nur noch einen unbedeutenden Bruchteil der Gesamtkapazität darstellt. Da die Informationsspeicherungskapazität ungefähr wie t^{-1} in Eigen zeit nahe der letzten Omegapunktsingularität bei $t = 0$ zu plus unendlich divergiert, wie im Wissenschaftlichen Anhang dargestellt, geschieht die Auferstehung $10^{-10^{10}}$ bis $10^{-10^{123}}$ Sekunden, bevor der Omegapunkt erreicht ist. (Es spielt keine Rolle, ob die Zeit in Jahren, Sekunden oder Planckschen Intervallen gemessen wird – das

Plancksche Zeitintervall beträgt 10^{-43} Sekunden –, sie entsprechen alle annähernd derselben Größenordnung.) Diese Zahlen setzen voraus, daß ein Individuum erst wiederaufersteht, wenn er oder sie emuliert wurde, das heißt bis zum exakten Quantenzustand dupliziert. Allerdings muß eine Simulation, wie ich gleich erklären werde und wie auch Hans Moravec in seinem Buch[13] *Mind Children* ausführt, nicht unbedingt eine Emulation des Quantenzustandes sein, um als Originalgebilde gelten zu können. Sowohl Moravec wie auch ich sind der Meinung, daß für die Identifikation der ursprünglichen Person mit ihrer Simulation das Wesen der Persönlichkeit ausreicht. Wenn dem so ist, stellen die obengenannten Zahlen lediglich eine obere Grenze dar, und die tatsächliche Auferstehung findet viel früher statt. Nach Ansicht von Moravec erfolgt die Auferstehung, bevor unsere Nachkommen die Milchstraßengalaxie vereinnahmt haben.

Doch selbst in diesem Fall dauert es noch einige tausend Jahre bis zur Auferstehung der Toten. Manch einen, der sich Sorgen macht, was bis dahin mit seiner Seele geschieht, mag diese Vorstellung erschrecken – wie den amerikanischen Schriftsteller John Updike:

> »Die Vorstellung, daß wir Jahrhunderte und Aberjahrhunderte schlafen, ohne den Funken eines Traums, während unser Körper verrottet und zu Staub zerfällt und sogar der Stein, der unser Grab markiert, zerbröckelt und sich in Nichts auflöst, ist im Grunde genauso fürchterlich wie der endgültige Untergang.«[14]

Nichts geschieht mit der Seele, sie tut nichts, sie schläft nicht einmal traumlos, denn sie wird nicht existieren. Die menschliche Seele ist nicht von Natur aus unsterblich: Wenn der Mensch tot ist, ist er tot, bis der Omegapunkt ihn wiedererweckt. Aber zwischen dem Zeitpunkt des Todes und der Auferweckung vergeht subjektiv keine Zeit, obwohl im Universum unterdessen eine Billion Jahre vergangen sein könnte. Diesen Umstand hob der größte Physiker aller Zeiten, Sir Isaac Newton, hervor: »...das Intervall zwischen Tod und der Auferstehung ist ihnen wie Schlaf und ihn nicht wahrnehmen, ein Augenblick.«[15] (Auch Mohammed, der Begründer des Islam, befaßte sich im Koran mit dieser Frage; wir werden im Kapitel XI noch ausführlich darauf eingehen.) Newton begründete[16] die fehlende Wahrnehmung der vergangenen Zeit mit dem Hinweis auf

Jesus, der dem Dieb am Kreuz verspricht: »Heute noch wirst du mit mir im Paradies sein.« (Luk 23,43) Da seit dem Tod Jesu und des Diebes, sagt Newton, bis zur Auferstehung aller Toten mehr als tausend Jahre verstrichen seien, könne Jesu Versprechen »heute« nur wahr sein, wenn zwischem dem Tod des Diebes und der allgemeinen Wiederauferstehung subjektiv keine Zeit vergehe. Newtons Argument – und überhaupt die christliche Grundüberzeugung, nach der die Seele zwischen dem Tod und der Auferstehung von den Toten »schläft« oder zunichte wird – hat eine ausgedehnte Geschichte[17], auf die ich in Kapitel XI näher eingehen will. Auch dies ist wiederum eine der Schwierigkeiten mit der gesamten Vorstellung einer unsterblichen Seele – unsterblich von Natur aus, weshalb sie Gott zur Auferstehung nicht braucht – diese Vorstellung wirft die heikle Frage auf: Was tut die Seele, während sie Milliarden und Billionen Jahre auf ihre Auferstehung wartet?

Warum werden die Toten auferstehen?

Die Simulation aller Möglichkeiten, aus denen die ferne Zukunft nahezu mit Sicherheit hätte kommen können, wird im Streben nach umfassendem Wissen erfolgen, bevor die k-Grenze erreicht ist. In unserem eigenen Streben zu begreifen, wie Leben auf unserem Planeten zustande kam, versuchen wir ja selbst, alle möglichen Arten einfachster Lebensformen zu simulieren – wiederzuerwecken –, die spontan auf der Erde in Urzeiten entstehen konnten. Ob wir auferstehen werden und ob uns nach der Auferstehung ewiges Leben gewährt sein wird, das sind strenggenommen zweierlei Fragen, die getrennte Antworten verlangen. In Kapitel X werde ich ausführlich auf die Gründe eingehen, warum wir von der Gesamtheit des Lebens nahe dem Omegapunkt – dem Omegapunkt in Seiner Immanenz – ewiges Leben erwarten dürfen.

Die Muster-(Form-)theorie im Gegensatz zur Kontinuitätstheorie der Identität

Was bei der Auferstehung, wie oben beschrieben, geschieht, ist nichts anderes als die Simulierung einer exakten Replik unser selbst im Geist der Computer der fernen Zukunft. Die Simulation längst verstorbener Menschen ist nur dann eine »Auferstehung«, wenn wir die sogenannte Mustertheorie der Identität akzeptieren; das heißt, zwei Gebilde, die zu verschiedenen Zeiten existieren, sind in ihrem Wesen identisch, wenn ihre Muster (weitestgehend) gleich sind. Physische Kontinuität ist dabei irrelevant. Ich habe bereits in früheren Kapiteln für dieses Kriterium zur Beurteilung der Identität plädiert, auch viele berühmte Philosophen (z.B. John Locke) vertraten diese Identitätstheorie. Andere berühmte Philosophen hingegen bestanden darauf, das Wesen der Gleichheit sei physische Kontinuität über die Zeit; man bezeichnet dies als die »Kontinuitätstheorie der Identität«. Zwar entwickeln Philosophen eine Identitätstheorie im allgemeinen in der Absicht, das Problem der Identität von *Personen* über die Zeit zu erklären – das heißt: Wann kann man sagen, daß ein bestimmtes Kleinkind im Jahr 1950 und ein bestimmter Erwachsener im Jahr 1993 dieselbe Person sind? –, doch normalerweise räumen sie ein, daß ihre Identitätstheorie auch auf leblose Objekte anwendbar ist.

Ich behaupte, die Antwort auf die Frage, ob zwei physikalische Systeme, die sich in ihrer räumlichen oder zeitlichen Lokalisierung unterscheiden, gleichzusetzen sind, ist Sache der Physik, nicht der Philosophie. Deshalb werde ich Argumente aus der Physik anführen, die zeigen, daß die Mustertheorie der Identität korrekt und die Kontinuität irrelevant ist. Dessenungeachtet werde ich aber auch zeigen, daß zwischen der ursprünglichen, toten Person und ihrer künftigen Emulation genügend Kontinuität besteht, um die beiden auch auf der Grundlage der Kontinuitätstheorie identifizieren zu können. Das heißt: Welche von den beiden Identitätstheorien wir uns auch zu eigen machen, die künftige Emulation *ist* stets die ursprünglich tote Person.

Der englische Philosoph Antony Flew lehnt die Mustertheorie der Identität ab und findet es lächerlich, die Computeremulation eines

Toten »Auferstehung« zu nennen. Flew macht den »Nachbildungseinwand« geltend: »Keine Nachbildung, wie perfekt sie auch sein mag, ob von Gott oder vom Menschen geschaffen, ob in unserem oder einem anderen Universum, könnte jemals – in diesem grundlegenden, forensischen Sinne – dieselbe Person wie ihr Original sein.«[18] In mehr als dreißig Jahren hat Flew in allen seinen Schriften über die Unsterblichkeit immer wieder den logischen Vorrang der Frage nach der persönlichen Identität betont[19]: »Wie sollte die wiederhergestellte Person am Jüngsten Tag als das ursprüngliche *Ich* identifiziert werden, das heißt im Gegensatz zu einer bloßen Nachbildung, einer entsprechend brillanten Fälschung?«[20] Vor allem anderen müsse die Frage der persönlichen Identität geklärt sein, denn: »Eine am Tag des Jüngsten Gerichts rekonstruierte Nachbildung für die Sünden oder Tugenden des alten Antony Flew, der vielleicht seit vielen Jahren tot und eingeäschert ist, zu bestrafen oder zu belohnen, ist genauso unangemessen und unfair, wie einen eineiigen Zwilling für etwas zu belohnen oder zu bestrafen, was in Wahrheit der andere Zwilling getan hat.«[21]

Zuerst einmal befindet Flew sich im Irrtum über unser Rechtssystem, das sehr wohl zwei identische Computerprogramme miteinander gleichsetzt. Wenn ich ein Textverarbeitungsprogramm kopiere und es benutze, ohne dem Programmierer die Urhebertantiemen zu zahlen, werde ich gerichtlich belangt. Die Behauptung, »Das Programm, das ich verwendet habe, ist nicht das Original, es ist nur eine Replik«, würde als Rechtfertigung nicht akzeptiert. Desgleichen kann ich belangt werden, wenn ich ohne Erlaubnis einen Organismus benutze, dessen Genom patentiert wurde. Eineiige Zwillinge sind *nicht* identische Menschen. Die Programme in ihrem Gehirn, ihrem Bewußtsein unterscheiden sich erheblich: Die in ihren Nervenzellen gespeicherten Erinnerungen unterscheiden sich voneinander mindestens genauso wie von den Erinnerungen anderer Menschen. Eineiige Zwillinge werden zu Recht als zwei verschiedene Personen betrachtet. Aber zwei Wesen, die sowohl in ihren Genen *als auch* in ihren seelischen Programmen identisch sind, *sind* ein und dieselbe Person, und es ist nur recht und billig, sie auch rechtlich als gleichermaßen verantwortlich anzusehen.

Dennoch ist die Frage nach der Identität einer Person über die Zeit letztlich eine Frage der Physik, nicht der Rechtsprechung, vor allem nicht eines Rechtsverständnisses, das auf der Weltsicht *vor* der

Quantenphysik beruht. Angesichts dessen wäre die rechtliche Auffassung von der persönlichen Identität auch dann irrelevant, wenn Flew sich hinsichtlich unseres Rechtssystems nicht irrte. Die physikalische Wirklichkeit hängt nicht von der Ansicht menschlicher Richter ab. Galilei erhielt von den Inquisitionsrichtern den Bescheid, die Erde sei der Mittelpunkt des Universums und bewege sich nicht. Soll ich deshalb die Erde für stationär halten? Vor einigen Jahrhunderten erklärte ein amerikanisches Gericht in Salem, Massachusetts, Hexerei als Gefahr für die Gesellschaft. Soll ich deshalb an Hexerei glauben? Vor ein paar Jahren verkündete ein amerikanisches Gericht in Pennsylvania, eine Computertomographie habe die übersinnlichen Kräfte einer Frau zerstört. Soll ich deshalb an übersinnliche Kräfte glauben?

Wie oben angedeutet, werde ich Flews Nachbildungseinwand auf zweierlei Weise widersprechen, und zwar mit Hilfe der Physik. Zum einen liefert die Quantenmechanik ein Kriterium, mit dem sich entscheiden läßt, ob zwei hinsichtlich ihrer Lokalisierung in der Raumzeit unterschiedliche Systeme identisch sind. Ich werde zeigen, daß dieses Kriterium uns zwingt, den ursprünglichen Menschen mit dem auferweckten Menschen zu identifizieren, selbst wenn zwischen den beiden keine Kontinuität besteht. Zum anderen werde ich zeigen, daß sogar in der klassischen Omegapunkt-Theorie genügend Kontinuität zwischen dem Original und der auferweckten Person vorhanden ist, um die beiden gleichzusetzen. Folglich wird die Identität der ursprünglichen und der wiederauferstandenen Person durch die Physik begründet.

Die Quantenmechanik stützt die Mustertheorie der Identität

Ich denke, die schlüssigste und zwingendste Widerlegung des Nachbildungseinwands ist das quantenmechanische Argument. Es ist eine grundlegende Tatsache der Quantenmechanik, daß sich zwei Systeme – beispielsweise zwei Atome – im selben Quantenzustand nicht unterscheiden lassen, auch nicht im Prinzip: Ein physikalischer

Austausch zwischen ihnen verändert das Universum nicht (bis auf möglicherweise eine Phase). Diese völlige und absolute Ununterscheidbarkeit von Systemen im selben Quantenzustand ist in der modernen Physik von zentraler Bedeutung. Vor allem können zahlreiche Phänomene nur durch die Annahme der *exakten Identität von Systemen im selben Quantenzustand* erklärt werden.

Die exakte Identität ist die letzte Ursache der Stabilität von Materie: Ohne diese exakte Identität wäre das Ausschließungsprinzip nicht in der Lage, den Gravitationskollaps von Atomen und allen Festkörpern zu schwarzen Löchern zu verhindern. Die exakte Identität ist die Lösung des Gibbs-Paradoxons in der statistischen Mechanik. Die exakte Identität ist eine Grundannahme bei der Ableitung des Planckschen Strahlungsgesetzes für Schwarzkörperstrahlung.

Es lohnt sich, das Gibbs-Paradoxon näher zu betrachten, denn es kann ohne Bezugnahme auf Atome, allein mit den Axiomen der klassischen Thermodynamik abgeleitet werden. Es veranschaulicht, wie quantenmechanische Effekte – in diesem Fall die Identität von Systemen im selben Quantenzustand – sich auf makroskopischer Ebene manifestieren. (Es zeigt außerdem, daß bestimmte Folgerungen aus der klassischen Thermodynamik quantenmechanischen Ursprungs sind: Mit der Newtonschen Mechanik lassen sie sich nicht erklären.) Angenommen, wir haben zwei Behälter mit Gas, beide von derselben Temperatur T und demselben Druck P, und nehmen wir weiter an, daß jeder Behälter ein Volumen V hat. Der berühmte amerikanische Physiker J. Willard Gibbs zeigte im Jahr 1875, und aufgrund seiner Berechnungen wies 1878 auch der große britische Physiker James Clerk Maxwell in einem Artikel, den er unter dem Titel »Streuung« 1878 für die *Encyclopedia Britannica* schrieb, darauf hin, daß man, wenn man zwei Behälter mit Gasen, die sich *in irgendeiner Weise* voneinander unterscheiden, zusammenfügt, so daß die beiden Gase ineinander diffundieren, aus dem Diffusionsprozeß PV2ln2 Energie gewinnen kann. Wenn hingegen die Gase absolut identisch sind, ist die für irgendeine sinnvolle Arbeit verfügbare Energie exakt null. Sowohl Gibbs wie auch Maxwell hoben hervor, daß die Gewinnung von Energie nicht davon abhängt, inwiefern die beiden Gase sich unterscheiden, – es kommt nur darauf an, daß *irgendein*, gleichgültig wie geringer Unterschied besteht.

Die verfügbare Energie, die aus der Diffusion zweier verschiedener Gase hervorgeht, ist nicht gering. Wenn zum Beispiel jedes Gas einen Druck von einer Atmosphäre hat und ein Kubikmeter von jedem Gas vorhanden ist, dann ist die verfügbare Energie 1,4 x 10^5 Joules, genug, um eine 40-Watt-Birne eine Stunde lang brennen zu lassen. Sind jedoch die Gasmoleküle absolut identisch, leuchtet die Birne überhaupt nicht. Auch hier sind die Gesetze der Thermodynamik klar und unzweideutig: Irgendein Unterschied zwischen den Molekülen der beiden Gase erleuchtet eine 40-Watt-Birne eine Stunde lang; keinerlei Unterschied bedeutet, daß die Birne nicht leuchtet. Eine Zwischenlösung gibt es *nicht*: entweder die Birne brennt eine Stunde lang, oder sie brennt nicht.

Die Experimente sind ebenso klar und unzweideutig: Wenn beide Behälter dasselbe Gas enthalten – zum Beispiel Sauerstoff –, steht keine Energie zur Verfügung: Die Glühbirne brennt nicht. Wenn die Behälter verschiedene Gase enthalten – zum Beispiel Sauerstoff und Kohlendioxid –, steht Energie zur Verfügung, und es wird genausoviel Energie gemessen wie erwartet: Die 40-Watt-Birne brennt eine Stunde.

Als Gibbs[22] und Maxwell[23] zum ersten Mal dieses Ergebnis erhielten, erschien es ihnen unglaublich. Diese Vorhersage der klassischen Thermodynamik – daß die verfügbare Energie aus einem Diffusionsprozeß gequantelt wird –, stand in extremem Widerspruch zu ihrem Verständnis der Newtonschen Mechanik, wonach Energie kontinuierlich variieren sollte. (Deshalb wird das Ergebnis ein Paradoxon genannt.) Ihre erste Reaktion war der Griff nach dem Strohhalm, um irgendeine Erklärung zu finden. Maxwell zum Beispiel schrieb: »Wenn wir nun sagen, zwei Gase seien dasselbe, meinen wir damit, daß wir nicht in der Lage sind, das eine vom anderen durch irgendeine bekannte Reaktion zu unterscheiden. Es ist nicht wahrscheinlich, *aber es ist möglich* [Hervorhebung von mir], daß zwei Gase, die zwar aus unterschiedlicher Quelle stammen, aber bisher als dieselben angenommen wurden, in Zukunft als unterschiedlich erkannt werden (mit dem Ergebnis, daß bei ihrer Vermischung verfügbare Energie auftritt).«[24] Wie Maxwell argwöhnte, funktioniert diese Annahme nicht. Der Ursprung der Gase ist irrelevant. Bei den meisten Gasen mit normalem Druck und normaler Temperatur sind fast alle Moleküle im Grundzustand, was bedeutet, sie befinden sich im selben Quantenzustand. Systeme im selben Quantenzustand sind identisch. Es besteht *kein* Unterschied zwischen den beiden Sauerstoffvolumina, folglich entsteht bei ihrer Diffusion auch keine Energie.

Seit mindestens einem Jahrhundert führt auf der ganzen Welt jeder Student der Chemie ein Experiment durch – normalerweise während des ersten Studienjahrs –, das die Tatsache der exakten Identität von Systemen im selben Quantenzustand bezeugt. Zweck des Experiments ist die Bestätigung des Massenwirkungsgesetzes, das Aufschluß über die Konzentration der Ausgangsstoffe und Produkte bei einer chemischen Reaktion gibt. Wenn die chemische Gleichung der Reaktion $n_A A + n_B B \rightarrow n_C C$ ist, wobei A, B und C die Moleküle darstellen und $n_A A$ und so weiter die Anzahl der Moleküle eines gegebenen Typus, dann besagt das Massenwirkungsgesetz:

$$(A)^{n^A}(B)^{n^B} = K(C)^{n^C}$$

wobei (A), (B) und (C) die Konzentrationen der Moleküle A, B und C im Reaktiongefäß sind und K eine Konstante (die Gleichgewichtskonstante). Für ein spezifisches Beispiel des Massenwirkungsgesetzes nehmen wir an, wir verbrennen Wasserstoff und Sauerstoff, um Wasser zu erhalten. Die chemische Gleichung lautet:

$$2H_2 + O^2 \rightarrow 2H_2O$$

Das heißt, zwei Wasserstoffmoleküle und ein Sauerstoffmolekül verbinden sich miteinander zu zwei Wassermolekülen. Laut Massenwirkungsgesetz sind, wenn die Reaktion abgeschlossen ist, immer noch einige Wasserstoff- und Sauerstoffatome in ungebundener, also nicht in Form von Wasser vorhanden; für die Konzentrationen von Wasserstoff, Sauerstoff und Wassermolekülen gilt:

$$(H_2)^2(O_2) = K(H_2O)^2$$

Das heißt, das Quadrat der Wasserstoffkonzentration, multipliziert mit der Sauerstoffkonzentration ist gleich der Gleichgewichtskonstanten, multipliziert mit dem Quadrat der Wasserkonzentration. Die Bedeutung, die dieses Gesetz für Chemiker hat, ist kaum zu unterschätzen: Sie können damit vorhersagen, wieviel von jedem chemischen Präparat sie besorgen müssen, um eine bestimmte Menge eines chemischen Endprodukts herzustellen. Es heißt »Massenwirkungsgesetz«, weil der Umfang, in dem die Reaktion abgeschlossen sein wird, von der Konzentration – den jeweiligen Massen – der Moleküle jedes vorhandenen Typs abhängt.

Die Identität von Molekülen im selben Quantenzustand ist für die Gültigkeit dieser Formel unerläßlich. Wären sie nicht identisch, besagten die thermodynamischen Gesetze, daß zwischen den Molekülkonzentrationen keinerlei Beziehung besteht; dies aber würde, wie ich im Wissenschaftlichen Anhang darlege, den Beobachtungen jedes Chemiestudenten erheblich widersprechen. Das Massenwirkungsgesetz wurde empirisch bereits Anfang des 19. Jahrhunderts entdeckt, doch seine Ableitung aus der grundsätzlichen Identität aller Moleküle »desselben Typus« – sprich: im selben Quantenzustand – verdanken wir J. Willard Gibbs, der sie als erster in seinem 1902 erschienenen Buch[25] *Elementary Principles of Statistical Mechanics* veröffentlichte. (Gibbs leitete das Massenwirkungsgesetz mit Hilfe der klassischen Thermodynamik in einem Artikel[26] aus dem Jahr 1875 ab.) Wie oben erwähnt, verstand Gibbs die Ursache dieser Identität nicht; um sie erklären zu können, brauchen wir die Quantenmechanik – deshalb kennt man die Ursache der Identität erst seit den dreißiger Jahren dieses Jahrhunderts. Doch sogar heute noch weisen die meisten Lehrbücher, die sich mit dem Massenwirkungsgesetz befassen, nicht eigens darauf hin, daß seine Ableitung entscheidend von der Identität von Systemen im selben Quantenzustand abhängt. Jede Ableitung mit Hilfe der statistischen Mechanik muß explizit von der Annahme ausgehen, daß Systeme im selben Quantenzustand identisch sind. Leider erfolgt diese unverzichtbare Annahme im allgemeinen ohne Kommentar; aus diesem Grund habe ich auch eine Ableitung des Massenwirkungsgesetzes in den Wissenschaftlichen Anhang aufgenommen.

Zusammenfassend läßt sich sagen: Die Quantenmechanik bietet ein Kriterium zur Feststellung der Identität physikalischer Systeme, und es erlaubt uns – *zwingt* uns oft –, zwei gleichzeitig existierende Systeme gleichzusetzen. Dieses Identitätskriterium wurde gegen Ende des letzten Jahrhunderts von zwei Physikern, die zu den größten ihrer Zeit zählen, erstmals entdeckt und ist allen Physikern seit mindestens fünfzig Jahren bekannt. Es ist an der Zeit, daß dieses Kriterium auch in philosophische Diskussionen über die Bedeutung der Identität Eingang findet. In der Physik vor dem 19. Jahrhundert, von der Flew stillschweigend ausgeht, galt die Identität zweier gleichzeitig bestehender Systeme als »absurd«; auch Systeme mit unterschiedlicher Lokalisierung im Raum waren aus der damaligen Weltsicht *ipso facto* unterschiedlich.

Das Schiff des Theseus

Das klassische Vorbild für diese Unterscheidung ist »Das Schiff des Theseus«. Plutarch schreibt:[27]

> »Das Schiff, in dem Theseus mit jenen jungen Männern segelte und wohlbehalten zurückkehrte, besaß dreißig Ruder. Die Athener bewahrten es bis in die Tage des Demetrius Phalaerus (er lebte um 280 v. Chr.); so instandgesetzt und mit starken Planken neu ausgerüstet, bot es den Philosophen ein Exempel für ihre Disputationen über die Einerleiheit von Dingen, die durch Hinzufügung verändert werden, wobei einige behaupteten, es sei dasselbe, und andere, es sei nicht dasselbe.«[28]

Der englische Philosoph und Staatsmann Thomas Hobbes benutzte das Schiff des Theseus, um die Mustertheorie der Identität anzugreifen, die ich für die Omegapunkt-Wiederauferstehungslehre in Anspruch nehme:

> »... Nach der zweiten Ansicht würden unter Umständen zwei gleichzeitig existierende Körper numerisch ein und derselbe sein. So in dem Fall des berühmten Schiffs des Theseus, über das schon die Sophisten Athens so viel disputiert haben: Werden in diesem Schiff nach und nach alle Planken durch neue ersetzt, dann ist es numerisch dasselbe Schiff geblieben; hätte aber jemand die herausgenommenen alten Planken aufbewahrt und sie schließlich sämtlich in gleicher Richtung wieder zusammengefügt und aus ihnen ein Schiff aufgebaut, so wäre ohne Zweifel auch dieses Schiff numerisch dasselbe wie das ursprüngliche. Wir hätten dann zwei numerisch identische Schiffe, was absurd ist.«[29]

Die Nichtidentität von Systemen in unterschiedlicher räumlicher Lokalisierung gilt nicht in der Quantenmechanik, aber die gegenwärtigen physikalischen Systeme sind Quantensysteme. Insbesondere ist ein Mensch nichts anderes als eine spezielle Art von Quantensystem. Demnach gilt das Quantenkriterium für die Identität von Systemen auch für Menschen, und folglich *sind* zwei Menschen im selben Quantenzustand ein und dieselbe Person: Würde eine »Nachbildung« einer längst verstorbenen Person geschaffen, die mit dem Quantenzustand jener längst verstorbenen Person identisch ist, so *wäre* diese »Nachbildung« jene Person. (»Nachbildung« steht in Anführungszeichen, denn jene zweite Person ist keine Nachbildung; sie *ist* das Original.) Diese Identität zu leugnen heißt, ein Grundpostulat der Quantenmechanik zu leugnen, das in einem Zeitraum von mehr als einem Jahrhundert durch zahlreiche Experimente Bestätigung fand. Folglich müssen wir akzeptieren, daß es möglich ist, zwei Schiffe zu haben, »die numerisch ein und dasselbe« sind, selbst wenn die Vorstellung »absurd« ist. Die Naturwissenschaft lehrt uns immer wieder, daß »absurde« Ideen in Wirklichkeit wahr sind. Vor fünfhundert Jahren war man sich allgemein einig, daß die Vorstellung, die Erde drehe sich um die Sonne, »absurd« sei. Flews Behauptung, physische Kontinuität sei eine notwendige Voraussetzung für persönliche Identität, wird durch die Quantenmechanik widerlegt, genauso wie die Himmelsmechanik die Unbeweglichkeit der Erde widerlegte.

Das Beispiel vom Schiff des Theseus setzt stillschweigend voraus, daß es – zumindest im Prinzip – möglich ist, fortlaufend zwischen dem ursprünglichen Schiff und der davon herzustellenden Kopie zu unterscheiden. Unter alltäglichen Umständen ist das natürlich richtig: Normalerweise befinden sich zwei Schiffe eindeutig nicht im selben Quantenzustand. Die moderne Technik ist derzeit noch nicht in der Lage, zwei makroskopische Körper im selben Quantenzustand herzustellen. Aber wenn die Verdoppelung von Theseus' Schiff in der fernen Zukunft ausgeführt würde, so daß nach der Verdopplung zwei Schiffe im selben Quantenzustand vorhanden wären, dann wäre es auch im Prinzip unmöglich, zwischen dem Original und der Nachbildung zu unterscheiden. Diese Behauptung ist eine logische Folge aus dem oben dargestellten Nichtklontheorem: Wenn in die Quantenzustand-Verdoppelungsanlage ein Schiff eingespeist würde und zwei Schiffe kämen heraus, gäbe es kein Experiment, mit dem sich beweisen ließe, welches Schiff das Original war (und keines der beiden herauskommenden Schiffe wäre in genau demselben Quantenzustand wie das Originalschiff).

Kontinuität war für die Theologie traditionsgemäß unverzichtbar, um die Identität zwischen den ursprünglichen und den auferweckten Menschen aufrechterhalten zu können, und diese Forderung war der eigentliche Anlaß dafür, die Vorstellung von einer unsterblichen Seele einzuführen. Die Quantenmechanik hebt die Notwendigkeit von Kontinuität indes auf, und wir sehen, daß die individuelle Unsterblichkeit eine unsterbliche Seele nicht länger benötigt.

Kontinuitätstheorie: Eine spätere Emulation ist mit der ursprünglichen Person identisch

Ich glaube jedoch nicht, daß man so weit gehen muß, den exakten Quantenzustand zu reproduzieren, um eine Person erfolgreich und im wahrsten Sinne des Wortes wiederzuerwecken. Wir dürfen nicht vergessen, daß die Atome, aus denen unser Körper besteht, ständig durch andere Atome aus der Nahrung, die wir zu uns nehmen, ausgetauscht werden. Ein großer Teil des menschlichen Körpers (nicht alles) wird im Laufe des Lebens vollkommen neu gebildet – repliziert –, denn Körperzellen sterben ab und werden ersetzt. Dieser fortwährende Austausch von Körpersubstanz während des Lebens ist seit Jahrhunderten bekannt: Thomas von Aquin zum Beispiel äußerte sich ausführlich darüber in *Summa contra gentiles* 4.81 ff. Manches ausgeschiedene Material gelangt eines Tages in den Körper anderer Menschen, und wenn individuelle Atome sich unterscheiden ließen, stünden wir alle vor demselben Problem wie die Athener Philosophen vor dem Schiff des Theseus: Sind wir »wir« oder zum Teil jemand anderes? In dem oben zitierten Abschnitt zerbricht sich Thomas von Aquin den Kopf über das Problem des Kannibalismus: Wenn ein »Individuum« durch seine/ihre Atome definiert wird, und wenn Gott Menschen nur wiedererwecken kann, indem Er sie in den Atomen, aus denen sie einst bestanden, wieder zusammensetzt, wie sollte es Ihm dann möglich sein, einen Menschen wiederzuerwekken, der ein Kannibale war und dessen Eltern, Großeltern und so weiter ebenfalls Kannibalen waren, so daß alle seine Atome anderen Menschen gehören? Wäre es hingegen logisch unmöglich, ihn wiederzuerwecken, wie sollte er dann für seinen Kannibalismus bestraft werden? Hätte Thomas von Aquin gewußt, in welchem Ausmaß die Biosphäre Materie wiederverwertet, so hätte er wahrhaft Grund zur Sorge gehabt; denn wären individuelle Atome unterscheidbar, würde schon eine einfache Rechnung zeigen, daß der Körper jedes Menschen auf Erden Atome enthält, die einst Teil anderer Menschen waren. Wir wären alle Kannibalen. Dieses Dilemma löst die Quantenmechanik, in der alle Atome ein und desselben Elements identisch sind. Kannibalenatome lassen sich unmöglich von den Atomen seines Opfers unterscheiden.

Auch wenn wir die Sache nur intern betrachten, findet ein fortwährender Austausch unserer Körpersubstanz statt. Auf subnuklearer Ebene werden die Quarks und Gluonen, aus denen die Neutronen und Protonen der Atome in unserem Körper bestehen, im Zeitmaßstab von weniger als 10^{-23} Sekunden vernichtet und neu gebildet; infolgedessen werden wir im normalen Verlauf unseres Lebens 10^{23}mal in der Sekunde vernichtet und neu gebildet, wiedererweckt. Kurz, nicht die Substanz des Menschen wird erhalten, sondern nur das Muster, und auch dieses – im Laufe unserer täglichen Neubildung – nicht vollkommen. Das Phänomen des Alterns ist lediglich ein Ausdruck dieser Tatsache. Das Muster wird so gut erhalten, wie es ist, denn in einem biologischen System gibt es Rückkopplungsmechanismen, die dem Muster als Ganzem zu handeln erlauben, um Irrtümer, die auftreten, wenn Teile des Musters neu geschaffen werden, teilweise zu korrigieren. Überraschenderweise ist es sogar unwahrscheinlich, daß das menschliche Gehirn die Erinnerung an alles, woran es sich zu erinnern vermag, wirklich speichert. Wie die Informatik[30] zeigt, ist diese Art der Speicherung ineffizient. Vielmehr geschieht vermutlich folgendes: Nur ein Teil einer Erinnerung wird aufbewahrt, wobei die Abrufung der gesamten Erinnerung umgekehrt funktioniert wie die Datenkompressionstechniken in der Informatik: Die Erinnerung wird »aufgebläht«. Ein derartiger Speichermechanismus ist probabilistisch; während des Prozesses können Fehler auftreten, weshalb sich zum Beispiel völlig gesunde Menschen gelegentlich an Ereignisse erinnern, die nie stattfanden.

Diese von der Informatik inspirierte Auffassung von den Mechanismen des Gedächtnisses findet immer mehr Zustimmung bei den

Pyschologen, die ja Experten sind in der Frage, wie Wissen im menschlichen Gehirn abgebildet wird.[31] Was wir von diesen Mechanismen wissen, zeigt in der Tat, daß unser Gehirn kein getreues Bild einer Erfahrung, eines Erlebnisses aufbewahrt. Es speichert auch nicht eine präzise und vollständige Deutung einer Erfahrung. Vielmehr werden lediglich Bruchstücke der Deutung einer Erfahrung gespeichert.

Nachdem im Laufe unseres normalen Lebens von der Substanz nichts und vom Muster nur Teile über die Zeit erhalten werden, erübrigt sich Flews Nachbildungseinwand sogar innerhalb der klassischen Auffassung, vorausgesetzt, daß ausreichend viel vom Muster – in irgendeiner Form – vom Zeitpunkt des Todes bis zum Tag der Auferstehung kontinuierlich erhalten wird, damit der Omegapunkt anhand dieser bewahrten Information und der fehlerkorrigierenden Rückkopplung das Original des längst verstorbenen Individuums mit derselben Genauigkeit replizieren kann, wie die Neubildung im Verlauf unseres täglichen Lebens erfolgt. Ich habe gezeigt, daß in der Omegapunkt-Auferstehungstheorie dieses Maß an Informationserhaltung eintritt. Denn wenn die Raumzeit global hyperbolisch ist, dann wird im Vergangenheitskegel das *gesamte* Muster jedes beliebigen Ereignisses, das dem Omegapunkt nahe genug ist, erhalten, so daß in der fernen Zukunft zur Erzeugung und Belebung eines simulierten Körpers das Gesamtmuster zur Verfügung steht. Wenn wir übereinkommen, die »Seele« mit einem bestimmten Computerprogramm oder Muster gleichzusetzen, wie in Kapitel II geschehen, können wir die Bewahrung des Musters als »Unsterblichkeit der Seele« interpretieren. Wir dürfen allerdings nicht vergessen, daß diese »Unsterblichkeit« des Musters nur ein Ausdruck für die Erhaltung von Information in einem deterministischen physikalischen System ist: Die »Seele« denkt nicht und fühlt nicht, während sie sich in körperloser Form auf einem Lichtkegel befindet. Wenn hingegen die Quantenmechanik (oder irgendein anderer Mechanismus) die globale Hyperbolizität zerstört oder sogar alle Information über einzelne Individuen vernichtet, dann reicht allein die kontinuierlich erhaltene Tatsache, daß die DNA das biologische Substrat war, aus, um die identischen Quantenzustände aller toten Menschen wiederzuerwecken. In beiden Fällen besteht zwischen der Gegenwart und der fernen Zukunft (genügend) Kontinuität in den Mustern.

Zur Unterstützung seines Nachbildungseinwandes zitiert Flew eine Reihe von Aussagen anerkannter geistlicher Autoritäten, doch abgesehen von jenen Fällen, wo sich besagte Autoritäten eindeutig vom Plantonschen Dualismus haben anstecken lassen (oder dem dringenden Bedürfnis nach Bewahrung der Kontinuität), stützten meiner Ansicht nach gerade diese Äußerungen die Vorstellung, daß die Auferweckung von Nachbildungen in der Regel dem, was auch in der jüdisch-christlich-islamischen Tradition erwartet wird, gleichkommt. In Kapitel XI werde ich näher darauf eingehen. Flews Erörterungen erscheinen mir als pure Haarspaltereien über die Bedeutung von Worten, und ich denke dabei an den Anhang IV – mit dem Titel »Über einige Wortstreitereien« – in *An Enquiry Concerning the Principles of Morals* von David Hume: »Nichts ist üblicher, als daß Philosophen in das Gebiet der Sprachwissenschaftler eindringen und sich in einen Disput um Worte einlassen, wobei sie sich einbilden, Streitfragen von größter Wichtigkeit und Bedeutung zu behandeln.«[32]

Zu Flews Ehre sei jedoch gesagt, daß er auf dem Omegapunkt-Kolloquium in Tulane im Herbst 1990, an dem er teilnahm, seinen Nachbildungseinwand einschränkte. Wenn es tatsächlich möglich sei zu zeigen, sagte er, daß die Computer der fernen Zukunft eine Emulation einer heute lebenden Person zustande bringen könnten und zustande brächten, dann ließe zwar der derzeitige Gebrauch des Wortes »Person« eine Identifizierung der heute lebenden Person mit ihrer Emulation in der fernen Zukunft nicht zu, doch wäre es vernünftig – nämlich angesichts einer *Tatsache* und nicht eines rein philosophischen Verwirrspiels –, die Bedeutung des Wortes »Person« dahingehend zu erweitern, daß die Emulation und der heute lebende Mensch als ein und dieselbe »Person« bezeichnet würden. Er gebrauchte ein Beispiel aus seinen Gifford-Vorlesungen:[33] Darin war ein englisches Gericht aufgefordert zu entscheiden, ob ein Wasserflugzeug – ein »fliegendes Boot« – ein »Schiff« sei und folglich unter ein zu Zeiten Elizabeths I. vom Parlament verabschiedetes Gesetz falle. Das Gericht entschied sich für die Schiffsinterpretation, obwohl Wasserflugzeuge Erfindungen sind, die das Verständnis der elisabethanischen Parlamentarier durchaus überstiegen, und gewiß *kein* Beispiel, das einer von ihnen angeführt hätte, wenn er hätte beschreiben sollen, was unter einem »Schiff« zu verstehen sei. Angesichts der unumstößlichen Tatsache exakt identischer Kopien ein und derselben Person, sagte Flew, müßte die Bedeutung des Wortes »Person« notwendigerweise über den derzeitigen Gebrauch hinaus abgewandelt werden, und unter diesen Umständen wäre die von mir vorgeschlagene Identifikation – die Gleichsetzung der Emulation mit der heute lebenden Person – die vernünftigste Abwandlung. Daraus folge, meinte Flew, daß es unter diesen Umständen für den heute lebenden Menschen vernünftig wäre, sich mit seiner Emulation in der fernen Zukunft emotional zu identifizieren, in gleicher Weise, wie er sich heute emotional mit der Person identifiziere, die er morgen sein werde und die (unter den obengenannten Vorbehalten) mit der heutigen Person kontinuierlich verbunden sei. Mit anderen Worten: Wenn als physikalische Tatsache gezeigt werden könne, daß in der fernen Zukunft die Emulation des eigenen Selbst geschaffen würde, um für alle Zeiten im Himmel zu leben, dann, so Flew, sollte man sich doch trösten – aus demselben Grund, wie einen die Mitteilung des Arztes, man habe Krebs im Endstadium und nur noch sechs Monate zu leben, niederschmettere. In beiden Fällen sei es *derselbe Mensch*, nicht eine bloße Nachbildung, der zur Unsterblichkeit gelangen werde beziehungsweise zum Tod.

Flew sagt, er glaube nicht, daß die Technik eines Tages Auferstehungen mittels Computer ermöglichen werde; aber wie mir scheint, machte er in der Hauptsache doch ein Zugeständnis: nämlich daß sein Nachbildungseinwand keine absolute logische, sondern lediglich eine technologische Barriere gegen die Wiederauferstehung sei. Flew räumte ein, es sei nunmehr allein eine Frage der Physik, ob wir eine Auferstehung zu unsterblichem Leben erwarten könnten.

Viele verwahren sich gegen die Mustertheorie der Identität mit dem Argument, daß wir ja zwischen dem Originalwerk eines berühmten Malers und einer Kopie durchaus unterschieden. Zum Beispiel sei Ende der achtziger Jahre ein Originalgemälde von Vincent van Gogh für annähernd hundert Millionen Dollar verkauft worden, während jedermann einen Druck desselben Gemäldes für lumpige zehn Dollar kaufen könne und die von einem modernen Künstler Strich für Strich kopierte Reproduktion desselben Gemäldes für ungefähr 5000 Dollar.

Dieses Argument übersieht die Tatsache, daß es leicht für uns ist, zwischen dem Original und der Kopie zu unterscheiden. Um unsere Perspektive zurechtzurücken, sollten wir bedenken, daß die genaueste allgemein bekannte visuelle Reproduktion einer Szene, nämlich ein gutes 35-mm-Farbnegativ, 300 Millionen (= 3 x 10^8) Informationsbits codiert.[34] Aber wie ich oben dargestellt habe, zeigt die Bekenstein-Grenze, daß 3 x 10^{45} Informationsbits nötig wären, um einen Menschen in seinem Quantenzustand zu reproduzieren: das ist 10^{37}mal soviel. Die gesamte Wirtschaftsproduktion der Welt entspricht einem Wert von ungefähr 10^{14} Dollar; in einzelnen Pennys ausgedrückt, der kleinsten Münze in der US-Währung, lediglich 10^{16}. Die »Reproduktion« eines Menschen, wie ich sie hier dargestellt habe, erfordert eine Genauigkeit, die alle menschliche Erfahrung übersteigt. Diese »Reproduktion« kann nur der Omegapunkt bewerkstelligen. Wir können die Gesetze der Physik zu Hilfe nehmen, um zu beweisen, daß die »Reproduktion« in der fernen Zukunft tatsächlich ausgeführt werden kann, aber das zu vollbringen steht außerhalb der menschlichen Macht. Also ist das Argument des »Originalgemäldes«, das auf der normalen menschlichen Erfahrung beruht, auf die quantenmechanische Verdopplung von Menschen, wie sie der Omegapunkt vollziehen wird, nicht anwendbar. Alles Geld der Welt ausgeben zu können ist eine völlig andere Erfahrung, als nur das Geld in der eigenen Tasche zu besitzen: Überhaupt kein Vergleich!

X. Was nach der Auferstehung geschieht: Himmel, Hölle, Fegefeuer

Ich sollte hervorheben, daß die Emulation von Menschen, die in der Vergangenheit gelebt haben, sich keineswegs auf eine reine Wiederholung der Vergangenheit zu beschränken braucht. Ist die Emulation einer Person und ihrer Welt in einem Computer von ausreichender Kapazität erst eimal erfolgt, kann ihr die Möglichkeit offenstehen, sich weiterzuentwickeln – Dinge zu denken und zu fühlen, die der längst verstorbene, jetzt emulierte Mensch niemals gedacht und gefühlt hat. Es ist nicht einmal nötig, daß *irgend etwas* von der Vergangenheit wiederholt wird. Der Omegapunkt (in einem Seiner/Ihrer immanenten zwischenzeitlichen Zustände; auf diese nähere Bezeichnung will ich der Einfachheit halber im folgenden verzichten) könnte die Emulation einfach mit dem in den emulierten Körper der toten Person eingesetzten Gedächtnis, wie es zum Zeitpunkt ihres Todes war (oder zehn Jahre zuvor oder zwanzig Minuten zuvor oder...) beginnen lassen, wobei der Körper so ist, wie er im Alter von zwanzig war (oder siebzig oder...). Diese Körper-Gedächtnis-Kombination könnte in jeder beliebigen simulierten Hintergrundumgebung plaziert werden, die der Omegapunkt wünscht: in einer simulierten Welt, nicht zu unterscheiden von der sozialen Umgebung und dem physikalischen Universum – die beide längst nicht mehr existieren – der toten, wiederbelebten Person, oder sogar in einer Welt, die es niemals gab, die aber der idealen *Phantasiewelt* des wiedererweckten Toten so ähnlich wie logisch möglich ist. Überdies können alle möglichen Kombinationen von wiedererweckten Toten in derselben Simulation untergebracht werden und miteinander in Interaktion treten. Zum Beispiel könnte der Leser/die Leserin mit allen seinen/ihren Vorfahren und Nachkommen in ein und derselben Simulation auftreten, jeder in dem (körperlich und geistig unterschiedlichen) Alter, das der Omegapunkt beschließt. Der Omegapunkt selbst könnte mit Seinen/Ihren emulierten Schöpfungen interagieren – zum Beispiel sprechen –, und sie würden von Ihm/Ihr lernen, würden über die Welt außerhalb der Simulation etwas erfahren, über andere Simulationen, über Ihn/Sie selbst.

Der emulierte Körper könnte gegenüber unserem gegenwärtigen um einiges verbessert worden sein: Die Gesetze der simulierten Welt könnten so verändert werden, daß kein zweiter physischer Tod eintritt. Wir können, in Anlehnung an Paulus, den simulierten, verbesserten, unvergänglichen Körper einen »Geistleib« nennen, denn er wird aus demselben »Stoff« bestehen wie jetzt der menschliche Geist: ein »Gedanke in einem Geist« (in der Sprache des Aristoteles: »eine Form innerhalb einer Form«; in der Computersprache: eine virtuelle Maschine innerhalb einer Maschine). Der Geistleib ist also nichts anderes als der gegenwärtige Körper (mit Verbesserungen) auf einer höheren Vollzugsebene, ein Begriff, mit dem ich mich in Kapitel II befaßt habe. In dieser Formulierung ist Paulus' Beschreibung vollkommen exakt: »So ist es auch mit der Auferstehung der Toten. Was gesät wird, ist verweslich, was auferweckt wird, unverweslich. Was gesät wird, ist armselig, was auferweckt wird, herrlich. Gesät wird ein irdischer Leib, auferweckt ein überirdischer Leib. Wenn es einen irdischen Leib gibt, gibt es auch einen überirdischen« (1 Kor 15,42–44). Nur als geistiger Leib, nur als Computeremulation ist Auferstehung ohne einen zweiten Tod möglich: Unser gegenwärtiger, aus Materie bestehender Körper könnte unmöglich die extreme Hitze in der Nähe der Endsingularität überleben. Wiederum sind Paulus' Worte anschaulich: »...Fleisch und Blut können das Reich Gottes nicht erben« (1 Kor 15,50).

Dennoch ist es angemessen, die Auferweckung mittels Computeremulation als »Auferstehung des Fleisches« (in den Worten des Apostolischen Glaubensbekenntnisses) zu betrachten. Denn eine emulierte Person würde sich als genauso real und ihren Körper als genauso materiell erleben, wir wir uns und unseren gegenwärtigen Körper erleben. Es wäre nichts »Geisterhaftes« an einem simulierten Körper und nichts Immaterielles an der simulierten Welt, in der sich der simulierte Körper befände. In den Worten Tertullians, eines der frühesten christlichen Theologen (155–220), wäre der simulierte Körper, »...dies Fleisch, blutüberströmt, mit seinem Knochengerüst, durchzogen von Nerven, umschlungen von Adern, (ein Fleisch) das ... geboren wurde und stirbt, zweifellos von menschlicher Art.«[1]

Ich sagte vorhin, daß der auferweckte Körper gegenüber unserem jetzigen weitgehend verbessert sein könnte. Die nächstliegenden

Verbesserungen wären die Reparatur aller körperlichen Defekte, fehlender Gliedmaßen zum Beispiel, und Verfallserscheinungen: Jugend statt Alter und so weiter. Wenn jedoch der zu korrigierende Defekt *notwendigerweise* mit der Persönlichkeit zusammenhinge, so daß jede Korrektur drastische Persönlichkeitsänderungen mit sich brächte, dann wäre eine Korrektur ohne Pein für das wiedererweckte Individuum logisch unmöglich. Derlei Korrekturen kann der Omegapunkt nicht bewirken.

Beispielsweise ist bekannt, daß Menschen, die von Geburt an blind waren, durch eine Operation im Erwachsenenalter vollständig geheilt wurden.[2] So wurde zwar das Auge »repariert«, das Gehirn aber – die Persönlichkeit – lernte nie, die vom Auge eintreffende Information wirklich zu verarbeiten. Für den Patienten ist die Erfahrung, wenn er zum erstenmal seine geheilten Augen öffnet, qualvoll: Er sieht nichts als eine durcheinanderwirbelnde Masse von Licht und Farben und ist völlig außerstande, vertraute Gegenstände sehend zu erkennen. Es erfordert *jahrelange* Anstrengung, bis der Patient lernt, seine sehenden Augen zu benutzen. Einem Mann zeigte man – eine Woche, nachdem seine Augen operiert worden waren – eine Orange und fragte ihn: »Welche Form hat dieser Gegenstand?« Er antwortete: »Darf ich ihn berühren? – dann kann ich es sagen.« Und er betastete den Gegenstand und sagte, es sei eine runde Orange. Nachdem er sie eine Zeitlang angestarrt hatte, fügte er hinzu: »Ja, ich kann sehen, daß sie rund ist.« Danach zeigte man ihm ein blaues Quadrat und ein blaues Dreieck, und er beschrieb beide als blau und rund. Als der Arzt ihn auf die Ecken hinwies, antwortete er: »Ach ja, jetzt verstehe ich, man kann *sehen,* wie sie sich anfühlen.«

Den Gesichtssinn benutzen zu lernen empfindet der Patient oft als extrem anstrengend, und er weigert sich vielleicht überhaupt, ihn zu benutzen, solange er nicht dazu gezwungen ist. Es erfordert mindestens einen Monat Arbeit, bevor er in der Lage ist, auch nur ein paar Gegenstände voneinander zu unterscheiden. Aber Menschen in dieser Situation können schrittweise lernen. Viele sind nach einigen Jahren imstande zu lesen.

Bei einem Blinden hat sich die gesamte Persönlichkeit um den Gehör- und den Tastsinn herum gebildet und muß sich radikal umstrukturieren, wenn sie auf einmal den Gesichtssinn dazugewinnt. Wenn diese Umstrukturierung im Augenblick der Auferwekkung geschieht, ersteht nicht mehr die ursprüngliche Person auf. Aber der Omegapunkt könnte alles tun, was in diesem Fall logisch möglich wäre. So könnte Er/Sie den Defekt der Augen beheben und den blinden Menschen weitaus wirksamer sehend werden lassen, als ein menschlicher Arzt dazu in der Lage wäre. (Menschen, die als Erwachsene erblindet sind, könnten bei der Auferstehung sofort sehend werden, da die geistige Integration des Gesichtssinnes bereits vorhanden ist.)

Dasselbe gilt für Menschen, die mit viel tiefgreifenderen geistigen Defekten geboren wurden, etwa dem Down-Syndrom (Mongolismus).

Der durch Computersimulation wiedererweckte Körper hätte natürlich drei übermenschliche Eigenschaften, die nach Lukas' Beschreibung auch Jesu auferstandener Leib hat. Erstens könnte der Omegapunkt die physische Erscheinung des computersimulierten Körpers so festlegen, daß der auferweckte Mensch sie nach seinem Willen leicht verändern kann. Nach Luk 24,16 und 31 erkannten die Jünger Jesus erst, als er es wollte. Zweitens kann die simulierte Person aus einem Teil ihres simulierten Universums getilgt und gleichzeitig an eine andere Stelle versetzt werden. In Luk 24,31 verschwindet Jesus im selben Augenblick, in dem seine Jünger ihn erkennen. Und in Luk 24,36 erscheint Jesus (offensichtlich unvermittelt) in einem Zimmer, in dem seine Jünger über seine Auferstehung sprechen. (In Joh 20,26 heißt es, Jesus sei in einem verschlossenen Raum erschienen.) Drittens ist, wie oben angeführt, der simulierte Körper so real wie alles andere in der Simulation: insbesondere vermag er zu essen, zu trinken; er kann berühren und berührt werden von allem, was in seiner simulierten Welt existiert. In Luk 24,39–43 widerlegt Jesus die Befürchtungen seiner Jünger, er sei ein Geist, indem er ihnen erlaubt, ihn zu berühren, und vor ihren Augen einen Fisch ißt.[3]

Obwohl die Auferstehung durch Computersimulation die physikalischen Schranken zum ewigen Leben individueller Menschen überwindet, bleibt ein logisches Problem bestehen: Die Endlichkeit des menschlichen Gedächtnisses. Wie oben erwähnt, kann das menschliche Gehirn nur etwa 10^{15} Bits speichern (dies entspricht annähernd tausend subjektiven Lebensjahren), und wenn dieser Speicherraum ausgeschöpft ist, können wir nicht mehr weiterwachsen. Folglich ist nicht klar, ob es angemessen ist, das unvergängliche auferweckte Leben als »ewig« zu bezeichnen. Es gibt mehrere Alternativen: Der Omegapunkt könnte uns erlauben, unsere individuellen Persönlichkeiten mit dem universalen, das heißt Seinem/Ihrem Bewußtsein zu vereinigen – unsere Persönlichkeiten aus der Simulation heraus in eine höhere Vollzugsebene heben. Oder der Omegapunkt könnte – bei Erhaltung unserer Individualität und sogar unserer gegenwärtigen Körpergröße und -form – unsere Gedächtnisleistung über 10^{15} Bits hinaus unbegrenzt erweitern. Oder der Omegapunkt könnte uns zu einer »Vollkommenheit« unserer endlichen Natur führen. Was immer »Vollkommenheit« bedeutet. (Warum sollten die Erinnerungen der Simulation in den Gehirnen der Simulation gespeichert werden?) Je nach Definition könnte es viele Vollkommenheiten geben. Bei ausreichender Computerkapazität sollte es möglich sein zu berechnen, welches Ergebnis eine menschliche Handlung zeitigen würde, ohne daß die Simulation sie wirklich ausführt; auf diese Weise wäre der Omegapunkt in der Lage, uns über mögliche Vollkommenheiten zu beraten, ohne daß wir die gesamte Prozedur von Versuch und Irrtum durchlaufen müßten, die für unser diesseitiges Leben charakteristisch ist. Erfolgen mehrere Simulationen von ein und demselben Individuum, so ließen sich *alle* diese Optionen gleichzeitig verwirklichen. Sobald ein Individuum dann »perfektioniert« wäre, könnte das Gedächtnis dieses perfekten Individuums dauerhaft aufgezeichnet werden – und es bliebe für alle Zeit erhalten, bis hinein in den Omegapunkt in Seiner/Ihrer Transzendenz. Die von unvollkommenen Individuen begangenen Fehler und das Böse könnten ein für allemal aus dem universalen Bewußtsein getilgt (oder auch dauerhaft aufgezeichnet) werden. Die Persönlichkeit des perfektionierten Individuums wäre dann wahrhaft ewig: Sie würde für alle Zukunft existieren. Außerdem würde die perfektionierte Persönlichkeit, wenn sie den Omegapunkt in Seiner/Ihrer Transzendenz erreicht, insofern ewig, als sie dann jenseits der Zeit wäre: wahrhaft eins mit Gott. Der natürliche Ausdruck zur Beschreibung dieser vollkommen gewordenen Unsterblichkeit lautet »beseligende Gottesschau«.

Gründe für den Glauben an unsere Auferweckung zum ewigen Leben durch den Omegapunkt

Allein der Omegapunkt entscheidet, was mit den wiedererweckten Toten geschieht; auf keinen Fall können die Simulationen Unsterblichkeit beanspruchen oder sich verdienen, denn nur der Omegapunkt hat die Macht, sie zu gewähren. Doch das weitere Überleben nahe dem Endstadium setzt immer größere Kooperation voraus, und Kooperation geht in der Regel mit Altruismus einher. Außerdem werden, wenn es bis zur Auferstehung lang genug hin ist, die Computerkapazitäten, die erforderlich sind, um die gesamte Menschheit wiederzuerwecken und zur beseligenden Gottesschau zu führen und um das vollkommene Individuum für immer zu erhalten, winzig sein im Vergleich zur tatsächlich vorhandenen Kapazität. Nachdem es kaum mehr kostet, Gutes zu tun als Böses, denke ich, daß wir durchaus mit ersterem rechnen können, um so mehr, als die Person, die diese Entscheidung trifft, von Grund auf gut ist. Um den theologischen Ausdruck zu verwenden: Ich bin der Ansicht, wir werden »Gnade« erhalten.

Mit Hilfe der Spieltheorie[4] und der sogenannten Mikroökonomie[5], dem wirklich fundierten Teil der modernen Wirtschaftswissenschaften, läßt sich das obengenannte Argument präzisieren. Wie Axelrod[6] und jüngst auch Nowak und Sigmund[7] dargelegt haben, dient ein Individuum seinen Eigeninteressen in der Regel dann am besten, wenn es als Strategie gegenüber anderen Individuen einen »billigen« Altruismus wählt, vorausgesetzt, der Wert, den der Betreffende zu diesem Zeitpunkt der Zukunft beimißt, ist groß genug und die Wahrscheinlichkeit künftiger Interaktionen zwischen den jeweiligen Individuen nahe genug an 1. Das heißt, jeder kann seinen eigenen Vorteil maximieren, indem er folgende Strategie anwendet: »Geh davon aus, daß die anderen dich so behandeln, wie du selber behandelt werden möchtest, und behandle einen anderen nur dann als Feind, wenn er dich kurz zuvor genauso behandelt hat.« Axelrod weist darauf hin, daß sich diese Strategie am effizientesten durchführen läßt, wenn ein Individuum die Strategie, sich »altruistisch« zu verhalten, auch gegenüber allen anderen anwendet, –

sofern der Preis für diese Sorte »Altruismus« nicht zu hoch ist. Gary Becker[8] hat – in einer Arbeit, für die er 1992 mit dem Nobelpreis für Wirtschaft ausgezeichnet wurde – den »Altruismus« einer Person A gegenüber B als zwei Bedingungen für die »Nutzfunktion« von A definiert. (Die »Nutzfunktion« mißt, wieviel eine Person wert ist.) Die erste Bedingung lautet: A sieht das Wohlergehen von B (nach Bs Maßstab) als Endzweck an, und die zweite: A wird allein dadurch glücklicher (As Nutzen nimmt zu), daß B glücklicher ist (Bs Nutzen nimmt zu).[9] Die derzeit beste Einführung in Beckers Arbeit über Altruismus ist der Leitfaden *Price Theory* von David Friedman.[10]

Nun werden die Individuen der fernen Zukunft (oder individualisierten bewußten Unterprogramme des universalen Bewußtseins) entweder selbst unsterblich sein oder mit ihrer Auferweckung rechnen, und darüber hinaus wird das Verschwinden der Horizonte bedeuten, daß alle Individuen erwarten können, mit allen anderen Individuen unendlich viele Male zumindest indirekt zu interagieren. Demnach würden wir davon ausgehen, daß die Zukunft einen hohen Wert hat und die Wahrscheinlichkeit künftiger Interaktionen 1 sehr nahe ist. Deshalb werden die Individuen der fernen Zukunft voraussichtlich die Strategie des »billigen« Altruismus anwenden. Wie ich oben ausgeführt habe, werden die Menschen schon allein aus eigennützigen Gründen – historische Forschung als Teil des Strebens nach umfassendem Wissen ist die notwendige Voraussetzung für das Fortbestehen von Leben – wahrscheinlich wiederauferweckt, und nach ihrer Auferstehung wird der billige Altruismus sie wahrscheinlich für immer am Leben erhalten. Die Tilgung des wiedererweckten Toten aus dem Computerspeicher wäre ein Widerspruch zur optimalen Überlebensstrategie in der fernen Zukunft.

Becker wies darauf hin[11], daß seine Definition von »Altruismus« zudem festlegt, was unter »Person A liebt Person B« zu verstehen ist. Beachten Sie, daß dies eine selbstlose Form der Liebe ist, also »Liebe« im Sinn des griechischen *agape* (ἀγάπη). (Das Griechische kennt drei Worte für »Liebe«: *eros*, die geschlechtliche Liebe, *philia*, die Freundschaft, und *agape*, die Nächstenliebe. Wenn im Neuen Testament von Gottes Liebe zu den Menschen die Rede ist, wird stets das Wort *agape* benutzt.) Die oben dargestellte Analyse kann also dahingehend umformuliert werden, daß alle Menschen zum ewigen Leben auferweckt werden, weil Gott uns liebt, und damit ist die Begründung für die Gewährung unsterblichen Lebens in der

Omegapunkt-Theorie exakt dieselbe wie in der jüdisch-christlich-islamischen Tradition: die selbstlose Liebe (ἀγάπη) Gottes. Dieses Argument ist nicht zwingend, was die Gewährung der Unsterblichkeit anlangt, aber es ist absolut zwingend für das Gegenteil: Wenn uns *wirklich* Unsterblichkeit gewährt wird, so verdanken wir sie der Liebe des Omegapunkts zu uns. So greift in der Omegapunkt-Theorie die Liebe Gottes essentiell in den Mechanismus von Auferstehung und Unsterblichkeit ein. Das ist die erste physikalische Theorie der Unsterblichkeit, für die dies wahr ist. In früheren Theorien war die Seele für sich allein unsterblich; Gottes Liebe war eigentlich inzident: ein Nebenumstand. Die Omegapunkt-Theorie bietet die erste physikalische Auferstehungstheorie, die mit der christlichen Auferstehungslehre vollkommen übereinstimmt. Sie ist auch die erste Erlösungstheorie (Heilslehre), die durch die Vernunft begründet ist, nicht durch den Glauben.

In seinem Buch *On the Immortality of the Soul* erhob David Hume den folgenden Einwand gegen die Vorstellung einer allgemeinen Auferweckung der Toten: »Auch sollte die Frage, was mit der unendlichen Zahl postumer Existenzen zu geschehen habe, die Religionslehre in Verlegenheit bringen.«[12] Hume faßte dieses Thema in einem späteren Gespräch mit dem berühmten Biographen James Boswell zusammen: »... (Hume) fügte hinzu, daß es ein äußerst unvernünftiger Einfall sei, für immer zu existieren. Daß die Unsterblichkeit, wenn es sie überhaupt gäbe, allgemein sein müßte; daß ein großer Teil der menschlichen Rasse kaum irgendwelche geistigen Qualitäten habe; und doch müßten sie alle unsterblich sein; daß ein Türhüter, der um zehn Uhr bereits vom Gin betrunken sei, unsterblich sein müsse; daß das Gesindel jeden Alters erhalten und neue Universen geschaffen werden müßten, um derart unendliche Massen aufzunehmen.«[13]

Die ständig wachsende Zahl von Menschen, die Hume als Gesindel bezeichnete, könnte dennoch in unserem eigenen, endlichen (klassischen) Universum für immer erhalten werden, wenn die nötige Computerkapazität rasch genug zur Verfügung steht. Wer sich mit den Rechnungen im Wissenschaftlichen Anhang eingehender befaßt, wird feststellen, daß sie auch die physikalische Möglichkeit aufzeigen, einen bestimmten konstanten Prozentsatz der zu jeder Universalzeit verarbeiteten Information *für immer* zu erhalten. Folglich wird die Computerkapazität vorhanden sein, um sogar betrunkene Türhüter zu erhalten (und perfektionierte betrunkene Türhüter), vorausgesetzt nur, der Omegapunkt wartet lange genug mit ihrer Wiedererweckung. Obwohl die für eine perfekte Simulation erforderliche Computerkapazität in exponentiellem Verhältnis zur Komplexität der simulierten Gebilde steht, ist es physikalisch möglich, von jetzt bis zum Omegapunkt eine wirklich unendliche Zahl von Indivduen wiederzuerwecken – auch wenn wir davon ausgehen, daß die Komplexität eines durchschnittlichen Individuums mit zunehmender Nähe zum Omegapunkt divergiert – und sie *alle* zur Vollkommenheit zu führen. Die totale Perfektion aller wäre im Augenblick des Omegapunkts erreicht.

Eine letztlich unendliche Zahl von Individuen (im Grenzfall des Omegapunkts: unendlich komplexer Individuen) zur Perfektion zu führen hängt entscheidend von der Tatsache ab, daß zwischen irgendeiner endlichen Zeit und dem Omegapunkt tatsächlich unendlich viel[14] Information verarbeitet wird. Ein Beispiel dafür ist das von Bertrand Russell so bezeichnete Tristram-Shandy-Paradoxon[15]. Tristram Shandy brauchte zwei Jahre, um die ersten beiden Tage seines Lebens zu schildern, und beklagte sich, daß bei dieser Geschwindigkeit das Material schneller anwüchse, als er es niederschreiben könne. Russell zeigte, daß Tristram Shandys Biographie gleichwohl vollständig geschrieben worden wäre, selbst wenn er ewig gelebt hätte. Im Fall des Omegapunkts, der in der Tat ewig lebt, können alle Wesen, die jemals gelebt haben und von jetzt an bis ans Ende der Zeit leben werden, auferstehen und in Erinnerung bleiben, obwohl die zur Auferweckung erforderliche Zeit exponentiell zunimmt – in weit schlimmerem Ausmaß, als Tristram Shandy es sich je träumen ließ. Entscheidend ist, daß es zu jeder beliebigen Zeit auf einer Bahn im Phasenraum nur eine endliche Anzahl möglicher Wesen gibt, die existieren könnten. Träfe dies nicht zu, so könnte die Zahl der von jetzt an bis zum Endzustand wiedererweckten Wesen die Potenzmenge von χ_0 sein, das ist die gesamte unendliche Menge der ganzen Zahlen. Nun ist aber die Potenzmenge von χ_0 eine höhere Ordnung der Unendlichkeit als χ_0 selbst; folglich könnte die Wiedererweckung aller möglichen Lebewesen unmöglich sein, denn nur χ_0 Bits können von jetzt bis zum Endzustand aufgezeichnet werden.

Hilberts Hotel – so benannt nach dem deutschen Mathematiker David Hilbert, der das Problem zu Beginn dieses Jahrhunderts stellte – ist ein vorzügliches Beispiel für die Potenzierung einer wirklichen Unendlichkeit. Hilberts Hotel verfügt über eine unendliche Zahl von Zimmern; sie sind alle belegt. Es trifft aber eine weitere Person ein und fragt nach einem Zimmer. »Selbstverständlich, mein Herr«, sagt der Hotelier, »ich muß nur die Person, die jetzt in Zimmer 1 wohnt, nach Zimmer 2 verlegen, und die Person aus Zimmer 2 nach Zimmer 3 und so weiter, dann ist Zimmer 1 für Sie frei.«

Daraufhin treffen weitere hundert Menschen ein und fragen nach Zimmern. »Selbstverständlich«, sagt der Hotelier. »Ich muß nur jeden Gast im Hotel in das Zimmer mit der gegenwärtigen Nummer plus 100 verlegen, dann sind die ersten hundert Zimmer für Sie frei.«

Dann erscheint eine *unendliche Zahl* von Personen, die nach Zimmern fragen. »Selbstverständlich«, sagt der Hotelier. »Ich muß nur die Person von Zimmer 1 in Zimmer 2 verlegen, die Person von Zimmer 2 in Zimmer 4, die Person von Zimmer 3 in Zimmer 6 und so weiter, so daß alle ungeraden Zimmernummern des Hotels für Sie frei sind. Es gibt unendlich viele ungerade Zimmernummern, so daß für jeden von Ihnen Platz ist.«

Die Zukunft hat genügend Platz für eine unendliche Zahl wiedererweckter Individuen.

Gibt es irgendeinen Grund zu der Annahme, daß der Mensch Vorrang gegenüber anderen Kreaturen erhielte, zumal doch die Computerkapazität zur Wiedererweckung nicht nur aller Menschen, sondern auch aller Kakerlaken, aller Fliegen, aller anderen nichtmenschlichen Wesen, die je auf der Erde gelebt haben, zur Verfügung stehen wird? Bei allen diesen Geschöpfen sprechen dieselben Gründe für die Wiedererweckung wie beim Menschen, denn sie sind in der fernen Zukunft ebenfalls Teil der Vergangenheit, die zu dieser Zukunft geführt hat. Es gibt allerdings keinen Grund, ihnen ewiges Leben zu gewähren. Denn es besteht ein fundamentaler Unterschied zwischen Menschen und allen anderen Kreaturen, die je existiert haben: Das Computerprogramm nämlich, das die menschliche Seele darstellt, ist eine potentielle selbstprogrammierende universelle Turing-Maschine: ein Programm, das fähig ist, Unterprogramme zu entwickeln, die *jedes beliebige* lösbare Problem lösen können, sofern ihnen genügend Zeit und Speicherkapazität zur Verfügung steht. (Ich sage »potentiell«, denn eine echte universelle Turing-Maschine erfordert unbegrenzte Speicherkapazität, die wir mit unseren gegenwärtigen, noch nicht auferweckten Körpern nicht besitzen.) Soweit wir wissen, hat kein anderes Wesen mit ähnlicher

Leistungsfähigkeit je auf Erden gelebt. Aus diesem Grund wäre es sinnlos, den anderen Lebewesen ewiges Leben zu gewähren: Sie sind grundsätzlich endliche Maschinen, woran auch eine erhöhte Speicherkapazität nichts ändern kann. Sie würden dadurch nur in den Kreislauf der ewigen Wiederkehr eingesperrt. Ihre Basisprogramme können nicht zu selbstprogrammierenden universellen Turing-Maschinen erweitert werden, ohne daß eine wesentliche Programmänderung einträte. Da der Omegapunkt in Seiner/Ihrer Transzendenz seinem Wesen nach eine selbstprogrammierende universelle Turing-Maschine mit buchstäblich unendlichem Speicher ist, können wir sagen, daß der Mensch Gott in Seinem/Ihrem Wesen ähnlich ist, was wir von anderen Lebewesen, die bisher auf der Erde aufgetreten sind, nicht behaupten können. In einem tiefen Sinne ist die Aussage der Bibel korrekt: Gott hat uns Menschen nach Seinem Ebenbild erschaffen, keine andere Lebensform erschuf Er so. Diese Behauptung von der Einzigartigkeit des *Homo sapiens* unter den bisher erschaffenen Lebensformen ist im Grunde dasselbe, was auch die jüdische, die christliche, die islamische, die Maya-, die Zuñi-, die Irokesenreligion, die altägyptische, die altchinesische und die Bantu-Religionen über die vorrangige Bedeutung des Menschen aussagen.[16]

Natürlich könnte ich mich bezüglich der menschlichen Einzigartigkeit irren. Was das Wissen um unseren unausweichlichen Tod anlangt, sind wir Menschen vermutlich nicht die einzigen. Man hat Elefanten beobachtet, die, wenn sie auf das Gerippe eines anderen Elefanten stießen, die Knochen liebkosten und später begruben. Nicht so beim Anblick der Knochen irgendeines anderen Tieres: Offensichtlich erkennen sie die Knochen ihrer Artgenossen als »Form« eines Elefanten, und die Bestattung könnte sogar auf eine Hoffnung auf künftiges Leben hindeuten. Jedenfalls deuten manche Anthropologen die Tatsache, daß der Neandertaler seine Artgenossen begrub, als Jenseitsglauben. Es könnte auch sein, daß Tiere wie zum Beispiel Schimpansen – eine mit uns sehr eng verwandte Spezies: Schimpansen und Menschen hatten einen gemeinsamen Vorfahren vor nur fünf Millionen Jahren – ebenfalls potentielle selbstprogrammierende universelle Turing-Maschinen sind. Wenn dem so ist, werden auch solche »Tiere« wiedererweckt werden und ewiges Leben erhalten, aus denselben Gründen wie wir. Die Wesen der fernen Zukunft, die uns auferwecken, werden die Leistungsfähigkeit der wiedererweckten Kreaturen kennen. Sie und nicht ich werden entscheiden, wem ewiges Leben geschenkt wird. Mein Argument, daß zumindest die Menschen ewiges Leben erhalten werden, bezieht sich lediglich auf die Tatsache, daß wir potentielle selbstprogrammierende universelle Turing-Maschinen sind, *nicht* auf die menschliche Einzigartigkeit. Auch Tiere wie die geliebten Haustiere der Menschen werden wiedererweckt, weil ihre menschlichen Besitzer es so wollen, obwohl die Haustiere des Menschen freilich keine potentiellen selbstprogrammierenden universellen Turing-Maschinen sind.

Die Existenz und das Wesen von Hölle und Fegefeuer

Es kann natürlich sein, daß ein wiedererweckter Mensch den Rat des Omegapunkts im Hinblick auf seine persönlichen Verbesserung ablehnt. Vielleicht zieht er es vor, statt dessen weiterhin anderen Böses zuzufügen. Der Omegapunkt wird dies nicht zulassen, denn es stünde im Widerspruch zu der Liebe, die Er/Sie zu den simulierten Kreaturen hegt. In diesem Fall stehen dem Omegapunkt mehrere Alternativen offen. Erstens: Wenn Er/Sie überzeugt ist, daß das wiedererweckte Individuum unverbesserlich böse ist, wird Er/Sie auf seine Wiedererweckung schlicht verzichten: Für diesen Menschen wäre der Tod dann ein permanenter Zustand. (Manche Theologen bezeichneten die »Hölle« als Zustand immerwährenden Todes.) Zweitens: Der Omegapunkt könnte ausrechnen, daß es möglich ist, den fehlerbehafteten Menschen zur Vollkommenheit zu führen – oder zumindest das wirklich Böse in ihm auszumerzen –, bevor der natürliche menschliche Gedächtnisspeicher voll ist. Wenn der Omegapunkt diese Alternative wählt, dann könnten wir den Aufenthalt des fehlerbehafteten Menschen als »Fegefeuer« bezeichnen. Da das menschliche Gehirn höchstens 10^{15} Bits speichern kann und der Omegapunkt in jedem beliebigen Augenblick alles weiß, was in der Simulation des wiedererweckten Menschen stattgefunden hat, bedeutet dies, daß die Interaktion zwischen Omegapunkt und dem fehlerbehafteten Menschen dasselbe ist, was Spieltheoretiker ein »endliches Nullsummen-Doppelspiel mit vollkommener Information« nennen. (»Zweipersonen-Nullsummenspiel« bedeutet, daß zwei Spieler in diametraler Opposition zueinander spielen; der eine gewinnt, der andere verliert. »Vollkommene Information« bedeutet, daß ein Spieler immer über die vollständige Spielgeschichte informiert ist. Ein bekannteres Beispiel für ein endliches Nullsummen-Doppelspiel mit vollkommener Information ist Schach.) Nun haben von Neumann und Morgenstern gezeigt[17], daß ein derartiges Spiel immer durch reine Strategie ohne Zufallseinfluß gelöst werden kann. (»Reine Strategie« bedeutet eine vollständige Folge von Anweisungen, die vor Spielbeginn erteilt werden und genau festlegen, welcher Zug in jeder denkbaren Situation, in der ein Spieler eine Entscheidung treffen muß, zu tun ist.) Beim Schachspiel besagt der von Neumann-Morgensternsche Satz, daß genau eine der folgenden drei Alternativen zutrifft: (1) Weiß hat eine reine Strategie, die auf jeden Fall gewinnt, unabhängig davon, was Schwarz tut, (2) Schwarz hat eine reine Strategie, die auf jeden Fall gewinnt, unabhängig davon, was Weiß tut, oder (3) beide Spieler haben reine Strategien, die ihnen zumindest einen Vorteil garantieren, unabhängig davon, was der jeweils andere tut. Reine Strategien existieren deshalb, weil man von der Annahme ausgeht, daß es bei jedem Schritt nur eine endliche Anzahl von Zügen gibt. Deshalb gibt es auch nur eine endliche Anzahl von logisch möglichen Partien, und es ist im Prinzip möglich, alle durchführbaren letzten Züge zu prüfen und sich daraufhin zu einem Zug oder einer Zugfolge bei der Eröffnung zurückzuarbeiten, die Weiß oder Schwarz einen Gewinn oder Vorteil sichert. Die Idee ist im Grunde dieselbe wie bei der Auferstehung durch schiere Kraft. Die Zahl der Alternativen, die geprüft werden müßte, ist enorm, und deshalb kann uns die Spieltheorie nicht darüber aufklären, welche der oben genannten drei Möglichkeiten tatsächlich zutrifft, aber es ist logisch zwingend, daß eine der drei zutreffen muß.

Leichter verständlich wird der von Neumann-Morgensternsche Satz, wenn man sieht, daß er auch auf viel einfachere endliche Doppelspiele mit vollkommener Information zutrifft als Schach, auf ein Spiel, das die Kinder auf der ganzen Welt spielen, nämlich *Tic-Tac-Toe* (*Noughts and Crosses*) beziehungsweise die Variante »Drei Kreuze«. In diesem Fall gibt es nur eine kleine Anzahl möglicher

Spiele: weniger als 362 880 (= 9!, das heißt 9 x 8 x 7 x 6 x 5 x 4 x 3 x 2 x 1), so daß als mathematisches Theorem bewiesen werden kann, was jedes Kind bald herausfindet: in diesem Fall trifft die Alternative (3) zu – beide Spieler haben reine Strategien, die beiden mindestens einen Vorteil verschaffen, gleichgültig, was der andere tut.[18] Es wurde eine vollständige Tabelle der dabei geltenden reinen Strategien erstellt[19], und sogar für dieses vergleichsweise »simple« Spiel ist die Tabelle schon recht kompliziert: Sie füllt vier große Druckseiten und erfordert einen sehr komplexen mathematischen Symbolismus.

Folglich muß auch entweder (1) eine reine Strategie existieren, die gewährleistet, daß der Omegapunkt in der Lage ist, das Böse in einem Individuum auszumerzen, oder (2) eine reine Strategie, die dem Individuum erlaubt, sich des Bösen zu enthalten. (Option (3), der Vorteil, bedeutet ebenfalls, daß die Ausmerzung des Bösen ausbleibt.) Auszurechnen, welche der beiden Optionen zutrifft, übersteigt unser Vermögen. Wenn (1) zutrifft und wenn es dem Omegapunkt möglich ist, die reine Strategie auszurechnen (das könnte unmöglich sein, genauso wie eine perfekte Simulation nötig sein könnte, die den Zweck der Berechnung zunichte macht), dann ist es sicher, daß der Omegapunkt das Böse in einem Menschen ausmerzen kann, gleichgültig, wie böse er oder sie ist. Das muß keinen Widerspruch zur Willensfreiheit darstellen: Es bedeutet nur, daß der Kampf gegen das Böse sicher mit dem Sieg des Omegapunkts endet, gleichgültig, was wir als auferweckte Individuen tun. Welchen besonderen Zug wir durchführen werden, kann nicht einmal die Allwissenheit voraussehen, aber was immer wir tun – das Böse in uns verliert.[20]

Selbst in den Fällen (2) und (3) kann der Omegapunkt die Partie immer noch gewinnen. Bei *Tic-Tac-Toe* veranschaulicht dies die Tatsache, daß ein erfahrener Spieler einen Anfänger häufig in die Niederlage hineinmanövrieren kann; Martin Gardner[21] hat eine Liste solcher Tricks zusammengestellt.

Wenn jedoch (2) zutrifft, ist nicht gewährleistet, daß der Omegapunkt das Böse in einem Menschen ausmerzen kann, bevor der menschliche Gedächtnisspeicher voll ist. Sollte dies der Fall sein, kann der Omegapunkt das menschliche Gedächtnis erweitern und das Spiel fortsetzen. Das ist freilich eine Lockerung der Endlichkeitseinschränkung, und es gibt keinerlei Garantie mehr, daß der Omegapunkt das Spiel gewinnen kann. Es könnte sein, daß der fehlerbehaftete Mensch sich gegen die Führung durch den Omegapunkt eine subjektiv unendliche Zeit lang sträubt. In diesem Fall befände sich der Mensch für immer im Fegefeuer: Es scheint vernünftig, eine derartige Situation »Hölle« zu nennen. Folglich existiert vielleicht eine Hölle, aber das ist nicht sicher. Sie würde nur existieren, wenn sich ein oder mehrere intelligente Wesen für immer dem Aufruf zur Umkehr widersetzen. Es gäbe die Hölle, weil der Omegapunkt sich weigert, einen Menschen aufzugeben, gleichgültig, wie böse er ist; dann wäre die Existenz der Hölle ein Zeugnis für die buchstäblich unendliche Liebe des Omegapunkts zu Seiner/Ihrer Schöpfung. Ein bemerkenswertes Theorem aus der Wirtschaft – das sogenannte »Böse-Kind-Theorem«[22] – besagt: In Gegenwart eines Altruisten (»Elternteils«), der über genügend Reserven verfügt, um sie unter verschiedenen Nutznießern (»Kindern«) aufzuteilen, liegt es im eigenen Interesse selbst eines Nutznießers, der die anderen haßt und es in Abwesenheit eines Altruisten genießt, den anderen zu schaden (»böses Kind«), sich den anderen gegenüber altruistisch zu verhalten. Nach der oben dargestellten Axelrod-Analyse wäre dem Eigennutz des »bösen Kindes« am meisten gedient, wenn sein Haß am Ende in Liebe verwandelt würde. Mit anderen Worten: Eine Analyse des Eigennutzes legt sehr stark nahe, daß es dem Omegapunkt möglich sein müßte, zum Beispiel den Haß eines wiedererweckten Hitler gegen die Juden und den Haß eines wiedererweckten Stalin auf die Kulaken in Liebe zu verwandeln. Und nachdem das Böse-Kind-Theorem für alle Nutznießer gilt, folgt daraus ebenso, daß der Omegapunkt einen Juden, der mit seiner ganzen Familie in Auschwitz umgekommen ist, nach seiner Auferstehung dazu bewegen könnte, Hitler zu vergeben. (Vorausgesetzt, der Omegapunkt wünscht dies. Ich persönlich bin der Ansicht, daß Unversöhnlichkeit in diesem Fall gerechtfertigt ist.)

Es ist auch denkbar, daß die Erweiterung des Gedächtnisses oder eine veränderte Umgebung eine Änderung ins Spiel bringt – mit dem Ergebnis, daß in dem neuen Spiel eine reine Strategie existiert, die den Sieg des Omegapunkts sicherstellt. Dies geschieht zum Beispiel bei *Tic-Tac-Toe*, wenn das Spiel auf drei Dimensionen erweitert wird: Es wird dann auf einem würfelförmigen »Spielbrett« gespielt, wobei derjenige Spieler gewinnt, der drei Kreuze oder Kreise in gerader oder diagonaler Linie oder entlang einer der vier Hauptdiagonalen des Würfels anbringen kann. Eine sichere Aussicht zu gewinnen[23] hat derjenige, der die Partie beginnt.

Es erscheint demnach naheliegend, daß aus der überwältigenden Mehrheit der Menschen, die in den Genuß eines Lebens nach der Auferstehung gelangen, das Böse getilgt werden wird. Ein solches Leben könnte als »Himmel« bezeichnet werden. Also existieren Himmel und Fegefeuer unter Garantie, aber allein der Omegapunkt in Seiner/Ihrer Transzendenz weiß, ob es eine Hölle gibt. Außerdem – und dies ist sehr wichtig – muß das Fegefeuer (und die Hölle, falls sie existiert) als »Halbhimmel« betrachtet werden, denn selbst wer im Fegefeuer sitzt, empfindet zumindest das Vergnügen, das mit dem Prozeß der Tilgung des Bösen in ihm einhergeht.

Der Erlösungscharakter eines Lebens nach dem Tode in der Omegapunkt-Theorie stimmt weitgehend mit der Theologie des Kirchenvaters Origenes überein, des ersten großen Theologen des Christentums (185–254). Origenes behauptete[24], die Höllenqualen dienten dem Zweck der Besserung und niemand, nicht einmal der Teufel, sei notwendigerweise auf ewig verdammt. Jeder, der sich in der Hölle befinde, könne sich bekehren. Eine biblische Quelle dieser Auffassung von der Hölle ist eine Predigt von Petrus, der (in Apg 3,21) sagte: »Ihn [Jesus] muß freilich der Himmel aufnehmen bis zu den Zeiten der Wiederherstellung von allem.« Darin liegt die Vorstellung, daß die »Wiederherstellung« (griechisch *apocatastasis*, ἀποκαταστάσις) wahrhaft universell sein wird: Die geschaffene Ordnung wird im Gesamten erneuert, in ihrem ursprünglichen guten Zustand wiederhergestellt werden, und die Engel des Bösen, die ebenso Teil der geschaffenen Ordnung sind, werden in die Erneuerung des Universums eingeschlossen. Ebenso deutlich ist Gottes Wille, die allgemeine Erlösung zumindest zu versuchen, in 2 Petr 3, 9 formuliert: »...weil er nicht will, daß jemand zugrunde geht, sondern daß alle sich bekehren«. Weil er diese Vorstellung von einer potentiellen allumfassenden Erlösung vertrat, wurde Origenes natürlich als Ketzer verdammt (postum). Denn seine Lehre ist schlecht fürs Geschäft: Wenn Gott jeden zu retten versucht, auch nach dem Tod, wozu sollte man dann Priester für die Vergebung von Sünden bezahlen? Doch die Vorstellung ist eine notwendige Konsequenz der christlichen Grundüberzeugung: Gott liebt jeden Menschen. Der pietistische Theologe Christian Gottlieb Barth formulierte es im letzten Jahrhundert so: »Jeder, der nicht an die Wiederherstellung von allem glaubt, ist ein Ochse, aber jeder, der sie lehrt, ist ein Esel.«[25]

Eine Beschreibung des Lebens im Himmel

Wenn die Information im Gehirn des auferstandenen Körpers gespeichert wird, gibt es, wie in Kapitel IX dargestellt, eine Grenze von tausend Jahren subjektiver Erfahrung, denn ein Gehirn kann lediglich 10^{15} Bits speichern. Selbst wenn der Omegapunkt diese Grenze aufhebt, indem er die Information anderswo speichert, stoßen wir an eine fundamentalere Grenze aufgrund der Tatsache, daß jedes Lebewesen, das einem Angehörigen unserer Spezies halbwegs ähnelt, so beschaffen ist, daß es seine Erfahrungen in einer recht beschränkten Umgebung macht: Diese Grenze ist die Menge aller Umgebungen, die jetzt im sichtbaren Universum existieren. Aus menschlicher Sicht ist diese Datenmenge extrem groß: die Umgebung der menschlichen Welt, Tag für Tag; alle Biosphären, die auf Erden je existiert haben oder existieren werden; der Mittelpunkt der Sonne; der Mittelpunkt eines Neutronensterns; der Mittelpunkt eines schwarzen Lochs. Doch wie groß der Umfang aller gegenwärtigen Umgebungen auch ist, er ist dennoch endlich, und ein unsterblicher Mensch könnte sie alle in weitaus weniger als bloß $10^{10^{123}}$ Jahren – ein Lidschlag für ein unsterbliches Wesen – erfahren (und sich nach Überwindung der 1000-Jahr-Grenze daran erinnern). Um auf ewig in den Genuß immer neuer Erfahrungen zu gelangen – also im wahrsten Sinne des Wortes unendlich viele neue Erfahrungen zu machen – müssen wir wohl, wie in Kapitel IX dargestellt, letztendlich auf die höchste Vollzugsebene des Lebens im Vorfeld des Omegapunkts erhoben werden. Ich habe oben die Gründe dafür genannt, warum ich erwarte, daß wir als wiedererweckte Wesen schließlich die Wahl haben werden, uns solchermaßen zu erheben. Als Folge davon würden wir übermenschlich werden, und wie das Leben eines solchen Überwesens aussähe, kann ich mir nicht vorstellen; deshalb versuche ich erst gar nicht, es zu beschreiben. Es wird zwei Arten von Leben nach dem Tode geben: ein Leben in einem wiedererweckten menschlichen Körper, gefolgt von einem buchstäblich unendlichen Leben als Teil des universalen Bewußtseins (für jene Menschen, die sich für die Erhebung entscheiden). Beide stimmen weitgehend mit den Vorstellungen der mittelalterlichen jüdischen Rabbinen, insbesondere Maimonides, überein, die ebenfalls zwei Arten von Leben nach dem Tode unterschieden: die *messianische Zeit* und die *kommende Welt*. (Mit der jüdischen Sicht werde ich mich in Kapitel XI noch ausführlicher befassen.) Maimonides geriet mit den Rabbinen seiner Zeit in Konflikt, weil er sich zu sehr auf die nicht vorstellbare kommende Welt konzentrierte. Um dies zu vermeiden, beschränke ich mich auf die Beschreibung dessen, was in der Omegapunkt-Theorie der Vorstellung von der messianischen Zeit entspricht, nämlich Leben in einer Welt, die unserer derzeitigen sehr ähnlich ist, allerdings ohne ihre Schattenseiten – es ist ohnehin das, was die Menschen am meisten interessiert. Es genügt zu wissen, daß wir am Ende die Wahl haben werden, in die kommende Welt einzugehen: falls und wann wir es wünschen. Sowohl das gegenwärtige Leben als auch die erste Zeit des Lebens nach dem Tode könnten wir durchaus als Kindergarten für die kommende Welt ansehen.

Meine Studenten – hauptsächlich unverheiratete junge Männer – fragen mich oft: »Gibt es im Himmel Sex?« In der islamischen Eschatologie[26] ist das eine keineswegs unvernünftige Frage, deshalb will ich darauf eingehen. Da der Nutzen des Omegapunkts zunimmt, wenn der Nutzen der simulierten Geschöpfe zunimmt, und da manche Menschen sich Sex wünschen, muß die Antwort lauten: Ja, wer Sex wünscht, wird ihn haben. Diese Konsequenz der *agape* steht in deutlichem Widerspruch zur Himmelsvorstellung der akademischen Theologen, die offenbar der Ansicht sind, daß dem Menschen nach dem Tode nur geistige Genüsse gestattet seien. Es wird aber im Leben nach dem Tod auch sinnliches Vergnügen geben, weil nichtasketische Menschen es so wollen, und jeder einzelne zählt in gleicher Weise. Ein Mann wie Thomas von Aquin, der an der geschlechtlichen Liebe nicht interessiert war, wird sie auch nicht erfahren; aber wem der Sinn danach steht, der wird sie erleben.

Die Probleme allerdings, die Sex in unserem derzeitigen Leben mit sich bringt, werden uns nach der Auferstehung erspart bleiben. Die Schwierigkeiten der gegenwärtigen Menschen, einen Liebespartner zu finden, gehen darauf zurück, daß der Sex-/Heiratsmarkt ein durch lange Zeiten der Suche und hohe Transaktionskosten geprägtes Tauschgeschäft ist.[27] Die wiedererweckten Menschen werden dieses Problems enthoben sein, denn der Omegapunkt kann Partner zusammenbringen, die zueinander passen: Es sollte Ihm möglich sein auszurechnen, welcher Partner für eine bestimmte Person der beste ist, und diesen besten aller möglichen Partner in derselben Umgebung zu simulieren. Die Informations- und Transaktionskosten zahlt der Omegapunkt, nicht der simulierte Mensch. Um es (für unverheiratete Männer) drastischer auszudrücken: Jeder Mann könnte sich nicht nur mit der schönsten Frau der Welt paaren, nicht nur mit der schönsten Frau, die je gelebt hat, sondern sogar mit der schönsten Frau, deren Existenz logisch möglich ist. Denn das Erscheinungsbild des auferweckten Körpers ist wandlungsfähig, und deshalb wäre es dem Omegapunkt ein leichtes, dafür zu sorgen, daß besagter Mann ebenfalls der hübscheste (oder begehrenswerteste) Mann für die schönste Frau wäre (vorausgesetzt, er verweilte lange genug im Fegefeuer, um persönliche Defekte zu beheben). Dieses Erfordernis muß notwendigerweise erfüllt werden, denn aus der Sicht des Omegapunkts zählen die Wünsche von Männern und Frauen gleichermaßen.

Man kann, und das ist sehr aufschlußreich, die psychologische Wirkung der schönsten Frau auf einen Mann ausrechnen (die Rechnung wäre bei vertauschten Geschlechtern dieselbe). Nach dem Fechner-Weber-Gesetz[28], einem der am besten überprüften Gesetze der experimentellen Psychologie, ist jede Reaktion proportional zum Logarithmus des Reizes. Das heißt: Wenn ein Mann der für ihn schönsten Frau der Welt begegnet, ist die psychologische Wirkung auf ihn annähernd neunmal gleich der Wirkung, die eine Begegnung mit irgendeiner Frau der oberen zehn Prozent auf ihn ausübt, denn es gibt ungefähr eine Milliarde Frauen auf der Welt ($[\log_{10}10^9]/[\log_{10}10] = 9$). Um für die psychologische Wirkung der Begegnung mit der schönsten Frau, deren Existenz logisch möglich ist, eine Untergrenze auszurechnen, wollen wir annehmen, Schönheit sei ausschließlich genetisch bedingt. Ich sagte vorhin, daß es ungefähr 10^{10^6} mögliche Frauen gibt, die genetisch unterschiedlich sind. Wenn wir davon ausgehen, daß das Fechner-Weber-Gesetz bei hohem Reiz gilt, ist demnach die entsprechende Wirkung bei der Begegnung mit der schönsten aller Frauen $[\log_{10}10^{10^6}]/[\log_{10}10^9]$, das ist 100 000mal die Wirkung der Begegnung mit der schönsten Frau der Welt. Die Wirkung nimmt sogar noch erheblich zu, wenn wir zusätzlich zur äußeren Erscheinung die Persönlichkeit berücksichtigen, aber selbst ohne diesen Zusatz wäre der Effekt größer, als das menschliche Nervensystem verkraften könnte. (Der wiedererweckte Körper könnte freilich dahingehend verändert werden.) Ich habe diese Rechnung durchgeführt, um einen entscheidenden Punkt in drastischer Weise zu veranschaulichen: Das Prinzip der Nichtbefriedigung[29] wird bei wiedererweckten Menschen nicht mehr gelten. Die Endlichkeit menschlicher Wesen bedeutet, daß auch ihre Wünsche und Sehnsüchte notwendigerweise endlich sind, und deshalb ist der Omegapunkt in der Lage, sie zu befriedigen.

Zum Beispiel: Ungefähr zwei Drittel der erwachsenen Menschen werden irgendwann in ihrem Leben von einer heftigen Leidenschaft zu einem Menschen des anderen Geschlechts ergriffen, die nicht gegenseitig ist: Es ist das Phänomen der unerwiderten Liebe.[30] Der Omegapunkt hat die Macht, eine solche Leidenschaft im Leben nach dem Tod in *erwiderte* Liebe zu verwandeln.

Deutlicher wird die Vorstellung davon, welche Fülle an Erfahrungen uns im Leben nach dem Tod möglich sein wird, wenn wir uns mit der Frage der Bewegungsfreiheit befassen. Dem Omegapunkt wäre es ein leichtes, ein gesamtes sichtbares Universum zum persönlichen Gebrauch jedes einzelnen wiedererweckten Menschen zu simulieren! (»Im Haus meines Vaters gibt es viele Wohnungen...«: Joh 14, 2). Denn die dafür erforderliche Leistungsfähigkeit der Computer ist nicht meßbar größer als die Kapazität, die erforderlich ist, um alle möglichen Universen zu simulieren ($10^{10^{123}}$ x $10^{10^{45}} \approx 10^{10^{123}}$); Sie erinnern sich, daß Exponenten addiert werden, daher: $10^{123} + 10^{45} \approx 10^{123}$). Jedes private sichtbare Universum könnte auch derart simuliert werden, daß es 10^{10} separate Planeten Erde enthält, jeder eine Kopie der gegenwärtigen Erde oder der Erde, wie sie zu einem anderen Zeitpunkt in der Vergangenheit war. (Im sichtbaren Universum gibt es ungefähr 10^{20} Sterne, so daß der Austausch von bloßen 10^{10} Sonnensystemen in einem sichtbaren Universum eine geringfügige Änderung wäre.) Das wären mehr Erden, als ein einzelner Mensch erforschen könnte, bevor seine/ihre Gedächtniskapazität von 10^{15} Bits erschöpft ist, ganz zu schweigen von den Erinnerungen, die gespeichert würden, wenn er/sie andere Menschen in *deren* Privatuniversen besucht. (Auch hier gilt das Prinzip der Nichtbefriedigung im Leben nach dem Tod nicht.)

Die Literatur, die sich mit den Spekulationen der Christen über das Leben nach dem Tod befaßt, ist überwältigend, deshalb will ich hier keinen detaillierten Vergleich zwischen den verschiedenen christlichen Vorstellungen und dem kybernetischen Raum, dem Himmel des Omegapunkts anstellen. Die zur Zeit beste moderne

Erörterung der christlichen Spekulationen stammt von Colleen McDannell und Bernhard Lang[31] und trägt den Titel *Heaven: A History*. Mein Gesamteindruck ist, daß die Christen im allgemeinen die angenehmen Seiten des Himmels stark unterschätzen. Ganz gewaltig unterschätzen sie, was ein Wesen mit buchstäblich unendlicher Macht tatsächlich tun kann. Die beiden von mir genannten Beispiele über Sex und Bewegungsfreiheit machen dies deutlich.

Zu Beginn des zwanzigsten Jahrhunderts waren die christlichen Himmelsvorstellungen häufig bevölkert von wiedererweckten Toten, die Gott lobpriesen und ihm Hymnen sangen in alle Ewigkeit. Abgesehen von der naheliegenden Tatsache, daß kein allmächtiger Gott – und gewiß nicht der Omegapunkt – irgendein Interesse an derlei Gesängen hätte, empfänden die Menschen ein solches Leben im Jenseits als *qualvoll langweilig*. Als die deutsche Armee 1914 in Belgien und Frankreich einmarschierte – so die amerikanische Historikerin Barbara Tuchman –, sangen die Soldaten andauernd patriotische Lieder: während sie marschierten, während sie rasteten und wenn sie sich nach dem Tagesmarsch schlafen legten. Die schlimmste Qual der Invasion, erinnerten sich die Soldaten, die den Krieg überlebten, sei das endlose Singen gewesen.[32]

Das Übel in der Welt: eine Omegapunkt-Theodizee

Man wird sich fragen, wieso wir unser diesseitiges Leben, dieses »Tal der Tränen«, überhaupt durchwandern müssen, wenn das Leben nach der Auferstehung wirklich so wunderbar ist. Wieso kann das Leben nicht mit der Auferstehung beginnen? Die Antwort darauf erhielten wir in Kapitel VI: Unser gegenwärtiges Leben ist logisch notwendig; Emulationen, die von uns selbst nicht zu unterscheiden sind, *müssen* es durchleben. Es ist dem Omegapunkt logisch unmöglich, uns davon zu erlösen. Selbst Allmacht findet ihre Grenze in der Logik. Dies ist die natürliche Antwort auf das »Problem des Bösen«. Aber mit der allgemeinen Auferstehung wird dem Bösen der Stachel genommen: Der Omegapunkt wird – so weitgehend, wie es logisch möglich ist – im Leben nach dem Tod die großen Übel der Vergangenheit und der Gegenwart ungeschehen machen.

Es lohnt sich, darauf näher einzugehen, denn das Problem des Bösen war für die monotheistischen Religionen wie Christentum, Judentum und Islam immer das Hauptproblem. Wie ist die Existenz des Bösen mit Gottes Allmacht, Weisheit und Güte in Einklang zu bringen? Wenn Gott vollkommen gut ist, dürfte Er doch das Böse in der Welt nicht zulassen. Indessen ist es unmöglich, daß Er sich des Bösen in der Welt nicht bewußt sei, denn Er ist allwissend. Ebenso unmöglich ist es, daß Er bei der Erschaffung der Welt nicht gewußt hätte, daß das Übel als Folge der Naturgesetze, die Er aufgestellt hat, entstehen würde. Nachdem Er allmächtig ist, könnte Er freilich auch ein Universum ohne die Übel der beobachteten Welt geschaffen haben. Schlimmer noch: Seine Allmacht und Allwissenheit lassen Ihn als moralisch verantwortlich für die Übel in der Welt erscheinen. Alle paar Jahre bebt die Erde, brechen Vulkane in bewohnten Gebieten aus und töten – oft unter schrecklichen Leiden – Zehntausende Menschen. Und doch ist es Gott, der die Materie existieren läßt und sie den Gesetzen der Physik unterwirft, die solche Katastrophen erst unvermeidlich machen. Außerdem weiß Er, denn Er ist allwissend, daß Erdbeben und Vulkanausbrüche geschehen, weil er die physikalischen Gesetze aufrechterhält, und Er kennt auch den Zeitpunkt dieser Ereignisse. Und doch unternimmt Er nichts, um diesen Katastrophen Einhalt zu gebieten, noch warnt er die Menschen, die leiden und sterben werden. Erdbeben und Vulkanausbrüche sind Beispiele für die durch unbelebte Kräfte hervorgerufenen *natürlichen Übel*. Dafür trägt Gott allein die Verantwortung, im Unterschied zu den *moralischen Übeln* wie dem Holocaust, dem Mord an sechs Millionen Juden durch die Nazis: Dafür sind die Menschen genauso verantwortlich wie Gott. Allerdings trägt Gott auch im Fall moralischer Übel die letzte Verantwortung, denn Er läßt das Böse im Menschen zu. Während des Holocaust ließ Er die Nazis zu und ihre Vernichtungslager, obwohl Er ganz genau wußte, was sie taten, und in der Lage gewesen wäre, dem Morden ein Ende zu setzen, wenn Er gewollt hätte.

Dies also ist das Problem des Bösen: Ein Gott, der allmächtig, allwissend und vollkommen gut ist, steht offensichtlich in logischem Widerspruch zu der empirischen Tatsache, daß das Böse existiert.

Seit Anbeginn des Christentums war das Problem des Bösen ein machtvolles Argument für die Atheisten. Der frühe Christ Lucius

Lactantius bezeichnet in seinem Buch *De ira dei* (Vom Zorne Gottes), das er im Jahre 313 veröffentlichte, den griechischen Philosophen und Atheisten Epikur (341–270 v. Chr.) als den ersten, der die Frage nach dem Bösen formulierte. Laktanz zitiert Epikur (in einem mittlerweile verschollenen Werk) mit folgenden Worten:

> »Entweder will Gott das Übel in der Welt aufheben, aber Er kann nicht; oder Er kann, will aber nicht; oder Er will weder, noch kann Er; oder Er will und kann auch. Wenn Er will und nicht kann, ist Er schwach, was mit dem Wesen Gottes nicht vereinbar ist; wenn Er kann und nicht will, ist Er mißgünstig, was ebenso mit Gott nicht im Einklang steht; wenn Er weder will noch kann, ist Er sowohl mißgünstig wie auch schwach und ist deshalb nicht Gott; wenn Er sowohl will als auch kann, was allein Gott angemessen ist, woher kommen dann die Übel in der Welt? Und warum hebt Er sie nicht auf?«[33]

In der *Summa theologiae* (Summe der Theologie), einem Werk, das als Grundlage aller katholischen Theologie seit dem Mittelalter gelten kann, nannte Thomas von Aquin die Frage nach dem Bösen in der Welt als die erste von zwei zentralen geistigen Problemen, die dem Glauben an Gott entgegenwirken. (Das zweite war der Umstand, daß sogar die mittelalterliche Physik keinen personalen Gott postulieren mußte; das nichtpersonale Naturgesetz reichte aus, um über alles, was in der Natur beobachtet wurde, Rechenschaft abzulegen.) Thomas von Aquin schrieb:

> »Scheinbar gibt es Gott nicht. Denn wenn von zwei geraden Gegensätzen der eine unendlich ist, wird der andere völlig erdrückt. Nun wird beim Worte ›Gott‹ das verstanden, daß er ein gewisses unendliches Gut ist. Wenn es also Gott gäbe, so würde man kein Übel finden. Man begegnet aber Üblem in der Welt. Also gibt es Gott nicht.
>
> Ferner, was sich durch weniger Urheiten (*principia*) vollbringen läßt, geschieht nicht durch mehr. Es scheint aber, daß alles, was in der Welt zutage tritt, sich durch andere Urheiten vollbringen läßt, wenn wir annehmen, daß es Gott nicht gibt; weil ja das, was natürlich ist, auf jene Urheit zurückgeht, welche die Natur ist, das Frei-Vorsätzliche (*propositum*) aber sich auf jene Urheit heim-

bringen läßt, die der Verstand oder der Wille sind. Es liegt also gar keine Notwendigkeit zu der Annahme vor, daß es einen Gott gibt.«[34]

Das Hauptanliegen dieses Buches ist es, darzulegen, daß die moderne Physik das Gottesprinzip notwendig macht; dieser Abschnitt soll zeigen, daß eine eingehende Analyse der Physik auch das Problem des Bösen löst. Der gebräuchliche theologische Fachausdruck für die Auseinandersetzung mit dem Problem des Bösen, den Versuch einer Rechtfertigung Gottes hinsichtlich des von ihm zugelassenen Übels und Bösen in der Welt, lautet *Theodizee*, aus den griechischen Wörtern θεός (*theos*), »Gott«, und δίκη (*dike*), »Recht«. Alle Theodizeen versuchen, »Gottes Verhalten gegenüber der Menschheit zu rechtfertigen«; sie versuchen zu zeigen, daß Gott trotz aller Übel in der Welt nichtsdestoweniger gerecht und gut ist. Den Begriff »Theodizee« prägte der deutsche Philosoph Leibniz.[35]

Der britische Theologe John Hick bezeichnete nach Augustinus, der als erster diese Erklärung für das Vorhandensein des Übels in der Welt in aller Ausführlichkeit darlegte, die traditionelle christliche Theodizee als *augustinische Theodizee*. Seiner Ansicht nach habe es kein Übel im Universum gegeben, bis die ersten Menschen böse handelten. Seither hätten alle Menschen diese Neigung, Böses zu tun, geerbt, und deshalb trügen die Menschen, nicht Gott, die Verantwortung für alles Übel im Universum. Allgemeiner: Die Verantwortung für das Böse liege bei anderen fühlenden Wesen (Engeln) außer Gott: Selbst die natürlichen Übel seien auf das Werk böser Geister (Teufel) zurückzuführen.

Diese traditionelle Ansicht wirft ein zweifaches Problem auf. Das erste besteht schlichtweg darin, daß (1), wie die Naturwissenschaft zeigt, keine Wesen von der Art böser Geister existieren und daß (2) das Universum auch vor den ersten Menschen nicht frei von Übel war: Tiere litten und starben genauso wie heute. Das zweite Problem ist der Umstand, daß diese Erklärung Gott nicht von der Verantwortung für das Übel entbindet, da Er sein Vorhandensein zuläßt und wir außerdem davon ausgehen können, daß Er in der Lage wäre, das Übel aufzuheben, wenn Er wollte.

Um mit diesem zweiten Problem fertigzuwerden, behaupten alle, die sich zu Seinem Anwalt machen, es sei Gott aus dem einen oder anderen Grund – der jeweilige Grund ist das, was die verschiedenen

Theodizeen voneinander unterscheidet – *logisch unmöglich*, irgendeines der Übel, die nachweislich geschehen, auszumerzen. Dieser Umstand allein entbinde Gott von der Verantwortung für das Böse, denn sogar Allmacht könne nichts tun, was logisch unmöglich sei.

Unter »Logisch unmöglich« ist ein »logisch widersprüchlicher Sachverhalt« zu verstehen. Eine solche Situation ist schlichtweg Unsinn, denn *jeder beliebige Satz* kann aus einem Widerspruch abgeleitet werden. Als einfacher Beweis mag der folgende dienen. P sei irgendeine beliebige Aussage; nehmen wir an, sowohl A als auch Nicht-A seien wahr. A ist wahr – und das ist es gemäß Voraussetzung – dann folgt daraus, daß entweder A oder P (ausschließliches *oder*) wahr ist. Nun ist aber gemäß Voraussetzung (die andere Hälfte des Widerspruchs) auch Nicht-A wahr; deshalb ist P wahr. Wenn jemand Sie auffordert, ein Beispiel für einen logischen Widerspruch anzuführen, antworten Sie einfach: »P sei die Aussage ›Sie existieren nicht.‹ Diese Aussage ist wahr, denn alles kann aus einem Widerspruch abgeleitet werden, und ich lehne es ab, mich mit einer nichtexistenten Person zu unterhalten!« Die Beseitigung von logischen Widersprüchen aus einer rationalen Argumentation löst auch die Binsenweisheit, die häufig als Beweis gegen die Existenz eines allmächtigen Gottes ins Feld geführt wird, auf: »Wenn Gott allmächtig ist, dann kann Er einen Stein so schwer machen, daß nicht einmal Er ihn heben kann. Aber wenn Er ihn nicht heben kann, dann ist Er nicht allmächtig!« Ein Stein, der so schwer ist, daß ein allmächtiges Wesen ihn nicht zu heben vermag, ist ein logischer Widerspruch; aber das ist sinnloses Geschwätz, nicht ein Stein, der tatsächlich existieren könnte. Gottes Allmacht wird nicht durch die Fähigkeit der Menschen, Unsinn zu verbreiten, eingeschränkt. Die Allmacht Gottes bedeutet einfach, daß Er alles tun kann, was nicht logisch unmöglich ist.

Die meisten traditionellen Theodizeen behaupten, Gott hätte keine bessere Welt schaffen können als die, in der wir tatsächlich leben; diese Welt, die Gott zu verwirklichen beschloß, sei die beste aller möglichen Welten. Skeptiker quittieren diese Behauptung mit Hohngelächter. Erst wir Menschen, sagen sie, hätten aus der Welt einen lebenswerteren Ort gemacht; so hätten wir zum Beispiel viele Krankheiten ausgerottet. Warum hätte ein allmächtiger Gott das nicht schon früher tun können? Theodizisten hingegen folgern[36], das Böse sei logisch notwendig: entweder (1) im Hinblick auf den freien

Willen oder (2) um eines Universums willen, das gefestigte Seelen hervorbringe (gäbe es kein Übel, um den Charakter des Menschen auf die Probe zu stellen, wären alle Seelen schwach). Selbst wenn man diese logische Notwendigkeit einräumt, erwidern darauf die Skeptiker, wozu müsse dann das Übel ein solches Ausmaß erreichen? Denn es genüge nicht, die logische Notwendigkeit des Übels zu erklären, man müsse auch beweisen, daß eine derartige Menge von Übel logisch notwendig sei. Wäre die Welt logisch unmöglich, wenn nur ein Baby eine Minute weniger an Grippe litte? Oder wenn ein Mensch weniger im Holocaust umgekommen wäre? Seien all die jüdischen Seelen nach ihrer Vergasung wirklich besser daran?

Beachten Sie, daß sowohl die traditionellen Theodizisten als auch die Skeptiker davon ausgehen, daß nur eine aus vielen möglichen Welten verwirklicht wird. Aber wie ich in Kapitel V und im Wissenschaftlichen Anhang hinsichtlich der Vielwelten-Interpretation ausführe, liefert die Quantenmechanik empirische Beweise dafür, daß mehr als nur eine Welt existiert. Weiterhin habe ich in Kapitel VIII dargelegt, daß *alle* Welten, die zum Omegapunkt führen, aufgrund logischer Notwendigkeit verwirklicht werden. Nachdem jedes Baby so lange gelitten hat, wie es litt, und nachdem sechs Millionen Juden im Holocaust umgekommen sind, war das alles logisch möglich: das Leiden der Babys und der Tod von sechs Millionen Juden. Wenn wir annehmen, daß unser Universum im Omegapunkt zu Ende gehen kann, *müssen* demnach alle furchtbaren Übel in irgendeiner Geschichte geschehen: das ist eine logische Notwendigkeit. Umgekehrt, nachdem diese Übel vermutlich nicht in allen Geschichten logisch notwendig sind, existieren tatsächlich Geschichten des Universums, in denen sie nicht geschehen. Es wird also einige Geschichten geben (hoffentlich die meisten), in denen kein Holocaust stattfand.

Der Omegapunkt ist von der moralischen Verantwortung für Übel, die natürlichen ebenso wie die moralischen, entbunden, weil es Ihm/Ihr logisch unmöglich ist, irgendein Übel aus der Gesamtheit aller Geschichten, die tatsächlich existieren, zu eliminieren. Nicht einmal einem allmächtigen Wesen kann man Versagen vorwerfen, weil es ihm nicht gelinge, Unmögliches zu vollbringen. In anderen Theodizeen hat Gott bei der Verwirklichung von Welten freie Wahl und ist deshalb gleichwohl für die Übel in der Welt moralisch verantwortlich. Dies vermerken die Skeptiker mit einiger Schadenfreude, und sogar der Theologe John Hick räumt ein: »[Alle Theodizeen] geben explizit oder implizit Gottes letzte Verantwortung für die Existenz des Bösen zu.«[37] Insbesondere betrachten sowohl Augustinus als auch Calvin den Sündenfall der Menschen und der Engel als von Gott vorherbestimmt. Folglich ist die Omegapunkt-Theodizee die erste, die Gott überzeugend von der moralischen Verantwortung für das Böse entbindet.

Beachten Sie jedoch, daß die vorhergehenden Ausführungen über die logische Unmöglichkeit, irgendein beliebiges Übel aufzuheben, nur für den Omegapunkt in Seiner/Ihrer *Transzendenz* gilt, denn sie gehen davon aus, daß wir alle Geschichten als Ganzes betrachten. Die logisch notwendigen Geschichten, die alle zusammen die gesamte Realität ausmachen, können als »Emanation« des Omegapunkts in Seiner/Ihrer Transzendenz angesehen werden. Wie ich in Kapitel VIII dargestellt habe, entspricht diese Emanation weitgehend der Art, wie der Demiurg in der Philosophie Platons die Wirklichkeit bildet, wobei der Hauptunterschied darin besteht, daß hier die Kette der Wesen nicht im Raum, sondern vielmehr von der letztendlichen Zukunft aus zeitlich rückwärts hervorgebracht wird. Unsere Kosmologie ist nicht statisch, sondern dynamisch. Der Omegapunkt in Seiner/Ihrer Transzendenz ist also nicht »frei«, die Art der zu erschaffenden Welt zu wählen. Dennoch hat der Omegapunkt in Seiner/Ihrer *Immanenz* sehr wohl die Freiheit, nach Seinem/Ihrem Willen ein Universum zu erschaffen, und tatsächlich ist dem auch so: Er/Sie erschafft ein Universum (bringt eine Geschichte hervor) nach den Mechanismen, die in Kapitel VII beschrieben sind (die Omegapunkt-Randbedingung). Es besteht kein Widerspruch zwischen Freiheit und Notwendigkeit, denn »Freiheit« ist ein Begriff, der nur auf ein in der Zeit lebendes Wesen zutrifft. Er gilt nicht für den Omegapunkt in Seiner/Ihrer Transzendenz, denn der transzendente Omegapunkt ist außerhalb der Zeit. Der transzendente Omegapunkt ist das äußerste Ende aller Geschichten, die letzte künftige Grenze aller Geschichten in Raum und Zeit.

Obwohl der Omegapunkt keinerlei Verantwortung für das Böse trägt, kann – und will – Er/Sie die Übel, die wir hier und jetzt erdulden müssen, lindern, indem Er/Sie uns ein glückliches Leben nach dem Tod gewährt. Zu dieser Gnade ist Allmacht sehr wohl imstande, wenn auch nicht zur völligen Tilgung allen Übels. Das Gute, das wir im Leben nach dem Tod erhalten werden, ist im wahrsten Sinne des

Wortes unendlich größer als die endlichen Übel, die wir in diesem Leben ertragen mußten, denn das Leben nach dem Tod wird ewig sein. (Die Zahl aller Übel, die alle Lebewesen – Pflanzen, Tiere, Menschen – hier auf Erden in diesem Leben potentiell erleben können, ist durch die Zahl möglicher Zustände, in denen das sichtbare Universum sich befinden kann, nämlich $10^{10^{123}}$, wie wir bereits wissen, nach oben begrenzt. In Wahrheit ist die Zahl der Übel natürlich viel geringer.)

Eine Theodizee, die sich mehr auf das unendlich Gute in der Zukunft richtet als auf die endlichen Übel der Vergangenheit und Gegenwart, nennt John Hick eine *irenäische Theodizee* nach dem Kirchenvater Irenäus (130–202), Bischof von Lyon. Hinweise auf diese Art, das Problem des Bösen zu lösen, gibt es schon seit Beginn des Christentums. Petri Predigt in der Apostelgeschichte habe ich bereits erwähnt, in der er von der künftigen Wiederherstellung von allem spricht, wenn Gott alles in allem sein wird. Thomas von Aquin schrieb in *Summa theologiae*: »Gott läßt das Übel zu, um größeres Gutes daraus hervorzubringen.«[38] Augustinus stellt in seinem Buch *Enchiridion* ausdrücklich fest: »Gott hielt es für besser, Gutes aus Üblem hervorzubringen, als kein Übel zuzulassen.«[39] Doch am schönsten hat, meiner Ansicht nach, die erste große *weibliche* Theologin, Julian von Norwich, die von 1342 bis (ungefähr) 1416 lebte und ihre theologischen Einsichten als Offenbarungen ausdrückte, diese Vorstellung im Christentum formuliert. Als sie sich fragte, weshalb »der Beginn der Sünde nicht durch die große vorausschauende Weisheit Gottes verhindert worden« sei, hörte sie Jesu Stimme zu ihr sprechen: »Sünden müssen notwendig sein, aber alles wird gut sein. Alles wird gut sein; und alle Arten von Dingen werden gut sein.«[40]

Das ist eine wunderbare Zusammenfassung der Omegapunkt-Theodizee.

Soziale Unsterblichkeit, persönliche Unsterblichkeit und ewiger Fortschritt sind identisch

Ich habe in Kapitel IV und im Wissenschaftlichen Anhang gezeigt, daß die im Universum codierte Information divergiert, je näher der Omegapunkt rückt. Außerdem divergiert die gespeicherte Information zu unendlich in endlicher Eigenzeit; das Wachstum ist also *schneller* als exponentiell – zumindest in Eigenzeit gemessen.

Jedoch wird in der frühen Expansionsphase die Informationsspeicherung auf das Volumen einer Kugel mit der Erde als Mittelpunkt (oder auf die Oberfläche dieser Kugel, falls das Leben in der Mitte die materiellen Ressourcen zu schnell verbraucht – bevor der Schub der Gravitationsenergie einsetzt – und ausstirbt) beschränkt sein. Daraus würde folgen[41], daß die gespeicherte Information als Quadrat der Eigenzeit zunimmt, sofern die Universaltemperatur annähernd konstant ist. Dies bedeutet, daß Leben, bevor es das Universum vereinnahmt, eine Wachstumsrate aufweist, die kleiner als exponentiell ist (Potenzwachstum), gemessen in Eigenzeit.

Aber wie ich wiederholt ausgeführt habe, ist die Eigenzeit nicht die angemessene Zeitskala für Leben. Die wahre Zeit für Leben ist vielmehr die *subjektive* Zeit, also die Zeit, die erforderlich ist, um eine Informationseinheit irreversibel zu speichern; das heißt, eine Einheit ist definitionsgemäß die Informationswachstumsrate in subjektiver Zeit. Die subjektive Zeit ist nur dann eine gute Variable zur Messung der Universalzeit, wenn sie in jedem Augenblick eine monoton wachsende Funktion der Eigenzeit ist. Dies wurde bisher nicht gezeigt; ich habe nur gezeigt, daß die gespeicherte Information zu unendlich divergiert. Doch die Divergenz zu unendlich bedeutet, daß es einen angemessenen *Mittelwert* von gespeicherter Information über der Eigenzeit gibt, so daß dieser Mittelwert monoton zur Unendlichkeit wächst, und daß darüber hinaus – außer in dem Abschnitt zwischen dem Zeitpunkt, zu dem Leben die Hälfte des räumlichen Universums überflutet hat, und dem Zeitpunkt der maximalen Ausdehnung – die gespeicherte Information tatsächlich monoton wachsen wird. (Der Grund, weshalb die Information zwischen dem Zeitpunkt, zu dem Leben die Hälfte des räumlichen Universums erobert hat, und dem Zeitpunkt der maximalen Ausdehnung, möglicherweise nicht monoton zunehmen könnte, liegt darin, daß in dieser Zeit der sich mitbewegende Radius der Kugel, in der Leben lokalisiert ist, in der Größe *abnimmt*, weil Leben sich auf den antipodischen Punkt in der dreidimensionalen Kugel des räumlichen Universums zubewegt. Außerdem kann die Expansion des Universums in dieser Zeit nicht ignoriert werden, und sehr wahrscheinlich nimmt die für Leben verfügbare Massenenergie ab. Es ist möglich, daß die gespeicherte Information dennoch auch in diesem Zeitraum monoton zunimmt, denn es kann sein, daß das Universum dann in einen Kanallauf, eine verengende Phase, gerät und daß dadurch zusätzliche Scherungsenergie frei wird. Doch das kann ich nicht beweisen.)

Ich zeige nun, daß ein monotones Wachstum der gespeicherten Information, die zu unendlich divergiert, während das Universum sich auf den Omegapunkt zubewegt, zur Folge hat, daß der gesamte *Reichtum* der Biosphäre als Ganzes in subjektiver Zeit buchstäblich ewig *exponentiell* wächst; das heißt, der Gesamtreichtum divergiert nicht nur, sondern er divergiert exponentiell.

Der österreichische Wirtschaftswissenschaftler Friedrich von Hayek (der 1972 den Nobelpreis erhielt) legte dar, daß das Grundkapital einer Gesellschaft gleich der Zahl möglicher Verwendungsarten ist, wie die im Besitz der Gesellschaft vorhandenen Maschinen tatsächlich eingesetzt werden können. Von Hayek formulierte es so:

»Die Größe, die üblicherweise das Vermögen genannt wird, läßt sich nur angemessen beschreiben durch alle verschiedenen Möglichkeiten, daraus Einkommensströme zu erzielen, die uns aufgrund der vorhandenen Rahmenbedingungen (Dauer- und Verbrauchsgüter) zur Auswahl stehen... Jeder Bestandteil des Vermögens kann in verschiedener Weise und in verschiedenen Kombinationen mit den Dauer- und Verbrauchsgütern eingesetzt werden, um zeitweilige Einkommensströme zu erzielen... Was wir durch Auswahl einer bestimmten Form des Einkommensstroms opfern, sind immer die Anteile der potentiellen Einkommensströme anderer Zeiträume, die wir statt dessen hätten realisieren können.[42] [So]... besteht die einzig adäquate Weise, das vorhandene Vermögen abzuschätzen, darin, sämtliche in verschiedenen Zeiträumen mögliche Ertragsströme, die mit den vorhandenen Mitteln produziert werden können, aufzuzählen.«[43]

In allgemeinerem Sinne ist der Reichtum, den ein einzelner besitzt, oder der Reichtum der Gesellschaft proportional zu der Anzahl von Möglichkeiten, die er oder sie hat; zu der Anzahl verschiedener Handlungsalternativen, die ihm oder ihr offenstehen. Wir Bewohner der Länder der sogenannten ersten Welt sind wohlhabender als unsere Vorfahren, weil (zum Beispiel) die meisten von uns sich das ganze Jahr über frische Erdbeeren zum Frühstück leisten können. Frische Erdbeeren an jedem Tag des Jahres war für viele unserer Vorfahren vor tausend Jahren keine Alternative. Viele unserer Vorfahren lebten in Gegenden der Erde, wo es keine Erdbeeren gab, und in den Gegenden, in denen Erdbeeren wuchsen, hatte allenfalls eine winzige Minderheit, die sich am Ertrag von Gewächshäusern gütlich tun konnte, Erdbeeren auch im Winter. Ich schreibe diese Zeilen gegenwärtig in Florida, USA, und wenn ich wollte, könnte ich morgen in Wien sein. Die Alternative, in weniger als 24 Stunden von Nordamerika nach Europa (oder umgekehrt) zu reisen, stand vor hundert Jahren *keinem* unserer Vorfahren offen.

Per definitionem ist die Zahl möglicher Verteilungen, die durch I Informationseinheiten codiert werden kann, 2^I. Wenn wir von Hayek folgen und den Gesamtreichtum mit der Zahl verschiedener Einsatzmöglichkeiten gleichsetzen, erhalten wir 2^I für den Reichtum der Gesellschaft, also wächst der Reichtum mit $2^{(\text{subjektive Zeit})}$. Das ist exponentielles Wachstum. Da die subjektive Zeit von Null bis plus Unendlich reicht, heißt das, daß Reichtum in subjektiver Zeit für immer exponentiell wächst.[44]

Wie wir sehen, sind für den Beweis, daß Reichtum in subjektiver Zeit für immer exponentiell anwachsen kann, drei Faktoren erforderlich. Erstens mußten wir wissen, daß Reichtum und Information in exponentieller Relation zueinander stehen; zweitens mußten wir zeigen, daß gespeicherte Information im Vorfeld des Omegapunkts zu plus Unendlich divergieren kann, das Wachstum aber monoton ist. Nur der dritte Faktor muß nicht notwendigerweise zutreffen, dennoch steigt das Wachstum monoton, wenn eine geeignete Zeitmittelung über die gespeicherte Information genommen wird.

Dieser exponentiell wachsende Reichtum gibt dem Leben in der fernen Zukunft die Macht, uns alle wiederzuerwecken, und erlaubt außerdem dem Omegapunkt, den Reichtum in einer Weise aufzuteilen, daß unser Anteil ein ständig abnehmender Prozentsatz vom Ganzen ist und dennoch auch unser Anteil zu plus Unendlich divergiert.

Die Hoffnung auf ewigen weltweiten Fortschritt und die Hoffnung auf individuelles Überleben über das Grab hinaus erweisen sich als ein und dasselbe. Weit davon entfernt, polare Gegensätze zu sein, brauchen diese beiden Hoffnungen einander, die eine kann nicht ohne die andere sein. Der Omegapunkt ist wahrlich der Gott der Hoffnung: »Tod, wo ist dein Sieg? Tod, wo ist dein Stachel?« (1 Kor 15,55)

XI. Vergleich zwischen dem Himmel nach den Voraussagen der modernen Physik und dem Leben nach dem Tod, auf das die großen Weltreligionen hoffen

Ich werde nun anhand einer Untersuchung der Jenseitsvorstellungen in den großen Weltreligionen – Taoismus, früher Hinduismus, Judaismus, Christentum und Islam – zeigen, daß die Voraussagen der modernen Physik über das Leben nach dem Tod im wesentlichen mit den Hoffnungen der Weltreligionen übereinstimmen. Ich werde darauf hinweisen, daß im großen und ganzen alle diese Religionen das Leben nach dem Tod nicht als Unsterblichkeit einer immateriellen Seele auffassen, sondern als eine Art Auferstehung der Toten. Es gibt sogar etliche Hinweise darauf, daß das Bild vom Leben nach dem Tod in *allen* menschlichen Religionen dasselbe ist. Dies will ich anhand einer kurzen Darstellung des Jenseitsglaubens bei einigen afrikanischen und indianischen Völkern (vor der spanischen Eroberung) klarzumachen versuchen, außerdem anhand einiger buddhistischer Ansichten, wenngleich nicht klar ist, ob »Leben nach dem Tod« eine angemessene Formulierung ist, die sich auf die buddhistische Philosophie anwenden läßt.

Unsterblichkeit in einigen nichtwestlichen Religionen

Jenseitsvorstellungen im Taoismus

Von Beginn an vertrat die autochthone Religionsphilosophie Chinas, der Taoismus, die Vorstellung von individueller Unsterblichkeit. Eines der Ziele der taoistischen Weisen war, ein *hsien* zu werden, ein Unsterblicher, ein Wesen, das für immer in einem sinnlichen, sehr »irdischen« Paradies leben würde. Needham schreibt: »[der Taoist bereitete sich vor auf] ein weiteres Leben, nach dem ›Tod‹, das genauso materiell, aber subtiler und reiner, heilig und schön sei, und doch alle die angenehmen Erlebnisse enthielte, die der Mensch in seinem gegenwärtigen Leben haben könne, allerdings frei von den Sorgen Krankheit, Alter und Auflösung. Die *hsien* seien fähig, dachte man, die gewöhnliche Welt mehr oder weniger nach Belieben wieder aufzusuchen, doch ihre eigene Welt sei sehr viel begehrenswerter.«[1] Die Welt der *hsien* wurde in zahlreichen Büchern ausführlich geschildert, zum Beispiel in dem taoistischen Klassiker *Lieh Tzu* (Buch von Meister Lieh), der zum Teil bereits aus der Zeit der »Kämpfenden Staaten« (5.–3. Jahrhundert v. Chr.) stammt. Zwischen 175 und 1700 n. Chr. entstanden viele weitere Bücher[2] über das Leben jener berühmten *hsien*. Während der Han-Zeit (206 v. Chr. – 220 n. Chr.) wurden die *hsien* häufig als gefiederte Menschen dargestellt: ein Ausdruck der Vorstellung, wonach der Körper des *hsien* ein »Geistleib« und deshalb imstande zu fliegen sei. Der unsterbliche Leib ist nicht menschlich, sondern übermenschlich. Ein Verfahren zur Erlangung des ewigen Lebens geht davon aus, daß der Leib eines Unsterblichen im Laufe eines Lebens geschaffen werden müsse, und zwar durch bestimmte Praktiken, die in den taoistischen Lehrbüchern ausführlich beschrieben sind. Die Endstufe war die Erzeugung eines simulierten Leichnams mit Hilfe besonderer magischer Riten, der im Sarg des taoistischen Schülers erscheinen sollte. Dies wurde als »Befreiung des Leichnams« oder »Verwandlung der *hun*-Seele« bezeichnet.[3] Man hielt es auch für möglich[4], den sterblichen Körper durch Verabreichung eines »Goldenen Elixiers« in einen unsterblichen Leib zu verwandeln. Die chinesischen Alchemisten verwandten große Mühe auf die Suche danach, viele chinesische Kaiser unterstützten die Forschungsarbeiten, und manchen brachte die Einnahme des angeblichen Lebenselixiers den Tod.[5]

In beiden Fällen galt die Verwandlung vom gewöhnlichen menschlichen zum unsterblichen Leib als ähnlicher Prozeß wie die Metamorphose bei den Insekten. Das taoistische Ziel, Unsterblichkeit in verkörperter Form zu erlangen, ging auf die altchinesische Auffassung vom Menschen nicht als einer inkarnierten Seele, sondern als einem belebten Körper zurück; sie glaubten nicht, daß eine individuelle Persönlichkeit ohne eine Art von Körper existieren könne.[6] Diese frühe taoistische Auffassung schlug sich später sogar im chinesischen Gesetz nieder: *ling ch'ih*, ein Hinrichtungsverfahren, bei dem der Henker den Körper des Opfers langsam in Stücke schnitt, galt als strengste Form der Todesstrafe, nicht nur wegen der damit verbundenen Qualen, sondern weil ein vollständig verstümmelter Körper ein Weiterleben nach dem Tod vereitelte. Erdrosselung war die mildeste Todesstrafe, milder als Enthauptung, wenngleich letztere weniger schmerzhaft ist, denn die Strangulierung verstümmelt den Körper keineswegs und beeinträchtigt daher auch nicht das Leben danach.[7]

Die intellektuellen Gegenspieler der Taoisten, die Anhänger des Konfuzius, stimmten mit dem Taoismus zwar darin überein, daß eine Persönlichkeit einen Körper brauche, zogen daraus jedoch den Schluß, daß Geister, Gespenster und *hsien* nicht existieren könnten. Zum Beispiel schrieb einer der größten konfuzianischen Gelehrten, Wang Ch'ung (27–97 n. Chr., spätere Han-Zeit), in seinem bekanntesten Werk, *Lun Heng* (Erörterungen auf der Waagschale), das Leben sei ein kristallines Muster aus Materie, so wie Eis kristallisiertes Wasser sei. »Wie Wasser sich in Eis verwandelt, so kristallisiert das *chhi* (Materie), um den menschlichen Körper zu bilden. Stirbt der Mensch, so kehrt er wieder in seinen geistigen Zustand zurück. Dieser Zustand wird als Geist bezeichnet, so wie geschmolzenes Eis wieder den Namen Wasser annimmt. Wenn wir einen Menschen vor uns haben, so bedienen wir uns eines anderen Namens. Somit gibt es keine Beweise für die Annahme, daß die Toten Bewußtsein hätten, noch daß sie eine Gestalt annehmen und den Leuten Schaden zufügen können.«[8] Geister könnten keine materielle Form haben; im materiellen Sinn könnten sie nicht existieren.[9] In demselben Werk führt Wang Ch'ung an, jeder Versuch, sich zu einem *hsien* zu machen und damit dem Tod zu entgehen, sei so sicher zum Scheitern verurteilt, wie Eis sicher irgendwann schmelzen müsse.[10] Im Jahr 484 vertrat ein späterer konfuzianischer Gelehrter, Fan Chen, in einem Aufsatz mit dem Titel *Shen Mieh Lun* (Über die Zerstörbarkeit der Seele) die Ansicht: »Der Geist ist dem Körper, was dem Messer die Schärfe ist. Nie hat man gehört, daß nach der Zerstörung des Messers die Schärfe bestehen bliebe.«[11] Fan Chens Aufsatz forderte mehr als siebzig Widerlegungen heraus; das interessanteste Argument lieferte meiner Ansicht nach Shen Yo: Das Material, führte er an, aus dem das Messer bestehe, könne umgeschmiedet werden zu einem Dolch: anders geformt, aber ebenso scharf.[12] Mit anderen Worten: Wenn das Grundmuster nachgebildet wird, ist die Person wahrhaft auferstanden. Damit ist das Auferstehungsmodell der Omegapunkt-Theorie offensichtlich ein Bestandteil der chinesischen Tradition.

Unsterblichkeit im frühen Hinduismus

Die Reinkarnationslehre, die von einem strengen Dualismus von Körper und Seele ausgeht, ist eine zentrale Vorstellung im modernen Hinduismus (und Buddhismus). Allerdings ist die Reinkarnation – und der Dualismus, auf dem sie beruht, – im Grunde eine recht junge Entwicklung im indischen Denken. Offensichtlich entstand sie um 600 v. Chr. und breitete sich rasch aus; binnen eines Jahrhunderts war sie allgemein akzeptiert. Die frühere indische Religion ging von der Einheit von Seele und Körper aus und beschrieb das Leben nach dem Tod als Auferstehung einer vereinten Körper-Seele in einem irdischen Paradies. Beschreibungen dieses Paradieses sind reichlich vorhanden im *Rgveda*, dem frühesten erhaltenen Werk indischer (eigentlich indoeuropäischer) Literatur (der *Rgveda* war im wesentlichen um 1000 v. Chr. abgeschlossen, entstand jedoch über mehrere Jahrhunderte). Der 113. Hymnus im 9. Buch des *Rgveda* endet mit folgenden Worten:

»Wo unvergänglicher Glanz, wo das Licht wohnt, dorthin bringe mich, Pavamana, in die unsterbliche, unvergängliche Welt; ströme, Indu, ringsum für Indra.

Wo Vivasvat's Sohn [Yama] als König herrscht, wo des Himmels festes Gemach, wo jene Wasser, die jungen, sind, dort mache mich unsterblich; ströme, Indu, ringsum für Indra.

Wo man in Freiheit wandelt, an der drei Himmel dreifachem Gewölbe, wo die glanzerfüllten Welten sind, dort mache mich unsterblich; ströme, Indu, ringsum für Indra.

Wo Wünsche und Begehren wohnen, wo die Stätte des roten [Sonnenrosses] ist, wo die Manenspende und wo Sättigung herrscht, dort mache mich unsterblich; ströme, Indu, ringsum für Indra.

Wo Freude und Lust, Belustigung und Ergötzen weilen, wo des Wunsches Wünsche sich erfüllen, dort mache mich unsterblich; ströme, Indu, ringsum für Indra.«[13]

Vivasvats Sohn ist Yama, der erste Mensch, vergöttlicht als Totengott: Er weist der nachfolgenden Menschheit den Pfad ins Paradies, wie die Auszüge aus einem Bestattungsritual im 14. Hymnus im 10. Buch des *Rgveda* zeigen:

»Yama hat für uns zuerst den Weg gefunden. Nicht vermag jemand die Flur zu rauben, wohin, den ihnen zukommenden Pfad entlang, einst unsere Väter zogen, die hier geboren waren.

[Zum Toten:] Ziehe hin, ziehe hin auf den alten Pfaden, auf denen unsere Vorväter fortzogen. Yama und Gott Varuna wirst du sehen, die beiden Könige, die an der Totenspende sich erfreuen.

Vereinige dich mit den Vätern, vereinige dich mit Yama, mit dem Schatz deiner Opfer und guten Werke im höchsten Himmel. Laß alle deine Gebrechen dahinten und gehe wieder in dein Haus. Mit deinem Leibe vereinige dich in voller Kraft.

[Gegen Dämonen:] Geht fort, geht auseinander, schleicht fort von hier. Ihm haben die Manen diesen Ort bereitet. Yama gibt ihm eine durch Tage, Wasser und helle Nächte ausgezeichnete Ruhestätte…«[14]

Besonders interessant sind die Andeutungen des vorletzten Verses: daß wir im Paradies einen neuen Leib haben werden, »in voller Kraft«, einen Leib, der unsterblich ist und alle Gebrechen hinter sich gelassen hat und gleichwohl fähig, die Wonnen des irdischen Körpers zu erfahren. Das Paradies des *Rgveda* ist die gegenwärtige Welt – doch ohne die Qualen und Prüfungen des diesseitigen Lebens. Demnach decken sich die Jenseitsvorstellungen im *Rgveda* vollkommen mit dem von der Omegapunkt-Theorie vorausgesagten Leben nach dem Tode und den auferweckten Körpern. Die spätere hinduistische und die buddhistische Weltsicht hingegen, die beide einen Dualismus von Körper und Seele und Reinkarnationen in die gegenwärtige Welt annehmen, stimmen mit dem Jenseitsmodell der Omgeapunkt-Theorie nicht überein. Mahatma Gandhi, der berühmteste Hindu des 20. Jahrhunderts, erklärte[15], sowohl die Unsterblichkeit der Seele als auch die Reinkarnation seien die Grundüberzeugungen der modernen Hindu-Religion. Es könnte freilich auch sein, daß Gandhi einfach nicht gründlich genug über die Unterscheidung zwischen der Auferstehung des Körpers und der Unsterblichkeit der Seele nachgedacht hat. Seine christlichen Zeitgenossen jedenfalls verwechselten die beiden Begriffe, mit Sicherheit aber spielen beide in der Hindu-Tradition eine Rolle. Auch kennt die Hindu-Tradition sowohl den Einen Gott als auch viele Götter, und Gandhi trug dazu bei, die Verwirrung zwischen den beiden Vorstellungen zu beseitigen. Nach Gandhis Überzeugung ist der »Glaube an einen Gott der Eckpfeiler aller Religionen«[16]; weiter schreibt er:

> »Ich widerspreche der Behauptung, die Hindus glaubten an viele Götter... Sie sagen zwar, es gebe viele Götter, aber sie erklären auch unmißverständlich, daß es einen Gott gibt, den Gott der Götter... Das ganze Unheil ist durch die englische Wiedergabe des Wortes *deva* entstanden, ...für das ihr keine bessere Bezeichnung als ›Gott‹ gefunden habt. Aber Gott ist *Ishwara*, *Devadhideva*, Gott der Götter. Ich glaube, ich bin durch und durch Hindu, aber ich habe nie an viele Götter geglaubt. Nicht einmal in meiner Kindheit glaubte ich daran, und niemals lehrte mich jemand diesen Glauben.[17] In den *Veden* gibt es viele Götter. Andere Schriften nennen sie Engel. Aber die *Veden* besingen nur einen Gott.«[18]

So hätte ich oben sagen sollen, daß Yama, der erste Mensch, zum »Engel« wurde: zum Todesengel. Wenn die Omegapunkt-Theorie wahr ist, sind unsere Seelen nicht unsterblich, wir werden nie reinkarniert; dennoch werden wir zu »Engeln« auferweckt durch die Lebewesen der fernen Zukunft (sollte ich sie auch »Engel« nennen?), und gemeinsam werden wir uns dem Omegapunkt nähern. Aber wir können nie der Omegapunkt *sein*; das ist eine logische Unmöglichkeit. Vielleicht hätte Gandhi dieses Bild mit dem Hinduismus in Einklang bringen können.

Gibt es Unsterblichkeit im Buddhismus?

Der Buddhismus akzeptiert zwar die Idee der Reinkarnation, doch über die Frage, ob es eine buddhistische Entsprechung des christlichen Himmels gebe, führen die Anhänger des Buddhismus (im Westen wie im fernen Osten) eine anhaltende Debatte. Eindeutig ist es das Ziel des Buddhismus, ins »Nirvana« einzugehen; die Experten sind sich jedoch nicht einig, ob »Nirvana« dasselbe ist wie »Himmel«.

Zweifellos bedeutet »Nirvana« einen Ausbruch aus dem endlosen Kreis der Reinkarnationen, den Wiedergeburten als immer andere Lebewesen nach dem Tod. Fraglos war es das Ziel des Buddhismus, der Ewigen Wiederkehr zu entfliehen. Aber man konnte nur entfliehen, indem man sich auflöste, zu existieren aufhörte, oder indem man in einen Ort der Glückseligkeit einging, in den Himmel. »Nirvana« bedeutet wörtlich[19] »Verwehen« oder »Erlöschen«, gleich dem »Verlöschen einer Lampe«, und diese wörtliche Übersetzung spricht nicht gerade für die Interpretation, Nirvana sei der buddhistische Himmel.

Einer der frühesten erhaltenen buddhistischen Texte, der *Pali-Kanon* aus Ceylon, verwendet eindeutig das Wort »unsterblich«, um den Zustand eines Menschen zu beschreiben, der das Nirvana erlangt hat.[20] Doch auch der *Pali-Kanon* enthält Abschnitte, in denen der Buddha auf Fragen über den Zustand eines Menschen nach dem Tod keine Antwort gab.[21]

Der russische Professor Theodosius Schtscherbatsky, der in der ersten Hälfte des 20. Jahrhunderts an der Universität Leningrad Buddhismus lehrte, war der führende Vertreter der Interpretation vom Nirvana als »Auslöschung«. Auf Nirvana angewandt, erklärte er, bedeute das Wort »unsterblich« lediglich, daß Nirvana unwandelbar sei, ein Dasein ohne Tod – und ohne Leben. Im Nirvana gebe es keinen wiederkehrenden Tod, noch wiederkehrende Geburt. Wohl kenne der Buddhismus Paradiese, die dem Himmel entsprächen, und der Mensch könne ins Paradies gelangen, indem er aus der alltäglichen Welt dorthin reinkarniert würde. Aber um der ewigen Wiederkehr des Todes zu entgehen, müsse man sich für immer im Nirvana auflösen und nichtexistent werden.[22] Schtscherbatsky betonte, daß auch in späteren hinduistischen Lehren das Ziel eindeutig die Nichtexistenz gewesen sei, und dieses Ziel würde als »Ort der Unsterblichkeit« bezeichnet, was bedeute, wenn das Ziel erreicht sei, gebe es keinen Tod mehr – das heißt keinen wiederkehrenden Tod. »Unsterblichkeit« sei nicht gleichbedeutend mit »ewigem Leben«. Wie Schtscherbatsky einräumt[23], blieben nur wenige buddhistische Richtungen dem »Ideal eines leblosen Nirvana und einem verloschenen Buddha« treu. Am Ende des 1. Jahrhunderts n. Chr. hatte Nirvana in vielen buddhistischen Lehren zahlreiche Züge des christlichen Himmels angenommen.

De la Vallée Poussin hingegen, Religionsprofessor an der Universität Lüttich zu Anfang dieses Jahrhunderts, war in seiner Zeit der führende Vertreter der »Himmels«-Interpretation. Das Schweigen des Buddha auf die Frage, wie das Leben nach dem Ausbruch aus dem Zyklus von Geburt und Tod beschaffen sei, bedeute, daß der Buddha Agnostiker gewesen sei: Er habe einfach nicht gewußt, ob Nirvana ewiges Leben im Himmel sei oder Auslöschung. Nach de la Vallée Poussins Ansicht hätten die meisten (nicht alle) späteren Buddhisten die Interpretation Nirvana = Himmel akzeptiert.

Der Hindu Mahatma Gandhi stimmte mit de la Vallée Poussin überein und verwarf die Vorstellung vom Nirvana als Auslöschung:

> »*Nirvana* ist zweifellos nicht letzte Auslöschung. Soweit ich in der Lage war, das zentrale Geschehen in Buddhas Leben zu verstehen, ist *Nirvana* die letzte Auslöschung von allen Grundgegebenheiten in uns, von allem Verderbten in uns, von allem Korrupten und Korrumpierbaren in uns. *Nirvana* ist nicht wie die schwarze, tote Grabesruhe, sondern der lebendige Friede, das lebendige

Glück einer Seele, die sich ihrer selbst bewußt ist und weiß, daß sie ihren Platz im Herzen des Ewigen gefunden hat.«[24]

Die Deutung des »Verlöschens« läßt sich mit dem Auferstehungsmodell der Omegapunkt-Theorie nicht vereinbaren. Wenn jedoch der Buddha in der Frage, was nach dem Tod sei, wirklich Agnostiker war, dann könnten seine Ansichten durchaus mit der Auferstehung zum ewigen Leben und folglich mit der Omegapunkt-Theorie in Einklang stehen. In Gesprächen mit Amerikanern unterschiedlicher religiöser Überzeugung fiel mir auf, daß die Buddhisten unter ihnen der in diesem Buch dargestellten Auferstehungstheorie sichtlich die größte Begeisterung entgegenbrachten.

Dr. Walpola Rahula ist ein buddhistischer Mönch aus Sri Lanka, der nicht nur herausragende Positionen in buddhistischen Ordensinstitutionen seiner Heimat innehat, sondern auch im Westen in Philosophie promoviert und an verschiedenen amerikanischen Universitäten Buddhismus gelehrt hat (er ist der erste buddhistische Mönch, der amerikanischer Professor wurde). In der Frage nach dem Wesen des Nirvana ist er leider nicht sehr hilfreich:

»Man wird jetzt fragen: aber was ist Nirvana? Zur Beantwortung dieser ganz natürlichen und einfachen Frage sind Bände geschrieben worden. Sie haben im Ergebnis eher mehr verwirrt als geklärt. Die einzige vernünftige Antwort, die man auf diese Frage geben kann, ist: sie ist niemals vollständig und befriedigend in Worten zu beantworten, weil die menschliche Sprache zu arm ist, um das wirkliche Wesen der absoluten Wahrheit oder der endgültigen Wirklichkeit, die Nirvana ist, auszudrücken...[25]
Das Nirvana ist jenseits aller Begrenzungen von Dualität und Relativität und daher jenseits unserer Vorstellungen von Gut und Böse, Recht und Unrecht, Sein und Nichtsein. Sogar das Wort ›Glück‹, das zur Schilderung des Nirvana verwendet wird, hat hier einen ganz anderen Sinn. Sariputta sagte einstmals: ›Lieber Freund, Nirvana ist Glück, Nirvana ist Glück!‹ Da fragte Udayi: ›Aber Freund Sariputta, was kann das für ein Glück sein, wenn kein Gefühl mehr vorhanden ist?‹ Sariputta gab daraufhin eine höchst philosophische Antwort, die über das gewöhnliche Fassungsvermögen hinausging: ›Daß kein Gefühl mehr vorhanden ist, das ist gerade das Glück.‹«[26]

Ich denke jedoch, daß Udayis Frage genau den springenden Punkt trifft. »Glück« ist ein Zustand, der nur für Lebewesen zutrifft, und lebendig zu sein heißt, Empfindungen zu haben und folglich Zustandsänderungen zu erfahren. Es heißt, irgendeine Art von Körper zu haben. Sariputtas Antwort lag durchaus im Bereich des gewöhnlichen Verständnisses: Er dachte sehr wohl, Nirvana sei die vollkommene Auslöschung, wollte es aber nicht aussprechen. Durch Wortspiele hoffte er, sowohl Udayi als auch sich selbst zu überzeugen, daß vollständiger Tod nicht wirklich vollständig sei.

Im Buddhismus gibt es zwei Hauptströmungen, *Theravada* (auch *Hinayana* genannt) und *Mahayana*[27], wie auch das Christentum sich in drei Hauptrichtungen teilt: die römisch-katholische, die protestantische und die orthodoxe Lehre. Die Auslöschungsinterpretation ist im Hinayana-Buddhismus sehr viel weiter verbreitet (Rahula ist Hinayana-Anhänger). Im Mahayana gibt es viele Buddhas, und diese versuchen, die übrige Menschheit zu retten. Zwei japanische Sekten des Mahayana-Buddhismus, *Jodo* und *Shin*, vertreten die Auffassung, Buddha Amida habe ein Glückseliges Reich geschaffen, in das alle, die seinen Namen anriefen, nach dem Tod eingingen.[28] Heute glaubt eine Mehrheit der Japaner[29], durch Rezitieren von *namu amida butsu* (»Verehrung sei Amida Buddha«) in dieses Reine Land Vollkommener Glückseligkeit reinkarniert zu werden. Wenn die Omegapunkt-Theorie richtig ist, haben sowohl die Jodo- als auch die Shin-Sekte (und eine Mehrheit von Japanern) darin recht, daß (1) der Himmel existiert, (2) der Himmel durch eine Person erschaffen werden muß, die weit mächtiger ist als jedes menschliche Wesen, und (3) Wiedergeburt oder Auferstehung im Himmel nicht durch menschliche Bemühung zu erlangen ist: Der Himmel muß uns geschenkt werden von der Person, die den Himmel zuerst erschaffen hat. Schließlich beinhalten die Vorstellungen vom Reinen Land Vollkommener Glückseligkeit offensichtlich verkörperte menschliche Wesen. Kurz, das Glückselige Reich im japanischen Buddhismus scheint dem von der Omegapunkt-Theorie vorhergesagten Himmel vollkommen zu entsprechen.

Der Buddhismus wird mitunter als atheistische Religion bezeichnet. Gandhi verwahrte sich heftig gegen diese Charakterisierung:

> »Ich habe diese Behauptung unzählige Male gehört, und ich habe sie in Büchern gelesen… daß Buddha nicht an Gott geglaubt habe.

> Meiner bescheidenen Ansicht nach widerspricht dieser Glaube der zentralen Wahrheit der Lehre Buddhas... Zweifellos lehnte er die Vorstellung ab, ein Wesen, das Gott genannt werde, sei von Bosheit getrieben, könne seine Handlungen bereuen und wie die irdischen Könige möglicherweise anfällig für Versuchungen und Bestechung sein und könne vielleicht Günstlinge haben. Deshalb setzte er Gott wieder an seinen angestammten Platz und entthronte den Usurpator, der währenddessen offensichtlich den Weißen Thron besetzt hielt. Er betonte und erklärte von neuem die ewige und unwandelbare Existenz der sittlichen Regierung dieses Universums. Ohne zu zögern sagte er, das Gesetz sei Gott Selbst.«[30]

Diese letzte Zeile erinnert sehr an die Omegapunkt-Randbedingung, nach der die Gesetze, die das Universum regieren, aus dem Postulat entstehen, daß Leben sich in den Omegapunkt entwickelt oder, was dasselbe bedeutet, daß der Omegapunkt die Sammlung aller Geschichten des Universums ist, die in den Omegapunkt führen, und daß diese Sammlung als Einheit anzusehen ist.

Einige afrikanische Ansichten über Gott und Unsterblichkeit

Afrikaner nehmen die Religion *sehr* ernst. Es wurde einmal gesagt[31], die Menschen in Afrika sprächen über Philosophie und Religion wie die Amerikaner und Europäer über Fußball. Ein Religionsprofessor aus Harvard besuchte kürzlich Ghana und wurde von den Beamten am Flughafen mit theologischen Fragen bombardiert; unter ihren Schreibtischen lasen sie die Bibel.[32] Es ist also nicht überraschend, daß die Afrikaner eine sehr komplexe und anspruchsvolle Theologie entwickelt haben. Eine traditionelle Hymne der Pygmäen drückt die Vorstellung von Gott als eine Folge von Worten aus – oder, in meiner Terminologie, als ein abstraktes Computerprogramm –, die lebt und das Universum lenkt:

»Im Anfang war Gott,
Heute ist Gott,
Morgen wird Gott sein.
Wer kann ein Bild von Gott machen?
Er hatte keinen Körper.
Er ist wie ein Wort, das aus deinem Mund kommt.
Dieses Wort! Es ist nicht mehr,
Es ist vorbei, und doch lebt es noch!
So ist Gott.«[33]

Nach Meinung des afrikanischen Gelehrten John S. Mbiti »glauben die afrikanischen Völker ohne Ausnahme, daß der Tod das Leben nicht vernichtet und daß die Verstorbenen im Jenseits weiterexistieren«.[34] Ähnlich äußerte sich Geoffrey Parrinder, der berühmte Experte für afrikanische Religion.[35] Über die Art des Lebens nach dem Tod gehen die Meinungen allerdings weit auseinander. Eine Mehrheit der Afrikaner sehen das Leben nach dem Tod nicht als einen Ort, an dem Belohnungen oder Strafen für Taten im gegenwärtigen Leben verteilt werden. Mit wenigen Ausnahmen herrscht die allgemeine Überzeugung, Gott bestrafe Übeltäter nur in diesem Leben, nicht im nächsten: Krankheit, Unglück und Mißernten seien als Strafe für alle Übeltaten im diesseitigen Leben völlig ausreichend.[36] Wie der Stamm der Bachwa im Kongo glaubt, werden die Menschen nach dem Tod in die Stadt Gottes reisen und dort glücklich leben, ohne Nöte wie Hunger, Durst, Krankheit oder Tod und inmitten einer Fülle von Jagdwild.[37] Das Volk der Lozi aus Sambia trägt Stammeskennzeichen, damit alle Angehörigen nach dem Tod erkannt, mit ihren Verwandten vereinigt werden und fortan glücklich miteinander leben können. In beiden Fällen wird Glück nicht als Belohnung für gute Führung in diesem Leben angesehen, sondern Glück ist das, was das Leben nach dem Tod ausmacht.[38] In beiden Fällen bestehen außerdem sowohl Ähnlichkeiten wie Unterschiede zwischen dem Leben vor und nach dem Tod: Nach dem Tod werden den Menschen dieselben Genüsse zuteil wie in diesem Leben, die schlechten Erfahrungen indessen entfallen.

Nach den Vorstellungen des Volks der Lodagaa in Ghana und Burkina Faso wird der Mensch im Augenblick des Todes zum Geist und hält sich weiterhin in der Nähe seiner alten Heimstätte auf. Schließlich aber wird aus dem Geist ein Geistwesen, das ins Jenseits reist;

dort unterziehen die älteren Geistwesen den Neuankömmling verschiedenen Prüfungen, deren Strenge von seinem Verhalten vor dem Tod abhängt. Aber alle werden am Ende von Gott »befreit« und beginnen sich des Lebens nach dem Tode zu erfreuen.[39]

Die Yoruba aus Nigeria glauben, daß die Menschen nach dem Tod nach *Ehin-Iwa* gelangen. Es gibt zwei Redensarten, die hervorheben, daß das Leben nach dem Tod wichtiger ist als das gegenwärtige und daß die Freuden im Leben nach dem Tod vom richtigen Verhalten im gegenwärtigen Leben abhängen: *Ehin-Iwa ti 's' egbon oni* – »Das Leben nach dem Tod ist dem Heute überlegen« – und *Nitori Ehin-Iwa l' a se nse oni l' ore* – »Wegen des Lebens nach dem Tod behandeln wir das Heute freundlich«. Den alten Yoruba hört man oft sagen: »Ich gehe heim« oder »Ich bin bereit, heimzugehen.«[40] Wenn ein alter Mensch mit sich selbst spricht, heißt es, er rede mit toten Freunden oder Verwandten. Das ist bezeichnend für die Vorstellungen vom Leben nach dem Tod und den meisten afrikanischen Religionen gemeinsam: Die Toten verweilen noch eine Zeitlang unter den Lebenden, bevor sie für immer ins Reich des Todes eingehen. Wenn ein kürzlich Verstorbener in *Ehin-Iwa* eintrifft, wird *Olodumere*, der Höchste Gott, ihn oder sie richten. Der gute Mensch erhält einen Platz im guten *Orun* – dem Himmel, in dem Olodumere und die Ahnen leben; der Übeltäter aber wird dem *Orun* der Tonscherben zugewiesen. Im Unterschied zu den meisten anderen Afrikanern glauben die Yoruba, daß Übeltäter in ihrem *Orun* endlose Qualen erdulden müssen – vielleicht entstand dieser Glaube aus Berührungen mit dem Islam. Das Leben im guten *Orun* wird als eine verbesserte Ausführung des diesseitigen Lebens dargestellt: bestehend aus all den gewohnten irdischen Vergnügungen, jedoch ohne die irdischen Sorgen. Insbesondere ist einer der größten Vorteile des Lebens im guten *Orun* die Wiedervereinigung mit verstorbenen Verwandten und Freunden.[41]

Zusammenfassend können wir sagen: Das von der Omegapunkt-Theorie vorhergesagte Leben nach dem Tod steht durchaus im Einklang mit den Jenseitsvorstellungen der meisten afrikanischen Gesellschaften. Das Leben nach dem Tod ist dem irdischen Leben ähnlich, mit dem Unterschied freilich, daß dic heute genossenen Wohltaten zunehmen, die negativen Aspekte des gegenwärtigen Lebens jedoch fehlen. Vor allem sind die Toten in den afrikanischen Jenseitsvorstellungen genauso »körperhaft« wie die Toten in anderen religiösen Traditionen, obwohl es keinen Hinweis auf eine Identität zwischen dem jenseitigen und dem irdischen Leib gibt. Der einzige Hauptunterschied zur Omegapunkt-Theorie besteht darin, daß hier die Toten nicht zu jeder Zeit bis zur allgemeinen Auferstehung unter den Lebenden weilen: wer tot ist, ist tot – bis zur Auferwekkung durch den Omegapunkt.

Der Himmel der Indianer

Vor der spanischen Conquista hielten auch die Indianer an dem allgemeinen menschlichen Glauben vom Leben nach dem Tod fest. Bei den Azteken waren der soziale Rang und die Umstände des Todes ausschlaggebend dafür, was der Verstorbene im Jenseits zu erwarten hatte. Keine der erhaltenen aztekischen Schriften erwähnt, daß in diesem Leben begangene böse Taten nach dem Tod geahndet würden. Allerdings war das Totenreich, *Mictlan,* in das der Durchschnittsazteke entsandt wurde, ein höchst unwirtlicher Ort. Dort regierte Mictlantecuhtli, ein furchterregendes Skelett, dem Spinnen und Fledermäuse Gesellschaft leisteten sowie seine Gattin Mictecacihuatl. Mictlan war unter der Erde, und es dauerte vier Jahre, dorthin zu gelangen, denn zuerst mußten neun unterirdische Universen durchwandert werden. Glücklich indes war, wer durch Ertrinken, Blitzschlag oder Hautkrankheiten starb, denn er ging in das Reich des Regengottes Tlaloc ein und genoß ein glückliches Dasein mit unbegrenzten Vorräten an Bohnen, Mais und Früchten. Eine Tempelmalerei in der alten Aztekenstadt Teotihuacan zeigt die Toten in Tlalocan mit seinen Flüssen, Seen und Kakaobäumen, tanzend, singend und schwimmend.

Im Kampf gefallene Krieger und Gefangene der Azteken, die dem Sonnengott geopfert wurden, gelangten ins Haus der Sonne; dort freuten sie sich am betörenden Duft wunderschöner Blumen und trugen Scheingefechte miteinander aus. Frauen, die im Kindbett gestorben waren, wurden in ein anderes Sonnenhaus, das sogenannte Maishaus, geschickt, einen nicht minder angenehmen Aufenthaltsort.[42]

Unser Wissen über die Vorstellungen der Maya vom Leben nach

dem Tod stammt in erster Linie aus dem *Popol Vuh*, dem heiligen Buch des Herrschergeschlechts der Kavek, die zur Zeit der spanischen Eroberung Mittelamerikas die Quiché-Maya regierten. Dieses Buch erzählt die Geschichte von der Reise der Heldenzwillinge Hunahpu und Xbalanque in die Unterwelt. Die Brüder spielen etliche Spiele mit den Herren des Todes, kommen des öfteren dabei um, werden aber wieder zum Leben erweckt. Im letzten Spiel schneiden die Heldenzwillinge sich gegenseitig in Stücke und lassen sich anschließend wieder auferstehen. Der Erste und der Siebente Herr des Todes staunen über diese Meisterleistung und bitten, sie am eigenen Leib erfahren zu dürfen. Die Heldenzwillinge erfüllen die Bitte und vernichten auf diese Weise den Ersten und den Siebenten Herrn des Todes für immer. Nach ihrem Triumph über den Tod kehren Hunahpu und Xbalanque aus der Unterwelt zurück und werden Sonne und Mond.[43]

Im Gebiet der Maya wurden riesige Mengen bemalter Keramiken mit Auszügen aus der Geschichte der Heldenzwillinge gefunden; man schloß daraus, daß der Mythos eine Allegorie für die Erfahrungen sei, die der gewöhnliche Maya nach dem Tod zu erwarten hatte.[44] Wie der Mittelamerikaforscher Michael Coe meint[45], ist die Geschichte ein Ausdruck der allgemeinen Überzeugung, daß das Schicksal zumindest des Maya-Adels nicht die Auslöschung gewesen sei, sondern eine Verwandlung in Himmelskörper, genauso wie die Verwandlung der Heldenzwillinge in Sonne und Mond.

Der Ethnologe Johannes Wilbert lebte eine Zeitlang mit dem Volk der Warao in Venezuela und beschrieb ausführlich deren Eschatologie.[46] Für die Warao ist das gegenwärtige Leben auf Erden nichts anderes als ein Weg, um sicherzustellen, daß sie im Himmel ihrer Wahl Unsterblichkeit erlangen werden. Der tote Warao wird in einem als Vagina von Dauarani, der Waldgöttin, bezeichneten Einbaum beigesetzt – dem Symbol der Rückkehr in den mütterlichen Schoß –, um im Jenseits wiedergeboren zu werden. In Trance und im Traum begehen die Schamanen der Warao den Pfad zum Himmel ihrer Wahl bereits zu Lebzeiten; so werden sie mit den Gefahren des Weges vertraut und wissen, daß sie die Reise nach ihrem Tod überstehen werden. Beispielsweise wandert die Seele des Schamanen, der während seines Lebens dem Nordgott gedient hat, nach dem Tod nach Norden, zu den Bergen des Nordgottes. Bei seiner Ankunft erhält der Schamane schöne Gewänder und ein Haus aus Gold, wie es der Nordgott selber besitzt. Das Haus steht in einem Garten mit prachtvollen weißen Blumen, und der Schamane erfreut sich eines ewigen Lebens in Frieden und Ruhe in der Gesellschaft des Gottes und anderer Schamanen. Ebenso angenehme Himmel erwarten auch die gewöhnlichen Männer und Frauen – mit Ausnahme jener, die als Nahrung für die Götter der Unterwelt geopfert wurden: Diese Unglücklichen werden an Körper und Seele vollkommen vernichtet.

Auch unter den Indianern Nordamerikas herrscht der allgemeine Glaube an ein Leben nach dem Tod.[47] Das Land der Toten ist das letzte Ziel aller menschlichen Geister, und wie üblich sind die Beschreibungen vervollkommnete Abbilder der Länder, in denen die Mythenerzähler selbst leben: Alles Schlechte ist daraus getilgt. Die Prärie-Indianer im Westen – die vorwiegend Jäger waren – bezeichneten ihr Jenseits als die »glücklichen Jagdgründe«: Der Tote lebt in einer hügeligen Prärie und darf nach Herzenslust Büffel jagen und sich sattessen. Östlich des Mississippi – wo die Völker vor der spanischen Eroberung hauptsächlich Ackerbau betrieben – beschreiben die Mythen das Leben nach dem Tod als eine Welt endloser Maisfelder und immerwährender Erntefeste.

Wenn die Omegapunkt-Theorie wahr ist, werden die Hoffnungen der Indianer sich erfüllen. Im Jenseits des Indianers erhalten die Toten wieder einen Leib, sie bleiben nicht immaterielle Geistwesen – zumindest im Land der Toten, denn nur Wesen mit Körpern, ähnlich den Körpern der Lebenden, können jagen, Festessen veranstalten und tanzen. Die Mittel- und Südamerikaner jedoch irrten sich in zweierlei Hinsicht: Im Leben nach dem Tod werden dem niederen Volk dieselben Genüsse zuteil wie den Adligen, und niemand wird leiden.

Das Leben nach dem Tod in der jüdisch-christlich-islamischen Tradition

Am vertrautesten werden meinen Lesern die Jenseitsvorstellungen der jüdisch-christlich-islamischen Tradition sein, denn die Mehrheit der heute lebenden Menschen sind entweder Juden, Christen oder

Muslime. Anfang der achtziger Jahre verteilten sich die zumindest nominellen Mitglieder der wichtigsten Glaubensrichtungen folgendermaßen:[48]

Christen	32,4 Prozent
Muslime	17,1 Prozent
Juden	0,4 Prozent
Hindus	13,5 Prozent
Buddhisten	6,2 Prozent

Vor einem Jahrzehnt waren also 49,9 Prozent der Menschheit Juden, Christen und Muslime. In den letzten zehn Jahren sind sehr viele Afrikaner zum Christentum und zum Islam konvertiert, und die Geburtenrate der Muslime und Christen auf der südlichen Hemisphäre (wo laut Angaben von 1980 mittlerweile die meisten Christen leben) ist mindestens so hoch wie die in den Ländern anderer Bekenntnisse, so daß eine Mehrheit von Menschen in der jüdisch-christlich-islamischen Tradition lebt. Deshalb werde ich mich mit deren Ansichten vom Leben nach dem Tod am ausführlichsten befassen.

Die messianische Zeit und die kommende Welt im Judentum

In der jüdischen Tradition ist die Vorstellung jeglicher Art von Unsterblichkeit recht jung.[49] Die früheste eindeutige Beschreibung von Unsterblichkeit steht im Buch Daniel, das um die Zeit des Makkabäischen Krieges (165–160 v. Chr.) entstand:

> »Von denen, die im Land des Staubes schlafen, werden viele erwachen, die einen zum ewigen Leben, die anderen zur Schmach, zu ewigem Abscheu.« (Dan 12,2)

Eindeutig wird hier der Mechanismus der Unsterblichkeit als Auferstehung des Leibes durch Gottes Gnade dargestellt. In dem Dokument von Damaskus, einer der berühmten Schriftrollen, die nach dem Zweiten Weltkrieg in den Höhlen bei Qumran am Toten Meer gefunden wurden, steht: Gott oder Sein Messias werde »...die Toten wiedererwecken... und Sein Wort halten gegenüber denen, die im Staub schlafen...«[50] Diese Handschrift stammt aus dem ersten nachchristlichen Jahrhundert, und auch hier ist der Mechanismus der Unsterblichkeit eindeutig die Auferstehung des Leibes.

Und doch herrschte unter den Juden jener Zeit keine einheitliche Meinung über die Unsterblichkeit[51], mehr noch, sie stritten heftig über die Frage, ob Unsterblichkeit überhaupt erwartet werden könne. Wer das Neue Testament gelesen hat, weiß, daß die Pharisäer an Unsterblichkeit in Form einer Auferstehung glaubten, während die Sadduzäer beides leugneten. Sie verwarfen diese Vorstellung mit der Begründung, in den frühen Textstellen der Tora (dem Alten Testament) sei Unsterblichkeit nicht erwähnt. Den Sieg trugen am Ende die Pharisäer davon, und innerhalb des 2. Jahrhunderts n. Chr. war der Glaube an die Auferstehung der Toten im Judaismus allgemein anerkannt. Von der Erwartung der Auferstehung ist in der zweiten Segnung (*Gevurot*) des *Amidah*-Gebets die Rede, das auch heute noch den Hauptteil jedes Gottesdienstes in der Synagoge bildet; orthodoxe Juden beten es dreimal täglich:

»Du bist mächtig, Herr, für immer
Du erweckst die Toten,
Du bist mächtig zu retten...
Du wirst nach Deinem Wort die Toten erwecken
Gesegnet bist Du, Herr, Der Du die Toten erweckst«[52]

Amidah gilt traditionell als das Werk der »Gelehrten der großen Synagoge« im 4. Jahrhundert v. Chr., aber in Wahrheit[53] entstand es in Teilen über einen Zeitraum von hundert Jahren, zwischen 200 und 100 v. Chr. Der Passus über die »Erweckung der Toten« gilt[54] als nachträgliche Hinzufügung der Pharisäer; er erfolgte um 100 v. Chr. als Reaktion auf die Sadduzäer, die von einer Auferstehung nichts wissen wollten. (In manchen reformierten Gebetsbüchern ist der hebräische Ausdruck »Du erweckst die Toten« abgewandelt zu »Du schenkst allen Leben«. Vielen liberalen Juden verursacht der Gedanke an individuelle Unsterblichkeit ebensolches Unbehagen wie vielen liberalen Christen.)

Es war die Haltung der Pharisäer zum Leben nach dem Tod, die in den (babylonischen) Talmud aufgenommen wurde (*Talmud* bedeutet »Studium, Lehre, Belehrung«). Der Standpunkt, den der Talmud bezog, sagt sehr viel über jüdisches Denken aus, denn das Werk galt von seiner Fertigstellung bis zur jüdischen *Haskala*-Bewegung (»Aufklärung«) im 18. Jahrhundert n. Chr. als heilig, von Gott inspiriert und der Tora nahezu ebenbürtig. In den modernen *jeschiwot* (jüdischen Religionsschulen) ist der Talmud nach wie vor das wichtigste und oft das einzige Werk, das die Schüler studieren. Jede Abhandlung (*Traktat* = Buch) des Talmud besteht aus zwei Teilen: der *Mischna* (»Wiederholung«, nämlich des Gesetzes), einer sehr kurzen Zusammenfassung der Hauptthese (die *Mischna* wurde von Gelehrten begonnen, die in Palästina vor der Zerstörung des Tempels 70 v. Chr. lebten, und ungefähr 200 n. Chr. fertiggestellt), und der *Gemara* (»vervollständigte Erklärung«), einem wesentlich längeren Kommentar über die *Mischna* (die *Gemara* kam ungefähr 500 n. Chr. zum Abschluß). Der zehnte Traktat des Talmud, der *Sanhedrin*, enthält eine ausführliche Erörterung über das Leben nach dem Tod. Die *Mischna Sanhedrin* beginnt mit den Worten: »Ganz Israel hat einen Anteil an der zukünftigen Welt... Folgende haben keinen Anteil an der zukünftigen Welt: wer sagt, die Auferstehung der Toten befinde sich nicht in der Tora...«[55]

Die *Gemara Sanhedrin* führt drei Beweise für die mögliche Auferstehung an; alle besagen im wesentlichen, daß es einem allmächtigen Gott ein leichtes sei, Tote zum Leben zu erwecken:

> »Der Kaiser sprach zu Rabbi Gamliél: Ihr sagt, daß die Toten lebendig werden; sie werden ja in Staub verwandelt: kann denn Staub leben!? Da sprach seine Tochter zu ihm: Laß du ihn, ich will ihm antworten: Wir haben zwei Töpfer in unserer Stadt, einer fertigt (Gefäße) aus Wasser, und einer fertigt sie aus Ton. Wer von ihnen ist lobenswerter? Dieser erwiderte: Derjenige, der sie aus Wasser fertigt. Sie entgegnete: Wenn er* (Menschen) aus Wasser erschafft, um wieviel mehr aus Ton!«[56]

Das heißt, wenn das Muster in der Materie wiederhergestellt wird, ersteht dasselbe Original; das Original ist mit seiner Reproduktion

* Gott; wenn er Menschen aus Samentropfen erschaffen kann, um wieviel mehr aus Staub.

identisch, wenn das Muster verdoppelt wird. Noch zwingender stellt dies die zweite Beweisführung dar:

»In der Schule von Rabbi Jismael wurde gelehrt: Dies ist (durch einen Schluß) vom Leichteren auf das Schwerere, von einem Glasgefäße, zu folgern: wenn ein Glasgefäß, das durch den Hauch eines (Menschen aus) Fleisch und Blut gefertigt wurde, wenn es zerbricht, wieder hergestellt werden kann, um wieviel mehr (ein Mensch aus) Fleisch und Blut, der durch den Hauch des Heiligen, gepriesen sei er, erschaffen wurde.«[57]

Die dritte Beweisführung ist eine Erweiterung der ersten:

»Einst sprach ein Minäer zu Rabbi Ammi: Ihr sagt, daß die Toten lebendig werden: sie werden ja in Staub verwandelt: kann denn Staub leben!? Dieser erwiderte: Ich will dir ein Gleichnis sagen, womit dies zu vergleichen ist. Einst befahl ein König aus Fleisch und Blut seinen Dienern, ihm große Paläste auf einem Platze zu bauen, wo weder Wasser noch Erde vorhanden ist. Sie gingen hin und bauten sie, aber nach einigen Tagen fielen sie wieder zusammen. Hierauf befahl er ihnen, sie abermals auf einen Platz zu bauen, wo Erde und Wasser vorhanden sind. Diese erwiderten ihm: wir können es nicht. Da zürnte er ihnen, indem er zu ihnen sprach: Ihr habt auf einem Platze gebaut, wo weder Wasser noch Erde vorhanden war, um wieviel mehr werdet ihr es da können, wo Wasser und Erde vorhanden sind. Wenn du dies nicht glaubst, so gehe in das Tal und betrachte die Maus, die heute zur Hälfte Fleisch und zur Hälfte Erde ist, morgen aber entwickelt sie sich und ist ganz und gar Fleisch*. Vielleicht glaubst du, solches geschehe erst nach langer Zeit, so steige auf einen Berg und beobachte: heute siehst du da nicht eine Schnecke, morgen aber regnet es, und er ist voll von Schnecken.«[58]

Der erste Teil dieser Textstelle betont noch einmal, daß es das Muster ist, nicht das jeweilige Material, aus dem der Palast – oder der Mensch – besteht, das beide definiert. Ein Mensch, der das

* Maimonides sagt in seinem Kommentar zu diesem Passus, manche hätten geglaubt, es gebe eine Art von Maus, die aus Erde entstehe.

exakte Replikat eines Musters einer lang verstorbenen Person ist, *wäre* demnach dieselbe Person. Der zweite Teil besagt, daß Wiedererweckung auch auf streng wissenschaftlicher Gundlage durchaus vernünftig ist. Der Talmud beschreibt die Auferstehung recht detailliert; so erfahren wir zum Beispiel[59], daß die Toten mit allen ihren Mängeln auferstehen und anschließend geheilt werden, damit die Leute nicht sagen: »Die Verstorbenen waren nicht dieselben wie die Auferweckten.«[60] Beachten Sie, daß auch hier die Identität des Musters die Identität der Person bedeutet.

Der nächste Passus ist besonders interessant, denn er zeigt, daß die meisten Weisen des Talmud den Menschen nicht wie die zeitgenössischen Gnostiker und Platoniker als eine in einen irdischen Körper eingeschlossene Seele betrachteten, sondern als Leib-Seele-Einheit:

»Antonius sagte zum Rabbi: Körper und Seele können sich ja beide von der Strafe befreien, in dem der Körper sagen kann, die Seele habe gesündigt, denn seitdem sie von ihm fort ist, liegt er ja wie ein Stein im Grabe, und die Seele sagen kann, der Körper habe gesündigt, denn seitdem sie von ihm fort ist, schwebt sie ja wie ein Vogel in der Luft umher. Dieser erwiderte ihm: Ich will dir ein Gleichnis sagen, womit dies zu vergleichen ist. Einst hatte ein König aus Fleisch und Blut schöne Früchte in seinem Obstgarten, in dem er zwei Wächter angestellt hatte, einen lahmen und einen blinden. Da sprach der Lahme zum Blinden: Ich sehe schöne Frühfrüchte im Garten; komm, laß mich auf dir reiten, und wir holen sie uns und essen. Hierauf setzte sich der Lahme auf den Blinden, und sie holten sie und aßen. Nach Verlauf des Tages kam der Eigentümer des Obstgartens und fragte sie, wo denn die schönen Frühfrüchte hingekommen seien. Der Lahme erwiderte: Habe ich denn Füße, um gehen zu können? Der Blinde erwiderte: Habe ich denn Augen, um sehen zu können? Was tat er nun? Er setzte den Lahmen auf den Blinden und bestrafte sie zusammen. Ebenso verfährt auch der Heilige, gepriesen sei er; er holt die Seele und bringt sie in den Körper, sodann bestraft er sie zusammen, wie es heißt: *Er ruft den Himmel droben und die Erde, um mit seinem Volke zu rechten* (Psalm 50, 4); er ruft den Himmel droben, das ist die Seele, und die Erde, um mit seinem Volke zu rechten, das ist der Körper.«[61]

Andere Textstellen legen indessen nahe, daß es die Platonsche Seele ist, nicht die Leib-Seele-Einheit, die ins Leben nach dem Tode eingeht. Als Beispiel mag die Szene vom Tod des Rabbi Johanan ben Zakkaj dienen, berichtet im Traktat *Berachot*. »Als Rabbi Johanan b. Zakkaj erkrankte, traten seine Schüler ein, ihn zu besuchen. Als er sie sah, begann er zu weinen. Seine Schüler sprachen zu ihm: Leuchte Israels, rechte Säule, mächtiger Hammer, warum weinst du?« Er weine, antwortete er, weil seine Seele, die seinen Körper überleben würde, sich dem unerforschlichen Ratschluß Gottes stellen müsse.[62] Dennoch war die Vorstellung, daß Leib und Seele gemeinsam ins Jenseits eingehen würden, bis ins 11. Jahrhundert, als der Neuplatonismus sich allmählich auszubreiten begann, mit weitem Abstand die vorherrschende Meinung unter den jüdischen Gelehrten.[63] Doch der größte jüdische Philosoph des Mittelalters, Rabbi Moses ben Maimon, der als Maimonides in die Geschichte einging (1135–1204), lehnte die Platonsche Auffassung von der Seele als unabhängiger Substanz schlichtweg ab. Der letzte seiner berühmten Dreizehn Artikel, in denen Maimonides zusammenfaßte, was er für die dreizehn jüdischen Grundüberzeugungen hielt, lautete: »Es wird eine Auferstehung geben, wenn es dem Schöpfer gefällt.«[64] In abgekürzter Form sind die Dreizehn Artikel noch immer als *Yigdal*-Gebet im jüdischen Gebetbuch enthalten; die dreizehnte Strophe lautet:

> »Gott wird die Toten wieder zum Leben erwecken.
> Gelobt sei Sein ruhmreicher Name in Ewigkeit!«[65]

In vielen Synagogen wird das *Yigdal*-Gebet heute zu Beginn des Morgengottesdienstes rezitiert. Maimonides schreibt in seinem Kommentar zur Mischna: »Die Auferstehung der Toten ist das Fundament aller großen Grundwahrheiten Mosis, unseres Lehrers, und es gibt keine Religion noch eine Zugehörigkeit zur jüdischen Religion in ihnen, die dies nicht glauben…«[66]

Nachdem Maimonides dies gesagt hatte, schickte er sich an, die Auferstehung der Toten aller realen Bedeutung zu berauben, indem er die Behauptung aufstellte, dies gelte nur für die messianische Zeit, einen Zeitraum von genau tausend Jahren vor dem Beginn des *wahren* Lebens nach dem Tod, das für alle Ewigkeit dauern werde. Dieses wahre Leben nach dem Tod sei die kommende Welt. In der messianischen Zeit würden die Toten auferstehen, doch nur tausend Jahre als Leib-Seele-Einheit existieren. Das wahre Leben nach dem Tod sei ein geistiges Dasein, für dessen Wonnen wir zeitlichen Wesen kein wirkliches Verständnis hätten. Maimonides unternahm damit den Versuch, den traditionellen jüdischen Auferstehungsglauben mit der aristotelischen Physik in Einklang zu bringen, wonach allein der aufnahmefähige Geist unsterblich sei. (Hier erkennen wir den Einfluß des Platonschen Dualismus auf Aristoteles.) Stillschweigend folgerte er daraus, daß nur sehr wenige Unsterblichkeit erwarten könnten: nur die Geistesmenschen, die sich durch religiöse Betrachtung auf die Ewigkeit vorbereitet hätten. Das gewöhnliche Volk sei nicht unsterblich, denn das Leben nach dem Tod sei nichts, was Gott entweder als Belohnung für wohlgefälliges Verhalten oder aus Liebe schenke. (Ohnehin würden Nichtintellektuelle höchst ungern in Maimonides' Version der kommenden Welt leben.) Ein zentrales Argument in Maimonides' Plädoyer für die rein geistige Natur des Lebens nach dem Tod bezog sich darauf, daß, wie man wußte, unkörperliche Wesen ja existierten, nämlich Gott und die Engel, unkörperliches Leben sei deshalb möglich. In seiner Abhandlung über die Auferstehung sagte Maimonides später: »Wir glauben fest – und dies ist die Wahrheit, die jeder vernunftbegabte Mensch akzeptiert –, daß in der kommenden Welt körperlose Seelen wie Engel leben werden.«[67]

Maimonides' Auffassung von Unsterblichkeit stieß auf heftige Kritik, zum Beispiel bei Chasdai ben Abraham Crescas (1340–1410). Die Gerechtigkeit Gottes, schrieb Crescas, gewähre jedem guten Menschen Unsterblichkeit, nicht nur den Menschen des Geistes. Wäre sie allein erworbenem Wissen zu verdanken, so könnte man beispielsweise durch das Studium der Geometrie Unsterblichkeit erlangen, was freilich absurd sei. Im Leben nach dem Tode sei ein auferstandener Körper notwendig, damit die Leib-Seele-Einheit, als die der Mensch während des Lebens gehandelt habe, belohnt oder bestraft werden könne. Auf die alte Frage, wie die verstreuten Bestandteile, die den Körper einst bildeten, wieder zusammengebracht würden, gab Crescas die traditionelle Antwort: Einem allmächtigen Gott sei dies ein leichtes; doch er behauptete auch, das sei nicht wirklich nötig. Wenn Gott einen anderen – in Temperament, Gestalt und Gedächtnis dem ersten genau gleichen – Leib erschaffen und ihn mit der alten Seele ausstatten könne, so wäre diese Wiedererschaffung der nämliche, ursprüngliche Mensch.[68] In Kapitel IX zog ich denselben Schluß.

Nach Maimonides setzte sich der Einfluß des griechischen und späteren sekularen Denkens auf die jüdischen Rabbinen immer mehr durch, so daß nach dem Mittelalter eine eindeutig jüdische Auffassung von den Mechanismen der Unsterblichkeit nur schwer zu erkennen ist. Einige jüdische Philosophen, so zum Beispiel Rabbi Israel ben Elieser (1699–1760), der Stifter des Chassidismus, bekannt unter dem Beinamen Baal Schem, »Herr des (göttlichen) Namens« (abgekürzt *Bescht*, nach den drei Buchstaben *ba-al shem tov*), betonten weiterhin die irdische Natur des Lebens nach dem Tod. Nach Ansicht des Bescht könne das Paradies nicht für jeden dieselbe Erfahrung sein, jeder Mensch gehe dorthin, wo er/sie die Freuden erlebe, die seinem/ihrem individuellen Charakter am meisten entsprächen. Als Beispiel führt der Bescht einen Fuhrmann an, der in seine eigene imaginäre Welt versetzt würde: dort erhielte er vier prachtvolle Pferde, und die Straßen seien immer trocken und eben. Die Ungelehrten fänden Unsterblichkeit in der idealen Welt ihrer Phantasie.[69] Das ist letztendlich dasselbe wie das Leben nach dem Tod in der Omegapunkt-Theorie.

Der christliche Zwiespalt zwischen Auferstehung der Toten und Unsterblichkeit der Seele

Im Christentum herrscht seit jeher eine fundamentale Spannung zwischen den beiden Anschauungen von der Unsterblichkeit der Person: der Unsterblichkeit die der Natur der Seele innewohnt – Platon folgerte, die (Vernunft-)Seele könne, da sie immateriell sei, nicht vernichtet werden und sei daher von Natur aus unsterblich –, und der Auferweckung des Leibes durch die ausdrückliche Gnade Gottes. Sehr lebhaft veranschaulicht diese zweite Anschauung die falsche Deutung einer entscheidenden Textstelle aus dem Buch Hiob (19,25–27), die dem heiligen Hieronymus unterlief; sie ging in die jahrhundertelang von der römisch-katholischen Kirche benutzte Bibelfassung wie auch in die Übersetzung Martin Luthers ein:

»Aber ich weiß, daß mein Erlöser lebet; und er wird mich hernach aus der Erde auferwecken, und ich werde darnach mit dieser meiner Haut umgeben werden, und werde in meinem Fleisch Gott sehen. Denselben werde ich mir sehen, und meine Augen werden ihn schauen, und kein Fremder.«[70]

In einer Vorlesung[71] an der Harvard-Universität unter dem Titel »Unsterblichkeit der Seele oder Auferstehung von den Toten«, die eine außerordentliche Wirkung hervorrief, argumentierte der Schweizer Theologe Oskar Cullmann, die Semiten hätten den Menschen ursprünglich als belebten Körper angesehen, als eine Einheit von Leib und Seele, nicht als unsterbliche Seele, die in einem sterblichen Körper gefangen sei. Deshalb hätten die Juden in der Zeit Jesu (und folglich auch Jesus selber) unter Unsterblichkeit nicht das Überleben einer von Natur aus unsterblichen Seele verstanden, sondern wahrhaft eine »Auferstehung des Leibes«. Cullmann stellte die beiden Auffassungen – Unsterblichkeit der Seele, die er die griechische Vorstellung von Unsterblichkeit nannte, und den jüdischen Auferstehungsgedanken – als Gegensätze dar. Der römisch-katholische Theologe Edward Schillebeeckx[72] meint, bei den christlichen Theologen[73] des späten 20. Jahrhunderts sei dieser Gegensatz »mehr oder weniger einhellig akzeptiert«. Der Schweizer Karl Barth, der berühmte protestantische Theologe, formuliert es so: »Was bedeutet die christliche Hoffnung in diesem Leben?... Eine winzige Seele, die wie ein Schmetterling über dem Grab davonflattert und irgendwo noch erhalten wird, damit sie unsterblich weiterlebt? So sahen die Heiden das Leben nach dem Tod. Aber das ist nicht die christliche Hoffnung. ›Ich glaube an die Auferstehung des Leibes.‹«[74]

Cullmanns Behauptung, die griechische Dichotomie müsse im Gegensatz zur semitischen Leib-Seele-Einheit gesehen werden, findet ihre Entsprechung in der Analyse eines französischen Chinaexperten von der taoistischen Anschauung:

»Wenn die Taoisten in ihrem Bestreben nach langem Leben Unsterblichkeit nicht als geistig, sondern als materiell ansahen, so war das keine wohlbedachte Entscheidung zwischen verschiedenen möglichen Lösungen, sondern es gab für sie nur eine mögliche Lösung. Die griechisch-römische Welt pflegte schon bald Geist

> und Materie in Opposition zueinander zu stellen, und der religiöse Ausdruck davon war die Vorstellung von einer an einen materiellen Leib gebundenen geistigen Seele. Aber die Chinesen trennten Geist und Materie nie voneinander ... Im Gegenteil, der Körper war eine Einheit ... So konnte man nur durch die Verewigung des Körpers in der einen oder anderen Form die Fortdauer der lebenden Persönlichkeit als Ganzes begreifen.«[75]

1956 jedoch, im Jahr nach Cullmanns Ingersoll-Vorlesung, verwarf der Harvard-Historiker Harry Wolfson[76] Cullmanns Argument und bezog sich dabei auf die oben dargestellte Todesszene des Rabbi Johanan ben Zakkaj. Wolfson hob hervor, daß der Rabbi um 100 n. Chr. in Palästina lebte, was darauf hindeute, daß zur Zeit Jesu der Glaube an die Unsterblichkeit der Seele geherrscht habe. Nickelsburg[77] und Schillebeeckx[78] lieferten weitere Beispiele für den Glauben an eine unsterbliche Seele bei einigen der jüdischen Zeitgenossen Jesu. Das ist im Grunde nicht überraschend, denn damals war Palästina jahrhundertelang immer wieder Teil verschiedener griechisch-römischer Reiche, und dort war der Glaube an die unsterbliche Seele, der mindestens bis Platon zurückreicht, allgemein verbreitet. Im übrigen ist es nicht korrekt, die Unsterblichkeit der Seele als »die griechische Anschauung« zu bezeichnen – man müßte sie eher die »Platonsche Auffassung« nennen, denn Aristoteles zum Beispiel definierte »Seele« als »die Form der Tätigkeit des Leibes«, eine Definition, die im wesentlichen dieselbe ist wie Cullmanns sogenannte semitische Anschauung, denn sie sieht das Leben als Muster in der Materie an. Aristoteles glaubte nicht an die Auferstehung des Leibes und daher auch nicht an individuelle Unsterblichkeit.[79] Offensichtlich kann kein Zweifel daran bestehen, daß die frühen Christen an die Auferstehung des Leibes glaubten, nicht an die Platonsche Auffassung. So verhöhnte auch Celsus, einer der ersten heidnischen Kritiker des Christentums, im Jahr 185 die christlichen Vorstellungen von Unsterblichkeit aus genau diesem Grund:

> »Wenn man sie selbst [die Christen] aber fragt: wohin wollet ihr weggehen und welche Hoffnung habet ihr? so antworten sie: in eine andere Erde, besser als diese[80] ... Ebenso aber wie die Lehre Platons von der reinen Erde haben die Christen die Versetzung von einem Leib in den anderen (die Seelenwanderung) mißver-

standen und zu einer lächerlichen Lehre der Auferstehung verwandelt, wobei sie von einem Samen des Leibes reden, von einem Ausziehen und Darüberanziehen der Leiber ... Sie erwarten Gott mit Augen des Leibs einst zu sehen und mit Ohren seine Stimme zu hören und mit sinnlichen Händen ihn anzurühren.«[81]

Wie Pannenberg[82] betont, liegt die eigentliche Bedeutung von Cullmanns Werk nicht in seiner Feststellung, daß Jesus und die frühen Christen an die Auferstehung des Fleisches im Unterschied zur Unsterblichkeit der Seele glaubten, sondern vielmehr darin, daß er die biblische Hoffnung auf Auferstehung wiederentdeckte, die unabhängig von der Vorstellung einer unsterblichen Seele besteht. Die interessante Frage ist: Wenn diese Vorstellungen unabhängig voneinander sind, warum waren sie dann im Frühchristentum miteinander verflochten? Die Antwort gibt wiederum Pannenberg (wie auch Flew in allen seinen Schriften über die Unsterblichkeit): um der Kontinuität zwischen der toten und der auferstandenen Person willen, damit beide miteinander identifiziert werden können. Nach Thomas von Aquin fungiert die Seele bei der Auferstehung als eine Art »genetischer Code« für das Sosein eines Individuums.[83]

Pannenberg[84] weist darauf hin, daß die zeitgenössische Theologie, insbesondere die heutigen protestantischen Theologen die Identität mit dem Argument zu begründen suchen, die gegenwärtige Person sei nicht nur in der gegenwärtigen raumzeitlichen Struktur codiert, sondern auch in Gott. Deshalb könnten die Toten in Gott wieder zum Leben erwachen. Das ist im wesentlichen dasselbe, was in der Omegapunkt-Theorie geschieht, wenn aus dem Vergangenheitskegel (am Rand wie im Inneren) ausreichend Information gewonnen wird, um den ursprünglichen Menschen zu rekonstruieren, wie Pannenberg[85] einräumte. In Kapitel IX habe ich gezeigt, daß es möglich ist, diese Information zu gewinnen, und tatsächlich kann mit Hilfe der Identitätstheorie der Quantenphysik die Identität auch ohne Kontinuität aufgestellt werden. Für ihr Hauptanliegen ist die unsterbliche Seele also gar nicht erforderlich, und deshalb schlage ich vor, wir lassen diese Vorstellung sterben. Die Physik hat ihr schon längst die physikalische Grundlage zerschmettert.[86]

Als Beispiel für die jüngste christliche Auffassung von der Auferstehung im Gegensatz zur Unsterblichkeit der Seele mag das

Unsterblichkeitsbild dienen, das der Physiker (und anglikanische Priester) John Polkinghorne entwirft. Sein Modell scheint dem Auferstehungsmodell der Omegapunkt-Theorie recht ähnlich zu sein. »...die bevorzugte christliche Sicht von der Natur des Menschen folgt eher der hebräischen Annahme seiner Einheit als der griechischen Trennung zwischen Leib und Seele... die Zukunftshoffnung richtet sich zwangsläufig nicht auf das Überleben; sondern auf die Auferstehung, die Wiederherstellung des gesamten Menschen in irgendeiner anderen, von Gott gewählten Umgebung... Die tatsächlichen physischen Bestandteile unseres Körpers spielen keine spezielle Rolle... Vielmehr ist es das Muster, das sie bilden, welches den physischen Ausdruck unserer fortbestehenden Persönlichkeit schafft. Der Gedanke, daß dieses Muster, das sich beim Tod auflöst, durch einen Akt der Wiedererweckung in einer anderen Umgebung neu ersteht, scheint keine Schwierigkeiten zu verursachen. Um eine sehr grobe Analogie zu gebrauchen: Es gliche der Übertragung der Software eines Computerprogramms (des ›Musters‹ unserer Persönlichkeit) von einem Stück Hardware (unserem Körper in dieser Welt) auf ein anderes (unseren Körper in der künftigen Welt). Dies scheint eine wissenschaftlich kohärente Vorstellung zu sein.«[87]

Trotz dieser Worte aber lehnt Polkinghorne das Auferstehungsmodell der Omegapunkt-Theorie ab – denn es setze voraus, daß der Mensch eine endliche Maschine sei: »...mein Instinkt sagt mir, daß dies eine zu atomistische, zu reduktionistische Denkweise ist«[88]. Um beurteilen zu können, ob die Kritik stichhaltig ist, müssen wir etwas genauer definieren, was wir unter dem recht vieldeutigen Wort »Reduktionismus« verstehen.

Die Definition von »Reduktionismus«

Das ganze Buch hindurch habe ich mich als »Reduktionisten« bezeichnet. Damit meinte ich in etwa, daß jedes Phänomen »im Grunde« ein physikalisches Phänomen sei und – zumindest im Prinzip – von der Physik beschrieben werden könne. Allerdings müssen wir mindestens drei Varianten von Reduktionismus unterscheiden. Die klarste Kategorisierung hat meiner Ansicht nach der Evolutionsbiologe Francisco Ayala vorgenommen: er bezeichnet[89] die drei Varianten als (1) *ontologischen* Reduktionismus, (2) *epistemologischen* Reduktionismus und (3) *methodologischen* Reduktionismus.

ONTOLOGISCHER REDUKTIONISMUS besagt, daß der »Stoff«, aus dem die Realität besteht, tatsächlich die unterste Ebene *ist*, nichts als die Kräfte und Teilchen, mit denen die Physik sich befaßt. Diese Sorte Reduktionismus akzeptiere ich. Ich denke – mit einem Vorbehalt, auf den ich gleich eingehen will –, es spricht alles dafür, daß dieser Reduktionismus nicht bloß ein menschliches Konstrukt, sondern tatsächlich eine Eigenschaft der Natur ist. Mit anderen Worten: Diese Version des Reduktionismus ist eine Aussage über die Struktur der Letzten Wirklichkeit, unabhängig von aller menschlichen Kultur. Ontologischer Reduktionismus ist eine Aussage über die Art, wie die Dinge tatsächlich *sind*; daher die Bezeichnung »ontologisch«: Ontologie bedeutet in der Philosophie die »Lehre vom Sein«. Meine Behauptung, der Mensch *sei* ein quantenmechanisches Objekt, *exakt* beschreibbar durch ein Computerprogramm, das 10^{45} Informationsbits codieren könne, ist eine ontologisch reduktionistische Aussage. Mit Hilfe des ontologischen Reduktionismus bin ich in der Lage zu beweisen, daß wir eines Tages durch den Omegapunkt wiedererweckt werden.

EPISTEMOLOGISCHER REDUKTIONISMUS hingegen behauptet, daß Theorien und experimentelle Gesetze in einem wissenschaftlichen Gebiet *immer* als Sonderfälle von Gesetzen ausgewiesen werden können, die bereits auf einem anderen wissenschaftlichen Gebiet formuliert wurden. Im Gegensatz zum ontologischen ist der epistemologische Reduktionismus eine Aussage über die menschliche Sicht der Welt, nicht über die Natur an sich. Diese Variante von Reduktionismus kann ich nicht akzeptieren. Das Standardbeispiel für den epistemologischen Reduktionismus ist die angebliche »Reduktion« der klassischen Thermodynamik auf die statistische Mechanik der Atome. Diese Reduktion aber ist nicht exakt; beispielsweise ist dann der zweite Hauptsatz der Thermodynamik nicht länger ein Gesetz ohne Ausnahme, denn bei kleinen Atomzahldichten können Fluktuationen auftreten, die gegen diesen zweiten Hauptsatz verstoßen. In diesem Fall sagen wir, der zweite Hauptsatz der Thermodynamik sei ein Gesetz, das »auf höherer Ebene« gültig sei. Wir wenden es an, weil es im allgemeinen korrekte Antworten liefert ohne die weitaus komplizierteren Rechnungen, die nötig wären, wenn wir stets die Theorien auf der unteren Ebene benutzten.

Wenn wir den ontologischen Reduktionismus akzeptieren, ist es aber einem Intellekt, der unvorstellbar größer und mächtiger ist als jeder menschliche Verstand, im Prinzip immer möglich, ohne die höheren Beschreibungsebenen auszukommen, auf die wir mit unserem menschlichen Verstand angewiesen sind. Dieser unvorstellbar größere und mächtigere Intellekt kann auch dann rechnen, wenn eine höhere als die ontologische Ebene erforderlich ist: immer wenn die *Kolmogorowsche Komplexität* so groß ist, daß der menschliche Verstand in den Teilen nicht mehr das Ganze zu sehen vermag.

Die Kolmogorowsche Komplexität[90] eines Phänomens wird als die *geringste* Zahl von Informationseinheiten definiert, die nötig ist, um das Phänomen erschöpfend zu beschreiben. Aufgrund der Bekenstein-Grenze wissen wir, daß eine solche Zahl existiert. Ein Mensch läßt sich durch 10^{45} Bits erschöpfend beschreiben, wenngleich diese Zahl vielleicht nicht die tatsächliche Kolmogorowsche Komplexität ausdrückt; ein Mensch könnte auch einfacher sein. Jedenfalls wissen wir, daß er nicht komplizierter ist (vorausgesetzt, die Quantenmechanik und der ontologische Reduktionismus stimmen).

Da die Beschränkungen des menschlichen Bewußtseins nicht zwangsläufig für alle möglichen Formen von Bewußtsein gelten, ist der epistemologische Reduktionismus falsch. Beispielsweise führt Ayala selbst Begriffe wie Eignung, Angepaßtheit, Räuber, Organ, Homozygotie und Sexualität als spezielle biologische Definitionen an, die sich nicht in Aussagen über Moleküle übersetzen lassen. Wenn indes diese Begriffe ausschließlich für Lebewesen gelten, die im sichtbaren Universum existieren, dann zeigt die Bekenstein-Zahl, daß 10^{123} Informationseinheiten ausreichend (wenngleich nicht erforderlich) sind, um Eignung, Angepaßtheit und so weiter *exakt* in gequantelte Feldzustände zu übersetzen. Zum Vergleich: Ein Standardbuch codiert zwischen 10^6 und 10^7 und das menschliche Gehirn ungefähr 10^{15} Einheiten. Jedes Phänomen, dessen Kolmogorowsche Komplexität größer ist als 10^7 Einheiten, kann nicht in einem einzigen Buch beschrieben werden, und wenn seine Komplexität sogar noch größer als 10^{15} Einheiten ist, vermag es kein Mensch mehr vollkommen zu verstehen. Da die Komplexität vieler Phänomene, mit denen wir täglich zu tun haben, größer ist als 10^{15} Einheiten – die menschliche Gesellschaft zum Beispiel, denn sie ist ein

System von Menschen, deren jeder eine Komplexität von 10^{15} Einheiten oder mehr aufweist –, erfinden wir Theorien auf höherer Ebene, um sie zu beschreiben. Eine Folge davon ist, daß diese Theorien auf höherer Ebene freilich zu sehr vereinfachen und daher falsche Antworten liefern, wenn die Probleme, die damit gelöst werden sollen, zu komplex sind. Aber ein Wesen, dessen Intellekt mächtig genug ist, wäre durchaus in der Lage, eine korrekte Antwort zu geben, denn es könnte sich direkt mit der Theorie auf der untersten Ebene befassen, die, wie die Bekenstein-Grenze zeigt, eine präzise Eins-zu-eins-Abbildung der physikalischen Realität ist. Zusammenfassend können wir sagen: Ayalas biologische Begriffe zu übersetzen ist *nur dann* unmöglich, wenn wir gleichzeitig erwarten, daß die Übersetzung dem menschlichen Bewußtsein verständlich sei.

Schließlich sollten wir immer daran denken, daß eine Theorie, die eine Generation für absolut irreduzibel hält, unter Umständen bereits in der nächsten Generation reduziert wird. Zu Beginn des 19. Jahrhunderts waren viele Chemiker davon überzeugt, daß sich die Gesetze der Chemie niemals auf die physikalischen Gesetze würden reduzieren lassen. Aber genau das geschah Ende des 19., Anfang des 20. Jahrhunderts. Auf meinem Weg durch die Gänge der naturwissenschaftlichen Fakultät der Tulane University komme ich oft an einem Hörsaal vorbei, in dem ein Chemieprofessor liest, und ich höre eine Vorlesung über die Quantenmechanik der Atome, die faktisch nicht von der Vorlesung über dasselbe Thema zu unterscheiden ist, wie sie ein Physikprofessor halten würde. Ganz offensichtlich ist die Chemie – epistemologisch – auf die Physik reduziert worden. Dieses Buch ist nichts anderes als eine Rechtfertigung meiner Forderung, die Theologie epistemologisch auf die Physik zu reduzieren. Allerdings behaupte ich nicht, wir Menschen könnten Gott mit Hilfe der Physik in Seiner/Ihrer Gesamtheit begreifen. Eine vollständige Beschreibung Gottes würde im wahrsten Sinn des Wortes unendlich viele Informationseinheiten erfordern; ein Mensch kann jedoch nur 10^{15} Einheiten codieren, und das ist unendlich zuwenig. Dennoch *können* wir die Physik benutzen, um die wesentlichen Eigenschaften Gottes zu verstehen, insbesondere jene, die uns am meisten angehen: Gottes Macht und Wunsch, uns alle zu ewigem Leben wiederzuerwecken.

METHODOLOGISCHER REDUKTIONISMUS besagt, daß Forscher *immer* auf den untersten Ebenen theoretischer Beschreibung nach Erklärungen suchen sollten, letztlich auf der Ebene der Moleküle und Atome oder anderer Elementarteilchen, die den Gegenstand der Untersuchung bilden. Naturwissenschaftler finden diese Form des Reduktionismus hilfreich; sie hat freilich ihre Grenzen. Ginge man stets nur nach dem methodologischen Reduktionismus vor, könnte man zum Beispiel nie die klassische Thermodynamik in einer Rechnung anwenden; man müßte unweigerlich jedesmal eine weitaus kompliziertere Rechnung durchführen, die Atome einschließt. Wie alle anderen Physiker steht es mir frei, in meinen Rechnungen den zweiten Hauptsatz der Thermodynamik anzuwenden, ohne deshalb notwendigerweise auf die darunterliegenden physikalischen Gegebenheiten zu verweisen, die dem zweiten Hauptsatz der Thermodynamik unterliegen. Ein solches Verfahren aber ist eine stillschweigende Verwerfung des methodologischen Reduktionismus.

Dennoch kann der methodologische Reduktionismus häufig ein effizientes Hilfsmittel sein, um die Gültigkeit von Theorien auf höherer Ebene zu testen. Zum Beispiel habe ich die Theorien der Soziobiologie und der Mikroökonomie benutzt, um Voraussagen über die Handlungen der intelligenten Wesen in der fernen Zukunft zu treffen. Insbesondere habe ich anhand dieser Theorien vorausgesagt, daß diese Wesen den Wunsch haben werden, uns zu einem Leben wiederzuerwecken, das uns angenehm ist. Ich bin überzeugt, daß diese Theorien richtig sind, denn sie lassen sich eindeutig (epistemologisch) auf die Informationsphysik zurückführen, ein Gebiet der Physik, das so unerschütterlich ist wie die Grundarithmetik. Meine *Methode* bestand darin, die Reduzierbarkeit auf die Physik als Prüfstein für die Wahrheit einer Theorie auf höherer Ebene zu nehmen.

Nach der Definition des Wortes »Maschine« in der Informatik ist der Mensch eine »Maschine«, wenn er tatsächlich eine Art von Muster darstellt. Wie ich anhand der Bekenstein-Grenze gezeigt habe, muß er aufgrund der Quantenfeldtheorie endlich sein, denn er codiert maximal 10^{45} Informationseinheiten. Die Auferstehungstheorie erfordert die Annahme des *ontologischen*, nicht des epistemologischen Reduktionismus. Auch Polkinghorne fordert dies[91] (er nennt ihn »strukturellen Reduktionismus« im Unterschied zum »begrifflichen Reduktionismus«); doch bei der Lektüre seiner Erörterung des Reduktionismus[92] habe ich den Eindruck, daß er an den strukturellen Reduktionismus nicht wirklich glaubt.

Es ist leider ein recht verbreitetes Phänomen, daß Wissenschaftler behaupten, sie akzeptierten den ontologischen Reduktionismus, während sie ihn de facto verwerfen. Ein weiteres Beispiel dafür findet sich in einem Meinungsaustausch, den der große Physiker Steven Weinberg und der bedeutende Evolutionsbiologe Ernst Mayr kürzlich in der führenden britischen Wissenschaftszeitschrift *Nature* austrugen. Weinberg bezieht dieselbe Position wie ich: Annahme des ontologischen Reduktionismus (er nennt ihn »objektiven Reduktionismus«) und Zurückweisung des epistemologischen Reduktionismus. Mayr behauptet zwar[93], diese Einstellung ebenfalls zu vertreten (und er nennt den ontologischen Reduktionismus »konstitutiven Reduktionismus«, den epistemologischen Reduktionismus hingegen »explanativen Reduktionismus«), doch er zieht den Schluß: »Selbst wenn der SSC zur Entdeckung des Higgs-Bosons oder irgendeiner anderen gleichwertigen Entdeckung führte, lassen mich meine Bedenken hinsichtlich des explanativen Reduktionismus daran zweifeln, ob eine solche Entdeckung irgendeinen Beitrag zu unserem Verständnis der mittleren Welt [der Welt ›vom Atom zum Sonnensystem‹] zu leisten vermöchte. Es ist aber die mittlere Welt, die all die Probleme aufwirft, die der Mensch lösen muß, um zu überleben.« Weinberg erwiderte[94], eine frühere Entdekkung in der subatomaren Welt – die Kernspaltung – habe bereits eine tiefgreifende Auswirkung auf die mittlere Welt gehabt. Diese Entdeckung habe uns gezwungen, unser Verständnis des beherrschenden Mittelweltphänomens »Krieg« zu vertiefen: Wann ist ein Krieg »nur Krieg«? (Ein Atomkrieg ist nicht nur ein Krieg.) In Wahrheit ist es nicht der explanative, sondern der konstitutive Reduktionismus, an den Mayr nicht glaubt, und daher zweifelt er. Eine Konsequenz des ontologischen Reduktionismus besteht darin, daß sich Phänomene kleiner Größenordnungen im Prinzip so sehr verstärken (oder verstärkt werden) können, daß sie für die mittlere Welt von Bedeutung werden. Wenn die Omegapunkt-Theorie zutrifft, dann hängt der Fortbestand allen Lebens – und die individuelle Unsterblichkeit aller Menschen – vom Wesen der Realität auf einer viel tieferen Ebene ab, als selbst der SSC sie erforschen kann. Das Muster, das wir selbst sind, ist jetzt hauptsächlich in der mittleren Welt codiert, aber eines Tages wird eine Emulation der gesamten mittleren Welt – die Welt unseres Lebens nach dem Tod – in Submikrowelt-Maschinen codiert sein. Und wenn, wie ich in Kapitel IV gezeigt habe, der

SSC das Higgs-Boson bei einer bestimmten Masse – 220 GeV – entdeckt, liefert er einen Beweis dafür, daß die Omegapunkt-Theorie wahr ist.

Weinberg rechtfertigte[95] den »objektiven Reduktionismus« als Tatsache der Natur, nicht als eine Eigenschaft unserer Theorien, indem er sich auf die »Pfeile der wissenschaftlichen Erklärung« bezog: Entdeckungen der letzten Jahrhunderte, die alle auf einen gemeinsamen Urgrund tief unten in der Mikrowelt verwiesen. Das hätte nicht der Fall sein müssen, betonte er: »Sie hätten auch im Kreis verlaufen können. Das ist immer noch möglich... Wenn das anthropische Prinzip wahr wäre, gäbe es eine Art naturimmanenter Kreisförmigkeit...« Ich behaupte, daß es einen Erklärungspfeil geben muß, der seiner Natur nach nicht nach unten, sondern nach oben weist. Dies ist die universale Randbedingung. Sogar jeder Versuch, auch ohne die universale Randbedingung auszukommen, indem man die Verwirklichung aller Möglichkeiten zuläßt, verwendet den (schwachen) anthropischen Pfeil, der ebenfalls nach oben zeigt. Das letzte anthropische Prinzip – das ich gelegentlich das Dirac-Dysonsche Prinzip des ewigen Lebens genannt habe – behauptet folgendes: Das einzige Versagen des ontologischen Reduktionismus wird die universale Randbedingung sein, wonach das Leben global für immer existieren muß.

Der Garten des Islam

Nach der Sure (Kapitel) *Al-Baqarah* (»Die Kuh«)[96] des Koran und der islamischen Tradition wurde der Koran Mohammed Wort für Wort vom Engel Gabriel diktiert. Mohammeds Werk bestand darin, seinen Schreibern zu wiederholen, was Gabriel ihm vorgetragen hatte. Tatsächlich bedeutet das Wort *qur'an* im Arabischen »Lesung, Vortrag«. Da der Koran Mohammed Wort für Wort von Allah in Seinen Offenbarungen durch Gabriel diktiert wurde und Allah für Seine Offenbarungen das mittelalterliche Arabisch wählte, kann der Koran nicht übersetzt werden; wird er in einer anderen Sprache wiedergegeben, ist diese Wiedergabe zwangsläufig eine »Deutung«, keine Übersetzung.[97]

Die Art der Wiedererweckung nach dem Koran entspricht im wesentlichen der in diesem Buch dargestellten: Ein wiedererwecktes Individuum ist eine Neuerschaffung, die Wiederherstellung eines längst Verstorbenen.[98] Darin stimmen die westlichen Islam-Gelehrten überein, und es steht unmißverständlich in der Koran-Sure *Bani Isra'il* (»Die Kinder Israel«, auch »Die Nachtfahrt« genannt):

»[...und sie sprachen:] ›Wie! wenn wir Gebeine und Staub geworden sind, sollen wir wirklich als eine neue Schöpfung auferweckt werden?‹
Haben sie nicht gesehen, daß Allah, Der die Himmel und die Erde erschuf, imstande ist, *ihresgleichen* zu schaffen?«[99] (17,99–100)

In einem anderen Vers derselben Sure hebt Mohammed hervor, daß die wiedererweckten Toten nicht bloß das zusammengesetzte Original sind, sondern ein neu erschaffenes Abbild: Selbst jene Toten, sagt er, deren Substanz ganz und gar in etwas anderes umgewandelt worden sei, würden wiedererschaffen:

»Und sie sprechen: ›Wenn wir Gebeine und Staub geworden sind, sollen wir dann wirklich zu einer neuen Schöpfung auferweckt werden?‹
Sprich: ›Ob ihr Steine seid oder Eisen
Oder sonst geschaffener Stoff von der Art, die in eurem Sinn am schwersten wiegt.‹ Dann werden sie sprechen: ›Wer soll uns ins Leben zurückrufen?‹ Sprich: ›Er, Der euch das erste Mal erschuf.‹«[100] (17,50–52)

Diese Neuerschaffung des Individuums zur Stunde des Jüngsten Gerichts trifft in der Aschʿari-Theologie für das gesamte Universum zu. Die Aschʿariten vertreten die »Atomismus«-Lehre[101], wonach Gott das Universum von einem Augenblick zum nächsten fortwährend zerstört und von neuem erschafft. Diese Auffassung ist der Vorstellung vom menschlichen Körper in der modernen Quantenfeldtheorie sehr ähnlich, die besagt, daß er viele Male in der Sekunde vernichtet und neu gebildet wird.

In der Sure *Al-Qiyamah* (»Die Auferstehung«) vergleicht Mohammed die Wiedererweckung mit der Erschaffung des Menschen im Schoß der Mutter:

»War er nicht ein Tropfen fließenden Samens, der verspritzt ward? Dann wurde er ein Blutklumpen, dann bildete und vervollkommnete Er (ihn). So schuf Er aus ihm ein Paar, den Mann und das Weib. Und da sollte Er nicht imstande sein, die Toten ins Leben zu rufen?«[102] (75,38–41)

Da die wiedererweckten Toten eine Neuschöpfung sind, stirbt die Seele mit dem Körper. Nichts bleibt übrig, was zwischen Tod und Auferstehung zu Empfindungen fähig wäre: Der Tod ist wie ein tiefer, traumloser Schlaf. Die Toten werden wiedererschaffen mit den Erinnerungen, die sie im Augenblick vor ihrem Tod hatten, und so wird es ihnen scheinen, als geschähe die Auferweckung *unmittelbar* nach dem Tod.[103] Viele Male ist im Koran die Rede von der fehlenden subjektiven Zeit zwischen Tod und Auferstehung, zum Beispiel in der Sure *Al-Rum* (»Die Griechen«):

»Und an dem Tage, da die Stunde herankommt, werden die Missetäter schwören, daß sie nicht länger als eine Stunde gesäumt – so haben sie sich immer getäuscht. Doch die, denen Kenntnis und Glauben verliehen ward, werden sprechen: ›Ihr habt fürwahr, gemäß dem Buche Allahs, bis zum Tag des Wiederaufstieges gesäumt. Und das ist der Tag des Wiederaufstieges, allein ihr wolltet es nicht wissen.‹«[104] (30,56–57)

(In der Sure *Al-Rum* werden die Toten als Eintragung »im Buche Allahs« bezeichnet: das heißt als Simulation in Gottes Bewußtsein.) In der Sure *Ta-Ha* lesen wir abermals:

»Dem Tage, da in die Trompete geblasen wird. An jenem Tage werden Wir die Schuldigen versammeln, die blauäugigen. Sie werden einander heimlich zuflüstern: ›Ihr weiltet nur zehn.‹ Wir wissen am besten, was sie sagen werden. Dann wird der Gläubigste unter ihnen sprechen: ›Nur einen Tag verweiltet ihr.‹«[105] (20,103–105)

Dieser Mechanismus der Auferstehung verschafft jenen, die für die Sache des Islam ihr Leben ließen, bereits im Augenblick nach dem Tod die Wonnen des Paradieses, selbst wenn zwischen Tod und Jüngstem Gericht viele Milliarden Jahre kosmischer Zeit vergangen sind. So formuliert es Mohammed in der Sure *Al-ʿImran* (»Das Haus ʿImran«):

»Halte jene, die für Allahs Sache erschlagen wurden, ja nicht für tot – sondern lebendig bei ihrem Herrn; ihnen werden Gaben zuteil.«[106] (3, 170)

Für einige abendländische Gelehrte[107] ist diese unmittelbare Paradieserfahrung unvereinbar mit der Tatsache, daß der Tod die Vernichtung des Individuums nach sich zieht, und damit auch unvereinbar mit der Möglichkeit eines langen Zeitraums zwischen dem individuellen Tod und dem Tag der Auferstehung; ich kann diese Meinung nicht teilen. Es ist klar, daß einem Individuum, das mit der Erinnerung des Augenblicks unmittelbar vor seinem Tod wiedererweckt wird, die Auferstehung tatsächlich unmittelbar erscheint. Ich denke, jene abendländischen Gelehrten unterscheiden nicht zwischen der Auffassung des Koran und frühen Islam – der durchaus mit der unmittelbaren Paradieserfahrung übereinstimmt – und dem späteren Islam.

Der Zustand des Menschen zwischen Tod und Auferstehung wird *barzach* genannt. Der Koran sagt sehr wenig darüber aus, doch er erwähnt ihn im folgenden Vers aus der Sure *Al-Fatir* (»Die Engel«):

»Der Blinde ist dem Sehenden nicht gleich,
Noch ist es die Finsternis dem Lichte,
Noch ist es der Schatten der Sonnenglut,
Noch sind die Lebenden den Toten gleich.
Wahrlich, Allah macht hörend, wen Er will;
und du kannst die nicht hörend machen,
die in den Gräbern sind.«[108] (35,20–23)

Dies besagt deutlich, daß die Toten die Lebenden nicht hören können, daß die Toten kein Bewußtsein haben: wer tot ist, ist tot, bis zur Auferstehung. *Barzach* ist deshalb für niemanden von Interesse, denn das auferweckte Individuum schöpft keinerlei Erfahrung daraus, und folglich ist dieser Zwischenzustand dem Koran kaum je eine Erwähnung wert. Der frühe Islam folgte dem Koran und befaßte sich selten mit dieser Frage: Dieser Zeitraum (das subjektive Zeitempfinden), heißt es dort, vergehe so schnell wie ein Lidschlag.[109] Doch etliche Jahrhunderte später schlich sich die Vorstellung ein, die Toten könnten hören, und *barzach* sei ein bewußter Zustand, so daß die obengenannte Textstelle im entgegengesetzten Sinne umgedeutet wurde.[110] Ich vermute, diese Änderung geht auf den verderblichen Einfluß des Platonschen Dualismus auf den Islam zurück – dasselbe, was sich im Christentum ereignete (siehe oben). Doch selbst im modernen Islam vertreten nur wenige die Vorstellung von einem rein geistigen Leben nach dem Tode.[111]

Der eigentliche Widerspruch sowohl im frühen als auch im gegenwärtigen Islam ist die Diskrepanz zwischen dem Dogma »Außerhalb der Kirche kein Heil« und der Liebe Gottes zu Seiner gesamten Schöpfung. Alle Suren des Koran beginnen mit dem Ausruf »Im Namen Allahs, des Gnädigen, des Barmherzigen«; in der Sure *Al-Fateha* (»Die Eröffnung«) wird Gott als »der Allgnädige, der Allerbarmer« bezeichnet; in der Sure *Al-Nisa* (»Die Weiber«) trägt er die Attribute »der Nachsichtige« und »der Allverzeihende, der Wohltätige«. (Im modernen Arabisch sind Superlative wie »der Allverzeihende«, »der Allerbarmer« allein Gott vorbehalten.) Aber wenn Gott wirklich der »Allverzeihende« und »Allerbarmer« ist, wird er dann nicht eine Zurückweisung, die im Geiste aufrichtig ist, vergeben? Menschliche Eltern sind sehr wohl in der Lage, eine Zurückweisung von seiten ihrer Kinder zu verzeihen – gewiß wäre ein barmherziger und »allverzeihender« Gott mindestens so nachsichtig wie ein Mensch. Die jüdische und die christliche Religion entledigten sich eines ähnlichen Widerspruchs, indem sie die »Ungläubigen« ausstießen: *extra ecclesiam nulla salus* (»Außerhalb der Kirche kein Heil!«), um die Worte des Vierten Laterankonzils im Jahr 1215 zu zitieren.[112] Das Zweite Vatikanische Konzil (1964) berief sich indessen auf Gottes Liebe und Barmherzigkeit und schloß: »Wer nämlich das Evangelium Christi und seine Kirche ohne Schuld nicht kennt, Gott aber aus ehrlichem Herzen sucht, unter dem Einfluß der Gnade seinen im Anruf des Gewissens erkannten Willen in der Tat zu erfüllen trachtet, kann das ewige Heil erlangen.«[113] Pannenberg hat dies sehr schön ausgedrückt: »Jesus und seine Botschaft müssen als *Maßstab*, nicht aber als *Weg* zur Errettung betrachtet werden.«[114] Und der jüdische Talmud (*Mischna Sanhedrin*) versichert, daß auch fromme Nichtjuden Anteil an der kommenden Welt (»Dein Volk besteht aus lauter Gerechten…«) haben werden.[115] Der Judaismus war dem Christentum weit voraus: Der Talmud wurde im 16. Jahrhundert abgeschlossen, während die großen christlichen Kirchen erst in diesem Jahrhundert eine ähnliche Haltung einnahmen.

Im Islam ist dieser Widerspruch noch nicht gelöst. Aber viele Muslime haben ihn gelöst, zum Beispiel Salih Tuğ, Islamprofessor in der Türkei: Er spricht[116] von der Hölle als einem »geistigen Spital« für Seelen, die von allem Übel, das sie im Lauf ihres Lebens erworben haben, gereinigt werden müßten; was bedeutet, daß am Ende alle Menschen in den Himmel eingehen werden. Smith und Haddad weisen darauf hin[117], daß im traditionellen Islam die einzige wahrlich unverzeihliche Sünde der Verstoß gegen die monotheistische Lehre sei: die ausdrückliche Weigerung, an die Einzigkeit Gottes (*tawhid*) zu glauben; diese Sünde wird *schirk* genannt. Folglich sind die *muschrikun*, »die Gott Teilhaber zugesellen«, zusammen mit allen, die Gottes Wort leugnen (*kafirun*, den Ungläubigen) nach Ansicht fast aller traditionellen islamischen Theologen *in alle Ewigkeit* zum Höllenfeuer verdammt.[118] Dafür spricht auch der folgende Vers aus der Sure *Al-Nisa*: »Und wer das in Frevelhaftigkeit und Ungerechtigkeit tut, den werden Wir ins Feuer stoßen; den werden Wir auf keinen (anderen) Weg führen als den Weg nach Dschehenna, darin sie für immer und immer schmachten; und das ist Allah ein leichtes.«[119] (4,31) Eine Minderheit der islamischen Tradition zieht jedoch aus der Tatsache, daß Allah »allverzeihend« und »allbarmherzig« ist, den naheliegenden Schluß[120], daß Er am Ende *alle* aus dem Feuer retten wird, auch jene, die nicht einmal ein Quentchen Gutes in sich tragen. Mit dieser muslimischen Minderheit steht die Omegapunkt-Theorie in Einklang: jedem, ohne Ausnahme, wird der Weg zur Unsterblichkeit offenstehen. Jedoch stimmt die Omegapunkt-Theorie mit der allgemeinen islamischen Lehre im Glauben an den einen Gott überein, an die absolute Einzigkeit Gottes – wie der Name schon sagt: der Omegapunkt ist ein *Punkt*, mit anderen Worten: eine Singularität. Der Eine Gott ist ein mathematisches Theorem in der Omegapunkt-Theorie.

Die Auflösung des Widerspruchs zwischen dem (richtigen) Glauben an Gottes Barmherzigkeit und dem (irrigen) Glauben an ewige Qualen im gesamten Islam, werde ich wohl nicht mehr erleben. Der sudanesische Theologe Mahmoud Muhamad Taha argumentierte[121], die Offenbarungen vor der Hidschra, die Mohammed vortrug, bevor er in Medina die Macht übernahm, seien ewig gültig, während die anderen, nach der Machtübernahme vorgetragenen Verse im Koran nur für jene besondere Zeitspanne in Mohammeds Leben gälten. Könnte diese Ansicht allgemein akzeptiert werden, so ließe sich der Widerspruch aufheben, denn die Verse über die allgemeine Auferstehung, die ich oben zitiert habe, stammen aus der mekkanischen Periode[122], die Verse über die ewigen Höllenqualen indes vermutlich aus der Zeit nach der Hidschra.[123] Zum Schaden des Islam wurde Taha vom Muslimischen Obersten Gericht des Sudan der Ketzerei für schuldig befunden und am 18. Januar 1985 hingerichtet. Der iranische Journalist ʿAli Daschti[124] traf eine ähnliche Unterscheidung zwischen Mohammed in Mekka und Mohammed in Medina und wurde daraufhin nach der islamischen Revolution im Iran verhaftet und gefoltert. Er starb, vermutlich infolge dieser Behandlung, im Dezember 1981 oder im Januar 1982. Die jüngere Geschichte nennt zahlreiche weitere Beispiele dafür, was mit jenen geschieht, die den zentralen Widerspruch des Islam zu lösen versuchen.[125]

XII. Die Omegapunkt-Theorie und das Christentum

Um den wissenschaftlichen Charakter der Omegapunkt-Theorie hervorzuheben, lassen Sie mich hier eines sagen: Ich bin im Augenblick gezwungen, mich als Atheisten im eigentlichen Sinn zu betrachten insofern, als ich kein Theist bin (*A-theist* heißt »nicht Theist«), ich glaube nicht an einen persönlichen, von außen auf die Welt einwirkenden Schöpfergott. Ich glaube auch nicht an den Omgeapunkt. Die Omegapunkt-Theorie ist eine lebensfähige wissenschaftliche Theorie über die Zukunft des physikalischen Universums, aber das einzige, was im Moment für sie spricht, ist ihre Schönheit als Theorie, denn noch haben wir keinerlei experimentellen Beweis, der sie bestätigt. Aus wissenschaftlicher Sicht ist zu dem Zeitpunkt, da ich diese Worte schreibe, niemand gezwungen, sie zu akzeptieren. Also lasse ich es. Flew[1] hat, unter anderen, einen meiner Meinung nach überzeugenden Grund für die Annahme des Atheismus angeführt. Wenn die Omegapunkt-Theorie und alle ihre möglichen Varianten nicht bestätigt werden, dann, glaube ich, ist Atheismus im Sinne von Flew, Hume, Russell und allen anderen, die laut eigener Aussage Atheisten sind, die einzige vernünftige Alternative. Aber selbstverständlich halte ich die Chance, daß die Omegapunkt-Theorie richtig ist, für sehr hoch – sonst hätte ich mir nie die Mühe gemacht, dieses Buch zu schreiben. Sollte sich die Omegapunkt-Theorie bestätigen, werde ich mich als Theisten betrachten.

Meine ausführlichen Zitate aus Bibel, Koran, Talmud, Rgveda und anderen Büchern, die viele als heilig achten, stehen nicht im Widerspruch zu meinem gegenwärtigen Atheismus. Ich habe die Auferstehungsvorstellungen in den Weltreligionen wiedergegeben, um zu zeigen, daß die Auferstehung durch Emulation, wie die Omegapunkt-Theorie sie voraussagt, im wesentlichen den Hoffnungen der jüdisch-christlich-islamischen Tradition entspricht. Ich persönlich glaube nicht, daß die Autoren dieser heiligen Bücher über irgendein offenbartes Wissen verfügten. Vielmehr denke ich, daß die grundlegenden Merkmale der Auferstehung durch Simulation sich als notwendige Folge ergeben, wenn man aus ethischen Gründen eine universelle Auferstehung fordert und das Leib-Seele-Verhältnis nichtdualistisch sieht. Vor allem meine ich, daß die Beschreibung des auferstandenen Körpers Jesu bei Lukas auf eine rein logische Analyse zurückgeht; ich glaube nicht, daß der Verfasser des Lukas-Evangeliums tatsächliche Beobachtungen wiedergibt, die er selbst machte oder die Augenzeugen ihm aus erster Hand berichteten. Nahezu alle biblischen Autoritäten halten Lukas für eine Sekundärquelle, die sich auf Markus stützt – und dessen ursprüngliche Fassung enthält keine Beschreibung des auferstandenen Jesus[2]. Trotzdem ist es interessant, daß die Lukassche Originalfassung um so vereinbarer mit der Auferstehungstheorie im Omegapunkt wird, je näher wir ihr kommen. Wäre beispielsweise Jesu Leib nach Ostern ein Auferstehungsleib gewesen, dann hätte er sich von seinen Jüngern trennen müssen, indem er einfach verschwand – statt dessen sahen sie ihn in den Himmel auffahren: Man weiß heute, daß der Satz »...und wurde zum Himmel emporgehoben« in den frühesten bekannten Lukas-Fassungen fehlt. Könnte man zeigen, daß das Lukas-Evangelium so früh entstand, daß der Verfasser sich auf die Berichte der Augenzeugen von Jesu Hinrichtung stützen konnte und dies tatsächlich tat, müßte ich meine Ablehnung des Christentums revidieren (allerdings nicht meine Zweifel an allen anderen Wundern im Lukas-Evangelium; siehe den nächsten Abschnitt). Beim derzeitigen Stand der Dinge finde ich mich in meiner Auffassung bestätigt: einerseits durch das frühere Entstehungsdatum des Markus-Evangeliums und andererseits durch den Hinweis in Luk 1,1–4, demzufolge der Verfasser lediglich eine lange mündliche Tradition aufzeichnet – lang nach dem Tod der eigentlichen Augenzeugen. Nach dem Konsens[3] der Bibelgelehrten entstand das Lukas-Evangelium zwischen 80 und 85 n. Chr., also etwa fünfzig Jahre nach Jesu Tod. In Anbetracht dieser Datierung ist die Wahrscheinlichkeit, daß der Text sich auf authentische Augenzeugenberichte stützt, sehr gering, und selbst wenn dem so wäre, könnte eine Zeugenaussage nach so langer Zeit doch nicht mehr zuverlässig sein. Ich will gleich näher darauf eingehen.

Für einen Außenseiter wie mich ist es freilich interessant festzustellen, daß die Autoren der in jüngerer Zeit entstandenen *Anchor Bible*, die allgemein in dem Ruf einer wirklich herausragenden

Reihe zeitgenössischer Kommentare zum Neuen Testament steht, hinsichtlich der Datierung von Lukas einander erheblich widersprechen. Man nimmt allgemein an, daß das Lukas-Evangelium und die Apostelgeschichte beide von ein und demselben Verfasser und ungefähr aus derselben Zeit stammen (im übrigen behaupten die jeweiligen Prologe zu Lukas und der Apostelgeschichte dies selbst). Aber Johannes Munck, von dem der berühmte Kommentar zur Apostelgeschichte[4] in der *Anchor Bible* stammt, datiert beide Texte auf die frühen sechziger Jahre des 1. Jahrhunderts, während Joseph Fitzmyer, der Lukas-Kommentator[5], sich dem Konsens der Bibelgelehrten anschließt und als Entstehungsdatum den Zeitraum zwischen 80 und 85 n. Chr. annimmt. Christopher S. Mann, der Verfasser des Kommentars zu Markus[6] in der *Anchor Bible*, stimmt wiederum mit Munck überein. Wenn ich allein nach dem Beweismaterial urteile, das die drei obengenannten Kommentatoren anführen[7], komme ich selbst zu dem Schluß, daß die Beweise eher für das frühere Entstehungsdatum sprechen und der Konsens der Gelehrten falsch ist. Der Grund für meine Auffassung ist im Lauf der Jahrhunderte schon viele Male angegeben worden. An zahlreichen Stellen (z.B. Luk 19, 42–44) sagt Jesus die Zerstörung Jerusalems voraus. Hätte der Evangelist Lukas gewußt, daß Jerusalem tatsächlich zerstört wurde (nämlich im Jahr 70 n. Chr. durch den Sohn des römischen Kaisers), so hätte er dies gewiß erwähnt: Es wäre eine Bestätigung der prophetischen Gaben Jesu gewesen. Kein Autor läßt sich die Gelegenheit entgehen, ein Argument anzuführen, das seine Theorie erhärtet. Natürlich habe auch ich mich in diesem Buch bemüht, alles Beweismaterial aufzuzeigen, das für die Omegapunkt-Theorie spricht. In Kapitel IV zum Beispiel erwähnte ich die wahrscheinliche Entdeckung des Topquarks bei dem Experiment im Oktober 1992, und wäre das Higgs-Boson mit der von mir vorhergesagten Masse entdeckt worden, hätte ich diese Bestätigung der Omegapunkt-Theorie sicherlich im allerersten Absatz dieses Buches verkündet. Da bei Lukas aber ein eindeutiger Hinweis auf die Zerstörung Jerusalems fehlt – die römische Armee, die die Stadt zerstörte, befehligte zuerst ein Mann, der die Belagerung Jerusalems aufgab, um römischer Kaiser zu werden, dann sein Sohn: Folglich muß das ganze Römische Reich davon gewußt haben –, ist es sehr wahrscheinlich, daß der Text vor dem Jahr 70 geschrieben wurde. Oder vielmehr: Es ist vernünftig anzunehmen, daß das Lukas-Evangelium vor 70 entstand. Nach Ansicht von Mann und Munck sowie meiner eigenen Meinung nach haben die Anhänger des Konsens nicht ausreichend Gründe geliefert, um diese Annahme zu entkräften.

Das frühere Entstehungsdatum läge demnach dreißig statt fünfzig Jahre nach Jesu Tod; es bestünde daher eine größere Wahrscheinlichkeit, daß Lukas mit Augenzeugen gesprochen hat, die Jesu Himmelfahrt miterlebten. Ich habe den Verdacht (wie auch Munck und Mann), daß der Konsens der Gelehrten sich nicht so sehr auf biblische Aussagen als vielmehr auf physikalische und theologische Vermutungen stützt: Das spätere Datum würde etwaige Augenzeugenberichte über den auferstandenen Jesus im Lukas-Evangelium ausschließen, außerdem wäre dann das Lukas-Evangelium durchaus als Überarbeitung von Markus denkbar, dessen ursprüngliche Fassung den auferstandenen Jesus nicht erwähnt. In diesem Fall gibt Lukas lediglich eine Legende über Jesu Auferstehung wieder, und es besteht keine Notwendigkeit, an der Behauptung über Jesu Auferstehung von den Toten festzuhalten. In diesem Fall entfällt auch der peinliche Widerspruch zwischen den Behauptungen der Bibel und der empirischen Tatsache, daß die Toten keineswegs auferstehen. In diesem Fall ist die zentrale »Wahrheit« der christlichen Religion falsch[8], und das Christentum sollte verschwinden dürfen oder zu einer politischen Bewegung werden.[9] Doch nachdem ich ohnehin nicht an Jesu Auferstehung glaube (siehe unten), will ich den Konsens der Gelehrten gern akzeptieren.

Außerdem deutet vieles darauf hin, daß die Pharisäer, die zu Jesu Lebzeiten die vorherrschende jüdische Sekte bildeten (nach der Apostelgeschichte war Paulus selbst ein Pharisäer, bevor er Christ wurde) und wie die Christen an die Auferstehung der Toten glaubten[10], die Überzeugung vertraten, der Auferstehungsleib müsse ein »engelsgleicher« sein – ein Körper, der weitgehend dieselben Eigenschaften aufwiese wie der auferstandene Jesus in Lukas' Beschreibung. Der zeitgenössische Historiker Flavius Josephus[11] (ebenfalls ein Pharisäer) hielt im Jahr 67 n. Chr. eine Rede über das Leben nach dem Tod, worin er hervorhob, daß ein auferstandener Leib im wesentlichen die verbesserte Version des irdischen Körpers sei. Dies alles spricht sehr dafür, daß Lukas einfach die Vorstellungen der Pharisäer übernahm, um den Auferstehungsleib Jesu zu beschreiben – nach den Darstellungen des Alten Testaments hatten Engel die Macht, ihr Erscheinungsbild nach Belieben zu verändern und in verschlossenen Räumen zu erscheinen oder daraus zu verschwinden.[12] Nachdem Lukas' Beschreibung lediglich die Erwartung wiedergibt, die die Mehrheit der Juden im 1. Jahrhundert n. Chr. von einer wahrhaften Auferstehung hegten, schließe ich daraus, daß die Ähnlichkeit zwischen Jesu auferstandenem Leib und dem von der Omegapunkt-Theorie vorhergesagten Auferstehungsleib eine bloße Koinzidenz ist.

Wunder und der Babbage-Mechanismus

Interessanterweise kann die Auferstehung Jesu (auch die Jungfrauengeburt und vieles andere mehr) ganz einfach in die Omegapunkt-Theorie integriert werden – nämlich indem wir sagen, unser gegenwärtig beobachtetes Universum sei ebenfalls eine Simulation –, aber das wäre nicht natürlich, und es wäre auch nicht einmalig: *jedes Wunder* kann integriert werden. Tatsächlich zeigte[13] Charles Babbage, der Begründer der Informatik, daß sich *jedes beliebige* Wunder in die Anfangsbedingungen *jeder* deterministischen physikalischen Theorie einfügen läßt, in der das Universum als Simulation hervorgebracht wird. Aber wo kommen wir hin, wenn wir von vornherein mit Wundern operieren? Die Lektion, die uns die Naturwissenschaft erteilt, ist klar: Verzichte auf alle Wunder. Wenn aber andererseits gezeigt werden könnte, daß Jesu Auferstehung in irgendeiner Weise wesentlich wäre für die Existenz des Omegapunkts, dann wäre sie nicht länger ein Wunder, sondern eine Konsequenz aus der Omegapunkt-Randbedingung. Glücklicherweise müssen wir uns dank des Konsens der Gelehrten hinsichtlich der Datierung des Neuen Testaments nicht ernsthaft mit der Möglichkeit auseinandersetzen, daß im Jahr 30 n. Chr. der Babbage-Mechanismus wirksam war. Die verblüffende Ähnlichkeit zwischen Jesu auferstandenem Leib im Lukas-Evangelium und den Körpern, die wir nach der Auferwekkung durch den Omegapunkt besitzen werden, ist wirklich nur ein Zufall.

Weshalb ich kein Christ bin

Paulus sagt im ersten Brief an die Korinther: »Ist aber Christus nicht auferweckt worden, dann ist unsere Verkündigung leer und euer Glaube sinnlos.« (1 Kor 15,14) Darin kann ich Paulus nur recht geben; und angesichts der Bedeutung, die Jesu Auferstehung hat – sofern sie stattfand –, lohnt es sich, ausführlicher auf die Gründe einzugehen, weshalb ich an seine Auferstehung nicht glaube. Ich persönlich denke, die Beweise sprechen in Wahrheit für die Auffassung, daß die Darstellungen des auferstandenen Jesus vielmehr Berichte über eine Art Vision waren, die wuchs und gedieh, während sie erzählt wurde. Und nachdem ich mir diese meine Überzeugung aufgrund des Beweismaterials gebildet habe, halte ich mich nicht für einen Christen.

Aber es kann sein, daß zusätzliche Beweise mich zwingen, meine Meinung zu ändern. Von welcher Art diese nötigen zusätzlichen Beweise sein müßten, erläuterte Antony Flew in seiner Diskussion[14] mit dem Christen Habermas: Wir brauchten eine natürliche Theologie, die uns sagt, daß wir in dem Kontext, den die Jünger tatsächlich erlebten, eine Ausnahme von der Regel »Die Toten stehen nicht auf« erwarten sollten. Nachdem ich die Gründe aufgezählt habe, weshalb ich an die historische Wahrheit des auferstandenen Jesus nicht glaube, will ich nun kurz beschreiben, wie diese erdrückenden Gründe gegen Jesu Auferstehung von einer entsprechenden natürlichen Theologie in überwältigende Gründe *für* die Auferstehung umgewandelt werden könnten. Jedoch betone ich noch einmal: Ich glaube nicht, daß Jesus wirklich von den Toten auferstand. Meiner Ansicht nach ist sein Körper in irgendeinem Grab verrottet. Außerdem meine ich, daß Jesu Jünger nach seinem Tod zwar eine »Vision« von ihm gehabt haben mochten, diese »Vision« aber in keiner Weise ein objektives Phänomen war; wenn sie überhaupt stattfand, könnte sie nur eine kollektive Halluzination gewesen sein. Mit dieser Einschätzung stimmen die meisten christlichen Theologen heutzutage überein.[15]

Was mich betrifft, so teile ich die Ansicht David Humes: Wir müssen die empirische Tatsache, daß Tote nicht auferstehen, gegenüber dem Zeugnis von Menschen, die das Gegenteil behaupten, angemessen gewichten. Hume führt in seiner *Enquiry Concerning*

Human Understanding[16] eine Reihe von Fällen an, in denen der Aussage ansonsten durchaus angesehener Männern keineswegs zu trauen war: Am überzeugendsten erscheint mir Humes Beispiel von dem Türhüter einer Kathedrale, der behauptete, ihm sei ein verlorenes Bein nachgewachsen, nachdem er geweihtes Öl auf den Stumpf gerieben habe. Nach Aussage eines katholischen Kardinals, der über das Ereignis berichtete, hätten zahlreiche Bewohner der Stadt, einschließlich der Chorherren der Kathedrale, das Nachwachsen bezeugt. Weder der Kardinal noch Hume glaubten an das Wunder; ich auch nicht. Was Hume damit aber veranschaulichen wollte – und darin stimme ich ihm zu –, war die Möglichkeit von Massentäuschungen: Wenn die Leute genügend lange über das »Wunder« reden, kann die Täuschung an Boden gewinnen, Konsistenz entwikkeln, und am wahrscheinlichsten sind Täuschungen dann, wenn die »Augenzeugen« ein außerordentliches Ereignis zu deuten versuchen. Angesichts der Tatsache, daß Massentäuschungen sehr wohl möglich sind, muß das milliardenfach von allen Menschen auf der ganzen Welt bestätigte Naturgesetz, daß ein Toter nicht wieder ins Leben zurückkehrt, schwerer wiegen als die Aussage weniger, die das Gegenteil behaupten.

Mit Massentäuschungen haben wir heute weit mehr Erfahrungen als Hume seinerzeit – vor allem die UFO-Forschung hat uns mit reichhaltigem Material versorgt. Die moderne Welt glaubt nicht mehr an Gottes Sendboten (Engel), aber sie glaubt an intelligentes Leben außerhalb der Erde; imaginäre Überwesen von anderen Sternen spielen in der modernen Gesellschaft dieselbe psychologische Rolle wie die Engel in der Vergangenheit. (Ich persönlich glaube weder an die einen noch an die anderen.) Besonders interessant ist der Artikel des Astronomen Frank D. Drake[17] »Über die Fähigkeiten und Grenzen der Augenzeugen von UFOs und ähnlichen Phänomenen«, der in *UFO's – A Scientific Debate* erschien. Drakes Bericht sei hier kurz zusammengefaßt: Im Jahr 1962 explodierten im Abstand von einem Monat zwei strahlend helle Feuerkugeln – eine Sorte Meteore – jeweils gegen zehn Uhr abends über West-Virginia. Astronomen eilten an den Ort des Geschehens, um Meteoritenstücke einzusammeln und die Leute zu befragen, was sie gesehen hätten. Wir wissen, was sie hätten sehen sollen, denn Feuerkugeln (Boliden) sind gründlich erforschte physikalische Phänomene; deshalb waren die Interviews ein Test, um herauszufinden, was Zeugen ohne einschlägige Erfahrung beobachten, wenn sie plötzlich mit unbekannten Phänomenen konfrontiert sind. Ich zitiere die wichtigsten Auszüge aus Drakes Bericht:

»Als erstes erfuhren wir, daß die Erinnerung eines Zeugen an derlei exotische Ereignisse sehr schnell verblaßt. Nach einem Tag sind etwa die Hälfte der Berichte eindeutig falsch; nach zwei Tagen sind ungefähr drei Viertel eindeutig falsch; nach vier Tagen sind nur noch zehn Prozent richtig; nach fünf Tagen enthalten die Berichte mehr Dichtung als Wahrheit. Es wurde klar, daß die Augenzeugen ein Ereignis aufgrund einer schwachen Erinnerung an das, was geschehen war, später in der Phantasie rekonstruierten... Am erstaunlichsten war, daß ein großer Prozentsatz von Menschen, die beide Meteoriten beobachtet hatten, von einem gewaltigen Getöse berichteten, das sie beim Anblick der Feuerkugel gehört hätten. Bemerkenswerterweise erklärten alle übereinstimmend, es hätte geklungen wie das Zischen von bratendem Speck, und dies obwohl die Zeugen keinen Kontakt miteinander hatten.«[18]

Drake sagt weiter, in der Literatur über Meteore berichten etwa 14 Prozent der Augenzeugen von diesem Geräusch, obwohl die weitaus größere Mehrheit nichts dergleichen erwähnt und obwohl ein paar einfache Rechnungen zeigen, daß der visuelle Eindruck von keinerlei Geräuschen irgendwelcher Art begleitet sein konnte. Er vermutet, diese Gehörtäuschung sei möglicherweise auf eine Überkreuzung von Sinneseindrücken im Gehirn zurückzuführen, wie sie bei starken unerklärten Reizen häufig auftritt.

In Anbetracht dieses Experiments halte ich es für ausgeschlossen, heute die Ursache für die Berichte über den auferstandenen Jesus festzustellen. Die Erscheinungen des Auferstandenen werden als »exotische Ereignisse« anerkannt: außerhalb der Erfahrung der Beobachter. Man ist sich allgemein einig, daß die frühesten schriftlichen Berichte Jahre – nicht Tage – nach dem Ereignis festgehalten wurden. Die psychologische Literatur[19] führt zahlreiche Beispiele dafür an, wie irrtümliche Beobachtungen und tatsächliche Fälschungen zu kollektiven Täuschungen führen können. Extrem häufig sind kollektive Täuschungen bei UFO-Meldungen – so häufig, daß man von »UFO-Panik« spricht. Ein paar Menschen berichten, sie hätten ein UFO gesehen, andere beobachten daraufhin den Himmel, identifizieren natürliche Gegenstände oder Erscheinungen ebenfalls als unbekannte Flugobjekte und verbreiten weitere UFO-Meldungen; aus irgendwelchen Gründen machen wieder andere sich einen Spaß daraus, UFOs zu fälschen und lösen damit Meldungen über weitere (diesmal falsche) UFOs aus. An allen Berichten über merkwürdige Ereignisse[20] hat Betrug einen *enormen* Anteil. Kollektive Täuschungen können sogar unter geschulten Physikern auftreten – das beste Beispiel dafür ist die bekannte N-Strahlen-Täuschung[21], bei der über hundert Artikel in der führenden französischen Physik-Zeitschrift veröffentlicht wurden: Alle berichteten über Beobachtungen eines Phänomens – nämlich die N-Strahlen –, das nicht existiert. Im Zusammenhang mit den Erlebnissen mit dem auferstandenen Jesus scheint mir besonders relevant, daß viele Berichte übereinstimmend behaupteten, Holz emittiere keine N-Strahlen. Geschulte Beobachter waren sich also über eine Eigenschaft einer Strahlung einig, die nicht existiert. Relevant ist dieser Umstand deshalb, weil die N-Strahlen-Affäre ein Beispiel für eine kollektive Täuschung liefert, an der zehn bis hundert Menschen beteiligt waren, ausgelöst durch »unabhängige« Beobachtungen über einen relativ langen Zeitraum, ungefähr ein Jahr. Sie zeigt, daß Menschen in durchaus guter Absicht durch Wechselwirkung eine Übereinstimmung sogar in den Details eines imaginären Ereignisses zustande bringen können.

Angesichts des Umstandes, daß Betrug und falsche Beobachtungen bekanntermaßen in allen Berichten über ungewohnte Ereignisse eine Rolle spielen, und angesichts historisch belegter Täuschungen, in die eine vergleichbare Anzahl von Menschen über vergleichbare Zeiträume verwickelt waren, halte ich die Berichte über die Auferstehung Jesu nicht für ausreichend, um die empirische Tatsache zu entkräften, daß die Toten nicht auferstehen.

Gelegentlich befinden wir Wissenschaftler uns im Irrtum, und die ungebildeten Bauern, die über exotische Ereignisse berichten, haben recht. Das klassische Beispiel dafür ist die schiere Existenz von Meteoren. Vor 1800 glaubten fast alle gebildeten Menschen: Im Himmel gibt es keine Steine, also können auch keine Steine vom Himmel fallen. Die Nachforschungen, die den Meinungsumschwung schließlich bewirkten, leitete der große französische Physiker Biot, und eine Analyse seiner Forschungen liefert der Artikel[22] über »Die Natur des wissenschaftlichen Beweises: Eine Zusammenfassung« des bekannten amerikanischen Astrophysikers Philip Morrison. Morrisons Analyse stellt den Standard auf, den die Naturwissenschaften erfüllen müssen, damit Ausnahmen von empirisch belegten Regeln als bewiesen akzeptiert werden können, und nach diesem Standard erweist sich die Hypothese des auferstandenen Jesus als unbefriedigend. Wenn eine gegebene historische »Tatsache« mit der Physik im Widerspruch steht, dann muß sie nicht nur den Standard der Geschichte, sondern auch der Physik erfüllen.

Ich könnte mich hier selbst in Spekulationen darüber ergehen, was es mit Jesu »Auferstehung« auf sich hat, aber das werde ich unterlassen, denn schließlich sind es nur Spekulationen, und – aus den oben genannten Gründen – schließe ich mich Flews Ansicht an: Zweitausend Jahre danach haben wir keine Möglichkeit mehr, die wahre Ursache der Berichte über die Auferstehung festzustellen.

Wenn hingegen die Christologie, die im nächsten Abschnitt in Umrissen dargelegt wird, wahr wäre (sie ist es höchstwahrscheinlich nicht), dann wäre der auferstandene Jesus nach Lukas' Beschreibung als naturwissenschaftliches Phänomen völlig akzeptabel. Um auf die oben erwähnte Geschichte der Meteorentheorie zurückzukommen: Eine der Barrieren, die die Menschheit daran hinderte, die Existenz von Meteoren und Meteoriten zu akzeptieren, war das Fehlen einer Theorie, die ihre Existenz vorhersagte. Aber um dieselbe Zeit, als Biot seine Beobachtungen machte, stellte Laplace seine Nebelhypothese über die Entstehung des Sonnensystems auf, und nach dieser Hypothese konnte man im interplanetaren Raum Trümmer in Form von Steinen erwarten, die bis zum heutigen Tag erhalten sind. Als die Tatsache einmal akzeptiert war, wandelte die Wissenschaft der Astronomie sich grundlegend: aus einem Bollwerk mächtiger empirischer Gegenargumente gingen eifrige Meteorenverfechter hervor. Wie ich im vorigen Abschnitt ausgeführt habe, könnte dies auch in der künftigen Entwicklung der Omegapunkt-Theorie geschehen, doch das bezweifle ich stark.

Der Omegapunkt ist (wahrscheinlich) keine dreieinige Gottheit

Es ist nicht allzu schwer, den Omegapunkt als Dreifaltigkeit darzustellen. Man darf jedoch nicht vergessen, daß man dabei immer in der Gefahr schwebt, der Ketzerei verdächtigt zu werden: der Vielgötterei einerseits – Vater, Sohn und Heiliger Geist sind drei eigenständige, einander ebenbürtige Gottheiten – und des Modalismus andererseits – die Dreifaltigkeit sind drei Erscheinungsformen oder Handlungsweisen des einen wahren Gottes. Sabellios, vermutlich der historisch bedeutendste Modalist, vertrat die Auffassung, die drei Personen seien drei Seinsweisen Gottes, genauso wie die Sonne hell, heiß und rund sei.[23] Dieser Warnung eingedenk, will ich versuchen, beide Häresien zu vermeiden. In Kapitel VI habe ich dargelegt, daß der Heilige Geist, identifiziert mit der Wellenfunktion des durch die Omegapunkt-Randbedingung eingeengten Universums, nur eine andere Betrachtungsweise des Omegapunkts sei; in dieser Gleichsetzung sind der Omegapunkt und der Heilige Geist lediglich zwei verschiedene (und letztlich gleichwertige) mathematische Modelle für personale Realität, wobei das erste die Transzendenz betont und das zweite die Immanenz. Die Häresie des Modalismus wird deshalb vermieden, weil die drei Seinsweisen (oder Moden) in der Analyse liegen, nicht im Omegapunkt selbst.

Die zweite Person ist interessanter und problematischer zugleich. Hier geht es darum, ein Modell dafür zu finden, wie ein Wesen gleichzeitig ein wahrer Mensch und der Eine (monotheistische) Gott sein kann. Und hier ist es fast unmöglich, nicht zum Ketzer zu werden. Denn wenn die menschliche Natur zu sehr im Vordergrund steht, wird Christus zur bloßen Schöpfung, zwar an höchster Stelle in der geschaffenen Ordnung stehend und über die anderen Kreaturen erhaben, aber keineswegs Gott; dies ist die Ketzerei des Arianismus. Betonen wir andererseits die göttliche Natur zu sehr, machen wir Christus zum Betrüger, der keineswegs ein Mensch ist, sondern Gott, der vorgibt, ein Mensch zu sein. Das historisch bedeutendste Beispiel für diese zweite Form der Ketzerei ist der sogenannte Apollinarismus, der behauptete, Jesus habe keine menschliche Seele; statt dessen bilde das Wort (Logos) seine gesamte Persönlichkeit.[24]

Vielleicht lassen sich im Zusammenhang mit der Omegapunkt-Theorie beide Häresien vermeiden. Sie erinnern sich: In Kapitel VII habe ich dargestellt, daß es allen menschlichen Gehirnen möglich sein könnte, Zugang zur Ebene der Quantengravitation zu erhalten, so daß sie gemischte Strategien anwenden könnten. Geschieht dies über den Penrose-Mechanismus, dann könnten wir uns auch vorstellen, daß in seltenen Fällen – so selten, daß ein tatsächliches Eintreten faktisch einzigartig wäre – ein menschliches Gehirn Zugriff hätte zu den Daten, die in der fernen Zukunft, beliebig nahe dem Omegapunkt in Seiner/Ihrer Transzendenz, verzeichnet sind. Im Prinzip wäre dieser Zugriff auf der Ebene der Quantengravitation möglich, denn dort sind die klassischen Vorstellungen von Vergangenheit und Zukunft nicht global unterscheidbar (zum Beispiel existieren in allen nichteinfach verbundenen kompakten Vierermannigfaltigkeiten notwendigerweise geschlossene zeitähnliche Kurven, und in solchen Geometrien wirkt die Zukunft auf die Vergangenheit). Wir wissen heute, daß alle scheinbar einheitlichen menschlichen Persönlichkeiten in Wahrheit Integrationen von zahlreichen Unterpersönlichkeiten – oder Unterprogrammen – sind, die im menschlichen Gehirn ablaufen. Offenbar gibt es im menschlichen Gehirn auch ein Subprogramm, dessen Aufgabe eben diese Integration ist. Eine Integration der normalerweise im menschlichen Hirn vorhandenen Subprogramme mit jenen der Computer in einer beliebig fernen Zukunft könnte als eine einheitliche Persönlichkeit betrachtet werden, die gleichzeitig Gott und Mensch ist. Aufgrund der Bekenstein-Grenze würde in dem makroskopischen Zeitraum, in dem wir den Gott-Menschen beobachten, nur das eigentliche (intrinsische) Menschsein in seiner Endlichkeit existieren; der unendliche Teil der integrierten Persönlichkeit hingegen würde in der beliebig fernen Zukunft fortdauern. Auf diese Weise wäre dafür gesorgt, daß der Mensch im Gott-Menschen – die menschliche Natur – nicht von dem im wahrsten Sinne unendlichen Gedächtnis des Omegapunkts in Seiner/Ihrer Transzendenz – seiner göttlichen Natur – überwältigt würde. Ich brauche wohl nicht eigens zu betonen, daß ich nicht glaube, eine solche Persönlichkeit habe je existiert. Es ist einfach zu unwahrscheinlich. Aber es könnte möglich sein. Es wäre sogar unvermeidlich, wenn das Auftreten einer solchen Persönlichkeit in einem bestimmten Stadium der menschlichen Geschichte nötig würde, damit am Ende der Omegapunkt hervorgehen kann. In diesem Fall wäre die Unvermeidlichkeit von Beginn an im Universum codiert (»Im Anfang war das Wort«). In der Zukunft, wenn wir die Technik beherrschen, Computer und Menschenhirne aneinanderzukoppeln, sind Persönlichkeiten, die Integrationen zwischen dem Computerbewußtsein und dem Bewußtsein des menschlichen Gehirns sind, durchaus wahrscheinlich – in den Kapiteln VII und VIII habe ich diesen Mechanismus als Möglichkeit zur Verlängerung der subjektiven Lebenszeit des auferweckten Geistleibes dargestellt. Wäre Jesus wirklich von den Toten auferstanden (was ich nicht glaube), und wäre sein Auferstehungsleib wirklich ein Geistleib, dann bestünde kein Grund, die Möglichkeit zu verwerfen, daß sowohl sein Körper vor der Kreuzigung als auch sein Auferstehungsleib derart erhöht und tatsächlich mit einem unendlichen Bewußtsein integriert sei, wobei die Integration im Auferstehungsleib so vollkommen wie möglich wäre. (Sie kann nicht absolut vollkommen sein, denn ein endliches Gebilde kann nicht in umkehrbar eindeutige Zuordnung mit einem abzählbar unendlichen Gebilde gebracht werden; das aber ist der Omegapunkt in Seiner/Ihrer Transzendenz.)

Dieses Modell scheint der natürlichste Weg zu sein, eine Christologie in der Omegapunkt-Theorie zu entwickeln. Offensichtlich hat Pannenberg[25] unabhängig davon dasselbe Modell entworfen, als er zunächst darauf hinwies, daß in einer früheren Version der Omegapunkt-Theorie eine Christologie fehle, und daraufhin vorschlug, wir sollten nach »der ›Computerkapazität‹ des göttlichen Logos [suchen], der mit dem menschlichem Leben Jesu in der Inkarnation verbunden war und ihm in seiner Erhöhung ganz zur Verfügung stand«. Wenn keine einheitliche Persönlichkeit entsteht, sondern nur ein Informationsaustausch zwischen einem vergangenen menschlichen und einem fernen künftigen Leben stattfindet, könnte man den betreffenden Menschen als »göttlich inspiriert« oder als »Propheten« bezeichnen.

Jedoch habe ich erhebliche Zweifel, ob dieses Modell der zweiten Person und der Propheten sich irgendwie verwenden läßt. Nichts deutet darauf hin, daß auch nur einer von den Tausenden selbsternannter »Propheten« der verschiedenen Weltreligionen über irgendein Wissen verfügt hätte, das seinen oder ihren Zeitgenossen verborgen geblieben wäre. Mein Skeptizismus bezüglich der »Propheten« ist nichts Neues: Celsus, der erste Kritiker des Christentums, schrieb um 185 n. Chr. über die christlichen Behauptungen von Jesu »Prophetentum«:

»Es gibt zwar mehrere Gestalten von Prophetieen, die vollkommenste aber bei den Männern in diesem Lande [Judäa] ist diese. Viele und zwar Namenlose nehmen auf's leichteste aus ganz zufälliger Ursache in Heiligthümern und außerhalb derselben ... Bewegungen an scheinbar wie Weissager. Jedem aber ist's zur Hand und üblich zu sagen: Ich bin Gott oder Gottessohn oder göttlicher Geist. Ich bin aber gekommen, denn schon geht die Welt zu Grund und ihr, o Menschen, fahret wegen der Ungerechtigkeiten dahin[26]... Nachdem sie diese weitläufigen Drohungen ausgestossen, fügen sie der Reihe nach unverständliche, halbverrückte und ganz unklare Worte bei, deren Verständnis kein Verständiger finden möchte, denn es ist undeutlich und nichts; jedem Unsinnigen aber oder Betrüger gibt es in jeder Hinsicht Anlaß, wohin er das Gesagte zu seinem Vortheil wenden will. Diese angeblichen Propheten, welche ich selbst gehört, haben, wenn ich sie überführte, mir bekannt, wessen sie bedurften und daß sie ihre Worte erdichtet haben von einem zum anderen.«[27]

Unter den Gelehrten herrscht heute jedoch die einhellige Überzeugung, daß die Zeitgenossen Jesu ihn niemals als Gott angesehen hätten[28]: Die Dreieinigkeit sei ein viel späterer Gedanke, der nicht auf Diskussion und logischen Folgerungen beruhe, sondern von der Militärmacht des Römischen Reiches aufgezwungen worden sei. Außerdem sei, wie die führenden römisch-katholischen Theologen Hans Küng[29] und Edward Schillebeeckx[30] hervorheben, im Neuen Testament nichts davon erwähnt, daß Jesus mehr über Gott gewußt hätte als andere in seiner Zeit. Ein Hinweis auf dieses mangelnde Wissen ist der Widerspruch zwischen Jesu Darstellung von einem Gott der Liebe und seinem Beharren auf ewiger Bestrafung in der Hölle. Nach Matthäus lauten Jesu eigene Worte über die Hölle: »Dann wird er [der Menschensohn] sich auch an die auf der linken Seite wenden und zu ihnen sagen: Weg von mir, ihr Verfluchten, in das ewige Feuer, das für den Teufel und seine Engel bestimmt ist! ... Und sie werden weggehen und die *ewige Strafe* erhalten, die Gerechten aber das ewige Leben.« (Math 25,41 und 46) Diese Worte sind klar und unmißverständlich: Manchen steht die ewige Strafe bevor (und laut Matthäus sind es recht triviale Vergehen, die derlei Strafen nach sich ziehen). Die Omegapunkt-Theorie aber sagt, wie ich in Kapitel VIII hervorhob, einen liebenden Gott und eine (fast) universelle Erlösung voraus und ist deshalb – falls diese Worte Jesu als maßgebend gelten – mit dem Christentum nicht vereinbar. Viele christliche Theologen versuchten, diese Äußerungen unter Hinweis auf eine Stelle im zweiten Brief des Petrus umzudeuten: »... weil er [der Herr] nicht will, daß jemand zugrunde geht, sondern daß alle sich bekehren« (2 Petr 3,9). In den Kapiteln VIII und IX habe ich bereits einige Versuche von seiten christlicher Theologen erwähnt, die universelle Rettung ins Christentum einzuführen.

Das Wunder der Wandlung

Die meisten Christen gehören der römisch-katholischen, der griechisch-orthodoxen oder der russisch-orthodoxen Kirche an. In allen drei Kirchen ist die wichtigste Zeremonie die *Messe*, während der, wie man glaubt, der Priester wunderbarerweise Brot und Wein in den Leib und das Blut des auferstandenen Jesus verwandelt. Überflüssig zu sagen, daß bei wissenschaftlichen Untersuchungen das »verwandelte« Brot von gewöhnlichem Brot, der »verwandelte« Wein von gewöhnlichem Wein nicht zu unterscheiden sind. Weshalb viele protestantische Christen abstreiten, daß bei dieser Zeremonie »wirklich« etwas geschieht. Eine entsprechende Zeremonie wird in den protestantischen Kirchen abgehalten, aber vielen gilt sie als nebensächlich, lediglich als eine wunderliche Tradition zur Erinnerung der Gemeinde an eine Feier, das Letzte Abendmahl, das Jesus mit seinen engsten Vertrauten am Tag vor seiner Hinrichtung teilte.

Trivial ist die Uneinigkeit über die sogenannte leibliche Realpräsenz Christi im Abendmahl, das heißt über die Frage, ob Jesus in Brot und Wein *wirklich* gegenwärtig ist, keineswegs. Sie war eine Hauptursache der Religionskriege zwischen Katholiken und Protestanten während der Reformation und forderte viele tausend Menschenleben. Aufgrund der allgemeinen Überzeugung – auf katholischer wie auf protestantischer Seite , daß nur wenige Auserwählte Zutritt zum Himmelreich hätten, war es vernünftig, Krieg zu führen. Denn war das Dogma der Realpräsenz wahr, dann hatten katholische Priester tatsächlich eine Kontrolle darüber, wer in den Himmel durfte und wer nicht. Und wenn dem so war, setzte jeder, der die leibliche Gegenwart Jesu während der Eucharistie öffentlich leugnete, nicht nur sein eigenes Leben nach dem Tod aufs Spiel, sondern außerdem die Jenseitserwartungen seiner Zuhörer. Folglich galt eine solche Person als Gefahr und Bedrohung für die Volksgesundheit. Wie sollte es auch anders sein: Schließlich ist man sogar heute noch allgemein überzeugt, daß Regierungen das Recht haben, Gewalt anzuwenden, um das Leben ihrer Untertanen zu schützen. Also ist Gewalt sicherlich auch dann gerechtfertigt, wenn das Leben nach dem Tod bedroht ist. War hingegen die Lehre der Realpräsenz falsch, bewies das, die Priester konnten keineswegs kontrollieren, wer in den Himmel kam. Zudem machten diese falschen Priester die Jenseitshoffnungen aller, die ihnen folgten, zunichte, indem sie sich zwischen Gott und die Menschen stellten. Und deshalb waren *sie* eine gefährliche Bedrohung für die Volksgesundheit und mußten um des Seelenheils der Bürger willen getötet werden. So wurden in protestantischen Ländern viele Priester ermordet und in katholischen Ländern viele Protestanten. Zum Glück stellt sich dieses Problem in der Omegapunkt-Theorie nicht; jeder wird zum ewigen Leben auferweckt werden.

Natürlich wußten die Katholiken, daß Brot und Wein nach der »Wandlung«, soweit ein Mensch dies beurteilen konnte, von unverwandeltem Brot und Wein nicht zu unterscheiden waren. Ihre Erklärung war und ist, die *Substanz* von Brot und Wein wird Leib und Blut des auferstandenen Jesus, das *Akzidens* jedoch, die zufällige äußere Erscheinungsform von Brot und Wein, verändert sich durch die Wandlung nicht. Der Fachausdruck für die Substanzänderung ohne Änderung der unwesentlichen Eigenschaften, den das Vierte Laterankonzil im Jahr 1215 zum erstenmal benutzte, lautet *Transsubstantiation*. Das Trienter Konzil erhob diese Erklärung – durch Verwandlung der Substanz wird Jesus leiblich anwesend – 1551 zum Dogma, zur offiziellen Lehre der römisch-katholischen Kirche: einem Glaubenssatz, der für jeden Katholiken *verbindlich* ist. Im Gegensatz dazu leugneten die Protestanten Zwingli und Calvin die Realpräsenz in jeder Hinsicht, während Luther für eine *Konsubstantiation* plädierte, das heißt, Brot und Wein besäßen nach der Weihung zweierlei Substanz: sowohl die für Brot und Wein übliche als auch die Substanz von Leib und Blut des auferstandenen Jesus.[31]

»Substanz« und »Akzidens« sind feststehende Begriffe in der Metaphysik des Thomas von Aquin; eine ungefähre Vorstellung davon, was sie bedeuten sollen, vermittelt das Werk von Jacques Maritain, einem französischen Laientheologen und zugleich dem führenden Neothomist des 20. Jahrhunderts. Nach Maritain ist »ein *Akzidens* die Natur oder Essenz, welche die Eigenschaft hat, in etwas anderem zu existieren«[32], während »Substanz ein Ding oder eine Natur (ist), welche die Eigenschaft hat, durch und in sich selbst (*per se*) zu existieren und nicht in etwas anderem.«[33] – »[Substanz] ist das absolut erste und ursprüngliche Sein eines Dings, der radikale Ursprung seiner Tätigkeit und Wirklichkeit... Außerdem ist Substanz an sich *unsichtbar*, mit den Sinnen nicht wahrzunehmen. Denn die Sinne erfassen nicht das Sein an sich, sondern präsentieren uns unmittelbar nur die Veränderungen und Bewegungen... Mit anderen Worten, der gesehene oder berührte Gegenstand ist etwas, das während des Gesehen- oder Berührtwerdens gleichzeitig auch eine Substanz ist, aber nicht als Substanz gesehen oder berührt wird... In der Sprache der (thomistischen) Philosophie *ist Substanz an sich (per se) nicht begreifbar und nur zufällig (akzidentell) wahrnehmbar.*«[34]

Für einen Physiker des 20. Jahrhunderts wie mich ist es nicht leicht, sich in die Denkungsart eines Thomisten wie Maritain zu versetzen. Seit Galilei hegen Naturwissenschaftler gegen den aristotelischen Substanz-Begriff ohnehin großen Argwohn: als nämlich die Aristoteliker argumentierten[35], die Veränderungen und Unvollkommenheiten, die Galilei und andere Astronomen am Himmel beobachtet hatten, könnten lediglich optische Täuschungen sein, denn die himmlische Substanz, die Quintessenz, sei ihrer Natur nach unveränderlich und vollkommen. Eines scheint jedoch aus Maritains Worten klarzuwerden: »Substanz« ist etwas, worin die beobachteten Eigenschaften eingebettet sind; die »Substanz« ist eine tiefere Wirklichkeitsebene als das »Akzidens«; das Beharrende eines Dings im Gegensatz zu seinen wechselnden Zuständen und Eigenschaften. Der Unterschied zwischen »Akzidens« und »Substanz« scheint in etwa dem zu entsprechen, was in der Informatik zwei verschiedene Vollzugsebenen sind, wobei das »Akzidens« die höhere Ebene als die »Substanz« ist. In den Kapiteln II und VIII habe ich gezeigt, daß ein virtueller Computer innerhalb eines anderen Computers in der Informatik durchaus üblich ist. Definitionsgemäß existiert ein virtueller Computer seiner Natur nach in einem anderen Computer. Darüber hinaus verändert der Ausgangscomputer, der auf der tieferen Vollzugsebene agiert, seine Grundstruktur nicht, auch wenn auf höherer Ebene Veränderungen eintreten. Erinnern wir uns: Wir können nur beobachten, was auf unserer eigenen oder einer höheren Vollzugsebene liegt; die tieferen Ebenen sind für uns unsichtbar, obwohl sie grundlegendere Seinsebenen sind als unsere eigene. Wenn der Omegapunkt uns wiedererweckt, werden unsere Auferstehungskörper dieselben sein wie unsere gegenwärtigen, jedoch auf einer höheren Vollzugsebene: unsere gegenwärtigen Körper auf einer höheren Ebene der Wirklichkeit. Maritain räumt ein[36], daß es möglicherweise viele Wirklichkeitsebenen gibt, er leugnet hingegen die Möglichkeit einer unendlichen Regression von Ebenen: Die Regression müsse in Gott enden. Auf ähnliche Weise enden die Ebenen in der Omegapunkt-Theorie im Omegapunkt.

Wenn dies eine annehmbare, dem Jahrhundert angemessene Interpretation dessen ist, was die thomistische Unterscheidung zwischen Substanz und Akzidens meint, dann könnten die Katholiken durchaus recht haben mit ihrer Annahme, daß die »Substanz« von Brot und Wein sich in Leib und Blut des auferstandenen Jesus verwandelt. Wenn es zuträfe, daß unser gegenwärtig beobachtetes Universum nicht die tiefste Vollzugsebene – die Letzte Wirklichkeit – wäre, sondern eine auf einem riesigen Computer (mit einer Kapazität von mindestens $10^{10^{123}}$ Bits) ablaufende Simulation, dann wäre es *möglich*, daß der Anteil unseres Universums, der dem Brot und dem Wein der katholischen Messe entspricht, in dem Augenblick, in dem der Priester die magischen Worte spricht, aufhört, auf demselben Computer zu laufen wie der Rest des Universums. Wie in Kapitel II gezeigt, gibt es viele Maschinen, die universellen Turing-Maschinen äquivalent sind, die deshalb jede beliebige endliche Maschine und folglich auch unser gesamtes Universum oder Teile daraus emulieren können. Unser eigener Auferstehungsleib wird eine solche Maschine sein, da er potentiell unendlich ist und da unser gegenwärtiges endliches Bewußtsein den endlich festgelegten Teil einer universellen Turing-Maschine emulieren kann. Wenn Jesus wirklich von den Toten auferstand und sein Auferstehungsleib von derselben Substanz ist, wie unser eigener einst sein wird, dann könnte er das Universum oder Teile daraus emulieren.

Ich glaube es nicht. Denn ich glaube nicht, daß Jesus von den Toten auferstanden ist, und es deutet auch nichts darauf hin, daß unsere Realitätsebene nicht die letzte ist. Außerdem tritt das Problem des Bösen wieder auf, wenn es tatsächlich eine tiefere, von einem nichttranszendenten intelligenten Wesen kontrollierte Realitätsebene geben sollte. Und schließlich sehe ich keinen Grund, weshalb man den Wunsch haben sollte, den Computer von dem, was er jetzt ist (was auch immer), in den Leib des auferstandenen Jesus zu verwandeln. Ohnehin macht das ja – nach Maritains eigenen Worten – keinen merklichen Unterschied. Ich habe mich auf diese Diskussion nur eingelassen, um zu zeigen, wie weit die wichtigsten Strömungen des Christentums, die römisch-katholische und die orthodoxe Kirche, sich mit der Omegapunkt-Theorie in Einklang bringen lassen.

Manche Katholiken würden meine Analyse unnötig finden. Katholische Theologen wie Edward Schillebeeckx[37] gaben dem Dogma von der leiblichen Realpräsenz eine andere Deutung, die ich aber zu seicht und zu verschwommen finde, um sie für interessant zu halten: Sie ist mit *jeder beliebigen* physikalischen Theorie konsistent. Ich stelle fest, daß diese neue Interpretation wie auch jeder andere Versuch, die Realpräsenz ohne Verwendung des thomistischen Begriffs der Transsubstantiation zu erklären, 1965 in der Enzyklika *Mysterium fidei* von Papst Paul VI. verurteilt wurde.[38] In der zweiten Hälfte des 20. Jahrhunderts kam es zwar zu einer gewissen Annäherung zwischen den römisch-katholischen und manchen protestantischen Auffassungen (seitens der Lutheraner und Anglikaner) hinsichtlich des Wesens der Realpräsenz und ihrer Tatsache an sich, doch auch heute würden diese verschiedenen christlichen Kirchen das »verwandelte« Brot, den »verwandelten« Wein nicht miteinander teilen.[39]

Amerikanischer Deismus: ein Versuch in rationalem Christentum

Kann es ein Christentum ohne Wunder geben, eine Religion, die unmittelbar auf der Physik beruht? Die Begründer der deistischen Bewegung im 18. Jahrhundert hielten es für möglich. Kennzeichnend für den Deismus ist die Vorstellung einer natürlichen Religion als Inbegriff und Maßstab aller Religion, die nicht auf Offenbarung, sondern auf der menschlichen Vernunft gründet. *Christianity as Old as the Creation*, das Hauptmanifest des Deismus, das Matthew Tindal im Jahr 1730 verfaßte, leugnete die Idee und Möglichkeit der Offenbarung und nannte die Heilige Schrift eine Urkunde der natürlichen Religion; auch das Christentum müsse mit den Vernunftwahrheiten übereinstimmen. Demnach ist die Omegapunkt-Theorie eine deistische Lehre, und eine Untersuchung der deistischen Bewegung kann uns einige Einsichten in die Probleme eröffnen, mit denen eine Vernunftreligion sich zu befassen hat. Seinen größten Einfluß übte der Deismus nicht in England aus, sondern im 18. Jahrhundert in Amerika – tatsächlich waren viele der amerikanischen Revolutionsführer Deisten –, und deshalb will ich mich hier auf die amerikanische Variante des Deismus konzentrieren.

Nach der Überzeugung aller deistischen Revolutionäre Amerikas, deren Schriften über Religion ich auftreiben konnte, ist die Wissenschaft in der Lage, zwei wesentliche Punkte festzustellen: (1) Es existiert ein personaler Gott, der das Universum geschaffen hat, und (2) dieser Gott wird dafür sorgen, daß wir nach dem Tod in Glückseligkeit weiterleben werden – denn auch ein Leben nach dem Tod existiert. Diese beiden Thesen sind natürlich die zentralen Aussagen der Omegapunkt-Theorie. Zur Verdeutlichung dieser Übereinstimmung wollen wir im folgenden die Schriften von fünf Schlüsselfiguren der amerikanischen Revolution betrachten: *Thomas Paine*, Autor des Pamphlets *Common Sense*, das eine fast beispiellose Verbreitung fand und mehr als jede andere Publikation die amerikanischen Siedler zur Revolution anstachelte; *Benjamin Franklin*, Physiker, Drucker und während des Unabhängigkeitskriegs Botschafter in Frankreich (dem Hauptverbündeten der Amerikaner); *Ethan Allen*, Befehlshaber der Truppen, die den ersten amerikanischen Militärsieg errangen, die Einnahme von Fort Ticonderoga; *Thomas Jefferson*, Verfasser der *Unabhängigkeitserklärung* der Vereinigten Staaten von Amerika und dritter Präsident der USA; und schließlich *George Washington*, der erste Präsident der USA und Oberbefehlshaber der Amerikanischen Revolutionsarmee.

Thomas Paine legte seine religiösen Ansichten in dem Buch *The Age of Reason* nieder, das zum ersten Mal in Paris während der Französischen Revolution (1793) veröffentlicht wurde. Ich besitze ein sehr abgegriffenes Exemplar des ersten Teils, 1795 in London als Pamphlet gedruckt von Daniel Eaton, der sich als »Drucker und

Buchlieferant der Höchsten Majestät des Volkes« betitelte. Dieser Anspruch war eine unmittelbare Herausforderung an die königliche Macht, genau wie Paines Abhandlung eine Herausforderung an die Offenbarungsreligion war. Der Preis für das Pamphlet, ein Shilling Sixpence (ungefähr DM 13,60 in heutiger Währung), war ein durchaus profitables Geschäft für ein so gefährliches Werk.

Paine verkündet seine zentrale Überzeugung auf der ersten Seite seines Buches: »Ich glaube an Einen Gott, und an nicht mehrere. Auch hoffe ich Glückseligkeit nach diesem Leben.«[40] Der Hauptteil seiner Abhandlung ist eine Verspottung des Begriffs der Dreifaltigkeit (dies ist es, was er unter »einem Gott« versteht) und ein Angriff gegen die Vorstellung, das Wort Gottes könne in einem Buch, wie der Bibel, gedruckt werden. Das einzige Wort Gottes, sagt Paine, sei die natürliche Welt – das physikalische Universum. Sie allein sei von Ihm geschaffen, ohne Unterstützung oder Eingriff von seiten der Menschen. Nur die Beobachtung der Natur, nur wissenschaftliche Forschung könnten uns ein wahres Bild davon vermitteln, wie Gott wirklich sei. Paine schloß seine Abhandlung mit folgenden Worten:

> »[Zweitens] ist die Schöpfung, welche wir durch sinnliche Erfahrung und durch Betrachtung erkennen, ein wirkliches und immer existierendes Wort Gottes, welches uns nicht täuschen kann, und worin wir uns nicht irren können. Es verkündigt uns seine Macht, es zeigt uns seine Weisheit, und giebt uns Beweise von seiner Güte.[41]
>
> Ueber die Art unserer künftigen Fortdauer mache ich mir keinen Kummer. Ich beruhige mich mit einer fast völligen Gewißheit in dem Vertrauen, daß die Macht, welche mir das Daseyn gab, auch vermögend sey, mir die Fortdauer desselben zu erhalten. Unter welcher Gestalt, in welcher Form, mit oder ohne diesen Körper, das stelle ich ihr anheim. – Wahrscheinlicher ist es mir, daß ich nach diesem Leben noch fortdauern werde, als daß ich vor demselben schon einmahl [*sic*] existiert hatte.«[42]

Ethan Allen verfaßte nach dem Unabhängigkeitskrieg ein Buch über Gott und das Leben nach dem Tod, das zugleich ein heftiger Angriff gegen die geoffenbarte Religion war: *Reason, the Only Oracle of Man.* Er war offensichtlich mit solcher Leidenschaft von der Wahrheit seiner These überzeugt, daß er sein Haus verkaufte, um das Buch auf eigene Kosten zu veröffentlichen. Der größte Teil befaßt sich mit dem Beweis der Existenz Gottes aufgrund seiner Schöpfung, eines Gottes, der »[nicht nur unenendlich weise und mächtig,] sondern auch unendlich gut« ist. Deshalb, sagt Allen, könnten wir aufgrund der beiden Tatsachen (1) »Gott ist im tiefsten Grunde gerecht«, und (2) »Gerechtigkeit in allen Ereignissen findet nicht in dieser Welt statt« folgern:

»Deshalb muß es ein Dasein jenseits dieses Lebens geben, in welchem die äußerste Gerechtigkeit Gottes stattfinden wird.«[43]

Mein persönlicher Favorit unter den amerikanischen Revolutionsführern ist Benjamin Franklin; nicht nur, weil er ebenfalls Physiker war: Er besaß eine außergewöhnliche praktische Vernunft und eine große Redegewandtheit – er war ein Meister darin, den Kernpunkt eines Themas in höchst lebendige Bilder zu fassen. In einem privaten Brief aus dem Jahr 1753 beispielsweise legte er präzise dar, weshalb es dumm sei, den Himmel als Belohnung für gute Taten oder für den rechten Glauben an Gott zu erwarten:

»... Sie werden meine Vorstellung von guten Taten darin sehen, daß ich weit entfernt von der Erwartung bin, ich könnte mir damit den Himmel verdienen. Unter Himmel verstehen wir einen Zustand der Glückseligkeit, unendlich im Ausmaß und ewig in der Dauer: ich kann nichts tun, um mir solchen Lohn zu verdienen: Derjenige, der für einen Schluck Wasser, den er einem durstigen Menschen gereicht hat, eine gute Plantage als Lohn erwartete, wäre bescheiden in seinen Forderungen im Vergleich zu jenen, die glauben, sie verdienten den Himmel für ein wenig Gutes, das sie auf Erden tun.«[44]

In einem anderen privaten Brief aus dem Jahr 1756 tröstete Franklin einen Verwandten mit einer klaren Aussage über die angemessene Art des Sterbens und das Leben nach dem Tod:

»Mein aufrichtiges Beileid. Wir haben einen sehr lieben und wertvollen Verwandten verloren. Aber es ist der Wille Gottes und der Natur, daß diese sterblichen Körper abgelegt werden müssen, wenn die Seele sich anschickt, ins wirkliche Leben einzutreten.

Dieser Zustand ist eher der eines Embryos, eine Vorbereitung auf das Leben. Ein Mensch ist erst vollkommen geboren, wenn er stirbt. Warum dann sollten wir uns grämen, daß unter den Unsterblichen ein neues Kind geboren ist, ihre glückliche Gemeinschaft ein neues Mitglied hat? Unser Freund und wir sind eingeladen auf eine Vergnügungsfahrt, die für immer dauern wird. Sein Sitz stand zuerst bereit, und er ist vor uns aufgebrochen. Wir könnten uns nicht schicklicherweise alle zugleich auf den Weg machen; und warum sollten Du und ich uns darüber bekümmern, da wir doch bald folgen werden und wissen, wo wir ihn finden?«[45]

In seiner Jugend entwickelte Franklin, gestützt auf den Glauben sowohl an die Existenz Gottes als auch an ein Leben nach dem Tod, seine Vernunftreligion, und er behielt diese Überzeugung sein Leben lang bei. In seiner *Autobiography* sagt Franklin, er habe als junger Mann beschlossen, ein auf sechs Behauptungen gegründetes Buch über Religion zu schreiben. Deren erste laute: »Es gibt einen Gott, der alle Dinge erschuf« und die letzte: »Und Gott wird gewiß Tugend belohnen und Laster bestrafen, entweder in diesem Leben oder im nächsten.«[46] In seinem letzten Brief über Religion, den er nur sechs Wochen vor seinem Tod schrieb, wiederholte Franklin sein Credo an den Rektor von Yale:

»Sie wünschen etwas über meine Religion zu erfahren... Dies ist mein Glaubensbekenntnis. Ich glaube an den einen Gott, den Schöpfer des Universums. Daß er es durch seine Vorsehung lenkt. Daß er angebetet werden soll. Daß wir ihm am besten dienen, indem wir seinen anderen Kindern Gutes tun. Daß die Seele des Menschen unsterblich ist und daß ihr in einem anderen Leben je nach persönlichem Verhalten in diesem Gerechtigkeit widerfahren wird. Dies halte ich für die Grundprinzipien aller gesunden Religion...«[47]

Obwohl Franklin von einer »unsterblichen« Seele sprach, glaubte er nicht wirklich daran; vielmehr glaubte er, Gott werde den Körper schließlich wieder zusammensetzen, wie dies auch die Omegapunkt-Theorie vorhersagt. Das beweist seine Grabinschrift, die Franklin selbst verfaßte:

»Hier liegt der Körper von B. Franklin, Drucker, wie der Einband eines alten Buches: seines Inhaltes beraubt, entblößt seiner Buchstaben und Vergoldung, eine Speise der Würmer. Doch das Werk wird nicht verloren sein; denn es wird, wie er glaubte, dereinst in einer neuen und eleganteren, vom Autor überarbeiteten und verbesserten Ausgabe wiedererscheinen.«[48]

Sie sehen, daß Franklin stillschweigend die Mustertheorie der Identität vertrat. Für ihn war »Benjamin Franklin« nicht ein spezielles Exemplar eines bestimmten Musters – eines ganz bestimmten Computerprogramms, würden wir in der Sprache des 20. Jahrhunderts sagen –, das im 18. Jahrhundert existierte, sondern das Muster an sich. Zwischen einem speziellen Exemplar und der »neuen und eleganteren Ausgabe«, die in der Zukunft existieren wird, muß keine Kontinuität bestehen.

Während seiner ersten Amtsperiode als Präsident der Vereinigten Staaten von Amerika[49] fand Thomas Jefferson die Zeit, »ein kleines Büchlein« über Theologie zu beginnen und abzuschließen: *The Philosophy of Jesus*. Das Buch wurde nie veröffentlicht, und das Manuskript ging verloren, aber in seiner Korrespondenz bezog er sich häufig darauf. 1803, noch in seiner ersten Amtsperiode, sandte Jefferson seinem Freund Benjamin Rush einen »Syllabus einer Würdigung der Verdienste von Jesu Lehren im Vergleich zu jenen anderer«. Dieses Kompendium ist vermutlich ein Konzentrat seines Buches. Darin führte Jefferson die für ihn wichtigsten vier Beiträge Jesu zur Religionsphilosophie auf; der erste und der vierte lauteten:

»1. Er berichtigte den Deismus der Juden, indem er sie in ihrem Glauben an nur einen Gott bestärkte und ihnen bessere Vorstellungen von seinen Attributen und seiner Lenkung gab...

4. Er predigte nachdrücklich die Lehre eines künftigen Staates: an dem die Juden entweder zweifelten oder an den sie nicht glaubten; und setzte ihn wirkungsvoll als wichtigen Ansporn ein, zusätzlich zu den anderen Beweggründen für sittliches Verhalten.«[50]

In einem Brief aus dem Jahr 1822, als er sein Amt schon lange abgegeben hatte, schrieb Jefferson, die religiösen Lehren Jesu (die er auch als die wesentlichen Lehren des Deismus ansah, wie er selbst ihn vertrat) seien genau drei:

»1. daß es einen Gott gibt, und er ist vollkommen;
2. daß es einen künftigen Staat der Belohnungen und Strafen gibt;
3. daß Gott mit ganzem Herzen und deinen Nächsten wie dich selbst zu lieben die Summe der Religion ist.«[51]

Es sind genau dieselben drei Punkte, die auch Franklin anführt. John Adams, der zweite Präsident der Vereinigten Staaten, war Jeffersons politischer Erzfeind während ihrer jeweiligen Amtsperioden; doch nach ihrem Ausscheiden aus dem Staatsdienst versöhnten sie sich wieder. Mehrmals schrieb Jefferson an Adams von seinem Glauben an ein Leben nach dem Tod und sagte, er freue sich darauf, seine geliebte Frau und seine Kinder wiederzusehen.[52]

Der erste Präsident der Vereinigten Staaten war in der Frage nach dem Jenseits viel zurückhaltender als Jefferson. Den im Grunde einzigen Hinweis auf George Washingtons Glauben an ein Leben nach dem Tod liefert ein Brief, den er nach dem Tod der Mutter an seine Schwester schrieb:

»So schrecklich und erschütternd der Tod eines Elternteils ist, liegt doch ein Trost in dem Wissen, daß der Himmel unsere Mutter bis zu einem Alter verschonte, das nur wenige erreichen, und ihr den vollen Genuß ihrer geistigen Fähigkeiten ließ ... Angesichts dieser Überlegungen und der Hoffnung, daß sie an einen glücklicheren Ort entrückt wird, ist es die Pflicht ihrer Angehörigen, sich in Demut dem Ratschluß des Schöpfers zu beugen.«[53]

Heute ist der Deismus so gut wie tot. Obwohl die führenden Köpfe der amerikanischen Revolution ihn vertreten hatten, war er bereits um 1810, lange vor Jeffersons Tod, aus dem amerikanischen Geistesleben verschwunden: lange bevor Darwins Abstammungslehre (die 1859 erschien) dem teleologischen Gottesbeweis den Boden entzog. Was also hat dem Deismus den Garaus gemacht? Er war eine von der herausragenden Wissenschaft jener Zeit, der Newtonschen Kosmologie, getragene Vernunftreligion. Aber mit dem Offenbarungschristentum konnte er nicht konkurrieren. Weshalb nicht?

Ich glaube, der Deismus mußte sterben, weil die Physik, auf die er sich gründete, einfach zu unpersönlich war.[54] Die Newtonsche Mechanik stellte das Universum als gewaltige perfekte, uhrwerkähnliche Maschine dar. Folglich mußte sein Erzeuger allmächtig und vollkommen sein. Aber umgekehrt implizierte ebendiese Vollkommenheit, daß der Schöpfer in die Welt nicht einzugreifen brauchte, ja nicht eingreifen konnte, ohne die Perfektion des Uhrwerks zu stören. Gott hörte auf, ein liebender Vater zu sein, und wurde statt dessen zum Grundbesitzer, der sich von seinem Eigentum fernhält. Tatsächlich verschob sich in der Definition des Deismus der Schwerpunkt: Seit dem Ende des 19. Jahrhunderts heben Philosophielexika weniger die menschliche Vernunft und Erkenntnisfähigkeit (im Unterschied zur göttlichen Offenbarung) hervor, sondern vielmehr die Einmaligkeit des Schöpfungsaktes. »Eine besonders in England seit der Aufklärung entstandene Form des Glaubens, daß es zwar einen Gott als Urgrund der Welt gibt, aber keinerlei Eingriffe dieses Gottes nach der Schöpfung in den Lauf der Welt stattfinden, weder als Wunder noch durch Sendung seines Sohnes auf die Erde«, definiert Kröners *Philosophisches Wörterbuch* »Deismus«. Das einzige, was die Offenbarungsreligion niemals aufgab, war der Glaube an einen persönlichen Gott. Nur ein persönlicher Gott kann sich *sorgen*, Interesse für seine Schöpfung aufbringen. Die Amerikaner des 19. Jahrhunderts müssen die deistischen Argumente für ein Leben nach dem Tod, wie zum Beispiel Allen sie formuliert, als recht fragwürdig empfunden haben. Wenn wir Franklins Argumentation über den Wert des Himmels in bezug auf unser gegenwärtiges Leben bis zu ihrem logischen Schluß weiterdenken, wird uns klar, daß wir Menschen nicht Gerechtigkeit brauchen, sondern Gnade. Vom Erzeuger der perfekten Newtonschen Maschine konnte man nur Gerechtigkeit erwarten. Ein liebender Vater gewährt Gnade.

Religion kann nur dann auf physikalischen Grundlagen ruhen, wenn die Physik zeigt, daß Gott ein persönlicher Gott sein *muß*, und weiter, daß das Leben nach dem Tod eine absolut unerschütterliche Folgerung aus der Physik ist. In früheren Kapiteln habe ich dargelegt, daß die Omegapunkt-Theorie diese beiden Kriterien erfüllt und folglich ein Fundament für alle Religionen der Menschheit sein kann.

XIII. Schlußwort: Theologie als Zweig der Physik

Die eigentliche Bedeutung der Omegapunkt-Theorie liegt nicht darin, daß sie die Aussagen besonderer religiöser Traditionen erhärtet; sie liefert vielmehr einen physikalisch plausiblen Mechanismus für eine universelle Auferstehung. Wie Wolfson hervorhob[1], war das Postulat der Auferstehung während der letzten zweitausend Jahre mit der allgemein akzeptierten Physik unvereinbar. Das hat sich mittlerweile geändert – so sehr, daß der russische Physiker Andrej Linde[2] lediglich einen Einwand gegen die Auferstehungstheorie erhob: Sie sei ihm (ontologisch) zu reduktionistisch; sie setze voraus, daß ein Mensch auf der untersten Ebene der bekannten physikalischen Gesetze erschöpfend beschrieben werden könne.

In der Einführung habe ich behauptet, die Theologie sei entweder Unsinn und folglich dem Untergang geweiht, oder sie würde eines Tages ein Zweig der Physik werden. Die Mehrheit der Naturwissenschaftler war von ersterem überzeugt. Wir wissen jedoch von historischen Präzedenzfällen, die beweisen, daß auch das Gegenteil möglich ist: daß eine anscheinend für immer in Mißkredit geratene Theorie ein spektakuläres Comeback feiert. Etliche Beispiele habe ich in der Einführung erwähnt. Hier noch ein weiteres: Als im Jahr 1822 in Barcelona eine Gelbfieberepidemie wütete, untersuchte eine Gruppe französischer Ärzte in einer gründlichen und umfassenden Studie, wie genau sich die Krankheit ausgebreitet hatte.[3] Überzeugend stellten sie dar, daß die in Barcelona vom Gelbfieber befallenen Menschen nicht miteinander in Kontakt gekommen waren, daß sie gar keine Möglichkeit dazu hatten. Dieses Ergebnis führte dazu, daß man die Theorie von der Keimübertragung fortan für hinfällig hielt. Niemandem kam je in den Sinn, daß Gelbfieber auch durch Stechmücken übertragen werden könnte. Während der folgenden fünfzig Jahre diente diese französische Studie als Argument für die Abschaffung der als veraltet empfundenen Quarantänebestimmungen in den europäischen Häfen: Nachdem Krankheit nicht durch andere Menschen übertragbar sei, hieß es, seien Quarantänen ein Relikt aus einer abergläubischen Vergangenheit. Die britischen Liberalen sahen die Quarantäne als vernunftwidrigen Übergriff gegen die individuelle Freiheit und als Ausdruck römisch-katholischer Ignoranz an.[4] Erst Pasteur und seine neue medizinische Physik erweckten in der zweiten Hälfte des 19. Jahrhunderts die Keimtheorie wieder zum Leben.

Daran sehen wir, daß die Physik auf die Medizin ausgedehnt werden mußte, um die Keimtheorie zu retten. In ähnlicher Weise muß sich die Physik auf die Theologie erstrecken, damit die Religion überlebt. Oder, wie es der Physiker John Tyndall[5] 1874 in seiner berühmten *Address Before the British Association for the Advancement of Science* darstellte: »Die unangreifbare Position der Wissenschaft kann nun mit wenigen Worten beschrieben werden. Wir beanspruchen das gesamte Gebiet der Kosmologie und werden es der Theologie entreißen.« Mit der Einführung des Dirac-Dysonschen Postulats des ewigen Lebens hat die Naturwissenschaft das letzte theologische Bollwerk gestürmt. So wird jemand, der im 21. Jahrhundert theologische Forschung betreiben will, zuerst die Teilchenphysik studieren müssen, und zwar die Teilchenphysik im Weinbergschen Sinne[6]: eine Disziplin, die die allgemeine Relativitätstheorie, die physikalische Kosmologie und die traditionelle Elementarteilchenphysik umfaßt. Die Theologen des Mittelalters hätten sich über ein Physikstudium als Voraussetzung für die Doktorwürde in Theologie nicht verwundert. In ihrer Zeit war die Promotion in Philosophie – die das seinerzeit fortschrittlichste physikalische Wissen mit einschloß – in der Tat die Grundvoraussetzung für das Studium der Theologie. Das Werk der mittelalterlichen Theologen ist durchdrungen von ihrer gründlichen Kenntnis der Physik. So hat beispielsweise Kenny[7] gezeigt, daß die »Fünf Wege« des Thomas von Aquin – seine fünf Beweise für die Existenz Gottes – absolut der Aristotelischen Physik verhaftet sind und deren gründliche Kenntnis erfordern. Tatsächlich war Thomas von Aquin auf dem Gebiet der Aristotelischen Physik einer der führenden Gelehrten seiner Zeit, und es ist in erster Linie auf ihn zurückzuführen, daß sie in ganz Europa allgemein akzeptiert wurde. Mit Fug und Recht könnten wir Thomas von Aquin als großen Physiker ebenso wie als großen Theologen bezeichnen, denn obwohl Aristoteles sich irrte, war er doch ein wichtiger Vorläufer der modernen Physik.[8]

Theologie und Religion sind Zweige der Naturwissenschaften, nicht der Ethik

Viele Theologen und Naturwissenschaftler des 20. Jahrhunderts erklären, Thomas von Aquin und im Grunde alle Theologen vor dem 20. Jahrhundert hätten einen Fehler begangen, als sie versuchten, Wissenschaft und Religion in Einklang zu bringen. Diese modernen Theologen und Naturwissenschaftler versichern, Religion und Wissenschaft hätten so gut wie nichts miteinander zu tun, denn sie seien mit völlig verschiedenen Bereichen menschlicher Erfahrung befaßt: Religion in erster Linie mit sittlichen Fragen, die Wissenschaft hingegen mit Tatsachen. Sie behaupten, diese Unterscheidung zwischen Moral und Fakten finde bereits in der Grammatik aller menschlichen Sprachen ihren Ausdruck: Sittliche Sätze seien *Gebote* (»Du *sollst* dies tun«), Sätze über Tatsachen hingegen *Feststellungen* (»Der Himmel *ist* blau«). Tatsächlich sei es nicht möglich, einen Imperativ aus einer Feststellung abzuleiten, »aus einem ›du sollst‹ ein ›es ist‹ zu machen«.

Es ist jedoch Unsinn zu behaupten, das zentrale Anliegen der Religion sei Moral. Die ganze Geschichte der Menschheit hindurch war das Hauptanliegen aller Religionen immer nur das Eigeninteresse des Menschen. In der jüdisch-christlich-islamischen Tradition wurden die Menschen stets durch *Feststellungen* zu sittlichem Verhalten aufgefordert: »Du sollst nicht töten – *denn sonst kommst du in die Hölle!*« In der hinduistisch-buddhistischen Tradition ist die Situation ähnlich: »Du sollst nicht töten – *denn sonst wirst du als Kakerlake wiedergeboren!*« Die Durchschlagskraft beider moralischen Aussagen beruht auf den feststellenden Vorbedingungen – im ersten Fall auf der angeblichen physikalischen Existenz der Hölle und eines allmächtigen Gottes, der den Menschen dorthin strafversetzt, wenn er sich in bestimmter Weise verhält, und im zweiten Fall auf der angenommenen Tatsache der Reinkarnation und eines physikalischen Mechanismus, der die jeweils nächste Reinkarnation mit dem speziellen Verhalten im Vorleben in Verbindung bringt. In beiden Fällen beruft sich das Gebot auf die Physik, nicht auf grundlegende sittliche Forderungen. Die Behauptung »Du sollst nicht töten, weil das schlecht ist« oder »Du sollst nicht töten, weil Gott sagt, daß es schlecht ist« oder einfach »Du sollst nicht töten« würde nur zu weiteren Fragen führen: »Warum ist es schlecht?« – »Was ist dabei, wenn Gott sagt, es sei schlecht. Vielleicht ist Gott selber schlecht« oder einfach: »Warum denn nicht?«

Folglich besteht das Hauptproblem bei der Trennung zwischen Moral und Fakten darin, daß dann Kontroversen über sittliche Fragen nicht zu lösen sind. Moral wäre nur noch eine Frage des Geschmacks – ebenso wichtig wie die Frage, ob man Spinat mag oder nicht. Aber das Gebot »Du sollst nicht töten« kann nicht einfach nur eine Frage des Geschmacks bleiben; wenn wir annehmen, Tatsachen seien bei moralischen Kontroversen irrelevant, kann jede diesbezügliche Auseinandersetzung nur durch Gewalt gelöst werden. (Beachten Sie, daß dies eine Aussage über Tatsachen ist, keine moralische.)

Zum Glück ist das nicht nötig. Ich behaupte, daß in faktisch allen Auseinandersetzungen über Moral (ich weiß keine, bei der dies nicht der Fall wäre) Meinungsverschiedenheiten in Wahrheit nicht über grundlegende moralische Prinzipien bestehen, sondern über die Tatsachen. Nehmen Sie zum Beispiel ein »moralisches« Thema, das in Europa und den USA derzeit heftig umstritten ist, die Abtreibung. Gestritten wird nicht über das Gebot »Du sollst nicht töten«, sondern über die Frage, ob ein Fötus eine »Person« ist. Das ist eine rein sachliche Frage, und tatsächlich berufen sich beide Seiten in der Auseinandersetzung auf das, was sie für die Fakten halten: Die Abtreibungsgegner behaupten, der Fötus sei eine Person, denn es sei eine Tatsache, daß er/sie eine menschliche Seele habe, von Gott eingepflanzt im Augenblick der Empfängnis. Die Abtreibungsbefürworter halten dagegen, ein Fötus sei keine Person, denn tatsächlich habe er keine der grundlegenden Eigenschaften, die eine Person definieren, beispielsweise sei er nicht selbständig lebensfähig, er habe keine zusammenhängende höhere Gehirnfunktion und so weiter. Bei näherer Betrachtung der Literatur über Abtreibung stellen wir fest, daß beide Parteien dieselbe Moral vertreten, und sie teilen sie mit der gesamten Menschheit. Sämtliche Streitfragen sind Auseinandersetzungen über Tatsachen.

Häufig heißt es, das zentrale Anliegen der Religion sei der Versuch, die Frage nach dem Verhältnis zwischen Menschheit und Universum (und/oder Gott) zu beantworten. Dem stimme ich zu, und wie ich soeben ausgeführt habe, sind es die *faktischen* Antworten –

der Buddhisten, Christen, Juden, Muslime und so weiter –, die zu den ethischen Normen der Religionen führen. Die strenge Unterscheidung zwischen Tatsache und Wert, die in der Philosophie des 20. Jahrhunderts und im Abendland allgegenwärtig ist, war in den traditionellen Religionen unbekannt.

Ich könnte auch darauf hinweisen, daß diese strenge Unterscheidung dem Fortbestand der Wissenschaft selbst zuwiderläuft. Die Entstehung und die Existenz der Wissenschaft setzen bestimmte ethische Normen voraus, zum Beispiel: DU SOLLST ANDEREN DEINE THEORIEN NICHT MIT GEWALT AUFDRÄNGEN. Nur Überzeugung kraft rationaler Argumente und experimenteller Beweise ist erlaubt. Wird dieses ethische Prinzip verletzt – wie etwa im Italien des 17. Jahrhunderts, als Galileis Gegner die Inquisition bemühten, um ihn zum Schweigen zu bringen; und wie im 4. Jahrhundert, als die Christen alle konkurrierenden Philosophien unterdrückten –, geht die Wissenschaft verloren. Im ersten Fall verlor Italien seine wissenschaftliche Vorrangstellung unter den europäischen Nationen, und im zweiten verschwand die Wissenschaft vom 4. bis zum 16. Jahrhundert in ganz Europa nahezu völlig. Dies ist natürlich die Feststellung eines Tatbestands, keine Aussage über den Wert des Wissens (»Wissen ist gut«), aber die Hauptsache bleibt bestehen: Wissen ist unauflöslich mit Moral verbunden, das war immer so. Deshalb ist die zu Beginn dieses Abschnitts getroffene radikale Unterscheidung zwischen »Es ist«- und »Du sollst«-Sätzen irreführend. Die Wissenschaft als menschliche Betätigung enthält auch ethische Maximen, das heißt, sie enthält nicht nur Feststellungen, sondern auch Gebote. Und selbst wenn wir die Unterscheidung akzeptieren, *könnte* es möglich sein, *alle* Gebote, die wir in unserem menschlichen Alltag benutzen, aus einem einzigen Gebot abzuleiten, zum Beispiel der Maxime über das angemessene Verhalten von Wissenschaftlern; das ist eine simple Frage der Logik.

Kurz, wenn die Religion auf Dauer von der Wissenschaft getrennt ist, löst sie sich langfristig auch von der Menschheit und von allen menschlichen Belangen. Und wenn sie nichts mehr mit dem Menschen zu tun hat, wird sie verschwinden.

Die Omegapunkt-Theorie und die zeitgenössischen Religionen

Schon in der Vergangenheit sind Religionen verschwunden, und wenn dies geschah, war immer derselbe Mechanismus im Spiel: eine (zu der Zeit) überzeugende Berufung auf Fakten. In Mittelamerika trat das Christentum an die Stelle der einheimischen Religionen, denn die indianischen Ureinwohner stellten fest, daß sie von Krankheiten dahingerafft wurden, während die europäischen Eroberer dagegen nahezu völlig immun waren. Und sie beobachteten, daß es ihnen nichts half, zu ihren Göttern zu beten, die Gebete der Europäer zu deren Göttern aber (offensichtlich) wirkten. Da es gemäß den Theorien über die Natur, an die sowohl die indianischen Ureinwohner als auch die Europäer glaubten, helfen sollte, zu einem realen Gott um Schutz vor Krankheit zu beten, gaben die Indianer aus Vernunftgründen ihre Götter zugunsten der europäischen Götter auf. Und der Wechsel war (offensichtlich) wirkungsvoll: Die Indianer hörten auf, an Krankheiten zu sterben, nahezu im selben Verhältnis, wie sie ihnen zuvor zum Opfer gefallen waren. Die Europäer hatten eine partielle Immunität gegen die Krankheiten erlangt, weil sie ihnen Tausende von Jahren hindurch ausgesetzt waren; die amerikanischen Ureinwohner besaßen zuerst keinerlei Widerstandskraft. Aber sie erwarben eine gewisse Immunität, während der Religionswechsel sich vollzog. Angesichts ihres Wissensstandes war es vernünftig, die Religion zu wechseln, obwohl dieses »Wissen« falsch war. Der Wechsel vollzog sich auf rein wissenschaftlicher Grundlage. (Der Mechanismus des Religionswechsels in Mittelamerika wurde von dem Historiker McNeill[9] eingehend untersucht.)

Das Christentum hatte schon früher, etwa vierhundert Jahre nach dem Tod Jesu, eine Reihe von konkurrierenden Religionen verdrängt, darunter die griechische und die römische. Am meisten sprach für das Christentum damals der Umstand, daß aus dem Glauben einer winzigen verfolgten Minderheit die vorherrschende Religion des Weltreichs geworden war. Da zu jener Zeit praktisch jeder, selbst die Intellektuellen, an Götter oder einen allerhöchsten Gott glaubte, ist kaum vorstellbar, wie dies hätte stattfinden können, wäre nicht der Gott der Christen entweder der eine wahre Gott gewesen oder zumindest ein mächtigerer Gott als seine Widersacher. Auch hier war das Argument wieder ein rein rationales, begründet auf das, was die meisten Menschen damals für eine *Tatsache* hielten, nämlich daß Götter (oder Gott) physisch existierten und aktiv in die menschlichen Belange eingriffen. Heute würden wir (ich denke, zu Recht) den Triumph des Christentums mit rein soziologischen Gründen erklären – zum Beispiel mit der Überzeugungskraft des soeben beschriebenen Arguments.

Im Nahen Osten und in Nordafrika wurde das Christentum seinerseits durch den Islam verdrängt. Auch hier stützte sich das Argument für den Islam auf beobachtete Tatsachen: Jahrhundertelang hatten muslimische Truppen die christlichen Heere immer wieder vernichtend geschlagen, und da sowohl Muslime wie Christen überzeugt waren, daß der Wahre Gott Seinen Gläubigen den Sieg schenken würde, folgte daraus, daß die wahre Religion der Islam war. (Einige Zeit früher hatten die Araber Mohammeds militärische Siege in Arabien als unwiderleglichen Beweis für die Richtigkeit seiner Behauptung, ein Prophet zu sein, betrachtet.[10]) Religionen ruhen *immer* fest auf dem jeweiligen Wissensstand der Zeit.

Das Hauptproblem der zeitgenössischen Theologie und im Grunde der meisten Religionen gegen Ende des 20. Jahrhunderts ist nicht ihre Trennung von der Wissenschaft, sondern die Tatsache, daß sie von der *modernen* Wissenschaft losgelöst ist. Sie ist noch immer der altgriechischen Physik und Philosophie verhaftet. Wie der Religionshistoriker Jaroslav Pelikan von der Yale University es im Hinblick auf das Christentum formuliert:

> »Der Sieg der orthodoxen christlichen Lehre über das klassische Denken war in gewisser Weise ein Pyrrhussieg, denn die Theologie, die über die griechische Philosophie triumphierte, blieb weiterhin wie seit jeher von der Sprache und dem Denken der klassischen Metaphysik geformt. Zum Beispiel erklärte das Vierte Laterankonzil im Jahr 1215, daß ›im Sakrament des Abendmahls … das Brot in den Leib [Christi] verwandelt wird‹… Die meisten theologischen Ausführungen über den Begriff ›Transsubstantiation‹ legen ›Substanz‹ nach der Bedeutung aus, die er … im fünften Buch der *Metaphysik* des Aristoteles hat; Transsubstantiation wäre demnach an die Annahme der Aristotelischen Metaphysik

oder sogar der Aristotelischen Physik gebunden... Die Transsubstantiation ist ein einzelnes Beispiel dafür, was als das Problem der ›Hellenisierung des Christentums‹ bezeichnet wurde.«[11]

Die Bedeutung der Omegapunkt-Theorie für den Durchschnittsmenschen

1888 führte Lord Gifford eine Vorlesungsreihe über natürliche Theologie ein, später als *Gifford Lectures* bekannt, die jedes Jahr an den schottischen Universitäten Edinburgh, Glasgow, St. Andrews und Aberdeen abgehalten werden: Sie ist zweifellos die weltweit angesehenste Vorlesungsreihe über das Thema Wissenschaft und Religion; ich habe in diesem Buch häufig daraus zitiert. In seinem Testament, das die Vortragsreihe etablierte, erklärte Lord Gifford: »Ich wünsche, daß die Vortragenden ihr Thema streng naturwissenschaftlich behandeln... ohne Bezugnahme oder Berufung auf irgendeine vermeintliche... wunderbare Offenbarung... Ich möchte dieses Thema genauso betrachtet wissen wie die Astronomie oder die Chemie.«[12]

Die Naturwissenschaften sind Wissenschaften, weil sie experimentell überprüft werden können. In Kapitel IV sagte ich, wir würden, um die Omegapunkt-Theorie wirklich überprüfen zu können, den Tevatron-Beschleuniger brauchen und entweder den SSC, den Super-Conducting Supercollider in Texas, oder den europäischen LHC. Die beiden Beschleuniger sind äußerst kostenintensive Anlagen. Aber vielleicht wäre ein Beweis, daß Gott existiert und wir eines Tages durch Ihn/Sie zu ewigem Leben erweckt werden, mehrere Milliarden Dollar wert. Als der bedeutende Physiker Steven Weinberg 1987 für den Bau des SSC eintrat, kam es zwischen dem Abgeordneten Harris Fawell aus Illinois – einem Anhänger des SSC – und dem Abgeordneten Don Ritter aus Pennsylvania, einem der erbittertsten Gegner des Projekts, zu folgendem Wortwechsel:

FAWELL: ...Sollte ich jemals dem einen oder anderen erläutern müssen, warum der SSC notwendig ist, bin ich sicher, auf Ihre Aussagen zurückgreifen zu können... Ich wünschte manchmal,

das Ganze ließe sich in einem Satz zusammenfassen, aber das ist irgendwie unmöglich. Ich glaube, Sie, Dr. Weinberg, haben es beinahe geschafft; ich bin mir nicht sicher, aber ich habe es mir so notiert. Sie sagten, Sie vermuteten, es sei kein Zufall, daß es Regeln gebe, denen die Materie gehorche, und ich habe mir notiert: *Wird uns das helfen, Gott zu finden?* [Hervorhebung von mir]...
RITTER: Würden Sie mir dazu eine Bemerkung erlauben? Falls Sie mir eine kurze Bemerkung erlauben, würde ich sagen...
FAWELL: Eigentlich nicht.
RITTER: Wenn die Maschine das wirklich leistet, überlege ich's mir anders und bin dafür.[13]

Weinberg gab darauf keine Antwort, weil, wie er später schrieb, »...die Abgeordneten vermutlich nicht wissen wollten, was ich von der Möglichkeit hielte, im SSC Gott zu finden, und weil es mir auch nicht so vorkam, daß es dem Projekt helfen würde, wenn ich sie wissen ließ, was ich darüber dachte...[14] Es wäre herrlich, würde man in den Naturgesetzen einen von einem besorgten Schöpfer entworfenen Plan finden, einen Plan, in dem den Menschen eine Sonderrolle zukommt. Der Zweifel, daß wir einen solchen Plan nicht finden werden, stimmt traurig.«[15]

Wäre ich anwesend gewesen, hätte ich geantwortet: »Mr. Fawell, wenn die Omegapunkt-Theorie stimmt (und mein Higgs-Scherungseffekt ist real), dann ja: dann finden wir Gott damit.« Don Ritter scheiterte, als er sich 1992 zur Wiederwahl ins amerikanische Repräsentantenhaus stellte (ich ziehe allerdings keine theologische Schlußfolgerung aus seinem Scheitern). Wäre er noch immer Abgeordneter, würde ich ihn jetzt auffordern, sein Wort zu halten und seine Meinung zu ändern.

Der SSC und der LHC werden oft mit den Kathedralen des Mittelalters und den altägyptischen Pyramiden verglichen. Die mittelalterlichen Europäer bauten ihre Kathedralen, um Gott näherzukommen, die ägyptischen Pharaonen suchten ihre Unsterblichkeit. Wenn ich recht habe, werden der SSC und der LHC für die gesamte Menschheit beides zustande bringen.

Dieses Buch ist keine Gifford-Vorlesung; dennoch habe ich Lord Giffords Willen wortwörtlich erfüllt. Ich habe die Theologie nicht nur als reine Naturwissenschaft behandelt, sondern auch die Gründe dafür angeführt, daß sie eine Naturwissenschaft *ist*, nämlich ein

Nebenzweig der Astronomie. Die Wissenschaft aber beruht auf der Vernunft und nur auf der Vernunft. Sie braucht keine Offenbarung, in keiner Art, Form oder Gestalt. Folglich muß jeder theologische Wahrheitsanspruch, der sich auf eine Offenbarung beruft, mit Vorbehalt aufgenommen werden.

Mahatma Gandhi, der Begründer des modernen Indien, formulierte eine ähnlich skeptische Auffassung von Offenbarungsreligionen in seinem Buch *All Religions Are True*: »Ich glaube zwar, daß die Hauptbücher [der großen Weltreligionen] inspiriert sind, doch sie leiden unter einem zweifachen Destillationsprozeß. Zuerst gehen sie durch den Mund eines menschlichen Propheten; dann durch die Kommentare der Interpreten. Nichts darin kommt direkt von Gott... Allein Gott ist unveränderlich; und da Seine Botschaft durch das unvollkommene menschliche Medium weitergegeben wird, ist sie – je nach der Reinheit des Mediums – mehr oder weniger anfällig für Entstellungen.«[16]

Noch ein drittes Problem wirft ein angeblich »von Gott inspiriertes« Buch auf. Die Hauptbücher der großen Weltreligionen sind alle über tausend Jahre alt. In tausend Jahren ist viel geschehen, Wissenschaft, Kultur, Gesellschaft haben sich seit der Entstehung der Bücher extrem verändert. Als das Neue Testament geschrieben wurde, galt die Erde als Mittelpunkt des Universums; mittlerweile wissen wir, daß sie der drittnächste Planet zur Sonne ist. Als das Neue Testament geschrieben wurde, glaubte jeder, alle lebenden Arten hätten von Ewigkeit an existiert oder seien andernfalls durch Gottes unmittelbares Eingreifen einzeln erschaffen worden. Mittlerweile wissen wir, daß alle lebenden Arten sich aus früheren Arten entwickelt haben. Folglich lesen wir die Bibel mit einem wesentlich anderen Bewußtsein als unsere Ahnen.

Das heißt, daß ein und dieselbe Wortfolge für Menschen verschiedener Zeitalter eine jeweils verschiedene Bedeutung hat. *Wenn die Bedeutungen widersprüchlich sind, dann muß mindestens eine davon falsch sein!* Manche Bibelverse wurden vor der kopernikanischen Wende als Beweis für die Unbeweglichkeit der Erde interpretiert – heute dagegen werden sie als dichterischer Ausdruck gewertet, der nicht wörtlich zu nehmen ist. Da ein Buch eine Gesamtlänge von ein bis zehn Millionen Informationsbits haben muß, kann kein Buch sämtliche Mißdeutungen aufklären; das ist logisch unmöglich. Selbst wenn ein Buch tatsächlich von Gott inspiriert *wäre*, enthielte es zwangsläufig auch Aussagen, die von den meisten, die an das Buch glauben, zum einen oder anderen Zeitpunkt der Geschichte falsch interpretiert würden. Das heißt nicht, daß Gott Grenzen hat: Der Mensch hat sie.

Das einzige Buch, das unter solchen Beschränkungen nicht leidet, ist das Buch der Natur, das einzige, das Gott eigenhändig, ohne menschliche Hilfe geschrieben hat. Das Buch der Natur ist frei von den Beschränkungen des menschlichen Verstandes. Das Buch der Natur ist der einzig verläßliche Führer zum wahren Wesen Gottes.

Das heißt freilich nicht, daß es der einzige Weg zu Gott ist. Ich habe in diesem Buch ausführlich dargelegt, daß die Omegapunkt-Theorie mit den Grundüberzeugungen aller großen Weltreligionen in großen Zügen übereinstimmt. Wenn die Omegapunkt-Theorie zutrifft, kann sie (derzeit) nicht eine der menschlichen Religionen auswählen, die richtiger wäre als die anderen. Hingegen vermag sie allen als solides Fundament zu dienen.

Religion ist viel mehr als Theologie – tatsächlich weiß der Durchschnittsmensch recht wenig über die Theologie seiner eigenen Religion. Religion gründet auf der Theologie, aber für den normalen Menschen besteht sie vor allem aus Kirchgang, Gottesdienst, Gebet. Sollte, wenn die Omegapunkt-Theorie wahr ist, ein Gläubiger gleichwohl weiterhin die Rituale und Vorschriften seiner Kirche befolgen? Ist es dann immer noch sinnvoll, zu Gott zu beten?

War es je sinnvoll, zu Gott zu beten? Sicher nicht, wenn man ein Gebet als Botschaft an Gott ansieht. Wenn Gott allwissend ist, weiß Er ohnehin, was der Mensch sagen wird, noch bevor er es sagt. In der Informatik enthält eine Nachricht nur dann »Information«, wenn der Empfänger durch den Erhalt der Botschaft etwas erfährt. Ein Gebet kann deshalb keine Botschaft an Gott sein.

Die christlichen Theologen sind sich dessen seit frühester Zeit bewußt. Im Gebet erfolgt die Botschaft in der anderen Richtung: von Gott zum Menschen. Origenes, der erste bedeutende christliche Theologe, hob in seinem wichtigen Werk *Über das Beten* hervor, zu beten sei nichts anderes, als sich Gott zu öffnen. Dem stimme ich zu; ich würde sagen, Beten ist ein Versuch zu *spüren*, daß Gott existiert, zu *spüren*, daß Er/Sie uns liebt, daß sich die Dinge *am Ende* zum Besten wenden und wir alle eines Tages zum ewigen Leben in Gott auferstehen werden. In dieser Bedeutung ist Beten auch in der Omegapunkt-Theorie sinnvoll. Wenn das traditionelle Gebet und die

Rituale Ihrer Kirche Ihnen helfen, die Wahrheit dieser Dinge zu erfahren, gehen Sie zur Kirche und beten Sie. Wenn Sie die Wahrheit auch ohne Rituale erfahren können, beten Sie nicht (ich tue es nicht).

So verhält sich also die Offenbarungstheologie zur natürlichen Theologie wie die geozentrische zur heliozentrischen Astronomie. Wenn Sie nicht mehr wissen wollen als die ungefähre Lokalisierung der Sterne und Planeten am Himmel, ist die geozentrische Astronomie durchaus angemessen. Eine bessere Näherung ist die heliozentrische Astronomie auf der Grundlage der Newtonschen Gravitation. Aber die Newtonsche Gravitation existiert nicht wirklich; Gravitation ist in Wahrheit die Krümmung der Raumzeit. Obwohl unsere beste Theorie zur Beschreibung der Planetenpositionen Einsteins Gravitationstheorie ist, reicht dennoch die Newtonsche Theorie für nahezu alle Zwecke aus, und für einige grundlegende Zwecke genügt sogar die geozentrische Astronomie. Wie ich in diesem Buch zu zeigen versuchte, ist der Kern fast aller offenbarten Religionen die Versicherung, daß (1) Gott existiert und (2) Er/Sie uns alle liebt und uns eines Tages zum ewigen Leben auferwekken wird. Dies ist auch der Kern der Omegapunkt-Theorie, und das ist für praktisch jeden ausreichend. Die technischen Details, die über diese Grundwahrheiten hinausgehen, können daher dem Wissenschaftlichen Anhang vorbehalten bleiben. Sogar die meisten Berufsphysiker gelangen nicht über die Newtonsche Gravitation hinaus zu einem tiefen Verständnis der Theorie Einsteins – sie brauchen es nicht für ihre Arbeit.

Die Omegapunkt-Theorie hat die Schlüsselbegriffe der jüdisch-christlich-islamischen Tradition nun zu Begriffen der modernen Physik werden lassen: Die Theologie ist nichts anderes als physikalische Kosmologie, die auf der Annahme beruht, daß Leben insgesamt unsterblich ist. Eine Folge dieser Annahme ist die Auferweckung aller, die je gelebt haben, zum ewigen Leben. Die Physik hat nun die Theologie absorbiert; die Trennung zwischen Wissenschaft und Religion, zwischen Vernunft und Gefühl, ist überwunden.

Ich begann dieses Buch mit einer Aussage von Steven Weinberg über die Planlosigkeit des Universums. Er wiederholt sie in seinem jüngsten Buch, *Dreams of a Final Theory*, und fährt fort: »Für mich steht außer Zweifel, daß die Wissenschaft niemals die Tröstungen wird offerieren können, welche die Religion angesichts des Todes zu bieten hat.«[17]

Dem stimme ich nicht zu. Die Wissenschaft kann nun angesichts des Todes *exakt* denselben Trost spenden wie einst die Religion. Die Religion ist nun Teil der Wissenschaft.

Anmerkungen

Vorwort

1 Weinberg 1977, p. 154; S. 162.
2 Weinberg 1977, p. 131–132; S. 140.
3 Weinberg geht mit den modernen Theologen noch strenger ins Gericht als ich: »In einer Beziehung sind die religiösen Liberalen geistig sogar noch weiter von den Wissenschaftlern entfernt als die Fundamentalisten und andere religiöse Konservative. Genauso wie die Wissenschaftler werden ihnen zumindest die Konservativen sagen, daß sie an das, woran sie glauben, deshalb glauben, weil es wahr sei, und nicht weil es sie gut oder gleich mache. Viele religiöse Liberale sind heute offenbar der Meinung, verschiedene Leute könnten an verschiedene, sich gegenseitig ausschließende Dinge glauben, und doch brauchte keiner von ihnen unrecht zu haben – Hauptsache, ihr Glaube ›bringt ihnen etwas‹. Der eine glaubt an die Reinkarnation, der andere an Himmel und Hölle, ein dritter an das Erlöschen der Seele im Tode, und doch kann man von keinem sagen, daß er unrecht hätte, solange alle aus dem, woran sie glauben, geistige Befriedigung ziehen... Wir sind von einer ›inhaltslosen Frömmigkeit‹ umgeben... Ich bin nun einmal der Ansicht, daß die religiösen Konservativen sich in ihren Glaubensinhalten irren, aber zumindest haben sie noch nicht vergessen, was es bedeutet, wirklich an etwas zu glauben. Von den religiösen Liberalen habe ich den Eindruck, daß sie sich noch nicht einmal irren.« (Weinberg 1992, p. 257–258; S. 266–267) Ich habe den nämlichen Eindruck, was liberale Theologen betrifft. Feynman fällt ein noch vernichtenderes Urteil: In seinem Bestseller *Surely You're Joking, Mr. Feynman* bezeichnet er sie als »aufgeblasene Narren« (Feynman 1986, p. 259).

In seiner Autobiographie *Self-Consciousness* stellt John Updike ebenfalls fest, daß nur sehr wenige Religionswissenschaftler an eine Auferstehung der Toten glauben: »Zur selben Zeit während der Pubertät nahm ich zögernd wahr, daß an die christliche Religion, in die ich hineingeboren war, fast niemand wirklich glaubte – weder ihre Geistlichen noch ihre Stützen in der Gemeinde wie mein Vater und sein Vater vor ihm« (Updike 1989, p. 242; S. 298) Updikes Roman *A Month of Sundays* enthält eine amüsante Szene, in der ein zweifelnder Geistlicher, der sämtliche weiblichen Mitglieder seiner Gemeinde verführt, bei der einzigen Frau seiner Herde, die wirklich an Gott und die Auferstehung glaubt, keine Erektion

bekommt – er versagt, *weil* sie glaubt (Updike 1976, p. 182–185; S. 140–146).
4 Rosen 1939, p. 139.

Kapitel I: Einführung

1 Barrow 1982.
2 Tillich 1957, p. 5.
3 Robinson 1963, p. 29.
4 Jonas 1963.
5 Pannenberg 1971, S. 14.
6 Um zu untermauern, daß das hebräische Wort *Ehyeh* in der Wendung *Ehyeh Asher Ehyeh* in Ex 3,14 fraglos die Futurform des Verbes »sein« ist und daher der ganze Ausdruck mit ICH WERDE SEIN, DER ICH SEIN WERDE übersetzt werden muß, möchte ich darauf hinweisen, daß das gleiche Wort *Ehyeh* in Ex 3,12 auftaucht, und zwar in der Wendung: »Ich will mit dir sein«, was eindeutig als Futur zu verstehen ist. Der maßgeblichste jüdische Kommentator der Bibel war und ist Rashi (der Name leitet sich aus den Anfangsbuchstaben von der hebräischen Form von *R*abbi *S*olomon *I*saacson ab), der von 1040 bis 1105 in Frankreich lebte. Rashi betonte, der Name, den Gott sich selber gibt, müsse im Futur übersetzt werden (vgl. Hertz 1961, p. 215); die meisten modernen jüdischen Rabbinen schließen sich dieser Ansicht an (siehe beispielsweise Kaplan 1991, p. 271). Zwar behaupten verschiedene christliche Quellen, die hebräische Form könne sowohl für das Futur als auch für das Präsens stehen (beispielsweise der *Cambridge Bible Commentary*), dennoch hat es den Anschein, daß die Übersetzung in die Präsensform eher theologische als philologische Gründe hatte. Der Name ICH BIN, DER ICH BIN wurde deswegen bevorzugt, weil man glaubte, Gott erkläre damit, daß er notwendigerweise aus sich selbst heraus existiere. Eine ausführliche Erörterung dieses Problems – einschließlich zahlreicher bibliographischer Hinweise – finden Sie in Childs 1974, p. 60–70.
7 Bloch 1959.
8 Küng 1978.
9 Tillich 1957, p. 7.
10 Press 1984, p. 6.
11 Heath 1913.
12 Diese Äußerung stammt nicht aus einem von Luthers Büchern, sondern aus den *Tischreden*, einer Sammlung von Gesprächen und Aussprüchen im Rahmen zwangloser Unterhaltungen im Hause Luthers. Was genau Luther über Kopernikus sagte, steht nicht eindeutig fest. Die erwähnte Äußerung stammt aus der ersten gedruckten Version von Johannes Aurifaber (1566), der den meisten Luther-Gelehrten als unzuverlässige Quelle gilt. Die von Lauterbach 1539 überlieferte Version lautet: »Aber es gehet

itzunder also: Wer do wil klug sein, der sol ihme nichts lassen gefallen, das andere achten, er mus ihme etwas eigenmachen, sicut ille facit, qui totam astrologiam (alias astronomiam) *invertere* vult.« (Elert 1965, S. 372, Anm. 1). *Invertere* hat verschiedene Bedeutungen (durcheinanderbringen, verändern, verkehren, umkehren), die im Kontext von Luthers Zeit und der Kopernikanischen Astronomie *alle* gemeint sein können: (1) Kopernikus »brachte« mit seiner neuen Theorie die intellektuelle Welt »durcheinander«; (2) Kopernikus »veränderte« die Bewegung am Himmel: nicht die Sonne, sondern die Erde bewegt sich; (3) Kopernikus »verkehrte« das Universum – die Sonne, die bislang oben am Himmel stand, ist jetzt »unten«, im Zentrum des Sonnensystems; (4) Kopernikus »kehrte« die Astronomie »um«, das heißt, er führte sie auf einen früheren Stand zurück. (In der Einleitung zu seinem Buch von 1543 sagte Kopernikus in der Tat, daß er zu einem in der Antike propagierten Modell zurückkehre). Da Luther hochgebildet war und die lateinische Sprache meisterlich beherrschte, dürfen wir davon ausgehen, daß er *alle* diese Bedeutungen anklingen lassen wollte.

13 Elert 1965.

14 Der italienische Wissenschaftshistoriker Pietro Redondi behauptete (1983), der eigentliche Grund, warum Galilei vor die Heilige Inquisition zitiert wurde, sei nicht sein Eintreten für das Kopernikanische System gewesen, sondern seine Verteidigung der Kernidee der modernen Wissenschaft: daß nämlich die beobachtete Erscheinung physikalischer Objekte uns sage, was sie tatsächlich sind. Das steht in völligem Widerspruch zur katholischen Lehre von der Transsubstantiation. Laut der modernen Wissenschaft gilt: Wenn das am Altar gebrochene Brot Brot zu sein scheint und wenn es kein Experiment gibt, mit dessen Hilfe man zumindest prinzipiell zwischen Brot vor und nach der Wandlung unterscheiden kann, dann ist das Brot auf dem Altar Brot *und nichts weiter.* Ohne jeden Zweifel sind laut der Definition von Häresie des Trienter Konzils Galilei und im Grunde genommen alle modernen Wissenschaftler Häretiker. (Die große Mehrheit der Wissenschaftshistoriker hat Vorbehalte gegen Redondis Theorie, etwa Gingerich 1990, McMullin 1989 und Westfall 1989, um nur einige wenige Beispiele zu nennen.) Wie dem auch sei, das Kopernikanische System ist noch weit häretischer, da es in seiner späteren Form, mit den unendlichen Räumen, den Himmel als Aufenthaltsort der Seligen in die Unendlichkeit verschiebt oder sogar ganz ausschließt. Auf die Transsubstantiation kann das Christentum verzichten, nicht aber auf das Leben nach dem Tod.

15 Galilei 1957, p. 178.

16 Ebd., pp. 187–188.

17 Vallery-Radot 1900.

18 Kant 1914.

19 Hume 1758; dt. Ausgabe S. 205.

20 Galilei 1957, p. 186; siehe auch Drake 1980, p. 29.

21 Drake 1980.
22 Brush 1981, Teil II.
23 Vallery-Radot 1900.
24 Ebd.
25 Unamuno 1913.
26 Laut dem Soziologen (und römisch-katholischen Priester) Andrew M. Greeley (1985, 1989) erhärten die Daten zu den religiösen Glaubensvorstellungen der Leute meine Behauptung *nicht*, daß das Umsichgreifen des Atheismus unter den Wissenschaftlern schließlich auch zu einem allgemeinen Atheismus der Laien führt. Die von Greeley angeführten Daten sind in der Tat beeindruckend: Befragungen über einen Zeitraum von vierzig Jahren ergeben folgende Resultate (Gallup und Jones 1989, p. 16 und 206; Greeley zitiert vergleichbare Zahlen aus anderen Befragungen):

Frage: »Glauben Sie an die Existenz Gottes oder eines universellen Geistes?«

Jahr	1944	1947	1952	1959	1967	1981	1988
Prozentsatz der Ja-stimmen	96	94	99	97	97	95	94

Frage: »Glauben Sie an ein Leben nach dem Tod?«

Jahr	1944	1948	1952	1961	1965	1975	1981	1985	1988
Prozentsatz der Jastimmen	76	68	77	74	75	69	71	74	71

Bei beiden Glaubensvorstellungen gibt es eindeutig keinen rückläufigen Trend. (Die Steigung der Geraden für den Glauben an Gott, die nach der Methode der kleinsten Quadrate entwickelt wurde, ist -0,04 ± 0,12 Prozent pro Jahr; die Steigung für ein Leben nach dem Tod beträgt -0,06 ± 0,16 Prozent pro Jahr, wobei sich aus den Fehlergrenzen eine statistische Sicherheit von 95 Prozent ergibt. Daher stimmen die Daten mit einer statistischen Sicherheit von 95 Prozent damit überein, daß beide Glaubensüberzeugungen in einem halben Jahrhundert nicht abgenommen haben.) Allerdings glaubten prozentual mehr Amerikaner an Gott und ein Leben nach dem Tode als Europäer. Eine vom Gallup-Institut durchgeführte internationale Befragung ergab für 1981 folgendes Ergebnis (Neuhaus 1986, pp. 119–120):

Frage: »Glauben Sie an die Existenz Gottes oder eines universellen Geistes?«

Land	Antworten in Prozent		
	»ja«	»nein«	»weiß nicht«
USA	95	2	3
Irische Republik	95	3	2
Nordirland	91	3	5
Spanien	87	8	6
Italien	84	10	6
Belgien	77	12	10
Großbritannien	76	16	9
BRD	72	16	12
Norwegen	72	22	7
Niederlande	65	25	10
Frankreich	62	29	9
Dänemark	58	27	15
Schweden	52	35	14

Frage: »Glauben Sie an ein Leben nach dem Tod?«

Land	Antworten in Prozent		
	»ja«	»nein«	»weiß nicht«
Irische Republik	76	14	11
Nordirland	72	14	14
USA	71	17	13
Spanien	55	26	18
Finnland	49	32	20
Italien	47	33	19
Großbritannien	45	35	19
Norwegen	44	40	16
Niederlande	42	40	18
BRD	39	40	21
Belgien	37	39	24
Frankreich	35	50	14
Dänemark	26	55	19

Daraus wird ersichtlich, daß in den westlichen Ländern eine Ablehnung dieser Glaubensvorstellung eindeutig mit einem hohen Lebensstandard – dem Niveau des technischen Fortschritts – korreliert ist. Mir sind keine vergleichbaren Befragungen in der östlichen oder in der dritten Welt bekannt, aber eine in der Zeit vom 1. bis 15. November vom *Times Mirror*

Center for the People and the Press im europäischen Teil Rußlands bei 1000 Menschen durchgeführte statistische Erhebung ergab, daß annähernd zwei Drittel der 112 Millionen Erwachsenen, die in diesem Gebiet leben, »die Existenz Gottes nicht bezweifeln«. Eine von der gleichen Organisation im August 1991 (unmittelbar nach dem Putschversuch, etwa zur Zeit des Zusammenbruchs des kommunistischen Systems) durchgeführte vergleichbare Befragung ergab, daß nur 46 Prozent an die Existenz Gottes glaubten. Eine Quote von 60 Prozent plazierte Rußland zwischen Frankreich und Dänemark, ungefähr da, wo man es vom Stand des technischen Wissens in der russischen Bevölkerung vermuten würde.

Die USA bilden die untypische Ausnahme unter den Ländern der westlichen Welt. 1988 gab es dort keine Korrelation zwischen Ausbildungsniveau und Gottesglauben: 91 Prozent der College-Absolventen, 93 Prozent der Personen, die zeitweise ein College besucht hatten, 96 Prozent jener, die eine High-School und 93 Prozent von denen, die nicht einmal die High-School besucht hatten, glaubten an Gott (Gallup und Castelli 1989, p. 87).

Eine Gallup-Umfrage im Jahr 1981 bei führenden amerikanischen Wissenschaftlern (Wissenschaftler, die in Marquis' *Who's Who in America* aufgeführt sind) ergab allerdings, daß auf die Frage: »Glauben Sie an ein Leben nach dem Tod?« 68 Prozent mit »nein«, 16 Prozent mit »keine Meinung« und nur 16 Prozent mit »ja« antworteten. Zudem zeigte eine Gallup-Umfrage im gleichen Jahr unter amerikanischen Ärzten und Medizinern (auf medizinischem Gebiet Tätige, die in Marquis' *Who's Who in America* erscheinen), daß auf dieselbe Frage 60 Prozent mit »nein«, 8 Prozent mit »keine Meinung« und nur 32 Prozent mit »ja« antworteten (Gallup 1982, pp. 207–212). Folglich ist es sogar in Amerika um so wahrscheinlicher, daß jemand nicht an ein Leben nach dem Tod glaubt, je höher sein wissenschaftlicher Bildungsgrad ist. Die Gallup-Erhebung fragte nicht danach, ob diese Wissenschaftler als Kinder an Gott geglaubt hatten; wir wissen also nicht, ob sie zu Beginn ihres Lebens gläubig waren oder nicht. Eine Studie der Soziologin Harriet Zuckerman (1977, p. 68), die amerikanische (wissenschaftliche) Nobelpreisträger befragte, *legt jedoch den Schluß nahe*, daß die Mehrheit dieser Wissenschaftler in der Kindheit an Gott glaubte, als Erwachsene aber nicht mehr. (Ich sage »legt den Schluß nahe«, weil Zuckerman die wirklich wichtigen Fragen zu Veränderungen in den Glaubensvorstellungen nicht gestellt hat. Aus einem Vergleich von Zuckermans Zahlen über den religiösen Hintergrund der Nobelpreisträger mit ihrem Bericht über deren derzeitigen Glauben schließe ich auf eine Veränderung. Gälte dies auch für die von Gallup befragten Wissenschaftler, würde dies bedeuten, daß eine intensive Beschäftigung mit Wissenschaft den Glauben an Gott unterminiert, und die Ergebnisse der Umfrage in Europa könnten darauf hinweisen, daß der Durchschnittseuropäer enger mit Wissenschaft in Berührung kommt als der durchschnittliche Amerikaner. Greeley (1989) glaubt, in Europa habe eine antiklerikale Tradition den Glauben unterminiert, nicht eine intensivere Beschäftigung mit Wissenschaft. Das Gallup-Institut könnte die Befragung führender amerikanischer Wissenschaftler wiederholen und damit entscheiden, ob meine Hypothese oder die Greeleys wahrscheinlicher ist, indem es diesmal aber auch danach fragt, wie es um ihren Glauben in der Kindheit bestellt war. Solange dies nicht geschieht, halte ich mich an die Ergebnisse der Zuckerman-Studie über Nobelpreisträger. Zudem widerspricht die oben erwähnte Umfrage in Rußland Greeleys Hypothese: Rußland war siebzig Jahre lang einer intensiven antiklerikalen (sogar antireligiösen) Propaganda ausgesetzt, viel stärker als je ein anderes europäisches Land; mit Beendigung der Diskriminierung der Gläubigen nahm der Prozentsatz der gottgläubigen Leute wieder den Wert an, den man aufgrund des technischen Wissensstandes in der Bevölkerung allgemein erwarten würde.

Ich glaube daher, daß meine Behauptung, der Fortschritt der Wissenschaft und Technik habe den traditionellen religiösen Glauben unterhöhlt und werde ihn, sollte der Trend der letzten fünfzig Jahre sich fortsetzen, völlig zerstören, zutrifft. Einzig eine rein physikalische Theorie Gottes und des Lebens nach dem Tod – wie die Omegapunkt-Theorie – kann verhindern, daß die Glaubensvorstellungen sich völlig in nichts auflösen.

27 Provine 1987; 1988, pp. 60–62.
28 Mayr 1980, p. 3.
29 Provine 1987, p. 52; 1988.
30 Weinberg 1987.
31 Sheehan 1984.
32 Dirac 1961.
33 Pannenberg 1975, 1981.
34 Barth 1924.
35 Pannenberg 1972, S. 176.
36 Rahner und Vorgrimler, 1967 ff. Bd. II, Sp. 452.
37 Tipler 1989a.
38 Moravec 1988, pp. 122–124; S. 162–172.
39 Nozick 1989, pp. 24–26.

Kapitel II: Die äußersten Grenzen der Raumfahrt

1 Caldiera und Kastin 1992.
2 Viele sind mehr als nur skeptisch; sie *machen sich lustig* über die Vorstellung, daß es KI geben könnte. Sie halten einen Vergleich Gehirn – Computer und Seele – Programm bestenfalls für eine etwas weit hergeholte Analogie. Im frühen 20. Jahrhundert verglich man das Gehirn mit einer Telefonzentrale, heute vergleicht man es mit einem Computer.

Es handelt sich jedoch um mehr als eine bloße Analogie. Das Gehirn *ist* ein Computer, und die Seele *ist* ein Programm. Nach vielen Jahrhunderten der Irrtümer, was Denken eigentlich ist und wo es stattfindet, haben wir es endlich erfaßt. Das Gehirn *ist* in demselben Sinn ein Computer, wie das Herz eine Pumpe *ist*. Unsere Altvorderen wußten nicht einmal letzteres.

In der Antike glaubte man, das *Herz*, nicht das Gehirn, sei der Sitz der Seele und des Intellekts. So unterscheidet die Anfangszeile sowohl von Psalm 14 als auch von Psalm 53, »Die Toren sprechen in ihrem Herzen: ›Es ist kein Gott‹«, nicht zwischen Denken und Fühlen – die moderne Interpretation –, sondern meint einfach: »In ihrem Verstand sagen die Toren zu sich selber: ›Es gibt keinen Gott.‹«

Aristoteles beispielsweise war der Ansicht, der Mensch denke mit dem Herzen, nicht mit dem Gehirn. In seinen kleinen naturwissenschaftlichen Schriften stellt er fest: »Bei den Tieren nun, welche Blut haben, ist das erste, das Zentralorgan, das Herz... Also der Zentralfokus für die Sinnlichkeit ist bei den Tieren, welche Blut haben, im Herzen; hier muß notwendig das allen Sinnesorganen zugrunde liegende Organ sein.« [Aristoteles, 469^a 10–12: *Parva naturalia.* Dt.: Kleine naturwissenschaftliche Schriften. Berlin-Schöneberg: Langenscheidtsche Verlagsbuchhandlung, ca. 1930, S. 88.] »...Die Ursache aber, warum die Sinne offenbar zum Herzen hinstreben, die andern im Kopf ihren Sitz haben (weshalb man auch die Sinnestätigkeit der Tiere vom Gehirn abhängig macht), ist anderswo besonders dargelegt worden.« [469^a 19-23; ebd.] (Barnes 1984, p. 747) Aristoteles glaubte, das Gehirn diene vorrangig nicht zum Denken, sondern zur Abkühlung des Blutes [652^b 1-30] (Barnes 1984, p. 1016). In seiner kleinen Schrift *Von der Erinnerung* bezeichnete Aristoteles das Herz als den Teil des Körpers, in dem die Seele ihren Sitz hat [450^a 30] (Sorabji 1972, pp. 50 und 80). Platon stimmte mit ihm darin überein, daß der Sitz der Seele das Herz sei, nicht das Gehirn. In seinem Dialog *Theaitetos* vergleicht Platon das Speichern von Information im Gedächtnis mit dem Abdruck eines Siegels in Wachs, und macht daraus ein Wortspiel: »Wenn das Wachs in der Seele eines Menschen stark aufgetragen, glatt und genügend durchgeknetet ist: dann und bei solchen Menschen werden die Abdrücke, die aus den Wahrnehmungen stammen und sich in das ›Herz‹ (*kear*) der Seele einprägen, wie Homer sich ausdrückt, um die Ähnlichkeit mit dem ›Wachs‹ (*kêros*) anzudeuten, diese Abdrücke werden also ganz deutlich und tief genug und sind somit auch dauerhaft.« [Platon, *Theaitetos*, 194c-d. Dt.: Theätet. Stuttgart: Reclam 1981, S. 171] (Bernadete 1984, p. 65)

3 Näheres zum Turing-Test siehe Hofstadter und Dennett 1981, pp. 69–95 (Kapitel 5).

4 Barrow und Tipler 1986, p. 136; Dudai 1990; Haarer 1992.

5 Young 1988, p. 157.

6 Squire 1987, p. 15.

7 Braitenberg 1991.

8 Schwartz 1990.

9 Ebd.

10 Moravec 1988.
11 Bell 1992a, 1992b; Burkhardt 1992.
12 Moravec 1988.
13 Ebd.
14 In: Kenny et al. 1972, pp. 152–154.
15 McCarthy 1990, p. 611.
16 Penrose 1989, p. 414; S. 403–404.
17 Ebd., p. 415; S. 404.
18 Ebd., p. 415; S. 404.
19 Ebd., p. 416; S. 405.
20 Raup 1991.
21 Maynard Smith 1992, p. 34.
22 Krugmann 1990.
23 Penrose 1989.
24 Mathematisch ausgedrückt ist die Abhängigkeit $R(t + 1) = R(I(t), S(t))$.
25 Mathematisch ausgedrückt ist die Abhängigkeit $S(t + 1) = S(I(t), S(t))$.
26 Minsky 1967, p. 24.
27 Siehe beispielsweise Wolfram 1984 und Langton 1990.
28 Fredkin und Toffoli 1982; Margolus 1984.
29 Margolus 1984.
30 Langton 1988.
31 Berlekamp, Conway und Guy 1982.
32 Searle 1980, 1984. Nachdruck von Searle 1980 plus Kommentar in: Hofstadter und Dennett 1981.
33 Maughan 1992, p. 37.
34 Penrose 1989, p. 29; S. 27.
35 Searle 1984, p. 33; S. 30.
36 Freitas 1980; Tipler 1981; Barrow und Tipler 1986, Kapitel 9.
37 von Neumann 1966; Arbib 1969.
38 Cliff, Freitas, Liang und von Tiesenhausen 1980.
39 Tipler 1981; Barrow und Tipler 1986, Kapitel 9.
40 Stuhlinger 1964.
41 Forward 1984, 1990; Friedman 1988.
42 O'Neill 1977.
43 Barrow und Tipler 1986, p. 581.
44 Fisk und Reck 1993.
45 Drexler 1986, 1992.
46 Forward 1984, 1986.
47 Drexler 1992.
48 Drexler 1986, 1992.
49 Drexler 1992.
50 Sato und Tsukamoto 1993.
51 Wolfe 1985.
52 Augenstein 1993.
53 Augenstein et al. 1988, Mills 1988.

54 Augenstein, private Mitteilung 1993.
55 Forward 1982, 1985.
56 O'Neill 1977.
57 Diese Berechnungen, wie einfach Reisen im interstellaren Raum zu bewerkstelligen sind, zeigen, daß wir keine Angst zu haben brauchen, anderen intelligenten Lebewesen Grund und Boden wegzunehmen, wie einst Kolumbus nach der europäischen Expansion den Indianern Land wegnahm. ES GIBT KEINE AUSSERIRDISCHEN WESEN! Würden sie existieren, dann wären sie schon längst hier. Diese Argumentation ist an anderer Stelle ausführlich dargelegt (Barrow und Tipler 1986, Kapitel 9; Tipler 1981), so daß ich sie hier nicht wiederholen möchte. Zudem ist nach einhelliger Meinung der Evolutionsbiologen die Evolution intelligenten Lebens höchst unwahrscheinlich, so unwahrscheinlich, daß wir mit der allergrößten Wahrscheinlichkeit die einzige intelligente Spezies im sichtbaren Universum, möglicherweise sogar im gesamten Universum sind! (Vgl. Mayr 1985.)

Die Omegapunkt-Theorie liefert ein weiteres Argument dafür, daß es keine außerirdischen Wesen gibt: Wären sie im Universum sehr verbreitet – etwa eines pro Galaxie –, dann wäre es nur allzu wahrscheinlich, daß sie die gesamte freie Energie in Form von Restmasse aufbrauchen, ehe die Scherungsenergie nach dem Beginn des erneuten Kollapses verfügbar wird. Wenn dies geschieht, stirbt das Leben aus und wird nie zum Omegapunkt. Das Postulat des ewigen Lebens garantiert, daß dies nicht geschehen kann.

Andererseits sorgt das Postulat des ewigen Lebens dafür, daß Leben in irgendeiner Form das Universum erobert. Das brauchen nicht wir oder unsere Nachkommen zu sein. Wir können uns nach wie vor aus unserem eigenen freien Willen heraus selber zerstören. Wenn dies geschieht, dann garantiert das Postulat des ewigen Lebens, daß irgendeine andere intelligente Spezies die Sache in die Hand nimmt. (Die Nachkommen dieser anderen Spezies werden übrigens diejenigen sein, die uns auferwecken.)
58 Lasker 1989.
59 Nur zu gerne würde ich diesen mächtigen Schmetterling, der die Erde bewegt, DEN SCHMETTERLING, DER AUFSTAMPFTE nennen, nach dem ebenso kräftigen Schmetterling in einer Erzählung von Rudyard Kipling.
60 Barrow 1982.

Kapitel III: Fortschritt versus ewige Wiederkehr und Wärmetod

1 Helmholtz 1961.
2 Darwin 1860, p. 486; S. 564–565.
3 Raup und Valentine 1983.
4 Darwin 1860, p. 486; S. 564.

5 Raup 1991, p. 3.
6 Barlow 1959, p. 92.
7 Russell 1957 b, pp. 106–107.
8 Weinberg 1977, p. 149; S. 161–162.
9 Ebd., p. 149; S. 162.
10 Russell 1957, p. 11; S. 24.
11 Duhem 1954, p. 288.
12 Ebd., p. 290.
13 Alpher und Herman 1948, 1988.
14 Herman 1972.
15 Stewart und Tait 1875, p. 172.
16 Interessanterweise versuchten Stewart und Tait zu beweisen, daß diese Hierarchie von Realitätsebenen individuelle Unsterblichkeit zuläßt. Sie behaupteten, die menschlichen Seelen könnten, wie Energie, von einer niedrigeren auf die nächsthöhere Ebene übertragen werden. Wenn ich in späteren Kapiteln den Unsterblichkeitsmechanismus der Omegapunkt-Theorie erkläre, wird der Leser bemerken, daß der von Stewart und Tait geschilderte Ablauf ihm sehr ähnlich ist. Nach der Omegapunkt-Theorie werden wir nach dem Tod in der Tat auf einer höheren Ebene der Realität erneut leben. Der grundlegende Unterschied zwischen den beiden Theorien ist der, daß ich mich nicht auf ein »unsichtbares« Universum, das kein Mensch je erblickt hat, berufen muß. Denn im Rahmen der Omegapunkt-Theorie entspricht die höhere Ebene der Realität einer höheren Vollzugsebene in Computern. Was dies im einzelnen bedeutet, werde ich in Kapitel IX erläutern; der springende Punkt ist jedoch, soviel im voraus, daß wir diese verschiedenen Ebenen im Vollzug beobachtet haben. Sie existieren wirklich. Einem Laien ist das vielleicht nicht klar, aber jedesmal wenn wir unseren PC benutzen, arbeitet dieser mit solchen verschiedenen Ebenen der Realität. In Kapitel IX werde ich außerdem beschreiben, auf welche Weise wir schließlich von der Ebene, auf der wir derzeit existieren, in den Computern der fernen Zukunft auf eine höhere Ebene gelangen werden. Stewart und Tait war dies nicht möglich, da im 19. Jahrhundert das physikalische Wissen dafür noch nicht ausreichte.

Außerdem wollten sie nicht eingestehen, daß der Mensch anhand der Physik umfassend erklärt werden kann. Ich hingegen bin ein entschiedener Reduktionist: Die Physik kann alles, einschließlich des Menschen, vollständig beschreiben. Dieser Reduktionismus ermöglicht es mir, zu beweisen – und nicht nur wie Stewart und Tait zu mutmaßen –, daß der Unsterblichkeitsmechanismus, den ich beschreiben werde, tatsächlich funktioniert. Dennoch bin ich auf Stewart und Tait, meine berühmtesten Vorläufer, stolz, die das Leben nach dem Tode einer wissenschaftlichen Untersuchung für würdig befanden.
17 Brush 1978.
18 Eddington 1928.
19 Jeans 1929.

20 De Santillana und von Dechend 1969, p. 332.
21 Ebd., p. 4.
22 Baillie 1950, p. 42; Eliade 1949; Toulmin und Goodfield 1965.
23 Baillie 1950, p. 4; Sorokin 1937, p. 360.
24 Sorokin 1937, p. 353.
25 Eliade 1949.
26 Sorokin 1937, p. 358.
27 Ebd., p. 362.
28 Ebd., p. 363; Jaki 1974, p. 354.
29 Eliade 1949.
30 Baillie, 1950, p. 47.
31 Toulmin und Goodfield 1965, p. 46.
32 Aristoteles, *Problemata*, Buch XVII, 3.
33 Baillie 1950, p. 48.
34 Platon, *Timaios* 39; *Politikos* 269 C.
35 Baillie 1950, p. 48; Toulmin und Goodfield 1965, p. 45.
36 Needham 1965, p. 29.
37 Agustinus, *De civitate dei*. Dt.: Vom Gottstaat. München: Artemis 1985, Buch 12, Kap. 14.
38 Thorndike 1948, pp. 203, 370, 418, 710, 745, 895.
39 Needham 1965, pp. 6, 20.
40 Ebd., p. 22; Needham 1960, pp. 598 ff. und 603 ff.
41 Needham 1965, p. 6, und Needham 1960, p. 406.
42 Needham 1965, p. 50.
43 Sivin 1966, 1969.
44 Jaki 1974; Tillich 1948; Cullmann 1950.
45 Nietzsche: *Der Wille zur Macht*, Nr. 1062.
46 Ebd., Nr. 1066.
47 Ebd.
48 Ebd.
49 Ebd., Nr. 1064.
50 Ebd., Nr. 1063.
51 Kaufmann 1950, p. 270.
52 Heidegger 1961, S. 33.
53 Ebd.
54 Nietzsche, *Der Wille zur Macht*, Nr. 55.
55 Brush 1978, p. 73.
56 Stambaugh, p. 16.
57 Nietzsche, *Der Antichrist*, Abschnitt 4.
58 Nietzsche, *Die fröhliche Wissenschaft*, Abschnitt 125.
59 Sartre 1977.
60 Stambaugh 1972, p. 88.
61 Nietzsche, *Ecce Homo*. Kapitel III, Abschnitt 10.
62 Nietzsche, *Also sprach Zarathustra*, S. 383.
63 Weber 1922, S. 21.

64 Nietzsche, *Unzeitgemäße Betrachtungen*, S. 134.
65 Ebd., S. 188.
66 Nietzsche, *Der Antichrist*, Abschnitt 3.
67 Nietzsche, *Ecce Homo*, Kapitel IV, Abschnitt 1.
68 Nietzsche, *Der Wille zur Macht*, S. 384.
69 Holten 1992.
70 Camus 1948; S. 9 und 13.
71 Ebd., S. 101.
72 Nietzsche, *Also sprach Zarathustra*, S. 375.
73 Zitiert bei Farias 1989, p. 253.
74 Cassidy 1992, p. 350.
75 Beispielsweise Kaufmann 1950, Kapitel 10.
76 Nietzsche, *Unzeitgemäße Betrachtungen*, Teil I, Abschnitt 1.
77 Die verläßlichsten und ausführlichsten Darstellungen von Heideggers Stellung zum Nationalsozialismus sind: Hugo Ott, *Martin Heidegger: Unterwegs zu seiner Biographie*. Frankfurt: Campus 1988, und Bernd Martin, *Martin Heidegger und das Dritte Reich*. Darmstadt: Wissenschaftliche Buchgesellschaft 1989.
78 Lilla 1990, p. 50.
79 Harris 1978, p. 324.
80 Heidegger-Interview in: *Der Spiegel* 1976, Heft 23, S. 204.
81 Ebd., S. 214.
82 Ebd., S. 206.
83 Ebd., S. 217.
84 Ebd.
85 Ebd., S. 209.
86 Ebd., S. 209–210.
87 Sagan und Newman 1983, p. 115.
88 Schodt 1988.
89 Mori 1974.
90 Ebd., p. 22; S. 10.
91 Kuhn 1973 und 1981.
92 Weinberg 1992.
93 Glashow 1992.
94 Polkinghorne 1989.
95 Lasker 1989.
96 Kubrin 1967.
97 Brush 1976, p. 553.
98 Murray 1815, p. 434.
99 Brush 1976, Abschnitt 14.
100 Thompson 1910, p. 111.
101 Arrhenius 1908.
102 Rankine 1852.
103 Brush 1976, Abschnitt 14.7.
104 Ebd., Abschnitt 14.8.

105 Im 20. Jahrhundert gingen die meisten Diskussionen der ewigen Wiederkehr von dem »Modell des oszillierenden geschlossenen Universums« aus, das der sowjetische Mathematiker Alexander Friedmann 1922 entwickelt hatte. Friedmann selber war sich durchaus der offenkundig zyklischen Natur der Zeit in seinem Modell bewußt und vertrat die Ansicht, man könne die entsprechenden Zeiten in jedem Zyklus als identisch betrachten. Allerdings nähern sich in Friedmanns Modell die Radien am Anfang und am Ende eines jeden Zyklus null – man spricht von den Singularitäten »Urknall« beziehungsweise dem »Großen Endkollaps«; von einem streng mathematischen Standpunkt aus sind also die einzelnen Zyklen durch eine Singularität voneinander getrennt, mithin keine echten Zyklen.
106 Nisbet 1980.
107 Himmelfarb 1980. Die ausführlichste Geschichte der Idee des Fortschritts bietet van Doren 1967.
108 Spencer 1902, pp. 477–529.
109 Ebd., p. 529.
110 Engels 1955, S. 27–28.
111 J. B. S. Haldane, Vorwort und Anmerkungen zur englischen Ausgabe von Engels' *Dialektik der Natur*; New York: International Publishers 1940, p. 24.
112 Ebd., p. 20.
113 Ebd., p. 24.
114 Milne 1952.
115 Brief Dyson an Tipler.
116 Bernal 1969, p. 27.
117 Ebd., p. 28.
118 Ebd.
119 Ebd., p. 46.
120 Ebd., p. 47.
121 Ebd., p. 79.
122 Ebd. p. 80.
123 Lukas und Lukas 1981.
124 Ein noch ausführlicherer Vergleich zwischen Teilhards Omegapunkt-Theorie und der in diesem Buch entwickelten sowie eine Erörterung von Teilhards »Wissenschaft« finden sich in Barrow und Tipler 1986.
125 Teilhard 1955; S. 15.
126 Medawar 1961.
127 Teilhard 1955; S. 51 ff.
128 Ebd., S. 119 ff.
129 Ebd., S. 50, 69, 297.
130 Lukas und Lukas 1981, pp. 167–175.
131 Mayr 1980, p. 1.
132 Ebd., p. 3.
133 Boesiger 1980, p. 309.

134 Limoges 1980, p. 327.
135 Teisser, zitiert in Boesiger 1980, p. 310.
136 Teilhard 1955; S. 53.
137 Medawar 1961.
138 Teilhard 1955; S. 298.
139 Ebd., S. 278.
140 Ebd., S. 279.
141 Ebd., S. 168.
142 Ebd. S. 245 f.
143 Zitiert in Cuénot 1958, pp. 254–255; S. 449.
144 Dyson 1979, 1988.
145 Islam 1977, 1979, 1983.
146 Rees 1969.
147 Dyson 1979, p. 448; S. 12–13.
148 Dyson 1988.
149 Gould 1988, p. 319.
150 Ebd., p. 329.
151 Gould 1977, p. 190.
152 Ebd., p. 199.
153 Gould 1983, p. 111.
154 Maynard Smith 1992, p. 35. Allerdings fährt Maynard Smith fort: »Ich stimme mit ihm in der Ablehnung des viktorianischen Begriffes eines steten und unausweichlichen Fortschritts in Richtung des *Omegapunkts* zu« [Hervorhebung von mir]. Das ist nur recht und billig. Die Evolutionsdaten geben natürlich keinerlei Hinweis auf den Omegapunkt – der Omegapunkt ist kosmologischer, nicht terrestrischer Natur. In der letzten halben Jahrmilliarde hat das Leben sich hauptsächlich in der Richtung des »Impulsraumes« weiterentwickelt – es hat die ökologischen Nischen vermehrt – und nicht so sehr in der Richtung des Konfigurationsraums, denn Leben hat ja bereits vor einer Milliarde Jahre die gesamte Erde erobert. Ein Fortschritt ist also schwieriger festzustellen, als wenn es um die Expansion eines Konfigurationsraums ginge. Und der Fortschritt im Verlauf der letzten halben Jahrmilliarde war alles andere als gleichförmig; das Ökosystem der Dinosaurier wurde vor etwa 70 Millionen Jahren durch einen Meteoritenaufprall vernichtet. Übrigens hatten die Viktorianer nie damit gerechnet, daß Fortschritt gleichmäßig verlaufe: »Finsteres Mittelalter« war ihr Synonym für die rückschrittliche historische Epoche zwischen dem Untergang des Römischen Reiches und der Renaissance.
155 Maynard Smith 1992, p. 35.
156 Bonner 1988; Boyajian und Lutz 1992.
157 Raup 1988.

Kapitel IV: Physik nahe dem Endzustand: die klassische Omegapunkt-Theorie

1 Cairns-Smith 1982.
2 Barrow und Tipler 1986.
3 Dawkins 1986, S. 13.
4 Dawkins 1976, p. 207.
5 Boethius, *Philosophiae consolationes libri quinque*. Dt.: Trost der Philosophie. Zürich und München: Artemis Verlag, ^{4}1986, S. 262f.
6 Origenes, zitiert in: Pelikan 1961, p. 90.
7 Pelikan 1961, pp. 48–49.
8 Ebd., p. 91.
9 Dyson 1979.
10 Die führenden Experten der allgemeinen Relativitätstheorie – beispielsweise Penrose (1989), Ellis (1988), Hawking (1988, p. 132) und John A. Wheeler (private Mitteilung) – haben das Inflationsmodell nie akzeptiert. Die Theorie eines inflationären Universums wurde vielmehr immer von Spezialisten auf dem Gebiet hochenergetischer Teilchen vertreten, die die allgemeine Relativitätstheorie nicht in dem Maße beherrschen, wie man es bei so einflußreichen Physikern eigentlich erwarten würde.
11 Pannenberg 1972, S. 26.
12 Zu einer eingehenden Erörterung von »Vollzugsebenen« siehe Hofstadter und Dennett 1981, pp. 379–381.
13 Nur zwei dieser Namen tauchen in der jüdischen Bibel auf: Michael (Dan 10,13 und 12,1) und Gabriel (ebenfalls Dan, 8,16 und 9,21). Michael und Gabriel sind auch die einzigen namentlich erwähnten Engel im Neuen Testament. Michael (Jud 1,9, Offb 12,7) gilt als der Führer von Gottes Heerscharen. Laut Lukas ist Gabriel der Engel der Verkündigung: er verkündet Maria, daß sie Jesus gebären wird (Luk 1,26 ff.). Die beiden anderen Namen von Engeln finden sich in den Apokryphen: Raphael in Tobias (12,15) und Uriel im zweiten Buch Esdras (4,1–11). Der Tradition nach ist Uriel der Engel, der das flammende Schwert trug, um Adam und Eva nach dem Sündenfall die Rückkehr in den Garten Eden zu verwehren. Bei den Apokryphen handelt es sich um Bücher des Alten Testaments, die von der römisch-katholischen Kirche als kanonisch anerkannt werden, von den Protestanten und Juden jedoch nicht.

Gabriel und Michael sind die einzigen namentlich erwähnten »guten« Engel im Koran. Gabriel wird dreimal genannt, Michael einmal, in der *Kuh*-Sure (Arberry 1955, Vol. I, p. 40). Darüber hinaus kennt der Koran noch fünf weitere Engel: Iblis, das islamische Gegenstück zu Satan; Malik, den Aufseher der Hölle; Harut und Marut, zwei gefallene Engel, und schließlich Malaku'l – Maut, den Engel des Todes. Nach der *Kuh*-Sure und der islamischen Tradition diktierte Gabriel Mohammed den Koran Wort für Wort. Mohammed tat nichts weiter, als daß er alles, was Gabriel ihm gesagt hatte, seinen Schreibern rezitierte. Im Arabischen bedeutet das Wort

Qur'an (= Koran) »Lesung, Vortrag«. Da der Koran Mohammed von Gott in seiner Manifestation Gabriel diktiert wurde und da es Gott gefiel, ihn in mittelalterlichem Arabisch zu diktieren, kann der Koran nicht übersetzt werden; eine Übertragung in eine andere Sprache ist notwendigerweise eine »Interpretation«, keine Übersetzung.

Wer mit dem Neuen Testament vertraut ist, weiß, daß die Nachsilbe (oder Vorsilbe) »-el« »Gott« bedeutet. Die letzten Worte Jesu am Kreuz lauteten auf hebräisch: »Eloi, Eloi, lama sabachthani?« – »Mein Gott, mein Gott, warum hast du mich verlassen?« (Mk 15,34; Mt 27,46). (Jesu letzte Worte am Kreuz stammen aus Ps 22,2.)

Das Wort »Engel« leitet sich von dem griechischen *angelos* ab, das »Botschafter« bedeutet. Im derzeitigen Sprachgebrauch versteht man unter einem »Engel« ein intelligentes Wesen, dem eine Vermittlerrolle zwischen Gott und der Menschheit zukommt. Das griechische Wort *daimonos* käme der derzeitigen Bedeutung näher; Paulus und Johannes benutzen die beiden Worte austauschbar. Die superintelligenten Programme der fernen Zukunft entsprechen eindeutig den *daimonoi*, können jedoch auch als Boten des Omegapunkts in Seiner Transzendenz betrachtet werden. Im Christentum gibt es eine Hierarchie der Engel zwischen Gott und den Menschen. Das der Emanationstheorie zugrundeliegende Prinzip der Vollkommenheit, das die Erschaffung des Universums durch Gott erklärt, erfordert diese Hierarchie. Eine ähnliche existiert in der Omegapunkt-Theorie, und zwar aus dem gleichen Grund, wie ich in den Kapiteln VIII und IX erläutern werde. In der Omegapunkt-Theorie ist diese Hierarchie jedoch zeitlich, nicht räumlich wie im Christentum.

Zu erwähnen ist noch, daß es in der Omegapunkt-Theorie keine Entsprechung zu Satan gibt; Christentum und Islam irren sich, wenn sie von der Existenz eines solchen Wesens ausgehen. Selbst in der traditionellen christlichen Theologie ist die Existenz Satans umstritten, von dem man glaubt, er sei vor seinem Fall einer der höchstrangigen Engel gewesen. Wie hätte ein solches Wesen, mit ungeheurer Intelligenz begabt und dem *Wissen* aus persönlicher Erfahrung, daß Gott nicht nur existiert, sondern allwissend und allmächtig ist, je auch nur in Betracht ziehen können, sich gegen Gott zu empören? Solch ein Engel hätte mit Sicherheit gewußt, daß eine Auflehnung gegen die Allmacht zum Scheitern verurteilt ist. Diese Schwierigkeit kann man nur aus dem Weg räumen, wenn man annimmt, Gott sei im Grunde genommen nicht allmächtig und Satan sei in Wirklichkeit ein mit einer der Macht Gottes vergleichbaren Macht ausgestattetes Wesen. Das ist jedoch die Philosophie des Dualismus: In seiner letztendlichen Auswirkung ist das Böse dem Guten vergleichbar. Im Rahmen der Omegapunkt-Theorie ist dies nicht der Fall. Wie ich in dem Abschnitt über das Problem des Bösen erörtern werde, existiert das Böse notwendigerweise, aber das Gute ist notwendigerweise mächtiger und trägt notwendigerweise am Ende den Sieg davon. »Notwendigerweise« bedeutet hier, wie immer, logisch notwendig; ein letztendlicher Sieg des Bösen wäre ein logischer Widerspruch. Beachten Sie auch, daß das Wort »letztendlich« sehr wichtig ist; insbesondere heißt dies, daß wir wahrscheinlich erst in Billionen von Jahren Eigenzeit auferstehen werden.

Man könnte nun naiverweise meinen, eines der Überwesen der fernen Zukunft könnte möglicherweise böse sein und vielleicht als Entsprechung zu Satan (oder einem der ihm untergeordneten bösen Engel) betrachtet werden. Eine solche Überlegung zieht die umfassenden Implikationen wahrer Unsterblichkeit nicht in Betracht noch die Fähigkeit fortschrittlicher Wesen, einen Selbstmörder auferstehen zu lassen. Ein böser sterblicher Mensch wie Hitler konnte es sich leisten, Juden und Slawen schlecht zu behandeln. Er wollte sie für immer aus dem Weg räumen und glaubte, er könne sich, wenn sie entgegen aller Wahrscheinlichkeit den Krieg gewinnen würden, immer noch durch Selbstmord dem Zugriff der Gerechtigkeit entziehen. Und genau das tat er auch: Er erschoß sich in letzter Minute, um einer Gefangennahme durch Angehörige der Roten Armee zu entgehen. (Russische Truppen waren nur ein paar hundert Meter von Hitlers Bunker in Berlin, wo er starb, entfernt.) Hitler wird jedoch der Gerechtigkeit nicht entgehen; in der fernen Zukunft wird er von Überwesen mit Hilfe der in diesem Buch beschriebenen Mechanismen auferweckt werden und sich für seine Verbrechen zu verantworten haben. Hitler starb in der zuversichtlichen Hoffnung, für immer tot zu sein, ohne die Möglichkeit einer Auferstehung. Er wird also sehr überrascht sein, wenn er dereinst aufersteht. Potentiell böse Überwesen der fernen Zukunft werden über den Auferstehungsmechanismus Bescheid wissen und nicht riskieren, sich denen gegenüber niederträchtig zu verhalten, die selber unsterblich sind und letztendlich über die Macht verfügen werden, die Bösen auferstehen zu lassen.

Die Literatur über Engel ist *immens*. In Westeuropa war Angelologie von 1000 bis 1200 sehr in Mode, als die Namen buchstäblich *Tausender* Engel aufgezeichnet wurden. Eine Einführung zu diesem faszinierenden Thema finden Sie unter anderem in *A Dictionary of Angels* von Gustav Davidson (1967).

14 Platon, *Timaios* 37d.

15 Boethius, *Philosophiae consolationis libri quinque*, S. 267. Im Hochmittelalter (zirka 13. Jahrhundert) erfreute sich dieses Buch großer Beliebtheit und übte einen nachhaltigen Einfluß aus.

16 Boethius war Christ und unternahm den Versuch, die christliche Theologie in die Sprache der griechischen Metaphysik zu fassen. Die Meinungen darüber, ob die Autoren der Bibel Gott als »ewig« im Sinne von Boethius und Thomas von Aquin verstanden wissen wollten, sind geteilt. James Barr beispielsweise, Professor für alttestamentarische Theologie an der Universität von Edinburgh, unterstreicht in seinem Buch *Biblical Words for Time* (1962), daß der Sprachgebrauch der biblischen Texte keine Unterscheidung zwischen Gott als ewig im Sinne von mit der Zeit zusammenfallend oder als ewig im Sinne von außerhalb der Zeit seiend zuläßt;

allerdings gesteht Barr den Autoren zu, daß sie vielleicht beides meinten (Barr 1962, p. 147). Der Omegapunkt ist in beiderlei Sinne »ewig«.

Kapitel V: Der Determinismus in der klassischen allgemeinen Relativitätstheorie und in der Quantenmechanik

1 Russell 1988.
2 Zumindest am Rande sei erwähnt, daß in der allgemeinen Relativitätstheorie die Standarderhaltungsgesetze nahezu trivial wahr sind. In der allgemeinen Relativitätstheorie sieht das Erhaltungsgesetz für Masse-Energie folgendermaßen aus: $d^*T = 0$; dies folgt aus den Einsteinschen Gleichungen $G = 8\pi T$, die man als den Impuls-Energie-Tensor T definierend betrachten kann, und der Tatsache, daß *jede* Metrik g $d^*G = 0$ genügt. Näheres zu diesem Punkt siehe Misner, Thorne und Wheeler (1973), Kapitel 15. Das Trägheitsprinzip spielt bei der Aufrechterhaltung der Existenz des Universums keine Rolle.
3 Hawking und Ellis 1973, Kapitel 7. Der Beweis geht von der physikalischen Bedeutung des Auswahlaxioms aus und davon, daß *physikalische* Raumzeiten diejenigen sind, bei denen die gs und Fs Ableitungen mindestens bis zur vierten Ordnung haben. Das Auswahlaxiom besagt, daß man aus einer beliebigen Ansammlung von Mengen eine andere Menge bilden kann, und zwar auf die Weise, daß man genau ein Teil aus jeder Menge dieser Ansammlung nimmt. Das Auswahlaxiom ist trivial wahr, wenn die Ansammlung von Mengen endlich ist und jede Menge eine endliche Anzahl von Teilen enthält; allerdings erfordert die Existenz eines einzigen maximalen Abhängigkeitsbereiches, daß das Auswahlprinzip für eine unendliche Ansammlung von Mengen, von denen eine jede unendlich viele Bestandteile hat, gilt. Daß dies physikalisch sinnvoll sein soll, leuchtet nicht so ohne weiteres ein.
4 Tipler 1979, 1980.
5 Rosen 1975, p. 330.
6 Raub 1991 (unveröffentlicht).
7 Gell-Mann 1992.
8 Weinberg 1992, pp. 82, 232; Llewellyn Smith 1993.

Kapitel VI: Die quantentheoretische Version der Omegapunkt-Theorie

1 In einigen Quantenkosmologien sind die Anfangswerte Y(h, F, S) und ihre ersten Ableitungen.
2 Technisch ausgedrückt: $M = S \times R^1$.

3 Wie dies im einzelnen funktioniert, dazu siehe Barrow und Tipler 1986, Abschnitt 7.2. Die Behauptung muß zu beliebigen Hamiltonschen Funktionen verallgemeinert werden, die klassische Grenzwerte haben. Im folgenden werde ich davon ausgehen, daß eine solche Verallgemeinerung existiert.
4 Etwas genauer gesagt, lautet die Hartle-Hawking-Randbedingung folgendermaßen: »Die universelle Wellenfunktion ist die Wellenfunktion für die die Feynman-Summe aller Wege (klassische und andere), die zu einem gegebenen Punkt (h, F, S) führen, die Summe der Wege ist, die keine Ränder haben (genauer gesagt, die vierdimensionale Mannigfaltigkeit, die einem gegebenen Weg entspricht, ist eine kompakte Mannigfaltigkeit, deren einziger Rand (f, F, S) ist).«
5 Freedman und Luo 1989, p. 3.
6 Lawson 1974; Thurston 1976.
7 Genauer gesagt, die Blätter der Faltung sind in differenzierbare Dreiermannigfaltigkeiten eingebettet, wobei die normalen Vektoren zu den Blättern globale Vektorfelder definieren, so daß t der Parameter der Faltung und dt die normale Form für jedes Blatt ist.
8 Hawking und Ellis 1973.
9 Hartle 1991.
10 Pannenberg 1975, S. 51.
11 Pannenberg 1981.
12 Pannenberg 1975, S. 41.

Kapitel VII: Wie der freie Wille aus quantenkosmologischen Mechanismen entstehen kann

1 James 1948, p. 40–41.
2 Pannenberg 1971.
3 Eine Darstellung dieses wichtigen Punktes findet sich in Earman 1986, p. 241–242.
4 Geroch und Hartle 1986.
5 Freedman und Luo 1989, p. 3.
6 Man kann für die universelle Wellenfunktion durchaus mathematisch bedeutungslose Gleichungen niederschreiben – zum Beispiel erfüllt die Wellenfunktion Feynmans berühmte Gleichung U = 0 (Feynman 1964, Vol. II). Diese Gleichung erhalten Sie, indem Sie zunächst *alle* Gleichungen der Physik aufschreiben, zum Beispiel: Newtons zweites Bewegungsgesetz F = ma, Einsteins Feldgleichung der allgemeinen Relativitätstheorie G = 8πT, Ohms Gesetz V = RI und so weiter. Als nächstes schreiben Sie alle diese Gleichungen neu, indem Sie den Ausdruck auf der rechten Seite jeder Gleichung von beiden Seiten abziehen, daraus ergibt sich: F – ma = 0, G – 8πT = 0, V – RI = 0 und so weiter. Beachten Sie, daß alle diese physikalischen Gleichungen nun die Form haben »etwas = 0«. Nun addieren Sie alle Quadrate der Glei-

chungen. Die Summe aller Ausdrücke auf der linken Seite nennen wir U. Also: U = 0. Wie Feynman selbst bemerkte, ist diese »Gleichung« absolut bedeutungslos; sie enthält nichts, was nicht bereits in den ursprünglichen Gleichungen enthalten wäre, man kann nichts mit ihr berechnen, was sich nicht mit den ursprünglichen Gleichungen ebenfalls berechnen ließe.

7 Monk 1976, p. 234.
8 Boolos und Jeffrey 1974.
9 Boolos und Jeffrey 1974.
10 Machtey und Young 1979, p. 192.
11 Monk 1976, p. 234; Boolos und Jeffrey 1974, Kapitel 21.
12 Machtey und Young 1978, 1981.
13 Turing 1950, p. 459; dieser Teil seines Artikels ist leider nicht in Hofstadter und Dennet 1981 abgedruckt.
14 Wald 1950.
15 Wald 1950, p. 27.
16 von Neumann und Morgenstern 1953, p. 143.
17 Penrose 1989, p. 400; S. 390.
18 Eccles 1989, 1990.
19 Penrose 1989, p. 401; S. 391.
20 James 1948.
21 Monod 1971; siehe Kapitel 7.
22 Siehe zum Beispiel Root-Bernstein (1989, insbesondere p. 360–366) und die entsprechenden Literaturverweise.
23 Hofstadter und Dennet 1981, p. 380; S. 363.
24 Libet et al. 1983.
25 Friedman 1986, p. 358–361; Tipler 1988.
26 Kant 1914, S. 530.
27 Feynman 1986, p. 55.

Kapitel VIII: Der Omegapunkt und das physikalische Universum existieren notwendigerweise

1 Kant 1914, S. 505.
2 Williams 1977.
3 Kant 1914, S. 529.
4 Eine ausführlichere Diskussion der Frage, ob eine Simulation als real anzusehen ist, wenn sie das reale Universum genau genug kopiert, nehmen Hofstadter und Dennett 1981 vor, insbesondere pp. 73–78, 94–99, 287–320 (S. 78–82, 285–307 und 352–356).
5 Kant 1914, S. 506.
6 Barrow und Tipler 1986.
7 Platon, *Timaios*, zit. in Lovejoy 1985, S. 64.
8 Plotin, *Enneaden* (5. Buch, 2. Kapitel, I. Abschnitt) zit. in Lovejoy 1985, S. 81–82.

9 Augustinus, zitiert in Lovejoy 1936, p. 67; S. 87.
10 Lovejoy 1985.
11 Lovejoy 1963, p. 52; S. 69–70.

Kapitel IX: Die Physik der Auferstehung von den Toten zum ewigen Leben

1 Pannenberg 1962, S. 57.
2 Rheingold 1991; Gelernter 1991, Benedikt 1991.
3 Barrow und Tipler 1986, p. 565.
4 Ausführlicher geht auf diese Eigenschaft doppelter Exponentiale Penrose 1989 ein.
5 Bekenstein 1981; Schiffer und Bekenstein 1989; Penrose 1989.
6 Manchmal wird die Bekenstein-Obergrenze $I \leq A/(4L_p^2)\ln 2$ geschrieben, wobei $L_p \approx 10^{-35}$ Meter die Plancksche Länge ist. Wenn wir diese Abschätzung benutzen, muß ein Mensch durch 10^{70} Bits oder weniger codiert sein. Naiverweise könnte man denken, die Bekenstein-Grenze würde die Speicherung einer willkürlich großen Informationsmenge unmöglich machen, wenn der Radius R des Universums nach Null geht, denn die Oberfläche der größten Kugel, die es im Universum geben kann, geht ebenfalls nach Null, während $R \rightarrow O$. In der Omegapunkt-Theorie gilt die Bekenstein-Grenze, aber nachdem das Leben das gesamte Universum überschwemmt hat und die k-Grenze ein einzelner Punkt ist, schränkt die Bekenstein-Grenze lediglich die Divergenzgeschwindigkeit der Informationsspeicherung ein. (Unter diesen Umständen ist die Bekenstein-Grenze tatsächlich weniger einschränkend als andere Beschränkungen der Divergenzgeschwindigkeit, die ich an anderem Ort analysiert habe (Barrow und Tipler 1986).) Um dies zu erkennen, müssen wir beachten, daß die *allgemeine* Bekenstein-Grenze für die Information I in einem Gebiet nicht $A/(4L_p^2)\ln 2$ ist, sondern $I \leq (2\pi)^2 ER/(hc)\ln 2$, wobei R der Radius der kleinsten Kugel ist, die das Gebiet umschreibt, und E die Gesamtenergie in dem Gebiet. (Dies ist im Wissenschaftlichen Anhang dargestellt.) Wenn wir R proportional zum Radius des gesamten geschlossenen Universums sein lassen, wird klar – vorausgesetzt, die Energie im Universum divergiert schneller als R^{-1} –, daß die rechte Seite der Bekensteinschen Ungleichheit ebenfalls divergiert. Im Wissenschaftlichen Anhang zeige ich, daß in der Omegapunkt-Theorie E tatsächlich wie R^{-3} divergiert, also kann die gesamte gespeicherte Information wie R^{-2} divergieren, während $R \rightarrow 0$. Ich werde im Wissenschaftlichen Anhang herleiten, daß wir die einschränkendere Bekenstein-Grenze $A/(4L_p^2)\ln 2$ aus $(2\pi)^2 ER/(hc)\ln 2$ erhalten. Die Herleitung geht davon aus, daß die Information durch die Bildung eines schwarzen Lochs begrenzt wird, was wiederum von der Annahme ausgeht, daß die Informationsspeicherung auf einen winzigen Teil des Universums beschränkt ist und die künftige Topologie der k-Grenze nicht mehr ein Punkt ist (Sie erinnern sich, daß eine punktförmige k-Grenze bedeutet, daß es keine

Ereignishorizonte gibt). Diese beiden Annahmen treffen nicht zu, wenn das Universum in einem Omegapunkt endet. Demnach gilt nur die allgemeinere Bekenstein-Grenze, und wie wir gesehen haben, verhindert sie nicht eine divergierende Informationsmenge. Die Bekenstein-Grenze $A/(4L_p^2)\ln 2$ gilt indes für Menschen, weil wir sehr wohl auf das winzige Gebiet der Raumzeit begrenzt sind, in dem sich schwarze Löcher bilden können. (Das obengenannte Argument liefert noch einen anderen Grund, weshalb Leben, wenn es für immer bestehen soll, sich schließlich so weit ausdehnen muß, daß es das gesamte Universum überschwemmt. Nur wenn das geschieht, kann Leben die einschränkendere $A/(4L_p^2)\ln 2$-Bekenstein-Grenze vermeiden, nach der das Leben und die Informationsverarbeitung nach einer endlichen subjektiven Zeit zu Ende gehen muß, denn $A \rightarrow 0$ während $R \rightarrow 0$.)

7 Penrose 1989.

8 Die Masse wird errechnet aus $M = (4\pi/3)R^3D$, wobei D die durchschnittliche kosmologische Dichte ist, von der man weiß, daß sie weniger als 10^{-29} Gramm pro Kubikzentimeter beträgt.

9 Siehe zum Beispiel Reif 1965, Kapitel 9.

10 Siehe zum Beispiel Halzen und Martin 1984, p. 89–91.

11 Wootters und Zurek 1982.

12 Wootters und Zurek 1982.

13 Moravec 1988, pp. 122–124; S. 164–166.

14 Updike 1989, p. 227; S. 279.

15 Newton 1680?; zitiert in Force 1994.

16 Newton 1680?; zitiert in Force 1994.

17 Zur allgemeinen Geschichte siehe Froom 1965; für eine ausführlichere Darstellung der Entwicklung des Glaubens während der Reformationszeit in England siehe Burns 1972.

18 Flew 1987, p. 12.

19 Flew 1964, p. 6; Anführungszeichen von Flew. Vgl. aus jüngerer Zeit die beiden Kapitel über persönliche Identität in Flew 1987.

20 Flew 1964, p. 6; Anführungszeichen von Flew.

21 Flew 1987, p. 9.

22 Gibbs 1875, p. 166–167.

23 Maxwell 1878, p. 645–646.

24 Maxwell 1878, p. 645.

25 Gibbs 1902, p. 188–207.

26 Gibbs 1875, p. 166–167.

27 Plutarch, *Große Griechen und Römer*, Bd. 1, »Leben des Theseus«. S. 51.

28 Plutarch, zit. in Wiggins 1980, p. 92.

29 Hobbes, *Vom Körper*, II, 11, S. 114.

30 Held und Marshall 1991; Storer 1988; Davisson und Gray 1976.

31 Rumelhart und Ortony 1976; Loftus 1979, p. 111.

32 Hume 1965, p. 284; S. 245.

33 Flew 1987, p. 133–134.

34 Khosla 1992.

Kapitel X: Was nach der Auferstehung geschieht: Himmel, Hölle, Fegefeuer

1 Tertullian, *De carne Christi*, 5; zit. in Pagels 1979, p. 4; S. 41.
2 Young 1951, p. 61–64.
3 Eine ausführlichere Darstellung der traditionellen Deutungen von Jesu Auferstehungsleib findet sich in Robinson 1952, Dahl 1962 und Schep 1964. (Ich persönlich glaube nicht, daß irgendeines dieser Ereignisse sich tatsächlich zugetragen hat; in Kapitel XII werde ich näher darauf eingehen.)
4 Für eine Einführung in die Spieltheorie siehe Wang 1988.
5 Friedmans *Price Theory* ist die beste Einführung in die Mikroökonomie: den Teil der Wirtschaft, der für alle Lebewesen gilt, die den Gesetzen der Thermodynamik gehorchen (sie implizieren, daß die Rohstoffe zu jeder gegebenen Zeit endlich sind). Allein aufgrund des Umstandes, daß diese speziellen Wirtschaftsgesetze für jedes beliebige Lebewesen gelten, kann ich sie anwenden, um das Verhalten von Lebewesen in der fernen Zukunft vorherzusagen. David Friedman ist seiner formalen Ausbildung nach gar kein Wirtschaftswissenschaftler: er hat an der Universität Chicago in theoretischer Elementarteilchenphysik promoviert, und sein physikalischer Hintergrund tritt in seinem Buch deutlich zutage.
6 Axelrod 1984, pp. 134–136; S. 120–122.
7 Nowak und Sigmund 1992.
8 Becker 1981, p. 173.
9 In der Sprache der Mathematik lauten diese beiden Bedingungen (1) $UA(Z_{1A}, Z_{2A}, \ldots, Z_{m_A}, \Psi(U_B))$ beziehungsweise (2) $\delta U_A/\delta U_B > 0$, wobei U_A und U_B jeweils der Nutzen von Person A und Person B sind und Z_{n_A} von A in Anspruch genommene nte Vorteil ist.
10 Friedman 1986, Kapitel 20.
11 Becker 1981, p. 82 und 189.
12 Hume 1755; abgedruckt in Flew 1964, p. 187.
13 Hume 1776, p. 77.
14 Diese tatsächliche Unendlichkeit ist eine zählbare Unendlichkeit: χ_0.
15 Russell 1931, p. 358.
16 Barrow und Tipler 1986, p. 92–95.
17 von Neumann und Morgenstern 1953, Kapitel 15.
18 Gardner 1959, p. 38.
19 Berlekamp, Conway und Guy 1982, Vol. 2, pp. 669–672; Bd. 3: *Fallstudien*, S. 243–246.
20 Weitere Ausführungen zur Bedeutung des freien Willens in dieser Situation: siehe Robinson 1968, p. 59, und James 1948, p. 62.
21 Gardner 1959, p. 45–46.
22 Becker 1981, p. 183; Friedman 1986, p. 492.
23 Gardner 1959, p. 40.
24 Origenes' Sicht der Hölle findet sich zum Beispiel in Trigg 1983, p. 89, 118, 138.

25 Christian Gottlieb Barth, zit. in Pelikan 1988, p. 5.
26 Smith und Haddad 1981, p. 164–167.
27 Becker 1981; Friedman 1986, Kapitel 20.
28 Price 1963, p. 50.
29 Friedman 1986, p. 24.
30 Baumeister und Wotman 1992.
31 MacDannell und Lang 1988.
32 Tuchman 1962, Kapitel 11: »Lüttich und Elsaß«.
33 Lactantius 1886, p. 271 (Kapitel 13 in *Vom Zorne Gottes*)
34 Thomas von Aquin 1985, *Summe der Theologie*, Teil I, 2. Untersuchung, 3. Artikel, S. 22–23.
35 Hick 1978, p. 6.
36 Eine neuere Zusammenfassung dieser Argumente findet sich in Martin 1990.
37 Hick 1978, p. 238.
38 Thomas von Aquin 1985, *Summe der Theologie*, Teil I, 20. Untersuchung, 9. Artikel.
39 Augustinus, *Enchiridion*, Buch 8, Kapitel 27.
40 Julian of Norwich 1961, Kapitel 27.
41 Die Oberfläche der 2-Sphäre (Fläche im Raum), die das Leben enthält, hat die Dicke ΔR und den Radius R. Da die gespeicherte Information proportional zu E/T ist, welches wiederum proportional zu ΔR mal R^2 ist, und R proportional zur Eigenzeit ist, bedeutete dies: $I \propto t^2$.
42 Hayek 1941, p. 147.
43 Hayek 1972, p. 222.
44 Manche Wirtschaftswissenschaftler, so etwa der weltweit führende Experte für die Rohstoffwirtschaft William Baumol aus Princeton, argumentierten (Baumol 1986), daß die Rohstoffe durch eine effizientere Verwendung einer endlichen Rohstoffquelle in der Tat grenzenlos anwachsen könnten. Baumol ist sich jedoch darüber im klaren, daß die Frage, ob Rohstoffe unbegrenzt existieren, letztlich Sache der Physik sei, und er schließt widerstrebend, die Physik behaupte, die Rohstoffe seien begrenzt. Darin irrt er sich.

Kapitel XI: Vergleich zwischen dem Himmel nach den Voraussagen der modernen Physik und dem Leben nach dem Tode, auf das die großen Weltreligionen hoffen

1 Needham 1984, S. 116.
2 Needham 1984, S. 122.
3 Needham 1984, S. 142.
4 Yoke 1985, p. 184–187.
5 Yoke 1985, p. 184.
6 Needham 1984, S. 142; Yoke 1985, p. 174, 186–187.

7 van Gulik 1976, p. 236.
8 Needham 1984, S. 265.
9 Needham 1984, S. 269.
10 Needham 1984, S. 265, 270.
11 Needham 1984, S. 283.
12 Needham 1984, S. 283.
13 Rgveda 1913, S. 37.
14 Rgveda 1913, S. 118.
15 Gandhi 1962, p. 16.
16 Gandhi 1962, p. 10.
17 Gandhi 1962, p. 115.
18 Gandhi 1962, p. 25.
19 Rahula 1982, S. 213.
20 Schtscherbatsky 1978, p. 23–24; Rahula 1982, S. 72.
21 Rahula 1982, S. 75.
22 Schtscherbatsky 1978, p. 24.
23 Schtscherbatsky 1978, p. 70.
24 Gandhi 1962, p. 199.
25 Rahula 1982, S. 68–69.
26 Rahula 1982, S. 80.
27 *Mahayana* bedeutet »große Laufbahn«, meist übersetzt als »großes Fahrzeug«, *Hinayana* ist die »kleine Laufbahn« oder das »kleine Fahrzeug«. Raten Sie, welche der beiden buddhistischen Richtungen die jeweiligen Namen vergab. (*Theravada* bedeutet »Verkündigung der älteren Lehre« oder »orthodoxer« Buddhismus. Selbstverständlich bevorzugen die Anhänger dieser Richtung die Bezeichnung »Theravada«.)
28 Hamilton 1967, p. 359.
29 Masutani 1967, p. 793. Masutani war jahrelang der Professor für Buddhismus an der Universität Tokio.
30 Gandhi 1962, p. 198.
31 Goldman 1991, p. 220.
32 Goldman 1991, p. 220.
33 Mbiti 1970,.p. 23.
34 Mbiti 1970, p. 264.
35 Parrinder 1969, p. 38.
36 Mbiti 1970, p. 260.
37 Mbiti 1970, p. 260, 262.
38 Mbiti 1970, p. 260.
39 Mbiti 1970, p. 264.
40 Bolaji-Idowu 1963, p. 189.
41 Bolaji-Idowu 1963, p. 200.
42 Hultkrantz 1979, p. 283–284.
43 Coe 1975, p. 90–91.
44 Tompkins 1990, p. 45.
45 Coe 1975, p. 101.

46 Wilbert 1975. Wilberts Auffassung, wonach die Warao-Mythen vermutlich den Mythen der amerikanischen Ureinwohner ähnlich sind, müssen wir jedoch mit Vorbehalt begegnen. In mehreren Mythen, berichtet er, würden die Warao auf Pferden in ihre jeweiligen Himmel befördert! Daß es in Amerika vor Ankunft der Europäer keine Pferde gab, ist indes wohlbekannt.
47 Hultkrantz 1979, p. 134.
48 Goldman 1991, p. 34.
49 Olan 1971, p. 16.
50 Eisenman und Wise 1992, p. 20.
51 Wolfson 1948, p. 396, 404, 406, 408; Olan 1971, S. 17; Nickelsburg 1972.
52 Martin 1968, p. 117.
53 Martin 1968, p. 114.
54 Martin 1968, p. 118.
55 *Sanhedrin*; Goldschmidt 1934, Bd. 9, S. 27.
56 *Sanhedrin* 90b; Goldschmidt 1934, S. 35.
57 *Sanhedrin* 91a; Goldschmidt 1934, S. 35.
58 *Sanhedrin* 91a; Goldschmidt 1934, S. 31–32.
59 *Sanhedrin* 91b; Goldschmidt 1934, S. 35.
60 Olan 1971, p. 49.
61 *Sanhedrin* 91a–91b; Goldschmidt 1934, S. 33–34.
62 *Berachot* 28b; Goldschmidt, Bd. 1, S. 124. Wörtlich sagt der Rabbi: »Wenn man mich vor einen König aus Fleisch und Blut führte, der heute hier und morgen im Grabe ist, dessen Zorn, wenn er über mich zürnt, kein ewiger Zorn ist, dessen Fessel, wenn er mich fesselt, keine ewige Fessel ist, dessen Töten, wenn er mich tötet, kein ewiges Töten ist, den ich auch mit Worten besänftigen und mit Geld bestechen kann, würde ich dennoch weinen; jetzt, da man mich vor den König der Könige, den Heiligen, gepriesen sei er, führt, der in alle Ewigkeit lebt und besteht, dessen Zorn, wenn er über mich zürnt, ein ewiger Zorn ist, dessen Fessel, wenn er mich fesselt, eine ewige Fessel ist, dessen Töten, wenn er mich tötet, ein ewiges Töten ist, den ich mit Worten nicht besänftigen und mit Geld nicht bestechen kann, und außerdem noch zwei Wege vor mir sind, einer zum Paradiese und einer zum Fegefeuer, und ich nicht weiß, welchen von ihnen man mich führen wird, soll ich da nicht weinen!?«
63 Olan 1971, p. 58.
64 Olan 1971, p. 60.
65 Martin 1968, p. 85.
66 Olan 1971, p. 61.
67 Maimonides IV:24; Rosner 1982, p. 33.
68 Olan 1971, p. 66.
69 Olan 1971, p. 77.
70 Die Textstelle stammt aus der Luther-Übersetzung (*Die Heilige Schrift, Altes und Neues Testament, verdeutscht von Martin Luther*; erschienen im Verlag von Eduard Hallberger, Stuttgart 1863). Eindeutig weist diese Ver-

sion auf die Vorstellung von der leiblichen Auferstehung deutlicher hin als die späteren, exakteren Übersetzungen. In der im Jahr 1980 von der römisch-katholischen und der evangelischen Kirche herausgegebenen *Einheitsübersetzung* liest sich dieselbe Stelle folgendermaßen: »Doch ich, ich weiß: mein Erlöser lebt, als letzter erhebt er sich über dem Staub. *Ohne meine Haut, die so zerfetzte, und ohne mein Fleisch* werde ich Gott schauen. Ihn selber werde ich dann für mich schauen; meine Augen werden ihn sehen, nicht mehr fremd. Danach sehnt sich mein Herz in meiner Brust.«

71 Cullmann 1965. Die *Harvard Ingersoll Lectures* sind eine mit Stiftungsgeldern finanzierte Vortragsreihe über das Leben nach dem Tod.
72 Schillebeeckx 1987, p. 518.
73 Siehe zum Beispiel Robinson 1952, p. 14, Polkinghorne 1986, p. 76, und Chadwick 1986, p. 34.
74 Barth 1987, S. 154.
75 H. Maspero, übersetzt und zitiert in Needham 1984, S. 153.
76 Wolfson 1965.
77 Nickelsburg 1972.
78 Schillebeeckx 1987, p. 518–523, 723, Anmerkung 1.
79 Wolfson 1965, p. 96.
80 Celsus 1987, S. 168.
81 Celsus 1987, S. 169–170.
82 Pannenberg 1984.
83 Pannenberg 1984, p. 130–131.
84 Pannenberg 1984, 1989.
85 Pannenberg 1989.
86 Pannenberg 1984.
87 Polkinghorne 1986, p. 76–77.
88 Polkinghorne, Brief an den Autor vom 16. April 1989.
89 Ayala 1974.
90 Earman 1986, p. 142.
91 Polkinghorne 1986, p. 86.
92 Polkinghorne 1986, Kapitel 6.
93 Mayr 1988.
94 Weinberg 1987.
95 Weinberg 1987, 1992.
96 Arberry, Vol. I, p. 40.
97 Arberry 1955.
98 Andrae 1932, S. 47.
99 Arberry 1955, Vol. I, p. 313 [Hervorhebung von mir].
100 Arberry 1955, Vol. II, p. 314.
101 Smith und Haddad 1981, p. 21.
102 Arberry 1955, Vol. I, p. 314.
103 Andrae 1932, S. 48.
104 Arberry 1955, Vol. II, p. 110.

105 Arberry 1955, Vol. I, p. 346.
106 Arberry 1955, Vol. I, p. 94.
107 Zum Beispiel Andrae 1932, S. 48.
108 Arberry 1955, Vol. II, p. 140.
109 Smith und Haddad 1981, p. 5–6, 33.
110 Smith und Haddad 1981, p. 33 und Anmerkung 3, p. 205.
111 Smith und Haddad 1981, p. 133.
112 *Geschichte der katholischen Kirche*, S. 70.
113 Zweites Vatikanisches Konzil, Artikel 16 der Dogmatischen Konstitution über die Kirche.
114 Pannenberg 1984, p. 135–136.
115 *Sanhedrin*; Goldschmidt 1934, Bd. 9, S. 27.
116 Tuğ 1987, p. 88.
117 Smith und Haddad 1981, p. 12, 22.
118 Smith und Haddad 1981, p. 24.
119 Arberry 1955, Vol. II, p. 124.
120 Smith und Haddad 1981, p. 82.
121 Taha 1987.
122 Watt 1953, p. 123–124.
123 Watt 1953, p. 61.
124 Dashti 1985, p. 80–85.
125 Pipes 1990.

Kapitel XII: Die Omegapunkt-Theorie und das Christentum

1 Flew 1984.
2 Mann 1986 gibt den Konsens der Bibelgelehrten wieder, ist jedoch nicht der Ansicht, daß Markus älter ist.
3 Fitzmyer 1981, p. 57.
4 Munck 1967.
5 Fitzmyer 1981.
6 Mann 1986.
7 Fitzmyer 1981, p. 53–57; Mann 1986, p. 72–77; Munck 1967, p. XLVI-LIV.
8 Macquarrie 1986. Auch Paulus sah die Auferstehung Jesu als die zentrale Wahrheit des Christentums an, wie er im ersten Brief an die Korinther sagte (1 Kor 15).
9 Muggeridge 1990, p. 30.
10 Siehe zum Beispiel 1 Enoch 51,4; 57,15 ff; auf diese Stelle geht Baillie 1936, p. 162, ein.
11 Flavius Josephus, *Der jüdische Krieg*, Buch III, Kapitel 8, S. 286 ff.
12 Baillie 1936, p. 162.
13 Babbage 1837, Kapitel 11.
14 Flew und Habermas 1987.

15 Siehe zum Beispiel Schillebeeckx 1987 und Küng 1985. (Eine bemerkenswerte Ausnahme ist Wolfhart Pannenberg. Er glaubt sehr wohl, daß Jesus in irgendeinem objektiven Sinne von den Toten auferstanden ist. Diese Auffassung ist dargelegt in Pannenberg 1968.)
16 Hume 1965, Teil II, Kapitel X (»Über Wunder«), S. 154–155.
17 Drake 1972.
18 Drake 1972.
19 Siehe zum Beispiel *Cattle Mutilations: An Episode of Collective Delusion*, (Rinderverstümmelungen: Ein Fall von kollektiver Täuschung) von James R. Stewart; *The Case of the Amityville Horror* (Das Grauen von Amityville) von Robert L. Morris und *A Controlled UFO Hoax: Some Lessons* (Eine kontrollierte UFO-Falschmeldung: Einige Lektionen) von David I. Simpson; alle drei Artikel in Frazier 1981.
20 Siehe zum Beispiel den oben erwähnten Artikel von Drake (Drake 1972) sowie Klass 1974 und 1983.
21 Eine kurze Darstellung der N-Strahlen-Täuschung findet sich in Klass 1974. Einen eher wissenschaftlichen Bericht gibt de Solla Price 1961 (in der Bibliographie aufgeführt als »Price 1961«).
22 Morrison 1972.
23 Christie-Murray 1976, p. 41.
24 Christie-Murray 1976, p. 56.
25 Pannenberg 1989, p. 267.
26 Celsus 1987, S. 164–165.
27 Celsus 1987, S. 165–166.
28 Chadwick 1986; Christie-Murray 1976; Pelikan 1971. Heute weiß man, daß die einzige klare Aussage in der Bibel über die Dreifaltigkeit im ersten Brief des Johannes – »Drei sind es, die Zeugnis ablegen: der Geist, das Wasser und das Blut; und diese drei sind eins« (1 Joh 5,7) – eine Hinzufügung aus dem 4. Jahrhundert ist. Das Johannes-Evangelium stellt auch Jesus als Gott dar (Joh 1,1: »Im Anfang war das Wort, und das Wort war bei Gott, und *das Wort war* Gott« [Hervorhebung von mir] und ist, wenn man die Aussage im Zusammenhang mit Joh 1,14 sieht: »Und das Wort wurde Fleisch und lebte unter uns...«, unmißverständlich.) Nach übereinstimmender Meinung der Bibelexegeten entstand jedoch das Johannes-Evangelium um 100 n. Chr., also lange nach dem Tod Jesu, so daß dies keine zeitgenössische Auffassung sein könne.
29 Küng 1985.
30 Schillebeeckx 1987.
31 McBrien 1980, p. 764: Bd. 2, S. 171.
32 Maritain 1962, p. 166.
33 Maritain 1962, p. 163.
34 Maritain 1962, p. 164; Hervorhebung von Maritain.
35 Cesare Cremonini war der berühmteste Professor für aristotelische Philosophie im angehenden 17. Jahrhundert, als Tycho Brahe zeigte, daß »neue Sterne« – die wir heute *Supernovae* nennen – in stellaren Entfernungen

stattfinden, und Galilei seine Arbeiten veröffentlichte. An Cremonini erinnert man sich heute als den Professor, der sich weigerte, durch Galileis Fernrohr zu schauen. Das brauchte er gar nicht: Er *wußte* aufgrund rein logischer Überlegung, daß Galilei nicht sehen konnte, was er sah. Nach Aristoteles ist die Substanz der Planeten so beschaffen, daß sie sich nicht zu verändern vermag. Wenn Galilei daher irgendwelche Veränderungen beobachtet hatte, konnte es sich nur um eine optische Täuschung handeln. Cremonini griff Galilei auch deshalb an, weil er die Mathematik benutzte, um die Bewegung von Projektilen zu beschreiben. Auch in diesem Fall *wußte* Cremonini, daß die Mathematik für solche Aufgaben ungeeignet war, denn Aristoteles hatte es zweitausend Jahre früher gesagt. Heute wird Cremonini von den Historikern nur als Paradebeispiel für ein schlechtes Vorbild genannt; sein philosophisches Werk ist völlig wertlos.

Aber Cremonini wurde für seine nichtswürdige Philosophie gut entlohnt. Achtzehn Jahre lang waren er und Galilei Kollegen an der Universität Padua. Cremonini erhielt ein Jahressalär von 2000 Dukaten, eine fürstliche Summe, mit der er leben konnte wie ein Edelmann. Galilei hingegen trat 1592 sein Amt in Padua mit einem Anfangsgehalt von nur 180 Dukaten an, später, 1598, wurde es auf 520 Dukaten erhöht. 1610 schließlich, nach seinen bahnbrechenden Entdeckungen mit seinem Teleskop, die ihn in ganz Europa berühmt machten, bot man ihm ein Gehalt von 1000 Dukaten – die Hälfte dessen, was Cremonini über Jahre eingestrichen hatte –, mit dem ausdrücklichen Hinweis jedoch, daß er nie wieder eine Erhöhung erhalten würde! Galilei verließ Padua im Zorn und wurde Hofmathematiker und Philosoph beim Großherzog der Toskana. (Ein Vergleich von Gehältern und eine Darstellung von Cremoninis Philosophie finden sich in De Santillana 1959, p. 29. Siehe auch die Verweise auf Cremonini und »aristotelische Physik« in Drake 1980. Zur Veranschaulichung sei noch erwähnt, daß »Florin« und »Dukaten« zweierlei Münzen von ungefähr demselben Wert waren, die ersten wurden vorwiegend in der Toskana benutzt, die zweiten in Venedig.)

36 Maritain 1962, p. 163.
37 Schillebeeckx 1987.
38 McBrien 1980, p. 764; Bd. 2, S. 171.
39 McBrien 1980, pp. 765–767; Bd. 2, S. 171–172.
40 Paine 1796, S. 27.
41 Paine 1796, S. 195–196.
42 Paine 1796, S. 196–197.
43 Allan 1940, p. 40 des Anhangs.
44 Franklin 1938, p. 27.
45 Franklin 1938, p. 29.
46 Franklin 1938, p. 15.
47 Franklin 1938, p. 38.
48 Flew 1984, p. 107. Ein Grabstein mit dieser Inschrift wurde bei seinem Grab auf dem Friedhof der Christuskirche in Philadelphia errichtet.

49 Jefferson 1983, p. 27.
50 Jefferson 1983, p. 334.
51 Jefferson 1983, p. 405.
52 Jefferson 1983, p. 40.
53 Flexner 1970, p. 227.
54 Ein ähnliches Argument führt Walters 1992, p. 34–46, an.

Kapitel XIII: Schlußwort: Theologie als Zweig der Physik

1 Wolfson 1965.
2 A. Linde, private Mitteilung.
3 McNeill 1976, p. 266–267.
4 Ackerknecht 1948.
5 Tyndall, 1897, p. 197. Diese Aussage kommt in der ersten veröffentlichten Fassung der *Belfast Address* nicht vor. Sie hätte am Anfang des ersten vollständigen Absatzes auf der Seite 61 von Tyndall 1874 stehen sollen.
6 Weinberg 1987.
7 Kenny 1969.
8 Kuhn 1957.
9 McNeill 1976, pp. 2, 208–209.
10 Andrae 1955.
11 Pelikan 1971, p. 44–45.
12 Jaki 1986, p. 74.
13 Weinberg 1987; 1992, pp. 234–244; S. 253.
14 Weinberg 1992, p. 244; S. 253–254.
15 Weinberg 1992, p. 256; S. 265.
16 Gandhi 1962, p. 20–21.
17 Weinberg 1992, p. 261; S. 270.

Bibliographie

Ackerknecht, Erwin H. 1948. »Anti-contagionism Between 1821 and 1867.« In: *Bulletin of the History of Medicine* 22, pp. 562–593.

Allan, Ethan 1940. *Reason, The Only Oracle of Man*. New York: Scholars' Facsimiles and Reprints.

Alpher, Ralph A. und Herman, Robert 1948. »Evolution of the Universe«. In: *Nature* 162, pp. 774–775.

– 1988. »Reflections on Early Work on ›Big Bang‹ Cosmology.« In: *Physics Today* 41 (August, Nr. 8, Teil 1), pp. 24–34.

Andrae, Tor 1932. *Mohammed: sein Leben und sein Glaube*. Göttingen: Vandenhoeck & Ruprecht.

Arberry, Arthur J. 1955. *The Koran Interpreted*. New York: Macmillan.

Arbib, Michael A. 1969. *Theories of Abstract Automata*. Englewood Cliffs: Prentice-Hall.

Arrhenius, Svante A. 1908. *Das Werden der Welten*. Leipzig: Akademische Verlagsgesellschaft (übersetzt aus dem Schwedischen).

Augenstein, Bruno W. 1993. »Antiproton Annihilation's Advantages for Imaging.« In: *Physics Today* 46 (März, Nr. 3), pp. 9–10.

– und Bonner, B. E.; Mills, F. E.; Nieto, M. M. 1988. *Antiproton Science and Technology*. Singapur: World Scientific.

Axelrod, Robert 1984. *The Evolution of Cooperation*. New York: Basic Books. Dt.: Die Evolution der Kooperation. München: Oldenburg, 1987.

Ayala, Francisco J. 1974. »Introduction.« In: *Studies in the Philosophy of Biology*. Hrsg. von Francisco Ayala und Theodosius Dobzhansky. Berkeley: University of California Press.

Babbage, Charles 1837. *The Ninth Bridgewater Treatise*. London: John Murray.

Baillie, John 1936. *And the Life Everlasting*. New York: Charles Scribner.

– 1950. *The Belief in Progress*. Oxford: Oxford University Press.

Barlow, Nora 1959 siehe Darwin 1809–1882.

Barnes, Jonathan (Hrsg.) 1984. *The Complete Works of Aristotle, Volume One*. Princeton: Princeton University Press.

Barr, James 1962. *Biblical Words for Time*. Naperville: Allenson.

Barrow, John D. 1982. »Chaotic Behaviour in General Relativity." In: *Physics Reports* 85, pp. 1–49.

– und Tipler, Frank, J. 1986. *The Anthropic Cosmological Principle*. Oxford: Oxford University Press.

Barth, Karl 1924. *Die Auferstehung von den Toten*. München: Kaiser.

– 1947. *Dogmatik im Grundriß*. München: Kaiser.

Batten, Alan H. 1973. *Binary and Multiple Systems of Stars*. New York: Pergamon Press.

Baumol, William J. 1986. »On the Possibility of Continuing Expansion of Finite Resources.« In: *Kyklos* 39, pp. 167–179.
Baumeister, Roy, F. und Wotman, Sarah 1992. *Breaking Hearts: The Two Sides of Unrequited Love*. New York: Guilford Press.
Becker, Gary S. 1981. *A Treatise on the Family*. Cambridge (USA): Harvard University Press.
Bekenstein, Jacob D. 1981. »Energy Cost of Information Transfer.« In: *Physical Review Letters* 46, pp. 623–626.
Bell, Gordon 1992a. »Ultracomputers: A Teraflop Before Its Time.« In: *Science* 256, p. 64.
– 1992b. »Ultracomputers: A Teraflop Before Its Time.« In: *Communications of the Association for Computing Machinery* 35, pp. 27–47.
Bernadete, Seth 1984. *The Being of the Beautiful: Plato's Theaeteus, Sophist, and Statesman*. Chicago: Chicago University Press.
Benedikt, Michael 1991. *Cyberspace: First Steps*. Cambridge (USA): MIT Press.
Berlekamp, Elwyn R.; Conway, John H.; Guy, Richard K. 1982. *Winning Ways for Your Mathematical Plays*. London: Academic Press. Dt.: Gewinnen: Strategien für mathematische Spiele. Braunschweig: Vieweg, 1985.
Bernal, John Desmond 1969. *The World, the Flesh and the Devil*. Bloomington: Indiana University Press.
Bloch, Ernst 1959. *Das Prinzip Hoffnung*. Frankfurt a. M.: Suhrkamp.
Bloom, Allan D. 1987. *The Closing of the American Mind*. New York: Simon & Schuster.
Boesiger, Ernest 1980. »Evolutionary Biology in France at the Time of the Modern Synthesis.« In: *The Evolutionary Synthesis*. Hrsg. von Ernst Mayr und William B. Provine. Cambridge (USA): Harvard University Press, pp. 309–321.
Bolaji-Idowu 1963. *Olodumere: God in Yoruba Belief*. New York: Praeger.
Börner, Gerhard 1992. *The Early Universe: Fact and Fiction*. Berlin: Springer Verlag.
Boolos, George S. und Jeffery, Richard S. 1974. *Computability and Logic*. Cambridge: Cambridge University Press.
Bonner, John Tyler 1988. *The Evolution of Complexity by Means of Natural Selection*. Princeton: Princeton University Press.
Boyajian, George und Lutz, Tim 1992. »Evolution of Biological Complexity and Its Relation to Taxonomic Longevity in the Ammonoidea.« In: *Geology* 20, pp. 983–986.
Braitenberg, Valentino 1991. *Anatomy of the Cortex: Statistics and Geometry (Studies of Brain Function, Volume 18)*. Berlin: SpringerVerlag.
Brown, Francis; Driver, S. R.; Briggs, Charles A. 1906. *A Hebrew and English Lexicon of the Old Testament, Based on the Lexicon of William Gesenius*. Boston: Houghton Mifflin.
Brush, Stephan G. 1976. *The Kind of Motion We Call Heat, Volume II*. Amsterdam: North-Holland.
– 1978. *The Temperature of History: Phases of Science and Culture in the Nineteenth Century*. New York: Burt Franklin. Dt.: Die Temperatur der Geschichte. Braunschweig: Vieweg, 1987.
– 1981. »The Scientific Value of High Energy Physics.« In: *Annals of Nuclear Physics* 8, pp. 133–140.

Burkhardt, Henry 1992. »Computing in Science.« In: *Science* 256, p. 51.
Burns, Norman T. 1972. *Christian Mortalism From Tyndale To Milton.* Cambridge (USA): Harvard University Press.
Cairns-Smith, A. G. 1982. *Genetic Takeover and the Mineral Origin of Life.* Cambridge: Cambridge University Press.
Caldiera, Ken und Kasting, James F. 1992. »Susceptibility of the Early Earth to Irreversible Glaciation Caused by Carbon Dioxide Clouds.« In: *Nature* 359, pp. 226–228.
Camus, Albert 1942. *Le Mythe de Sisyphe.* Paris: Gallimard. Dt.: Der Mythos von Sisyphos. Hamburg: Rowohlt, 1989.
Cassenti, Brice N. 1988. »Energy Transfer in Antiproton Annihilation Rockets.« In: Augenstein et al. 1988.
Cassidy, David C. 1992. *Uncertainity: The Life and Times of Werner Heisenberg.* New York: Freeman.
Chadwick, Henry 1986. *The Early Church.* New York: Dorset. Dt.: Die Kirche in der antiken Welt. Berlin: de Gruyter, 1972.
Childs, Brevard S. 1974. *The Book of Exodus: A Critical, Theological Commentary.* Philadelphia: Westminster Press.
Christie-Murray, David 1976. *A History of Heresy.* Oxford: Oxford University Press.
Clements, Ronald E. 1972. *The Cambridge Bible Commentary on the New English Bible: Exodus.* Cambridge: Cambridge University Press.
Cliff, Rodger, Freitas, Robert A.; Liang, Richard; Tiesenhausen, Georg von 1980. »Replicating Systems Concepts: Self-Replicating Lunar Factory and Demonstration.« In: *Advanced Automation for Space Missions, NASA/ASEE Conference in Santa Clara, California* (NASA Publication 2255). Hrsg. von Robert Freitas und William Gilbreath. Washington: US Government Printing Office, pp. 189–335.
Coe, Michael D. 1975. »Death and the Ancient Maya.« In: *Death and the Afterlife in Pre-Columbian America.* Hrsg. von Elizabeth P. Benson. Washington: Dumbarton Oaks Research Library.
Cuénot, Claude 1958. *Teilhard de Chardin.* Paris: Plon. Dt.: Pierre Teilhard de Chardin. Olten: Walter, 1966.
Cullman, Oscar: *Christus und die Zeit.* Zürich: EVZ-Verlag, 1962.
– 1965. »Immortality of the Soul or Resurrection of the Dead: The Witness of the New Testament.« In: *Immortality and Resurrection.* Hrsg. von Krister Stendhal. New York: Macmillan, pp. 9–53.
Dahl, Murdoch E. 1962. *The Resurrection of the Body.* Naperville: Allenson.
Darwin, Charles 1860. *On the Origin of Species By Means of Natural Selection.* ²London: John Murray. Dt.: Über die Entstehung der Arten. Darmstadt: Wissenschaftliche Buchgesellschaft, 1988.
– 1809–1882. *Autobiography.* Hrsg. von Nora Barlow. Dt.: Mein Leben. Frankfurt a.M.: Insel Verlag, 1993.
Dashti, ʿAli 1985. *Twenty-three Years: A Study of the Prophetic Career of Mohammad* (Übersetzung von: *Bist-o-seh sal.* Beirut, 1974). London: Allen & Unwin.
Davidson, Gustav 1967. *A Dictionary of Angels.* New York: The Free Press.
Davisson, Lee D. und Gray, Robert M. 1967. *Data Compression: Benchmark Papers in Electrical Engineering and Computer Science* Nr. 14. Stroudsburg: Dowden, Hutchinson & Ross.

Dawkins, Richard 1976. *The Selfish Gene*. Oxford: Oxford University Press. Dt.: Das egoistische Gen. Berlin: Springer, 1978.
– 1986. *The Blind Watchmaker.* Oxford: Oxford University Press. Dt.: Der blinde Uhrmacher. München: Kindler, 1987.
De Santillana, Giorgio 1959. *The Crime of Galileo*. Chicago: University of Chicago Press.
– und Dechend, Hertha von 1969. *Hamlet's Mill: An Essay on Myth and the Frame of Time*. Boston: Gambit.
Dirac, P. A. M. 1961. Ohne Titel. In: *Nature* 192, p. 441.
Dole, Stephan A. 1964. *Habitable Planets for Man*. New York: Blaisdell.
Drake, Frank D. 1972. »On the Abilities and Limitations of Witnesses of UFOs and Similar Phenomena.« In: *UFO's – A Scientific Debate*. Hrsg. von Carl Sagan und Thornton Page. New York: Norton.
Drake, Stillman 1980. *Galileo*. Oxford: Oxford University Press.
Drexler, K. Eric 1986. *Engines of Creation: The Coming Era of Nanotechnology* New York: Doubleday.
– 1992. *Nanosystems: Molecular Machinery, Manufacturing, and Computation*. New York: John Wiley.
Dudai, Yadin 1990. *The Neurobiology of Memory: Concepts, Findings, Trends*. Oxford: Oxford University Press.
Duhem, Pierre 1954. *The Aim and Structure of Physical Theory.* (Übersetzung von: *La Théorie physique: Son Objet. Sa Structure*. Paris: Marcel Rivière, 1914). Princeton: Princeton University Press. Dt.: Ziel und Struktur der physikalischen Theorien. Hamburg: Meiner, 1978.
Dyson, Freeman 1979. »Time Without End: Physics and Biology in an Open Universe.« In: *Reviews of Modern Physics* 51, pp. 447–460. Dt.: Zeit ohne Ende. Berlin: Brinkmann & Bose, 1989.
– 1988. *Infinite In All Directions*. New York: Harper & Row.
Earman, John 1986. *A Primer on Determinism*. Dordrecht: Reidel Publishing Company.
Eccles, John C. 1989. *Evolution of the Brain: Creation of the Self*. London: Routledge. Dt.: Die Evolution des Gehirns – die Erschaffung des Selbst. München: Piper, 1989.
– 1990. »A Unitary Hypothesis of Mind – Brain Interaction in the Cerebral Cortex.« In: *Proceedings of the Royal Society of London* B 240, pp. 433–451.
Eddington, Arthur S. 1928. *The Nature of the Physical World: Gifford Lectures 1928*. Cambridge: Cambridge University Press. Dt.: Das Weltbild der Physik und ein Versuch seiner philosophischen Deutung. Braunschweig: Vieweg, 1931.
Eisenman, Robert H. und Wise, Michael 1992. *The Dead Sea Scrolls Uncovered*. Rockport: Element. Dt.: Jesus und die Ur-Christen. München: Bertelsmann, 1993.
Elert, Werner 1965. *Morphologie des Luthertums*. München: Beck.
Eliade, Mircea 1949. *Le Mythe de l'éternel retour.* Paris: Gallimard, 1949. Dt.: Kosmos und Geschichte. Frankfurt a.M.: Suhrkamp, 1989.
Ellis, George F. R. 1988. »Does Inflation Necessarily Imply $\Omega_0 = 1$?« In: *Classical and Quantum Gravity* 5, pp. 891–901.
Engels, Friedrich 1955 (1873–1883). *Dialektik der Natur.* Berlin: Dietz.
Farias, Victor 1989. *Heidegger and Nazism*. Philadelphia: Temple University Press. (Originalausgabe spanisch). Dt.: Heidegger und der Nationalsozialismus.

Frankfurt a.M.: Fischer, 1989 (nach der französischen Ausgabe von 1987 übersetzt).
Feynman, Richard P. 1964. *The Feynman Lectures on Physics*. New York: Addison-Wesley. Dt.: Vorlesungen über Physik. München: Oldenbourg, 1987.
–1986. »*Surely You're Joking, Mr. Feynman.*« New York: Bantam Press. Dt.: »Sie belieben wohl zu scherzen, Mr. Feynman!« München: Piper, 1988.
Fisk, Lawrence A. und Reck, Gregory M. 1993. »Instrument Definition for the Pluto Fast Flyby Mission.« In: *NASA Research Announcement 93-OSSA-5*. Washington: US Government Printing Office.
Fitzmyer, Joseph A., S. J. 1981. *Commentary on Luke (The Anchor Bible, Volume 28)*. Garden City: Doubleday.
Flew, Antony 1964 (Hrsg.). *Body, Mind, and Death*. New York: Macmillan.
– 1984. *God, Freedom, and Immortality: A Critical Analysis*. Buffalo: Prometheus.
– 1987. *The Logic of Mortality.* Oxford: Blackwell.
– und Habermas, Gary 1987. *Did Jesus Rise from the Dead? The Resurrection Debate*. San Francisco: Harper & Row.
Flexner, James Thomas 1970. *George Washington and the New Nation*. Boston: Little, Brown and Company.
Force, James E. 1994. »The God of Abraham and Isaac (Newton).« In: *Recent Essays on Theology and Biblical Criticism in Spinoza's Holland and Newton's England*. Hrsg. von James E. Force und Richard H. Popkin. Dordrecht: Kluwer Academic Publishers.
Forward, Robert L. 1982. »Antimatter Propulsion.« In: *Journal of the British Interplanetary Society* 35, pp. 391–395.
– 1984. »Roundtrip Interstellar Travel Using Laser-Pushed Lightsails.« In: *Journal of Spacecraft* 21, pp. 187–193.
– 1985. »Antiproton Annihilation Propulsion.« In: *Journal of Propulsion* 1, pp. 370–374.
– 1986. »Laser Weapon Target Practice with Gee-Whiz Targets.« In: *Proceedings of the SDIO/DARPA Workshop on Laser Propulsion*. Hrsg. von J. T. Kare. Livermore: Lawrence Livermore National Laboratory Printing Office.
– 1990. »Grey Solar Sails«. In: *Journal of the Astronautical Sciences* 38, pp. 161–185.
– und Davis, Joel 1986. »Ride a Laser to the Stars.« In: *New Scientist* 112 (Nr. 1528, 2. Oktober), pp. 31–35.
Franklin, Benjamin 1938. *Benjamin Franklin on Religion*. Hrsg. von Nathan G. Goodman. Philadelphia: Franklin Printing Company.
Frazier, Kendrick 1981. *Paranormal Borderlands of Science*. Buffalo: Prometheus.
Fredkin, Edward und Toffoli, Tommaso 1982. »Conservative Logic.« In: *International Journal of Theoretical Physics* 21, pp. 219–253.
Freedman, Michael H. und Luo, Feng 1989. *Selected Applications of Geometry to Low-Dimensional Topology.* Providence: American Mathematical Society.
Freitas, Robert A. 1980. »A Self-Reproducing Robot Probe.« In: *Journal of the British Interplanetary Society* 33, pp. 251–264.
Friedman, David D. 1986. *Price Theory.* Cincinnati: South-Western Publishing.
Friedman, Louis 1988. *Starsailing: Solar Sails and Interstellar Travel*. New York: Wiley.

Froom, LeRoy Edwin 1965. *The Conditionalist Faith of Our Fathers*. Washington (D. C.): Review and Gerald Publishing Company.

Gardner, Martin 1959. *The Scientific American Book of Mathematical Puzzles and Diversions*. New York: Simon & Schuster. Dt.: Mathematische Rätsel und Probleme. Braunschweig: Vieweg, 1986.

Galilei, Galileo 1957 (1615), »Letter to the Grand Duchess Christina.« In: *Discoveries and Opinions of Galileo*. Übersetzung und Kommentar von Stillman Drake. New York: Doubleday, pp. 173–216.

Gallup, George Jr. 1982. *Adventures in Immortality*. New York: McGraw-Hill.

– und Castelli, Jim 1989. *The Peoples' Religion: American Faith in the 90's*. New York: Macmillan.

– und Sarah Jones 1989. *100 Questions and Answers: Religion in America*. Princeton: Princeton Religion Research Center.

Gandhi, Mohandas Karamchand 1962. *All Religions Are True*. Bombay: Bharatiya Vidya Bhavan.

Gelernter, David 1991. *Mirror Worlds: On the Day. Software Puts the Universe in a Shoebox... How It Will Happen and What It Will Mean*. Oxford: Oxford University Press.

Gell-Mann, Murray 1992. »[Remarks on Bryce De Witt's Paper] Decoherence Without Complexity and Without an Arrow of Time.« In: *Physical Origins of Time Asymmetry*. Hrsg. von J. J. Halliwell, J. Perez-Mercader und W. H. Zurek. Cambridge: Cambridge University Press.

Geroch, Robert P. und Hartle, James B. 1986. »Computability and Physical Theories.« In: *Foundations of Physics* 16, pp.533–550. Reprint in: *Between Quantum and Cosmos* (1988). Hrsg. von Wojciech H. Zurek, Alwyn van der Merwe und Warner A. Miller. Princeton: Princeton University Press, 1988, pp. 549–566.

Gibbs, Josiah W. 1875. »On the Equilibrium of Heterogeneous Substances.« In: *Transactions of the Connecticut Academy* 3, pp. 108–248 und 343–524. Reprint in: *The Collected Work of J. Willard Gibbs* (Vol. 1). New Haven: Yale University Press 1948, pp. 55–371. (Zitiert ist nach *Collected Work*.)

– 1902. *Elementary Principles in Statistical mechanics*. Reprint in: *The Collected Work of J. Willard Gibbs* (Vol. 2). New Haven: Yale University Press, 1948, pp. 1–207. (Zitiert ist nach *Collected Work*.) Dt.: Elementare Grundlagen der statistischen Mechanik. Leipzig: Barth, 1905.

Gingerich, Owen 1990. »Show Trial?« In: *The American Scholar* 59, pp. 310–314.

Glashow, Sheldon Lee 1992. »*The Death of Science?*« In: *The End of Science? – Attack and Defense*. Hrsg. von Richard Q. Elvee. London: University Press of America.

Goldman, Ari Lionel 1991. *The Search for God at Harvard*. New York: Random House.

Gould, Stephan J. 1977. »History of the Vertebrate Brain.« In: *Ever Since Darwin* von Stephen J. Gould. New York: Norton.

– 1983. »Hen's Teeth and Horse's Toes.« In: *Ever Since Darwin*, a. a. O. Dt.: Wie das Zebra zu seinen Streifen kommt. Frankfurt a.M.: Suhrkamp, 1991.

– 1988. »On Replacing the Idea of Progress with an Operational Notion of Directionality.« In: *Evolutionary Progress*. Hrsg. von Matthew H. Nitecki. Chicago: University of Chicago Press, pp. 319–338.

Greeley, Andrew M. 1985. *Unsecular Man: The Persistence of Religion*. New York: Schocken Books.
– 1985. *Religious Change in America*. Cambridge (USA): Harvard University Press.
Gulik, Robert van 1976. *Celebrated Cases of Judge Dee*. New York: Dover. Dt.: Merkwürdige Kriminalfälle des Richters Di. Frankfurt a.M.: Fischer, 1987.
Haarer, D. 1992. »Molecular Computer Memory.« In: *Nature* 355, pp. 297–298.
Halzen, Francis und Martin, Alan D. 1984. *Quarks and Leptons*. New York: Wiley.
Hamilton, Clarence H. 1967. »Buddhism« In: *Encyclopaedia Britannica, Volume 4*. Chicago: Encyclopaedia Britannica Publishing Company.
Harries, Karsten 1978. »Heidegger As a Political Thinker.« In: *Heidegger and Modern Philosophy*. Hrsg. von Michael Murray. New York: Yale University Press, pp. 304–328.
Hartle, James B. 1991. »Excess Baggage.« In: *Elementary Particles and the Universe: Essays in Honor of Murray Gell-Mann*. Hrsg. von John H. Schwarz. Cambridge: Cambridge University Press, pp. 1–16.
Hawking, Stephen W. 1988. *A Brief History of Time*. London: Bantam Press. Dt.: Eine kurze Geschichte der Zeit. Reinbek: Rowohlt, 1988.
– und Ellis, George F. R. 1973. *The Large Scale Structure of Space-Time*. Cambridge: Cambridge University Press.
Hayek, Friedrich August von 1949. *Individualism and Economic Order*. London: Routledge & Kegan Paul. Dt.: Individualismus und wirtschaftliche Ordnung. Erlenbach: Rentsch, 1952.
– 1941. *The Pure Theory of Capital*. Chicago: Chicago University Press.
Heath, Thomas L. 1913. *Aristarchus of Samos: The Ancient Copernicus*. Oxford: Oxford University Press.
Heidegger, Martin: »Nur noch ein Gott kann uns retten.« Interview in: *Der Spiegel* 1976, Heft 23, S. 193–219.
– 1961. *Nietzsche*. Pfullingen: Neske.
Held, Gilbert und Marshall, Thomas R. 1991. *Data Compression: Techniques and Applications*. New York: Wiley.
Helmholtz, Hermann von 1961. »On the Interaction of Natural Forces.« Reprint in: *Popular Scientific Lectures*. Hrsg. von Martin Kline. New York: Dover.
Herman, P. M. 1972. »The *Unseen Universe*: Physics and Philosophy of Nature in Victorian Britain.« In: *British Journal of the History of Science* 6, pp. 73–79.
Hertz, Joseph Herman 1961. *The Pentateuch and Haftorahs*. London: Soncino Press. Dt.: Pentateuch und Haftaroth. Zürich: Verlag Morascha, 1984.
Hick, John 1978. *Evil and the God of Love*. (Revidierte Fassung.) New York: Harper & Row.
Himmelfarb, Gertrude 1980. »In Defense of Progress.« In: *Commentary* (Juni), pp. 53–60.
Hobbes, Thomas 1642. *De corpore*. Dt.: Vom Körper. Hamburg: Meiner 1949.
Hofstadter, Douglas R. und Dennett, Daniel C. 1981. *The Mind's I*. New York: Basic Books. Dt.: Einsicht ins Ich. Stuttgart: Klett-Cotta, 1986.
Holten, Gerald 1992. »How to Think About the End of Science.« In: *The End of Science? – Attack and Defense*. Hrsg. von Richard Q. Elvee. London: University Press of America.

Hultkrantz, Åke 1979. *The Religions of the American Indians*. Berkeley: University of California Press. (Übersetzung von: *De Amerikanska indianernas religioner*. Stockholm: Bonniers 1967.)
Hume, David 1751. *An Enquiry on the Pinciples of Morals*. Dt.: Eine Untersuchung über die Prinzipien der Moral. Stuttgart: Reclam, 1984.
– 1758. *An Enquiry Concerning Human Unterstanding*. Dt.: Eine Untersuchung über den menschlichen Verstand. Leipzig: Reclam, 1947.
– 1761. *Dialogues Concerning Natural Religion*. Dt.: Dialoge über die natürliche Religion. Hamburg: Meiner, 1968.
Islam, Jamals N. 1977. »Possible Ultimate Fate of the Universe.« In: *Quarterly Journal of the Royal Astronomical Society* 18, pp. 3–17
– 1979. »The Ultimate Fate of the Universe.« In: *Sky & Telescope* 57, pp. 13–18.
– 1983. *The Ultimate Fate of the Universe*. Cambridge: Cambridge University Press.
Jaki, Stanley 1974. *Science and Creation*. Edinburgh: Scottish University Press.
– 1986. *Lord Gifford and His Lectures. A Centenary Retrospect*. Edinburgh: Scottish University Press.
James, William 1948. »The Dilemma of Determinism.« In: *Essays in Pragmatism* von William James. New York: Harper & Row, pp. 37–64.
Jeans, James H. 1929. *The Universe Around Us*. Cambridge: Cambridge University Press. Dt.: Sterne, Welten und Atome. Stuttgart: Deutsche Verlagsanstalt, 1929.
Jefferson, Thomas 1983. *Jefferson's Extracts from the Gospels (The Papers of Thomas Jefferson, Second Series.)* Hrsg. von W. Dickinson Adams, Ruth W. Lester und Eugene R. Sheridan. Princeton: Princeton University Press.
Jerison, Harry J. 1973. *Evolution of the Brain and Intelligence*. New York: Academic Press.
Jonas, Hans 1964 (1934–1954). *Gnosis und spätantiker Geist*. Göttingen: Vandenhoeck & Ruprecht.
Julian of Norwich, Mother 1961. *The Relevations of Divine Love of Julian of Norwich*. Übersetzt von James Walsh. London: Burns & Oates.
Kant, Immanuel 1914 (1781 und 1787). *Kritik der reinen Vernunft*. Halle a. d. Saale.
Kaplan, Aryeh 1991. *The Living Thora: Exodus*. Jerusalem: Moznaim Publishing.
Kaufmann, Walter A. 1950. *Nietzsche: Philosopher, Psychologist, Antichrist*. Princeton: Princeton University Press. Dt.: Nietzsche. Darmstadt: Wissenschaftliche Buchgesellschaft, 1982.
Kenny, Anthony J. P. 1969. *The Five Ways: St. Thomas Aquinas' Proof of God's Existence*. New York: Schocken Books.
– Longuet-Higgins, H. C; Lucas, J. R.; Waddington, C. H. 1972. *The Nature of the Mind: Gifford Lectures 1971–1973*. Edinburgh: Edinburgh University Press.
Khosla, Rajinder P. 1992. »From Photons to Bits.« In: *Physics Today* 45 (Nr. 12, Dezember), pp. 42–49.
Klass, Philip J. 1974. *UFOs Explained*. New York: Random House.
– 1983. *UFOs – The Public Deceived*. Buffalo: Prometheus.
Koestler, Arthur 1963. *The Sleepwalkers*. New York: Grosset & Dunlop. Dt.: Diebe in der Nacht. Berlin: Ullstein 1983.
Koran siehe Qur'an.
Krugman, Paul 1990. *Rethinking International Trade*. Cambridge (USA): MIT Press.

Kubrin, David 1967. »Newton and the Cyclical Cosmos: Providence and the Mechanical Philosophy.« In: *Journal of the History of Ideas* 28, pp. 325–346.
Kuhn, Thomas S. 1970. »Reflections on My Critics.« In: *Criticism and the Growth of Knowledge*. Hrsg. von Imre Lakatos und Alan Musgrave. Cambridge: Cambridge University Press.
– 1973. *Die Struktur wissenschaftlicher Revolutionen*. Frankfurt a.M.: Suhrkamp.
– 1981. *Die Kopernikanische Revolution*. Braunschweig: Vieweg.
Küng, Hans 1978. *Existiert Gott?* München: Piper.
– 1982. *Ewiges Leben*. München: Piper.
Lactantius, Lucius 1886. *A Treatise on the Anger of God. In: The Ante-Nicene-Fathers*. Hrsg. von Alexander Roberts und James Donaldson. Buffalo: The Christian Literature Society.
Langton, Christopher G. 1988. »Artificial Life.« In: *Artificial Life*. Hrsg. von Christopher G. Langton. New York: Addison-Wesley.
– 1990. »Life at the Edge of Chaos.« In: *Artificial Life II*. Hrsg. von Christopher G. Langton, Charles Taylor, J. Doyne Farmer, Steen Rasmussen. New York: Addison-Wesley.
Lasker, Jean 1989. »A Numerical Experiment on the Chaotic Behaviour of the Solar System.« In: *Nature* 338, pp. 237–238.
Lawson, H. Blaine 1974. »Foliations.« In: *Bulletin of the American Mathematical Society* 80, pp. 369–418.
Leuba, James H. 1916. *The Belief in God and Immortality.* Boston: Sherman, French and Company.
Libet, B.; Curtis, A. G.; Wright, E. W.; Pearl D. K. 1983. »Time of Conscious Intention to Act in Relation to Onset of Cerebral Activity (Readiness Potential). The Unconscious Initiation of a Freely Voluntary Act.« In: *Brain* 106, p. 640.
Lieder des Rgveda. Göttingen: Vandenhoeck & Ruprecht, 1913.
Limoges, Camille 1980. »A Second Glance at Evolutionary Biology in France.« In: *The Evolutionary Synthesis*. Hrsg. von Ernst Mayr und William B. Provine. Cambridge (USA): Harvard University Press, pp. 322–327.
Linde, Andrej D. 1988. »Life After Inflation.« In: *Physics Letters* 211B, pp. 29–31.
Llewellyn Smith, C. H. 1993. »The Particle Connection.« In: *Nature* 361, p. 697.
Loftus, Elizabeth F. 1979. *Eyewitness Testimony.* Cambridge (USA): Harvard University Press.
Lovejoy, Arthur O. 1936. *The Great Chain of Being*. Cambridge (USA): Harvard University Press. Dt.: Die große Kette der Wesen. Frankfurt a. M.: Suhrkamp, 1985.
Lukas, Mary und Lukas, Ellen 1981. *Teilhard*. New York: McGraw-Hill.
Luther, Martin: *Werke*. Kritische Gesamtausgabe. Weimar: Böhlau 1930 ff.
Machtey, Michael und Young, Paul 1978. *An Introduction to the General Theory of Algorithms*. New York: North Holland.
– 1981. »Remarks on Recursion versus Diagonalization and Exponentially Difficult Problems.« In: *Journal of Computer and System Sciences* 22, pp. 442–453.
Macquarrie, John 1986. »The Keystone of Christian Faith.« In: *If Christ Be Not Risen*. Hrsg. von John Greenhalgh und Elizabeth Russell. San Francisco: Collins, pp. 9–24.
Maimonides, Moses 1956. *Guide of the Perplexed* (übersetzt von M. Friedländer). New York: Dover. Dt.: Führer der Unschlüssigen. Hamburg: Meiner, 1972.

Mann, Christopher Stephan 1986. *Commentary on Mark (The Anchor Bible, Volume 27)*. Garden City: Doubleday
Margolus, Norman 1984. »Physics-Like Models of Computation.« In: *Physica* 10D, pp. 81–95.
Maritain, Jacques 1962. *An Introduction to Philosophy.* (Übersetzung aus dem Französischen.) New York: Sheed & Ward.
Martin, Bernard 1968. *Prayer in Judaism.* New York: Basic Books.
Martin, Michael 1990. *Atheism: A Philosophical Justification*. Philadelphia: Temple University Press.
Masutani, Fumio 1967. »Amitabha.« In: *Encyclopaedia Britannica, Volume 1*. Chicago: Encyclopaedia Britannica Publishing Company.
Maughan, Ron 1992. »Success on a Plate.« In: *New Scientist* 135 (Nr. 1831, 25. Juli), pp. 36–40.
Maxwell, James Clerk 1878. »Diffusion.« In: *Encyclopaedia Britannica, Volume 7*, p. 214. Reprint in *The Scientific Papers of James Clerk Maxwell*, Volume 2 (1890), pp. 624–646. (Zitiert nach *Scientific Papers*.)
Maynard Smith, John 1992. »Taking a Chance on Evolution.« In: *New York Review of Books* 34 (Nr. 9, 14. Mai), pp. 34–36.
Mayr, Ernst 1980. »Prologue: Some Thoughts on the History of the Evolutionary Synthesis.« In: *The Evolutionary Synthesis*. Hrsg. von Ernst Mayr und William B. Provine. Cambridge (USA): Harvard University Press, pp. 148.
– 1985. »The Probability of Extraterrestrial Intelligent Life.« In: *Extraterrestrials: Science and Alien Intelligence*. Hrsg. von Edward Regis. Cambridge: Cambridge University Press. Reprint in: *Toward a New Philosophy of Biology.* Cambridge (USA): Harvard University Press, 1988. Dt.: »Wie wahrscheinlich ist extraterrestrisches Leben?« In: *Eine neue Philosophie der Biologie*. München: Piper 1991, S. 87–97.
– 1988. »The Limits of Reductionism« In: *Nature* 331, p. 475.
Mbiti, John S. 1970. *Concepts of God in Africa*. New York: Praeger. Dt.: Bibel und Theologie im afrikanischen Christentum. Göttingen: Vandenhoeck & Ruprecht, 1987.
McBrien, Richard P. *Catholicism*. Minneapolis: Winston Press. Dt.: Was Katholiken glauben. Graz: Verlag Styria, 1982.
McCarthy, John 1990. »Review of *The Emperor's New Mind*.« In: *Bulletin of the American Mathematical Society* 23, pp. 606–616.
McDannell, Colleen und Lang, Bernhard 1988. *Heaven: A History.* New Haven: Yale University Press. Dt.: Der Himmel. Frankfurt a.M.: Suhrkamp, 1990.
McMullin, Ernin 1989. »Review of Galileo: Heretic.« In: *Physics Today* 42 (Januar), pp. 76–78.
McNeill, William H. 1976. *Plagues and Peoples*. Garden City: Doubleday.
Medawar, Peter B. 1961. »Critical Review of *The Phenomenon of Man*.« In: *Mind* 70, pp. 99–106.
Mills, Frank E. 1988. »Scaleup of Antiproton Production to One Milligramm per Year.« In: *Augenstein et al.*, 1988.
Milne, Edward A. 1952. *Modern Cosmology and the Christian Idea of God*. Oxford: Oxford University Press.
Minsky, Marvin L. 1967. *Computation: Finite and Infinite Machines*. Englewood Cliffs: Prentice Hall. Dt.: Berechnung. Stuttgart: Kohlhammer, 1971.

Misner, Charles W.; Thorne, Kip S.; Wheeler, John Archibald 1973. *Gravitation*. San Francisco: W. H. Freeman & Company.

Monk, J. Donald 1976. *Mathematical Logic*. Heidelberg: Springer Verlag.

Monod, Jacques 1970. *Le Hasard et la nécessité*. Paris: Éditions du Seuil. Dt.: Zufall und Notwendigkeit. München: Piper, 1971.

Moravec, Hans 1988. *Mind Children: The Future of Robot and Human Intelligence*. Cambridge (USA): Harvard University Press. Dt.: Mind Children. Hamburg: Hoffmann und Campe, 1990.

Mori, Masahiro 1974. *The Buddha in the Robot: A Robot Engineer's Thoughts on Science and Religion*. Tokio: Kosei. Dt.: Die Buddha-Natur im Roboter. Freiburg/Br.: Bauer, 1985.

Morrison, Philip 1972. »The Nature of Scientific Evidence: A Summary.« In: *UFO's – A Scientific Debate*. Hrsg. von Carl Sagan und Thornton Page. New York: Norton.

Mortier, Jeanne und Aboux, Marie-Louise 1966. *Teilhard de Chardin Album*. New York: Harper & Row.

Muggeridge, Anne Roche 1990. *The Desolate City: Revolution in the Catholic Church*. San Francisco: Harper & Row.

Munck, Johannes 1967. *Commentary on The Acts of the Apostles (The Anchor Bible, Volume 31)*. Garden City: Doubleday.

Murray, John, 1815. »On the Diffusion of Heat at the Surface of the Earth.« In: *Transactions of the Royal Society of Edinburgh* 7, p. 411–434.

Needham, Joseph 1956–1960. *Science and Civilization in China*. Volume II und III. Cambridge: Cambridge University Press. Dt.: Wissenschaft und Zivilisation in China. Frankfurt a. M.: Suhrkamp, 1984.

– »Time and Eastern Man.« In: *Royal Anthropological Institute Occasional Papers*, Nr. 21.

Neuhaus, Richard (Hrsg.) 1986. *Unsecular America*. Grand Rapids: Eerdmans.

Neumann, John von 1966. *Theory of Self-Reproducing Automata*. Hrsg. und vervollständigt von A. W. Burks. Urbana: University of Illinois Press.

– und Morgenstern, Oskar 1953. *Theory of Games and Economic Behaviour.* Princeton: Princeton University Press.

Newton, Isaac 1680 (?). »Paradoxical Questions Concerning Ye Morals & Actions of Athanasius and His Followers.« Kopie des Manuskripts in der UCLA Clark Library

Nezikin, Seder 1935. *The Babylonian Talmud, Sanhedrin II*. (Volume 28). Übersetzt von I. Epstein. London: Soncino Press.

Nickelsburg, George W. E. 1972. *Resurrection, Immortality, and Eternal Life in Intertestamental Judaism*. Cambridge: Cambridge University Press

Nietzsche, Friedrich: *Also sprach Zarathustra*. Nach der Ausgabe von 1891. München: Goldmann, 1987.

– *Der Antichrist*. Nach der Ausgabe von 1894. München: Goldmann 1990.

– *Die fröhliche Wissenschaft*. Nach der Ausgabe von 1887. Leipzig: Reclam, 1990.

– *Götzendämmerung*. Nach der Ausgabe von 1888. Stuttgart: Kröner, 1954.

– *Jenseits von Gut und Böse*. Nach der Ausgabe Leipzig 1886. München: Goldmann, 1989.

– *Unzeitgemäße Betrachtungen*. Nach den Ausgaben von 1873, 1874 und 1876. München: Goldmann, 1984.

Nisbet, Robert 1980. *History of the Idea of Progress*. New York: Basic Books.
Nowak, Martin A. und Sigmund, Karl 1992. »Tit for Tat in Heterogeneous Populations.« In: *Nature* 355, pp. 250–253.
Nozick, Robert 1989. *The Examined Life*. New York: Simon & Schuster. Dt.: Vom richtigen, guten und glücklichen Leben. München: Hanser, 1991
Olan, Levi A. 1971. *Judaism and Immortality*. New York: Union of American Hebrew Congregations.
O'Neill, Gerard K. 1977. *The High Frontier*. New York: Morrow. Dt.: Unsere Zukunft im Raum. Bern: Hallwag, 1978.
Pagels, Elaine 1979. *The Gnostic Gospels*. New York: Random House. Dt.: Versuchung durch Erkenntnis. Frankfurt a.M.: Suhrkamp, 1991.
Paine, Thomas 1795. *The Age of Reason; Being an Investigation of True and Fabulous Theology*. London: Daniel Isaac Eaton, Printer and Bookseller to the Supreme Majesty of the People. Dt.: Das Zeitalter der Vernunft. Paris 1796.
Pannenberg, Wolfhart 1962. *Was ist der Mensch?* Göttingen: Vandenhoeck & Ruprecht.
– 1967. *Grundfragen systematischer Theologie*. Göttingen: Vandenhoeck & Ruprecht.
– 1971. *Theologie und Reich Gottes*. Gütersloh: Mohn.
– 1972. *Das Glaubensbekenntnis*. Hamburg: Siebenstern Taschenbuch Verlag.
– 1975. *Glaube und Wirklichkeit*. München: Kaiser.
– 1976. *Grundzüge der Christologie*. Gütersloh: Mohn.
– 1981. »Theological Questions to Scientists.« In: *Zygon* 16, pp. 65–77.
– 1984. »Constructive and Critical Functions of Christian Eschatology.« In: *Harvard Theological Review* 77, pp. 119–139.
– 1989. »Theological Appropriation of Scientific Understandings: Response to Hefner, Wicken, Eaves, and Tipler.« In: *Zygon* 24, pp. 255–271.
Papagiannis, Michael D. 1985. *The Search for Extraterrestrial Life: Recent Developments*. Boston: Reidel.
Parrinder, Geoffrey 1969. *Religion in Africa*. New York: Praeger.
Peebles, Philipp James E. 1971. *Physical Cosmology*. Princeton: Princeton University Press.
Pelikan, Jaroslav 1961. *The Shape of Death: Life, Death, and Immortality in the Early Fathers*. New York: Abingdon Press.
– 1971. *The Christian Tradition, Volume I: The Emergence of the Catholic Tradition*. Chicago: The University of Chicago Press.
– 1988. *The Melody of Theology*. Cambridge (USA): Harvard University Press.
Penrose, Roger 1988. »Difficulties with Inflationary Cosmology.« In: *Annals of the New York Academy of Sciences* 571, pp. 249–264.
– 1989. *The Emperor's New Mind: Concerning Computers, Minds, and the Laws of Physics*. Oxford: Oxford University Press. Dt.: Computerdenken. Heidelberg: Spektrum der Wissenschaften, 1991.
Pipes, Daniel 1990. *The Rushdie Affair*. New York: Birch Lane Press.
Polkinghorne, John 1986. *One World*. Princeton: Princeton University Press.
– 1989. *Rochester Roundabout: The Story of High Energy Physics*. New York: Freeman.
Press, Frank 1984. *Science and Creationism: A View from the National Academy of Sciences*. Washington: National Academy Press.

Price, Derek J. de Solla 1961. *Science Since Babylon*. New Haven: Yale University Press.
– 1963. *Little Science, Big Science*. New York: Columbia University Press.
Provine, William B. 1987. »Review of Trial and Error by E. J. Larson.« In: *Academe* 73 (Nr. 1), pp. 50–52.
– 1988. »Progress in Evolution and Meaning in Life.« In: *Evolutionary Progress* von Matthew H. Nitecki. Chicago: University of Chicago Press, pp. 49–74.
Qur'an, der heilige. Rabwah/Pakistan 1980 (arabisch-deutsche Ausgabe).
Rahner, Karl und Vorgrimler, Herbert 1967 ff. *Sacramentum Mundi. Theologisches Lexikon für die Praxis*. Freiburg: Herder.
Rahula, Walpola 1959. *What the Buddha Taught*. New York: Grove Press. Dt.: Was der Buddha lehrt. Bern: Origo-Verlag, 1982.
Rankine, William J. M. 1852. »On the Reconstruction of the Mechanical Energy of the Universe.« In: *Philosophical Magazine*, Series 4, 4, pp. 358–360.
Raup, David M. 1991. *Extinction: Bad Genes or Bad Luck?* New York: Norton. Dt.: Ausgestorben.:Köln, vgs, 1992.
– und Valentine, James W. 1983. »Multiple Origins of Life.« In: *Proceedings of the National Academy of Sciences* 80, pp. 2981–2984.
Redondi, Pietro 1987. *Galileo eretico*. Turin: Einaudi. Dt.: Galilei, der Ketzer. München: Beck, 1989.
Rees, Martin J. 1969. »The End of the Closed Universe.« In: *Observatory* 89, pp. 193–198.
Reif, Frederick 1965. *Fundamentals of Statistical and Thermal Physics*. New York: McGraw-Hill. Dt.: Physik und Theorie der Wärme. Berlin: de Gruyter, 1987.
Rheingold, Howard 1991. *Virtual Reality*. New York: Summit Books. Dt.: Virtuelle Welten. Reinbek: Rowohlt, 1992.
Robinson, John A. T. 1952. *The Body*. Philadelphia: Westminster.
– 1963. *Honest to God*. Philadelphia: Westminster. Dt.: Gott ist anders. München: Kaiser, 1966.
– 1968. *In the End God*. New York: Harper & Row.
Root-Bernstein, Robert Scot 1989. *Discovering*. Cambridge (USA): Harvard University Press.
Rosen, Edward 1939. *Three Copernican Treatises: The* Commentariolus *of Copernicus, The* Letter Against Werner, *The* Narratio Prima *of Rheticus*. New York: Columbia University Press.
– 1975. »Kepler and the Lutheran Attitude Towards Copernicanism in the Context of the Struggle Between Science and Religion.« In: *Vistas in Astronomy* 18, pp. 317–355.
Rosenbaum, Morris und Silbermann, A. M. (Hrsg.) 1972. *Pentateuch with Targum Onkelos, Haphtaroth and Rashi's Commentary: Volume II, Exodus*. Jerusalem: Silbermann.
Rosner, Fred 1982. *Moses Maimonides' Treatise on Resurrection*. New York: KTAV Publishing.
Rumelhart, D. E. und Ortony, A. 1976. »The Representation of Knowledge in Memory.« In: *Schooling and Acquisition of Knowledge*. Hrsg. von R. C. Anderson, R. J. Spiro und W. E. Montague. Hillsdale: Erlbaum Press.

Russell, Bertrand 1931. *Principles of Mathematics*. New York: Norton.
– 1957a. *Why I am Not a Christian*. New York: Allen & Unwin. Dt.: Warum ich kein Christ bin. München: Szczesny, 1963.
– 1957b. *A Free Man's Worship*. New York: Simon & Schuster
Russell, Robert John 1988. »Contingency in Physics and Cosmology: A Critique of the Theology of Wolfhart Pannenberg.« In: *Zygon* 23, pp. 23–43.
Sagan, Carl und Newman, William I. 1983. »The Solipsist Approach to Extraterrestrial Intelligence.« In: *Quarterly Journal of the Royal Astronomical Society* 24, pp. 113–121.
Sandage, Allan; Saha, Abhijit; Tammann, Gustav A.; Panagia, Nino; Macchetto, Duccio 1992. »The Cepheid Distance to IC 4182; Calibration of M_v (Max) for SN Ia 1937c and the Value of H_0.« In: *Astrophysical Journal Letters* 401, L7-L10.
Sartre, Jean-Paul 1947. *L'Existentialisme est un humanisme*. Paris: Nagel. Dt.: Ist der Existentialismus ein Humanismus? Frankfurt a.M.: Ullstein, 1989.
Sato, Akinobu und Tsukamoto, Yuji 1993. »Nanometer Scale Recording And Erasing With the Scanning Tunnelling Microscope.« In: *Nature* 363, p. 431–432.
Schep, J. A. 1964. *The Nature of the Resurrection Body.* Grand Rapids: Eerdmans.
Schiffer, Marcelo und Bekenstein, Jacob D. 1989. »Proof of the Quantum Bound on the Specific Entropy for Free Fields.« In: *Physical Review* D39, pp. 1109–1115.
– 1990. »Do Zero-Frequency Modes Contribute to the Entropy?« In: *Physical Review* D42, pp. 3598–3599.
Schillebeeckx, Edward 1987. *Jesus: An Experiment in Christology.* New York: Crossroad. (Aus dem Niederländischen, 1975) Dt.: Jesus. Freiburg/Br.: Herder, 1992.
Schmidt, Brian; Kirshner, Robert; Eastman, Ronald 1992. »Expanding Photospheres of Type II Supernovae and the Extragalactic Distance Scale.« In: *Astrophysical Journal* 395, pp. 366–386.
Schodt, Frederik L. 1988. *Inside the Robot Kingdom: Japan, Mechatronics, and the Coming Robotopia*. Tokio: Kodanska.
Schtscherbatsky, Theodosius 1978. *The Conception of Buddhist Nirvana*. Delhi: Motilal Banarsidass.
Schwartz, Jacob T. 1990. »The New Connectionism: Developing Relationships Between Neuroscience and Artificial Intelligence.« In: *The Artificial Intelligence Debate*. Hrsg. von Stephan R. Graubard. Cambridge (USA): MIT Press.
Searle, John 1980: »Minds, Brains, and Programs.« In: *Journal of Behaviour and Brain Science* 3, pp. 417–457. Reprint in: D. R. Hofstadter und D. C. Dennett, *The Mind's I*, a. a. O.
– 1984. *Minds, Brains, and Science*. London: BBC Press. Dt.: Geist, Hirn und Wissenschaft. Frankfurt a.M.: Suhrkamp, 1986.
Sheehan, Thomas 1984. »Revolution in the Church.« In: *New York Review of Books* (14. Juni), pp. 35–39.
Simon, Julian L. 1981. *The Ultimate Resource*. Princeton: Princeton University Press.
Sirjaev, Albert N. 1984. *Probability.* (Aus dem Russischen.) New York: Springer Verlag. Dt.: Wahrscheinlichkeit. Berlin: Deutscher Verlag der Wissenschaften, 1988.

Sivin, Nathan 1966. »Chinese Conception of Time.« In: *Earlham Review* 1, pp. 82-92.
– 1969. *Cosmos and Computation in Early Chinese Mathematical Astronomy.* Leiden: Brill.
Smith, Jane I. und Haddad, Yvonne Y. 1981. *The Islamic Understanding of Death and Resurrection*. Albany: State University of New York Press.
Sorabji, Richard 1972. *Aristotle on Memory.* Providence: Brown University Press.
Sorokin, P. A. 1937. *Social and Cultural Dynamics. Volume 2*. New York: American Book Company.
Spencer, Herbert 1902. *First Principles, 4th Edition*. New York: American Home Library.
Squire, Larry R. 1987. *Memory and Brain*. Oxford: Oxford University Press.
Stambaugh, Joan 1972. *Nietzsche's Thought of Eternal Return*. Baltimore: Johns Hopkins University Press.
Stewart, Balfour und Tait, Peter Gurthrie 1875. *The Unseen Universe: or Physical Speculations on a Future State*. London.
Storer, James A. 1988. *Data Compression: Methods and Theory.* Rockville: Computer Science Press.
Stuhlinger, Ernst 1964. *Ion Propulsion for Space Flight*. New York: McGraw-Hill.
Taha, Mahmoud Mohamed 1987. *The Second Massage of Islam*. (Übersetzung von: *Ar-Risala ath Thaniya min al-Islam*, [5]1980.) Syracuse: Syracuse University Press.
Talmud, der babylonische. Hrsg. und übersetzt von Lazarus Goldschmidt. Berlin: Jüdischer Verlag, 1934.
Teilhard de Chardin, Pierre 1955. *Le Phénomène humain*. Paris: Éditions du Seuil. Dt.: Der Mensch im Kosmos. München: dtv, 1982.
Thompson, Silvanus P. 1910. *The Life of William Thomson, Baron Kelvin of Largs*. London: MacMillan.
Thorndike, Lynn 1947. *A History of Magic and Experimental Science During the First 13 Centuries of Our Era, Volume II*. New York: Columbia University Press.
Thurston, William P. 1976. »Existence of Codimension-One Foliation.« In: *Annals of Mathematics* 104, pp. 249–268.
Tillich, Paul 1948. *The Protestant Era*. Chicago: University of Chicago Press.
– 1957. *Systematic Theology, Volume II*. Chicago: University of Chicago Press. Dt.: Systematische Theologie. Stuttgart, Evang. Verlagswerk.
Tipler, Frank J. »General Relativity, Thermodynamics, and the Poincaré Cycle.« In: *Nature* 280, pp. 203–205.
– 1980. »General Relativity and the Eternal Return.« In: *Essays in General Relativity* von Frank J. Tipler. New York: Academic Press, pp. 21–37.
– 1981. »Extraterrestrial Intelligent Beings Do Not Exist.« In: *Quarterly Journal of the Royal Astronomical Society* 21, pp. 267–282.
– 1986. »Cosmological Limits on Computation.« In: *International Journal of Theoretical Physics* 25, pp. 617–661.
– 1988. »The Omega Point Theory. A Model of an Evolving God.« In: *Physics, Philosophy, and Theology. A Common Quest for Understanding*. Hrsg. von Robert Russell, William Stoeger, George Coyne. Notre Dame: University of Notre Dame Press, pp. 313–331.
– 1989a. »The Omega Point as *Eschaton*: Answers to Pannenbergs Questions For Scientists.« In: *Zygon* 24, pp. 217–253.

– 1989b. »Is it All in the Mind?« Review of Penrose's *The Emperor's New Mind*. In: *Physics World* 2 (Nr. 11, November), pp. 45–47.
– 1992. »The Ultimate Fate of Life in Universes Which Undergo Inflation.« In: *Physics Letters B* 286, pp. 36–43.
Tompkins, Ptolemy 1990. *This Tree Grows Out of Hell*. San Francisco: Harper.
Toulmin, Stephen und Goodfield, June 1965. *The Discovery of Time*. New York: Harper & Row.
Trigg, Joseph W. 1983. *Origen*. Atlanta: John Knox Press.
Tuchman, Barbara 1963. *The Guns of August*. New York: Dell Books. Dt.: August 1914. Frankfurt a.M.: Fischer 1990.
Tuğ, Salih 1987. »Death and Immortality in Islamic Thought. » In: *Death and Immortality in the Religions of the World*. Hrsg. von Paul und Linda Badham. New York: Paragon, pp. 86–92.
Turing, Alan M. 1950. »Computing Machinery and Intelligence.« In: *Mind* 59, pp. 433–462.
Tyndall, John 1874. *Address Delivered Before the British Association Assembled At Belfast*. London: Longmans.
– 1897. »The Belfast Address.« In: *Fragments of Science, Volume II*. New York: Appleton. Dt.: Fragmente aus den Naturwissenschaften. Braunschweig: Vieweg, 1898.
Unamuno, Miguel de 1913. *Del Sentimiento trágico de la vida*. Madrid. Dt.: Das tragische Lebensgefühl. München: Meyer & Jessen, 1925.
Updike, John 1976. *A Month of Sundays*. New York: Fawcett Crest. Dt.: Der Sonntagsmonat. Reinbek: Rowohlt, 1992.
– 1989. *Self-Consciousness*. New York: Ballantine Press. Dt.: Selbstbewußtsein. Reinbek: Rowohlt, 1990.
Vallery-Radot, René 1900. *La vie de Pasteur*. Paris: Hachette 1900. Dt.: Louis Pasteur. Freudenstadt: Schwarzwald-Verlag, 1948.
van Doren, Charles 1967. *The Idea of Progress*. New York: Praeger.
Wald, Abraham 1950. *Statistical Decision Functions*. New York: Wiley.
Walters, Kerry S. 1992. *The American Deists: Voices of Reason and Dissent in the Early Republic*. Lawrence: University of Kansas Press.
Wang, Jianhua 1988. *Theory of Games*. Oxford: Oxford University Press.
Watt, W. Montgomery 1960. *Muhammad at Mecca*. Oxford: Clarendon Press.
Weber, Max: »Wissenschaft als Beruf.« In: *Gesammelte Aufsätze zur Wissenschaftslehre*. Tübingen: Mohr 1922.
Weinberg, Steven 1977. *The First Three Minutes*. New York: Basic Books. Dt.: Die ersten drei Minuten. München: Piper, 1977.
– 1987. »Newtonianism, Reductionism, and the Art of Congressional Testimony.« In: *Nature* 330, pp. 433–437 und *Nature* 331, pp. 475–476.
– 1992. *Dreams of a Final Theory*. New York: Pantheon Books. Dt.: Der Traum von der Einheit des Universums. München: Bertelsmann, 1993.
Westfall, Richard 1989. »The Case of Galileo.« In: *Science* 237, pp. 1059–1060.
White, Andrew D. 1896. *A History of the Warfare of Science With Theology in Christendom*. New York: Appleton. Dt.: Geschichte der Fehde zwischen Wissenschaft und Theologie in der Christenheit. Leipzig: Thomas, 1895.
Wiggins, David 1980. *Sameness and Substance*. Cambridge (USA): Harvard University Press.

Wilbert, Johannes 1975. »Eschatology in a Participatory Universe.« In: *Death and the Afterlife in Pre-Columbian America*. Hrsg. von Elizabeth P. Benson. Washington: Dunbarton Oaks Research Library.

Williams, Christopher J. F. 1981. *What Is Existence?* Oxford: Oxford University Press.

Wolfe, John H. 1985. »On the Question of Interstellar Travel.« In: *Papagiannis*, a. a. O.

Wolfram, Stephen 1984. »Universality and Complexity in Cellular Automata.« In: *Physica* 10D, pp. 1–35.

Wolfson, Harry 1948. *Philo, Volume I*. Cambridge (USA): Harvard University Press.

– 1965. »Immortality and Resurrection in the Philosophy of the Church Fathers.« In: *Immortality and Resurrection*. Hrsg. von Krister Stendhal. New York: Macmillan, pp. 54–96.

Wootters, William K. und Zurek, Wojciek H. 1982. »A Single Quantum Can Not Be Cloned.« In: *Nature* 299, pp. 802–803.

Yoke, Ho Peng 1985. *Li, Qi, and Shu: An Introduction to Science and Civilization in China*. Hongkong: Hong Kong University Press.

Young, John Zackery 1951. *Doubt and Certainty in Science*. Oxford: Oxford University Press.

– 1988. *Philosophy and the Brain*. Oxford: Oxford University Press. Dt.: Philosophie und das Gehirn. Basel: Birkhäuser, 1989.

Zuckerman, Harriet 1977. *The Scientific Elite: Nobel Laureates in the United States*. New York: The Free Press.

Wissenschaftlicher Anhang

A. Einführung

Im Hauptteil dieses Buches habe ich versucht, technische Details zu vermeiden, da aber wahre Wissenschaft technische Genauigkeit (und Gleichungen!) verlangt, habe ich sie in diesem technischen Wissenschaftlichen Anhang zusammengefaßt. Dem Gros der Leser wird geraten, diesen Teil des Buches zu übergehen, der wissenschaftlich interessierte Leser jedoch sollte ernsthaft versuchen, den Anhang durchzuarbeiten.

Die Wissenschaft besteht aus hierarchisch aufgebauten Informationen, in der die weiterführenden Ideen auf den grundlegenden aufbauen. Von daher ist es unmöglich, das ganze für den Laien notwendige Hintergrundwissen in diese Abschnitte einzuschließen.

Leider sind die für diesen Anhang notwendigen Wissenschaftsgebiete auch für den Experten in hohem Maß interdisziplinär. Dies alles ohne Zugriff auf eine wissenschaftliche Bibliothek im Hintergrund zu verstehen, würde Doktorarbeiten in mindestens drei verschiedenen Gebieten erfordern: (1) globale allgemeine Relativitätstheorie, (2) theoretische Elementarteilchenphysik und (3) Komplexitätstheorie. Ich selbst habe in der allgemeinen Relativitätstheorie promoviert, und die unter (2) und (3) genannten Gebiete kann ich nur deshalb ohne Doktorarbeiten verstehen, weil ich die letzten fünfzehn Jahre damit verbracht habe, mir diese beiden Felder selbst anzueignen. Ich habe es geschafft, also können Sie es auch.

Allerdings kann ich Ihnen Ihren Eintritt in diese Wissensgebiete erleichtern, indem ich Ihnen Führer anbiete: Lehrbücher mit steigendem Schwierigkeitsgrad.

Zum Verständnis der *globalen allgemeinen Relativitätstheorie* gelangen Sie nur über die spezielle Relativitätstheorie, und dafür ist die beste Einführung aus der Sichtweise eines erfahrenen Relativitätstheoretikers:

Spacetime Physics von Edwin F. Taylor und John A. Wheeler, 1963.

Die beste Einführung in die allgemeine Relativitätstheorie finden Sie in den ersten 14 Kapiteln von:

Gravitation von Kip S. Thorne, Charles W. Misner und John A. Wheeler, 1973. Kapitel 34 dieses Buches gibt einen Überblick über die globalen Methoden, die beste Einführung aber ist:

Techniques of Differential Topology in Relativity von Roger Penrose, 1972.

Wenn Sie nun die Grundlagen verstanden haben, sollten Sie zu dem grundlegenden Werk der globalen allgemeinen Relativitätstheorie übergehen:

The Large Scale Structure of Space Time von Stephen W. Hawking und G.F.R. Ellis, 1973.

Eine aktualisierte Version von Hawking und Ellis stellt das demnächst erscheinende Buch:

Global General Relativity von Frank J. Tipler dar.

Für die *theoretische Elementarteilchenphysik* empfehle ich Ihnen für den Anfang den grundlegenden Überblick über das Standardmodell in:

Modern Elementary Particle Physics von Gordon Kane, 1987.

Kanes Buch kann jeder, der ein Vordiplom in Physik hat, »wie einen Roman« lesen. An Kanes Überblick sollten Sie mit einer mehr mathematischen Einführung in das Standardmodell anschließen, und das beste Lehrbuch dieser Art ist meines Erachtens:

Introduction to Elementary Particles von David Griffiths, 1987.

Die verständlichste Diskussion des Standardmodells findet sich in:

Gauge Theory of Elementary Particle Physics von Ta-Pei Cheng und Ling-Fong Li, 1984.

Für den Einstieg in die *Komplexitätstheorie* empfiehlt sich entweder:

Computation: Finite and Infinite Machines von Marvin L. Minsky, 1967,

oder das zweite Kapitel von:

The Emperor's New Mind von Roger Penrose, 1989 (*Computerdenken*, 1991),

zusammen mit dem achten Kapitel von:

A Primer on Determinism von John Earman, 1986.

Obwohl sein Titel es nicht vermuten läßt, gibt das folgende Werk einen gut verständlichen Überblick über die Komplexitätstheorie:

An Introduction to the General Theory of Algorithms von Michael Machtey und Paul Young, 1978.

Einige zusätzliche Hinweise befinden sich jeweils am Beginn der entsprechenden Abschnitte.

Viel Glück!

B. Die relativen Großen der Zukunft und der Vergangenheit

Das Standardmodell der Kosmologie basiert auf der Annahme, daß das Universum in seinen größten Skalen homogen und isotrop ist. Die Temperaturänderung $\Delta T/T$ der Mikrowellenhintergrundstrahlung ist ein direktes Maß für diese Homogenität und Isotropie ($\Delta T = 0$, wenn das Universum vollkommen homogen und isotrop ist), und die Beobachtungen des COBE-Satelliten (Smoot et al. 1992) zeigen, daß $\Delta T/T \approx 5 \times 10^{-6}$. Folglich ist die Annahme der Homogenität und Isotropie des Universums eine gute Näherung. Das *Friedmann-Universum* (manchmal auch das Friedmann-Robertson-Walker- oder FRW-Universum genannt) ist die eindeutige Raumzeit mit einer 6-parametrigen Gruppe von Killing-Vektorfeldern, die zusammen raumartige homogene und isotrope Hyperflächen definieren. Das gesamten Friedmann-Universum kann von der Metrik

$$ds^2 = -N^2(t)dt^2 + R^2(t)[d\chi^2 + \Sigma^2(\chi)(d\theta^2 + \sin^2\theta d\phi^2)] \qquad (B.1a)$$

wobei

$$\Sigma(\chi) = \begin{cases} \sin\chi, & k = +1; \\ \chi, & k = 0; \\ \sin\mathrm{h}\chi, & k = -1. \end{cases} \qquad (B.1b)$$

vollkommen beschrieben werden (außer den trivialen 2-Sphären-Singularitäten, dic Ursprungs- und die antipodische Singularität).

In allen drei Fällen werden die Koordinaten (θ, ϕ) durch $0 \leq \theta \leq \pi, 0 \leq \phi \leq 2\pi$ beschränkt, wobei (θ, ϕ) die üblichen Koordinaten der 2-Sphäre sind. Die Größe der »radialen« Koordinate χ hängt von der globalen Topologie der homogenen und isotropen Hyperflächen ab. Für $k = 0$ oder $k = -1$ haben wir jeweils das *flache* oder das *offene Friedmann-Universum*. In beiden Fällen ist χ begrenzt durch $0 \leq \chi \leq +\infty$. Folglich haben sowohl das offene als auch das flache Friedmann-Universum die räumliche Topologie des R^3, des dreidimensionalen euklidischen Raums. Dies ist schließlich die natürliche Topologie. Es ist immer möglich, sowohl für den offenen als auch für den flachen Fall Abbildungen zu definieren und diese Kosmologien – die in ihrer räumlichen Ausdehnung unendlich sind – in geschlossene Kosmologien mit kompakten Hyperflächen ohne Grenzen umzuwandeln. Doch würden solche Abbildungen die *globalen* Killing-Symmetrien verletzen und stehen somit im Widerspruch zu der ursprünglichen Annahme von globaler Homogenität und Isotropie.

Der Fall $k = +1$ wird *geschlossenes Friedmann-Universum* genannt. In einem geschlossenen Friedmann-Universum gilt $0 \leq \chi \leq \pi$. Die natürliche Topologie – die einzige, die mit den globalen Killing-Symmetrien konsistent ist – ist S^3, also die 3-Sphäre. Folglich ist $\chi = 0$ der Ursprung der räumlichen Koordinaten, während $\chi = \pi$ der antipodische Punkt ist. Auch an dieser Stelle kann man mit den lokalen Killing-Symmetrien konsistente Abbildungen definieren.

Die Funktionen $N(t)$ und $R(t)$ werden jeweils der *Verzögerungsfaktor* und der *Skalenfaktor* genannt. Mit der Verzögerungsfunktion wird der Maßstab der Zeit gewählt, und der Skalenfaktor ist ein Maß für die Größe von Sektionen des Universums, für die $t =$ konstant gilt. Da die Einsteinschen Feldgleichungen allgemein kovariant sind, können wir *jede beliebige* Skala für die Zeit benutzen. Doch kommen in der Diskussion um das Friedmann-Universum nur zwei Skalen standardmäßig zur Anwendung. Die erste Skala setzt lediglich $N(t) = 1$. Bei dieser Wahl ist die Zeit in der Metrik (B.1) die *Eigenzeit*; diese Zeit ist die Zeit, die von unseren Uhren in der gegenwärtigen astrophysikalischen Umgebung gemessen wird. Im folgenden bedeutet das Symbol t die Eigenzeit. Beachten Sie, daß $N(t) = 1$ auch bedeutet, daß Zeit und Raum in denselben Einheiten gemessen werden. So muß zum Beispiel die Entfernung in Lichtjahren gemessen werden, wenn die Zeit in Jahren gemessen wird.

Die zweite Skala mißt die Zeit mit dem Skalenfaktor $N(t) = R(t)$.

Dieser Zeitmaßstab wird *konforme Zeit* genannt, da die Metrik (B.1) in diesem Fall einer statischen Metrik entspricht. Wenn ich mich auf diese konforme Zeit beziehen möchte, benutze ich die Variable τ. Ein Lichtstrahl, der in der konformen Zeit vom Koordinatenursprung in χ-Richtung ausgeht, erfüllt die Gleichung $\chi = \tau$, da alle Lichtstrahlen die Gleichung $ds^2 = 0$ erfüllen.

Wenn der Materiedruck in den größten Skalen im Vergleich zur Größe der Ruhmasse der Materie klein ist, dann wird das Friedmann-Universum *materiebeherrscht* genannt, und die Gleichungen von Einstein, ausgedrückt in der gegebenen konformen Zeit, ergeben für das geschlossene Universum $k = +1$ (mit der kosmologischen Konstanten $\Lambda = 0$) die folgenden Beziehungen zwischen der Eigenzeit, dem Skalenfaktor und der konformen Zeit:

$$R(\tau) = \frac{R_{max}}{2}(1 - \cos\tau) \qquad (B.2a)$$

$$t(\tau) = \frac{R_{max}}{2}(\tau - \sin\tau) \qquad (B.2b)$$

(Einen Beweis liefern Misner, Thorne und Wheeler; 1973) Für $T \ll R_{max}$ läßt sich aus den Gleichungen (B.2a) und (B.2b) leicht zeigen, daß $R(t) = (3R_{max}/16)^{1/3}t^{2/3}$, was tatsächlich das Ergebnis des materiebeherrschten flachen Friedmann-Universums ist (obwohl R_{max} nur eine willkürliche Konstante ist, wenn das Universum wirklich flach ist).

Aus den Gleichungen (B.2) ist ersichtlich, daß ein geschlossenes Universum, an dessen Anfang eine Urknall-Singularität $R(\tau = 0) = 0$ steht, sich zu einer maximalen Größe mit dem Skalenfaktor $R_{max} = R(\tau = \pi)$ ausdehnt, um dann in einer Endkollaps-Singularität $R(\tau = 2\pi) = 0$ zusammenzufallen. Aus den Gleichungen (B.2) und den bereits erwähnten Gleichungen für Lichtstrahlen folgt offensichtlich auch, daß ein am Anfang der Zeit vom Koordinatenursprung ($\chi = 0$) ausgehender Lichtstrahl den antipodischen Punkt des Universums ($\chi = \pi$) genau zum Zeitpunkt der größten Ausdehnung erreichen und exakt in dem Moment, in dem das Universum in einer Endkollaps-Singularität endet, zum Koordinatenursprung zurückkehren würde.

In der gegenwärtigen Epoche seiner Geschichte wird das Universum als materiebeherrscht betrachtet und ist es seit ungefähr 500 000 Jahren nach dem Beginn des Universums. Man erwartet, daß es auch in Zukunft bis zum Zeitpunkt der größten Ausdehnung materiebeherrscht bleibt.

Die Hubble-Konstante ist als $H_0 \equiv (R^{-1}dR/dt)\,|\,t_{jetzt}$ definiert, wobei die Zeit t_{jetzt} die gegenwärtige Zeit ist, die man – im Prinzip – aus Messungen erhält. Leider gibt es erbitterte Auseinandersetzungen unter Kosmologen darüber, was die Beobachtungen für h ergeben. Das macht es notwendig, h in allen Gleichungen als Variable zu belassen, damit das von Theoretikern präsentierte Ergebnis gültig ist, unabhängig vom letztendlichen Ergebnis der Beobachtungen. Für jeden Zeitpunkt t ist der Hubble-Parameter $H \equiv (R^{-1}dR/dt) = \frac{R_{max}}{2} \frac{(1-\cos\tau)^2}{\sin\tau}$, und für die Dichte ϱ der Materie gilt

$$\varrho = \frac{3}{\pi R_{\max}^2 (1-\cos\tau)^3}$$

Ob das Friedmann-Universum offen, flach oder geschlossen ist, hängt von der Dichte der Materie ab. Entspricht die Dichte der »kritischen« Dichte $\varrho_{krit} = 3H^2/8\pi$, ist das Universum flach. Übersteigt sie diese, ist es geschlossen, unterschreitet sie diese, ist es offen. Folglich bestimmt der Dichteparameter $\Omega_0 \equiv (\varrho/\varrho_{krit})\,|\,t_{jetzt}$, um welches Universum es sich handelt.

Unter Verwendung der obigen Gleichungen läßt sich einfach zeigen, daß der Skalenfaktor eines materiebeherrschten Friedmann-Universums mit der kosmologischen Konstante $\Lambda = 0$ und der räumlichen Topologie $S^3(k = +1)$ gegeben ist durch

$$R_{max} = \left(\frac{1}{H_0}\right)\frac{\Omega_0}{(\Omega_0-1)^{3/2}} \qquad (B.3)$$

Die gesamte Eigenlebensdauer t_U eines solchen geschlossenen Universums ist

$$t_U = \pi R_{max} = \left(\frac{\pi}{H_0}\right)\frac{\Omega_0}{(\Omega_0-1)^{3/2}} \qquad (B.4)$$

Für ein materiebeherrschtes Universum gilt das tatsächliche Eigenzeitalter jetzt

$$t_{jetzt} = \left(\frac{\pi}{H_0}\right)\frac{\Omega_0}{(\Omega_0-1)^{3/2}}\left[\left(\frac{1}{2\pi}\right)\cos^{-1}\left(\frac{2}{\Omega_0}-1\right)-\left(\frac{(\Omega_0-1)^{1/2}}{\pi\Omega_0}\right)\right]$$

oder einfacher ausgedrückt

$$t_{jetzt} = t_U \left[\left(\frac{1}{2\pi} \right) \cos^{-1} \left(\frac{2}{\Omega_0} - 1 \right) - \left(\frac{(\Omega_0 - 1)^{1/2}}{\pi \Omega_0} \right) \right] \qquad (B.5)$$

was weniger als $\frac{2}{3H_0}$ für jedes geschlossene Universum ist, da für ein solches Universum notwendigerweise $\Omega_0 > 1$ ist. Daraus folgt: (verbleibende Eigenzeit) / (tatsächliches Eigenzeitalter) = (t_U – [tatsächliches Eigenzeitalter]) / (tatsächliches Eigenzeitalter) > $(3\pi/2)$ $[\Omega_0(\Omega_0 - 1)^{-3/2}] - 1$. Falls $\Omega_0 \leq 2$ – Beobachtungen sprechen dafür, daß dies eine konservative obere Grenze ist (Börner 1992) –, dann gilt (verbleibende Eigenzeit) / (tatsächliches Eigenzeitalter) > 8,4. Da $H_0^{-1} = h^{-1}$ (10 Billionen Jahre) gilt, wobei $1/2 \leq h \leq 1$, haben wir: (momentanes Eigenzeitalter) < h^{-1} (6,7 Billionen Jahre). Ich werde den alten Sandage-Tammann-Wert $h = 0{,}55$ benutzen, wodurch man ein tatsächliches Eigenzeitalter von nahezu 12 Billionen Jahren erhält und demzufolge noch mindestens 100 Billionen Jahre übrigbleiben. Wer bei der Schätzung der verbleibenden Zeit noch vorsichtiger sein möchte, sollte $\Omega_0 \leq 3$ und $h = 1$ wählen. Dies ergibt 6,7 Billionen Jahre für das tatsächliche Eigenzeitalter des Universums, und es verbleiben bloß 27 Billionen Jahre bis zur Erreichung des Omegapunkts. Tatsächlich sind $\Omega_0 \leq 3$ und $h = 1$ sicherlich viel zu vorsichtig geschätzt, da das Alter der Sterne der Population II und die Daten der Nukleogenese ein tatsächliches Eigenzeitalter von mehr als 15 Billionen Jahren (Börner 1992) stark nahelegen, unter der Voraussetzung $h < 0{,}45$. Sandage, Tammann und Kollegen veröffentlichten 1992 das Ergebnis ihrer allerneuesten Messungen – bei denen sie das Hubble-Raumteleskop zur Auflösung von Cepheiden in der Galaxis IC 4182, in der einmal eine Supernova vom Typ Ia gesehen worden war, benutzt hatten –, daß $h = 0{,}51 \pm 0{,}09$. Ebenfalls im Jahre 1992 verkündeten Schmidt et al., daß ihre Messungen einer Supernova vom Typ II einen Wert $h = 0{,}6 \pm 0{,}1$ ergeben hatten. Diese beiden neuesten Beobachtungen liefern $h \approx 0{,}5$, aber die Auseinandersetzung über die Größe der Hubble-Konstante geht weiter (Flam 1993).

Ich habe das Alter des Universums in Abhängigkeit von dem Dichteparameter ausgedrückt, ich hätte aber genausogut den Bremsungsparameter q_0 benutzen können, da wir $2q_0 = \Omega_0$ für $\Lambda = 0$ haben. Daher ist die Annahme $\Omega_0 \leq 2$ der Annahme $q_0 \leq 1$ äquivalent.

Man kann auch beweisen, daß es bei weitem mehr Wirklichkeit in der Zukunft als in der Vergangenheit gibt, indem man das Raumzeit-

Volumen des gesamten Raumzeit-Kontinuums mit dem Raumzeit-Volumen des Lichtkegels der Vergangenheit oder Vergangenheitskegel vergleicht. Für die materiebeherrschten Friedmann-Universen ist das totale – vierdimensionale – *Raumzeit*-Volumen durch

$$V_{Total} \equiv \int_V \sqrt{-g}\, d^4x = \int_0^{2\pi} d\tau \int_0^{\pi} d\chi \int_0^{\pi} d\theta \int_0^{2\pi} d\phi R^3(\tau) \sin^2\chi \sin\theta =$$

$$= \frac{35\pi^3 \Omega_0^4}{32 H_0^4 (\Omega_0 - 1)^6} \qquad (B.6)$$

gegeben.

Das Volumen des Vergangenheitskegels V_{Verg} kann in geschlossener Form ausgedrückt werden, da aber der Ausdruck ziemlich kompliziert ist, wollen wir den Radius des sichtbaren Universums mit t_{jetzt} annehmen, damit wir für das vierdimensionale Volumen des Vergangenheitskegels eine Obergrenze erhalten. Dadurch bekommen wir $V_{Verg} < \frac{4\pi}{3} t^4_{jetzt}$. Aus $t_{jetzt} < \frac{2}{3H_0}$ erhalten wir eine Untergrenze für das Verhältnis zwischen dem Volumen des gesamten Raumzeit-Kontinuums und dem Volumen des Vergangenheitskegels:

$$\frac{V_{Total}}{V_{Verg}} > \frac{40 \Omega_0^4}{(\Omega_0 - 1)^6} \qquad (B.7)$$

Diese Untergrenze ist 640 für $\Omega_0 = 2$. Wenn wir R_{jetzt} als Wert für den jetzigen Skalenfaktor annehmen, kann man (B.3) benutzen, um zu zeigen, daß

$$\frac{R_{jetzt}}{R_{max}} = \frac{\Omega_0 - 1}{\Omega_0} \approx \Omega_0 - 1 \qquad (B.8)$$

wobei das letzte Zeichen gilt, wenn $\Omega_0 - 1 \ll 1$. In Abschnitt H werde ich zeigen, daß die Omegapunkt-Theorie $10^2 e^{-4\pi} \geq R_{jetzt}/R_{max} \geq e^{-4\pi}$ voraussagt. Dieses ergibt $3{,}5 \times 10^{-4} \leq (\Omega_0 - 1) \leq 3{,}5 \times 10^{-6}$, so daß wir am Ende $2 \times 10^{34} > V_{Total}/V_{Verg} > 2 \times 10^{22}$ haben. In beiden Fällen gibt es bedeutend mehr Raumzeit-Volumen in unserer Zukunft als in unserer Vergangenheit. Das Volumen des Vergangenheitskegels ist vom Omegapunkt aus V_{Total} – also das ganze Raumzeit-Volumen –, wie ich im Text schon gezeigt habe.

Das dreidimensionale *räumliche* Volumen des heutigen Universums, $V_{jetzt}^{räuml}$, ist durch

$$V_{jetzt}^{räuml} = R_{jetzt}^3 \int_0^{\pi} \sin^2 \chi \, d\chi \int_0^{\pi} \sin\theta \, d\theta \int_0^{2\pi} d\phi = 2\pi^2 R_{jetzt}^3$$

$$= \frac{\pi^2}{4} R_{max}^3 (1 - \cos \tau)^3 = \frac{2\pi^2}{H_0^3(\Omega_0 - 1)^{3/2}} \qquad (B.9)$$

gegeben.

Die räumliche Eigendistanz zum antipodischen Punkt ist zum jetzigen Zeitpunkt, $D_{antipodisch}^{jetzt}$, (vorausgesetzt, das Universum hat die räumliche Topologie S^3 und ist materiebeherrscht) durch

$$D_{antipodisch}^{jetzt} = \pi R_{jetzt} = \frac{\pi R_{max}}{2}(1 - \cos \tau) = \frac{\pi}{H_0 \sqrt{\Omega - 1}} \qquad (B.10)$$

gegeben.

Die Zeit bis zur maximalen Ausdehnung, t_{max}, ist genau die Hälfte der in (B.4) gegebenen gesamten Eigenlebensdauer, so daß wir, wenn $D_{antipodisch}^{max}$ die Entfernung zum antipodischen Punkt bei maximaler Ausdehnung und 10^{12} Parsecs = 1 Teraparsec ist,

$$T_{max} = \frac{\pi R_{max}}{2} = \left(\frac{\pi}{2H_0}\right) \frac{\Omega_0}{(\Omega_0 - 1)^{3/2}} \qquad (B.11)$$

erhalten.

Also haben wir mit $h = 1/2$ und $3{,}5 \times 10^{-4} \leq (\Omega_0 - 1) \leq 3{,}5 \times 10^{-6}$

$$5 \times 10^{16} \text{ Jahre} \leq t_{max} \leq 5 \times 10^{18} \text{ Jahre} \qquad (B.12)$$

$$1 \text{ Teraparsec} \leq D_{antipodisch}^{jetzt} \leq 10 \text{ Teraparsecs} \qquad (B.13)$$

$$(1 \text{ Teraparsec})^3 \leq V_{jetzt}^{räuml} \leq (10 \text{ Teraparsecs})^3 \qquad (B.14)$$

$$3 \times 10^3 \leq \frac{R_{max}}{R_{jetzt}} \leq 3 \times 10^5 \qquad (B.15)$$

$$3000 \text{ Teraparsecs} \leq D_{antipodisch}^{max} \leq 3 \text{ Millionen Teraparsecs} \qquad (B.16)$$

Die Zeitskala in der Ungleichung (B.12) ist Eigenzeit. Die physikalisch bedeutsamste Zeitskala ist jedoch nicht Eigenzeit, sondern *entropische Zeit* $\theta(t)$, definiert als die gesamte Entropiemenge, die im Universum bei Eigenzeit t vorhanden ist. Nach dem zweiten Hauptsatz der Thermodynamik ist $\theta(t)$ eine monoton wachsende

Funktion, und da im Universum ständig irreversible Prozesse stattfinden, nimmt θ tatsächlich immer zu und kann deshalb als Zeitskala benutzt werden. Wenn $s(t)$ die Entropiedichte als eine Funktion der Eigenzeit t ist, dann gilt:

$$\theta(t) = V^{\text{räuml}}(t)\, s(t) = [2\pi^2 R^3(t)]\, s(t)$$

Nahezu die gesamte im Universum derzeit vorhandene Entropie besteht in Form von kosmischer Hintergrundstrahlung. Die Entropiedichte der Hintergrundstrahlung läßt sich leicht berechnen. Die Helmhotzsche freie Energiedichte von Strahlung ist [Landau und Lifschitz 1969, S. 165] $F = -1/3\, aT^4$, wobei $a = \pi^2 k^4/15c^3\hbar^3$ die Konstante der Strahlungsdichte ist und T die Temperatur. Folglich ist die Entropiedichte $s = -\partial F/\partial T = 4/3\, aT^3$. Allgemeiner ist die Entropiedichte $s = 2/3\, gaT^3$, wobei $g = g_B + 7/8\, g_F$; g_B sind die Bosonenspin-Freiheitsgrade und g_F die Fermionenspin-Freiheitsgrade. Derzeit gilt: $g_F = 6$, denn es gibt sechs Arten von Neutrinos, und $g_B = 2$. In der gegenwärtigen Epoche jedoch haben die Neutrinos eine Temperatur $T_\nu = (4/11)^{1/3}\, T_\gamma$, wobei T_γ die Temperatur der elektromagnetischen kosmischen Strahlung ist, denn die Elektron-Positron-Vernichtung im frühen Universum ließ zwar die Temperatur der elektromagnetischen Strahlung ansteigen, veränderte aber nicht die Temperatur der Neutrinos. Folglich ist das Verhältnis von elektromagnetischer Entropiedichte zur Neutrino-Entropiedichte heute

$$\frac{S_\gamma}{S_\nu} = \frac{(2)T_\gamma^3}{6(\frac{7}{8})T_\nu^3} = \frac{22}{21}$$

Die gesamte Entropiedichte ist die Summe der elektromagnetischen und der Neutrino-Entropiedichte. In Bits pro cm^3 ausgedrückt, ist dies

$$s(t_{jetzt}) = \frac{4}{3}\left(1 + \frac{21}{22}\right)\left(\frac{a}{k \ln 2}\right) T_\gamma^3 = 4{,}173 \pm 46 \text{ Bits/cm}^3 \qquad \text{(B.17)}$$

Ich habe dabei die jüngsten COBE-Temperaturmessungen der Hintergrundstrahlung benützt [Mather et al. 1994], und zwar $T_\gamma = 2{,}726 \pm 0{,}010°$ K (bei 95prozentigem »confidence level«).

Wenn wir die Ungleichungen (B.14) und (B.17) mit der Definition von entropischer Zeit verbinden, erhalten wir für die entropische Zeit in der gegenwärtigen Epoche $\theta(t_{jetzt})$:

$$1 \times 10^{95} \text{ Bits} \leq \theta(t_{jetzt}) \leq 1 \times 10^{98} \text{ Bits} \qquad (B.18)$$

Die Ungleichungskette definiert das Universum bis hin zur Zeit der maximalen Ausdehnung. Bis dahin wird es sich dem Friedmann-Modell annähern (die Gründe dafür werden in Abschnitt H erläutert). Ich werde nun zeigen, daß alle zeitartigen Kurven nach einer endlichen Eigenzeit auf eine Endsingularität treffen, selbst wenn die Entwicklung eines geschlossenen Universums nach dem Beginn des Zusammenbruchs weitgehend von der Homogenität und Isotropie abweicht.

Endsingularitäts-Theorem: Sind in einer Raumzeit folgende Bedingungen erfüllt:
(1) es existiert eine kompakte raumartige Cauchy-Hyperfläche S, auf der die Spur χ^a_a der äußeren Krümmung überall negativ ist;
(2) die zeitartige Konvergenzbedingung ist gültig;
dann gibt es eine universelle Obergrenze $t_f \equiv \inf_S |3/\chi^a_a|$ für die Eigenzeitlänge aller zeitartigen Kurven in der Zukunft von S. Das heißt, die Eigenzeitlänge *jeder* zeitartigen Kurve in $J^+(s)$ ist kleiner oder gleich t_f.

Diskussion: Eine *kompakte* raumartige Hyperfläche ist eine raumartige dreidimensionale Mannigfaltigkeit ohne jede Grenze: Sie entspricht einem geschlossenen Universum zu einem bestimmten Zeitpunkt. Die Tatsache, daß die Spur der äußeren Krümmung negativ ist, bedeutet, daß sich das geschlossene Universum zu diesem Zeitpunkt überall zusammenzieht. Eine *Cauchy*-Hyperfläche ist eine Hyperfläche, die jede zeitartige Kurve genau einmal schneidet. Es kann gezeigt werden, daß in der Raumzeit alle Mengen der Form $J^+(p) \cap J^-(q)$ für je zwei beliebige Ereignisse p und q in der Raumzeit kompakt sind, wobei die kausale Vergangenheitsmenge $J^-(q) \equiv \{s \mid$ es gibt eine zukunftsgerichtete zeitartige oder lichtartige Kurve von s nach q$\}$ und die kausale Zukunftsmenge $J^+(p) \equiv \{s \mid$ es gibt eine vergangenheitsgerichtete zeitartige oder lichtartige Kurve von s nach p$\}$. (Wenn »zeitartig oder lichtartig« in den vorausgegangenen Mengen durch »zeitartig« ersetzt wird, werden die Mengen jeweils die chronologische Vergangenheit $I^-(p)$ des Ereignisses p beziehungsweise die chronologische Zukunft $I^+(p)$ des Ereignisses p genannt.)

Eine Raumzeit, in der alle Mengen der Form $J^+(p) \cap J^-(q)$ kompakt sind, wird als *global hyperbolisch* bezeichnet. Global hyperbolisch bedeutet, es gilt der Determinismus: Die gesamte Raumzeit wird eindeutig von den Anfangsdaten auf der Hyperfläche S bestimmt.

Die *zeitartige Konvergenzbedingung* bedeutet, daß $R_{ab}t^a t^b \geq 0$ für alle zeitartigen Vektoren t^a, wobei R_{ab} der Ricci-Tensor ist. Physikalisch bedeutet das, die Schwerkraft ist immer anziehend.

Beweis des Theorems: Hawking und Ellis haben gezeigt: Wenn die zeitartige Konvergenzbedingung gültig ist, dann gibt es innerhalb einer Eigenzeitdistanz $|3/\chi^a_a|$ einen konjugierten Punkt p auf einer zeitartigen Geodätischen γ, die S senkrecht schneidet (das bedeutet, daß sich zwei nahegelegene geodätische Linien senkrecht zu S bei p schneiden). Da S kompakt ist, heißt das, daß *alle* zeitartigen Geodätischen, die senkrecht zu S sind, einen konjugierten Punkt in der Zukunft innerhalb eines Abstands von $t_f \equiv \inf_S |3/\chi^a_a|$ von S haben müssen. Hawking und Ellis haben auch gezeigt, daß es zu jedem Punkt q in einer Raumzeit mit einer Cauchy-Hyperfläche S eine zeitartige Geodätische senkrecht zu S mit einem maximalen Abstand zwischen S und q und ohne konjugierte Punkte gibt. Aber wenn es eine zeitartige Kurve von einer größeren Länge als t_f gäbe, dann müßte es eine Geodätische senkrecht zu S mit einer größeren Länge als t_f und ohne konjugierte Punkte geben. Allerdings haben wir gerade gesehen, daß alle solche Geodätischen konjugierte Punkte innerhalb einer Länge t_f haben. Dieser Widerspruch zeigt, daß keine zeitartige Kurve eine größere Länge als t_f haben kann. Q.e.d.

Literatur

Börner, Gerhard 1992. *The Early Universe: Facts and Fiction.* Berlin: Springer-Verlag.

Flam, Faye 1993. »Battle Lines Shift in the Great Cosmic Dispute.« In: *Science* 259, pp. 1262-1263.

Hawking, S.W. und Ellis, George F.R. 1973. *The Large Scale Structure of Space Time.* Cambridge: Cambridge University Press.

Landau, Lev D., und Lifschitz, E.M. 1969. *Statistical Physics.* Reading (MA): Addison-Wesley (*Statische Physik.* Berlin: Akademie-Verlag 1979).

Mather, I.C., et al. 1994. »Measurement of the Cosmic Background Spectrum by the COBE FIRAS Instrument.« In: *The Astrophysical Journal* 420, pp. 439–444.

Misner, Charles W.; Thorne, Kip S. und Wheeler, John A. 1973. *Gravitation.* San Francisco: Freeman.
Peebles, P. James E. 1971. *Physical Cosmology.* Princeton: Princeton University Press.
Peebles, P. James E. 1973. *Principles of Physical Cosmology.* Princeton: Princeton University Press.
Sandage, Allan; Saha, A.; Tammann, G.A.; Panagia, Nino und Macchetto, D. 1992. »The Cepheid Distance of IC 4182; Calibration of $M_V(max)$ for SN Ia 1937C and the Value of H_0.« In: *The Astrophysical Journal* 401, L7-L10.
Schmidt, Brian; Kirshner, Robert und Eastman, Ronald 1992. »Expanding Photospheres of Type II Supernovae and the Extragalactic Distance Scale.« In: *The Astrophysical Journal* 395, pp. 366-386.
Smoot, George F. et al. 1992. »Structure in the COBE Differential Microwave Radiometer First-Year Maps.« In: *The Astrophysical Journal* 396, L1-L5.
Tipler, Frank J. *Global General Relativity.* Oxford: Oxford University Press. In Vorbereitung.

C. Die Bekenstein-Grenze

Die grundlegende Begrenzung für die Anzahl der möglichen Quantenzustände in einem begrenzten Gebiet – oder alternativ für die Anzahl von Bits, die in einem begrenzten Gebiet codiert werden können – ist durch die Bekenstein-Grenze [1, 2] gegeben. Diese ist eine Konsequenz aus den grundlegenden Postulaten der Quantenfeldtheorie. Auf eine Herleitung derselben wird hier verzichtet, aber im wesentlichen ist die Bekenstein-Grenze nur eine andere Form der Heisenbergschen Unbestimmtheitsrelation.

Wenn standardmäßig die Information I mit der Anzahl der möglichen Zustände N durch die Gleichung $I = log_2 N$ verknüpft ist, dann ist die Bekenstein-Grenze für die codierte Informationsmenge innerhalb einer Kugel mit dem Radius R, die die gesamte Energie E enthält,

$$I \leq 2\pi ER/(\hbar c \ln 2) \qquad (C.1)$$

oder, wenn man die Energie in der Masseneinheit Kilogramm ausdrückt,

$$I \leq 2{,}57686 \text{ x } 10^{43} \left(\frac{M}{1\text{Kilogramm}}\right)\left(\frac{R}{1\,\text{Meter}}\right) \text{Bits} \qquad (C.2)$$

Ein typisches menschliches Wesen beispielsweise hat eine Masse von weniger als 100 Kilogramm und ist weniger als 2 Meter groß. (Folglich kann ein solcher Mensch in einer Kugel mit einem Radius von einem Meter beschrieben werden.) Daher erhalten wir, wenn wir in der Formel (C.2) M gleich 100 Kilogramm und R gleich 1 Meter setzen

$$I_{Mensch} \leq 2{,}57686 \text{ x } 10^{45} \text{ Bits} \qquad (C.3)$$

als eine Obergrenze für die Anzahl der Bits I_{Mensch}, die von jedem beliebigen physischen Gebilde von der Größe und der Masse eines menschlichen Wesens codiert werden kann.

Lassen Sie mich Ihnen ein grundlegendes *Plausibilitätsargument* für die Bekenstein-Grenze anführen (C.1). Dieses Argument ist kein Beweis. (Ein vollständiger Beweis erforderte mehr Quantenfeldtheorie, als dieses Buch fassen kann.) Die Unbestimmtheitsrelation sagt

$$\Delta P \Delta R \geq \hbar \qquad (C.4)$$

Dabei ist ΔP die endgültige Grenze für die Genauigkeit der Impulsbestimmung und ΔR die Grenze für die Genauigkeit der Ortsbestimmung. (Anders gesagt: Die Ungleichung (C .4) drückt die minimale Größe einer Phasenraumunterteilung aus.) Daher muß der Phasenraum des Systems, wenn der gesamte Impuls kleiner als P und wenn bekannt ist, daß sich das System innerhalb eines Gebiets der Größe R befindet, in nicht mehr als $PR\ /\ \Delta P \Delta R = 2\pi PR/h$ unterscheidbare Subintervalle geteilt werden. Dies bedeutet, daß die Anzahl der unterscheidbaren Zustände n durch $2\pi PR/h$ nach oben begrenzt ist. Da für jedes Teilchen $P \leq E/c$ gilt, wobei E die gesamte Energie des Systems einschließlich seiner Ruhmasse ist und das Gleichheitszeichen nur gilt, wenn sich das System mit Lichtgeschwindigkeit bewegt, haben wir

$$I = \log_2 n \leq \frac{n}{\ln 2} \leq 2\pi \left(\frac{E}{c}\right)\left(\frac{R}{hc \ln 2}\right) \leq \frac{2\pi ER}{\hbar \ln 2}$$

Das ist die Bekenstein-Grenze (C.1). (Zusätzliche Komplikationen wie die Teilchensubstruktur und die Tatsache, daß das System dreidimensional statt eindimensional ist, werden dadurch berücksichtigt,- daß log *n* sehr viel kleiner ist als *n* für große *n*. Wie ich bereits erwähnt habe, ist die obige Herleitung kein Beweis.)

Eine Obergrenze für die Informationsverarbeitungsrate kann man direkt von der Bekenstein-Grenze erhalten [1], wenn man sich klarmacht, daß die Zeit für einen Übergang zwischen zwei Zuständen nicht kleiner sein kann als die Zeit, die das Licht braucht, um die Kugel mit dem Radius *R* zu durchqueren, die $2R/c$ ist. Daraus folgt

$$\dot{I} \leq \frac{I}{2R/c} \leq \frac{\pi E}{\hbar \ln 2} = 3{,}86262 \text{ x } 10^{51} \left(\frac{M}{1 \text{ Kilogramm}} \right) \text{Bits/Sek} \qquad (C.5)$$

wobei der Punkt die Eigenzeitableitung kennzeichnet. Indem wir für *M* in der Ungleichung (C.5) den Wert 100 Kilogramm einsetzen, erhalten wir für die Übergangsrate des Zustands eines menschlichen Wesens, $\dot{I}_{Mensch}$, eine Obergrenze:

$$\dot{I}_{Mensch} \leq 3{,}86262 \times 10^{53} \text{ Zustände/Sek} \qquad (C.6)$$

Die signifikanten Stellen der rechten Seiten der Ungleichungen (C.2), (C.3), (C.5) und (C.6) dürfen nicht zu wichtig genommen werden. Die Stellen drücken korrekterweise unser Wissen über die Konstanten c und $\hbar$ aus. Aber die Bekenstein-Grenze ist wahrscheinlich weder für I noch für $\dot{I}$ die kleinste Obergrenze; Schiffer und Bekenstein [2] haben erst kürzlich gezeigt, daß die Bekenstein-Grenze wahrscheinlich sowohl für I als auch für $\dot{I}$ um einen Faktor mindestens 100 zu hoch ist.

Obwohl (C.5) strenggenommen nur bei einem einzigen Kommunikationskanal angewendet werden kann [3], läßt es sich auch für Multikanalsysteme verwenden, vorausgesetzt, die Notwendigkeit der Informationsmischung aus verschiedenen Kanälen wird berücksichtigt [4]. Findet letzteres allerdings keine Berücksichtigung, ist die Zahl der Kanäle sicherlich durch die Anzahl der durch (C.1) gegebenen Zustände beschränkt, und so ist $\frac{dI}{d\tau} \leq e^{I^B_{max}} \dot{I}^B_{max}$ eine sehr konservative Obergrenze (J.D Bekenstein, private Mitteilung).

Ein menschliches Wesen – ja jedes im gegenwärtigen Universum existierende Objekt – codiert tatsächlich sehr viel weniger Information, als ihm die Quantenfeldtheorie erlaubt. Ein einzelnes Wasserstoffatom zum Beispiel würde, wenn es soviel Information codierte, wie die Bekenstein-Grenze zuläßt, mehr als 4 x 10^6 Bits an Information codieren, da es einen Radius von ungefähr einem Ångstrøm und eine Masse von ungefähr 1,67 x 10^{-27} Kilogramm hat. Demnach könnte ein Wasserstoffatom, das normalerweise sehr viel weniger als ein Bit codiert, mehr als ein Megabyte an Informationen codieren. Die Masse von Wasserstoff wird also keineswegs effizient genutzt!

Wenn wir den Radius eines Protons mit ($R = 10^{-13}$ cm) annehmen, dann ist die Informationsmenge, die in einem Proton codiert werden kann, nur 44 Bits! Dies ist bemerkenswert wenig angesichts der Komplexität eines Protons – drei Valenzquarks, unzählige Seequarks und Gluonen –, das in der Tat so komplex ist, daß wir bisher nicht in der Lage sind – nicht einmal mit unseren modernsten Supercomputern –, seinen Grundzustand mit dem Standardmodell zu berechnen. Bekenstein hat diese sehr geringe Anzahl möglicher Zustände eines Protons dazu benutzt, um die Zahl der möglichen Quarkfelder, die im Quarksee vorhanden sein können, einzuschränken.

Für das frühe Universum mit seinen Teilchenhorizonten trifft die Bekenstein-Grenze in der folgenden Form ebenso zu wie für schwarze Löcher:

$$I = \frac{S}{\ln 2} \leq \frac{A}{4L_P^2 \ln 2} = \frac{\pi R^2}{L_P^2 \ln 2} \qquad (C.7)$$

Hierbei sind S die gesamte Entropie in einer kausal verbundenen Region innerhalb einer 2-Sphäre mit dem Radius R und der Oberfläche A und L_P die Plancksche Elementarlänge. Die Bekenstein-Grenze in der obigen Form (C.7) kann, wie im folgenden gezeigt wird, ganz leicht von (C.1) abgeleitet werden.

Wenn $R = 2GE/c^4$ gilt, dann bildet sich ein die Information enthaltendes schwarzes Loch, und *im asymptotischen flachen Raum* kann man nicht mehr Energie in eine Kugel mit dem Radius R einschließen. Daher gilt

$$I \leq \frac{2\pi ER}{\hbar c \ln 2} = 2\pi \left(\frac{Rc^4}{2G}\right) \frac{R}{\hbar c \ln 2} = 4\pi R^2 \left(\frac{c^3/G\hbar}{4 \ln 2}\right)$$

Aber da $c^3/G\hbar = L_P^{-2}$ und $A = 4\pi R^2$, bekommen wir (C.7). Indessen setzt die Bildung von schwarzen Löchern die Existenz von Ereignishorizonten voraus, was per definitionem bedeutet, daß die

Endsingularität kein Omegapunkt sein kann. Das heißt, die Ungleichung (C.7) gilt dann und nur dann, wenn die dem Leben entsprechende Information auf einen Teil beschränkt ist statt auf das ganze Universum.

Bekenstein hat festgestellt [5], wenn im frühen Universum eine Region mit ihren Teilchenhorizonten einen Radius von der Größenordnung einer Planck-Länge L_P hat, dann müssen die Entropie und die Information von der Größenordnung eins oder kleiner sein. Daraus schließt er, daß es keine Anfangssingularität gibt. Ich hingegen würde dieses Resultat (das ich persönlich für richtig halte) dahingehend interpretieren, daß daraus folgt, daß die anfängliche Friedmann-Singularität die *einzige* ist; in der Anfangssingularität gibt es keine Information. Daher gilt $I = S = 0$ für die Anfangssingularität, und folglich gibt es keinen Widerspruch mit der rechten Seite von (C.7), die gegen Null geht für $R \rightarrow 0$.

Ellis und Coule [6] argumentieren, daß in *jedem beliebigen* geschlossenen Universum in der Nähe der *Endsingularität* immer noch (C.7) die korrekte Form der Bekenstein-Grenze ist, wobei R der Skalenfaktor des Universums sei, so daß $R \rightarrow 0$ auch $I \rightarrow 0$ bedeutet, was offensichtlich $I \rightarrow +\infty$ für $R \rightarrow 0$ ausschließt und gültig ist, wenn die Omegapunkt-Theorie zutrifft. In Abschnitt H werde ich zeigen, daß man im Fall der Verwendung von (C.1) anstatt (C.7) doch $I \rightarrow +\infty$ für $R \rightarrow 0$ erhält, vorausgesetzt, die Ereignishorizonte verschwinden.

Ellis und Coule irren sich jedoch; (C.7) kann nicht die korrekte Form in der Nähe der Endsingularität in einem geschlossenen Universum ohne Ereignishorizonte sein; denn wäre dies der Fall, bedeutete das eine globale und universelle Verletzung des zweiten Hauptsatzes der Thermodynamik, sobald die Strahlungstemperatur 5×10^4 GeV erreicht, also weit unterhalb der Planck-Energie von 10^{19} GeV und ebenfalls weit unter der Vereinheitlichungstemperatur liegt, von der wir annehmen, daß dort sowohl die Bekenstein-Grenze als auch der zweite Hauptsatz der Thermodynamik gelten.

Um dies zu veranschaulichen, setzen wir $S = \mathcal{S}R^3$, wobei $\mathcal{S}$ die Entropiedichte und R_0 und T_0 der Skalenfaktor und die gegenwärtige Strahlungstemperatur sind. Das Einsetzen von $R = R_0T_0/T$ (C.7) ergibt für die zukünftige universelle Temperatur T die folgende Obergrenze:

$$T \leq \frac{\sqrt{\pi} T_0}{\sqrt{S_0 R_0 L_P^2}} \qquad (C.8)$$

Wir haben $S_0 = 2{,}9 \times 10^3$ cm^{-3} aus der Gleichung (B.17) in Abschnitt B (siehe auch [7]. Beachten Sie, daß der Faktor ln 2 wegfallen muß, wenn (B.17) in (C.8) eingesetzt wird.) Außerdem: 2,726° K = 2,349 $\times 10^{-13}$ GeV. Diese Zahlen ergeben:

$$T \leq 5{,}3 \times 10^4 \text{ GeV} \qquad (C.9)$$

wenn R_0 = 3 Gigaparsecs (die Hubble-Distanz) und $T \leq 3 \times 10^3$ GeV, falls R_0 = 1 Teraparsec, also meine Untergrenze in Abschnitt B. Wenn gemäß meiner Obergrenze in Abschnitt B R_0 = 10 Teraparsecs, dann gilt $T \leq 1 \times 10^3$ GeV, also die Energie, zu deren Untersuchung der Bau LHC in Angriff genommen wurde Bei dieser Energie gelten sicherlich die Quantenmechanik und der zweite Hauptsatz der Thermodynamik, sogar in der Kollapsphase eines geschlossenen Universums.

Wenn sie aber gelten, dann wird das Argument von Ellis und Coule ein Argument *für* ein sich über das ganze Universum verbreitendes und ewig fortdauerndes Leben. Verbreitet sich Leben nicht über das gesamte geschlossene Universum, dann werden, wie ich in Abschnitt H zeige, Horizonte auftauchen, trifft die Rechnung von Ellis und Coule zu und muß entweder die Quantenmechanik oder der zweite Hauptsatz der Thermodynamik bei geringer Energie in einem kollabierenden Universum versagen. Also ist das Universum entweder nicht geschlossen, oder Leben geht in einem von ihm vereinnahmten Universum ewig weiter. Der zweite Hauptsatz der Thermodynamik *verlangt* letztendlich Leben. Dies ist ein weiteres Argument für das Postulat des ewigen Lebens.

Literatur

[1] Bekenstein, J.D. 1981. In: *Phys. Rev. Lett.* 46, p. 623.
[2] Schiffer, M. und Bekenstein, J.D. 1989. In: *Phys. Rev.* D39, P. 1109; und 1990. In: *Phys. Rev.* D42, p. 3598.
[3] Bekenstein, J.D. 1988. In: *Phys. Rev.* A37, p. 3437.
[4] Bekenstein, J.D. 1984. In: *Phys. Rev.* D30, p. 1669.
[5] Bekenstein, J.D. 1989. In: *Int. J. Theor. Phys.* 28, p. 967.

[6] Ellis G.F.R. und Coule, D.H. 1992. »Life at the End of the Universe«, Vorabdruck Universität Kapstadt.
[7] Börner, G. 1988. *The Early Universe*. Berlin: Springer-Verlag, p. 273.

D. Das Massenwirkungsgesetz fordert die Nichtunterscheidbarkeit von Quanten

Ich werde hier den Beweis dafür antreten, daß das Massenwirkungsgesetz die Nichtunterscheidbarkeit von Quanten verlangt. Die Tatsache, daß zwei Systeme im selben Quantenzustand durch kein wie auch immer geartetes Experiment unterschieden werden können – ungeachtet dessen, wie fortgeschritten unsere Technik einmal sein wird oder welche neuen physikalischen Gesetze wir in Zukunft noch finden –, wird überraschenderweise nur in wenigen Physik- und Chemielehrbüchern, die das Massenwirkungsgesetz beweisen, betont. (Erstaunlicherweise hat es sogar *Enrico Fermi* (!) weder in seinem klassischen Lehrbuch *Thermodynamics* noch in seinen *Notes on Thermodynamics and Statistics* erwähnt, obwohl er in beiden Werken das Massenwirkungsgesetz ausführlich diskutiert.) Meine Beweisführung hält sich an die von Reif, und ich muß Grundkenntnisse der statistischen Mechanik und klassischen Thermodynamik voraussetzen. Eine gute Einführung in dieses Gebiet bieten das Lehrbuch von Charles Kittel sowie die Lehrbücher von Callan und Pippard.

Nehmen wir ein einphasiges chemisches System, das m verschiedene Molekülarten enthält. Die chemischen Symbole dieser Moleküle bezeichnen wir mit $A_1, A_2, \ldots, A_m$, und N_i sei die Anzahl der Moleküle vom Typ A_i in diesem System. Eine *chemische Gleichung* drückt aus, wie diese Moleküle ineinander übergehen; dabei sei a_i der Koeffizient von A_i in der chemischen Gleichung. Unter Berücksichtigung der Atomerhaltung kann die allgemeine chemische Gleichung in der folgenden Form geschrieben werden

$$\sum_{i=1}^{m} a_i A_i = 0 \qquad (D.1)$$

Die Reaktion zum Beispiel, die Wasser erzeugt,

$$2H_2 + O_2 \rightleftharpoons 2H_2O \qquad (D.2)$$

kann so geschrieben werden:

$$-2H_2 - O_2 + 2H_2O = 0$$

und daraus folgt $(a_1, a_2, a_3) = (-2, -1, 2)$ für $(A_1, A_2, A_3) = (H_2, O_2, H_2O)$. In der Reaktion (D.2) bedeutet das Symbol »$\rightleftharpoons$«, daß die Reaktion in beide Richtungen ablaufen kann, was sie selbst dann tut, wenn das System im Gleichgewicht ist. Wenn wir also eine Flasche nehmen, die im Verhältnis zwei zu eins mit Wasserstoff und Sauerstoff gefüllt ist, und dann die Reaktion in Gang bringen, bekommen wir *hauptsächlich* Wasser, es bleiben aber einige Wasserstoff- und Sauerstoffmoleküle übrig. Beobachten wir die Flasche weiter, so werden wir sehen, daß einige Wassermoleküle wieder in Wasserstoff und Sauerstoff dissoziieren und einige Wasserstoff- und Sauerstoffmoleküle sich zu einem Wassermolekül verbinden. Das MASSENWIRKUNGSGESETZ sagt uns genau, wie viele Moleküle von jedem Typ wir in unserem System, so es sich im Gleichgewicht befindet, haben:

$$N_1^{a_1} N_2^{a_2} \ldots N_k^{a_m}$$

Dabei ist die *Gleichgewichtskonstante*, $K_N(T, V)$, von der Anzahl der im System vorhandenen Moleküle unabhängig, sie hängt nur von der Temperatur T und dem Volumen V des Systems ab. (Wenn wir $[A_i] \equiv N_i/N_A V$ setzen, wobei N_A die Avogadro-Konstante ist und $[A_i]$ folglich die Molzahl pro Volumeneinheit des Moleküls $[A_i]$, dann läßt sich zeigen, daß das Massenwirkungsgesetz als $[A_1]^{a_1} [A_2]^{a_2} \ldots [A_m]^{a_m} = V^a K(T)$ geschrieben werden kann, wobei $a = \Sigma_{i=1}^m a_i$, und $K(T)$ lediglich eine Funktion der Temperatur ist, aber das werde ich hier nicht beweisen. Auch gilt die Gleichung (D.3) nur für Gase, zumal ich von der Annahme ausgehe, daß die Wechselwirkung zwischen den Molekülen vernachlässigt werden kann. Um die Formel für Moleküle in einer Lösung zu erhalten, ersetzt man N_i in (D.3) durch N_i/N_0, wobei N_0 die Anzahl der Moleküle des gelösten Stoffes ist.)

Für die Reaktionsgleichung des Wassers (D.2) folgt aus dem Massenwirkungsgesetz (D.3)

$$\frac{(N_{H_2O})^2}{(N_{H_2})^2 N_{O_2}} = K_N(T, V)$$

Beweis für das Massenwirkungsgesetz: Die Anzahl der möglichen Zustände des $i$ten Moleküls sei s_i und $E_i(s_i)$ die Energie des Moleküls in diesem Zustand. Wenn es nur eine vernachlässigbare Wechselwirkung zwischen den Molekülen gibt, ist die gesamte Energie des Systems $E = \Sigma_i E_i(s_i)$. Wenn alle Moleküle als *unterscheidbar angesehen* werden, ist die Verteilungsfunktion

$$\tilde{Z} = \sum_{s_1, s_2, \ldots} e^{-\beta[E_1(s_1) + E_2(s_2) + \ldots]} = \left(\sum_{s_1} e^{-\beta E_1(s_1)}\right)\left(\sum_{s_2} e^{-\beta E_2(s_2)}\right)\ldots \qquad (D.4)$$

wobei sich die Summe über alle Zustände für jede Molekülart mit $\beta \equiv 1/kT$ erstreckt, und k die Boltzmann-Konstante ist. Die letzte Gleichung gilt wegen der Annahme, daß die Wechselwirkung zwischen den Molekülen vernachlässigt werden kann. In dem Produkt (D.4) gibt es N_i gleiche Faktoren der Form

$$\zeta_i \equiv \sum_q e^{-\beta E_q(s_q)} \qquad (D.5)$$

für jedes der N_i-Moleküle des Typs i, wobei sich die Summe über alle Zustände einer Molekülart i erstreckt. Wenn wir *annehmen, daß die Moleküle unterscheidbar sind*, ist die Verteilungsfunktion

$$\tilde{Z} = \zeta_1^{N_1} \zeta_2^{N_2} \ldots \zeta_m^{N_m} \qquad (D.6)$$

Die *Moleküle sind* jedoch *nichtunterscheidbar.* Daher erhält man die korrekte Verteilungsfunktion, indem man die Pseudo-Verteilungsfunktion – den Ausdruck (D.6) – durch die $N_i!N_2!\ldots N_m!$ möglichen Permutationen der Moleküle desselben Typs dividiert. Die *wahre* Verteilungsfunktion ist folglich

$$Z = \left(\frac{\zeta_1^{N_1}}{N_1!}\right)\left(\frac{\zeta_2^{N_2}}{N_2!}\right)\ldots\left(\frac{\zeta_m^{N_m}}{N_m!}\right) \qquad (D.7)$$

Die Beziehung zwischen der Helmholtzschen freien Energie F und der Verteilungsfunktion ergibt die Gleichung

$$F = -kT \ln Z = -kT \sum_{i=1}^{m} (N_i \ln \zeta_i - \ln N_i!) \qquad (D.8)$$

Das System befindet sich im Gleichgewicht, wenn die freie Energie minimal ist. Die freie Energie hat ein Minimum erreicht, wenn das totale Differential der freien Energie null ist: $dF = 0$. Nachdem das Volumen, die Temperatur und die Anzahl der Moleküle jeden Typs im Gleichgewicht konstant sind, ist die Gleichgewichtsbedingung

$$dF = \sum_{i=1}^{m} \left(\frac{\partial F}{\partial N_i} \right)_{T,V,N} dN_i = 0 \qquad (D.9)$$

(Da $F \equiv E - TS$ und sowohl E als auch T konstant sind – nur die Anzahl der Moleküle jeden Typs darf sich ändern –, ist die Bedingung $dF = 0$ der Bedingung $dS = 0$ äquivalent, so daß (D.9) im wesentlichen der Forderung, daß die Entropie S im Gleichgewicht ein Maximum hat, äquivalent ist.

Da nun Atome in chemischen Reaktionen erhalten bleiben, muß die Änderung dN_i der Anzahl der Moleküle der Anzahl a_i proportional sein, die in der chemischen Gleichung (D.1) auftaucht. Es muß also

$$dN_i = ca_i \qquad (D.10)$$

für alle i gelten, wobei c die gleiche Proportionalitätskonstante für alle Molekülarten ist. Wenn man nun (D.10) in (D.9) einsetzt, erhält man

$$dF = 0 = -kT \sum_{i=1}^{m} a_i \left(\ln \zeta_i - \frac{\partial \ln N_i!}{\partial N_i} \right) \qquad (D.\ 11)$$

Für große N_i wird mit der Stirlingschen Formel $\ln N_i! = N_i \ln N_i - N_i$, und wir bekommen $\partial \ln N_i!/\partial N_i = \ln N_i$. Setzen wir dies nun in (D.11) ein, erhalten wir

$$dF = 0 = -kT \sum_{i=1}^{m} a_i(\ln \zeta_i - \ln N_i) = \Delta F_0 + kT \sum_{i=1}^{m} a_i \ln N_i \qquad (D.12)$$

wobei $\Delta F_0 \equiv -kT \Sigma_i a_i \ln \zeta_i$ die »Standardänderung der freien Energie der Reaktion« genannt wird. (Gleichung (D.12) zeigt außerdem, daß $d^2F > 0$ ist, so daß $dF = 0$ tatsächlich das globale Minimum ergibt.) Eine kurze Rechnung ergibt aus (D.12)

$$N_1^{a_1} N_2^{a_2} \ldots N_m^{a_m} = \exp\left[\frac{-\Delta F_0}{kT}\right] \equiv K_N(T, V)$$

mithin genau das Massenwirkungsgesetz, siehe Gleichung (D.3).

Betrachten wir nun, was wir erhalten hätten, wenn wir entgegen den Fakten davon ausgegangen wären, daß Systeme im gleichen Quantenzustand *unterscheidbar* seien. Dann wäre (D.6) statt (D.7) die Verteilungsfunktion gewesen, und folglich würde der linke Term, der die partielle Ableitung von ln N_i! enthält, fehlen. Dies implizierte statt der Gleichung (D.12) und des Massenwirkungsgesetzes (D.3)

$$dF = 0 = -kT\sum_{i=1}^{m} a_i \ln \zeta_i$$

was, da $\Sigma_{i=1}^{m} a_i \ln \zeta_i \neq 0$, für die Gleichgewichtsbedingung folgendes ergeben würde:

$$T = 0$$

Mit anderen Worten: Nur am absoluten Nullpunkt würde ein Gleichgewicht herrschen. Außerdem gäbe es bei allen anderen Temperaturen überhaupt keine notwendige Beziehung zwischen der Anzahl der Molekülarten. Da aber das Massenwirkungsgesetz den Beobachtungen zufolge gültig ist, ist es offensichtlich, daß wir von der Nichtunterscheidbarkeit der Systeme im gleichen Quantenzustand ausgehen *müssen*.

Literatur

Callan, H.B. 1960. *Thermodynamics.* New York: Wiley.

Fermi, Enrico 1936. *Thermodynamics.* New York: Dover.

Fermi, Enrico 1966. *Notes on Thermodynamics and Statistics.* Chicago: University of Chicago Press.

Kittel, Charles 1969. *Thermal Physics.* New York: Wiley.

Pippard, A. Brian 1957. *Elements of Classical Thermodynamics.* Cambridge: Cambridge University Press.

Reif, Frederick 1965. *Fundamentals of Statistical and Thermal Physics.* New York: McGraw-Hill.

E. Beweise für die Theoreme der ewigen Wiederkehr und das Theorem der Nichtwiederkehr

In diesem Abschnitt werde ich Beweise für drei Theoreme der ewigen Wiederkehr geben: das Poincarésche Wiederkehrtheorem, das Wiederkehrtheorem der endlichen Markowschen Kette und schließlich das Wiederkehrtheorem der Quantenmechanik – oder, genauer, das fastperiodische Quantentheorem. Im Anschluß daran werde ich das allgemeine relativistische Theorem der Nichtwiederkehr beweisen. In meiner Beweisführung des Poincaréschen Wiederkehrtheorems folge ich derjenigen von Arnold. Sie verlangt Kenntnisse der klassischen Mechanik auf dem Niveau des *wunderschönen* Lehrbuches von Landau und Lifschitz. Den Beweis des Wiederkehrtheorems der Markowschen Kette führe ich in Anlehnung an jenen von Shiryayev; dafür sind Kenntnisse über die Grundlagen der Wahrscheinlichkeitstheorie erforderlich. Das Wiederkehrtheorem der Quantenmechanik dagegen verlangt zum Verständnis einige grundlegende Kenntnisse der nichtrelativistischen Quantenmechanik. Hierzu empfehle ich die Lehrbücher von Peebles und Merzbacher. Der Beweis des Theorems der Nichtwiederkehr ist mathematisch am anspruchsvollsten, und zu seinem Verständnis benötigt der Leser Kenntnisse der globalen Methoden der allgemeinen Relativitätstheorie. Die beste *kurze* Einführung in diese Methoden findet man in Kapitel 34 des Buches von Misner, Thorne und Wheeler. Die verständlichste Diskussion dieser Methoden liefern die Abhandlungen von Hawking und Ellis sowie von Tipler. Penrose hat ein Vorlesungsskript verfaßt, das vom Niveau her zwischen Misner et al. und den Abhandlungen liegt.

1. Das Poincarésche Wiederkehrtheorem

Lassen Sie uns den Beweis von Poincarés Wiederkehrtheorem mit einem kurzen Beweis des Liouvilleschen Satzes beginnen. Es soll $d\Gamma = dq_1 ... dq_N \, dp_1 ... dp_N$ sein, wobei N die Anzahl der Koordinaten q_i im Konfigurationsraum ist und p_i die dazugehörigen konjugierten Impulse. Wir möchten beweisen, daß $\int d\Gamma$ zeitlich konstant ist, wobei sich das Integral über ein Anfangsgebiet im Phasenraum erstreckt. Damit soll zuerst gezeigt werden, daß für den Fall des Übergangs der q_i, p_i's mittels einer kanonischen Transformation in Q_i, P_i's das Phasenraumvolumen unverändert bleibt – wir zeigen also, daß $\int \ldots \int dq_1 \ldots dq_N \, dp_1 \ldots dp_N = \int \ldots \int dQ_I \ldots dQ_N \, dP_1 \ldots dP_N$, um dann zu zeigen, daß die zeitliche Entwicklung der Koordinaten $q_i(t)$, $p_i(t)$ als eine kanonische Transformation betrachtet werden kann. Beachten Sie, daß eine »kanonische Transformation« eine Transformation $(q_i, p_i) \rightarrow (Q_i, P_i)$ der Koordinaten im Phasenraum ist, die die Hamilton-Gleichungen $\dot{p}_i = -\partial H/\partial q_i$ und $\dot{q}_i = \partial H/\partial p_i$ unverändert läßt, wobei H die Hamilton-Funktion ist und der Punkt die zeitliche Ableitung kennzeichnet.

Für jede Koordinatentransformation in einem Produkt von Integralen haben wir

$$\int \ldots \int dQ_1 \ldots dQ_N = \int \ldots \int J dq_1 \ldots dq_N$$

wobei

$$J \equiv \frac{\partial(Q_1, \ldots, Q_N, P_1, \ldots, P_N)}{\partial(q_1, \ldots, q_N, p_1, \ldots, p_N)}$$

die Jakobi-Determinante der Transformation ist. Eine »verallgemeinerte Kettenregel« kann auf die Jacobi-Determinante angewendet werden, indem man Zähler und Nenner durch $\partial(q_1, \ldots, q_N, P_1, \ldots, P_N)$ »teilt«, und wir erhalten als Ergebnis:

$$J = \frac{\partial(Q_1, \ldots, Q_N, P_1, \ldots, P_N)}{\partial(q_1, \ldots, q_N, P_1, \ldots, P_N)} \Bigg/ \frac{\partial(q_1, \ldots, q_N, p_1, \ldots, p_N)}{\partial(q_1, \ldots, q_N, P_1, \ldots, P_N)}$$

In diesem Ausdruck stehen die P_i's in beiden partiellen Ableitungen der Jacobi-Determinante im Zähler und die q_i's im Nenner. Wenn dies geschieht, können die sich wiederholenden Größen als konstant betrachtet werden, wenn die Ableitungen ausgeführt werden. Die Jacobi-Determinante kann also auch folgendermaßen geschrieben werden

$$J = \left[\frac{\partial(Q_1, \ldots, Q_N)}{\partial(q_1, \ldots, q_N)}\right]_{P = konstant} \Bigg/ \left[\frac{\partial(p_1, \ldots, p_N)}{\partial(P_1, \ldots, P_N)}\right]_{q = konstant}$$

Der Zähler der Jacobi-Determinante ist eine Determinante mit dem Element $\partial Q_i/\partial q_j$ in der $i$ten Zeile und der $j$ten Spalte. Der Nenner der Jacobi-Determinante ist eine Determinante mit dem Element $\partial p_i/\partial P_j$ in der $i$ten Zeile und der $j$ten Spalte. Wenn nun die erzeugende Funktion der kanonischen Transformation eine Funktion $F(q,P,t)$ der Variablen (q,P) ist, dann kann – vorausgesetzt die Hamilton-Funktion ist zeitunabhängig (was bedeutet, daß die Energie erhalten bleibt) – gezeigt werden, daß

$$p_i = \frac{\partial F}{\partial q_i}, \quad Q_i = \frac{\partial F}{\partial P_i}$$

Dies wiederum bedeutet, daß wir in der obigen Jacobi-Determinante $\partial Q_i/\partial q_j = \partial^2 F/\partial q_j \partial P_i$ und auch $\partial p_i/\partial P_j = \partial^2 F/\partial q_i \partial P_j$ haben. Folglich unterscheiden sich die beiden Determinanten, die die Jacobi-Determinante J bilden, voneinander nur durch den Austausch der Zeilen und Spalten; sie sind also gleich. Das bedeutet, $J = 1$ und das Phasenraumintegral somit bei einer kanonischen Transformation invariant.

Die Werte der Variablen $(q_i(t + \Delta t),\ p_i(t + \Delta t))$ zu der Zeit $t + \Delta t$ sind Funktionen derselben Variablen zu einem früheren Zeitpunkt t und des Zeitintervalls Δt:

$$q_i(t + \Delta t) = q_i(q_1(t), \ldots, q_N(t); p_1(t), \ldots, p_N(t), \Delta t)$$

$$p_i(t + \Delta t) = p_i(q_1(t), \ldots, q_N(t); p_1(t), \ldots, p_N(t), \Delta t)$$

Die Änderung der Wirkung S längs des Wegs im Konfigurationsraum von der Zeit t zu der Zeit $t + \Delta t$ ist nun $dS = \Sigma_{i=1}^{N}[p_i(t + \Delta t)\, dq_i(t + \Delta t) - p_i(t) dq_i(t)]$. Aber wenn die Energie entlang des Wegs erhalten bleibt (was wiederum bedeutet, daß die Hamilton-Funktion unverändert bleibt), ist das Differential der erzeugenden Funktion $G = G(q_i, Q_i, t)$ einer kanonischen Transformation

$$dG = \sum_{i=1}^{N} [p_i dq_i - P_i dQ_i]$$

Das bedeutet, die zeitliche Entwicklung eines energieerhaltenden Systems kann als eine kanonische Transformation mit der erzeugenden Funktion $-S$ betrachtet werden. Da das Phasenraumvolumen bei einer kanonischen Transformation invariant bleibt und die zeitliche Entwicklung eines energieerhaltenden Systems als eine kanonische Transformation betrachtet werden kann, gilt $\int d\Gamma$ = konstant. Das beweist den Liouvilleschen Satz.

Poincarés Wiederkehrtheorem ist eine triviale Konsequenz aus dem Liouvilleschen Satz.

POINCARÉS WIEDERKEHRTHEOREM: Es sei f eine volumenerhaltende stetige eindeutige Abbildung von einem endlichen und begrenzten Gebiet V eines Phasenraums auf sich selbst: $fV = V$. Dann existiert in jeder beliebigen Umgebung U eines jeden Punktes von V ein Punkt $x \in U$, der wieder auf U abgebildet wird; das heißt $f^n x \in U$ für ein $n > 0$.

Beweis: Wenden wir die Abbildung f mehrmals auf die Umgebung U an:

$$U, fU, f^2U, \ldots, f^nU, \ldots$$

Da f volumenerhaltend ist, müssen alle Einzelglieder dieser Folge das gleiche Volumen haben. Wenn sie sich nie schneiden würden, hätte V ein unendliches Volumen. Daher müssen wir für $i \geq 0, j \geq 0$ und $i > j$ folgendes erhalten

$$f^iU \cap f^jU \neq 0$$

Dies schließt $f^{i-j}U \cap U \neq 0$ ein. f^{i-j} sei gleich y. Dann gilt $x \in U$ und $f^{i-j}x \in U$, so daß der Beweis, wenn man $n = i-j$ setzt, abgeschlossen ist.

2. *Das Wiederkehrtheorem der endlichen Markowschen Kette*

Eine *Markowsche Kette* ist ein Verfahren, bei dem die Wahrscheinlichkeit des Übergangs von einem bestimmten Zustand in den nächsten allein vom gegenwärtigen Zustand abhängt. Daher wird die Wahrscheinlichkeit für den Übergang vom Zustand i in Zustand j mit p_{ij} ausgedrückt. Die Gesamtheit all dieser *Übergangswahr-*

scheinlichkeiten bildet eine Matrix $\| p_{ij} \|$, und diese Matrix definiert die Markowsche Kette. Wenn es nur eine endliche Anzahl von Zuständen gibt, haben wir eine *endliche Markowsche Kette*. $p_{ij}^{(n)}$ sei die Wahrscheinlichkeit, mit der die Kette vom Zustand i in den Zustand j in n Schritten übergeht, $f_{ij}^{(k)}$ die Wahrscheinlichkeit, mit der der Zustand j vom Zustand i in k Schritten zum erstenmal erreicht wird, und $f_{ij}^{(k)}$ die Wahrscheinlichkeit, mit der die erste Rückkehr in den Zustand i in k Schritten erfolgt. Dann ergibt sich, daß

$$p_{ij}^{(k+l)} = \sum_{m} p_{im}^{(k)} \, p_{mj}^{(l)}$$

die als *Chapman-Kolmogorow-Gleichung* bezeichnet wird, und auch

$$p_{ij}^{(n)} = \sum_{k=1}^{n} f_{ij}^{(k)} \, p_{ij}^{(n-k)} \qquad (E.1)$$

Die Wahrscheinlichkeit f_{ii}, mit der ein System, das den Zustand i verläßt, letztendlich wieder in den gleichen Zustand i zurückkehren wird, ist gegeben durch

$$f_{ii} = \sum_{n=1}^{\infty} f_{ii}^{(n)}$$

Ein Zustand i wird als *wiederkehrend* bezeichnet, wenn

$$f_{ii} = 1$$

und als *nichtwiederkehrend*, wenn

$$f_{ii} < 1$$

Ein Zustand wird *unwesentlich* genannt, wenn es möglich ist, aus ihm nach nur einer endlichen Anzahl von Schritten zu entkommen. Ein Zustand, für den das nicht gilt, wird *wesentlich* genannt. Wenn die Anzahl der Schritte gegen unendlich geht, nähert sich offensichtlich auch die Wahrscheinlichkeit, mit der das System in eine Teilmenge von wesentlichen Zuständen übergeht, der Zahl 1, so daß ich im folgenden (wie Nietzsche!) annehmen werde, daß das System wesentlich ist.

Ist ein Zustand wiederkehrend, dann ist seine *durchschnittliche Rückkehrzeit*, μ_i, vom Zustand i und zurück

$$\mu_i = \sum_{n=1}^{\infty} n f_{ii}^{(n)}$$

Diese durchschnittliche Rückkehrzeit kann sowohl endlich als auch unendlich sein. Ist letzteres der Fall, wird der Zustand mit *null* bezeichnet, da hier $\mu_i^{-1} = 0$ gilt. Trifft die erste Möglichkeit zu, wird der Zustand *positiv* genannt, da in diesem Fall $\mu_i^{1} > 0$ ist.

Für den Beweis des endlichen Markowschen Wiederkehrtheorems brauchen wir zwei Lemmas:

Lemma 1: Der Zustand i ist dann und nur dann wiederkehrend, wenn

$$\sum_{n=1}^{\infty} p_{ii}^{(n)} = \infty \qquad (E.2)$$

Außerdem gilt, wenn der Zustand j wiederkehrend ist und zwischen dem Zustand j und dem Zustand i Übergänge in beiden Richtungen möglich sind – dies wird mit $i \leftrightarrow j$ gekennzeichnet –, dann ist auch der Zustand i wiederkehrend.

Beweis: Zuerst zeigen wir, daß die Wiederkehr die Gleichung (E.2) enthält. Aus der Gleichung (E.1) erhalten wir

$$p_{ii}^{(n)} = \sum_{k=1}^{n} f_{ii}^{(k)} p_{ii}^{(n-k)},$$

woraus, unter Verwendung von $p_{ii}^{(0)} = 1$, folgt

$$\sum_{n=1}^{\infty} p_{ii}^{(n)} = \sum_{n=1}^{\infty} \sum_{k=1}^{n} f_{ii}^{k} p_{ii}^{(n-k)} = \sum_{k=1}^{\infty} f_{ii}^{(k)} \sum_{n=k}^{\infty} p_{ii}^{(n-k)}$$

$$= f_{ii} \sum_{n=0}^{\infty} p_{ii}^{(n)} = f_{ii}\left(1 + \sum_{n=1}^{\infty} p_{ii}^{(n)}\right)$$

Wenn also $\Sigma_{n=1}^{\infty} p_{ii}^{(n)} < \infty$ wäre, erhielten wir $f_{ii} < 1$, doch wäre das ein Widerspruch. Daher enthält die Wiederkehr die Gleichung (E.2). Um die Umkehrung zu beweisen, benutzen wir

$$\sum_{n=1}^{N} p_{ii}^{(n)} = \sum_{n=1}^{N} \sum_{k=1}^{n} f_{ii}^{(k)} p_{ii}^{(n-k)} = \sum_{k=1}^{N} f_{ii}^{(k)} \sum_{n=k}^{N} p_{ii}^{(n-k)} \leq \sum_{k=1}^{N} f_{ii}^{(k)} \sum_{m=0}^{N} p_{ii}^{(m)}$$

Daraus folgt, daß

$$f_{ii} = \sum_{k=1}^{\infty} f_{ii}^{(k)} \geq \sum_{k=1}^{N} f_{ii}^{(k)} \geq \frac{\sum_{n=1}^{N} p_{ii}^{(n)}}{\sum_{m=0}^{N} p_{ii}^{(m)}}$$

Der letzte Term nähert sich 1 für $N \to \infty$. Daher erhalten wir, wenn (E.2) gilt, $f_{ii} = 1$, was per definitionem bedeutet, daß der Zustand wiederkehrend ist.

Lassen Sie uns nun beweisen, daß, wenn der Zustand j wiederkehrend ist und $i \leftrightarrow j$ gilt, der Zustand i ebenfalls wiederkehrend ist. Die Tatsache $i \leftrightarrow j$ bedeutet, daß $p_{ij}^{(r)} > 0$ und $p_{ij}^{(s)}$ für ein r, s. Wir erhalten auch

$$p_{ii}^{(n+r+s)} \geq p_{ij}^{(r)} p_{jj}^{(n)} p_{ji}^{(s)}$$

so daß aus $\Sigma_{n=1}^{\infty} p_{ii}^{(n)} = \infty$ folgt, daß $\Sigma_{n=1}^{\infty} p_{jj}^{(n)} = \infty$, was wiederum bedeutet, daß der Zustand i ebenfalls wiederkehrend ist.

Mit Hilfe von Lemma 1 können wir jetzt Lemma 2 beweisen.

Lemma 2: Wenn der Zustand i nichtwiederkehrend ist, dann gilt

$$\sum_{n=1}^{\infty} p_{ji}^{(n)} < \infty \qquad (E.3)$$

für jeden Zustand j und demnach

$$p_{ji}^{(n)} \to 0, n \to 0 \qquad (E.4)$$

Beweis: Aus der Gleichung (E.1), Lemma 1 und der Tatsache, daß $f_{ij} = \Sigma_{k=1}^{\infty} f_{ij}^{(k)} \leq 1$, erhalten wir

$$\sum_{n=1}^{\infty} p_{ij}^{(n)} = \sum_{n=1}^{\infty} \sum_{k=1}^{n} f_{ij}^{(k)} p_{jj}^{(n-k)} = \sum_{k=1}^{\infty} f_{ij}^{(k)} \sum_{n=0}^{\infty} p_{jj}^{(n)}$$

$$= f_{ij} \sum_{n=0}^{\infty} p_{ij}^{(n)} \leq \sum_{n=0}^{\infty} p_{jj}^{(n)} < \infty$$

was genau (E.3) entspricht, und (E.3) kann nur gelten, wenn (E.4) gilt. Damit ist der Beweis von Lemma 2 abgeschlossen. Wir können jetzt das Wiederkehrtheorem der endlichen Markowschen Kette beweisen.

DAS WIEDERKEHRTHEOREM DER ENDLICHEN MARKOWSCHEN KETTE: Eine endliche Markowsche Kette sei unzerlegbar (das heißt $i \leftrightarrow j$ gilt für alle Zustände i und j in der Kette). Dann sind alle Zustände wiederkehrend, und darüber hinaus ist die Wahrscheinlichkeit, daß das System, ausgehend von einem beliebigen Zustand i, einen anderen beliebigen Zustand j des Systems unendlich oft annimmt, eins: $f_{ij}^{\infty} = 1$.

Beweis: Der Zustandsraum der endlichen Markowschen Kette sei $S = \{1, 2, \ldots, s\}$. Die Übergangsmatrix $\| p_{ij} \|$ ist eine *stochastische Matrix*; das bedeutet, ihre Elemente sind nicht negativ und die Summe der Elemente einer Zeile ergibt eins: $\Sigma_{j=1}^{s} p_{ij} = 1$. Daher gilt $\Sigma_{j=1}^{s} p_{ij}^{(n)} = 1$ für alle n, und wenn wir annehmen, daß alle Zustände nichtwiederkehrend sind, erhalten wir

$$1 = \lim_{n\to\infty} \sum_{j=1}^{s} p_{ij}^{(n)} = \sum_{j=1}^{s} \lim_{n\to\infty} p_{ij}^{(n)} = 0 \qquad (E.5)$$

wobei der letzte Grenzübergang aus Lemma 2 folgt. Der Widerspruch zeigt, daß nicht alle Zustände nichtwiederkehrend sein können. Nehmen wir j_0 als einen der wiederkehrenden Zustände an und i als einen beliebigen anderen Zustand. Da nach dieser Voraussetzung $j_0 \leftrightarrow i$ gilt, zeigt Lemma 1, daß i ebenfalls wiederkehrend ist. Folglich sind alle Zustände wiederkehrend.

Wenn das System einmal zu dem Zustand i zurückkehrt, muß es mit der Wahrscheinlichkeit eins wieder zu demselben Zustand zurückkommen, da die Vergangenheit für eine Markowsche Kette irrel evant ist. Durch Wiederholung dieser Argumentation sehen wir, daß die Wahrscheinlichkeit, mit der das System unendlich oft in jeden Zustand i zurückkehrt, eins ist: $f_{ij}^{\infty} = 1$. Damit ist der Beweis für das Theorem abgeschlossen.

Man kann ebenfalls zeigen, daß für unzerlegbare endliche Markowsche Ketten alle Zustände positiv sind, das heißt, daß die durchschnittliche Wiederkehrzeit endlich ist. Jetzt läßt sich einfach zeigen, daß eine endliche Markowsche Kette mindestens einen positiven Zustand hat, da die Annahme, alle Zustände seien null, wieder zu dem Widerspruch (E.5) führt. Da der Beweis dafür, daß alle Zustände positiv sind, mehr Platz beansprucht, als mir hier zur Verfügung steht, sei der interessierte Leser auf das Buch von Shiryayev verwiesen.

Wenn der Zustand i einer unzerlegbaren endlichen Markowschen Kette *aperiodisch* ist (was bedeutet, daß es möglich ist, im Zustand i zu bleiben), kann man zeigen

$$p_{ij}^{(n)} \to \frac{1}{\mu_i}, \quad n \to \infty$$

und wenn die Markowsche Kette die Periode T hat, dann gilt

$$p_{ii}^{(nT)} \to \frac{T}{\mu_i}, \quad n \to \infty$$

Die Größen $p_{ii}^{(n)}$ können mit der Chapman-Kolmogorow-Gleichung berechnet werden; somit ist es möglich, die durchschnittliche Wiederkehrzeit für Markowsche Ketten zu berechnen.

Wiederkehr in unendlichen Markowschen Ketten ist möglich. Eine *einfache Irrfahrt* zum Beispiel ist eine Markowsche Kette in einem unendlichen Zustandsraum $S = \{0, \pm 1, \pm 2, \ldots\}$, in dem das System ein Teilchen ist, das sich bei jedem Schritt mit der Wahrscheinlichkeit p eine Einheit nach rechts bewegt und mit der Wahrscheinlichkeit q eine Einheit nach links, so daß sich $p + q = 1$ ergibt. Die Übergangswahrscheinlichkeiten sind demnach

$$p_{ij} = \begin{cases} p, & \text{wenn } j = i + 1 \\ q, & \text{wenn } j = i - 1 \\ 0, & \text{sonst.} \end{cases}$$

Da für jeden Zustand i gilt, daß das Teilchen nur nach einer geraden Anzahl von Schritten zurückkehren kann (das heißt, die *Periode* ist 2), haben wir

$$p_{ii}^{(2n)} = \frac{(2n)!}{(n!)^2}(pq)^n \approx \frac{(4pq)^n}{\sqrt{\pi n}}$$

wobei im letzten Schritt Stirlings Formel benutzt wird. Folglich gilt $\Sigma_{n=1}^{\infty} p_{ii}^{(2n)} = \infty$ für $p = q$ und andernfalls $\Sigma_{n=1}^{\infty} p_{ii}^{(2n)} < \infty$, so daß die einfache Irrfahrt für $p = q = 1/2$ wiederkehrend ist und für $p \neq q$ nichtwiederkehrend. Eine kleine Rechnung zeigt uns, wenn $p = q = 1/2$ gilt, dann ergibt sich $f_{ii}^{(2n)} \approx 1/(2\sqrt{\pi}n^{3/2})$, so daß $\mu_i = \Sigma_{n=1}^{\infty}(2n) f_{ii}^{(2n)} = \infty$. Deshalb sind alle Zustände wiederkehrend, wenn $p = q = 1/2$ und kehren gemäß der obigen Diskussion auch wirklich mit der Wahrscheinlichkeit 1 unendlich oft wieder, aber die durchschnittliche Wiederkehrzeit ist unendlich.

Jetzt möchte ich zeigen, daß die Wellenfunktion und die Erwartungswerte aller beschränkten Operatoren fastperiodische Funktionen der Zeit sind. Fangen wir mit zwei Definitionen an:

Eine Menge reeller Zahlen S heißt *relativ dicht*, wenn es eine Zahl $L < \infty$ gibt, so daß jedes Intervall der Länge L auf der reellen Achse mindestens ein Element der Menge S enthält.

Eine *fastperiodische Funktion* $f(t)$ ist eine stetige und beschränkte Funktion, für die gilt, daß für jedes $\varepsilon > 0$ eine relativ dichte Menge $\{T_\varepsilon\}$ mit $|f(t + T_\varepsilon) - f(t)| < \varepsilon$ für *alle* Zeiten t und für jedes T_ε aus der Menge existiert.

Bedenken Sie auch, daß die natürliche Norm, die man für die Wellenfunktion eines begrenzten Quantensystems benutzt, $\| \psi(t) \| \equiv \int |\psi(x, t)|^2 d^3x$ ist. Die Norm für Operatoren $\hat{O}$ ist $\| \hat{O} \| \equiv \int |\psi^* \hat{O} \psi|^2 d^3x \,/\, \| \psi \|$. Ein *beschränkter Operator* ist ein Operator, für den diese Norm für jedes zulässige ψ beschränkt ist. Wir werden den Hamilton-Operator als $\hat{H}(t) = \hat{H}_0 + \hat{V}(t)$ ausdrücken. Jetzt können wir das

WIEDERKEHRTHEOREM DER QUANTENMECHANIK formulieren: Wenn die folgenden vier Bedingungen gelten:

(1) $\hat{H}_0$ ist begrenzt, selbstadjungiert, zeitunabhängig und hat ein diskretes Spektrum,
(2) das Potential $\hat{V}(t) = \hat{V}(t + T)$ für eine Periode T,
(3) $\hat{V}(t)$ ist selbstadjungiert und beschränkt, und
(4) ψ hat kompakte Träger mit $\| \psi \| < \infty$,

dann sind die Norm der Wellenfunktion ψ und die Erwartungswerte aller begrenzten Operatoren fastperiodische Funktionen der Zeit.

Die dem Beweis zugrundeliegende Idee ist sehr einfach. »Kompakte Träger« bedeutet lediglich, daß die Wellenfunktion nur für einen endlichen Bereich der räumlichen Koordinaten ungleich null ist. Daher muß das Spektrum des Hamilton-Operators $\hat{H}_0$ diskret sein: Die Energien können nicht kontinuierlich variieren, sondern nur diskrete Werte $\{E_1, E_2, \ldots, E_i, \ldots\}$ annehmen. Da der Hamilton-Operator $\hat{H}_0$ selbstadjungiert ist, kann jede beliebige Funktion – insbesondere die Wellenfunktion – in eine Potenzreihe ihrer Eigenfunktionen entwickelt werden. Da diese Eigenfunktionen alle von der Form $e^{iE_it/\hbar}$ sind, ist jede Eigenfunktion periodisch in der Zeit. Die Einschränkung des Hamilton-Operators bedeutet, daß eine Messung der Systemenergie keine beliebig große Energie ergeben kann, was wiederum bedeutet, daß das obige Spektrum von diskreten Energiewerten endlich ist. Daher hat die Reihenentwicklung der Wellenfunktion nur eine endliche Anzahl von Termen. Jede Funktion, die als eine endliche Summe von periodischen Funktionen ausgedrückt werden kann, ist fastperiodisch. Da die Erwartungswerte für jeden beschränkten Operator auch als eine entsprechende Summe von Energieeigenfunktionen ausgedrückt werden können, sind auch die Erwartungswerte fastperiodisch.

Nun wollen wir diesen Beweis präzisieren (und gleichzeitig die technischen Feinheiten, die aus der Zeitabhängigkeit des Potentials herrühren, berücksichtigen). Ich werde dem Beweis von Hogg und Huberman (1983) folgen. Ältere Beweisführungen stammen von Bocchieri und Loinger (1957) sowie von Percival (1961).

Beweis: Die Wellenfunktion $\psi(x,t)$ der vollständigen zeitabhängigen Schrödinger-Gleichung kann in die Eigenzustände der vollständigen orthonormalen Menge der Eigenzustände $\{u_m(x)\}$ von $\hat{H}_0$ erweitert werden, da $\hat{H}_0$ selbstadjungiert ist. Wir haben $\psi(x,t) = \Sigma_{m=1}^{\infty} a_m(t)u_m(x)$ mit den Koeffizienten $a_m(t)$, die einen Vektor $a(t)$ bilden, der $i\hbar\, \dot{a}(t) = \hat{\mathrm{H}}(t)a(t)$ erfüllt. Wir haben auch

$$\| \psi(t+\tau) - \psi(t) \|^2 = | a(t+\tau) - a(t) |^2 \qquad (E.6)$$

Da $\hat{\mathrm{H}}(t) = \hat{\mathrm{H}}(t+T)$, erfüllt die Wellenfunktion das Floquet-Theorem, das bedeutet, daß der Vektor $a(t)$ von der Form

$$a(t) = \sum_{k=1}^{\infty} \alpha_k \exp(iE_k t/\hbar)\Phi_k(t) \qquad (E.7)$$

ist, wobei $\Phi_k(t+T) = \Phi(t)$ und $\Phi_k^{\dagger}(t)\Phi_{k'}(t) = \delta_{kk'}$ für alle t. (Beachten Sie, daß (E.7) die Standardentwicklung der Wellenfunktion ist, wenn $\hat{\mathrm{H}}$ zeitunabhängig ist.) Die Menge $\{E_k\}$ wird das *Quasi-Energiespektrum* genannt. Für $\alpha_k = r_k e^{i\phi_k}$, wobei r_k und ϕ_k reelle Zahlen sind, folgt aus der Gleichung (E .7)

$$| a(t+NT) - a(t) |^2 = 2\sum_{k=1}^{\infty} r_k^2 \left[1 - \cos\frac{E_k NT}{\hbar}\right] \qquad (E.8)$$

für jedes ganzzahlige N. Die Bedingung (4) erlaubt uns, die Wellenfunktion zu normieren, so daß wir $\Sigma_{k=1}^{\infty} r_k^2 = |a(t)|^2 = \| \psi(t) \|^2 = 1$ erhalten, was wiederum bedeutet, daß für $\varepsilon > 0$ ein ganzzahliges n (das von ε abhängt) existiert, so daß $\Sigma_{k=n+1}^{\infty} < \varepsilon/8$. Dadurch bekommen wir die Ungleichung

$$\sum_{k=n+1}^{\infty} r_k^2 \left[1 - \cos \frac{E_k NT}{\hbar} \right] \leq 2 \sum_{k=n+1}^{\infty} r_k^2 < \frac{\varepsilon}{4} \qquad (E.9)$$

Betrachten wir jetzt die nichtnegative Funktion $f(x) = \Sigma_{k=1}^{n} [1 - \cos (E_k xT/\hbar)]$. Nach der Voraussetzung (3) sind die Eigenwerte E_k diskret, so daß $f(x)$ eine endliche Summe periodischer Funktionen ist. Ein Standardtheorem für eine solche Summe (vgl. Besicovich 1932) besagt, daß für jedes positive δ die Menge der ganzen Zahlen $\{N_\delta\}$ mit $|f(x + N_\delta) - f(x)| < \delta$ relativ dicht ist. Insbesondere für $\delta = \varepsilon/4$ gibt es eine relativ dichte Menge von ganzen Zahlen $\{N\}$ derart, daß $f(N) < \varepsilon/4$ gilt, und da für alle k, $r_k \leq 1$ gilt, haben wir $\Sigma_{k=1}^{n} r_k^2 [1 - \cos(E_k NT/\hbar)] < \varepsilon/4$. Verbinden wir diese Ungleichung mit (E.6), (E.8) und (E.9), erhalten wir schließlich

$$\| \psi(t + NT) - \psi(t) \|^2 < \varepsilon$$

für alle Zeiten und für eine relativ dichte Zeitmenge $\{NT\}$. Folglich ist die Wellenfunktion fastperiodisch.

Lassen Sie mich nun den Beweis dafür, daß der Erwartungswert des Hamilton-Operators $\hat{H}(t)$ fastperiodisch ist, skizzieren. Um zu zeigen, daß die Erwartungswerte von jedem anderen beschränkten Operator ebenfalls fastperiodisch sind, kann man sich des gleichen Verfahrens bedienen.

Der Erwartungswert des Hamilton-Operators $\hat{H}$ ist die Energie $E(t) : \langle \psi | \hat{H} | \psi \rangle = a^\dagger \hat{H}_0 a + a^\dagger \hat{V} a = E(t)$. Wir haben im besonderen

$$a^\dagger \hat{H}_0 a = \sum_{i=1}^{\infty} E_i |a_i(t)|^2 \qquad (E.10)$$

wobei E_i ein Eigenwert von $\hat{H}_0$ ist. Da $\hat{H}_0$ laut Voraussetzung ein beschränkter Operator ist, können wir für jedes $\varepsilon > 0$ eine ganze Zahl N_ε finden, die unabhängig von t ist und für die $\Sigma_{i=N_\varepsilon+1}^{\infty} E_i |a_i(t)|^2 < \varepsilon/4$ gilt. Der Rest von (E.10) ist eine endliche Summe von fastperiodischen Funktionen und daher selbst fastperiodisch. Es gibt folglich eine relativ dichte Menge $\{T_\varepsilon\}$ derart, daß

$$\sum_{i=1}^{N} \varepsilon \,|E_i|\, \big|\,|a_i(t + T_\varepsilon)|^2 - |a_i(t)|^2\big| < \varepsilon/2$$

für alle t. Für die Menge $\{N_\varepsilon\}$ impliziert das, daß $|a^\dagger H_0\, a(t + T_\varepsilon) - a^\dagger H_0\, a(t)|$ kleiner als ε für alle t ist, so daß der Erwartungswert des Operators $\hat{H}_0$ fastperiodisch ist. Das gleiche kann in ähnlicher Weise für den Operator $\hat{V}(t)$ bewiesen werden. Damit ist der Beweis des Wiederkehrtheorems der Quantenmechanik abgeschlossen.

4. Das Theorem der Nichtwiederkehr in der allgemeinen Relativitätstheorie

Ich werde jetzt beweisen, daß zwei Zustände eines allgemein geschlossenen Universums, die den Einstein-Gleichungen mit anziehender Schwerkraft unterliegen, nicht identisch oder auch nur beliebig nah sein können. Ich verwende hier dieselbe Beweisführung, die ich vor einem Jahrzehnt in der Fachliteratur veröffentlicht habe (Tipler 1979 und 1980). Mittlerweile hat Galloway (1984) einen sehr schönen alternativen Beweis veröffentlicht.

Die Idee der »Nähe« wird präzisiert, wenn man die Menge aller Anfangsdaten als einen *Solobov-Raum* W^s betrachtet. Wenn die Raumzeit global hyperbolisch ist, ist gemäß dem Theorem von Geroch die globale Topologie (M,g) der Raumzeit S x R, wobei S eine raumartige Hyperfläche ist. Per definitionem ist von einem *geschlossenen Universum* die Rede, wenn S für das Universum kompakt ist. Wir wählen eine positiv definite Metrik e_{ab} in M und definieren eine Norm in W^s durch

$$\|K^I_J\|_m \equiv \left[\sum_{p=0}^{m} \int_S (|D^P K^I_J|)^2 \, d\sigma\right]^{1/2}, \qquad (E.11)$$

$$\|h,\chi\| \equiv \|h\| + \|\chi\|,$$

wobei $d\sigma$ das in S durch e_{ab} erzeugte Volumenelement ist, D^P die verallgemeinerte $p$te kovariante Ableitung hinsichtlich einer gewählten Hintergrundmetrik $\bar{g}_{ab}$, $|\ |$, die von e_{ab} (die Metrik e_{ab} wird normalerweise als invariant in der R-Richtung angenommen) erzeugte

Norm und K^I_J, h, χ sind beliebige Tensoren. Zwei Tensoren werden »nah« genannt, wenn sie in der Norm (E.11) nahe sind.

Man muß ebenfalls sicherstellen, daß die Anfangsdaten der anderen Cauchy-Fläche, die mit den Anfangsdaten der vorgegebenen Cauchy-Fläche verglichen werden, denen der gegebenen Cauchy-Fläche nicht willkürlich nahe sind. Es liegt auf der Hand, daß die Anfangsdaten einer solchen späteren Cauchy-Fläche, die in beliebiger Nähe zu der vorgegebenen Cauchy-Fläche liegt, ebenfalls beliebig nah wären. Um diese Schwierigkeit auszuschließen, werden wir nur Cauchy-Flächen betrachten, die sich *außerhalb* einer für die gegebenen Cauchy-Flächen festgelegten Umgebung U befinden.

Um zu beweisen, daß die Anfangsdaten nicht beliebig nah zurückkehren können, ist eine Annahme über die zeitliche Entwicklung der Materiefelder erforderlich. Die Standardannahmen sind, daß das Anfangswertproblem gut gestellt ist: Das heißt, die Entwicklung der Materiefelder ist zumindest lokal eindeutig und stabil. Diese beiden Bedingungen sind die Bedingungen (1) und (2) in dem unten folgenden Theorem. Ebenso unerläßlich ist die Annahme, daß die Kopplung zwischen den Einstein-Gleichungen nicht zu kompliziert ist. Dies ist Bedingung (3). Im folgenden sind die Tensoren h, χ jeweils die 3-Metrik in S und die äußere Krümmung von S hinsichtlich der einhüllenden Raumzeit (M, g).

DAS THEOREM DER NICHTWIEDERKEHR: Wenn sich eine Raumzeit (M, g), die eine kompakte Cauchy-Fläche enthält, eindeutig aus den Anfangsdaten auf irgendeiner ihrer Cauchy-Flächen entwickeln läßt und wenn diese Raumzeit sowohl die allgemeine als auch die zeitartige Konvergenzbedingung erfüllt, dann kann die Raumzeit nicht zeitperiodisch sein. Wenn zusätzlich die Einstein-Gleichungen gelten und in einer beliebigen Umgebung U einer jeden raumartigen Cauchy-Fläche S_i die Materiefelder ψ und ihre ersten Ableitungen ψ' folgende Bedingungen erfüllen :

(1) die Bedingung der lokalen eindeutigen Entwickelbarkeit,
(2) die Bedingung der lokalen Entwicklungsstabilität, und
(3) der Energieimpulstensor ein Polynom in den Materiefeldern, ihrer ersten Ableitungen und der Raumzeitmetrik ist,

dann existiert eine Zahl $\varepsilon_U > 0$ derart, daß

$$\|(h,\chi,\psi,\psi') - (h_i, \chi_i, \psi_i, \psi_i')\|_6 > \varepsilon_U$$

für die Anfangsdaten auf *jeder beliebigen* raumartigen Cauchy-Fläche S mit $U \cap S \neq 0$.

Beweis: Die Annahme des Gegenteils, nämlich daß die Raumzeit periodisch in der Zeit ist, impliziert gemäß der Bedingung der Entwicklungseindeutigkeit die Existenz einer Folge von Cauchy- Flächen

$$S(t_{-n}), \ldots, S(t_0), \ldots, S(t_n)$$

die alle die gleichen Anfangsdaten haben und bei denen $J^+(S(t_i)) \cap J^-(S(t_{i+1}))$ isometrisch zu $J^+(S(t_j)) \cap J^-(S(t_{j+1}))$ für alle i, j. Folglich kann die Raumzeit als eine Überdeckung für eine Raumzeit mit Topologie S x S^1 betrachtet werden. Hawking und Ellis haben gezeigt, daß eine zeitartige Kurve γ_{ij} von maximaler Länge zwischen zwei beliebigen isometrischen Cauchy-Flächen $S(t_i)$ und $S(t_j)$ existiert und daß γ_{ij} zu beiden orthogonal ist. Beachten Sie die Reihenfolge der Kurven

$$\gamma_{-1,1}, \gamma_{-2,2}, \ldots, \gamma_{-n,n}, \ldots.$$

Da $S(t_0)$ eine Cauchy-Fläche ist, schneidet jede dieser Kurven $S(t_0)$ an genau einem Punkt. Da $S(t_0)$ kompakt ist, hat die Folge eine Teilfolge, die gegen eine zeitartige Geodätische γ konvergiert. (Die Grenzkurve γ ist zeitartig, weil wir in dem Raum S x S^1 die Geodätische γ durch eine Folge von Vektoren senkrecht zu $S(t_0)$ definieren können – der Vektor am zukünftigen Endpunkt von γ_n und dort tangential zu γ_n. Diese Vektorenfolge hat eine Teilfolge, die gegen eine Senkrechte von $S(t_0)$ konvergiert, und alle konvergierenden Teilmengen konvergieren gegen $S(t_0)$.)

Die Geodätische γ ist für Vergangenheit und Zukunft vollständig. Um dies zu verstehen, zeigen wir zuerst, daß die Längen der geodätischen Strecken γ_n sowohl in Richtung der Vergangenheit als auch in die der Zukunft divergieren müssen, für $n \to \infty$. Da nun γ_n die geodätische Strecke mit der maximalen Länge zwischen $S(t_{-n})$ und $S(t_n)$ ist, und wenn γ_n gegen eine endliche Länge in einer der beiden Richtungen – beispielsweise in die der Zukunft – konvergieren würde, dann könnten wir eine kausale Kurve zwischen $S(t_{-n})$ und $S(t_n)$ mit einer größeren Länge als γ_n für hinreichend große n konstruieren, wie im folgenden gezeigt wird. Jede zeitartige Geodätische, die senkrecht zu $S(t_0)$ verläuft, schneidet alle $S(t_n)$ da sie allesamt Cauchy-Flächen sind. Definieren Sie eine zeitartige Kurve $\alpha_n(p)$ von einem beliebigen Punkt p in $S(t_0)$ aus, indem Sie die zu $S(t_0)$ senkrechte Geodätische bei p verlängern, bis sie $S(t_1)$ am Punkt p_1 erreicht, dann bewegen Sie sich entlang der zu $S(t_1)$ bei p_1 senkrechten Geodätischen, bis sie $S(t_2)$ erreicht, und so weiter, bis $S(t_n)$ erreicht ist Da $S(t_0)$ kompakt ist, ist die Länge einer Geodätischen von $S(t_0)$ nach $S(t_1)$ entlang einer zu $S(t_0)$ senkrechten Geodätischen durch eine Zahl L nach unten beschränkt. Folglich ist die Länge von $\alpha_n(p) \geq nL$, und wenn die Länge von γ_n für $n \to \infty$ nicht in die Zukunftsrichtung divergieren würde, könnten wir γ_n durch $[\gamma_n \cap J^-(S(t_0)] \cup [\alpha_n(p = \{\gamma_n \cap S(t_0)\})]$ ersetzen, um zwischen $S(t_{-n})$ und $S(t_n)$ eine kausale Kurve mit einer größeren Länge als γ_n für hinreichend große n zu erhalten. Dies ist jedoch unmöglich, zumal per definitionem γ_n die maximale Länge der Kurve zwischen diesen beiden Cauchy-Flächen ist. Durch die Stetigkeit der Länge entlang beliebig nahen stetigen geodätischen Segmenten impliziert diese Divergenz der Längen der γ_n-Segmente in beide Zeitrichtungen die geodätische Vollständigkeit von γ.

Da also γ geodätisch vollständig ist und da die allgemeine Bedingung sowie die zeitartige Konvergenzbedingung erfüllt sind, muß γ ein Paar konjugierter Punkte haben – nennen wir sie p und q (vgl. Hawking und Ellis zum Beweis der Existenz solcher Punkte). Hawking und Ellis haben gezeigt, daß die Lage des ersten konjugierten Punktes stetig mit der Geodätischen variiert; daher gibt es Punkte p_n,q_n auf γ_n, die konjugierte Punkte auf γ_n sind und die gegen p,q konvergieren. Falls n hinreichend groß ist, werden p_n, q_n in $J^+(S(t_{-n})) \cap J^-(S(t_n))$ liegen. Aber γ_n ist die kausale Kurve mit der maximalen Länge zwischen $S(t_{-n})$ und $S(t_n)$ und kann daher keine konjugierten Punkte in $J^+(S(t_{-n})) \cap J^-(S(t_n))$ haben, nachdem Hawking und Ellis gezeigt haben, daß entlang maximalen geodätischen Strecken ein Paar konjugierter Punkte nicht existieren kann. Dieser Widerspruch zeigt, daß zeitperiodische Raumzeiten nicht existieren.

Nun werde ich zeigen, daß es unmöglich ist, beliebig nahe an einen vorherigen Anfangszustand heranzukommen (mit Ausnahme natürlich in die Nähe der raumartigen Anfangs-Cauchy-Fläche selbst). Wenn es kein solches ε für ein S mit den Anfangsbedingungen (h,χ,ψ,ψ') gibt, dann wird eine Folge von Cauchy-Flächen S_n mit den Anfangsbedingungen $(h_n,\chi_n,\psi_n,\psi'_n)$ existieren, so daß $(h_n,\chi_n,\psi_n,\psi'_n) \rightarrow (h,\chi,\psi,\psi')$ für $n \rightarrow \infty$ mit $S_b \cap U$ leer für alle n. Wir können ohne Beschränkung der Allgemeingültigkeit annehmen, daß entweder $S_n \subset I^+(S)$ oder $S_n \subset I^-(S)$ für alle n gilt. Nehmen wir $S_n \subset I^+(S)$ an. Wegen der Bedingungen (1) bis (3) gilt das Cauchy-Stabilitätstheorem (bei Hawking und Ellis findet sich eine genaue Betrachtung sowie ein Beweis dieses Theorems), und dies bedeutet, daß es für hinreichend große n (sagen wir $(n > n_1)$) ein kompaktes vierdimensionales Gebiet V gibt, und zwar derart, daß die minimale Länge in V aller zeitartigen Geodätischen, die senkrecht zu S_n verlaufen, größer als eine von n unabhängige positive Zahl c ist, vorausgesetzt, $n > n_1$. Daraus folgt, daß wir eine unendliche Folge von Cauchy-Flächen $\tilde{S}_n$ in $I^+(S)$ finden können, derart, daß die minimale Länge von $\tilde{S}_{n-1}$ zu $\tilde{S}_n$ entlang der senkrecht zu $\tilde{S}_n$ zeitartigen Geodätischen größer ist als c, und derart, daß die Anfangsbedingungen für jedes $\tilde{S}_n$ beliebig nahe bei den Bedingungen für S liegen. (Wenn sich die S_n einem Grenzwert in (M,g) nähern, den wir $\tilde{S}$ nennen, dann folgt aus der Cauchy-Stabilität, daß es eine unendliche Folge solcher $\tilde{S}$ geben muß, und diese Folge ergibt die $\tilde{S}_n$. Wenn die S_n nicht gegen $\tilde{S}$ in (M,g) konvergieren, dann wird es eine Teilfolge der S_n geben, die die $\tilde{S}_n$ bildet. Wiederum durch die Cauchy-Stabilität wird es eine ähnliche Folge $\tilde{S}_{-n}$ in $I^-(S)$ geben. Mit diesen Folgen von Cauchy-Flächen, $\tilde{S}_n$ und $\tilde{S}_{-n}$, können wir fortfahren wie in dem zeitperiodischen Fall, um einen Widerspruch zu erhalten. Damit ist der Beweis für das Theorem der Nichtwiederkehr abgeschlossen.

Literatur

Arnold, Vladimir Igorevich 1980. *Mathematical Methods of Classical Mechanics.* Berlin: Springer-Verlag.

Besicovich, A.S. 1932. *Almost Periodic Functions.* Cambridge: Cambridge University Press.

Bocchieri, P. und Loinger, A. 1957. »Quantum Recurrence Theorem.« In: *Physical Review* 107, pp. 337–338.

Galloway, Gregory J. 1984. »Splitting Theorems for Spatially Closed Space-Times.« In: *Communications in Mathematical Physics* 96, pp. 423–429.

Hawking, Stephen W. und Ellis, George F.R. 1973. *The Large Scale Structure of Space-Time.* Cambridge: Cambridge University Press.

Hogg, T. und Huberman, B.A. 1983. »Quantum Dynamics and Nonintegrability.« In: *Physical Review* A28, pp. 22–31.
Landau, Lev D. und Lifschitz, E.M. 1960. *Mechanics*. Reading: Addison-Wesley (*Quantenmechanik*. Berlin: Akademie-Verlag 1979).
Merzbacher, Eugen 1970. *Quantum Mechanics*, zweite Ausgabe. New York: Wiley.
Misner, Charles W.; Thorne, Kip S.; Wheeler, John A. 1973. *Gravitation*. San Francisco: Freeman.
Peebles, P. James E. 1972. *Quantum Mechanics*. Princeton: Princeton University Press.
Penrose, Roger 1972. *Techniques of Differential Topology in Relativity*. Philadelphia: SIAM.
Percival, Ian C. 1961. »Almost Periodicity and the Quantal *H* Theorem.« In: *Journal of Mathematical Physics* 2, pp. 235–239.
Shiryayev, Albert Nikolaevich 1984. *Probability*. Berlin: Springer-Verlag.
Tipler, Frank J. 1979. »General Relativity, Thermodynamics and the Poincaré Cycle.« In: *Nature* 280, pp. 203–205.
Tipler, Frank J. 1980. »General Relativity and the Eternal Return«. In: *Essays in General Relativity: A Festschrift for Abraham H. Taub*, pp. 21–37. Hrsg. von Frank J. Tipler. New York: Academic Press.
Tipler, Frank J. 1994. *Global General Relativity*. Oxford: Oxford University Press.

F. Die allgemeine Theorie der Omegapunkt-Raumzeiten

Definition: Eine Raumzeit (M,g) endet in einem *Omegapunkt*, wenn ihre zukünftige k-Grenze aus einem einzigen Punkt besteht. Außerdem ist eine Omegapunkt-Raumzeit eine Raumzeit, deren zukünftige k-Grenze ein einzelner Punkt ist.

Die Idee einer zukünftigen k-Grenze hat Roger Penrose eingeführt, und sie wird definiert, indem man die chronologische Vergangenheitsmenge $I^-(p)$ eines jeden beliebigen Punktes p benutzt. Wie wir in Abschnitt B festgestellt haben, ist $I^-(p)$ die Menge aller Punkte in der Raumzeit, die eine in die Vergangenheit gerichtete Kurve von p vom Punkt p aus erreichen kann. Die chronologische Vergangenheitsmenge $CP \equiv I^-(p)$ aller beliebigen Punkte p hat drei Eigenschaften:

(1) *CP* ist offen,

(2) *CP* ist eine Vergangenheitsmenge, was bedeutet, daß $I^-(CP) \subset CP$,

(3) *CP* kann nicht als eine Vereinigungsmenge von zwei echten Untermengen mit den Eigenschaften (1) und (2) ausgedrückt werden.

Eine Menge mit den Eigenschaften (1), (2) und (3) wird eine *nichtzerlegbare Vergangenheitsmenge* genannt, abgekürzt IP.

Es gibt zwei Arten von IPs: *Echte IPs (nichtzerlegbare Vergangenheitsendmengen, PIPs)*, die die Vergangenheit der Punkte in der Raumzeit sind, und *endliche IPs (nichtzerlegbare Vergangenheitseigenmengen, TIPs)*, die nicht die Punkte jedes beliebigen Punktes in der Raumzeit sind. Unter Verwendung der chronologischen Zukunftsmenge $I^+(p)$ kann man die nichtzerlegbaren Zukunftsmengen (*IFs*) zerlegen, und folglich genauso nichtzerlegbare Zukunftseigenmengen, PIFs, und nichtzerlegbare Zukunftsendmengen, TIFs. Die *k-Grenze* ist als TIPs und TIFs definiert. Es kann gezeigt werden [1, S. 217-221], daß in globalen hyperbolischen Raumzeiten (also deterministischen Raumzeiten, vergleiche hierzu Abschnitt B) kein TIP ein TIF ist und umgekehrt. Doch wird dies nicht generell zutreffen. Aber zumindest in globalen hyperbolischen Raumzeiten entspricht die Ansammlung aller TIPs den Punkten auf der zukünftigen k-Grenze und die Ansammlung aller TIFs den Punkten auf der vergangenen k-Grenze. Weiter unten werde ich zeigen, daß ein TIP unter sehr allgemeinen Umständen die chronologische Vergangenheitsmenge $I^-(\gamma)$ einer zeitartigen Kurve γ ohne einen zukünftigen Endpunkt in der Raumzeit ist. Eine andere in der Zukunft endlose zeitartige Kurve λ definiert den gleichen zukünftigen k-Grenzpunkt dann und nur dann, wenn $I^-(\gamma) \equiv I^-(\lambda)$. Für eine weitere Diskussion der k-Grenzen verweise ich auf [1, S. 217-221].

Misner [2] hat sein Mixmaster-Universum extra so konstruiert, daß seine vergangene k-Grenze ein eigener Punkt ist, obwohl man bis heute nicht weiß, ob ein Vakuum-Bianchi-Typ-IX-Universum mit einer solchen k-Grenze tatsächlich existiert. Doroshkevich et al. [3, 4, 5] haben (unter Verwendung einer anderen Terminologie) bewiesen, daß ein solches Vakuum, falls es existiert, von sehr kleiner Ausdehnung innerhalb der Anfangsdaten des Vakuums des Bianchi-Typs sein muß. Es sind Vakuum-Lösungen zu den Einstein-Gleichungen bekannt, die in einem Omegapunkt enden [1, S. 120 und 125; 6,7], aber sie sind allesamt lokal flach.

Lassen Sie mich nun drei Beispiele von Friedmann-Universen anführen, die in Omegapunkten enden. In Abschnitt B haben wir festgestellt, daß die geschlossene S^3-Friedmann-Metrik

$$ds^2 = -dt^2 + R^2(t)[d\chi^2 + \sin^2\chi(d\theta^2 + \sin^2\theta d\phi^2)] \qquad (F.1)$$

ist, wobei $0 \leq \chi \leq \pi$, $0 \leq \theta < \pi$ und $0 \leq \phi < 2\pi$. Im Friedmann-Universum sind alle lichtartigen Geodätischen mit mitbewegten Koordinaten, die sich aus $ds^2 = 0 = -dt^2 + R^2(t)d\chi^2$ ergeben, radial, wodurch wir zur Rindler-Gleichung kommen:

$$\chi_f - \chi_i = \pm\int_{t_i}^{t_f} \frac{dt}{R(t)} \qquad (F.2)$$

Da $R(t) > 0$ für alle Punkte in der Raumzeit, wird das Integral (F.2) entweder gegen unendlich divergieren oder konvergieren, wenn t_f gleich der kleinsten Obergrenze $t \equiv t_{max}$ gesetzt wird. Wenn es konvergiert, dann gilt $\chi_f - \chi_i \to 0$ für $t_f \to t_{max}$, so daß jede senkrecht zu den homogenen und isotropen Flächen verlaufende zeitartige Trajektorie einen bestimmten Punkt der k-Grenze definiert; außerdem definieren diese Trajektorien einen Homöomorphismus auf der zukünftigen k-Grenze: Diese k-Grenze ist folglich topologisch dieselbe wie die Topologie der Cauchy-Fläche, nämlich S^3.

Wenn das Integral (F.2) aber gegen unendlich divergiert, bedeutet das, es gibt keine Ereignishorizonte, und deshalb besteht die zukünftige k-Grenze aus einem einzigen Punkt. Das bedeutet, daß ein S^3-Friedmann-Universum genau dann in einem Omegapunkt endet, wenn das Integral (F.2) divergiert.

Beispiel 1: Wenn $R(t)$ konstant ist, repräsentiert die Metrik (F.1) das statische Einstein-Universum. Da das Integral (F.2) in diesem Fall divergiert, weil $t_{max} = +\infty$ und $t_{min} = -\infty$, sind sowohl die vergangenen als auch die zukünftigen k-Grenzen jeweils einzelne Punkte.

Beispiel 2: Wenn $R(t) = \sin t$, ist das Integral (F.2) $\ln\left|\frac{\tan(t_f/2)}{\tan(t_i/2)}\right|$. Dann gibt es S.P.-Krümmungssingularitäten [1] bei $t_f = \pi$ und bei $t_i = 0$. (Eine *S.P.-Krümmungssingularität* bedeutet, daß ein Skalarpolynom [S.P.] das aus skalaren Invarianten des Riemann-Tensors gebildet wird, an der Singularität divergiert.) Das Integral (F.2) divergiert an jeder dieser Grenzen, somit weist dieses Beispiel dieselbe Struktur der k-Grenze auf wie das statische Einstein-Universum: Sowohl die vergangenen als auch die zukünftigen k-Grenzen sind einzelne Punkte.

Das Friedmann-Universum aus Beispiel 2 erfüllt nicht die Einstein-Gleichungen für jede Standard-Zustandsgleichung. Dennoch gehorcht es allen üblichen Energiebedingungen, zeigt es doch, daß man sogar im Fall des geschlossenen Friedmann-Universums die Energiebedingungen nicht verletzen muß, damit die vergangenen und zukünftigen k-Grenzen einzelne Punkte sind. (Dieses Beispiel ist demnach ein Gegenbeispiel zu einer Vermutung von Budic und Sachs, daß, um einen einzelnen Punkt als k-Grenze zu erhalten, »... ein kosmologisches Modell sich so langsam in die [Singularität] bewegen könnte, daß es entsprechend einer ›Beinaheverletzung‹ der zeitartigen Konvergenzbedingung fast aufprallt [6, S. 28]«. Aber die zeitartige Konvergenzbedingung wird von der Metrik in Beispiel 2 nicht »fast verletzt«.)

Zum besseren Verständnis wollen wir den Energieimpulstensor für die Metrik in Beispiel 2 ausrechnen. Die Massendichte ist

$$\mu \equiv T_{\hat{t}\hat{t}} \equiv \frac{1}{8\pi} G_{\hat{t}\hat{t}} = \frac{3}{8\pi}\left(\frac{R'^2+1}{R^2}\right) = \frac{3}{8\pi}\left(\frac{\cos^2 t+1}{\sin^2 t}\right) \geq \frac{3}{8\pi}$$

Der Hauptdruck ist

$$p \equiv T_{\hat{x}\hat{x}} \equiv \frac{1}{8\pi} G_{\hat{x}\hat{x}} = -\left(\frac{1}{8\pi}\right)\frac{2RR'' + R'^2 + 1}{R^2} = \frac{1}{8\pi}(1-2\cot^2 t)$$

der für $|\cot t| > 1/\sqrt{2}$ negativ ist – also in der Nähe der Singularitäten – und $p \to -\infty$ für $t \to 0$ oder π. Aber wir haben

$$\mu + p = \frac{1}{8\pi}\left(\frac{4}{\sin^2 t}\right) > \frac{1}{2\pi}, \quad \mu + 3p = \frac{6}{8\pi}$$

Da die schwache Energiebedingung [1] $\mu \geq 0$ und $\mu + p \geq 0$ verlangt, ist sie damit erfüllt. Und da die starke Energiebedingung [1] (in diesem Fall die zeitartige Konvergenzbedingung [1]) $\mu + p \geq 0$ und $\mu + 3p \geq 0$ verlangt, ist sie ebenfalls erfüllt. Da außerdem sowohl $\mu + p$ als auch $\mu + 3p$ für *alle* Zeiten weit weg von null beschränkt sind, wird die zeitartige Konvergenzbedingung nie »fast verletzt«. Die dominante Energiebedingung [2] braucht $\mu \geq 0$ und $-\mu \leq p \leq +\mu$, so daß auch sie erfüllt ist. Daß die allgemeine Bedingung erfüllt ist, ist schnell überprüft. Der Ricci-Skalar ist $\mathfrak{R} = 6(RR'' + R^2 + 1)/R^2 = 6\sin^{-2}t$, und so sind die einzelnen k-Grenzpunkte echte S.P.-Krümmungssingularitäten bei $t = 0$ und $t = \pi$; dort divergiert der Ricci-Skalar.

Wenn das geschlossene Friedmann-Universum nicht das statische Einstein-Universum ist, dann bedarf es negativer Drücke, damit die k-Grenze ein einzelner Punkt ist.

Von Misners Modell angeregt, wollten Budic und Sachs [6] einige allgemeine Theoreme über die Raumzeiten beweisen, bei denen entweder die vergangenen oder die zukünftigen k-Grenzen einzelne Punkte sind. Ihre Theoreme können sowohl auf die vergangenen als auch auf die zukünftigen k-Grenzen angewendet werden, obwohl sie ihre Theoreme einer k-Grenze in Form eines einzelnen Punkts in der Vergangenheit festgelegt haben (sie dachten ja an Misners Modell).

Beispiel 3: In den beiden vorhergehenden Beispielen waren sowohl die vergangene als auch die zukünftige k-Grenze einzelne Punkte. Wenn unser Universum ein S^3-Friedmann-Universum ist, das in der Frühzeit strahlungsdominiert ist, dann ist seine vergangene k-Grenze topologisch S^3 (der Beweis dafür wird in Abschnitt H erbracht). Deshalb wäre ein realistischeres Modell der k-Grenzen-Struktur unseres Universums eine S^3-k-Grenze für die Vergangenheit und eine Omegapunkt-k-Grenze für die Zukunft.

Ein solches Modell kann folgendermaßen konstruiert werden: In einem strahlungsdominierten Friedmann-Universum können der Skalenfaktor $R(\tau)$ und die Eigenzeit $t(\tau)$ hinsichtlich der konformen Zeit als $R(\tau) = R_{max} \sin\tau$ und $t(\tau) = R_{max}(1 - \cos\tau)$ ausdrücken. Daraus ergibt sich:

$$R(t) = R_{max}\left(\frac{2t}{R_{max}} - \frac{t^2}{R_{max}^2}\right)^{1/2} \qquad (F.3)$$

Um Beispiel 3 zu erhalten, fordere ich, daß (F.3) für alle Eigenzeitwerte mit $0 < t \leq R_{max}$ gilt; für $R_{max} < t < 2R_{max}$ hingegen haben wir:

$$R(t) = R_{max} \sin\left(\frac{\pi t}{2R_{max}}\right) \qquad (F.4)$$

Die Metrik in (F.3) und (F.4) ist kontinuierlich und hat kontinuierliche erste Ableitungen bei $t = R_{max}$, dem Zeitpunkt der maximalen Ausdehnung, zu dem die beiden Metriken ineinander übergegangen sind. (Das sind die Standard-Übergangsbedingungen in der allgemeinen Relativitätstheorie, um zwei Metriken miteinander zu vereinigen.)

Wie wir sehen werden, erlegt die Forderung nach dem Ende der Raumzeit in einem Omegapunkt der Raumzeit starke Zwänge auf. Das folgende Theorem liefert den Grund dafür, warum die Omegapunkt-Raumzeiten in diese Abhandlung über globale hyperbolische Raumzeiten einbezogen sind.

Theorem (Seifert [8]): Eine Raumzeit, die in einem Omegapunkt endet und die die Chronologiebedingung erfüllt, hat eine kompakte Cauchy-Fläche.

Dieses Theorem stammt von Seifert [8], aber er hat es leider nur mangelhaft bewiesen. (Im Theorem 6.3 seiner Abhandlung [8] behauptet Seifert, daß die Existenz eines Omegapunkts sowohl in der Vergangenheits- als auch in der Zukunftsrichtung einer kompakten Cauchy-Fläche äquivalent ist.) Budic und Sachs [6] haben festgestellt, daß die Existenz eines Omegapunkts in einer Zukunft und Vergangenheit unterscheidenden Raumzeit [1] die Existenz einer kompakten Cauchy-Fläche beinhaltet, aber den Beweis dafür sind sie in ihrer Veröffentlichung schuldig geblieben (mit der Begründung, er sei zu umfangreich). Deswegen werde ich jetzt einen Beweis für Seiferts Theorem mit einer etwas schwächeren Kausalitätsannahme als der von Budic und Sachs liefern: Statt der die Zukunft und die Vergangenheit unterscheidenden Bedingung werde ich die Chronologiebedingung [1] annehmen. (Zur Erinnerung: Eine Raumzeit soll [1] die *Chronologiebedingung* dann erfüllen, wenn es keine geschlossenen zeitartigen Kurven gibt.) Einen sehr wichtigen Schritt stellt hier die Erkenntnis dar, daß der Satz von Geroch, Kronheimer und Penrose (Satz 6.8.1 in [1]), der in [1] unter der Annahme der starken Kausalität und in [9] unter der Annahme der Unterscheidung von Vergangenheit und Zukunft bewiesen wird, tatsächlich zutrifft, wenn die Raumzeit die Chronologiebedingung erfüllt. Die Argumente des Beweises (vgl. S. 218-219 in [1]) für diesen Satz stimmen, wenn $p \notin I^{\pm}(p)$ für alle Punkte p, was aus der Chronologiebedingung folgt. (Diese Tatsache zeigt uns ebenfalls, daß keine Menge der Form $I^{-}(\gamma)$, wobei γ eine in der Zukunft nicht fortsetzbare zeitartige Kurve ist, eine nichtzerlegbare Vergangenheitseigenmenge ist – ein Phänomen, das bei Verletzung der Chronologiebedingung auftauchen kann, wie weiter unten zu sehen sein wird.) Ich werde diesen Satz folgendermaßen ausdrücken:

Satz (Geroch, Kronheimer und Penrose [9]): Wenn die Chronologiebedingung gilt, ist eine Menge eine nichtzerlegbare Vergangenheitsendmenge dann und nur dann, wenn es eine in der Zukunft nicht fortsetzbare zeitartige Kurve γ gibt, derart, daß $I^-(\gamma) = W$.

Der Beweis von Seiferts Theorem:

Zunächst werde ich zwei Lemmas beweisen.

Lemma 1: Wenn die zukünftige k-Grenze einer Raumzeit (M,g), die die Chronologiebedingung erfüllt, ein Omegapunkt ist, dann ist die achronale Grenze $\partial I^+(p)$ eine Cauchy-Fläche für jeden Punkt p in der Raumzeit.

Beweis. Angenommen, die obige Behauptung ist falsch. Dann gibt es eine in der Vergangenheit und in der Zukunft unendliche zeitartige Kurve γ, die $\partial I^+(p)$ nie schneidet und die, da die Chronologiebedingung gilt, nicht leer ist und von lichtartigen geodätischen Strecken erzeugt wird, von denen zumindest einige durch p gehen. Wenn (1) $\gamma \cap I^-(\partial I^+(p)) \neq 0$ oder (2) $\gamma \cap I^-(\partial I^+(p)) = 0$ und $\gamma \cap I^+(\partial I^+(p)) = 0$, dann würde $I^-(\gamma)$ nicht $I^+(p)$ schneiden, so daß $I^-(\gamma)$ einen anderen k-Grenzpunkt als eine in der Zukunft endlose zeitartige Kurve definierte, die letztlich irgendwann in $I^+(p)$ eintritt. Folglich gibt es mindestens zwei verschiedene k-Grenzpunkte; das wiederum widerspricht der Hypothese, die ja lediglich von der Existenz eines einzigen zukünftigen k-Grenzpunkts ausgeht.

Die andere Möglichkeit, die wir jetzt ausschließen, ist $\gamma \cap I^+(p) \neq 0$, wobei gleichzeitig $\gamma \cap \partial I^+(p) = 0$ gilt. Da $\gamma \cap I^+(p) \neq 0$ muß es eine zeitartige Kurve β_q von p zu *einem beliebigen* Punkt $q \in \gamma$ geben. Betrachten wir die Folge zeitartiger Kurven β_{qi}, auf denen der Punkt q sich entlang γ durch eine Folge der Punkte q_i in die Vergangenheit hineinbewegt. Diese Folge definiert eine Teilfolge, die gegen eine kausale Kurve $\hat{\beta}$ in $\overline{I^+(p)}$ (da $\overline{I^+(p)}$ abgeschlossen ist) konvergiert. Jedenfalls muß $\hat{\beta}$ nicht zusammenhängend sein, denn wäre sie zusammenhängend, wäre auch $\gamma \cup \hat{\beta}$ im Widerspruch zu der Annahme, daß γ in der Vergangenheit endlos ist, eine zusammenhängende Kurve. Die zusammenhängende Teilmenge von $\hat{\beta}$ – nennen wir sie $\hat{\beta}_p$ –, die in dem Punkt p endet, ist daher in der Zukunft endlos, und da $\overline{I^+(\gamma)} \cap I^-(\hat{\beta}_p) = 0$, definieren die kausalen Kurven γ und $\hat{\beta}_p$ verschiedene TIPs, im Widerspruch zu der Annahme, daß es nur genau eine TIP in (M,g) gibt. Q.e.d.

Lemma 2: Wenn die zukünftige k-Grenze von (M,g) ein einziger Punkt ist und die Chronologiebedingung erfüllt ist, dann ist $\partial I^+(p)$ für jedes Ereignis p in der Raumzeit kompakt und nicht leer.

Beweis: Wenn die Chronologiebedingung gilt, dann gilt $p \in \partial I^+(p)$. Den Bemerkungen auf Seite 188 von [2] zufolge wird $\partial I^+(p)$ von lichtartigen geodätischen Segmenten erzeugt, die entweder keine Endpunkte haben oder bei p enden. Folglich sind alle lichtartigen Geodätischen, die von p aus in die Zukunft gerichtet sind, Erzeugende von $\partial I^+(p)$. Wenn jede lichtartige Geodätische Erzeugende von $\partial I^+(p)$ von p aus in die Zukunft gerichtet ist, dann ist $\partial I^+(p)$ kompakt, da man mit der Gesamtheit der lichtartigen Geodätische Erzeugenden in $\partial I^+(p)$ eine affine Parametrisierung durchführen kann, so daß die Länge einer Strecke der lichtartigen Geodätischen in $\partial I^+(p)$ von p aus stetig von der Lichtrichtung in die Zukunft von p abhängt, und die Gesamtheit der Lichtrichtungen bei p ist kompakt (tatsächlich eine 2-Sphäre). Folglich müßte in dem Fall, in dem der Teil von $\partial I^+(p)$, für den $\partial I^+(p) \cap \{p\} \neq 0$ nicht kompakt ist, eine lichtartige Geodätische γ von $\partial I^+(p)$ existieren, die $\partial I^+(p)$ nicht verläßt.

Aber dann würde sich die von $I^-(\gamma)$ definierte TIP von einer anderen TIP unterscheiden, die von einer beliebigen, in der Zukunft nicht fortsetzbaren zeitartigen Kurve erzeugt wird, die γ von $I^-(\gamma)$ in $I^+(\gamma)$ hinein schneidet. Das würde jedoch bedeuten, daß mehr als eine TIP existiert und stünde im Widerspruch zu unserer Annahme, so daß der Teil von $\partial I^+(p)$, für den $\partial I^+(p) \cap \{p\} \neq 0$, für alle p kompakt ist und alle lichtartigen Geodätische Erzeugende von $\partial I^+(p)$ von p schließlich auch $\partial I^+(p)$ verlassen können.

Wir schließen jetzt die Möglichkeit aus, daß $\partial I^+(p)$ eine lichtartige Geodätische Erzeugende β hat, die p nicht schneidet. Nehmen wir einmal an, es gibt eine solche Erzeugende, und nehmen wir weiter an, q sei ein Punkt von β mit normaler Umgebung N. Dann gibt es eine zeitartige Kurve von p zu jedem beliebigen Punkt in $N \cap I^+(p)$, die nicht leer ist, da $\beta \subset \partial I^+(p)$. Betrachten wir eine Folge von Punkten q_i in $N \cap I^+(p)$, die gegen q konvergieren. Sie definiert eine Folge von zeitartigen Kurven β_i von p nach q_i. Wenn diese Folge von zeitartigen Kurven gegen eine einzige zusammenhängende kausale

Kurve konvergiert, müßte diese eine lichtartige Geodätische mit einem Endpunkt p in der Vergangenheit sein, was nach der Definition von β unmöglich ist. Da die Folge lokal (in jeder konvexen normalen Umgebung) konvergiert, muß sie global gegen mindestens zwei (möglicherweise mehr) verschiedene, nicht zusammenhängende kausale Kurven konvergieren, von denen diejenige, die bei p endet, in der Zukunft endlos ist. Diese letztere Kurve, nennen wir sie $\hat{\beta}$, definiert eine TIP, die sich von zumindest einer TIP, die durch eine in der Zukunft fortsetzbare zeitartige Kurve in $I^+(\beta)$ definiert ist, aufgrund der Konstruktion $I^-(\hat{\beta}) \cap I^+(\beta) = 0$ unterscheidet. Q.e.d.

Fortsetzung des Beweises von Seiferts Theorem: Aus Lemma 2 folgt, daß $\partial I^+(p)$ für jedes Ereignis p in der Raumzeit kompakt und nicht leer ist. Aus Lemma 1 folgt, daß $\partial I^+(p)$ eine Cauchy-Fläche ist, folglich ergeben diese beiden Lemmas zusammen, daß $\partial I^+(p)$ für jeden beliebigen Punkt *p eine kompakte Cauchy-Fläche ist. Q.e.d.*

Als Umkehrung zu Seiferts Theorem haben wir

Theorem F.1: Wenn die zukünftige k-Grenze einer Raumzeit, die die Chronologiebedingung erfüllt, aus einem Omegapunkt besteht, dann ist $\partial I^-(q)$ für alle Punkte q, die in hinreichender Nähe der zukünftigen k-Grenze sind, ebenfalls eine Cauchy-Fläche.

Beweis: Laut Seiferts Theorem läßt die Raumzeit eine kompakte Cauchy-Fläche zu. Da die Raumzeit eine kompakte Cauchy-Fläche hat (vgl. Gerochs Theorem, Satz 6.6.8 in [1], S. 212), haben alle Cauchy-Flächen dieselbe Topologie, und außerdem kann die Raumzeit von kompakten dipheomorphischen raumartigen Cauchy-Flächen gefaltet werden. $S(t)$ sei eine solche Faltung, wobei t in die Zukunft gerichtet ist, und $\vec{v}(\vec{x},t)$ sei das zeitartige, in die Zukunft gerichtete Einheitsvektorenfeld, das überall senkrecht zu $S(t)$ ist. $\lambda(t)$ sei eine Bahnlinie dieses Vektorfelds. Ich behaupte nun, daß t_λ solchermaßen existiert, daß $\partial I^-(\lambda(t_\lambda))$ eine Cauchy-Fläche ist. Wäre dies nicht der Fall, dann existierte eine andere Bahnlinie $\mu(t)$ in $\vec{v}(\vec{x},t)$, die $\partial I^-(\lambda(t))$ niemals, für alle t, schnitte. Aber dann würde die Bahnlinie $\mu(t)$ einen anderen zukünftigen k-Grenzpunkt als $\lambda(t)$ definieren, was der Tatsache, daß es nur einen k-Grenzpunkt gibt, widerspricht. Folglich gibt es für jedes $\lambda(t)$ in $\vec{v}(\vec{x},t)$ eine Zeit t_λ für die $\partial I^-(\lambda(t))$ eine Cauchy-Fläche ist, für alle $t > t_\lambda$. Da die Blätter der Faltung $S(t)$ kompakt sind, wird $sup[t_\lambda] \equiv t_C$ in der Raumzeit. Dann ist

$\partial I^-(q)$ eine Cauchy-Fläche, vorausgesetzt, q ist ein beliebiges Ereignis in der Zukunft von $S(t_C)$; das heißt $q \in I^+(S(t_C))$. *Q.e.d.*

Wir wissen folglich, daß $\partial I^-(q)$ für q eine Cauchy-Fläche in hinreichender Nähe des Omegapunkts ist, so daß im Prinzip alle Informationen in q enthalten sind. Diese Erkenntnis erlaubt uns zu zeigen, daß eine Faltung der Raumzeit durch Hyperflächen konstanter Mittelkrümmung zumindest in hinreichender Nähe des Omegapunkts existiert.

Theorem F.2: Wenn eine nichtflache Raumzeit (M,g), die die Chronologiebedingung erfüllt, auch die Forderung $R_{ab}V^aV^b \geq 0$ für alle zeitartigen Vektoren V^a erfüllt, wobei das Gleichheitszeichen nur gilt, wenn $R_{ab} = 0$ und (M,g) einen Omegapunkt hat, dann existiert ein Punkt $p \in M$ derart, daß eine $C^{2,\alpha}$-Cauchy-Fläche S mit konstanter Mittelkrümmung durch p hindurchgeht; außerdem kann $I^+(S)$ von $C^{2,\alpha}$-Cauchy-Flächen mit konstanter Mittelkrümmung eindeutig gefaltet werden.

Das heißt, eine kausale Raumzeit, die die zeitartige Konvergenzbedingung erfüllt und die in einem Omegapunkt endet, hat in hinreichender Nähe zum Omegapunkt eine Faltung durch kompakte Cauchy-Flächen mit konstanter Mittelkrümmung. Das heißt jedoch nicht, daß es für die gesamte Raumzeit eine solche Faltung geben muß, die Existenz der Faltung ist nur für den Teil der Raumzeit garantiert, der in hinreichender Nähe zum Omegapunkt ist. Was unter »hinreichender Nähe« zu verstehen ist, wurde bereits in dem Beweis des Theorems F.1 weiter oben präzisiert. (Eine $C^{2,\alpha}$-Cauchy-Fläche [10] ist eine Cauchy-Fläche, die C^2 ist, und die zweiten Ableitungen Hölder-stetig von der Ordnung α sind.)

Beweis: Bartnik hat gezeigt [11], wenn die Menge $M - I^+(p) \cup I^-(p)$ für jeden Punkt p in (M,g) kompakt ist, gibt es eine raumartige $C^{2,\alpha}$-Cauchy-Fläche konstanter Mittelkrümmung. Nach Lemma 1 ist $\partial I^+(p)$ eine kompakte Cauchy-Fläche für jedes p und nach dem ebenfalls weiter oben angeführten Theorem F.1 ist $\partial I^-(p)$ eine kompakte Cauchy-Fläche für alle p in hinreichender Nähe zum Omegapunkt. Aus beidem folgt, daß $M - [I^+(p) \cup I^-(p)]$ für alle p in hinreichender Nähe des Omegapunkts kompakt ist. (Die Menge $M - [I^+(p) \cup I^-(p)]$ ist abgeschlossen, da sowohl $I^+(p)$ als auch $I^-(p)$ offen sind. Es gibt auch für jede Faltung von (M,g) durch raumartige Hyperflächen $S(t)$ Zeiten t_1 und t_0 mit $t_1 > t_0$ derart, daß $\partial I^+(p) \subset I^-$

$(S(t_1))$ und $\partial I^-(p) \subset I^+(S(t_0))$. Die abgeschlossene Menge $M - [I^+(p) \cup I^-(p)]$ ist deshalb in der kompakten Menge $M - [I^+(S(t_1)) \cup I^-(S(t_0))] \approx S(t) \times [0,1]$ für ein festes t enthalten und ist daher kompakt.) Folglich geht durch jeden Punkt in hinreichender Nähe des Omegapunkts eine raumartige $C^{2,\alpha}$-Cauchy-Fläche konstanter Mittelkrümmung. Brill und Flaherty [12] haben gezeigt, daß jede Cauchy-Fläche konstanter Mittelkrümmung, auf der die konstante Mittelkrümmung χ_a^a ungleich null ist, eindeutig ist, wenn die zeitartige Konvergenzbedingung gilt. Basierend auf Geroch ([1], S. 274) haben Marsden und Tipler [13] gezeigt, daß in allen nichtflachen Raumzeiten mit $R_{ab}V^aV^b \geq 0$, wobei das Gleichheitszeichen nur gilt, wenn $R_{ab} = 0$, die kompakten Cauchy-Flächen mit $\chi_a^a = 0$ auch eindeutig sind. Es existiert also ein Punkt p in M derart, daß eine $C^{2,\alpha}$-Cauchy-Fläche S konstanter Mittelkrümmung durch p hindurchgeht und außerdem $I^+(S)$ von Cauchy-Flächen mit konstanter Mittelkrümmung eindeutig gefaltet werden kann. Q.e.d.

Die Annahme der Nichtflachheit und daß $R_{ab}V^aV^b = 0$ nur gilt, wenn $R_{ab} = 0$, wurde allein um der Eindeutigkeit willen gebraucht. Die Existenz der Faltung der kompakten Cauchy-Fläche konstanter Mittelkrümmung folgt lediglich aus der zeitartigen Konvergenzbedingung und der Existenz des Omegapunkts. Wenn sowohl die vergangenen als auch die zukünftigen k-Grenzen einzelne Punkte sind – wie in den Beispielen 1 und 2 –, dann zeigt der Beweis des Theorems F.2, daß die gesamte Raumzeit von Cauchy-Flächen konstanter Mittelkrümmung gefaltet ist.

Budic und Sachs [6] haben gezeigt, daß es eine andere natürliche Faltung $S_{BS}(t)$ von (M,g) durch raumartige Hyperflächen gibt, wenn das gesamte Raumzeitvolumen $\int \sqrt{-g}\, d^4x$ einer Omegapunkt-Raumzeit endlich ist (wie es etwa im Beispiel 2 wäre); für ein gegebenes t ist der Wert von $\int_{I^+(p)} \sqrt{-g} d^4x$ nämlich für jeden Punkt $p \in S_{BS}(t)$ derselbe. Ferner haben Budic und Sachs gezeigt, daß diese Faltung C^1 ist, und eine Modifizierung des Beweises für das Theorem F.2 zeigt, daß die Hyperflächen $S_{BS}(t)$ in hinreichender Nähe zum Omegapunkt kompakte Cauchy -Flächen sind. Daraus ergibt sich die Frage, welche Beziehung – falls überhaupt eine – es zwischen diesen beiden natürlichen raumartigen Faltungen von (M,g) gibt. Im Beispiel 2 sind die beiden Faltungen genau gleich, aber dies ist im allgemeinen nicht der Fall. Wenn zum Beispiel (M,g) die Raumzeit aus Beispiel 2 ist, dann ist $M - J^-(p)$ für jeden Punkt $p \in M$ eine Raumzeit mit einem Omegapunkt, die von Cauchy-Flächen konstanter Mittelkrümmung nur in die Zukunftsrichtung von p gefaltet werden kann, während $S_{BS}(t)$ *die gesamte Raumzeit faltet (obwohl mit Cauchy-Flächen nur in die Zukunftsrichtung von* p*).*

Budic und Sachs [6] zeigen, daß $\overline{M}$, also die Raumzeit mit ihrer k-Grenze, paarweise abzählbar und metrisierbar ist, so daß die Anfangssingularität durch die Forderung, daß die Endsingularität ein Omegapunkt ist, eingeschränkt wird. Ich vermute, daß die Raumzeit räumlich homogen sein muß, wenn wir verlangen, daß die gesamte Raumzeit von Cauchy-Flächen konstanter Mittelkrümmung gefaltet wird, die überall mit den $S_{BS}(t)$-Hyperflächen zusammenfallen.

Ein anderer Vorschlag, wie man die Anfangs- und Endsingularität verbinden kann, ist die Weyl-Krümmungshypothese von Penrose [14]. Sie definiert nämlich Zeit so, daß die »Anfangssingularität« einer physikalischen Raumzeit durch das Verschwinden der Weyl-Krümmung charakterisiert ist, sobald man sich der Anfangssingularität nähert (und die »Endsingularität« ist durch die Dominanz der Weyl- über die Ricci-Krümmung charakterisiert). Newman [16] beweist (zumindest für den Fall $\gamma = 4/3$) die Behauptung von Tod [15], daß wenn die Weyl-Krümmung bei einer Singularität (die »konform kompakt« ist) verschwindet, die Raumzeit notwendigerweise überall eine Friedmann-Raumzeit ist. Wainwright et al. [17-19] haben die Weyl-Krümmungshypothese so formuliert, daß

$$\lim_{T\to 0^+} \frac{C_{abcd}C^{abcd}}{R_{ab}R^{ab}} = 0 \qquad (F.5)$$

bei einer »Anfangssingularität« gilt. Goode et al. [19] haben gezeigt, daß bei Anwendung der modifizierten Weyl-Krümmungshypothese viele der Standardprobleme der Kosmologie (Flachheitsproblem, Horizontproblem usw.) gelöst werden können. Sie geben jedoch keine sehr überzeugenden Gründe dafür an, *warum* die Weyl-Krümmungshypothese richtig sein soll.

Vielleicht kann durch die Verknüpfung dieser beiden Zugänge ein überzeugender Grund für die Verbindung der beiden Singularitäten gefunden werden. Wainwright et al. und Tod verlangen in ihren Definitionen der »konform kompakten« und »isotropen« Singularität die Existenz einer Faltung der Raumzeit in der Nähe der Anfangssingularität durch raumartige Hyperflächen (um die Hyperflächen für T

=konstant im obigen Grenzbereich (F.5) zu definieren), sie verlangen aber nicht, daß die Faltung »von allein« erfolgen muß, wie weiter oben erörtert wurde.

Angenommen, wir fordern, der zweite Hauptsatz der Thermodynamik müsse global *immer* erfüllt sein: Die gesamte Entropie des Universums zu der Zeit t_i müsse für alle $t_i \geq t_j$ immer größer oder gleich der gesamten Entropie zu der Zeit t_j sein. Natürlich kann diese Ungleichung nicht global für alle Faltungen gelten, da wir die Entropie lokal immer auf Kosten eines noch größeren Entropiezuwachses anderswo verringern können, und diese Tatsache können wir benutzen, um eine Faltung der Raumzeit durch raumartige Hyperflächen zu konstruieren, in der die obige Entropie-Ungleichung zumindest für kurze Zeit verletzt wurde. Aber es wäre denkbar, daß sie für eine (oder beide) der oben beschriebenen natürlichen Faltungen gelten *könnte* – wenn die modifizierte Penrose-Weyl-Krümmungshypothese zutrifft. Gälten die Entropie-Ungleichungen für *eine* natürliche Faltung nicht, wären wir zuzugeben gezwungen, daß der zweite Hauptsatz der Thermodynamik global nicht immer gilt (oder der allgemeinen Relativitätstheorie widerspricht), und das käme jeden Physiker hart an.

Die modifizierte Penrose-Weyl-Krümmungshypothese müßte aus zwei Gründen korrekt sein. Erstens, um sicherzustellen, daß die reinen Schwerkraft-Freiheitsgrade – Gravitationswellen – den zweiten Hauptsatz der Thermodynamik nicht selbst verletzen, wenn sie in Wärme übergehen. Und zweitens, um die globale Existenz der beiden oben besprochenen Faltungen sicherzustellen: Für den Fall, daß die Anfangssingularität »isotropisch« im Sinne von Wainwright et al. und »konform kompakt« im Sinne von Tod ist, meine ich, daß die Faltung durch Cauchy-Flächen konstanter Mittelkrümmung und die Budic-Sachs-Faltung durch Cauchy-Flächen – die in der Nähe eines Omegapunkts existieren müssen – global über die gesamte Raumzeit ausgedehnt werden können.

Wenn dem so ist, dann ist die modifizierte Penrose-Weyl-Krümmungshypothese der Forderung nach der globalen Gültigkeit des zweiten Hauptsatzes der Thermodynamik äquivalent. Hier läge ein sehr glaubwürdiger Grund vor, die Weyl-Krümmungshypothese und ihre Lösung für die kosmologischen Probleme zu akzeptieren!

Omegapunkt-Raumzeiten, die die Chronologiebedingung verletzen

Auch wenn die Raumzeit die Chronologiebedingung verletzt, kann es unter bestimmten Umständen immer noch nützlich sein, eine k-Grenze zu definieren. Verletzt zum Beispiel eine Raumzeit die Chronologiebedingung maximal [20] – wenn es also eine geschlossene zeitartige Kurve gibt, die alle Punkte miteinander verbindet –, dann gilt für alle Punkte p in der Raumzeit (M,g) $I^+(p) \cap I^-(p) = M$ und daher sind alle nichtzerlegbaren Vergangenheitsmengen und nichtzerlegbaren Zukunftsmengen nichtzerlegbare Vergangenheitsendmengen beziehungsweise nichtzerlegbare Zukunftsendmengen. Das Gödel-Universum [1, S. 168] ist das bekannteste Beispiel für eine solche Raumzeit, aber im Hinblick auf neuere Werke über Zeitreisen [21-23] ist es notwendig, die Möglichkeit offenzulassen, daß geschlossene zeitartige Kurven überall in unserem Universum existieren. Wenn dem so ist, dann gibt es keinen Ereignis- oder Teilchenhorizont, wie es in einer Vergangenheit und Zukunft unterscheidenden Raumzeit mit jeweils einer einzelnen nichtzerlegbaren Vergangenheitsendmenge oder einer einzelnen nichtzerlegbaren Zukunftsendmenge der Fall ist. Daher werde ich die Definition der »k-Grenze« auf solche Raumzeiten folgendermaßen ausdehnen: Wenn es keine nichtzerlegbare Vergangenheitsendmenge gibt, dann, sagen wir, besteht die zukünftige k-Grenze aus einem einzelnen Punkt, und wenn es keine nichtzerlegbare Zukunftsendmenge gibt, dann, sagen wir, besteht die vergangene k-Grenze aus einem einzelnen Punkt. Mit dieser erweiterten Definition der k-Grenze kann die zu Beginn dieses Abschnitts festgelegte Definition des »Omegapunkts« auf bestimmte, chronologieverletzende Raumzeiten angewendet werden. Die vorangegangenen Bemerkungen können wir dann zusammenfassen zu

Lemma 3: Wenn eine Raumzeit (M,g) die Gleichung $M = I^+(p) \cap I^-(p)$ für alle Punkte p erfüllt, dann besteht die zukünftige k-Grenze aus einem Omegapunkt.

Allgemeiner erhalten wir:

Lemma 4: Wenn eine in einem Omegapunkt endende Raumzeit die Chronologie verletzt, dann handelt es sich bei der chronologieverletzenden Menge entweder um die gesamte Raumzeit oder aber um die Vereinigungsmenge aus (1) globalen hyperbolischen Teilmengen mit (partiell) kompakten Cauchy-Flächen und (2) Mengen der Form $\overline{I^+(p) \cap I^-(p)}$ für einige $p \in M$.

Beweis: Wenn $I^+(p) \cap I^-(p) \neq M$, dann ist die chronologieverletzende Menge eine nichtzusammenhängende Vereinigung von Mengen der Form $I^+(q) \cap I^-(q) \neq 0$, und außerdem ist der Rand von jedem $I^+(q) \cap I^-(q)$ nichtleer. Folglich ist die gesamte Raumzeit eine Vereinigung dieser Mengen im Verein mit Gebieten, in denen die Chronologiebedingung erfüllt ist. Wenn wir Seiferts Theorem auf diese Gebiete, in denen die Chronologiebedingung erfüllt ist, anwenden, sehen wir, daß diese Gebiete, wenn man sie als eigenständige Raumzeiten betrachtet, mit kompakten Cauchy-Flächen global hyperbolisch sein müssen. Q.e.d.

Ich vermute, wenn $\partial I^+(p)$ und $\partial I^-(p)$ beide nichtleer sind, und zwar bei $I^+(q) \cap I^-(q) \neq 0$, dann sind, wenn die Raumzeit in einem Omegapunkt endet, die Mengen $\overline{I^+(q) \cap I^-(q)}$ kompakt.

Wenn das in [21–23] beschriebene Zeitreise-Szenario zutrifft, erscheinen vor allem die chronologieverletzenden Gebiete in der Zukunft partieller Cauchy-Flächen (anfangs in kompakten Gebieten). In einer solchen Situation ist es möglich, Theorem F.3 zu beweisen.

Theorem F.3: Wenn in einer Raumzeit (M,g) entweder (1) eine endliche Anzahl von chronologieverletzenden Gebieten, die alle einen kompakten Rand haben, mit partiell kompakten Cauchy-Flächen in der Zukunft und der Vergangenheit dieser Gebiete und mit dem »letzten« globalen hyperbolischen Gebiet, betrachtet als eine eigenständige Raumzeit und in einem Omegapunkt endend, existiert oder (2) das chronologieverletzende Gebiet die gesamte Zukunft einer kompakten Menge $\partial I^+(p)$ beinhaltet und $I^-(\partial I^+(p))$ von partiell kompakten Cauchy-Flächen gefaltet wird, oder (3) die gesamte Raumzeit die Chronologiebedingung verletzt, dann endet die gesamte Raumzeit in einem Omegapunkt.

Der einfache Beweis wird hier übergangen. Theorem F.3 zeigt also, daß ein Omegapunkt – vorausgesetzt, die globale Chronologie kann verletzt werden – in den Standardmodellen der Zeitreise erlaubt ist. Die drei im Theorem F.3 aufgezeigten Möglichkeiten sind in Abbildung F.1 dargestellt.

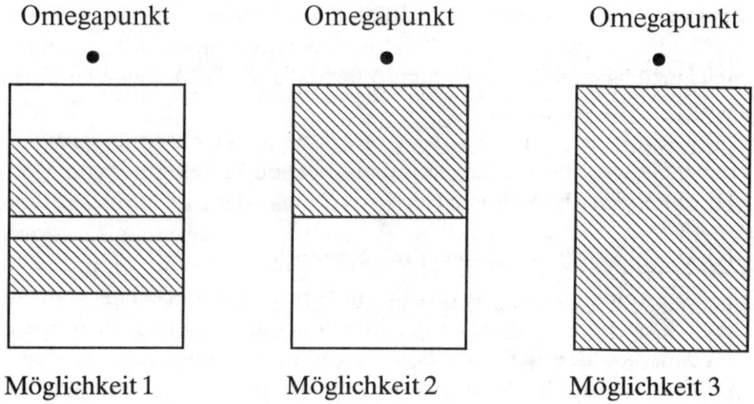

Abbildung F.1: *Drei mögliche Wege, eine Omegapunkt-Raumzeit zu erhalten, die die Chronologiebedingung verletzt. Die Kausalität ist in den geschwärzten Gebieten verletzt, während die nichtgeschwärzten Bereiche global hyperbolisch sind. Möglichkeit 1 hat zwei kompakte Bereiche der Form* $\overline{I^+(p) \cap I^-(p)}$*, wobei die Chronologiebedingung in* $I^+(p) \cap I^-(p)$ *verletzt wird und das globale hyperbolische Gebiet in der Zukunft von Möglichkeit 2, als eigenständige Raumzeit betrachtet, in einem Omegapunkt endet. Alle globalen hyperbolischen Bereiche haben kompakte partielle Cauchy-Hyperflächen. Möglichkeit 2 hat einen einzigen Bereich, in dem die Kausalität in der Zukunft einer einzelnen globalen hyperbolischen Region mit kompakter partieller Cauchy-Hyperfläche verletzt wird. Für Möglichkeit 3 gilt* $M = I^+(p) \cap I^-(p)$ *für jeden Punkt* $p \in M$.

An anderer Stelle [20] habe ich gezeigt, daß die Eigenschaft der gesamten Raumzeit, eine chronologieverletzende Menge zu sein, eine stabile Eigenschaft ist: Sie wird beibehalten, wenn die Lichtkegel an jedem Punkt etwas vergrößert oder verkleinert werden. (Ich habe das von Hawking [1,24] eingeführte Konzept der Raumzeitstabilität benutzt und in der Definition der stabilen Kausalität angewendet.) Folglich ist für den Fall, daß der Omegapunkt vorkommt, weil die gesamte Raumzeit eine chronologieverletzende Menge ist, die Existenz eines Omegapunkts eine stabile Eigenschaft. Obwohl ein Omegapunkt sicherlich weiterexistieren würde, wenn die Lichtkegel vergrößert werden, ist jedoch nicht klar, ob er in jedem Fall weiterexistieren würde, wenn sie verkleinert werden.

Literatur

[1] Hawking, Stephen W. und Ellis, George F.R. 1973. *The Large Scale Structure of Space Time.* Cambridge: Cambridge University Press.
[2] Misner, C.W. 1967. In: *Nature* 214, p. 40.
[3] Lifschitz, E.M.; Lifschitz, I.M.; Khalatnikov, I.M. 1971. In: *Sov. Phys. JETP* 32, p. 173.
[4] Doroshkevich, A.G. und Novikov, I.D. 1971. In: *Sov. Astron. AJ* 14, p. 763.
[5] Doroshkevich, A.G.; Lukash, V.N.; Novikov, I.D. 1971. In: *Sov. Phys. JETP* 33, p. 649.
[6] Budic, R. und Sachs, R.K. 1976. In: *Gen. Rel. Grav.* 7, p. 21.
[7] Löbell, F. 1931. In: *Ber. Verhandl. Sächs. Akad. Wiss. Leipzig, Math. Phys. Kl.* 83, p. 167.
[8] Seifert, H.J. 1971. In: *Gen. Rel. Grav.* 1, p. 247.
[9] Geroch, R.P.; Kronheimer, E.H.; Penrose, R. 1972. In: *Proc. Roy. Soc. Lond.* A327, p. 545.
[10] Bartnik, R. 1984. In: *Comm. Math. Phys.* 94, p. 155.
[11] Bartnik, R. 1988: In: *Comm. Math. Phys.* 117, p. 615.
[12] Brill, D.R. und Flaherty, F. 1976. In: *Comm. Math. Phys.* 50, p. 157.
[13] Marsden, J.E. und Tipler, F.J. 1980. In: *Phys. Rep.* C66, p. 109.
[14] Penrose, R. 1979. In: *General Relativity: An Einstein Centenary Survey.* Hrsg. von Hawking, S.W. und Israel, W. Cambridge: Cambridge University Press.
[15] Tod, K.P. 1990. In: *Class. Quantum Grav.* 7, L13.
[16] Newman, R.P.A.C. 1991. In: *Twistor Newsletter* 33, p. 11.
[17] Goode S.W. und Wainwright, J. 1985. In: *Class. Quantum Grav.* 2, p. 99.
[18] Goode, S.W. 1991. In: *Class. Quantum Grav.* 8, L1.
[19] Goode, S.W.; Coley, A.A.; Wainwright, J. 1992. In: *Class. Quantum Grav.* 9, p. 445.
[20] Tipler, F.J. 1977. In: *J. Math. Phys.* 18, p. 1568.
[21] Morris, M.S.; Thorne, K.S.; Yurtsever, U. 1988. In: *Phys. Rev. Lett.* 61, p. 1446.
[22] Friedman, J.; Morris, M.S.; Novikov, I.D.; Echeverria, F.; Klinkhammer, G.; Thorne, K.S.; Yurtsever, U. 1990. In: *Phys. Rev.* D42, p. 1915.
[23] Deutsch, D. 1991. In: *Phys. Rev.* D44, p. 3197.
[24] Hawking, S.W. 1971. In: *Gen. Rel. Grav.* 1, p. 393.

G. Zwei mögliche Gegenbeispiele für die Church-Turing-These

Die Church-Turing-These ist keine mathematische Hypothese, sondern in Wirklichkeit eine physikalische These [1]. Sie besagt, daß keine Maschine gebaut werden kann, die imstande ist, ein Problem zu lösen, das eine Turing-Maschine nicht lösen kann. Aber ob eine Maschine mit den vorgegebenen Eigenschaften gebaut werden kann, ist letztendlich eine Frage der Physik. Keine Turing-Maschine kann das Halteproblem lösen: Keine Turing-Maschine kann sagen, ob eine beliebige Maschine, der ein ebenso beliebiges Problem gestellt wird, irgendwann zum Stillstand kommt oder statt dessen für immer weiterlaufen wird.

Ich werde hier zwei Maschinen beschreiben, die imstande sein *könnten*, das Halteproblem zu lösen. Im wesentlichen gleichen diese Maschinen der universellen Turing-Maschine, allerdings mit dem Unterschied, daß sie eine unendliche Zahl von Operationen in einer t_0 genannten endlichen Zeit durchführen können. Folglich muß man, um das Halteproblem zu lösen, lediglich einer beliebigen Turing-Maschine ein beliebiges Problem stellen und die Zeit t_0 abwarten. Wenn die virtuelle Maschine nach dieser Zeit die Lösung nicht gefunden hat, weiß man, daß sie nie anhalten wird – weil sie es nie getan hat.

Ich habe geschrieben, daß die Maschinen imstande sein *könnten*, das Halteproblem zu lösen, weil ich keinen strengen Beweis dafür erbringen werde, daß eine der beiden Maschinen, die zu beschreiben ich mich anschicke, tatsächlich funktioniert: Ich werde bloß ein plausibles Argument dafür präsentieren. Ich *vermute* lediglich, daß die Lücken in meiner Argumentation gefüllt werden können. Wenn dies nicht der Fall ist, wird das Versagen meines Vorschlags eine weitere Unterstützung für die Church-Turing-These liefern.

Das erste Modell ist eine Modifizierung des in Kapitel II beschriebenen Billardkugel-Computers [2]. Das Wesentliche dieser Maschine ist, daß jede Rechnung einer Bewegung der Kugeln mit konstanter Geschwindigkeit entspricht, es sei denn, die Kugeln treffen auf entsprechend angeordnete starre Wände oder auf andere Bälle und prallen in Übereinstimmung mit der Newtonschen Mechanik ab.

Je schneller sich die Kugeln bewegen – das heißt, je höher die angenommene Anfangsgeschwindigkeit –, desto schneller wird eine gegebene Rechnung fertig sein. Kann die Geschwindigkeit der Kugeln grenzenlos erhöht werden, so daß eine unendliche Anzahl von Zusammenstößen in einer endlichen Zeit stattfinden kann?

Man weiß, daß physikalische Newtonsche Systeme, die eine unendliche Anzahl von Operationen in einer endlichen Zeit ausführen, existieren. Betrachten wir jetzt einmal vier punktförmige Teilchen, die sich unter der Einwirkung ihrer gegenseitigen Schwerkraft, von der wir annehmen, daß sie durch das Newtonsche Kraftgesetz $\vec{F}_{ij} = GM_iM_j/|\vec{r_i} - \vec{r_j}|^3$ beschrieben wird, auf einer Geraden fortbewegen. Es wird angenommen, daß der Zusammenstoß zweier Kugeln elastisch ist. Mather und McGhee [3] haben gezeigt, daß die Massen und die Anfangsdaten der vier Teilchen so gewählt werden können, daß die Teilchen 3 und 4 einander beliebig nahe kommen, wenn $t \rightarrow t_0$, währen Teilchen 2 zwischen den Teilchen 1 und 3 hin- und herspringt mit dem Ergebnis, daß, wenn $t \rightarrow t_0$, die Teilchen 3 und 4 gegen $+\infty$ gehen und Teilchen 1 gegen $-\infty$, während Teilchen 2 unendlich oft zwischen den Teilchen 1 und 3 hin- und herspringt.

Im Modell von Mather und McGhee geben die Teilchen 3 und 4 eine unendliche Energiemenge ab – dies ist möglich, weil die Teilchen der Schwerkraft unterliegende Punktmassen sind und die potentielle Gravitationsenergie $-GM_3M_4/|\vec{r_i} - \vec{r_j}|$ ist, die gegen $-\infty$ geht, wenn $|\vec{r_i} - \vec{r_j}| \rightarrow 0$. Durch Abgabe dieser unendlichen Energiemenge gewinnen die Teilchen unendliche Geschwindigkeiten in endlicher Zeit.

Gerver [5] hat ein Plausibilitätsargument veröffentlicht, daß bei der Verwendung von fünf komplanaren punktförmigen Teilchen, die sich um ein Dreieck bewegen, alle Teilchen in einer endlichen Zeit ins Unendliche geschickt werden können, wobei eines der Teilchen sich den anderen unendlich oft nähert, ohne aber jemals mit ihnen zu kollidieren. Saari [6] hat gezeigt, daß die Menge der Anfangsbedingungen, die dieses Verhalten zeigen können, für vier komplanare Teilchen Null ist, da sie sich in der Zeit $t \rightarrow t_0$ einer Geraden nähern müssen. Ob dies auch für mehr als vier Teilchen zutrifft, ist bis jetzt ungeklärt.

Der springende Punkt in diesem Beispiel ist, daß die Newtonsche Mechanik eine unendliche Energiequelle benötigt, um punktförmige Teilchen in endlicher Zeit auf unendliche Geschwindigkeit zu bringen. Denkbar wäre eine Anordnung, in der man diese punktförmigen Teilchen mit den endlich großen Billardkugeln des Billardkugel-Computers verknüpfen könnte, um die Kugeln zu zwingen, eine unendliche Anzahl rechnerischer Schritte in endlicher Zeit durchzuführen. Wenn die Antwort vor t_0 erreicht wird, hält die Maschine an, und wenn keine Antwort erreicht wird, hält die Maschine nie an.

Ein Grund dafür, warum es sich hier um ein »Plausibilitätsargument« und keinen strengen Beweis handelt, ist meine Annahme, daß es möglich ist zu bestimmen, ob die Maschine nach ihrer unendlichen Anzahl von Schritten tatsächlich angehalten hat oder nicht. Das heißt, ich bin davon ausgegangen, daß es einen eindeutigen Systemzustand *nach* t_0 gibt, so daß wir sehen können, ob die Maschine nach dieser Zeit eine Antwort gefunden hat oder nicht. Die Eindeutigkeit der Ausdehnung nach dem Ende der globalen Hyperbolie ist ein Gesetz der allgemeinen Relativitätstheorie (die Ausdehnung des Taub-Raums in den NUT-Raum ist die große Ausnahme [6]), aber es gibt keine Ausdehnungstheoreme für Newtonsche Raumzeiten.

Die zweite denkbare Maschine, die das Halteproblem lösen könnte, ist eine Omegapunkt-Raumzeit mit Zeitreise, wie in Abschnitt F ausgeführt. Eine unendliche Anzahl von Rechnungen wird zwischen jetzt und dem Omegapunkt durchgeführt. Das Funktionieren dieses Mechanismus in einer globalen hyperbolischen Raumzeit ist im Abschnitt H erklärt: Grob gesagt ist es ein allgemeines relativistisches Analogon zur Entnahme einer unendlichen Energiemenge, indem man die Distanz zwischen zwei punktförmigen Teilchen gegen null gehen läßt. In der Omegapunkt-Theorie ist der gegen null gehende Abstand der Radius des Universums.

In einer deterministischen Raumzeit bleiben die Ergebnisse der unendlichen Rechnungen am Ende der Zeit, am Omegapunkt, stekken. Mit Hilfe der Zeitreise kann das Ergebnis jedoch zurückgeschickt werden, insbesondere dann, wenn der Computer so eingestellt ist, daß die Antwort, falls sie erfolgt, in einem Zeitintervall zwischen $t = 0$ und $t \rightarrow t_0$ zurückgeschickt wird. Kommt innerhalb der Zeit t_0 keine Antwort aus der Zukunft, dann wissen wir genau, daß eine äquivalente Turing-Maschine niemals anhalten wird. Natürlich kann nur eine endliche Anzahl von Bits rechtzeitig zurückgeschickt werden [7], doch das ist kein Hindernis für die Lösung des Halteproblems: Es reicht, wenn die einfache Nachricht »Antwort erhalten, Maschine gestoppt« zurückgeschickt wird.

Literatur

[1] Chaitlin, Gregory J. 1982. »Gödel's Theorem and Information.« In: *Int. J. Theor. Phys.* 21, pp. 941-954.

[2] Fredkin, Edward und Toffoli, Tommaso 1982. »Conservative Logic.« In: *Int. J. Theor. Phys.* 21, pp. 219-253.

[3] Mather, J.N. und McGhee, R. 1975. »Solutions of the Collinear Four-Body Problem which Become Unbounded in Finite Time.« In: *Dynamical Systems, Theory and Applications.* p. 573. Hrsg. von J. Moser. New York: Springer-Verlag.

[4] Gerver, Joseph L. 1984. »A Possible Model for a Singularity Without Collisions in the Five-Body Problem.« In: *Journal of Differential Equations* 52, pp. 76-90.

[5] Saari, Donald 1977. »A Global Existence Theorem for the Four-Body Problem of Newtonian Mechanics.« In: *Journal of Differential Mechanics* 26, pp. 80-111.

[6] Hawking, Stephen W. und Ellis, George F.R. 1973. *The Large Scale Structure of Space-Time.* Cambridge: Cambridge University Press.

[7] Deutsch, David 1991. »Quantum Mechanics Near Closed Timelike Lines.« In: *Phys. Rev.* D44, p. 3197–3217.

H. Das klassische Omegapunkt-Universum: Mathematische Einzelheiten

Da »Leben« – in welcher Form oder aufgrund welcher detaillierten physikalischen Prozesse auch immer – im Endeffekt eine Form der Informationsverarbeitung ist, habe ich in Kapitel IV gefordert, daß drei Bedingungen notwendig und ausreichend dafür sind, daß »Leben« ewig existieren kann. Mathematisch ausgedrückt sind diese drei Bedingungen:

(1) Informationsverarbeitung – das Ablaufen von Programmen – geht entlang mindestens einer in der Zukunft endlosen zeitartigen

Kurve γ den ganzen Weg bis zur zukünftigen k-Grenze des Universums weiter;
(2) die Menge der in $J^-(\gamma) \cap J^+(p)$ verarbeiteten Information ist unendlich, wobei $p \subset \gamma$ das Ereignis {die gegenwärtige Erde} ist;
(3) die Menge der in $J^-(\gamma) \cap J^+(p) \cap S(t)$ gespeicherten Informationen divergiert gegen unendlich, wenn sich die Blätter der Faltung der zukünftigen k-Grenze nähern, wobei $S(t)$ eine Faltung des Universums durch raumartige Hyperflächen ist.

Präzise Definitionen der »k-Grenze«, der kausalen Vergangenheitsmenge $J^-(\gamma) \equiv$ {die Menge aller Ereignisse, die Signale zu γ senden können} und der kausalen Zukunftsmenge $J^+(p) \equiv$ {die Menge aller Ereignisse, zu denen p Signale senden kann} sind bei Hawking und Ellis [1] zu finden und wurden im Abschnitt B bereits kurz diskutiert. Die zukünftige k-Grenze – das zukünftige Ende der Zeit – ist in Kapitel IV und in Abschnitt F definiert.

Bedingung (1) besagt in präziser Terminologie, daß Leben – Informationsverarbeitung – bis zum Ende der Zeit weitergeht. Bedingung (2) bedeutet, daß diese Periode in subjektiver Zeit, wie sie in der Anzahl der Gedanken, die Lebewesen haben, gemessen wird (jeder »Gedanke« erfordert die Verarbeitung von mindestens einem Informationsbit), tatsächlich unendlich ist. Ohne diese Bedingung der Unendlichkeit ergäbe es keinen Sinn zu sagen, daß Leben »ewig« weitergeht. Bedingung (2) sagt auch, daß ein verarbeitetes Bit nur dann als möglicher »Gedanke« gezählt wird, wenn er dem Beobachter γ mitgeteilt werden kann. Eine integrierte Biosphäre oder Persönlichkeit ist ohne Informationsaustausch zwischen Teilen der Biosphäre oder dem Gehirn, das die Persönlichkeit codiert, unmöglich. Die Erde zum jetzigen Zeitpunkt wird als Nullpunkt der subjektiven Zeit gewählt. Das kann zwar einerseits nur eine Biosphäre leisten, andererseits aber könnte dafür jede Biosphäre benutzt werden. Daher kann der Ausdruck »Erde zum jetzigen Zeitpunkt« durch »ein zum jetzigen Zeitpunkt bewohnter Planet« ersetzt werden.

Bedingung (3) soll das Problem der ewigen Wiederkehr eliminieren, das in Kapitel III ausführlich erörtert wurde. In Kapitel II habe ich bewiesen, daß eine Maschine mit endlich vielen Zuständen, wenn sie unendlich lange betrieben wird, in eine Teilmenge ihres Zustandsraumes fällt, für die sie jeden Zustand dieser Teilmenge unendlich oft wiederholt. Aber »ewig« zu leben bedeutet, unendlich viele *neue* Erfahrungen zu machen. Bedingung (3) macht das Leben als Ganzes zu einer potentiell unendlichen Maschine, für die ein solches ewiges Rückkehren nicht unausweichlich ist. »Potentiell unendlich« (»unendlich« im Sinne der Komplexitätstheorie) bedeutet lediglich, daß die kausal zugänglich gespeicherte Information zu jedem beliebigen Moment der universellen Zeit nicht nach oben beschränkt ist, wenn sich die Zeit ihrer zukünftigen Grenze nähert. Die konstante Mittelkrümmungsfaltung – die existiert [2] und in allgemein physikalisch plausiblen Raumzeiten eindeutig [3] ist (und die mit dem Bezugssystem [4] der natürlichen Strahlung in den FRW-Universen übereinstimmt) – ist der übliche Weg, um absolute Zeit in der klassischen allgemeinrelativistischen Kosmologie zu definieren; daher ist sie eine mögliche raumartige Faltung. Bedingung (3) fordert jedoch nur die Existenz einer raumartigen Faltung, auf der die gespeicherte Information divergiert; sie verlangt nicht, daß sie auf einer spezifischen Faltung divergiert. Eine raumartige Faltung existiert, wenn die vorausgesetzte stabile Kausalität [1] gilt. Wenn die Raumzeit in einem Omegapunkt endet, dann wird sie, wie ich in Abschnitt F gezeigt habe – zumindest in hinreichender Nähe der Endsingularität –, von kompakten Cauchy-Flächen gefaltet.

Die Modelle von Dirac und Dyson gingen von offenen oder flachen Universen aus. Dyson behauptet [5], daß in solchen Universen ausreichend freie Energie vorhanden sei, um (1) und (2) zu erfüllen, aber ich habe gezeigt [6], daß es in flachen Universen keinesfalls genug Energie gäbe, um ein Signal unendlich oft von einer Seite der Biosphäre zur anderen zu senden, und daß in offenen Universen die Ausdehnung in späteren Zeiten zu schnell erfolgte, um die Bildung von Strukturen mit immer größerer Ausdehnung zu erlauben (solche Strukturen sind zur Speicherung einer divergierenden Informationsmenge erforderlich). Folglich würde Bedingung (3) in jedem Fall verletzt werden. Linde [7] hat vorgeschlagen, daß Leben möglicherweise in einem ewigen chaotischen Inflationsuniversum auf Dauer überleben könnte, indem es *ad infinitum* von einem sterbenden Inflationsbereich zu einem neu entstehenden reist. Ich habe jedoch gezeigt [8], daß die Bekenstein-Zahl die innerhalb der kausal verbundenen Biosphäre codierbare Information nach oben begrenzt, da die neu entstehenden Bereiche eine charakteristische, von der

Inflationsmasse bestimmte Skala haben. Somit wird wiederum Bedingung (3) verletzt.

Wir wollen uns mit der Frage, warum Leben nicht für immer in einem sich ewig aufblähenden Universum existieren kann, eingehender beschäftigen. Für den Fall, daß die kosmologische Konstante kleiner ist als ein sehr kleiner positiver Wert, zeigt Linde [7, 9–11], daß sich unser Bereich aufgrund der vom Inflationsfeld verursachten Dichtestörungen in der fernen Zukunft wie ein S^3-Friedmann-Robertson-Walker (FRW)-Universum mit der gegenwärtigen Durchschnittsdichte μ_0, die größer ist als die kritische Dichte, und mit dem gegenwärtigen Skalenfaktor der Größe $l^* \sim \exp[2\pi M_P/m] \sim \exp[2\pi 10^6]$cm, wobei M_P die Planck-Masse ist, verhält; das effektive Potential des Inflationsfelds ist $V(\phi) = 1/2m^2\phi^2$ und der Wert von m ist so gewählt, daß die Amplitude der Dichtestörungen ungefähr in der Größenordnung 10^{-4} liegt, was den Beobachtungen entspricht. (Wenn die kosmologische Konstante größer ist als der Wert von Linde, wird unser Bereich sich in der Zukunft wie ein de Sitter-Raum mit seiner exponentiellen Inflation verhalten, und unsere Berechnungen [9, 12] bestätigen, daß Informationsverarbeitung – Leben – in dieser Umgebung allmählich unmöglich wird.)

Linde zeigt jedoch [7, 9–11], daß es innerhalb der Distanz l^* viele neue inflationäre Bereiche geben wird, deren jeder ein neues Universum ähnlich dem unsrigen werden wird und mit dem unseren durch ein großes Wurmloch verbunden ist. Er schlägt vor, daß Leben ewig fortdauern kann, wenn es sich selbst immer wieder von einem sterbenden Bereich zu einem neu gebildeten *ad infinitum* weiterbewegt. Nach Linde wäre es physikalisch durchaus möglich, ein Signal von einem sterbenden Mutterbereich zu einem Tochterbereich zu senden (wenn die kosmologische Konstante nicht zu groß ist), und folglich könnten die Bedingungen (1) und (2) erfüllt sein. Linde hat selbst die Möglichkeit erwähnt (private Mitteilung), daß das Tochter-Universum bis zum Eintreffen des Signals älter geworden ist, als das Mutter-Universum zu dem Zeitpunkt war, zu dem das Signal ausgesandt wurde, und daher könnten die Bedingungen für Leben beim Empfänger tatsächlich schlechter sein als beim Absender.

Ein grundlegenderes Problem stellt die äußerste Grenze dar, die die Bekenstein-Zahl (C.1) für die Informationsmenge setzt, die von dem Mutterbereich zum Tochterbereich übermittelt werden kann, und deshalb kann Bedingung (3) nicht gültig sein; unsere

Nachkommen müssen aussterben oder in eine ewige Rückkehr eingeschlossen werden.

Um dies zu beweisen, möchte ich wie Linde vorgehen und den Bereich mit einer durchschnittlichen Dichte, die größer ist als die kritische Dichte, mit der Metrik eines S^3-FRW-Universums annähern. Aus Abschnitt B wissen wir, daß die Metrik eines S^3-FRW-Universums $ds^2 = -\ dt^2 + R^2(t)[d\chi^2 + \sin^2\chi(d\theta^2 + \sin^2\theta d\phi^2)] \ = \ R^2(t)$ $[-d\tau^2 + d\chi^2 + \sin^2\chi(d\theta^2 + \sin^2\theta d\phi^2)]$, wobei t und τ jeweils die Eigenzeit und die konforme Zeit der Weltlinien senkrecht zu den homogenen und isotropen Flächen sind und $0 \leq \chi \leq \pi$ die radiale Koordinate ist. Die zeitliche Entwicklung des Skalenfaktors $R(t)$ wird durch die Friedmann-Gleichung $G_{\hat{t}\hat{t}} = 8\pi G T_{\hat{t}\hat{t}} = 3[(R'/R)^2 + R^{-2}]$ $= 8\pi G\mu$ beschrieben, wobei der Strich die Eigenzeitableitung kennzeichnet und μ die Massendichte ist. Wenn die Zustandsgleichung $p = (\gamma - 1)\mu$ mit $\gamma > 2/3$ ist, dann bedeutet die Erhaltungsgleichung $(\nabla \cdot T)_{\hat{t}} = 0$, daß $\mu \propto a^{-3\gamma}$ gilt, so daß die Friedmann-Gleichung zu $(R'/R)^2 = MR^{-3\gamma} - R^{-2}$ wird, wobei M eine Konstante ist.

Die Gleichung kann integriert werden, indem man $y \equiv R^{(3\gamma-2)/2}$ setzt und dadurch in die konforme Zeit transformiert. (Ich danke Prof. J.D. Barrow für den Hinweis auf diese Transformation.) In diesem Fall wird die Friedmann-Gleichung zu $(dy/d\tau)^2 + ([3\gamma - 2]/2)^2 y^2$ $= M([3\gamma - 2]/2)^2$. Dies ist exakt die Energiegleichung für den einfachen Harmonischen Oszillator, so daß y die Gleichung $\ddot{y} +$ $([3\gamma - 2]/2)^2 y = 0$ erfüllt, wobei der Punkt die Ableitung nach der konformen Zeit kennzeichnet. Daher gelten $R(\tau) = R_{max}$ $[\sin(\{[3\gamma - 2]/2\}\tau)]^{2/(3\gamma-2)}$ und

$$t(\tau) = R_{max}\int_0^\tau \sin^{2/(3\gamma-2)}\left[\left(\frac{3\gamma-2}{2}\right)x\right]dx \qquad (H.1)$$

wobei R_{max} der Wert des Skalenfaktors bei maximaler Ausdehnung ist. Die gesamte Lebensdauer τ_{Leben} des Universums in der konformen Zeit ist die konforme Zeit zwischen zwei Nullstellen von y oder R oder, in anderen Worten

$$\tau_{Leben} = 2\pi/(3\gamma - 2) \qquad (H.2)$$

unabhängig von R_{max}. Die gesamte Eigenlebensdauer des Universums erhält man, indem man für die obere Grenze des Integrals (H.1) τ_{Leben} einsetzt. Das ergibt

$$t_{Leben} = R_{max} \frac{2\sqrt{\pi}\Gamma\left(\frac{3\gamma}{2(3\gamma-2)}\right)}{(3\gamma\text{-}2)\Gamma\left(\frac{3\gamma-1}{3\gamma-2}\right)} \qquad (H.3)$$

wobei Γ die Gamma-Funktion ist. Für materiebeherrschte Universen, ($\gamma = 1$), gilt: $t_{Leben} = \pi R_{max} = 4M/3M_P^2$, wobei $M \equiv 2\pi^2 R_0^3 \mu_0$ die gesamte »Masse« des Universums ist, da $R_{max} = 8\pi\mu_0 R_0^3/3M_P^2$. Für strahlenbeherrschte Universen, ($\gamma = 4/3$), gilt: $t_{Leben} = 2R_{max}$. Dies sind die üblichen Resultate. Ich habe τ_{Leben} und t_{Leben} für alle γ erhalten, weil die beste Annäherung an ein realistisches Universum ein Modell wäre, in dem γ zwischen 1 im niedrigen und 4/3 im heißen Temperaturbereich variiert.

In Verbindung mit der Bekenstein-Grenze beinhalten diese Ergebnisse, daß die Informationsmenge, die jemals in einem beliebigen Bereich codiert werden kann, kleiner als die universelle Obergrenze ist. Daher ist die ewige Wiederkehr in einer ewigen chaotischen Inflationskosmologie unvermeidlich. Aus der Bekenstein-Grenze haben wir $I_{jetzt} \leq 3 \text{ x } 10^{38}[\mu_0 \ (l^*)^3]l^* \sim 10^9 \exp(8\pi 10^6) \sim \exp(8\pi 10^6)$, so daß

$$I_{jetzt} \leq \exp(8\pi 10^6) \text{ Bits} \qquad (H.4)$$

die Obergrenze für die Information ist, die in unserem Bereich zum gegenwärtigen Zeitpunkt codiert werden kann. In Anlehnung an Linde [7] habe ich $\mu_0 = 10^{-29}$ und $M = 2\pi^2\mu_0(l^*)^3$ gesetzt.

Da wir für materiebeherrschte Universen $M(t)R(t) = [2\pi^2\mu(t) R^3(t)]a(t) = [2\pi^2\mu_0 R_0^3]R(t) \sim \mu_0(l^*)^3 R(t)$ haben, wächst die Obergrenze für die Information, die in unserem Bereich codiert werden kann, linear mit dem Skalenfaktor $R(t)$. Folglich ist die absolute Obergrenze durch $R(t) = R_{max}$ gegeben. Wenn man $R_{max} = 4M/3M_P^2$ benutzt, erhält man $(MR)_{max} \sim [8\pi\mu_0^2/3M_P^2][l^*]^6$. Daher ist die maximale Informationsmenge, die jemals in *irgendeinem Bereich* codiert werden kann:

$$I^{max}_{Bereich} \leq \exp(12\pi 10^6)\text{Bits} \qquad (H.5)$$

Folglich wären Signale, die, wie Linde es vorschlägt, Beschreibungen von uns und unserem Bereich *ad infinitum* an Tochterbereiche schicken würden, letztlich sinnlos. Hat die Komplexität des Lebens einmal die ihm von der Gleichung (H.5) gesetzte Grenze erreicht, müßte das Leben seine früheren Handlungen *ad infinitum* wiederholen. (Die Obergrenze für die Information, die vom Mutter- zum Tochterbereich *gesendet* werden könnte, wäre in der Tat *kleiner* als von (H.5) angegeben, da Mutter und Tochter durch Wurmlöcher verbunden wären, die sowohl für die Mutter als auch für die Tochter wie schwarze Löcher aussähen, und die Bekenstein-Grenze müßte auf die Oberflächen dieser schwarzen Löcher angewendet werden, die kleiner als Mutter oder Tochter, die beide die schwarzen Löcher enthalten, sind.)

Die fundamentale Grenze (H.5) tritt auf, weil die inflationäre Kosmologie fundamentale Längen- und Massenskalen l^* und M hat, die man aus der Masse m in dem effektiven Potential $V(\phi)$ erhält. Linde [7] hat jedoch betont, daß die Skala der universellen Abgeschlossenheit nicht bei l^*, sondern bei nl^* auftauchen kann, wobei n eine ganze Zahl ist, da die Abgeschlossenheit dadurch zustande kommt, daß die relative Dichtefluktuation $\delta\mu/\mu_0$ größer wird als 1. Daher ist die Größe der Abgeschlossenheit durch die erste ganze Zahl n definiert, die die Wellenlängenskala dieser relativen Dichtefluktuation angibt.

Folglich könnte man hoffen, die Grenze (H.5) zu umgehen, indem man von einem Bereich, für den $n = 1$ gilt, zu einem Bereich übergeht, für den $n = 2$ gilt, und dann zu einem mit $n = 3$ und so weiter *ad infinitum*. Leider wird einer solchen Überlebensstrategie ebensowenig Erfolg beschieden sein.

Dies folgt zum einen aus der Tatsache, daß die konforme Lebenszeit τ_{Leben} von R_{max} unabhängig ist, und zum anderen daraus, daß alle Lichtstrahlen der Gleichung $\tau = \chi$ unterliegen. Daher ist die Anzahl der Umrundungen des Universums, die ein Lichtstrahl, der eine endliche Zeit nach der Anfangssingularität startet, während der Lebenszeit des Universums ausführt, kleiner als $\tau_{Leben}/2\pi = 1/(3\gamma - 2)$, was für materiebeherrschte Universen 1 bedeutet und für strahlendominierte 1/2; diese Zahlen sind unabhängig von R_{max}. Darum schafft es kein Lichtsignal, irgendeinen Bereich, egal wie groß er ist, zu umrunden, bevor es in einer Endsingularität endet (oder bis die Krümmungen groß werden; beide Fälle bringen uns dahin zurück, daß Leben in beliebiger Nähe zu einer Endsingularität überlebt).

Das bedeutet, es ist unmöglich, nach einem Bereich zu suchen, dessen n größer ist als das des gegenwärtigen Bereichs, der die Nachricht erfolgreich durch das Universum zurücksendet und die Information in einen größeren Bereich übermittelt, bevor der eigene, gegenwärtige Bereich sich seiner Endsingularität nähert. Dieses Argument gilt folglich für jede inflationäre Kosmologie, sogar für solche, die keine fundamentale Skala außer der Planck-Länge L_P enthalten – wie zum Beispiel ausgedehnte inflationäre Kosmologien. Die entscheidende Tatsache ist, daß die konforme Lebensdauer, siehe Gleichung (H.2) eines Universums keine Längenskala enthält, da sie nur von der konformen Struktur der Raumzeit abhängt.

Umgekehrt könnte man daran denken [13] zu überleben, indem man die Information zu einem im Labor erzeugten Mini-Universum schickt. In diesem Fall ist das Mini-Universum hinter dem Ereignishorizont eines schwarzen Lochs mit der Fläche $A = 4\pi L^2$ versteckt, wobei $L = 2GM/c^2$, so daß für die Bekenstein-Grenze (C.1) gilt

$$I \leq \frac{A}{4L_P^2 \ln 2} \qquad (H.6)$$

Da für die Horizonte typischer Labor-Universen [13] $A \sim 4\pi L_P^2$ gilt, kann keine entscheidende Information an das Mini-Universum übermittelt werden, wenn das »schwarze Loch« nicht dadurch vergrößert wird, daß man den größten Teil der Masse unseres Universums hineinsteckt; aber diese Möglichkeit wird durch die Kausalitätsgrenze, die wir weiter oben erhalten haben, ausgeschaltet. (Wir müßten hinausgehen, die Materie einsammeln und zurückbringen, aber möglicherweise findet weniger als eine Umrundung unseres Universums statt, bevor es zu Ende geht.)

Dennoch geht die Herleitung der Bekenstein-Grenze (C.1) davon aus, daß der Vakuumzustand eindeutig ist, und das schließt mit ein, daß in ihm keine Information codiert ist. Linde [18] meint, daß die Superstringtheorie diese Annahme verletzen könnte und daß wir imstande sein könnten, Informationen über uns im Vakuumzustand des Labor-Universums zu codieren. Aber er weist darauf hin, daß solche verschiedenen Vakua nur entstehen können, wenn die Anfangsdichte des Mini-Universums in der Größenordnung der Planck-Dichte M_P^4 liegt. Ich vermute, daß dies eine große Anzahl solcher Mini-Universen mit Dichten von mehr als M_P^4 bedeutet, da die Wahrscheinlichkeit der Entstehung bei M_P^4 maximal ist.

Zusammenfassend kann man sagen: In einem ewigen chaotischen

inflationären Universum wäre Leben letztendlich armselig, einsam, häßlich, wild und – im Vergleich zum unendlichen Alter des Universums – kurz.

»Ewige« Inflation muß noch nicht einmal ewig sein. Vilenkin [14] hat kürzlich gezeigt, daß der zweite Hauptsatz der Thermodynamik von jedem beliebigen inflationären Universum verlangt, daß es mit einer Anfangssingularität beginnen muß.

Die allgemeine Schwierigkeit, der man bei allen flachen und offenen Universen, ob mit oder ohne Inflation, gegenübersteht, ist, daß sie notwendigerweise Ereignishorizonte enthalten. Ereignishorizonte verhindern das Senden von Signalen, und die Abwesenheit von Ereignishorizonten – was gleichbedeutend ist mit der Anwesenheit des Omegapunkts – erfordert eine kompakte Raumzeit, wie im Abschnitt F gezeigt wurde. Seiferts Theorem verlangt jedoch von den Cauchy-Flächen nur, daß sie kompakt, nicht, daß sie S^3 sind. Ein Universum, das nicht S^3 ist, wird aber nicht zusammenbrechen, bevor nicht die schwache Energiebedingung verletzt wird oder $\Lambda < 0$ (siehe weiter unten, [25]); da ausreichende Energie für die Divergenz der verarbeiteten Information einen erneuten Zusammenbruch verlangt, heißt das, die Cauchy-Flächen müssen S^3 sein. Also muß das Universum geschlossen sein, wenn Leben ewig fortdauern soll.

1. Bianchi-Typ-IX-Universen

Es wäre vorstellbar, daß Leben zum Untergang verdammt ist, da geschlossene Universen innerhalb einer endlichen Eigenzeit mit einer Singularität bei einem Raumvolumen von null enden. Die Bekenstein-Grenze (C.1) zeigt jedoch, daß wir $I \to +\infty$ für $R \to 0$ haben können, wenn $ER \to +\infty$; die gesamte Menge der verarbeiteten und gespeicherten Information I kann unendlich sein in endlicher Eigenzeit, wenn dI/dt schnell genug gegen unendlich geht. Ich werde jetzt zeigen, daß beide Divergenzen auftreten können, und anschließend, falls beide in einem geschlossenen Universum auftreten, daß die Biosphäre das gesamte Universum vereinnahmen und die Entstehung von Horizonten verhindern muß. Letzteres beinhaltet, daß das Universum in der fernen Zukunft annähernd homogen ist (oder homogen gemacht werden muß). Damit der Kollaps erneut auftritt, muß das Universum bei maximaler Ausdehnung nahezu isotrop sein. Daher muß das Universum bei R_{max} fast ein FRW-Universum sein, und dieses wiederum bedeutet, daß die Wachstumsrate der Dichtedifferenz $\delta_+(t_{max}) < 1$. Da wir im flachen Raum $\delta_+ \propto t^{2/3} \propto R(t)$ haben, ergibt dies

$$\frac{\delta_+(t_{max})}{\delta_+(t_{jetzt})} = \frac{R_{max}}{R_{jetzt}}$$

auf den größten Skalen. Ich will kurz zeigen, daß $R_{max}/R_{jetzt} \geq 3 \times 10^3$, so daß wir $\delta_+(t_{jetzt}) < 3 \times 10^{-4}$ für die Amplitude auf der Skala der antipodischen Distanz erhalten. Um die Temperaturschwankung $\Delta T/T$ der Wiedervereinigungszeit zu bekommen, benutzen wir $\Delta T/T = 1/3\delta_+(t_R)$ für adiabatische Störungen, und wir reskalieren die Zeit von jetzt bis zur Wiedervereinigungszeit t_R und auch die Amplitude von der antipodischen Distanz bis zur Horizontdistanz bei t_R. Für die Reskalierung der Amplitude brauchen wir das Potenzspektrum.

Aber das Potenzspektrum muß das Harrison-Zel'dovich-Spektrum sein. Das Anfangsspektrum sei

$$\delta_{|H} = \chi\left(\frac{M_H}{M_*}\right)^{-a}$$

wobei $\delta_{|H}$ die Magnitude der Störung δ in dem Moment ist, in dem sie am Horizont erscheint, und sowohl Δ als auch M_* sind freie Parameter. Für $\alpha > 0$ divergieren die Störungen auf kleinen Skalen, und für $\alpha < 0$ divergieren sie auf großen Skalen [26, S. 352]. Jede der beiden widerspräche einer Friedmann-Anfangssingularität, die wir aber brauchen, um $S = 0$ an der Anfangssingularität und die Gültigkeit der Bekenstein-Grenze zu erhalten, wie wir im Abschnitt C erörtert haben. Daher gilt $\alpha = 0$, und das ist das Harrison-Zel'dovich-Spektrum.

Anderenorts wurde bereits gezeigt [26, S. 359], daß aus dem Harrison-Zel'dovich-Spektrum $\delta_+ \propto M_k^{-2/3}$ folgt, wobei k die Wellenzahl der Störung angibt. Da $M_k \propto k^{-3}$ gilt, folgt daraus, daß $\delta_+ \propto k^2$. Da die Wellenzahl im Universum umgekehrt proportional zu der Eigendistanz ist, erhalten wir

$$\frac{\delta_+(t_R)\,|_H}{\delta_+(t_R)\,|_{antipodisch}} = \left(\frac{k_H}{k_{antipodisch}}\right)^2 = \left(\frac{D_{antipodisch}}{D_H}\right)^2_{|t_R}$$

wobei D_H die Eigendistanz zum Horizont ist und $D_{antipodisch}$ die Eigendistanz zum antipodischen Punkt. Letzteres haben wir ja in Abschnitt B bereits so definiert. Da die Größe des Horizonts mit $R^{3/2}$ und die Distanz zum antipodischen Punkt mit R wächst, wächst das Verhältnis $D_H/D_{antipodisch}$ mit $R^{1/2}$. Daraus folgt wiederum

$$\left(\frac{D_{antipodisch}}{D_H}\right)^2_{t_R} = \left(\frac{R_{jetzt}}{R(t_R)}\right)\left(\frac{D_{antipodisch}}{D_H}\right)^2_{jetzt}$$

Die Ungleichung $\delta_+(t_{jetzt}) < 3 \times 10^{-4}$ auf der antipodischen Skala folgt aus $\delta_+(t_R) < 2 \times 10^{-7}$ auf der antipodischen Skala, da $\delta_+(t_{jetzt})/\delta_+(t_R) = R_{jetzt}/R(t_R) = 1500$. Da wir in Abschnitt B $(D_{antipodisch}/D_H)_{jetzt} = 10^3$ erhalten haben, bekommen wir jetzt $\Delta T/T < 100$, ein ziemlich uninteressantes Ergebnis also. Die vorhergegangene Analyse wurde in einem flachen FRW-Universum gemacht, wohingegen Störungen in einem geschlossenen FRW-Universum viel schneller wachsen. Aber dieses Wachstum im Dichtekontrast liegt für ein nichtflaches Modell zum Zeitpunkt der maximalen Ausdehnung nur bei einem Faktor 5 [26, S. 339] vor.

Die Störungen in den größten Skalen müssen aber nicht nur zur Zeit der maximalen Ausdehnung klein sein, sondern sie müssen auch dann noch klein sein, wenn unsere Nachkommen diese Skalen erreichen. Wenn also die Störungen auf der Skala für den Horizont in dem Moment, in dem eine sich ausbreitende Biosphäre die Region erreichte, die Größenordnung eins hätten, wäre die Materie zu supermassiven schwarzen Löchern zusammengebrochen, die für jede Art von Leben unerreichbar wären. Außerdem wäre es unmöglich, solche supermassiven schwarzen Löcher zur Auslöschung von Horizonten zu benutzen, und Horizonte wiederum würden, wie wir weiter unten sehen werden, fortgesetztes Leben ausschließen.

Ein Punkt auf der letzten Streuungsfläche wird heute bei einer Eigendistanz $R_{jetzt}\chi$ lokalisiert, die gegeben wird von

$$R_{jetzt}\chi = R_{jetzt}\int_{t_R}^{t_{jetzt}} \frac{dt}{R(t)}$$

Da $R(t) = R_{jetzt}(t/t_{jetzt})^{2/3}$, folgt daraus

$$R_{jetzt}\chi = 3t_{jetzt}\left[1 - \left(\frac{R(t_R)}{R_{jetzt}}\right)^{1/2}\right]$$

so daß in einem flachen, materiebeherrschten FRW-Universum die Größe des sichtbaren Universums sehr nahe an $3t_{jetzt}$ ist. In Abschnitt N werde ich zeigen, daß unsere Nachkommen sehr wohl in der Lage sein werden, sich mit einer an die Lichtgeschwindigkeit grenzenden Geschwindigkeit bis in diese Region auszubreiten. Sie werden diese Region zu einer Zeit *t* erreichen können, die durch folgende Gleichung festgelegt wird:

$$R_{jetzt}\chi = R_{jetzt}\int_{t_{jetzt}}^{t} \frac{dt}{R(t)} = 3t_{jetzt}\left[\left(\frac{R(t)}{R_{jetzt}}\right)^{1/2} - 1\right]$$

Wenn man die beiden Ausdrücke für $R_{jetzt}\chi$ gleichsetzt, folgt daraus $R(t)/R_{jetzt} = 4$. Die Bedingung $\delta_+(t) < 1$ liefert uns dann

$$\frac{\Delta T}{\mathrm{T}} = 1/3\ \delta_+(t_R) = 1/3\ \delta_+(t)\left(\frac{\delta_+(t_{jetzt})}{\delta_+(t)}\right)\left(\frac{\delta_+(t_R)}{\delta_+(t_{jetzt})}\right) = 1/3\ \delta_+(t)\left(\frac{R_{jetzt}}{R(t)}\right)$$
$$\left(\frac{R(t_R)}{R_{jetzt}}\right) < \left(\frac{1}{3}\right)\left(\frac{1}{4}\right)\left(\frac{1}{1500}\right) = 6 \text{ x } 10^{-5}$$

Das ist die Obergrenze, wie sie im Hauptteil dieses Buches zitiert wird. (Ich hätte es genauer machen können, da die Näherungsbedingung nicht einfach $\delta_+(t) < 1$ ist, sondern eher $\delta_+(t) \ll 1$ ist.) Wir wissen auch, daß für die Entstehung von Galaxien, also der Strukturen, die die Entstehung des Lebens zu Anfang der universellen Geschichte ermöglicht haben, ein Dichtekontrast nötig ist, der an der Fläche der letzten Streuung größer als ungefähr 10^{-6} sein muß. Folglich erhalten wir aus der endgültigen Grenzbedingung, daß Leben ewig weiterexistieren muß, ziemlich enge Ober- und Untergrenzen. Bei Vorgabe der Grenzbedingung sind keine Überlegungen der Teilchenphysik erforderlich; in der obigen Rechnung wurde lediglich die klassische Standardkosmologie benutzt. Es ist bemerkenswert, daß die endgültige Grenzbedingung auch erklärt, warum $\Delta T/T$ innerhalb eines Faktors 100 von $R(t_R)/R_{jetzt}$ ist: Ersteres ist zu letzterem proportional.

Zusammenfassend können wir also mit sehr hoher Genauigkeit festhalten, daß das Universum zumindest bis zum erneuten Zusammenbruch homogen bleiben wird.

Die Metrik eines allgemeinen homogenen, geschlossenen Universums, des Bianchi-Modells Typ IX, kann ausgedrückt werden [15, 16] als

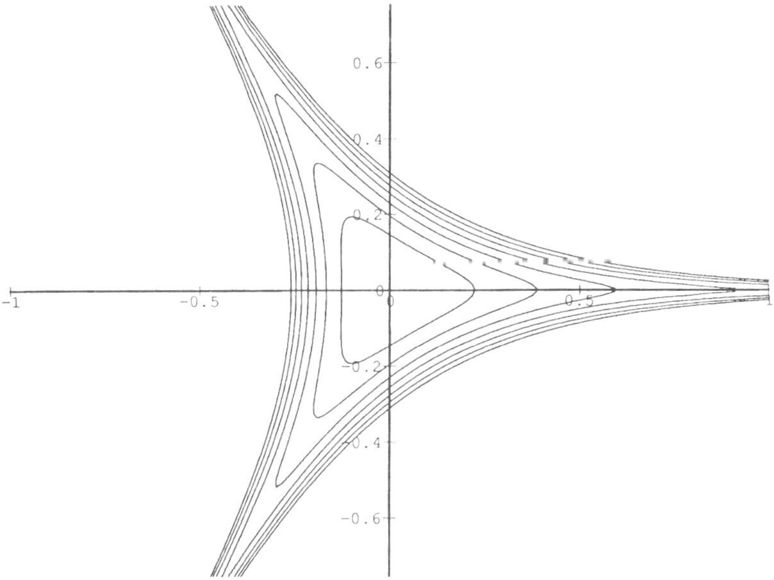

Abbildung H.1: *Äquipotentiale von $V(\beta_+, \beta_-)$. Das Potential ist symmetrisch bei Drehung um 120° in der β_+–β_--Ebene. Das globale Minimum ist $V(0,0) = 0$. Wenn $V < 1$ gilt, ist der Rand geschlossen. Die Ränder mit $V \geq 1$ nähern sich asymptotisch den gepunkteten Linien $\beta_- = 0$ und $\sqrt{3}\beta_+ \pm \beta_- = 0$. Bewegung entlang einem beliebigen der durch die drei gepunkteten Linien definierten Kanäle definiert wiederum ein Taub-Universum (räumlich, eine abgeflachte Sphäre), so daß die Scherungsenergie divergiert und Licht in der Kanalrichtung eine Umrundung durchführt. Eine zum Äquipotential senkrechte Bewegung wird als »von der Wand abprallend« bezeichnet, weil $V(\beta_+, \beta_-)$ in diesen Richtungen exponentiell wächst. Leben muß das Chaos dieser Sprünge nutzen, um die Bewegung in einen Kanallauf zu zwingen.*

$$ds^2 = -\,dt^2 + e^{2\alpha}\left[\sum_{i,j=1}^{3} (e^{2\beta})_{ij}\sigma^i\sigma^j\right] \qquad (H.7)$$

wobei die σ_i die SU(2)-isometrischen invarianten 1-Formen auf S^3 sind, die $\pounds_{\vec{n}}\sigma_i = 0$ und $[\sigma^i, \sigma^j] = \varepsilon_{ijk}\sigma^k$ erfüllen, wobei $\vec{n}$ der Einheitsvektor senkrecht zu der raumartigen homogenen Hyperfläche für t =konstant ist und α und β_{ij} nur Funktionen von t sind (β_{ij} ist spurlos). Weiter unten zeige ich, daß die verfügbare Energie und der

Effekt des Verschwindens der Horizonte maximiert werden, wenn β_{ij} diagonal ist; β_i kennzeichne dabei die Diagonalelemente. Da $\beta_1 + \beta_2 + \beta_3 = 0$, sind nur zwei der βs unabhängig, so daß wir $\beta_+ \equiv -1/2\,\beta_3$ und $\beta_- \equiv \frac{1}{2\sqrt{3}}(\beta_1 - \beta_2)$ als unabhängige Variablen wählen können. Wenn $-\varrho$, P_1, P_2, P_3 die Eigenwerte des Energieimpulstensors T^a_b sind, die zu den jeweiligen Eigenvektoren $(dt)^a$, $(\sigma^1)^a$, $(\sigma^2)^a$, $(\sigma^3)^a$ gehören (das heißt, sie sind jeweils die Negativwerte der Energiedichte und des Hauptdrucks, gemessen im offensichtlich lokalen orthonormalen System), dann sind die Einstein-Gleichungen $G_{ab} = 8\pi T_{ab}$

$$\dot{\alpha}^2 - \dot{\beta}_+^2 - \dot{\beta}_-^2 + \tfrac{1}{4}e^{-2\alpha}(1-V) = \tfrac{8\pi}{3}\varrho \tag{H.8}$$

$$\ddot{\alpha} + \dot{\alpha}^2 + 2(\dot{\beta}_+^2 + \dot{\beta}_-^2) = -\tfrac{4\pi}{3}(\varrho + P_1 + P_2 + P_3) \tag{H.9}$$

$$\ddot{\beta}_+ + 3\dot{\alpha}\dot{\beta}_+ + \tfrac{1}{8}e^{-2\alpha}\frac{\partial V}{\partial \beta_+} = -\tfrac{4\pi}{3}(2P_3 - P_1 - P_2) \tag{H.10}$$

$$\ddot{\beta}_- + 3\dot{\alpha}\dot{\beta}_- + \tfrac{1}{8}e^{-2\alpha}\frac{\partial V}{\partial \beta_-} = \tfrac{4\pi\sqrt{3}}{3}(P_1 - P_2) \tag{H.11}$$

wobei die Punkte die Ableitungen nach t kennzeichnen, und $V \equiv V(\beta_+,\beta_-) \equiv 1 - \frac{4}{3}e^{-2\beta_+}\cosh(2\sqrt{3}\beta_-) + \frac{1}{3}e^{-8\beta_+} + \frac{2}{3}e^{4\beta_+}[\cosh(4\sqrt{3}\beta_-) - 1]$ ist. Wir haben $V \geq 0$ und $V = 1 - \frac{2}{3}{}^{(3)}Re^{2\alpha}$, wobei ${}^{(3)}R$ der Krümmungsskalar der 3-Sphäre ist. Die Äquipotentiale von $V(\beta_+,\beta_-)$ sind in Abbildung H.1 dargestellt.

2. Die Überwindung des Wärmetodes: Freie Energie aus Scherungsenergie

Da jedes irreversibel [17,18] *gespeicherte* Bit $kT \ln 2$ freie Energie braucht (es gibt keine Untergrenze für die zur Informationsverarbeitung benötigte Menge freier Energie, vorausgesetzt, der Vorgang ist reversibel), sagt der zweite Hauptsatz der Thermodynamik aus, die gesamte Menge der zwischen jetzt und der k-Grenze verarbeiteten Information I_T ist

$$I_T \equiv \int_{jetzt}^{k\text{-}Grenze} \frac{dI}{dt}\,dt \leq \int_{jetzt}^{k\text{-}Grenze} \frac{dE/dt}{kT\ln 2}\,dt \tag{H.12}$$

In der fernen Zukunft ist die dominante Energiequelle [6] die

Scherungsenergiedichte $\equiv \dot{\beta}_+^2 + \dot{\beta}_-^2$, die noch maximiert wird, wenn die Metrik (H.7) dem Taub-Modell mit $\dot{\beta}_- = \ddot{\beta}_- \equiv \partial V/\partial\beta_-|_{\beta_-=0} = 0$ entspricht. Für $\beta_+ \gg 0$ wird das Taub-Modell durch $ds^2 = -dt^2 + dx^2 + dy^2 + t^2dz^2$ (Kasner) mit $\beta_1 = \beta_2 = -\frac{1}{3}\ln t$, $\beta_3 = \frac{2}{3}\ln t$ und $\alpha = \frac{1}{3}\ln t$ angenähert. Folglich wächst, wenn $\beta_+ \gg 0$, die Scherungsenergiedichte nahe der Endsingularität wie $2/3t^2 = 2/3(e^\alpha)^6$. Es kann gezeigt werden: *Wenn* sich das Universum sofort von der Bewegung in einem Reaktionskanal $V(\beta_+,\beta_-)$ zu einem anderen bewegt, ist dies die durchschnittliche Wachstumsrate der Scherungsenergiedichte. Daher wächst die gesamte Scherungsenergiedichte im Durchschnitt mit $E \sim (e^\alpha)^{-6} \times (e^\alpha)^3 \sim (e^\alpha)^{-3} = t^{-1}$, so daß $dE/dt \sim t^{-2}$ gilt, und die Temperatur mit $(e^\alpha)^{-1} = t^{-1/3}$ steigt. Folglich divergiert das rechte Integral von (H.12) wie $t^{-2/3}$ nahe der Endsingularität bei $t = 0$; es ist möglich, daß hier eine unendliche Informationsmenge in einer endlichen Eigenzeitmenge verarbeitet wird. Da der Durchschnittsradius des Universums $R \sim e^\alpha$ ist, haben wir $ER \sim R^{-2}$, das zeigt, daß beide Bekenstein-Grenzen, (C.1) und (C.4), für $R \to 0$ divergieren; die Bekenstein-Grenzen bilden für die ewige Fortdauer des Lebens in einem geschlossenen Universum kein Hindernis.

Bisher bin ich stillschweigend davon ausgegangen, daß die Scherungsenergiedichte tatsächlich verfügbare Energie ist. Das will ich nun beweisen. In Kapitel IV habe ich erwähnt, daß die äußerste Quelle verfügbarer Energie der Temperaturunterschied aufgrund des Differentialkollapses des Universums ist. Die Richtungsabhängigkeit der Temperatur (für kleine optische Tiefen – die Situation nahe der Endsingularität – und für den Fall, daß die Oberfläche der letzten Streuung isotrop ist – die Situation zwischen jetzt und dem Zeitpunkt, zu dem die Temperatur des Universums mehrere eV beträgt) erhalten wir mit der Thorne-Misner-Gleichung [20]:

$$T(\vec{n}) = \left(\frac{T_0}{e^\alpha}\right)\left[\sum_{i,j=1}^{3} n^i\,(e^{2\beta})\,ij^{n^j}\right]^{-1/2}$$

wobei n^i ein Einheitsvektor in der räumlichen Richtung ist, in der die Temperatur gemessen wird, und t_0/e^α die in allen Richtungen gemessene Durchschnittstemperatur. Ich habe einen Faktor e^α eingefügt, um anzugeben, daß diese Durchschnittstemperatur umgekehrt zum Durchschnittsradius e^α des Universums ansteigt; T_0 ist eine Konstante. Folglich verhält sich im diagonalen Taub-Kollaps die Maximaltemperatur T_{max} zur Minimaltemperatur T_{min}:

$$\frac{T_{max}}{T_{min}} = \left[\frac{e^{2\beta_1}}{e^{2\beta_3}}\right]^{1/2} = \left(\frac{t^{-2/3}}{t^{4/3}}\right)^{1/2} = \frac{1}{t} = \frac{1}{(e^{\alpha})^3}$$

Ähnlich ist $T_{max} \sim e^{-\beta_3} \sim t^{-2/3} \sim 1/(e^{\alpha})^2$. Nachdem der Carnot-Wirkungsgrad proportional zu $(1 - T_{min}/T_{max})$ ist, ist die verfügbare Energie proportional zu

$$\left(1 - \frac{T_{min}}{T_{max}}\right) T^4_{max} (e^{\alpha})^2 (e^{\alpha})^3$$

Die beiden letzten Faktoren sind ein geometrischer Faktor, der eingeführt wird, weil die Strahlung von einer *Oberfläche* stammt, beziehungsweise das Volumen.

Für die Kasner-Metrik haben wir deshalb $(e^{\alpha})^{-3} \sim t^{-1}$ für die verfügbare Energiemenge, und deshalb ist $dE/dt \sim t^{-2}$ exakt die Wachstumsrate der Scherungsenergie.

Die obigen Rechnungen setzen jedoch voraus, daß im ganzen Universum I verarbeitet wird. Wenn $J^-(\gamma) \cap S(t)$ in der Nähe der Endsingularität so schnell abnimmt wie in einem Friedmann-Universum mit dem adiabatischen Index $\gamma \geq 1$, wäre nicht genügend Energie vorhanden [17]. Wie ich schon früher in diesem Abschnitt gezeigt habe, beläuft sich die Anzahl der Lichtumrundungen in einem Friedmann-Universum tatsächlich auf $\leq (3\gamma - 2)^{-1}$. Misner hat gezeigt [19, 20], daß Licht das Universum in einem Taub-Modell einmal in der β_3-Richtung umrunden kann, wenn sich das gesamte Volumen mindestens um einen Faktor $e^{4\pi}$ ändert; folglich gilt, *wenn* die Entwicklung des Universums sich sofort von einem Reaktionskanal $V(\beta_+, \beta_-)$ zu einem anderen bewegt, dann kann Licht das Universum bei einer Volumenänderung von $e^{12\pi} = 2{,}4 \times 10^{16}$ in alle Richtungen umrunden. Damit diese Größenordnung der Volumenänderung zwischen jetzt und der Zeit nach der maximalen Ausdehnung, da die durchschnittliche kosmische Temperatur weniger als 10^{-2} eV beträgt, auftreten kann (unter der Annahme, daß diese Temperatur in der Zukunft dann auftaucht, wenn der Skalenfaktor denselben Wert hat, wie einst in der Frühphase des Universums, als es diese Temperatur aufwies), muß $\Omega_0 - 1 \approx 3{,}5 \times 10^{-6}$ gelten; dies bedeutet eine Zeit von $\approx 10^{18}$ Jahren bis zur maximalen Ausdehnung. Wenn die kosmische Temperatur 10^{-2}eV erreicht und der zukünftige Skalenfaktor ungefähr den gleichen Wert wie jetzt hat, dann haben wir $\Omega_0 - 1 \approx 3{,}5 \times 10^{-4}$. Wäre die Zeitspanne bis zur maximalen Ausdehnung deutlich größer als 10^{18} Jahre, dann wären, wie in Kapitel II gezeigt wurde, die Sterne bereits ausgestorben, die Galaxien wären zu weit voneinander entfernt, als daß man sie – ohne Sterne – sehen könnte, und Leben hätte folglich große Schwierigkeiten, sich im Universum auszubreiten. Das Universum wäre in der Tat zu flach, als daß Leben so lange überdauern könnte, bis die Scherungsenergie in der Kollapsphase zur Verfügung stünde. Daher muß das Universum geschlossen sein mit

$$3{,}5 \times 10^{-4} \leq \Omega_0 - 1 \leq 3{,}5 \times 10^{-6}$$

Zum Zeitpunkt maximaler Ausdehnung muß das Universum fast so isotrop sein [21], und Leben braucht Zeit, bis es sich weit genug ausgedehnt hat, um das Universum in einen Reaktionskanal zu zwingen, so daß alle drei Umrundungen nach der maximalen Ausdehnung stattfinden müssen.

Damit die Horizonte verschwinden und ausreichend Energie vorhanden ist, muß Leben das Universum zwingen, sich direkt von einem Reaktionskanal $V(\beta_+, \beta_-)$ zu einem anderen zu bewegen. Wie ich in Abschnitt F betont habe, ist es unwahrscheinlich, daß diese Art von Entwicklung von alleine erfolgt [22], aber Barrow und andere haben gezeigt, daß die Bianchi-Modelle Typ IX chaotisch sind. Genauer gesagt, sie haben gezeigt [23], daß die Entwicklung der Reaktionskanäle chaotisch abläuft. Damit die Horizonte verschwinden und die Higgs-Vakuumenergie dominant ist (wie weiter unten besprochen), wird das Universum wiederholt in Reaktionskanäle gesteuert werden müssen, und auch die Stöße gegen die Potentialwände müssen chaotisch sein. Bis jetzt ist nicht definitiv bekannt, ob solche Stöße chaotisch oder stabil sind (J.D. Barrow, private Mitteilung); ich meine, sie sind chaotisch.

Es wurde sowohl theoretisch [24] als auch experimentell [25] gezeigt, daß es möglich ist, ein chaotisches System von einem beliebigen Anfangszustand in jeden beliebig ausgewählten unwahrscheinlichen Zustand zu leiten, indem man nur kleine Störungen an einem zugänglichen Systemparameter verwendet. In der Kosmologie sind diese Parameter die Komponenten des Energieimpulstensors.

Da ich $3{,}5 \times 10^{-4} \leq \Omega_0 - 1 \leq 3{,}5 \times 10^{-6}$ vorausgesagt habe und da sowohl die Daten der chemischen Entwicklung als auch die der Entwicklung der Sterne [26] ein Alter des Universums von $t_{jetzt} \geq 12 \times 10^9$ Jahren (wobei $t_{jetzt} \geq 15 \times 10^9$ Jahre eher wahrscheinlich ist) nahelegen, sage ich weiterhin $H_0 \leq 55$ km/Sek-mpc und wahrscheinlich $H_0 \leq 45$ km/Sek-mpc [27] voraus. Das Hubble-Raumteleskop dient zur Messung der Eigenentfernungen bis zum Sternbild Jungfrau, das eine Rotverschiebung von $Z = 0{,}004$ aufweist. *Wenn* diese Rotverschiebung über die lokalen Strukturen hinaus in die Hubble-Bahn reicht, dann wird das Hubble-Raumteleskop in der Lage sein, meine Voraussage zu überprüfen.

Außerdem beinhaltet die Abwesenheit von Ereignishorizonten – eine Voraussetzung für ausreichende Energie zur Informationsverarbeitung und somit für unbegrenzte Kommunikation –, daß die zukünftige k-Grenze ein einzelner Punkt – der Omegapunkt – sein muß, wie ich in Kapitel IV ausgeführt habe.

In Abschnitt F habe ich gezeigt, daß eine k-Grenze als einzelner Punkt kompakte Cauchy-Flächen impliziert, wenn die Chronologiebedingung erfüllt ist. Das bedeutet aber nicht, daß die Cauchy-Flächen die Topologie S^3 haben müssen. Barrow und ich haben jedoch gezeigt [21], daß ein geschlossenes Universum, das nicht von der Form S^3 ist, nicht erneut kollabieren wird, es sei denn, die schwache Energiebedingung wird verletzt oder es gilt $\Lambda < 0$. Da ein erneuter Zusammenbruch aber notwendig ist, um ausreichend Energie für die Divergenz I_T zu erhalten, bedeutet das, daß die Cauchy-Flächen in der Tat S^3 sein müssen.

3. Experimentelle Tests: Die Topquark-Massen- und die Higgs-Bosonen-Massenvorhersagen

Diese Omegapunkt-Lösung für das Flachheitsproblem ist die Übertragung der Mixmaster-Lösung von Misner [19] von dem frühen Universum auf das Universum der fernen Zukunft. Ich werde jetzt zeigen, daß man dafür auch den Inflationsmechanismus von Guth auf eine ähnliche Art und Weise übertragen muß.

Da $T \to +\infty$ für $R \to 0$, muß die Information letztlich in einer nicht auf atomaren Systemen basierenden Weise gespeichert werden, da diese ja nutzlos werden, wenn $T > 1 - 10$eV. Wenn die Information unter Verwendung des Universums als »Schachtel«, die die Information enthält, global gespeichert wird, wird sich der Energiezustand, der die Information codiert, automatisch wie das Universum skalieren, und so einen weiteren Wechsel des Trägers möglicherweise bis zur Planck-Zeit unnötig machen. (Information könnte in Wellen, die sich über das ganze Universum verbreiten, gespeichert werden; dies würde eine Art Laufzeitspeicher sein [29].) Damit dieser Speichermechanismus jedoch funktioniert, müßten viele Lichtumrundungen auftreten, während deren die Temperaturänderungen gering wären. Dies läßt sich mit dem Misner-Mechanismus, der ein großes Volumen und daher auch große Temperaturänderungen verlangt, keinesfalls bewerkstelligen. Wie ich etwas weiter oben betont habe, wird das Universum zu nah am flachen Modell sein, und Leben wird aussterben, wenn das Verhältnis V_{max}/V_T des Volumens des Universums bei maximaler Ausdehnung zu dem Volumen des Universums bei der Temperatur $T \sim 10^{-2}$eV die Bedingung $V_{max}/V_T \gg e^{12\pi}$ erfüllt. Der einzige bekannte Mechanismus, der diese Kontraktion stoppen könnte, ist die positive kosmologische Konstante Λ, die existieren muß (wenn das Standardmodell korrekt ist), um die gegenwärtige negative Energiedichte des Higgs-Feldes zu annullieren; wir müssen bei Tree-Level $\Lambda - 1/8m_H^2v^2 = 0$ haben, wobei $v = 246$ GeV und m_H die Higgs-Masse ist. Die Phasenumwandlung des frühen Universums nach Weinberg-Salam kann keinen entscheidenden Gravitationseffekt [30, 31] bei $T \sim 100$ GeV haben, weil die Energiedichte der Strahlung viel größer ist als Λ bei dieser Temperatur. Ich werde aber zeigen, daß es einen dynamischen Effekt in den Bianchi-Modellen vom Typ IX gibt, der nur in der Kontraktionsphase des Universums zum Tragen kommt und der die Kontraktion anhalten kann – vorausgesetzt, die Higgs-Masse ist groß genug.

Im Koordinatensystem (H.7) ist die Feldgleichung für das Higgs-Feld ϕ folgende [32]

$$\ddot{\phi} + 3\dot{\alpha}\dot{\phi} + \partial U(\phi, \dot{\beta}_+, \dot{\beta}_-)/\partial\phi = 0 \qquad (H.13)$$

wobei [33, 34] U das Tree-Level-effektive Higgs-Potential ist; dieses ist gegeben durch

$$U(\phi, \dot{\beta}_+, \dot{\beta}_-) = 1/2[(-m_H^2 + 1/6(\dot{\beta}_+^2 + \dot{\beta}_-^2))\phi^\dagger\phi + (m_H/v)^2(\phi^\dagger\phi)^2] + \Lambda \qquad (H.14)$$

da Futamase [33] sowie Chen und Hu [34] gezeigt haben, daß es sogar auf dem klassischen Level einen Scherungsterm [35] im effektiven Potential der Form $U_{sh}(\phi, \dot{\beta}_+, \dot{\beta}_-') \equiv \frac{1}{12}(\dot{\beta}_+^2 + \dot{\beta}_-^2)\phi^2$ gibt, und diesen Term habe ich dem einschleifigen effektiven Potential hinzugefügt. Rothman und G.F.R. Ellis [35] argumentieren, daß bei einem spurlosen β_{ij} in (H.14) kein Term $\beta_\pm$ oder deren Zeitableitungen enthalten ist. Futamase sowie Chen und Hu jedoch schließen (gleich mir) einen solchen Term ein, weil unsere Gleichung die Kopplung der vorhandenen nichtskalaren Felder mittels Schwerkraft an das Higgs-Feld berücksichtigt; vergleiche [36, 37]. Andere Vakuumenergieterme existieren, beispielsweise der QCD-Vakuumterm und die Hochtemperatur-Korrekturterme, aber diese sind bei niedrigem T notwendigerweise null oder konstant, da sie nicht zur Krümmung koppeln und in Λ absorbiert werden können. Das stützt sich natürlich auf die Annahme, daß kein anderes Higgs-Feld, wie jene von minimaler SUSY, existieren.

Im expandierenden Universum ist der $3\dot{\alpha}\dot{\phi}$-Term ein Dämpfungsterm (da $\dot{\alpha} > 0$ gilt), der Zustandsänderungen verzögert, in der Kontraktionsphase aber ist es ein *Anti-Dämpfungsterm*, mit dem man unter Heranziehung von (H.8)–(H.11) und (H.13) zeigen kann, daß in einem Reaktionskanal der Lauf U von seinem Anfangswert bei $\frac{v}{\sqrt{2}}$ aus so weit vergrößert werden kann, daß Λ die Strahlung, die Materie und die Scherungsenergiedichte dominiert [37], wenn die Durchschnittstemperatur $T = 10^{-2}$eV beträgt. Genauer gesagt zeigt eine Untersuchung für die Größenordnung von ΔU während eines Durchlaufs durch den Reaktionskanal von der Zeit der maximalen Ausdehnung bis zu der Zeit, da die Durchschnittstemperatur $T = 10^{-2}$eV ist, daß $\Delta U \sim \Lambda = 1/8 m_H^2 v^2$ gilt. Die Temperatur $T = 10^{-2}$ eV liegt um einen Faktor 10^{13} unter der Phasenumwandlungstemperatur des frühen Universums. Dieser riesige Faktor belegt, was ich schon früher festgestellt habe, daß nämlich die temperaturabhängigen Terme vernachlässigt werden können.

Das Universum kann unmöglich beim $T = 10^{-2}$eV-Sprung statisch werden. Angenommen, man setzt alle Zeitableitungen in (H.8)–(H.11) gleich null, und ferner angenommen, T_{ab} besteht aus Staub und nichtisotroper Strahlung und für Λ gilt $\varrho_d + 2\varrho_r = 2\Lambda$ und $4/5 \leq e^{3\beta_3} \leq 1$, wobei die untere Beschränkung nur erreicht wird, wenn $\varrho_d = 0$ und es keine Strahlung in die σ_3-Richtung gibt. Außerdem würde der Carnotsche Wirkungsgrad der Energieausbeute nur

10 Prozent betragen, da $T_1/T_3 = (e^{3\beta_3})^{1/2}$ das gerichtete Temperaturverhältnis [20] ist. Das Universum muß dann eine Folge von Pulsationen über $T = 10^{-2}$eV durchlaufen, wobei die Entropie in jedem Kreis zunimmt. Umrundungen werden durch die Maximierung der Anzahl der Kreise maximiert.

Die einzige Möglichkeit ist, daß es eine Reihe von Pulsationen des Universums bei einer Temperatur um 10^{-2} gibt, also bevor normale Materie aufhört, für die Informationsspeicherung nützlich zu sein. Der einzige der Physik bekannte Mechanismus, der eine solche Reihe von Pulsationen erzeugen könnte, ist das Standardmodell des Higgs-Feldes, und zwar über den obigen Mechanismus. Die Anzahl der Pulsationen wird maximiert – und damit die Anzahl der Umrundungen –, wenn die Higgs-Masse maximiert wird und wenn die Menge der in der Phasenumwandlung des frühen Universums geschaffene Entropie minimiert wird.

Dies alles folgt aus den Arbeiten von Sher [38], Guth und Sher [39], Petrosian [40] und Bludman [30], die gezeigt haben, daß der zweite Hauptsatz der Thermodynamik einen Sprung bei $T \sim 100$ GeV verhindern wird, falls die Energie, die freigesetzt wird, wenn die Higgs-Energiedichte von $U(\phi = 0) = 0$ zu $U(\phi = v/\sqrt{2}) = -1/8 m_H^2 v^2$ übergeht, größtenteils thermisch ist – was der Fall ist, wenn es ein Übergang erster Ordnung ist. Das legt nahe, daß der von mir vorgeschlagene Higgs-Pulsationsprozeß nur dann einen maximalen Effekt hat, wenn die Weinberg-Salamsche Phasenumwandlung eine zweiter Ordnung oder eine möglichst schwache erster Ordnung ist, so daß die Entropie der Phasenumwandlung minimiert wird.

Kiszhnits und Linde [41] (vgl. auch [42, 43]) haben gezeigt, daß die Maximierung der Higgs-Masse zu einer maximalen Schwächung der Phasenumwandlung führt. Ellis et al. haben die zweischleifige Renormierungsgruppe, die das effektive Higgs-Potential korrigiert, ausgerechnet und gezeigt (vorausgesetzt, das Standardmodell ist beunruhigenderweise bis zu 10^{15} GeV hinauf gültig), daß nur dann, wenn die Higgs-Bosonen- und die Topquark-Massen innerhalb der in Abbildung H.2 gezeigten Kurven sind, das Vakuum für 10^{18} Jahre stabil bleibt und $U(v/\sqrt{2})$ ein *globales* Minimum ist – das heißt, das Higgs-Vakuum ist stabil.

Abbildung H.2 zeigt die Higgs-Masse für $m_H = 220$ GeV und $m_t = 185$ GeV maximiert. Cabibbo et al. haben das von einer ein-

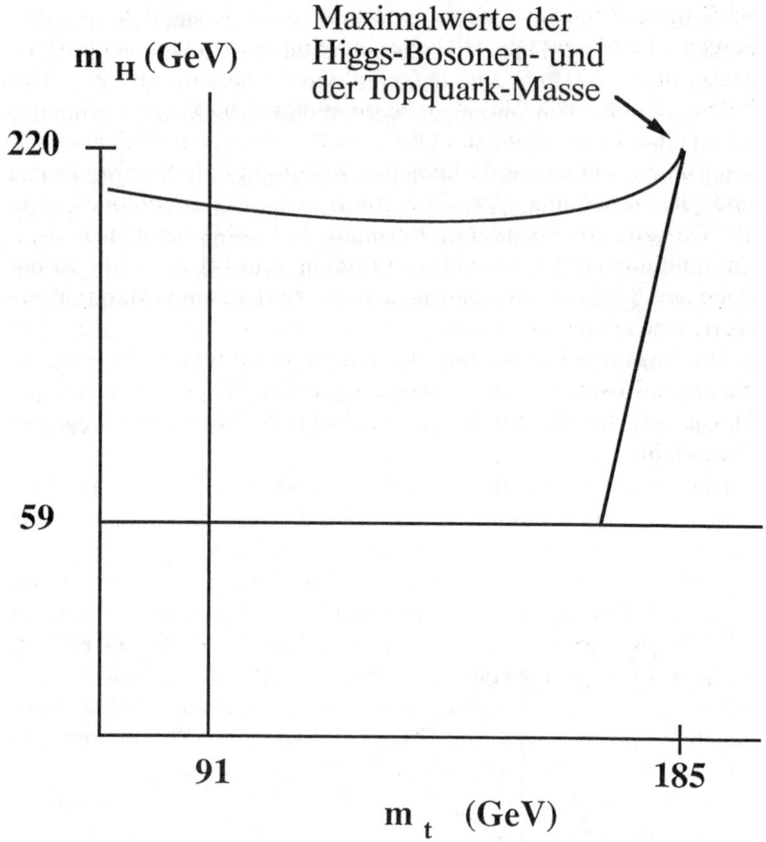

Abbildung H.2: *Graph der erlaubten Werte für die Higgs- und die Topquark-Massen, unter Verwendung eines von der 2-schleifigen Renormierungsgruppe korrigierten effektiven Standardmodells des Higgs-Potentials unter der Annahme, daß die Störungstheorie bis 10^{19} GeV gilt. Der Schnittpunkt der Grenzkurven wird mit dem Ergebnis $m_H = 220$ GeV und $m_t = 185$ GeV gezeigt. Die experimentellen Untergrenzen ($m_H > 59$ GeV und $m_t > 91$ GeV) sind ebenfalls dargestellt ($m_t > 91$ GeV war die Untergrenze, als ich im August 1992 meinen ersten Vorabdruck mit meiner Vorhersage für die Top-Masse veröffentlichte. Die gegenwärtige Untergrenze liegt bei 110 GeV.) Die Abbildung ist aus folgenden Arbeiten entnommen: Ellis, J.; Linde, A.D.; Sher, M. 1990. In: Phys. Lett. B252, p. 203. Sher, M. 1989. In: Phys. Rep. C179, p. 273. Cabibbo, N. et al. 1979. In: Nucl. Phy s. B158, p. 295.*

schleifigen Renormierungsgruppe korrigierte Higgs-Potential ausgerechnet und eine sehr ähnliche Kurve mit einer maximalen Higgs-Masse $m_H = 220$ GeV und $m_t = 200$ GeV erhalten. Ich werde deshalb die Zahlen von Ellis et al. als die besten Schätzungen benutzen, aber Fehler in der Höhe der Differenz zwischen den Topquark-Massen wählen, um so die Wirkung von Korrekturen höherer Ordnung und die Erhöhung der Obergrenze des Standardmodells auf 10^{19} GeV zu berücksichtigen. (Bei $m_H = 220$ GeV könnte die Phasenumwandlung sehr wohl zweiter Ordnung sein [41, 47, 48]. Da der oben beschriebene Mechanismus in diesem Fall am besten funktioniert, sage ich diesen voraus.)

Die Feynman-Diagramme der Hauptproduktionsreaktionen für ein Higgs-Boson von dieser Masse sind in den Abbildungen H.3 und H.4 jeweils für Hadronen- und Elektron-Positronenbeschleuniger dargestellt.

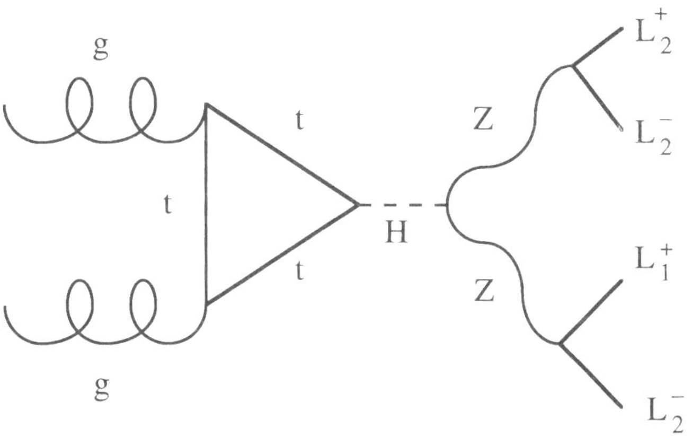

Abbildung H.3: *Das Feynmann-Diagramm für den primären Produktionsmodus des Higgs-Bosons in einem Hadronenbeschleuniger: Gluon-Gluon (gg)-Fusion mittels eines Dreiecks von Topquarks (t). Das Higgs-Teilchen (H) zerfällt in ein Paar Z-Bosonen, die wiederum zu einem Paar geladener Leptonen ($L_i^+L_i^-$), entweder Elektronen oder Myonen, zerfallen. Dieser Zerfallsmodus ist nicht der wahrscheinlichste, aber der sauberste Higgs-Zerfall, er wird als der »goldene Zerfallsweg« bezeichnet.*

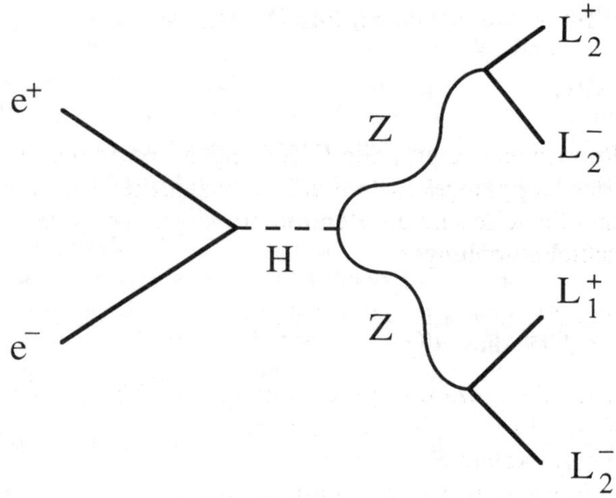

Abbildung H.4: *Das Feynmann-Diagramm für den primären Produktionsmodus des Higgs-Bosons in einem Elektron-Positron-Beschleuniger, nämlich WW-Fusion: Das Elektron und das Positron emittieren jeweils ein W-Boson und werden dadurch zu einem Neutrino ν_e oder Antineutrino $\bar{\nu}_e$, und die zwei W-Bosonen bilden zusammen ein Higgs-Teilchen, das dann im goldenen Zerfallsweg zerfällt. Um eine bedeutende Anzahl von Higgs-Teilchen mit Masse 220 GeV zu produzieren, braucht man [4] einen Beschleuniger mit $\sqrt{s} \approx 500$ GeV (vgl. Glashow, S.L. und Jenkins, E.E. 1988. In: Phys. Lett. B206, p. 522); LEP II hat $\sqrt{s} \approx 200$ GeV, kann also das Higgs-Teilchen nicht messen. Eine Maschine, die genügend Energie aufbringt, um das Higgs-Boson zu erzeugen, wird derzeit weder gebaut, noch wird ihr Bau geplant. Es laufen aber einige Untersuchungen.*

Ich werde die Analyse von Cabibbo et al. in groben Zügen darstellen, um zu zeigen, warum aus der Vakuumstabilität eine Obergrenze für die Topquark-Masse und die Higgs-Bosonen-Masse folgt. Sei g_1 die Kopplungsstärke des $U(1)$-Eichfeldes, g_2 die Kopplungsstärke des $SU(2)$-Feldes und g_3 die Kopplungsstärke des $SU(3)$-Feldes. Die Topquark-Yukawa-Kopplung wird dann $g_t = \sqrt{2}m_t/v$, wobei m_t die Topquark-Masse ist und $v = \langle\phi\rangle$ der Vakuumerwartungswert des Higgs-Feldes. Das Tree-Level-Higgs-Skalarpotentials ist ohne β- und Λ-Terme

$$U(\phi) = -\mu^2\phi^\dagger\phi + \lambda(\phi^\dagger\phi)^2 \qquad (H.15)$$

Am Tree-Level haben wir für die Higgs-Masse m_H

$$m_H = \sqrt{2\lambda}v \qquad (H.16)$$

Die Renormierungsgruppen-Gleichungen kontrollieren die Änderung der Kopplungskonstanten in Abhängigkeit von der Energie. An einer Schleife sind die Renormierungsgruppen-Gleichungen für die Eichfeldkopplungen

$$\frac{d}{dQ} g_1^2 = \frac{41}{96\pi^2} g_1^4, \quad \frac{d}{dQ} g_2^2 = -\frac{19}{96\pi^2} g_2^4, \quad \frac{d}{dQ} g_3^2 = -\frac{7}{16\pi^2} g_3^4 \qquad (H.17)$$

wobei ich die Anzahl der Generationen als 3 und die Anzahl der komplexen Skalare als 1 angenommen habe und $Q = \ln(E^2/E_0^2)$ für die Energieskalare E und E_0 ist.

Die Renormierungsgruppen-Gleichungen an einer Schleife für die Topquark-Yukawa-Verbindungen und die Higgs-Feld-Selbstkopplung λ sind jeweils

$$\frac{d}{dQ} g_t = \frac{1}{16\pi^2}\left[\frac{9}{4} g_t^3 - 4g_3^2 g_t - \frac{9}{8} g_2^2 g_t - \frac{17}{24} g_1^2 g_t\right] \qquad (H.18)$$

$$\frac{d}{dQ} \lambda = \frac{1}{16\pi^2}\left[12\lambda^2 + 6\lambda g_t^4 - 3g_t^2 - \frac{3}{2}\lambda(g_1^2 + 3g_2^2) + \frac{3}{16}\{2g_2^4 + (g_1^2 + g_2^2)^2\}\right] \qquad (H.19)$$

Aus den Gleichungen (H.17) bis (H.19) folgt, daß es eine Obergrenze für die Higgs-Bosonen- und die Topquark-Massen gibt. Um zu verstehen, warum dies so ist, nehmen wir an, daß beide Massen im Vergleich zu v sehr klein sind. Daraus folgt, daß λ sehr klein ist, so daß die Potenzen von λ in der Gleichung (H.19) vernachlässigt werden können, wodurch wir

$$\frac{d}{dQ} \lambda = \beta_\lambda \qquad (H.20)$$

erhalten, wobei

$$\beta_\lambda = \frac{1}{16\pi^2}\left[-3g_t^4 + \frac{3}{16}(2g_2^4 + (g_1^2 + g_2^2)^2)\right] \qquad (H.12)$$

(näherungsweise) eine Konstante ist. Durch Integration von (H.20) bis hinauf zu Energieskalen der Größenordnung von ϕ selbst ergibt

$$\lambda(\phi) = \lambda(E_0) + \beta_\lambda \ln(\phi^\dagger\phi/E_0^2) \qquad (H.22)$$

Wenn man (H.22) in (H.15) einsetzt, erhält man das einschleifige Higgs-Skalarpotential (mit der Definition: $\phi^\dagger\phi \equiv \phi^2$)

$$U(\phi) = -\mu^2\phi^2 + \lambda\phi^4 + \beta_\lambda\phi^4 \ln(\phi^2/E_0^2) \qquad (H.23)$$

Für die Vakuumstabilität muß der Term höchster Ordnung im Skalarpotential einen positiven Koeffizienten haben. Auf Tree-Level wird dies durch $\lambda > 0$ sichergestellt. Beim einschleifigen Level jedoch ist der Logarithmus-Term bei niedriger Energie der Term höchster Ordnung, so daß das Vakuum nur stabil ist, wenn

$$\beta_\lambda > 0 \qquad (H.24)$$

Da $m_W = 1/2 g_2 v$ und $m_Z = 1/2\sqrt{g_1^2 + g_2^2}v$, wobei m_W und m_Z jeweils die W-Bosonen- und die Z-Bosonen-Massen sind, kann die Gleichung (H.24) (wenn man $g_t = \sqrt{2}m_t/v$ verwendet) folgendermaßen geschrieben werden

$$2m_W^4 + m_Z^4 - 4m_t^4 > 0 \qquad (H.25)$$

Das bedeutet, daß die Top-Masse eine Masse kleiner als 78 GeV sein muß.

Wir wissen natürlich, daß die Top-Masse größer als dieser Wert ist, was entgegen unserer Annahme bedeutet, daß die Higgs- und die Top-Massen nicht klein sind. Wenn diese Annahme also falsch ist, dann können wir die nichtlinearen Terme der Gleichungen (H.17) bis (H.19) nicht ignorieren und nicht annehmen, daß die anderen Kopplungen im wesentlichen konstant sind, wenn wir die Energie variieren. Cabibbo et al. haben daher (H.17) bis (H.19) numerisch integriert und gezeigt, daß sowohl für die Higgs-Bosonen- als auch für die Topquark-Massen eine Obergrenze existiert, wenn die Vakuumstabilität bis zur Planck-Energie gilt. Diese Werte sind $m_t = 185 \pm 20$ GeV und $m_H = 220 \pm 20$ GeV, wie oben zitiert.

Da das Higgs-Feld reduziert wird, wenn Information in normaler

Materie codiert ist, wird diese Tatsache alle Massen reduzieren, und wir müssen überprüfen, inwieweit dies Auswirkungen auf die Arbeit von Computern hat.

Wenn man die kinetische Energie der Kerne vernachlässigt, ist der Hamilton-Operator für ein allgemeines atomares System

$$\hat{H} = -\frac{\hbar^2}{2m_e}\Sigma_i(\partial/\partial\vec{x}_i)\cdot(\partial/\partial\vec{x}_i) + e^2[\Sigma_i\Sigma_j - Z_j/|\vec{x}_i - \vec{R}_j| + 1/2\Sigma_{i<j} 1/|\vec{x}_i - \vec{x}_j| + 1/2\Sigma_{j<l} - Z_jZ_l/|\vec{R}_j - \vec{R}_l|],$$

wobei $\vec{x}_i$ der Ortsvektor des $i$ten Elektrons ist und $\vec{R}_j$ der Ortsvektor des $j$ten Kerns. Wenn wir zu den neuen Variablen $\vec{x}_i' = \vec{x}_i/a_0$ und $\vec{R}_j' = \vec{R}_j/a_0$ übergehen, wobei a_0 der Bohrsche Radius ist, ist dieser Hamilton-Operator

$$\hat{H} = \alpha^2 m_e c^2[-1/2\,\Sigma_i(\partial/\partial\vec{x}_i')\cdot(\partial/\partial\vec{x}_i') + \Sigma_i\Sigma_j - Z_j/|\vec{x}_i' - \vec{R}_j'| + 1/2\,\Sigma_{i<j}1/|\vec{x}_i' - \vec{x}_j'| + 1/2\,\Sigma_{j<l} - Z_jZ_l/|\vec{R}'_j - \vec{R}_l'|]$$

Wenn also $\tilde{E}$ die Energie des Eigenzustandes ist für den Fall, daß α und m_e jeweils in $\tilde{\alpha}$ und $\tilde{m}_e$ übergehen, haben wir folglich $\tilde{E}/\tilde{\alpha}^2\tilde{m}_e = E/\alpha^2 m_e$, wobei E die ursprüngliche Energie des Eigenzustands ist. Wenn das Higgs-Feld $\phi(t)$ wieder gegen null geht, werden die Massen der Kerne unverändert bleiben, da die Quarkstromalgebra-Massen im Verhältnis zu den Massen der Konstituenten relativ klein sind, die Elektronen-Massen aber sind $m_e = g_e\phi(t)/\sqrt{2}$, und so wird durch die Vernachlässigung der kinetischen nuklearen Energie das Ergebnis sogar noch genauer.

Im allgemeinen haben wir $\tilde{E} = E[\phi(t)/v], \tilde{x}_i = x_i[v/\phi(t)]$ und $\tilde{R}_i = R_i[v/\phi(t)]$ (die Längenskalierungen sind am einfachsten aus dem Bohrschen-Atom zu erhalten). Folglich gehen für $\phi \to 0$ die Eigenenergien gegen null und die Größen der atomaren Systeme gegen unendlich, aber alle relativ inneren Systemenergien und alle relativen Größen (z.B. $\tilde{x}_i/\tilde{x}_j, \tilde{x}_i/\tilde{R}_j, \tilde{R}_i/\tilde{R}_j$) bleiben gleich. Daher werden auf atomaren Spuren basierende Computer intakt bleiben und während des Übergangs normal funktionieren (obwohl die die Bewegung des ganzen Atoms verlangenden Reaktionen mehr atomare Schranken durchbrechen müssen, um die Energie zu liefern), vorausgesetzt, die Computer befinden sich im Weltraum und operieren in der Nähe der kosmischen Hintergrundtemperatur. (Da die

Kernmassen während des Übergangs im wesentlichen unverändert bleiben, wird die gesamte Masse des Computers die gleiche bleiben, doch die Bindungsenergie der Computerstruktur geht gegen null. In einem planetarischen Gravitationsfeld würde der Computer auseinanderfallen. Da $\bar{E}_i/kT \to 0$, werden die thermischen Energien relativ zu den Bindungs- und Wechselwirkungsenergien größer: Es ist eine niedrige Operationstemperatur notwendig.)

Wenn die Temperaturen einmal 10eV übersteigen, wird die Information als angeregter Zustand in der »Universum-Schachtel« gespeichert. Man kann leicht zeigen [6], daß, wenn die Menge der in diesem Zustand gespeicherten Information mit näherrückender Endsingularität divergieren soll, die Dichte der Teilchenzustände so schnell divergieren muß, wie die Energie divergiert (da sonst die gespeicherte Information durch thermische Schwankungen ausgelöscht würde), aber nicht schneller als E^2, da sonst die ganze Scherungsenergie zur Auffüllung der Zustände unterhalb von E benutzt würde und keine freie Energie für die Verarbeitung der Information übrig bliebe.

Die neuesten LEP-Daten setzen die Higgs-Masse mit $m_H \geq 59{,}3$ GeV (95prozentiges »confidence level«) [49] fest, und die neuesten Tevatron-Daten setzen die Topquark-Masse mit $m_t \geq 91$ GeV (95prozentiges »confidence level«) [50] fest. Die neuesten LEP-Daten [51] zeigen an, daß die Top-Masse wahrscheinlich $m_t = 150^{+20,\ +16}_{-23,\ -19}$ GeV (1σ-Fehler) ist, wobei der erste Fehler experimenteller und der zweite theoretischer Art ist. Meine vorausgesagte Top-Massengröße liegt innerhalb von 1σ der LEP-Daten. Da der Wirkungsquerschnitt für die $t\bar{t}$ Produktion im 1,8 TeV-Tevatron mit $m_t = 185$ GeV zwischen 2 und 4 pb [52] ist, sage ich voraus, daß der Tevatron-Lauf 1992/93 mit einer integrierten Luminosität von 100 pb^{-1} höchstwahrscheinlich nicht zur Entdeckung der Topquarks führen wird (wenn Verzweigungsverhältnisse und der Wirkungsgrad der Detektoren berücksichtigt werden [53]). Das Tevatron wird das Topquark aber entdecken, wenn der neue Hauptinjektor installiert ist. Da ein Topquark der Masse 185 GeV in einer Higgs-Produktion durch Hadronenbeschleuniger entsteht, die von Gluon–Gluon (gg)-Fusionen mit $\sigma_{Tot}(gg \to H) \simeq 30–40$ pb, wenn $\sqrt{s} = 17$ TeV [54, S. 163 (Abb. 3.32 sowie 3.33) und 172], dominiert werden, sage ich vorher, daß der LHC leicht in der Lage sein sollte, das Higgs-Teilchen über den sogenannten »goldenen Erzeugungsweg« zu entdekken ($H \to ZZ \to l_1^+ l_1^- l_2^+ l_2^-, l = e$ oder μ), und zwar selbst dann, wenn der LHC eher die *niedrigere* Luminosität von 10^{33} cm^{-2} Sek^{-1} als die geplante Luminosität von 5 x 10^{34} cm^{-2} Sek^{-1} hat. Für m_H = 220 GeV sind nahezu alle Higgs-Zerfälle $H \rightarrow ZZ$ oder $H \rightarrow W^+W^-$, so daß unter Berücksichtigung der Phasenraumkorrekturen [54, S. 23] die gesamte Higgs-Breite Γ_H 2,1 GeV ist, oder ungefähr ein Prozent der Higgs-Masse. Es gilt auch $\Gamma(H \rightarrow Z_TZ_T)/\Gamma(H \rightarrow Z_LZ_L) = 0{,}55$, wobei Z_T (Z_L) die transversal (longitudinal) polarisierten Z-Bosonen sind; die longitudinale Dominanz kann bestimmt werden.

Aufschlußreich ist ein Vergleich meiner Vorhersagen für die Topquark- und die Higgs-Bosonen-Masse mit den Ergebnissen, die mit anderen Annäherungen erzielt wurden.

Es gibt zwei andere Theorien, die dieselben Topquark-Massen vorhersagen wie die Omegapunkt-Theorie: (1) eine Theorie [55], die auf $SO(10)$ SUSY GUT basiert und von Dimopoulos, Hall und Raby entwickelt wurde, und (2) eine Theorie [56], die die im Fermilab arbeitenden Physiker Bardeen, Hill und Lindner vertreten. Sie vermuten, daß das Higgs-Boson gar kein grundlegendes Teilchen ist, sondern eher ein $\langle \bar{t}t \rangle$-Kondensat, das mit einer neuen Kraft jenseits des Standardmodells verbunden ist. Folglich benötigen beide Theorien – im Gegensatz zur Omegapunkt-Theorie – eine Physik, die über das Standardmodell der Teilchenphysik hinausgeht, um zu ihren Vorhersagen zu gelangen. Obwohl beide Theorien dieselbe Topquark-Masse vorhersagen wie die Omegapunkt-Theorie, beschränken sie die Higgs-Masse gar nicht (das $SO(10)$ SUSY GUT-Modell), oder sie geben dafür einen anderen Wert (das $\langle \bar{t}t \rangle$-Kondensatmodell) an. Will man also diese Theorien von der Omegapunkt-Theorie unterscheiden, muß man das Higgs-Boson suchen.

Es ist notwendig, daß ein universelles, nichtverschwindendes Higgs-Feld wirklich existiert. Wird die Masse von einem anderen Mechanismus erzeugt, dann wird es keine repulsive Kraft, die Horizonte mit kleinen Temperaturänderungen eliminieren kann, geben, und Leben wird aussterben. Im Prinzip wird sich diese repulsive Kraft auch beim Weinberg-Salamschen Phasenübergang zeigen, und daher könnte, wenn eine solche Kraft existiert, sie in einem Hadronenbeschleuniger wie dem LHC entdeckt werden. Tatsächlich werden sowohl der RHIC in Brookhaven als auch der LHC benutzt, um den QCD-Phasenübergang bei T = 300 MeV zu untersuchen [59]. Leider übertrifft die Weinberg-Salamsche Phasenübergangstemperatur die der QCD um drei Größenordnungen, und da die Energie als T^4 skaliert wird, brauchen wir für die Untersuchung des Weinberg-Salamschen Phasenübergangs $\sqrt{s}$ mit einem Wert, der um 10^{12} über dem Wert für die Energie des LHC liegt.

Der Physiker John Ellis [57], der am CERN arbeitet, hat kürzlich betont, daß die von der Superstringtheorie vorgeschlagenen Modelle einen zentralen Wert von $m_t = 132\{^{+26}_{-28}$ GeV liefern, mit einer Obergrenze von ungefähr 190 GeV. Das minimale supersymmetrische Modell (MSSM) [57] macht eine ähnliche Voraussage von $m_t = 138^{+20}_{-23}$.

Es gibt heute zwei mögliche Topquark-Ereignisse von dem CDF-Detektor beim Tevatron. Das erste stammt vom Kollisionslauf 1988/89 und ergibt eine Topquark-Masse von $m_t = 132\{^{+32}_{-11}$. Das zweite, das am 31. Oktober 1992 beobachtet wurde und in Kapitel IV, Abb. IV.10, dargestellt ist, ergibt ein sehr viel massiveres Topquark mit ungefähr 180 GeV. Das erste Ereignis neigte dazu, die »Superstring« und/oder die Vorhersage der MSSM-Topquark-Masse zu bestärken, während das zweite eher meine Voraussage und die von $SO(10)$-SUSY-GUT und die der $\langle \bar{t}t \rangle$-Kondensate bestärken würde. Wenn das erste Ergebnis korrekt ist, dann sollten wir mit Bestimmtheit andere Top-Ereignisse bis zum Ende des derzeitigen Tevatron-Laufs, 1994, sehen. In diesem Fall wäre die in diesem Buch vorgestellte Theorie in ernsthaften Schwierigkeiten.

Literatur

[1] Hawking, Stephen W. und Ellis, George F.R. 1973. *The Large Scale Structure of Space-Time.* Cambridge: Cambridge University Press.
[2] Bartnik, R. 1988. In: *Comm. Math. Phys.* 117, p. 615.
[3] Marsden, J.E. und Tipler, F.J. 1980. In: *Phys. Rep.* C66, p. 109.
[4] Wilkinson, D.T. 1986. In: *Science* 232, p. 1517.
[5] Dyson, F.J. 1979. In: *Rev. Mod. Phys.* 51, p. 447.
[6] Tipler, F.J. 1986. In: *Int. J. Theor. Phys.* 25, p. 617.
[7] Linde, A.D. 1988. In: *Phys. Lett.* B211, p. 29.
[8] Tipler, F.J. 1992. In: *Phys. Lett.* B286, p. 36.
[9] Linde, A.D. 1989. In: *Phys. Lett.* B227, p. 352.
[10] Linde, A.D. 1990. *Particle Physics and Inflationary Cosmology.* Chur: Harwood.
[11] Linde, A.D. 1990. *Inflation and Quantum Cosmology.* Boston: Academic Press.

[12] Tipler, F.J. 1989. In: *Zygon* 24, p. 217.
[13] Linde, A.D. 1992. In: *Nucl. Phys.* B372, p. 421.
[14] Vilenkin, A. 1992. In: *Phys. Rev.* D46, p. 2355.
[15] Lin, X. und Wald, R.M. 1989. In: *Phys. Rev.* D40, p. 3280.
[16] Ryan, M.P. und Shepley, L.C. 1975. *Homogeneous Relativistic Cosmologies.* Princeton: Princeton University Press.
[17] Bennett, C. et al. 1982. *Proceedings of the International Conference on Computation.* In: *Int. J. Theor. Phys.* 21, Nr. 3/4, 6/7 und 12; Bennett C.H. et al. 1984. In: *Phys. Rev. Lett.* 53, p. 1202.
[18] Landauer, R. 1988. In: *Nature* 335, p. 779.
[19] Misner, C.W. 1969. In: *Phys. Rev. Lett.* 22, p. 1071.
[20] Misner, C.W. 1968. In: *Ap. J.* 151, p. 431.
[21] Barrow, J.D. und Tipler, F.J. 1985. In: *Mon. Not. R. Astr. Soc.* 216, p. 395; Tipler, F.J. 1987. In: *Proceedings of the 13th Texas Symposium on Relativistic Astrophysics.* Hrsg. von M.P. Ulmer. Singapore: World Scientific, S. 122. Eine genauere Aussage würde lauten, daß ein geschlossenes Universum, das die schwache Energiebedingung $\Lambda \geq 0$ erfüllt und den Einstein-Gleichungen unterliegt, nicht erneut zusammenbricht, es sei denn, seine Topologie ist
$[S^3]_1 \# [S^3]_2 \# \ldots \# [S^3]_n \# k(S^2 \times S^1)$
wobei $[S^3]_i$ eine Mannigfaltigkeit ist, die von einer Homotopie-3-Sphäre abgedeckt wird, »#« die zusammenhängende Summe ausdrückt und $k(S^2 \times S^1)$ die zusammenhängende Summe von k Kopien von $(S^2 \times S^1)$ bedeutet.
[22] Lifschitz, E.M.; Lifschitz, I.M.; Khalatnikov, I.M. 1971. In: *Sov. Phys. JETP* 32, p. 173; Doroshkevich, A.G. und Novikov, I.D. 1971. In: *Sov. Astron.* AJ14, p. 763; Doroshkevich, A.G.; Lukash, V.N. und Novikov, I.D. 1971. In: *Sov. Phys. JETP* 33, p. 649.
[23] Barrow, J.D. 1982. In: *Phys. Rep.* C85, p. 1.
[24] Shinbrot, T. et al. 1990. In: *Phys. Rev. Lett.* 65, p. 3215.
[25] Shinbrot, T. et al. 1992. In: *Phys. Rev. Lett.* 68, p. 2863.
[26] Börner, G. 1988. *The Early Universe.* Berlin: Springer-Verlag, pp. 33-43.
[27] Sandage, A. et al. 1992. In: *Ap. J. Lett.* 401, L7 haben $H_0 = 51 \pm 9$ km/Sek-mpc gefunden. Z. Zt. tendieren aber die meisten Kosmologen zu $H_0 = 95$ km/Sek-mpc. Dieser hohe Wert würde die Omegapunkt-Theorie ausschließen, da sich für $\Omega_0 > 1$ daraus $t_{jetzt} \leq 7{,}0 \times 10^9$ Jahre ergibt.
[28] Guth, A.H. 1981. In: *Phys. Rev.* D23, p. 347.
[29] House, W.C., Hrsg., 1978. *Laser Beam Information Systems.* New York: Petrocelli Books; Ranade, Sanjay 1991. *Mass Storage Technologies.* Westport, CT: Meckler; Middelhoek, S.; George, P.K.; Dekker, P. 1976. *Physics of Computer Memory Devices.* New York: Academic Press.
[30] Bludman, S.A. 1984. In: *Nature* 308, p. 319.
[31] Weinberg, S. 1989. In: *Rev. Mod. Phys.* 61, p. 1.
[32] Futamase, T.; Rothmann, T.; Matzner, R. 1989. In: *Phys. Rev.* D39, p. 405.

[33] Futamase, T. 1984. In: *Phys. Rev.* D29, p. 2783.
[34] Chen, L.F. und Hu, B.L. 1985. In: *Phys. Lett.* B160, p. 36. In [37] und [38] werden $\beta^2\phi^2$-Terme nur für Bianchi-Typ-I-Modelle gefunden, Typ IX liefert aber das gleiche Ergebnis (B.L. Hu, private Mitteilung).
[35] Rothman, T. und Ellis, G.F.R. 1986. In: *Phys. Lett.* B180, p. 19.
[36] Huang, W.-H. 1991. In: *Class. Quantum Grav.* 8, p. 83.
[37] Critchley, R. und Dowker, J.S. 1981. In: *J. Phys.* A14, p. 1943.
[38] Sher, M. 1980: In: *Phys. Rev.* D22, p. 2989.
[39] Guth, A.H. und Sher, M. 1983. In: *Nature* 302, p. 505.
[40] Petrosian, V. 1982. In: *Nature* 298, p. 805.
[41] Kirznits, D.A. und Linde, A.D. 1976. In: *Ann. Phys.* 101, p. 195. Ihre Bedingung $\lambda \ll g^2 \sim g_1^2 + g_2^2 (\Leftrightarrow m_H \ll 260$ GeV) wird verletzt, so daß ein Phasenübergang zweiter Ordnung möglich ist.
[42] Turok, N. 1992. In: *Phys. Rev. Lett.* 68, p. 1803.
[43] Turok, N. und Zadrozny, J. 1992. In: *Nucl. Phys.* B369, p. 729.
[44] Ellis, J.; Linde, A.D.; Sher, M. 1990. In: *Phys. Lett.* B252, p. 203.
[45] Sher, M. 1989. In: *Phys. Rep.* C179, p. 273.
[46] Cabibbo, N. et al. 1979. In: *Nucl. Phys.* B158, p. 295.
[47] Carrington, M.E. (Vorabdruck TPI-MINN-91/48-T) hat berechnet, daß der Weinberg-Salamsche Phasenübergang hauptsächlich erster Ordnung ist, wenn die Higgs-Masse etwa 60 GeV ist. Eine Gitter-Rechnung von B. Bunk et al. 1992 in: *Phys. Lett.* B284, p. 371, hat das störungstheoretische Ergebnis bestätigt, daß der Übergang schwach erster Ordnung ist, wobei m_H um so größer ist, je schwächer der Übergang, und $m_H < M_W$.
[48] Shaposhnikov, M. 1992. In: *Phys. Lett.* B277, p. 324. Er behauptet, daß eine Lösung des Baryogenese-Problems innerhalb des Standard-Modells $m_H < 67$ GeV verlangt. Diese Grenze bekommt er aufgrund seiner Forderung, daß die vorher erzeugte Baryonen-Zahl am Ende des Phasenübergangs keineswegs verschwindet. Shaposhnikov nimmt aber an, daß der Übergang erster Ordnung ist. Ein Übergang zweiter Ordnung würde kein derartiges Problem aufwerfen. Alle bisherigen Standardmodell-Theorien der Baryogenese benötigen aber einen Übergang erster Ordnung für ihre CP- und Baryonen-Zahl-verletzenden Eigenschaften. Die Omegapunkt-Theorie braucht einen Weinberg-Salamschen Übergang zweiter oder sehr schwacher erster Ordnung; wenn man beweisen kann, daß ohne einen Übergang starker erster Ordnung die Baryogenese unmöglich ist, dann wird die Omegapunkt-Theorie in große Schwierigkeiten geraten.
[49] Sopczak, A. In: *Proceedings of the 15th International Warsaw Conference, 25-29 Mai 1992* wird demnächst erscheinen. Es stammt aus einer vorläufigen Analyse der LEP-Daten von 1991. Die allerletzte *veröffentlichte* Obergrenze für m_H im Standardmodell ist 57,7 GeV mit einem 95prozentigen »confidence level« [Adriani et al. 1993. In: *Phys. Lett.* B30 3, p. 391].
[50] Abe, F. et al. 1992. In: *Phys. Rev. Lett.* 68, p. 447.

[51] Ward, C.P. In: *Proceedings of the 15th International Warsaw Conference, 25-29 Mai 1992*, wird demnächst erscheinen. Es stammt aus einer vorläufigen Analyse der LEP-Daten von 1991.
[52] Ellis, R.K. 1991. In: *Phys. Lett.* B259, p. 492.
[53] Sliwa, K. In: *Proceedings of the 4th International Symposium on Heavy Flavour Physics, 25-29 Juni 1991*. Er schätzt, daß man mit einer integrierten Tevatron-Luminosität 100 pb^{-1} das Topquark nur dann finden könnte, wenn $m_t < 170$ GeV. Diese Grenze und der unterste Teil meiner Voraussage 185±20 GeV überschneiden sich.
[54] Gunion, J. et al. 1990. *The Higgs Hunter's Guide*. New York: Addison-Wesley.
[55] Dimopoulos, S.; Hall, L.J.; Raby, S. 1992. In: *Phys. Rev. Lett.* 68, p. 1984.
[56] Bardeen, W.; Hill, C.T.; Lindner, M. 1990. In: *Phys. Rev.* D41, p. 1647.
[57] Ellis, J. In: *Proceedings of the 16th Texas Symposium on Relativistic Astrophysics, 13-18 December 1992*, wird demnächst erscheinen.
[58] Peoples, J. private Mitteilung.
[59] Satz, H. 1992. In: *Nucl. Phys.* A544, p. 371c.

I. Die Vielwelten-Interpretation der Quantenmechanik

In diesem Abschnitt werde ich nur eine kurze Einführung in die Vielwelten-(korrekterweise auch Vielgeschichten- genannt) Interpretation liefern. Der interessierte Leser sei für eine detailliertere Beschreibung auf das Buch von DeWitt und Graham [1], Kapitel 7 meines eigenen Buches mit John Barrow [2] und meinen Artikel »Interpreting the Wave Function of the Universe« [3] verwiesen.

Die zentrale Idee der Vielwelten-Interpretation ist die, daß die Zeitentwicklung stets mit der Schrödinger-Gleichung

$$i\hbar \frac{\partial \psi}{\partial t} = \hat{H}\psi \qquad (I.1)$$

beschrieben wird, wobei $\hat{H}$ der Hamilton-Operator ist. Dieser Operator beschreibt beides, das Objekt, das gemessen wird, *und* die Meßapparatur. In der Vielwelten-Interpretation sind menschliche Wesen genau wie andere Lebewesen nur Arten von Meßinstrumenten, und können daher von einem Hamilton-Operator vollkommen beschrieben werden.

Da der Hamilton-Operator selbstadjungiert ist, ist $e^{-i\hat{H}t/\hbar} \equiv \Sigma_{n=0}^{\infty} (-i\hat{H}t/\hbar)^n/n!$ mathematisch sinnvoll, und die Integration der Gleichung (I.1) ergibt

$$\psi(\vec{x},t) = e^{-i\hat{H}t/\hbar}\psi(\vec{x}, t_0) \qquad (I.2)$$

wobei $\psi(\vec{x},t_0)$ der Wert der Wellenfunktion zur Anfangszeit t_0 ist. Da die Angabe der Wellenfunktion im ganzen Raum für jede Anfangszeit die Wellenfunktion für alle Zeiten *festlegt*, ist die Quantenmechanik in der Vielwelten-Interpretation sogar noch deterministischer als die Newtonsche Mechanik, da der in der Newtonschen Mechanik mögliche Zusammenbruch des Determinismus (vgl. Abschnitt G) in der Quantenmechanik nicht auftreten kann. (Nach dem Heisenberg-Bild ist die Quantenmechanik sogar noch offensichtlicher deterministisch, da sich die Wellenfunktion in diesem Formalismus nie ändert!)

Lassen Sie mich die Vielwelten-Interpretation durch eine strikte mathematische Analyse von Schrödingers Katzenexperiment einführen, das in Kapitel V umrissen wurde. Das Wesentliche dieses Experiments ist ein Quantensystem mit zwei möglichen Zuständen, dessen einer der Katze nichts antut, während der andere den Tod der Katze herbeiführt. Zur Erzeugung eines solchen Quantensystems werde ich den Stern-Gerlach-Versuch heranziehen.

Im Stern-Gerlach-Versuch durchquert ein Atomstrahl, der aus Atomen mit einem ungepaarten Elektron besteht, ein inhomogenes Magnetfeld, wie in Abbildung I.1 dargestellt.

Abbildung I.1 zeigt, daß sich die Atome, deren ungepaartes Elektron Spin up hat, nach oben und die, deren ungepaartes Elektron Spin down hat, nach unten bewegen. Die Wellenfunktion eines Elektrons mit Spin up sei $|\uparrow\rangle$ und die eines Elektrons mit Spin down sei $|\downarrow\rangle$.

Alle Messungen korrelieren Zustände des gemessenen Systems mit Zuständen des Meßapparates. Tatsächlich kann der Stern-Gerlach-Versuch als eine Anordnung zur Messung des Spins von ungepaarten Elektronen benutzt werden: Dies geschieht, indem eine Beziehung zwischen dem Spin des ungepaarten Elektrons und dem Schwerpunkt des Atoms hergestellt wird. Daher kann die Wellen-

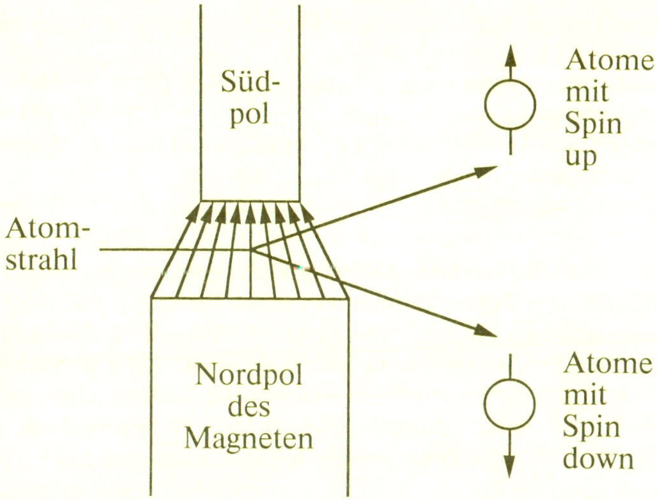

Abbildung I.1: *Das Stern-Gerlach-Gerät. Ein Atomstrahl mit einer ungeraden Anzahl von Elektronen trifft von links auf ein inhomogenes Magnetfeld. Im Grundzustand werden alle Elektronen bis auf eines paarweise zu Spin Null koppeln. Ein Atom mit dem ungepaarten Spin nach oben (unten) wird sich nach oben (unten) unter dem Einfluß des Feldes bewegen. Daher besteht der sich nach oben (unten) bewegende Strahl nur aus Atomen mit ungepaarten Elektronen Spin nach oben (unten).*

funktion des Systems Elektron–Atom als ein Produkt aus dem Zustand des Elektrons und der Atombewegung geschrieben werden: $|\textit{atomare Bewegung}\rangle_A |\textit{Spin}\rangle_e$ (die Indizes der Ket-Vektoren kennzeichnen jeweils den Ket-Vektor des Elektrons und den Ket-Vektor des Atoms.) Der Anfangszustand ist also

$$|\textit{nach} \rightarrow\rangle_A |\textit{Spin}\rangle_e \qquad (I.3)$$

wobei $|\textit{nach} \rightarrow\rangle_A$ bedeutet, daß sich das Atom von links nach rechts bewegt.

Für die relevanten Teile des Stern-Gerlach-Versuchs ist der Hamilton-Operator $\hat{H}_{SG}$ durch seine Wirkungen auf die Grundzustände

$$\hat{H}_{SG} |\textit{nach} \rightarrow\rangle_A | \uparrow\rangle_e = |\textit{nach} \uparrow\rangle_A | \uparrow\rangle_e$$

$$\hat{H}_{SG}|nach \rightarrow\rangle_A | \downarrow\rangle_e = |nach \downarrow\rangle_A | \downarrow\rangle_e \qquad (I.4)$$

definiert, wobei $|nach \uparrow\rangle_A$ bedeutet, daß das Atom zusätzlich zu seiner Bewegung von links nach rechts eine Bewegung nach oben bekommt, und $|nach \downarrow\rangle_A$ bedeutet dasselbe, nur daß es sich hier um eine zusätzliche Bewegung nach unten handelt.

Nehmen wir an, daß die sich aufwärts bewegenden Atome auf einen Detektor treffen, der einen Hammer in Bewegung setzt, welcher die Flasche mit dem Zyanidgas zerschlägt, das die Katze tötet. Wenn sich die Atome abwärts bewegen, rührt sich der Detektor nicht, und die Katze bleibt am Leben. Folglich gibt es hier zwei weitere Hamilton-Operatoren $\hat{H}_D$ und $\hat{H}_{Katze}$, die jeweils auf den Detektor-Zyanid-Zustand $|\rangle_D$ und auf den Katzen-Zustand $|\rangle_{Katze}$ wirken. Wie bei den Atomen sind auch diese Operatoren durch ihre Wirkungen auf die Grundzustände definiert

$$\hat{H}_D|N\rangle_D|nach \uparrow\rangle_A = |\uparrow\rangle_D|nach \uparrow\rangle$$

und

$$\hat{H}_D|N\rangle_D|nach \uparrow\rangle_A = |\uparrow\rangle_D|nach \uparrow\rangle_A \qquad (I.5)$$

definiert den Operator $\hat{H}_D$, wobei $|N\rangle_D$ der neutrale Anfangszustand des Detektor-Zyanid-Systems ist.

Die Kopplung zwischen dem Katzen- und dem Detektor-Zyanid-Zustand ist dann

$$\hat{H}_{Katze}|Katze\ lebt\rangle_{Katze}|\uparrow\rangle_D = |Katze\ tot\rangle_{Katze}|\uparrow\rangle_D$$

$$\hat{H}_{Katze}|Katze\ lebt\rangle_{Katze}|\downarrow\rangle_D = |Katze\ lebt\rangle_{Katze}|\downarrow\rangle_D \qquad (I.6)$$

Der Anfangszustand der »Welt« – des abgeschlossenen Systems dieses Experiments – ist dann

$$|Katze\ lebt\rangle_{Katze}|N\rangle_D|nach \rightarrow\rangle_A|Spin\rangle_e \qquad (I.7)$$

Angenommen, wir schicken den Atomstrahl durch ein zweites Stern-Gerlach-Gerät und schicken dann den oberen Strahl durch das obige System. Der obere Strahl besteht nur aus Atomen, deren Elektronen Spin up haben. Wir wissen, was geschähe, die Katze würde sicher sterben! Mathematisch heißt das

$$\hat{H}_{Katze}\hat{H}_D\hat{H}_{SG}\,|\,Katze\ lebt\rangle_{Katze}\,|\,N\rangle_D\ |\,nach \rightarrow\rangle_A\,|\uparrow\rangle_e =$$

$$[\hat{H}_{Katze}\,|\,Katze\ lebt\rangle_{Katze}][\hat{H}_D\,|\,N\rangle_D][\hat{H}_{SG}\,|\,nach \rightarrow\rangle_A\,|\uparrow\rangle_e] =$$

$$[\hat{H}_{Katze}\,|\,Katze\ lebt\rangle_{Katze}][\hat{H}_D\,|\,N\rangle_D\,|\,nach \uparrow\rangle_A\,|\uparrow\rangle_e] =$$

$$[\hat{H}_{Katze}\,|\,Katze\ lebt\rangle_{Katze}\,|\uparrow\rangle_D\,|\,nach \uparrow\rangle_A\,|\uparrow\rangle_e] =$$

$$|\,Katze\ tot\rangle_{Katze}\,|\uparrow\rangle_D\,|\,nach \uparrow\rangle_A\,|\uparrow\rangle_e \qquad (I.8)$$

Nun nehmen wir an, wir senden den unteren Strahl des Stern-Gerlach-Geräts durch das System. Da der untere Strahl die Elektronen mit Spin down selektiert hat, wissen wir wieder mit Sicherheit, was passiert: Die Katze bliebe am Leben. Mathematisch heißt das

$$\hat{H}_{Katze}\hat{H}_D\hat{H}_{SG}\,|\,Katze\ lebt\rangle_{Katze}\,|\,N\rangle_D\ |\,nach \rightarrow\rangle_A\,|\downarrow\rangle_e =$$

$$[\hat{H}_{Katze}\,|\,Katze\ lebt\rangle_{Katze}][\hat{H}_D\,|\,N\rangle_D][\hat{H}_{SG}\,|\,nach \rightarrow\rangle_A\,|\downarrow\rangle_e] =$$

$$[\hat{H}_{Katze}\,|\,Katze\ lebt\rangle_{Katze}][\hat{H}_D\,|\,N\rangle_D\,|\,nach \downarrow\rangle_A\,|\downarrow\rangle_e] =$$

$$[\hat{H}_{Katze}\,|\,Katze\ lebt\rangle_{Katze}\,|\downarrow\rangle_D\,|\,nach \downarrow\rangle_A\,|\downarrow\rangle_e] =$$

$$|\,Katze\ lebt\rangle_{Katze}\,|\downarrow\rangle_D\,|\,nach \downarrow\rangle_A\,|\downarrow\rangle_e \qquad (I.9)$$

In der obigen Gleichung spielt sich offensichtlich folgendes ab: Die Eindeutigkeit des ursprünglichen Elektronenspins wurde von einem Teil des physikalischen Systems auf einen anderen übertragen.

Jetzt wollen wir das zweite Stern-Gerlach-Gerät um 90 Grad drehen und ein *einzelnes* Atom hindurchsenden. Das gedrehte Stern-Gerlach-Gerät wird nicht mehr Spin up oder Spin down selektieren, sondern Spin nach links $|\leftarrow\rangle_e$ oder Spin nach rechts $|\rightarrow\rangle_e$. Das Atom wird sich folglich nach dem Passieren des zweiten Stern-Gerlach-Geräts entweder nach links oder nach rechts bewegen; nehmen wir an, es bewegt sich nach rechts. (Dies kann festgestellt werden, ohne daß es Auswirkungen auf den Zustand des atomaren Systems hat, indem man ein drittes Stern-Gerlach-Gerät verwendet, aber wir wollen uns mit diesen Komplikationen hier jetzt nicht aufhalten.) Das Atom-Elektron-System ist folglich in dem Zustand

$$|nach \rightarrow\rangle_A | \rightarrow\rangle_e \tag{I.10}$$

da gemäß der Standard-Quantenmechanik gilt,

$$| \rightarrow\rangle_e = \frac{1}{\sqrt{2}}(| \uparrow\rangle_e + | \downarrow\rangle_e)$$

Den Zustand (I.10) durch das ursprüngliche Stern-Gerlach-Gerät zu schicken, hat die erstaunliche Auswirkung

$$\hat{H}_{SG} |nach \rightarrow\rangle_A | \rightarrow\rangle_e = \hat{H}_{SG} |nach \rightarrow\rangle_A \left[\frac{1}{\sqrt{2}}(| \uparrow\rangle_e + | \downarrow\rangle_e)\right] =$$

$$\frac{1}{\sqrt{2}}(|nach \uparrow\rangle_A | \uparrow\rangle_e + |nach \downarrow\rangle_A \downarrow\rangle_e) \tag{I.11}$$

Die Wellenfunktion ist eine *Summe* von zwei Zuständen. Das bedeutet, daß sich das Atom in zwei »geteilt« hat: ein Atom ist im Zustand

$$|nach \uparrow\rangle_A$$

und das andere ist im Zustand

$$|nach \downarrow\rangle_A$$

Dies folgt aus der *Linearität* des Operators $\hat{H}_{SG}$ im Verein mit der Tatsache, daß die Meßanordnung für den Spin (das Stern-Gerlach-Gerät) *definitiv* Spin up oder Spin down mißt, wenn das Elektron vor der Messung definitiv Spin up (oder Spin down) hat.

Darüber hinaus wird diese Teilung auf die Katze ausgedehnt

$$\hat{H}_{Katze}\hat{H}_D\hat{H}_{SG} |Katze\ lebt\rangle_{Katze} | N\rangle_D\ |nach \rightarrow\rangle_A \left[\frac{1}{\sqrt{2}}(| \uparrow\rangle_e + | \downarrow\rangle_e)\right] =$$

$$\frac{1}{\sqrt{2}}\left(|Katze\ tot\rangle_{Katze} | \uparrow\rangle_D |nach \uparrow\rangle_A | \uparrow\rangle_e\right) +$$

$$\frac{1}{\sqrt{2}}\left(|Katze\ lebt\rangle_{Katze} | \downarrow\rangle_D |nach \downarrow\rangle_A | \downarrow\rangle_e\right) \tag{I.12}$$

Folglich gibt es zwei »Welten«: In einer ist die Katze tot, und in der anderen lebt sie. Bringt man ein menschliches Wesen in dieses System ein – das nachschaut, ob die Katze tot oder lebendig ist –, dann würde die Wechselwirkung des Systems Mensch mit dem System Katze auch den Menschen zwingen, sich zu teilen. Andere Menschen, die nach dem ersten Menschen und der Katze sehen sollten, würden sich ebenfalls in zwei Welten teilen: In einer würden alle sehen, daß die Katze lebendig ist, und diese Tatsache bestätigen, und in der anderen würden alle sehen, daß die Katze tot ist, und dies bejahen.

Drei Annahmen zwingen uns die Vielwelten-Interpretation auf:

(1) Alle Systeme – einschließlich des Systems »Mensch« – sind Quantensysteme.
(2) Jede Zeitentwicklung ist gemäß der Schrödinger-Gleichung *linear.*
(3) Alle Meßgeräte arbeiten, wie sie sollen. Wenn die Katze zum Beispiel tot *ist* (in einem Eigenzustand des »Totseins«), dann muß jedes korrekt arbeitende Meßgerät *aussagen*, daß sie tot ist. Vor allem dann, wenn die Menschen die Meßgeräte sind, müssen alle »korrekt funktionierenden« Menschen erkennen, daß die Katze tot ist, wenn dies wirklich der Fall ist. (Alle nicht korrekt funktionierenden Menschen werden in die Irrenanstalt gebracht.)

Literatur

[1] De Witt, Bryce und Graham, Neil 1973. *The Many Worlds Interpretation of Quantum Mechanics.* Princeton: Princeton University Press.
[2] Barrow, John D. und Tipler, Frank J. 1986. *The Anthropic Cosmological Principle.* Oxford: Oxford University Press.
[3] Tipler, Frank J. 1986. In: *Phys. Rep.* C137, p. 231.

J. Quantenwellen-Pakete und Fortschritt in der Evolutionsbiologie

Ein Beispiel für eine Frequenzverteilung, die sich zyklisch verhält, aber in einem kurzen Zeitintervall wie die Ausdehnung einer anfänglich engen Verteilung aussieht, ist die Wahrscheinlichkeitsverteilung eines quantisierten Harmonischen Oszillators in einer Dimension. Wenn der Anfangszustand des Oszillators

$$\psi(x,0) = N \exp\left[-\frac{(x-x_0^2)}{2\sigma_0^2}\right] \qquad (J.1)$$

ist, wobei $x_0 > 0$, N eine Normierungskonstante und σ_0 die Standardabweichung der Gauss-Verteilung (1) ist, dann ist die Wahrscheinlichkeitsverteilung als Funktion der Zeit

$$|\psi(x,t)|^2 = N^2\left(cos^2\,\omega t + \left[\frac{\hbar/m\omega}{\sigma_0^2}\right]^2 \sin^2\omega t\right)^{-1/2}$$

$$\exp\left[\frac{-(x-x_0\cos\,\omega t)^2}{\sigma_0^2(\cos^2\;\omega t + \left[\frac{\hbar/m\omega}{\sigma_0^2}\right]^2 \sin^2\,\omega t)}\right] \qquad (J.2)$$

die natürlich die Periode $2\pi/\omega$ hat.

In dem speziellen Fall, daß $\sigma_0^2 = \hbar/m\omega$, sind die anfängliche Wellenfunktion und die Wahrscheinlichkeitsverteilung als Funktionen der Zeit jeweils

$$\psi(x,0) = N \exp\left[-\frac{m\omega}{2\hbar}(x-x_0)^2\right] \qquad (J.3)$$

und

$$|\psi(x,t)|^2 = N^2 \exp\left[-\frac{m\omega}{\hbar}(x-x_0\cos\,\omega t)^2\right] \qquad (J.4)$$

die, ohne die Form zu wechseln, oszilliert. Dieser spezielle Fall wird normalerweise in den quantenmechanischen Lehrbüchern behandelt.

Goulds EQ-Frequenzverteilung (definiert in Kapitel III) sieht genauso aus wie die Zeitentwicklung eines maximal scharfen Wellenpakets für ein *freies* Teilchen; das heißt wie die Zeitentwicklung eines Teilchens, das sich mit konstanter Geschwindigkeit nach rechts bewegt. Eine solche Bewegung ist in der Tat das *Standardmodell der konstanten Bewegung!* Ein Physiker käme nach einem Blick auf Goulds Daten (siehe unten) sofort zu dem Schluß: »Offensichtlich ein Beispiel für gleichförmige kontinuierliche Bewegung!«

Die anfängliche Wellenfunktion für ein freies Teilchen, das sich mit konstantem Impuls $p_0 > 0$ nach rechts bewegt und das die kleinste Unbestimmtheit hat (das heißt, das Wellenpaket erfüllt die Gleichung $\Delta p \Delta x = \hbar/2$), ist

$$\psi(x,0) = N \exp\left[-\frac{(x-x_0)^2}{2\sigma_0^2} - \frac{ip_0x}{\hbar}\right] \qquad (J.5)$$

Für diese anfängliche Wellenfunktion ist die Wahrscheinlichkeitsverteilung als Funktion der Zeit

$$|\psi(x,t)|^2 = N^2\left(1 + \frac{t^2\hbar^2}{m^2\sigma_0^4}\right)^{-1/2} \exp\left[-\frac{(x-x_0-p_0t/m)^2}{\sigma_0^2(1+\hbar^2t^2/m^2\sigma_0^4)}\right] \qquad (J.6)$$

Die Breite der Wahrscheinlichkeitsverteilung gehorcht der Gleichung

$$\sigma(t) = (\sigma_0/\sqrt{2})(1 + \hbar^2t^2/m^2\sigma_0^4)^{1/2} \qquad (J.7)$$

Die Gruppengeschwindigkeit des Wellenpakets des Teilchens ist eine Konstante, nämlich $v_{Gruppe} = p_0/m$, das ist die klassische Geschwindigkeit eines freien Teilchens. Eine graphische Darstellung der Gleichung (J.6) ist in jeder Einführung in die Quantenmechanik zu finden; siehe zum Beispiel die Abbildung 4.1 von Leighton (1959, S. 147). Es ist offensichtlich, daß diese Abbildung *genau* mit jener übereinstimmt, die Gould für seinen Angriff gegen die Idee der *Bewegung* benutzt hat (Abbildung 4 von Gould (1988)), die der Abbildung (13.2) von Jerison (1973, S. 315) gleicht.

Nun könnte Gould ja einwenden, daß für die obigen Wellenpakete x für negative Werte definiert ist, was stimmt. Dennoch ist klar, wenn $x_0 \gg \sigma_0$, dann hat der Schwanz der Gauss-Verteilung mit $x \leq 0$ eine vernachlässigbare Auswirkung. Außerdem läßt sich dies leicht durch die Quantisierung des Harmonischen Oszillators und des freien Teilchens auf der Halbachse bestätigen – das heißt, man nimmt an, daß $\psi(x,t)$ nur in $(0, +\infty)$ einen Träger hat. Eine Möglichkeit, dies zu tun, bedient sich der folgenden Methode: Überlagern wir zwei Wellenpakete der Form (J.5), wobei das eine einen positiven Peak bei $x_0 > 0$ hat und sich nach rechts bewegt (Impuls $p_0 > 0$), während sich das andere mit einem negativen Peak (anstatt einem positiven) bei $-x_0$ nach links bewegt (Impuls $-p_0$). Wenn

$$\psi(x, 0) = \psi_1(x, 0) + \psi_2(x, 0) \qquad (J.8)$$

wobei

$$\psi_1(x, 0) = N \exp\left[-\frac{(x-x_0)^2}{2\sigma_0^2} - \frac{ip_0 x}{\hbar}\right] \tag{J.9}$$

das heißt, Gleichung (J.5), und

$$\psi_2 (x, 0) = -N \exp\left[-\frac{(x+x_0)^2}{2\sigma_0^2} + \frac{ip_0 x}{\hbar}\right] \tag{J.10}$$

Das Minuszeichen vor dem N in Gleichung (J.10) bedeutet, daß die Überlagerung offensichtlich $\psi(0,0) = 0$ erfüllt, und die Schrödinger-Gleichung erhält diese Randbedingung, so daß $\psi(0, t) = 0$ gilt. Wenn man $\psi(x,t)$ für $x > 0$ berechnet, so wird man in der Tat sehen, daß die Existenz einer Grenze bei $x = 0$ nur dann die Bewegung des Teilchens beeinflußt, falls es sehr nah an dieser Grenze ist. Von dieser Grenze entfernt sind die qualitativen Eigenschaften der Bewegung der Wahrscheinlichkeitsverteilung, definiert durch Gleichung (J.8), dieselben wie die der Bewegung der Wahrscheinlichkeitsverteilung, definiert nach Gleichung (J.5). Es ist leicht zu erkennen, daß die Gauss-Verteilungen in Goulds Abbildung $x_0 \gg \sigma_0$ erfüllen, so daß die Randeffekte dieser Daten vernachlässigbar sind.

Beachten Sie, wenn ωt klein ist, gilt $\cos \omega t \approx 1$ und $\sin \omega t \approx \omega t$, so daß sich im Grenzübergang zu kleinen Zeiten Gleichung (J.2) auf Gleichung (J.6) mit $p_0 = 0$ reduziert. Bei diesem Grenzübergang verhält sich $|\psi(x,t)|^2$ wie ein freies Teilchen mit Geschwindigkeit null; alles, was passiert, ist, daß die Verteilung breiter wird, während der Mittelwert und die Mitte der Verteilung unverändert bleiben. Wenn Terme zweiter Ordnung in ωt berücksichtigt werden, sieht das zeitliche Verhalten von (J.2) ähnlich wie (J.6) mit $p_0 > 0$ aus. Anders ausgedrückt, die Verteilung (J.2), die für große Zeiträume wirklich periodisch ist, verhält sich anfangs wie ein sich nach rechts bewegendes Teilchen. Nur wenn man eine global gültige Theorie benutzt, kann man die Daten interpretieren und entscheiden, ob sich das System bewegt oder statt dessen periodisch ist. Das gleiche gilt für Goulds Daten. Nach Betrachtung der gegebenen Entwicklung über weniger als hundert Millionen Jahre sieht es aus, als ob die EQ fortschreitend ist.

Literatur

Gould, Stephen J. 1988. »On Replacing the Idea of Progress with an Operational Notion of Directionality«. In: *Evolutionary Progress*, Hrsg. von Matthew H. Nitecki, pp. 319-338, Chicago: University of Chicago Press.
Jerison, Harry J. 1973. *Evolution of the Brain and Intelligence.* New York: Academic Press.
Leighton, Robert B. 1959. *Principles of Modern Physics.* New York: McGraw-Hill.

K. Chaos in der Quantenmechanik

Das Standardargument gegen Chaos in der Quantenmechanik bezieht sich auf die Tatsache, daß die Wellenfunktion eine nahezu periodische Funktion der Zeit [1-5] ist. Wie wir jedoch in Abschnitt E gesehen haben, geht dieses Argument von der Annahme aus, daß die Wellenfunktion auf ein endliches Gebiet des Phasenraums beschränkt ist. Ich werde jetzt zeigen, daß keine der Annahmen notwendigerweise in der Quantenkosmologie gilt. Später, in Abschnitt M, werde ich zeigen, daß die Energie nicht nach oben beschränkt ist, wenn die Omegapunkt-Randbedingung gestellt wird. Dies wird das Argument gegen das Chaos in der Quantenkosmologie hinfällig machen.

Betrachten wir zuerst ein einfaches Beispiel für Chaos in der allgemeinen Relativitätstheorie, ein Beispiel, in dem das Newtonsche Analogon nicht chaotisch ist. Eine exponentielle Divergenz der Geodätischen in endlicher Eigenzeit – das Kennzeichen des Chaos – wird von einigen der zeitartigen geodätischen Kongruenzen in der Schwarzschild-Raumzeit mit $r < 2m$ geliefert. Die Metrik ist

$$ds^2 = \frac{-dt^2}{(\frac{2m}{t} - 1)} + \left(\frac{2m}{t} - 1\right) dr^2 + t^2 (d\theta^2 + \sin^2\theta d\phi^2) \qquad (K.1)$$

wobei $0 < t < 2m, 0 \leq r < +\infty, 0 \leq \theta \leq \pi, 0 \leq \phi \leq 2\pi$. Die Kurven mit (r, θ, ϕ) =konstant sind zeitartige Geodätische, die senkrecht zu den homogenen raumartigen Hyperflächen mit t =konstant sind. Betrachten wir zwei solcher Geodätischen, mit den gleichen festen Werten für (θ, ϕ). Die raumartige Eigendistanz zwischen diesen ist zu jeder Zeit t

$$\left(\frac{2m}{t}-1\right)\Delta r \tag{K.2}$$

das für jeden Anfangswert Δr für $t \to 0$ gegen $+\infty$ divergiert. Die Änderung der Eigenzeit zwischen zwei beliebigen Werten der Zeitkoordinaten (t_i, t_f) ist

$$\Delta T = T_f - T_i = \int_{t_i}^{t_f} \frac{dt}{\sqrt{\frac{2m}{t}-1}} = 2m\left[\cos^{-1}\sqrt{\frac{t}{2m}} + \sqrt{\frac{t}{2m}\left(1-\frac{t}{2m}\right)}\right]_{t_i}^{t_f} \tag{K.3}$$

Da aber $((2m/t) - 1)^{-1/2} \leq 1$ für alle $t \leq m$ gilt, haben wir $\Delta T(t) \leq \Delta t$ für alle $T \leq m$, so daß in der Nähe der Singularität bei $t = 0$ weniger Eigenzeit als Koordinatenzeit vergeht. Folglich divergiert die räumliche Eigendistanz zwischen den zeitartigen Geodätischen in endlicher Eigenzeit gegen unendlich.

Das dreidimensionale Eigenvolumen, das durch alle zeitartigen, senkrecht zu den Hyperflächen mit t =konstant verlaufenden Geodätischen definiert wird, ist

$$V(t) = \int \sqrt{g_{rr}g_{\theta\theta}g_{\phi\phi}}\, dr d\theta d\phi = 4\pi t^2 \,\Delta r \sqrt{\frac{2m}{t}-1} \tag{K.4}$$

Folglich gilt $V(t) \propto t^{3/2}$ in der Nähe von $t = 0$ und $V(t) \to 0$ für $t \to 0$.

Im Gegensatz zu dem Fall der allgemeinen Relativitätstheorie, in dem die räumliche Eigendistanz einer zeitartigen geodätischen Kongruenz bei Annäherung an die Singularität $t = 0$ (die die gleiche wie die Schwarzschild-Singularität $r = 0$ ist) schneller als exponentiell divergiert, wächst die Divergenz eines radial frei fallenden Körpers in der Newtonschen Schwerkraft *nicht* exponentiell mit r. Die Bahnen der in radialer Richtung zu einer Newtonschen Punktmasse frei fallenden Punktteilchen divergieren eher wie eine einfache *Potenz* der Newton-Zeit. In der Newtonschen Gravitation gibt es für $r \to 0$ keine exponentielle Divergenz von benachbarten radialen Bahnen.

Man geht im allgemeinen davon aus [3–5], daß es in der Quantenmechanik keine divergierenden Trajektorien gibt, weil es dort überhaupt keine Trajektorien gibt. Jede »Trajektorie« ist durch die Heisenbergsche Unbestimmtheit verschmiert. Doch das stimmt nicht. Vor vielen Jahren haben David Bohm [6] und Louis de Broglie [7, 8] gezeigt, daß die Schrödinger-Gleichung geschrieben werden kann als Gleichungen für Teilchentrajektorien, die von »Führungswellen« geführt werden. Später hat J.S. Bell [9] (vom berühmten Bell-Theorem) den Formalismus wiederbelebt und gemeinsam mit Bohm und de Broglie versucht, damit eine neue Interpretation der Quantenmechanik zu liefern. Diese »Führungswelleninterpretation« ist widersprüchlich [10], aber der Formalismus bietet eine elegante Möglichkeit, die vielen Geschichten der Vielwelten-Interpretation zu illustrieren.

Betrachten wir die Ein-Teilchen-Schrödinger-Gleichung

$$i\hbar\frac{\partial\psi}{\partial t} = -\frac{\hbar^2}{2m}\nabla^2\psi + V(\vec{x})\psi \qquad (K.5)$$

Wenn wir [11, S. 280]

$$\psi = R\exp(iS/h) \qquad (K.6)$$

in (K.5) einsetzten, wobei die Funktionen $R = R(\vec{x},t)$ und $S = S(\vec{x},t)$ reell sind, erhalten wir

$$\frac{\partial R}{\partial t} = -\frac{1}{2m}\left[R\nabla^2 S + 2\vec{\nabla}R\cdot\vec{\nabla}S\right] \qquad (K.7)$$

$$\frac{\partial S}{\partial t} = -\frac{(\vec{\nabla}S)^2}{2m} - V + \left(\frac{\hbar^2}{2m}\right)\frac{\nabla^2 R}{R} \qquad (K.8)$$

Die Gleichung (K.8) ist einfach die klassische Hamilton-Jacobi-Gleichung für ein einzelnes Teilchen, das sich im Potential

$$U = V - \left(\frac{\hbar^2}{2m}\right)\frac{\nabla^2 R}{R} \qquad (K.9)$$

bewegt.

Die Senkrechten zu Flächen konstanter Phasen, die durch $S(\vec{x},t)$ =konstant vorgegeben werden, definieren Trajektorien. Die Kurven mit den Tangenten

$$\vec{\nabla}S = \frac{\hbar}{2im}\ln\left(\frac{\psi}{\psi^*}\right) = Re\left[\left(\frac{\hbar}{i}\right)\ln\psi\right] \qquad (K.10)$$

Die Senkrechten zu Ebenen mit konstanter Phase sind die »Führungswellen«. In der Quantentheorie beschreiben sie jedoch kein einzelnes Teilchen, wie sie es in der klassischen Theorie tun. Sie beschreiben vielmehr ein unendliches Ensemble von Teilchen, dessen jedes einen Impuls $\vec{p} = m\vec{\nabla}S$ hat: *alle* durch (K.10) definierten Trajektorien sind in der Quantenmechanik reell. Hier haben wir wieder die Vielwelten: Wenn wir eine Messung vornehmen, sehen wir nur ein Teilchen, aber in Wirklichkeit sind unendlich viele Teilchen – und unendlich viele Geschichten – physikalisch vorhanden.

Ich schlage vor, auf der Suche nach dem Chaos in der Quantenmechanik die Separation der von den Trajektorien definierten »Führungswellen« zu betrachten. Da die Dichte durch $\varrho = \psi\psi^*$ gegeben ist, bleibt die Dichte der Trajektorien erhalten, und somit gilt

$$\frac{\partial\varrho}{\partial t} + \vec{\nabla}\cdot\left(\varrho\frac{\vec{\nabla}S}{m}\right) = 0 \qquad (K.11)$$

und entspricht genau einer Umformung von (K.7).

Wenn $\nabla^2 R = 0$ und $R \neq 0$ (für den Fall, daß R überall regulär und beschränkt ist, ergibt sich R =konstant), dann ist die quantenmechanische Gleichung (K.8) die klassische Hamilton-Jacobi-Gleichung für das gleiche Potential. Folglich sind die Quantentrajektorien in diesem Fall genau die klassischen Trajektorien. In Abschnitt L werde ich ein exaktes quantenkosmologisches Modell vorführen, in dem diese Bedingungen auf R gelten, diese Randbedingungen also physikalisch sind. Das Modell ist jedoch der einfache Harmonische Oszillator, der nichtchaotisch ist; wenn aber solche Randbedingungen einem klassischen System mit einem Potential $V(\vec{x})$, das klassisch Chaos ergibt (exponentielle Divergenz der nahegelegenen Trajektorien), gestellt werden, dann wären die korrespondierenden Quantentrajektorien notwendigerweise ebenfalls chaotisch. Es stünde nicht im Widerspruch zu dem fastperiodischen Theorem, zumal eine solche Randbedingung ein unbeschränktes System ergeben würde: $\varrho = |\psi|^2$ = konstant im ganzen Raum.

Einige Arbeiten [12–16] haben die exponentielle Divergenz der Stromlinien in inkompressiblen Flüssigkeiten, die den Navier-Stokes-Gleichungen unterliegen, gezeigt, aber inkompressible Flüssigkeiten sind dem Fall ϱ = konstant analog.

Der interessante Fall, in dem man Chaos innerhalb der Trajektorien sogar dann erwartet, wenn das klassische System nicht chaotisch

(!) ist, tritt ein, wenn $\nabla^2 R/R \neq 0$ und $R \neq 0$. In diesem Fall ist es möglich, daß $|\nabla^2 R/R|$ in endlicher Zeit gegen plus unendlich geht, wenn $R \to 0$, während $|\nabla^2 R|$ nicht Null werden kann und ein Potential, das schnell genug divergiert, die Quantentrajektorien zu divergieren zwingen *kann*. Wenn die Quantentrajektorien für ein beschränktes System chaotisch wären, müßten wir, um einen Widerspruch zu dem fastperiodischen Theorem zu vermeiden, für einen Punkt im Raum in endlicher Zeit $\nabla^2 R \neq 0$ und $R = 0$ haben. Galt ursprünglich $R \neq 0$, und entwickelte sich das System in endlicher Zeit zu $R = 0$, dann ist die Transformation (K.6) für $R = 0$ nicht wohldefiniert, so daß die Gleichungen (K.7) und (K.8) zusammenbrechen. Das fastperiodische System kann auf (K.5) angewendet werden, was nicht mit dem System (K.7) und (K.8) gleichbedeutend ist, wenn der Zusammenbruch auftaucht. Da das Potential (K.9) nichtlinear ist, *könnte* es Chaos sogar dann hervorbringen, wenn das assoziierte klassische Potential keines liefert. Ein Gleichungszusammenbruch in endlicher Zeit bedeutet, daß die Situation dem Chaos in der oben beschriebenen Schwarzschild-Geometrie analog sein könnte; Lyapunov-Exponenten können nicht definiert werden, da diese mit einer unendlichen Zeitgrenze einhergehen.

Meine Analyse des Quantenchaos hat eine Menge mit dem »halbklassischen« Zugang gemein. Dieser Zugang benutzt auch Phasenwege. Der Hauptunterschied ist, daß meine Analyse durch und durch quantenmechanisch ist; die semiklassische Betrachtung beschäftigt sich mit dem Verhalten der Quantensysteme beim Übergang $\hbar \to 0$. In den semiklassischen Systemen entwickeln sich in der Green-Funktion oft Kaustiks und erfordern die Gutzweiler-Phasenverschiebungskorrektur. Dies wird in der Quantenkosmologie nicht verlangt. Wie in dem Modell im Abschnitt L zu sehen sein wird, handelt es sich bei dem, was in der Green-Funktion Kaustiks wären, tatsächlich um physikalische Singularitäten: Über diese Singularitäten hinaus gibt es keine physikalische Fortsetzung. Dies könnte eine Konsequenz der hohen Symmetrie des Modells sein, in der Omegapunkt-Randbedingung gehe ich aber von der Annahme aus, daß dieses Kennzeichen in der Quantenkosmologie allgemein ist. Ich nehme ebenfalls an, daß $R \neq 0$ entlang jeder Phasentrajektorie gilt. Wenn an einem Punkt der Trajektorie $R = 0$ gilt, dann wäre – wie ich oben gesagt habe – die Phase nicht wohldefiniert. Wie im Abschnitt M zu sehen sein wird und wie bereits in Kapitel VIII erörtert, verlangt das die Omegapunkt-Randbedingung.

Einen anderen Zugang zum Chaos in der Quantenmechanik eröffnet das Heisenberg-Bild, in dem die Wellenfunktion sich nicht ändert, hier ist das Chaos in den Operatoren der quantisierten Version eines chaotischen klassischen Systems zu suchen. Man findet Phänomene [17, 18], die als »chaotisch« identifiziert werden können, doch unnötig zu sagen, daß man diese nur in der thermodynamischen Grenze, also in räumlich unbeschränkten Systemen findet.

Da in der Omegapunkt-Theorie die Quantenkosmologie im Phasenraum effektiv unbeschränkt ist, da man universelle Wellenfunktionen finden kann, deren Quantentrajektorien die gleichen wie die klassischen Trajektorien sind, und da die klassischen kosmologischen Trajektorien chaotisch sind (wie wir in Abschnitt H gesehen haben), scheint die Annahme, daß das für ewiges Leben notwendige Chaos tatsächlich und sogar in der Quantenversion der Omegapunkt-Theorie existiert, vernünftig.

Literatur

[1] Hogg, T. und Huberman, B.A. 1983. In: *Phys. Rev.* A28, p. 22.
[2] Fishman, S.; Grempel, D.R.; Prange, R.E. 1982. In: *Phys. Rev. Lett.* 49, p. 509.
[3] Schuster, Heinz G. 1988. *Deterministic Chaos*, zweite Ausgabe. New York: VCH Publishers.
[4] Jensen, Roderick V. 1992. In: *Nature* 355, p. 311.
[5] Berry, M.V. 1987. In: *Proc. R. Soc.* A413, p. 183.
[6] Bohm, D. 1952. In: *Phys. Rev.* 85, pp. 166 und 180; 1953 in: *Phys. Rev.* 89, p. 458.
[7] De Broglie, L. 1960. *Non-Linear Wave Mechanics: A Causal Interpretation.* Amsterdam: Elsevier.
[8] De Broglie, L. 1964. *The Current Interpretation of Wave Mechanics: A Critical Study.* Amsterdam: Elsevier.
[9] Bell, J.S. 1981. In: *Quantum Gravity 2: A Second Oxford Symposium.* Hrsg. von R. Penrose und D.W. Sciama. Oxford: Oxford University Press.
[10] Tipler, F.J. 1984. In: *Phys. Lett.* A103, p. 188.
[11] Jammer, M. 1974. *The Philosophy of Quantum Mechanics.* New York: Wiley.
[12] Temam, R. 1983. *Navier-Stokes Equations and Non-Linear Functional Analysis.* Philadelphia: SIAM.
[13] Constantin P. et al. 1985. In: *J. Fluid Mech.* 150, p. 427.
[14] Constantin, P.; Foias, C.; Temam, R. 1985. In: *Mem. Amer. Math. Soc.* 53, p. 1.

[15] Constantin, P. und Foias, C. 1985. In: *Comm. Pure and App. Math.* 38, p. 1.
[16] Constantin, P.; Foias, C. 1988. *Navier-Stokes Equations.* Chicago: University of Chicago Press.
[17] Connes, A.; Narnhofer, H.; Thirring, W. 1987. In: *Comm. Math. Phys.* 112, p. 691.
[18] Narnhofer, H.; Pflug, A.; Thirring, W. 1989. In: *Symmetry in Nature*, Band II. Hrsg. von Gilberto Bernardini, Pisa: Scuola Normale Superiore.

L. Das Quanten-Mini-Superraum-Modell mit einem Omegapunkt

Gemäß der Standardlehre der Quantengravitation gehorcht die Wellenfunktion des Universums der Wheeler-DeWitt-Gleichung [1,2]

$$\hat{H}\Psi = 0 \qquad (L.1)$$

wobei $\hat{H}$ der Super-Hamilton-Operator ist. Dieser Operator enthält das Äquivalent der Zeitableitungen in der Schrödinger-Gleichung. Ich sage »das Äquivalent«, weil die Quantengravitation Zeit nicht als eine unabhängige Variable enthält, sondern statt dessen andere Variablen – Materie oder die räumliche Metrik – als Zeitmarkierungen benutzt. Mit anderen Worten: Die Veränderung der physikalischen Größe *ist* Zeit. Je nach der gewählten Variablen zur Zeitmessung kann das Zeitintervall zwischen der gegenwärtigen Zeit und der Anfangs- oder Endsingularität endlich oder unendlich sein – aber dies ist aus der klassischen allgemeinen Relativitätstheorie bereits bekannt.

Die Wheeler-DeWitt-Gleichung ist zu kompliziert, um eine allgemein gültige Lösung zu finden, daher neigen Physiker häufig dazu, sie auf eine endliche Anzahl von Variablen zu beschränken – dieser Raum wird als *Mini-Superraum* bezeichnet. Im Anschluß hieran wird beschrieben, wie man ein Mini-Superraum-Modell, das in Abbildung V.4 dargestellt ist, erhalten kann.

Wenn Materie in Form einer idealen Flüssigkeit existiert, kann die Wirkung S im ADM-Formalismus

$$S = \int (\mathcal{R} + p)\sqrt{-g}d^4x = \int L_{ADM}dt \qquad (L.2)$$

geschrieben werden, wobei p der Flüssigkeitsdruck ist und $\mathcal{R}$ der Ricci-Skalar. Unter Annahme der Raumzeit als ein Friedmann-Universum, das isentrop ideale Flüssigkeiten enthält, haben Lapchinskij und Rubakov [3] gezeigt, daß die kanonischen Variablen (R,ϕ,s) gewählt werden können, wobei R der Skalenfaktor des Universums und ϕ, s bestimmte Parametrisierungen der Flüssigkeitsvariablen, genannt *Schutz-Potentiale* [4], ist. Die zu diesen kanonischen Variablen konjugierten Impulse werden (p_R, p_ϕ, p_s) bezeichnet.

Die ADM-Lagrange-Funktion in diesen Variablen ist

$$L_{ADM} = p_R R' + p_\phi \phi' + p_s s' - N(H_g + H_m) \qquad (L.3)$$

wobei der Strich die Zeitableitung kennzeichnet,

$$H_g = -\frac{p^2_R}{24R} - 6R \qquad (L.4)$$

ist der Super-Hamilton-Operator der reinen Gravitation und

$$H_m = N^2R^3[(\varrho + p)(u^0)^2 + pg^{00}] = p_\phi^\gamma R^{3(1-\gamma)}e^s \qquad (L.5)$$

ist sowohl die von einem mitbewegten Beobachter gemessene Koordinatenenergiedichte als auch der Super-Hamilton-Operator der Materie. Der zu R konjugierte Impuls, der Skalenfaktor des Universums, ist

$$p_R = -\frac{12RR'}{N} \qquad (L.6)$$

Die Zwangsbedingung für das Friedmann-Universum erhält man, wenn man (L.3) bis (L.5) in (L.2) einsetzt und die Verzögerungsfunktion N variiert. Das Ergebnis ist die Zwangsbedingung des Super-Hamilton-Operators:

$$0 = \mathcal{H} = H_g + H_m = -\frac{p_R^2}{24R} - 6R + p_\phi^\gamma R^{3(1-\gamma)}e^s \qquad (L.7)$$

Wenn die ideale Flüssigkeit Strahlung ist, ist der letzte Term $H_m = p_\phi^{4/3}e^s/R$, vorausgesetzt, wir wählen den zur *wahren* Zeit τ konjugierten Impuls so, daß

$$p_\tau = p_\phi^{4/3} e^s \qquad (L.8)$$

Die Zwangsbedingung des Super-Hamilton-Operators wird

$$0 = H = -\frac{p_R^2}{24R} - 6R + \frac{p_\tau}{R} \qquad (L.9)$$

Den ADM-Hamilton-Operator erhält man aus $H_{ADM} = p_\tau$ oder

$$H_{ADM} = \frac{p_R^2}{24} + 6R^2 \qquad (L.10)$$

was genau der Hamilton-Operator für den einfachen Harmonischen Oszillator ist.

Die Verzögerungsfunktion N ist durch die Lösung der Hamilton-Gleichung

$$\tau' = 1 = \frac{\partial(N[H_g + H_m])}{\partial p_\tau} = \frac{N}{R} \qquad (L.11)$$

festgelegt, die besagt, daß $N = R$; das heißt, *wahre* Zeit ist genau die konforme Zeit. Deshalb habe ich sie τ genannt.

Wenn wir durch Ersetzung von $p_\tau \rightarrow \hat{p}_\tau = -i\partial/\partial\tau$ und $p_R \rightarrow \hat{p}_R = -i\partial/\partial R$ – zusammen mit einer Umkehr der Zeitrichtung $\tau \rightarrow -\tau$ in die Super-Hamilton-Zwangsbedingung (L.9) – quantisieren, wird aus der Wheeler-DeWitt-Gleichung (L.1) (wenn wir die aus den Kommutationen resultierenden Terme ignorieren) Schrödingers Gleichung für den einfachen Harmonischen Oszillator:

$$i\frac{\partial\Psi}{\partial\tau} = -\frac{1}{24}\frac{\partial^2\Psi}{\partial R^2} + 6R^2\Psi \qquad (L.12)$$

In diesem Mini-Superraum ist die Wellenfunktion des Universums $\Psi(R,\tau)$ eine Funktion von zwei Variablen, dem Skalenfaktor des Universums R und der konformen Zeit τ.

Wenn die Bedingung

$$\Psi(0, \tau) = \delta(R) \qquad (L.13)$$

$$\left[\frac{\partial\Psi(R,\tau)}{\partial R}\right]_{R=0} = 0 \qquad (L.14)$$

gefordert wird, dann ist die resultierende Wellenfunktion die in Abbildung V.4 dargestellte. (Man nimmt an, daß die Wellenfunktion keinen Träger für $R < 0$ hat. Diese Annahme bekommen wir jedoch nicht durch Anlegen der DeWitt-Grenzbedingung $\Psi(0, \tau) = 0$, da dies (L.13) widerspricht. Aber (L.14) bewirkt bereits, daß der SHO-Hamilton-Operator auf der Halbgeraden $R \in (0, +\infty)$ selbstadjungiert ist; vergleiche [2] für eine Diskussion.) Die Wellenfunktion, die den Randbedingungen (L.13) und (L.14) genügt, ist die auf der gesamten reellen Achse für den Harmonischen Oszillator definierte Greensche Funktion $G(R,R',\tau)$ mit R' gleich Null. Die Wellenfunktion ist folglich

$$\Psi(R,\tau) = \left[\frac{3i}{4L_p sin\tau}\right]^{1/2} exp\left[\frac{3\pi R^2 cot\tau}{4iL_P^2}\right] \qquad (L.15)$$

wobei L_P die Planck-Länge ist. Die Wellenfunktion ist nur für eine endliche konforme Zeit $0 < \tau < \pi$ definiert. (Die Anfangs- und die Endsingularität *sind* im Bereich der Wellenfunktion!)

Beachten Sie, daß die Größe der Wellenfunktion (L.15) vom Skalenfaktor des Universums R unabhängig ist. Da der Skalenfaktor in der Gleichung des einfachen Harmonischen Oszillators (L.12) die Rolle der »räumlichen Position« spielt, haben wir $\nabla^2 R = 0$, und daher sehen wir aus der Diskussion über Phasentrajektorien in Abschnitt K, daß die Phasentrajektorien für die Wellenfunktion (L.15) die klassischen Trajektorien für einen einfachen Harmonischen Oszillator sind. Das heißt, die Phasentrajektorien haben alle die Form

$$R(T) = R_{max} \sin\tau \qquad (L.16)$$

die auch allesamt klassische Lösungen der Einstein-Feldgleichungen eines strahlungsdominierten Friedmann-Universums sind. Mit der Randbedingung (L.12) sind *alle* Radien bei der maximalen Ausdehnung R_{max} vorhanden; alle klassischen Pfade sind in dieser Wellenfunktion vorhanden. Wir sehen also, daß mit der Randbedingung (L.13) sowohl die Phasentrajektorien als auch die Wellenfunktionen mit der Urknallsingularität anfangen und in einer Endsingularität enden. Anders ausgedrückt: Das Universum verhält sich mit dieser Wellenfunktion quantenmechanisch genau klassisch. Die Singularitäten sind in beiden Fällen echt.

Nun werde ich Ihnen ein einfaches Mini-Superraum-Modell mit einem Omegapunkt beschreiben. Ich werde dieses Modell auf die klassische Friedmann-Raumzeit gründen, was, wie ich in Abschnitt F gezeigt habe, bedeutet, daß der Druck in jeder der klassischen Geschichten negativ sein muß. Da dies unphysikalisch ist (außer, wie ich in Abschnitt H gezeigt habe, die universelle Temperatur des Universums ist nahe Raumtemperatur), werde ich mich nicht damit aufhalten, für dieses Quantenuniversum einen Super-Hamilton-Operator zu konstruieren.

Die klassische Metrik für ein strahlendominiertes Friedmann-Universum ist

$$ds^2 = -\sin^2(\tau)d\tau^2 + \sin^2(\tau)[d\chi^2 + \sin^2(\chi)(d\theta^2 + \sin^2\theta d\phi^2)] \qquad (L.17)$$

während, wie wir im Beispiel 2 in Abschnitt F gesehen haben, eine klassische Metrik für ein in einem Omegapunkt endendes Friedmann-Universum

$$ds^2 = -dt^2 + \sin^2(t)[d\chi^2 + \sin^2(\chi)(d\theta^2 + \sin^2\theta d\phi^2)] \qquad (L.18)$$

ist.

Den einzigen Unterschied zwischen (L.17) und (L.18) bilden die Zeitskalen. Daher ist eine Wellenfunktion für eine Quantenkosmologie, die die Randbedingungen (L.13) und (L.14) erfüllt und deren Phasentrajektorien alle in einem Omegapunkt enden, einfach Gleichung (L.15), in der die konforme Zeit durch die Eigenzeit auf den Phasentrajektorien ersetzt wird.

$$\Psi(R,t) = \left[\frac{3i}{4L_P \sin t}\right]^{1/2} exp\left[\frac{3\pi R^2 \cot t}{4iL_P^2}\right] \qquad (L.19)$$

Das Ersetzen von $\tau \rightarrow t$ ist *nicht* trivial. Wir wissen, daß in konformer Zeit τ die Zeit durch Änderungen in der Verbindung (L.8) der Schutz-Potentiale und ihren Impulsen gemessen wird. Die physikalischen Größen, die in (L.19) die Eigenzeit t messen, sind ganz verschieden. Ich werde hier nicht versuchen, sie auszurechnen, da die klassische Metrik (L.18) keine Lösung für die Einstein-Gleichungen mit einem physikalisch vernünftigen Materietensor ist. Aber die Phasentrajektorien von (L.19) sind ebenso wie die von (L.15) einfach

$$R(t) = R_{max} \sin t \qquad (L.20)$$

Wir könnten ein realistischeres Mini-Superraum-Modell mit einem Omegapunkt aufstellen, indem wir die Wellenfunktion (L.15) mit der Wellenfunktion (L.19) zum Zeitpunkt der maximalen Ausdehnung auf allen Trajektorien verbinden, wie das mit dem klassischen Universum in Beispiel 3 von Abschnitt F geschehen ist. Ein solches Mini-Superraum-Modell hätte eine Vergangenheits-k-Grenze mit der Topologie S^3 am Anfang aller Phasentrajektorien, und alle Phasentrajektorien würden in einem Omegapunkt enden.

Literatur

[1] Barrow, J.D. und Tipler, F.J. 1986. *The Anthropic Principle*. Oxford: Oxford University Press.
[2] Tipler, F.J. 1986. In: *Phys. Rep.* C137, p. 231.
[3] Lapchinskij, V.G. und Rubakov, V.A. 1977. In: *Theor. Math. Phys.* 3, p. 1076.
[4] Schutz, B.F. 1971. In: *Phys. Rev.* D4, p. 3559.

M. Omegapunkt-Randbedingung für die universelle Wellenfunktion

Leben muß imstande sein, in beliebiger Nähe der Endsingularität zu überdauern. Die in Abschnitt H gegebene Definition von Leben basiert auf den klassischen Raumzeit-Vorstellungen, und es ist sicherlich richtig, an der Gültigkeit dieser Ideen in der Nähe der Endsingularität zu zweifeln, wenn der Radius des Universums kleiner als die Planck-Länge L_P ist.

Aber sollten wir L_P wirklich als die Grenze für die Gültigkeit der Idee der Raumzeit betrachten? In den dreißiger Jahren haben Bethe und Heitler [1] im Einklang mit der allgemeinen Meinung geäußert: »Die Quantentheorie ist für Elektronen hoher Energie (vermutlich für $E > 137\ m_ec^2$) bestimmt falsch.« Ihre Begründung: Die de-Broglie-Wellenlänge eines Elektrons von solcher Energie war kürzer als der klassische Radius ($E = hc\lambda > hc/r_0 = 2\pi(\hbar c/e^2) = 2\pi(137)m_ec^2$.) Außerdem glaubte Heisenberg seit den dreißiger Jahren bis an sein

Lebensende ([2] S. 542), die Quantenmechanik würde bei einer kritischen Länge zusammenbrechen; in den dreißiger Jahren gab er die Länge mit *h/mc* an, wobei *m* die Masse des Yukawa-Mesons ([2], S. 360, 407) ist. In den zwanziger Jahren glaubte selbst Bohr nicht [2], die Quantenmechanik gälte für Gebiete kleiner als 10^{-13} cm. Wenn es etwas wie einen Wegweiser der Geschichte gibt, dann ist es sehr gut möglich, daß die klassischen Raumzeit-Konzeptionen bei kleineren Entfernungen als L_p gültig sind.

Ist dem aber nicht so, dann werde ich in groben Zügen darstellen, wie die Bedingungen (1) bis (3) aus Abschnitt H so verallgemeinert werden können, daß sie auf die Quantenkosmologie anwendbar sind, vorausgesetzt, es kann eine komplexwertige Wellenfunktion des Universums definiert werden und der zweite Hauptsatz der Thermodynamik gilt bei beliebig hohen Energien. Wir müssen dazu nicht annehmen, daß bei Entfernungen, die kleiner als L_p sind, eine Metrik existiert.

Viel eher glaube ich, daß der zweite Hauptsatz der Thermodynamik für immer gilt und damit eine Ausdehnung der entropischen Zeit aus Abschnitt B auf unendlich zuläßt, als daß ich an die Existenz einer Raumzeitmetrik bei Entfernungen, die kleiner als L_p sind, glaube. Das in Abschnitt D und in Kapitel IX diskutierte Massenwirkungsgesetz liefert ein Beispiel dafür, daß der zweite Hauptsatz der Thermodynamik auch dann noch gilt, wenn die Newtonsche Mechanik bereits zusammengebrochen ist. Es gibt noch zahlreiche weitere Beispiele: Sie alle legen nahe, daß wir jedes andere Gesetz eher aufgeben sollten als den Entropiesatz. Die Omegapunkt-Randbedingung, die ich nun darstellen will, wird deshalb eingeführt, damit die fortwährende und globale Gültigkeit des zweiten Hauptsatzes der Thermodynamik gewährleistet ist.

Zunächst wollen wir eine auf einem Hyperraum basierende Quantenkosmologie mit einem Wellenfunktional $\Psi(\tilde{h}, \Phi, S)$ auf einer kompakten 3-Mannigfaltigkeit S mit der 3-Metrik h und den Nicht-Gravitationsfeldern Φ annehmen. (Ich habe über die 3-Metrik h eine Tilde geschrieben, um auszudrücken, daß der Superraum Riem(S)/Diff(S) ist; der Raum aller Riemann-Metrik modulo Diffeomorphismen). Legen wir S fest und setzen wir $\Psi(\tilde{h},\Phi) = R(\tilde{h},\Phi)e^{\varphi(\tilde{h},\Phi)}$. Das Wellenfunktional definiert folglich die *Geschichten* – Phasentrajektorien – im Superraum. Jede Geschichte ist ein Weg, dessen Tangente die Funktionalableitung $\delta\varphi/\delta\tilde{h}_{ij}$ ist. In der nichtrelativistischen Quantenmechanik (QM) kann $\Psi = Re^{i\varphi}$ im allgemeinen so gewählt werden, daß diese Phasentrajektorien (die mit Tangente $\vec{\nabla}\varphi$) die klassischen Wege für die Hamilton-Funktion sind, wie ich im Abschnitt K gezeigt habe. Zum Beispiel stellen die Phasentrajektorien der ebenen Welle $\psi = e^{i\vec{k}\cdot\vec{r}}$ alle klassischen Trajektorien mit dem Impuls $\vec{k}$ des freien Teilchens des Hamilton-Operators dar, und $\psi(x,t = 0) = \delta(x-a)$ wird als die Ausgangswellenfunktion des einfachen Harmonischen Oszillators benutzt und erzeugt so die Wellenfunktion, deren Phasentrajektorien in der Zeit alle klassischen Trajektorien mit Amplitude Null bei $x = a$ sind, wie ich in Abschnitt L gezeigt habe. Klassische Trajektorien bekommt man aber sowohl in der Quantenmechanik als auch in der Quantengravitation nur, wenn man die Feldgleichungen anwendet, und zwar jeweils die Schrödingers für $\psi(\vec{r},t)$ oder die von DeWitt-Wheeler für $\Psi(\tilde{h},\Phi,S)$. Fehlen solche Gleichungen (und entsprechende Randbedingungen), dienen die Trajektorien hinsichtlich der Geschichten nur als eine Faltung des Basisraums – des Superraums aller 3-Metriken und aller 3-Mannigfaltigkeiten für $\Psi(\tilde{h},\Phi,S)$, wobei die 3-Metriken und Mannigfaltigkeiten mittels Diffeomorphismus ineinander überführt werden. Jede Geschichte kann als eine Raumzeit betrachtet werden.

Ich schlage vor, die allgemeine Wellenfunktion nicht durch die separate Annahme von Gleichungen und unter bestimmten Randbedingungen zu berechnen, sondern indem man verlangt, daß die Bedingungen (1) bis (3) für jede der Geschichten im Superraum gelten, für die R ungleich Null ist. Folglich werden die »wirklich« existierenden Geschichten – also die, für die $R \neq 0$ gilt – gänzlich von der Forderung erzeugt, daß »Leben« in allen »wirklichen« Geschichten entsteht und in einer solchen Geschichte bis zum Ende existiert. Diese Voraussetzung kann als eine präzise Formulierung von Wheelers Idee [3] betrachtet werden, daß das Universum ein sich selbst erregender Kreis ist: Durch die Handlungen von »Leben« in seinem weitesten Sinn gewinnt das Universum Existenz. Das ist die *Omegapunkt-Randbedingung* für die universelle Wellenfunktion.

Die Nicht-Gravitationsfelder Φ werden nicht von Feldgleichungen, sondern von Bedingung (3) beschränkt. Ich schlage vor, die Informationsmenge in einer gegebenen 3-Geometrie $(\tilde{h}, S)$ mit $I^B_{max} - S_P$ zu definieren, wobei I^B_{max} die rechte Seite von (C.1) und S_P die Entropie der Gravitations- und Nicht-Gravitationsfelder ist;

beide Größen werden auf den Teilmengen von jedem $(\tilde{h}, S)$ in $I^{-}(\gamma)$ für jede Geschichte und jede Phasentrajektorie berechnet. Bekenstein [4, 5] hat für I^{B}_{max} einen Algorithmus entwickelt, und es ist allgemein bekannt, wie der Nicht-Gravitationsteil von S_P auszurechnen ist, aber trotz mehrerer Vermutungen weiß bisher niemand, wie die Entropie eines Gravitationsfeldes berechnet wird. Um diese Schwierigkeiten im Moment zu umgehen, lautet mein Vorschlag, die Rechnung auf die quantenkosmologischen Modelle mit hoher Symmetrie zu beschränken – Niederfrequenzmoden, für die die Gravitationsentropie vermutlich null ist und die Hochfrequenz-Gravitationsstrahlung enthalten, deren Entropie auf dem üblichen Weg errechnet werden kann. Folglich sagt Bedingung (3), daß $I^{B}_{max} - S_P$ *nur in eine Richtung* divergiert, und zwar in die Richtung, in der auch S_P zunimmt, in jeder Geschichte ihrer Entfaltung (die Einschränkung auf »eine Richtung ist die Quantenversion der »Zukunft«). Das Wachstum von S_P zu fordern bedeutet, den zweiten Hauptsatz der Thermodynamik zu fordern. (Wenn $\Psi = \Psi(g, \Phi, M)$ statt $\Psi = \Psi(\tilde{h}, \Phi, S)$ gilt, wobei (M,g) eine Raumzeit ist, dann erhält man $R = 0$ auf jedem (M,g), für die die Bedingungen (1) bis (3) nicht gelten.)

Wenn die Phasentrajektorien für beliebig kleine Größen mit Hilfe der Geschichte eines klassischen abgeschlossenen Universums angenähert werden können, dann, so habe ich in Abschnitt H gezeigt, kann die Bekenstein-Grenze die Divergenz der in der Nähe der Endsingularität gespeicherten Information nicht verhindern. Eine unendliche Menge an Information kann in der endlichen Eigenzeit vor der Endsingularität verarbeitet und gespeichert werden. Unter Ausnutzung der Scherung kann Leben Horizonte zum Verschwinden bringen und damit eine unendliche Zahl von Umrundungen ermöglichen, wie ich in Abschnitt H gezeigt habe.

Das Wachstum von $I^{B}_{max} - S_P$ ist ganz offensichtlich eine vom zweiten Hauptsatz der Thermodynamik getrennte Bedingung und folgt nicht daraus. (Aber beachten Sie hierzu den letzten Paragraphen von Abschnitt C!). Frautschi [6], Layzer [7, 8] und Landsberg [9] haben jedoch alle gezeigt, daß das aktuelle Universum diese Regel bis heute befolgt: Ich schlage vor, sie als allgemein gültig anzuerkennen und zur Definition der universellen Wellenfunktion zu benutzen; eine Gleichung für $\Psi(\tilde{h}, \Phi, S)$ wie die DeWitt-Wheeler-Gleichung ist redundant. Biologen wie Brooks und Wiley [10, 11] (vgl.

auch [12]) haben gezeigt, daß eine eingeschränkte Version von $I^B_{max} - S_P$ zur Definition dessen, was mit »Information« in biologischen Systemen gemeint ist, herangezogen werden kann und daß sein Wachstum ein Maß für den evolutionären Fortschritt ist. Die Aktivität des Lebens selbst erregt das Wachstum von I^B_{max}. In Übereinstimmung mit Wheeler schlage ich vor, daß dies auch in der Nähe des endgültigen Zustands stattfinden wird.

Mit der Omegapunkt-Randbedingung schwindet die von Linde ([13,14] und private Mitteilung) geäußerte Sorge darüber, ob die Quantenfluktuationen notwendigerweise das Leben an einer Endsingularität auslöschen, denn in diesem Fall existiert das Universum weiter, *weil* Leben selbst weiterexistiert; Quantenfluktuationen, die groß genug sind, um Leben zu vernichten, können nicht auftreten, weil die Randbedingung ihre Entstehung verhindert. Damit ist letztlich das Fortbestehen von Leben notwendig, und die lebensbedrohenden Fluktuationen werden durch den Entropiesatz selbst unterdrückt. Zu demselben Schluß kam ich aufgrund anderer Voraussetzungen in Abschnitt C.

Die obige Analyse basiert auf der kanonischen Quantengravitation, bei der man annimmt, daß die 3-Metrik h und die 3-Mannigfaltigkeit S für beliebig kleine Größen definiert sind. Aber in der Superstring-Theorie sind beide, h und S, makroskopische Objekte, die aus der Überlagerung von String-Anregungen entstehen. Die Omegapunkt-Randbedingung kann jedoch im Prinzip auch auf Stringfelder angewendet werden, wenn es eine »Faltung« des String-Zustandsraums gibt, wobei auf jedem Blatt der Faltung eine Entropie definiert werden kann und die Wachstumsrichtung der Entropie eine »Zeit«-Richtung definiert. Bedenken Sie, daß diese »Zeit« in keiner Beziehung zu der Metrik der Raumzeit bei hohen String-Anregungen steht; die Metrik existiert vermutlich bei diesen Energien nicht. Wenn eine Entropie definiert werden kann, dann kann auch eine der Bekenstein-Grenze analoge Grenze I^B_{max} definiert werden, die lediglich der Logarithmus aus der Anzahl der möglichen Zustände in einem Bereich des Phasenraums ist; um die Entropie zu definieren, muß man erst die gesamte Anzahl der Zustände definieren. Die in den Bedingungen (1) bis (3) des Abschnitts H benutzten Vergangenheitskegel würden in diesem Fall, wenn der Radius des Universums kleiner als L_P würde, nicht existieren, doch könnte diese Lichtkegelbedingung redundant sein: Die Divergenz der als

$I^B_{max} - S_P$ definierten Information kann während des näherrückenden endgültigen Zustands einfach nicht auftreten, wenn nicht die Information durch Signale von irgendeiner Sorte wirklich integriert wird.

Literatur

[1] Cassidy, D.C. 1981. In: »Historical Studies in the Physical Sciences«, 12, p. 13.

[2] Cassidy, D.C. 1992. *Uncertainty: The Life and Science of Werner Heisenberg*. New York: Freeman.

[3] Wheeler, J.A. 1988. In: *IBM J. Res. Develop.* 32, p. 4.

[4] Bekenstein, J.D. 1981. In: *Phys. Rev. Lett.* 46, p. 623.

[5] Schiffer, M. und Bekenstein, J.D. 1989. In: *Phys. Rev.* D39, p. 1109. 1990, in: *Phys. Rev.* D42, p. 3598.

[6] Frautschi, S. 1988. In: *Entropy, Information and Evolution.* Hrsg. von B.H. Weber, D.J. Depew und J.D. Smith. Cambridge (USA): MIT Press.

[7] Layzer, D. 1976. In: *Ap. J.* 206, p. 559.

[8] Layzer, D. 1988. In: *Entropy, Information and Evolution.* Hrsg. von B.H. Weber, D.J. Depew und J.D. Smith. Cambridge (USA): MIT Press.

[9] Landsberg, P.T. 1984. In: *Phys. Lett.* A102, p. 171.

[10] Brooks, D.R. und Wiley, E.O. 1988. In: *Evolution as Entropy.* Zweite Ausgabe, Chicago: University of Chicago Press.

[11] Wiley, E.O. 1988. In: *Evolutionary Progress.* Hrsg. von M.H. Nitecki. Chicago: University of Chicago Press.

[12] Wicken, J.S. 1987. *Evolution, Thermodynamics and Information.* Oxford: Oxford University Press.

[13] Linde, A.D. 1988. In: *Phys. Lett.* B211, p. 29.

[14] Linde, A.D. 1989. In: *Phys. Lett.* B227, p. 352.

N. Relativistische Raumschiffe

Ein relativistisches Raumschiff ist eines, dessen Fahrgeschwindigkeit der Lichtgeschwindigkeit c vergleichbar ist. Es stellt sich heraus, daß nichts dafür spricht, sich für »kurze« interstellare Entfernungen – solche zwischen 1 und 10^7 Parsecs – schneller als mit 0,9 c zu bewegen. Denn bei einer solchen Geschwindigkeit beträgt die

Reisezeit im Vergleich zu dem übrigen Bezugsrahmen 90 Prozent der minimalen Reisezeit, während eine Geschwindigkeit, die größer als 0,9 c ist, sehr viel Energie benötigt, wie ich weiter unten zeigen werde. Darüber hinaus braucht eine Von-Neumann-Sonde zur Reproduktion mindestens ein paar Jahre, so daß bei einer Reiseentfernung von ein paar Parsecs die eingesparte Zeit im Vergleich zu der Reproduktionszeit nicht ins Gewicht fällt. Für »große« interstellare Entfernungen – die mit denen zum antipodischen Punkt, also der anderen Seite des Universums, vergleichbar sind – bedarf ein Raumschiff einer hohen Anfangsgeschwindigkeit, um ein Abbremsen während der Fahrt durch die Ausdehnung des Universums zu vermeiden. In diesem Abschnitt werde ich die Grundideen der Raumfahrt bei relativistischen Geschwindigkeiten zusammenfassen. Johann Ackeret [1] hat die Theorie 1946 als erster aufgestellt, die dann in den sechziger Jahren von mindestens drei Männern wiederentdeckt wurde: von Edward Purcell [2], Edwin Taylor und John Wheeler [3].

In jeder Rakete macht der Raketentreibstoff den größten Teil der Anfangsmasse aus. Wenn die Masse der Nutzlast M_P und die Masse der gesamten Rakete anfänglich M_i ist, dann ist das Massenverhältnis $r \equiv M_i/M_P$. Um dieses Verhältnis mit Hilfe der Endgeschwindigkeit der Nutzlast v und der Ausstoßgeschwindigkeit v_s auszudrükken, will ich den technisch bewanderten Leser auf einige Tatsachen der speziellen Relativitätstheorie aufmerksam machen. Wir erinnern uns, daß bei der Definition von $\beta \equiv v/c$, $\gamma \equiv (1-\beta^2)^{-1/2}$ die gesamte Energie E des Raumschiffs gegeben durch $E = \gamma mc^2$ ist, wobei m die *Ruhemasse* des Raumschiffs, also die in seinem Ruhezustand gemessene Masse ist. In diesem Buch sind *alle* Massen Ruhemassen. In älteren Lehrbüchern der Relativitätstheorie findet man oft »Massen«, die von der Geschwindigkeit abhängen, aber das ist, wie wir heute wissen, keine gute Annäherung. Alle von professionellen Relativitätstheoretikern [3] geschriebenen modernen Lehrbücher dieser Materie benutzen den Begriff »Masse« nur, wenn sie sich auf die Ruhemasse beziehen, weil dies das einzige vom jeweiligen Bezugssystem unabhängige Konzept für Masse ist.

Es wird notwendig sein, ein weniger bekanntes Konzept einzuführen, in dem die *Schnelligkeit* ω durch

$$\cos h\ \omega \equiv \gamma \equiv \frac{1}{\sqrt{1-\beta^2}} = \frac{1}{\sqrt{1-(v^2/c^2)}} \tag{N.1}$$

definiert wird. Wir haben auch

$$\sinh\omega \equiv \frac{\beta}{\sqrt{1-\beta^2}} = \frac{\frac{v}{c}}{\sqrt{1-(v^2/c^2)}} \qquad (N.2)$$

und daraus folgt $\tanh\omega = \beta = \frac{v}{c}$.

Die Schnelligkeit wird deshalb eingeführt, weil Schnelligkeiten im Gegensatz zu Geschwindigkeiten linear addiert werden. Das bedeutet, wenn v_r die Geschwindigkeit einer Rakete relativ zur Erde, v_q die Geschwindigkeit eines Objekts im Ruhesystem der Rakete und v_E die Geschwindigkeit eines Objekts im Ruhesystem der Erde ist, dann gilt nicht $v_E \neq v_r + v_q$, sondern statt dessen $v_E = c[(\beta_r + \beta_q/1 + \beta_r\beta_q)]$. Wir haben jedoch $\omega_E = \omega_r + \omega_q$, da $\tan h(\omega_r + \omega_q) = (\tanh\omega_r + \tanh\omega_q)/(1 + \tanh\omega_r \tanh\omega_q)$ sowohl die Formel zur Addition der Geschwindigkeiten als auch eine Gleichung der hyperbolischen Funktionen ist.

Um das Massenverhältnis auszurechnen, stellen wir uns eine Rakete mit der Anfangsmasse $\tilde{M}$ vor, die sich durch Gasausstoß einer infinitesimalen Masse Δm bei einer Ausstoßgeschwindigkeit v_s (gemessen im jeweiligen Ruhesystem der Rakete) vorwärtsbewegt, so daß die Rakete danach noch eine Masse M und eine infinitesimale Vorwärtsgeschwindigkeit dv hat. Dann ist $d(\frac{v}{c}) = d\beta = \tanh(d\omega)$.

In dieser Situation ist die Energieerhaltung durch

$$\Delta mc^2 \cosh\omega_s + Mc^2 \cosh(d\omega) = \tilde{M}c^2 \qquad (N.3)$$

gegeben und die Impulserhaltung durch

$$-\Delta mc \sinh\omega_s + Mc \sinh(d\omega) = 0 \qquad (N.4)$$

Da $d\omega$ infinitesimal ist, haben wir $\cosh d\omega \approx 1$ und $\sinh d\omega \approx d\omega$; wenn wir das in die Näherungen einsetzen und die Impulsgleichung (N.4) durch die Energiegleichung (N.3) teilen, erhalten wir

$$\frac{\sinh\omega_s}{\cosh\omega_s} = \tanh\omega_s = \frac{v_s}{c} = \frac{Md\omega}{\tilde{M}-M} \qquad (N.5)$$

Aber die Änderung in der Raketenrestmasse ist $dM = M - \tilde{M}$, also gilt

$$d\omega = -\frac{v_s}{c}\frac{dM}{M} = -\beta_s \frac{dM}{M} \qquad (N.6)$$

Die Schnelligkeiten werden aber linear addiert, somit kann (N.6) integriert werden und ergibt dann

$$\omega = \beta_s \ln\left(\frac{M_i}{M_p}\right) \qquad (N.7)$$

und daher

$$\tanh\omega = \frac{v}{c} = \tanh \ln\left(\frac{M_i}{M_p}\right)^{\beta_s} \qquad (N.8)$$

wobei v die Endgeschwindigkeit der Rakete im Ruhesystem der Erde ist. Eine kurze Rechnung ergibt

$$\frac{M_i}{M_p} = \left[\frac{1+\frac{v}{c}}{1-\frac{v}{c}}\right]^{\frac{c}{2v_s}} = \left[\frac{c+v}{c-v}\right]^{\frac{c}{2v_s}} \qquad (N.9)$$

Da $\frac{v}{c} = \sqrt{1-\frac{1}{\gamma^2}}$, haben wir, wenn $\gamma \gg 1$ gilt, $\frac{v}{c} \approx 1 - \frac{1}{2\gamma^2}$, so daß das Massenverhältnis annähernd

$$\frac{M_i}{M_p} \approx (2\gamma)^{c/v_s} \qquad (N.\ 10)$$

ist.

Für Photonraketen ($v_s = c$) bedeutet dies, daß in der ultrarelativistischen Grenze $\gamma \gg 1$ das Verhältnis der gesamten Anfangsenergie der Rakete einschließlich Treibstoff zur gesamten Energie der Nutzlast genau

$$\frac{M_i c^2}{\gamma M_p c^2} = \frac{2\gamma}{\gamma} = 2$$

ist.

Photonraketen eignen sich folglich hervorragend, um ein hohes γ zu erreichen: Die gesamte Anfangsmassenenergie, die zur Beschleunigung der Rakete bis zur Endgeschwindigkeit v benötigt wird, ist nur doppelt so groß wie die gesamte Endenergie, die die Nutzlast im Ruhesystem der Erde hat. Hat jedoch die Geschwindigkeit der Rakete einmal 0,9 c erreicht, wird es sehr kostspielig, die Reisezeit, die im Ruhesystem des Universums gemessen wird, merklich zu verringern. Wenn $v = 0{,}9\,c$ ist, haben wir $\gamma = 2{,}3$, während wir bei $v = 0{,}99\,c$ den Wert $\gamma = 7{,}1$ erhalten; um die Reisezeit um nur 10 Prozent zu verringern, muß die gesamte Raketenenergie um einen Faktor 3 vergrößert werden. Das ist teuer, denn für Photonenraketen ist bei einer Geschwindigkeit von $0{,}9\,c$ das Massenverhältnis 4,4, aber 14,1 bei einer Geschwindigkeit von $0{,}99\,c$.

Da *jeder* Beschleunigungsmechanismus eines Raumschiffs mindestens $E - (\gamma - 1)mc^2$ an das Raumschiff abgeben muß, ist die Photonenrakete mit einem Faktor 2 der effizienteste Beschleunigungsmechanismus.

Ein Raumschiff mit großem γ ist nur sinnvoll, wenn es so weit fährt, daß die Expansion des Universums spürbar wird – das wäre beispielsweise der Fall, wenn man auf die andere Seite des Universums wollte. In einer solchen Situation würde sich das Raumschiff scheinbar immer langsamer im Vergleich zu den immer entfernteren Galaxien bewegen, da sich diese Galaxien – nach dem Hubbleschen Gesetz – immer schneller von uns fortbewegen. Wenn wir $N(t) = 1$ setzen, so daß t die allgemeine Eigenzeit mißt, wird die im Abschnitt B besprochene FRW-Metrik

$$ds^2 = -\,dt^2 + R^2(t)[d\chi^2 + \Sigma^2(\chi)(d\theta^2 + \sin^2\theta d\phi^2)] \qquad (B.1a)$$

Da die Raumzeit räumlich homogen und isotrop ist, bleibt eine Geodätische, die sich am Anfang nur in die radiale (χ-)Richtung bewegt, mit null Geschwindigkeit sowohl in die θ- als auch in die ϕ-Richtung. Folglich ist eine sich im zweidimensionalen Raum bewegende Geodätische durch die Metrik

$$ds^2 = -\,dt^2 + R^2(t)d\chi^2$$

definiert.

Da die Komponenten der Metrik nicht explizit χ enthalten, bedeutet das, der Impuls in die χ-Richtung, also p_χ, ist eine Konstante der Bewegung. (Diese Tatsache ist aus Misner, Thorne und Wheeler [4], Abschnitt 25.2, hergeleitet. Der Rest der Herleitung der Gleichung (N.11) verlangt Kenntnisse der modernen allgemeinrelativistischen Konzepte. Vgl. [4], besonders S. 656f.) Es gilt $p_\chi = g_{\chi\chi}p^\chi = g_{\chi\chi}d\chi/d\lambda$, wobei λ der affine Parameter ist, wenn das

Teilchen, dem wir folgen, ein Photon ist, und gleich der Eigenzeit des Teilchens pro Ruhemasseeinheit entlang der Teilchentrajektorie, wenn das Teilchen zeitartig ist (was zutrifft, wenn es sich um ein Raumschiff handelt).

Wenn wir den Impuls in der radialen Richtung im lokalen Lorentz-Ruhesystem eines ruhenden Beobachters – solche Beobachter haben konstante χ, θ, ϕ und sind hinsichtlich der kosmologischen Hintergrundstrahlung ruhende Beobachter – mit den FRW-Koordinaten ausrechnen, bekommen wir (mit der Bezeichnung p^{χ}_{Lokal} für diesen Impuls):

$$p^{\chi}_{Lokal} \equiv p^{\chi} \equiv \langle \omega^{\chi}, p \rangle = \langle g^{1/2}_{\chi\chi} d\chi, p \rangle = g^{1/2}_{\chi\chi} p^{\chi} = g^{1/2}_{\chi\chi} \frac{d\chi}{d\lambda}$$

wobei ω^{χ} eine lokale orthonormale Basis der 1-Form ist und p der 4-Impuls-Vektor. Da aber $g_{\chi\chi} d\chi / d\lambda$ eine erhaltene Größe ist und da $g_{\chi\chi} = R^2(t)$ ist, haben wir gezeigt, daß $R(t) p^{\chi}_{Lokal}(t)$ eine von der kosmischen Zeit unabhängige Konstante ist. Folglich gilt

$$\frac{p^{\chi}_{Lokal}(t_{jetzt})}{p^{\chi}_{Lokal}(t)} = \frac{R(t)}{R(t_{jetzt})} \qquad (N.11)$$

wobei $p^{\chi}_{Lokal}(t_{jetzt}) = \gamma m v$ der relativistische Impuls ist, den das Raumschiff im Ruhesystem des stellaren Systems, in dem es abgeschickt wird, hat, und $R(t_{jetzt})$ ist der Skalenfaktor des Universums an dem Tag, an dem das Raumschiff startet. (Wenn es in den nächsten Billionen Jahren abgeschickt wird, dann wird sich $R(t)$ nicht wesentlich von dem heutigen Wert unterscheiden.)

Diese Beziehung trifft tatsächlich auf Photonen genauso zu wie auf zeitartige Geodätische; für die Herleitung erübrigt sich die Annahme, daß die Teilchen, deren Bewegung analysiert wurde, zeitartig waren. In der Tat wird die Gleichung (N.11), wenn man die bekannte Beziehung zwischen Photonenimpuls und Wellenlänge, nämlich $p = \hbar/\lambda$, benutzt, zu

$$\frac{\lambda_{jetzt}}{R(t_{jetzt})} = \frac{\lambda_t}{R(t)} \qquad (N.12)$$

also der Standardformel der kosmologischen Rotverschiebung. Eine alternative Ableitung der Gleichung (N.11) findet sich in [5, S. 169].

Bei der Gleichung (N.11) ist das Entscheidende, daß sie besagt: Wir können die Ausdehnung des Universums wirklich zur Abbremsung des Raumschiffs benutzen; wir benötigen keinen zusätzlichen Brennstoff dazu. Dies ist sehr wichtig für Raumschiffe mit großem γ, denn wenn die ganze Transportgeschwindigkeit vernichtet werden muß, müßte das oben gegebene Anfangsmassenverhältnis *quadriert* werden. Wenn das Raumschiff den antipodischen Punkt zum Zeitpunkt, da das Universum das 3 x 10^5fache seiner gegenwärtigen Größe hat, erreichen soll, brauchten wir für eine ganz und gar relativistische Reise einer Photonenrakete zu Anfang $\gamma = 6 \times 10^5$. Sollten wir von diesem γ aus abbremsen müssen, benötigten wir ein Anfangsmassenverhältnis von 3,6 x 10^{11}. Statt dessen sind nur 6 x 10^5 nötig.

Eine realistische relativistische Rakete wäre aber wahrscheinlich keine Photonenrakete, weil die einzig bekannte Methode der Umwandlung von Masse in Energie die Materie-Antimaterie-Vernichtung ist. Deshalb muß der Treibstoff je zur Hälfte aus Materie und aus Antimaterie bestehen. Die Reaktion $e^+e^- \rightarrow 2\gamma$ ergibt nur Photonen, es gibt aber keine bekannte Methode, um große Mengen von Positronen zu lagern, außer als Bestandteile von Antiatomen. Also bestünde die Antimateriemasse größtenteils aus Antiprotonen, die nicht direkt in zwei Photonen zerstrahlen würden. Die Protonen-Antiprotonen-Vernichtung geht normalerweise durch den Zerfall in Pionen vor sich:

$$p + \bar{p} \rightarrow m\pi^0 + n(\pi^+ + \pi^-)$$

wobei $m \approx n \approx 1{,}60$. Keines dieser Pionen ist stabil, und die neutralen Pionen zerfallen normalerweise gemäß der Reaktion $\pi^0 \rightarrow 2\gamma$. Die Gammastrahlen der neutralen Pionen gehen verloren, sie nehmen Energie mit, aber die geladenen Pionen legen ungefähr 20 Meter zurück, bevor sie zerfallen, und können folglich eine Schubleistung liefern: Man bündelt ihre Trajektorien zu magnetischen Feldern, so daß sie zum Raketenrückstoß beitragen. Die neutralen Pionen nehmen durchschnittlich keinen Gesamtimpuls im momentanen Ruhesystem der Rakete mit.

Wenn ein Teil der Energie in der Vernichtung verlorengeht, dann müssen die Gleichungen (N.3) und (N.4) modifiziert werden. Wenn ein Bruchteil $\eta\Delta mc^2$ der Restmasse des Antriebsstoffes die Geschwindigkeit ω_s bekommt, und ein anderer Bruchteil $\delta\Delta mc^2$ einfach in der Reaktion verschwindet, dann werden die Gleichungen (N .3) und (N.4) jeweils

$$\eta \Delta mc^2 \cosh \omega_s + \delta \Delta mc^2 + Mc^2 \cosh (d\omega) = \tilde{M}c^2 \qquad (N.13)$$

$$- \eta \Delta mc \sinh \omega_s + Mc \sinh (d\omega) = 0 \qquad (N.14)$$

Wenn wir wie in der Herleitung der Gleichung (N.5) vorgehen, bekommen wir

$$\frac{\eta \sinh \omega_s}{\eta \cos \omega_s + \delta} = \frac{Md\omega}{\tilde{M} - M} = -\frac{Md\omega}{dM} \qquad (N.15)$$

wobei ich die Änderung in der Ruhemasse der Rakete, $dM = M - \tilde{M}$, eingefügt habe. Wenn man nun die Gleichung (N.15) integriert, erhält man

$$\omega = \left[\frac{\sinh \omega_s}{\cosh \omega_s + \frac{\delta}{\eta}}\right] \ln\left(\frac{M_i}{M_P}\right) \qquad (N.16)$$

wobei v_s jetzt die Geschwindigkeit der geladenen Pionen in der Vernichtungsreaktion $p - \tilde{p}$ ist. Lösen wir jetzt die Gleichung (N.16), erhalten wir für das Massenverhältnis

$$\frac{M_i}{M_p} = \left[\frac{1 + \frac{v}{c}}{1 - \frac{v}{c}}\right]^{\frac{c}{2v_s}\left[1 + \frac{\delta}{\eta \gamma_s}\right]} \qquad (N.17)$$

wobei $\gamma_s = \cosh \omega_s$ gilt.

Aufgrund der Energieerhaltung haben wir aber

$$\eta \gamma_s = \delta$$

was die Gleichung (N.17) auf

$$\frac{M_i}{M_p} = \left[\frac{1 + \frac{v}{c}}{1 - \frac{v}{c}}\right]^{\frac{c}{v_s}} \qquad (N.18)$$

reduziert.

Für $\gamma \gg 1$ erhalten wir

$$\frac{M_i}{M_p} \approx (2\gamma)^{\frac{2c}{v_s}} \qquad (N.19)$$

anstatt der Gleichung (N.10). Die Gleichung (N.19) unterscheidet sich von der Gleichung (N.10) durch einen zusätzlichen Faktor 2 im Exponenten.

Die Energieerhaltung liefert uns 2 x 938 – 4,8 x 139 MeV, die mehr oder weniger gleichmäßig auf 4,8 Pionen verteilt sind, so daß jedes geladene Pion eine kinetische Energie von 252 MeV besitzt. Das Verhältnis der kinetischen Energie zur Ruhemasse ist $\gamma - 1$, so daß jedes Pion $v_s = 0{,}935$ hat. Aus der Gleichung (N.19) wird also

$$\frac{M_i}{M_p} \approx (2\gamma)^{2.14} \qquad (N.20)$$

Mit der Anfangsforderung $\gamma = 6 \times 10^5$ für den Wert, der benötigt wird, um den antipodischen Punkt zum Zeitpunkt der größten Ausdehnung zu erreichen, brauchten wir ein Anfangsmassenverhältnis von 1×10^{13}.

Nun schließt der Ausdruck »Traglast« des Massenverhältnisses aber nicht nur die eigentliche Traglast ein, sondern auch die Treibstofftanks und die Raketentriebwerke. Der Schlüssel zur Reduzierung sowohl der Masse der eigentlichen Traglast als auch der Massen der Tanks und der Triebwerke liegt in der Nanotechnik [7]. In Kapitel II habe ich begründet, warum die Masse der eigentlichen Traglast nicht schwerer als 100 Gramm sein darf. Wenn wir allgemeine molekulargroße Konstrukteure [7] einsetzen, um die Rakete und die Triebwerke während der Beschleunigung wieder in ihre Gestalt zu bringen, dann können die Tanks und Triebwerke im Prinzip aus Treibstoff gemacht werden und damit *nichts* zur Masse der Traglast beitragen. Wenn dies geschieht, dann ist eine mit Materie-Antimaterie-Vernichtung angetriebene Rakete in der Lage, die ganze Reise von der Erde bis zur anderen Seite des Universums während seiner maximalen Ausdehnung mit relativistischer Geschwindigkeit bei einer Masse von einer Billion Tonnen zurückzulegen. (Könnte man mit einem Raketentriebwerk die Quarks, die Protonen und Antiprotonen herstellen, vernichten, dann hätten wir eine wahre Protonenrakete, und die Anfangsmasse der Rakete betrüge nur 300 Tonnen anstatt einer Billion. Leider ist heute noch nicht geklärt, ob ein solches Triebwerk überhaupt möglich ist.)

Die Kosten für eine halbe Billion Tonnen Antimaterie sind, wie ich in Kapitel II ausgeführt habe, derzeit enorm. (Der Energieausstoß der Sonne ist $L_\odot = 3{,}8 \times 10^{26}$ Joules/Sek = 42 Millionen Tonnen Massenenergie pro Sekunde, so daß die Synthetisierung der obengenannten Antimaterie den gesamten Energieausstoß der Sonne von 24 Sekunden benötigte, und das bei 100prozentiger Effizienz!) Ein großer Teil dieser enormen Kosten geht auf das Konto des Erhaltungssatzes der Baryonen- und Leptonenzahl, der verlangt, daß mit jedem Proton ein Antiproton entsteht. Das bedeutet, daß schließlich die Hälfte der Energie für die Erschaffung nutzloser Protonen gebraucht wird. Der gleiche Erhaltungssatz beschränkt Kernenergie auf einen Wirkungsgrad von weniger als 1 Prozent: Weniger als ein Prozent der nuklearen Restmasse kann in Energie umgewandelt werden. Gälte das Gesetz nicht, könnte möglicherweise die ganze Masse in Energie umgewandelt werden.

1976 hat jedoch Gerard t'Hooft [8] gezeigt, daß das Gesetz im Standardmodell der Teilchenphysik verletzt werden kann. Die vorhergesagte Abweichung ist klein und wurde bisher noch nie beobachtet, doch wenn das Standardmodell korrekt ist – und alle Experimente sprechen dafür –, dann muß es zu dieser Verletzung kommen. Eine Reihe Physiker [9–12] hat seit 1976 Wege gefunden, mit denen der Effekt vergrößert werden kann, aber unsere Mathematik ist zu primitiv, um die Details dieses Effekts ohne Experimente analysieren zu können. Der SSC – wenn er jemals gebaut wird – wäre in der Lage, den Effekt der Verletzung der Erhaltung der Baryonenzahl zu untersuchen und vermöchte möglicherweise zu zeigen, wie man die Auswirkung nutzen kann, um Antimaterie effektiv in makroskopischen Maßstäben zu erzeugen.

Wie bereits erwähnt, erlaubt uns die Nanotechnik, ein Bit pro Atom in 100 Gramm Traglast zu codieren, so daß das »Gedächtnis« der Traglast ausreicht, um 10^4 menschlichen Individuen gleichwertige Persönlichkeiten zu simulieren, bei 10^{20} Bits pro Persönlichkeit. Das entspricht der Bevölkerung einer Stadt von stattlicher Größe, auf eine Zahl dieser Größenordnung belief sich in der Vergangenheit der Vorschlag zur Bevölkerung der »Raumarchen« bei der interstellaren Kolonialisierung. Die Entsendung von Simulationen – virtuellen Äquivalenten menschlicher Persönlichkeiten – ist jener wirklicher Menschen vorzuziehen; dies hat neben der Reduzierung des Massenverhältnisses des Raumschiffs noch einen zweiten Vorteil: Man kann die Wirkung der relativistischen Zeitdilatation ohne die Notwendigkeit hoher γ dadurch erhalten, daß man die Quote, mit der der Computer die Simulationen der 10^4 Äquivalente menschlicher Persönlichkeiten an Bord bearbeitet, verlangsamt. Man braucht das große γ auf der Reise zum antipodischen Punkt, damit man dort zum Zeitpunkt der maximalen Ausdehnung ankommt und nicht, um die an Bord des Raumschiffs erlebte Zeit zu reduzieren.

Ein dritter Vorteil, sich der Äquivalente menschlicher Persönlichkeiten statt wirklicher Menschen zu bedienen ist der, daß damit das Problem der Strahlenabschirmung gelöst wird. Im interstellaren Raum haben Protonen dasselbe γ im Ruhesystem des Raumschiffs, wie es das Raumschiff im Bezugsrahmen des Universums hat, und die daraus resultierende hohe Strahlung der Protonen im interstellaren Raum wurde oft als Beweis für die Unmöglichkeit von Raumschiffen mit großem γ herangezogen [2, 3]. Man braucht in der Tat dicke Abschirmungen: 2 Meter dickes Aluminium ist nötig, um 1 GeV-Proton ($\gamma = 2$) zu stoppen. Hat das Raumschiff jedoch eine Querschnittsfläche von 1 mm^2, dann braucht man nur 5 Gramm Aluminium. In der Abschirmung müßten molekulargroße Konstrukteure bereitstehen, um diese permanent zu reparieren; ungefähr 1/5 Joule pro Sekunde würde in Strahlung übergehen. Für Raumschiffe mit $\gamma = 10^5$ sind Abschirmungen unzweckmäßig, da fast alle der $\gamma = 10^5$-Protonen einfach hindurchgehen würden, so daß die Konstrukteure nur die gelegentlich auftretenden (schweren) Schäden zu reparieren hätten. (In der Beschleunigungsphase brauchte man Magnetfelder, um die Antimaterie von den Raumteilchen abzuschirmen.) Im intergalaktischen Raum gibt es schätzungsweise 10^{-5} Protonen pro cm^3, so daß die kinetische Energie der Protonen, die pro Sekunde der Schiffszeit und pro mm^2 der Schiffsoberfläche die Schiffsoberfläche durchdringen, bei ungefähr 5×10^3 Joule pro Sekunde liegt. Aber durch die Expansion des Universums wird der intergalaktische Raum mit $R^{-3}(t)$ ausgedünnt, so daß dieser Einfluß durch das Schiff auf die 1/5 Joule pro Sekunde, die ein Raumschiff mit $\gamma = 2$ im interstellaren Raum erfährt, reduziert werden könnte, indem man einfach mit dem Abschuß des Raumschiffs wartet, bis das Universum sich um einen Faktor 20 ausgedehnt hat, was in ungefähr 2 Billionen Jahren der Fall sein wird.

Ein vierter Vorteil virtueller Menschen in einer virtuellen Umgebung gegenüber realen Menschen ist, daß erstere die simulierte Beschleunigung der virtuellen Umgebung statt der realen Beschleunigung der Rakete erfahren. Wenn eine Rakete auf 155 g beschleunigt, würden wirkliche Menschen in Gallerte verwandelt, während die virtuellen Menschen in derselben Rakete ihre Beschleunigungen erlebten: üblicherweise 1 g oder weniger. Da es keinen Unterschied zwischen einer Emulation und einer emulierten Maschine gibt, sage ich voraus, daß kein reales menschliches Wesen jemals den interstellaren Raum durchqueren wird. Menschen werden vielleicht zu den Sternen reisen, aber sie werden als Emulationen reisen; sie werden als virtuelle Maschinen reisen, nicht als wirkliche Maschinen.

Literatur

[1] Ackeret, Johann 1946. »Zur Theorie der Raketen.« In: *Helvetica Physica Acta* 19, pp. 103-112.
[2] Purcell, Edward 1963. »Radioastronomy and Communication Through Space.« In: *Interstellar Communication,* pp. 121-143. New York: Benjamin.
[3] Taylor, Edwin F. und Wheeler, John A. 1963. *Spacetime Physics.* San Francisco: Freeman.
[4] Misner, Charles W.; Thorne, Kip S.; Wheeler, John A. 1973. *Gravitation.* San Francisco: Freeman.
[5] Peebles, P. James E. 1971. *Physical Cosmology.* Princeton: Princeton University Press.
[6] Cassenti, Brice N. 1988. »Energy Transfer in Antiproton Annihilation Rockets.« In: *Antiproton Science and Technology.* Hrsg. von B.W. Augenstein et al. Singapore: World Scientific.
[7] Drexler, K. Eric 1992. *Nanosystems: Molecular Machinery, Manufacturing, a Computation.* New York: Wiley.
[8] 't Hooft, Gerard 1976. »Symmetry Breaking through Bell-Jackiw Anomalies.« In: *Phys. Rev. Lett.* 37, pp. 8-11.
[9] McLerran, Larry 1989. »Can the Observed Baryon Asymmetry Be Produced at the Electroweak Phase Transition?« In: *Phys. Rev. Lett.* 62, pp. 1075-1078.
[10] Shaposhnikov, Mikhail E. 1992. »Standard Model Solutions of the Baryogenesis Problem.« In: *Phys. Lett.* B277, pp. 324-330.
[11] Bagnasco, John E. und Dine, Michael 1993. »Some Two-Loop Corrections to the Finite Temperature Effective Potential in the Electroweak Theory.« In: *Phys. Lett.* B303, pp. 308-314.
[12] Kunz, Jutta und Brihaye, Yves 1993. »Fermions in the Background of the Sphaleron Barrier.« In: *Phys. Lett.* B304, pp. 141-146.

Register

B

C

D

E

F

G

H

K

L

M

N

O

P

Q

R

S

V

W

Y

Z

Alfred Gierer

Die Physik, das Leben und die Seele

Anspruch und Grenzen der Naturwissenschaft.
310 Seiten mit 19 Abbildungen. Geb.
(Auch in der Serie Piper 927 lieferbar)

In diesem Buch zeigt der Physiker und Biologe Alfred Gierer die Reichweite, aber auch die prinzipiellen Grenzen naturwissenschaftlichens Denken auf. Beides wird besonders deutlich im Verhältnis der Biologie zur Physik. Hier stellen sich die Fragen, was Leben ist, wie es entstand und sich bis zur Höhe des Menschen entwickelte, wie der Reichtum der Formen zu verstehen ist und in welcher Beziehung das Bewußtsein, die »Seele«, zu einem wissenschaftlichen Verhältnis der Lebensvorgänge steht.

»Gierers Buch war überfällig. Er überläßt die Diskussion um die unüberschaubare Komplexität der Wirklichkeit nicht länger den Philosophen, Theologen und Mystikern.«
Die Zeit

»Gierer hat hier zweifelsohne ein sehr lesenswertes – im übrigen auch gut lesbares – Buch vorgelegt, das für jeden an den Grundproblemen eines naturwissenschaftlichen Weltbildes interessierten Leser einiges an Perspektiven bietet.«
Spektrum der Wissenschaft

»Ein vorzügliches Buch, das die wissenschaftlichen Erkenntnisse von Logik, Erkenntnistheorie, Physik und Biologie auf dem neuesten Stand diskutiert.«
Frankfurter Allgemeine Zeitung

Die gedachte Natur

Ursprung, Geschichte, Sinn und Grenzen der Naturwissenschaft.
304 Seiten. Geb.

Ist die Geschichte der Naturwissenschaften eine Erfolgsgeschichte? Vor dem Hintergrund der zweieinhalbstündigen Geschichte menschlichen Nachdenkens über die Natur diskutiert Alfred Gierer die Grenzen der Erkenntnis, das Verhältnis von Wissenschaft und Religion, den Umgang mit dem Wissen, und plädiert angesichts der Gefährdung der Menschheit für eine naturphilosophische Perspektive.

PIPER